BASTEI
LÜBBE

Johannes Steinhoff
Peter Pechel · Dennis Showalter

DEUTSCHE IM ZWEITEN WELTKRIEG

ZEITZEUGEN SPRECHEN

Mit einem Geleitwort von
Helmut Schmidt

BASTEI LÜBBE

BASTEI-LÜBBE-TASCHENBUCH
Band 65 085

Lizenzausgabe mit Genehmigung des Schneekluth Verlages:
Gustav Lübbe Verlag GmbH, Bergisch Gladbach
Einbandgestaltung: Roland Winkler
Druck und Bindung: Ebner Ulm
ISBN 3-404-65085-4

Der Preis dieses Bandes versteht sich einschließlich
der gesetzlichen Mehrwertsteuer

Inhalt

Geleitwort von Helmut Schmidt

Geschichtsschreibung (historiography) muß sich auf Dokumente und Artefakten stützen. Sie erlauben Rückschlüsse auch auf Zeiten und auf Entwicklungen, die durch Dokumente nicht belegt sind. Trotzdem ist Geschichtsschreibung weniger eine Wissenschaft als vielmehr eine Kunst. Die Kunst liegt in der Einfühlung in vergangene Umstände. Sie liegt auch im Weglassen und Verdichten – zumal für solche Epochen, für welche Dokumente und Zeugnisse in großer Fülle vorliegen. Die Kunst liegt auch im Erzählen der Geschichte. Sie liegt im Zusammenfassen zu Perioden, im Erkennen innerer Gesetzmäßigkeit. Sie liegt schließlich in der Bewertung der geschichtlichen Ereignisse und der handelnden Personen. Von den klassischen griechischen und römischen Historikern bis auf den heutigen Tag, von Ranke oder Tocqueville bis zu Spengler oder Toynbee ist Geschichtsschreibung zugleich immer auch Geschichtsphilosophie. Aber ob Wissenschaft, Kunst oder Philosophie: wer über geschehene Geschichte schreibt, der kann auf das Dokument nicht verzichten.

Dieses Buch legt 161 deutsche Dokumente zum Zweiten Weltkrieg vor. Weil ihnen mündliche Überlieferung aus einer Erinnerung zugrunde liegt, die bei ihrer Niederschrift vier bis fünf Jahrzehnte zurückgreifen mußte, so ist bei der Beurteilung oder Verwertung all dieser Dokumente eine gewisse Vorsicht geboten. Nur wenige Menschen legen bereitwillig die Fehler oder die Versäumnisse bloß, die sie in früheren Phasen ihres Lebens begangen haben; viele sind aus subjektiven Gründen gehindert, ihre eigenen Objektivitätsdefizite zu erkennen. Wer Churchills und de Gaulles Erinnerungen gelesen hat, der weiß, daß der eigene nationale oder persönliche Standpunkt unvermeidlich das retrospektive Selbstzeugnis beeinflußt.

Die Zufälle der persönlichen Umwelt, der voraufgegangenen Erziehung, der Eltern und ihrer Freunde, der eigenen Freunde und Gefährten, vor allem auch die Zufälle der eigenen ehemaligen Aufgabenstellungen beeinflussen das Bild und die nachträgliche Vorstellung von den Ereignissen, an denen wir selbst beteiligt gewesen sind. Der ehemalige General sieht die Ereignisse des Krieges anders und in anderen Zusammenhängen als der damalige Mannschaftsdienstgrad oder als dessen Ehefrau mit ihren Kindern im Keller ihres brennenden Etagenhauses. Aber alle sehen jene Ereignisse und Erlebnisse zwangsläufig auch unter dem Einfluß dessen, was sie im Laufe der seither vergangenen langen Jahrzehnte erlebt und gelernt haben. Einen besonders starken Einfluß auf ihr Zeugnis hat die eigene Reife und Urteilsfähigkeit, die jemand zum Zeitpunkt des Erlebnisses erreicht hatte, über welches er heute – sehr viel später – berichtet. Wer 1933, zum Zeitpunkt von Hitlers Machtergreifung, schon voll erwachsen war, der hat Hitlers Krieg anders erlebt als einer, der erst im Laufe des Krieges erwachsen wurde – und jedenfalls anders, als diejenigen, die erst zwanzig, dreißig oder vierzig Jahre später erwachsen wurden.

Die 1968er Studentengeneration in Deutschland und anderswo in Europa hat sich moralische Maßstäbe des politischen und staatlichen Handelns und Maßstäbe für das Handeln des Einzelnen gewählt, die den deutschen Zwanzigjährigen des Jahres 1938 zumeist unbekannt waren.

Jede Generation ist geneigt, ihre eigenen Maßstäbe an das Handeln der vorangegangenen Generationen anzulegen. Deswegen fällt es manchen unter den heute lebenden jungen Deutschen schwer, den Gehorsam jener jungen Deutschen zu verstehen, die als Soldaten draußen oder die in Zivil in der Heimat den Krieg durchzustehen hatten. Nach meinem Eindruck verstehen ehemalige Soldaten von der anderen Seite der vielen Fronten im Zweiten Weltkrieg das Verhalten ihrer damaligen deutschen Gegner besser als unsere eigenen Söhne und Töchter. Manche der letzteren gehen soweit, uns zwar zu glauben, daß nur die wenigsten von uns überzeugte Nazis gewesen sind, aber doch unsere Rechtfertigung dafür zu verlangen, daß wir keine Widerstandskämpfer waren. Sie sind in einer freiheitlich verfaßten Gesellschaft aufgewachsen, in der es keine Lebensgefahr bedeutet und nur sehr wenig Mut verlangt, am Zaun eines Flughafens, eines Kraftwerkes oder einer Raketenstellung zu demonstrieren und dabei sogar – ein wenig – Gewalt zu üben. Und deshalb glauben sie, solcher »Widerstand« hätte doch auch von uns während des Dritten Reiches verlangt werden müssen. Ihnen fehlt die Erfahrung der totalen Diktatur, des totalen Staates und seines Informations- und Erziehungsmonopols. Wer ihnen heute sagt, daß demokratisch zustande gekommene, verfassungsmäßige Gesetze Gehorsam verlangen müssen, den sind sie geneigt, der »Restauration« zu beschuldigen. Der Restauration wessen? Des NS-Staates? Oder der Weimarer Demokratie? Manche der deutschen 68er und erst recht der späteren RAF hielten es für ihre moralische Pflicht, nur diejenigen Gesetze zu befolgen, deren Sinn, Zweckmäßigkeit und Moral sie einsehen und akzeptieren konnten. Sie waren zur Freiheit erzogen worden. Aber diese Erziehung hatte abermals eine extreme Pervertierung hervorgebracht. Sie waren einer utopischen Ideologie von Herrschaftslosigkeit anheimgefallen, ähnlich – aber umgekehrt! – wie ihre Väter Opfer einer pervertierten Gehorsamsideologie geworden waren.

Die meisten Soldaten unter Hitlers Oberkommando waren keine Nazis. Aber sowohl Herkommen und Erziehung als auch die Allmacht des Staates hatten ihnen zur Pflicht gemacht, dem Vaterland zu dienen – auch und gerade im Kriege. Viele derjenigen, die 1933 schon erwachsen waren oder die an der Schwelle des Erwachsenseins standen, waren in den ersten Jahren der Nazi-Zeit der suggestiven Kraft Hitlers und seines großen Erfolges in der Beseitigung der ungeheuren, deprimierenden Arbeitslosigkeit erlegen; aber spätestens seit dem Einmarsch in die Sowjetunion war die Begeisterung verflogen; denn alle, auch die Volksschüler, hatten von Napoleons Zug nach Moskau und von dessen katastrophalem Ausgang eine Vorstellung, die für die meisten ein Menetekel war. Gleichwohl: die allermeisten waren überzeugt von ihrer Pflicht, für das eigene Land zu kämpfen.

Diese Überzeugung teilten auch die Mehrzahl der Frauen und Männer im Widerstand. Sie waren bereit zum Hochverrat, das heißt zur Beseitigung Hitlers und der Nazi-Diktatur; aber sie waren nicht bereit zum Landesverrat, das heißt zur Auslieferung des

Vaterlandes an den Kriegsgegner. Sie waren Patrioten. Diejenigen, welche wegen des höheren Zweckes der Beseitigung von Hitlers unmenschlicher Diktatur glaubten, sogar die Niederlage Deutschlands in Kauf nehmen zu sollen, waren zunächst nur wenige; unter ihnen waren natürlich die jüdischen Deutschen und andere Opfer von Hitlers Verfolgungen relativ zahlreich; vor allem auch diejenigen Deutschen gehörten dazu, die sich durch rechtzeitige Emigration oder Flucht der Vernichtung in den Konzentrationslagern hatten entziehen können. Die Mehrheit der Deutschen jedoch hoffte auf einen baldigen und auf einen glimpflichen Frieden. Bis dahin waren sie lange Jahre bereit, auszuhalten und ihre Pflichten zu erfüllen.

Aber was war zur Zeit von Hitlers Weltkrieg die Pflicht eines Deutschen? Wie konnten wir Deutschen sie erkennen? Der zum Hochverrat bereite Widerstandskämpfer erfüllte die von ihm erkannte moralische Pflicht, ebenso jedoch auch der zum Landesverrat bereite Widerstandskämpfer. Aber ebenso glaubten die Millionen kämpfender deutscher Soldaten, ihre Pflicht zu erfüllen – der kleine Flakhelfer in Berlin ebenso wie der Obergefreite in den Weiten Rußlands oder Afrikas und selbst noch im Dezember 1944 in den Ardennen, ebenso kommandierende Generäle und ebenso Menschen in der Industrie, in den Büros und Luftschutzwarte in den brennenden Städten.

Man kann als Deutscher den Zweiten Weltkrieg eine Tragödie unseres Pflichtbewußtseins nennen. Durch Generationen hindurch war die Erziehung der Deutschen zur Pflichterfüllung wesentlich erfolgreicher gewesen als die Erziehung zum eigenen, individuellen politischen und moralischen Urteil. Hitler hat unser Pflichtbewußtsein benutzt und mißbraucht. Nur wenige haben kraft eigenen Urteils eine höhere moralische Pflicht erkannt.

Überall, wo die Ausübung von erkannten oder akzeptierten Pflichten mit hoher Gefahr für den eigenen Leib und das eigene Leben verbunden ist, darf von Heldentum die Rede sein. Aber Heldentum setzt Angst voraus. Wer keine Angst vor der Gefahr hat, der handelt nicht heldenhaft, sondern bloß dumm. Es hat während Hitlers Weltkrieg sehr viel Angst gegeben, aber auch sehr viel pflichtgemäße Überwindung eigener Angst, und das bedeutet: es hat in den Städten der Heimat wie an den Fronten Heldentum in unzählbarer Vielfalt gegeben.

Die meisten der Helden haben sich allerdings nicht als solche gefühlt. Nur wenige wollten Helden sein; die von Hitler betriebene Erziehung zum Heldentum hat nur relativ geringen Erfolg gehabt. Nur wenige haben an das »heldische« Ideal geglaubt – je länger der Krieg dauerte, um so weniger. Ich selbst hatte als Schüler Carlyles »On Heroes, Hero Warship and the Heroic in History« gelesen, das Buch war mir sehr erkünstelt vorgekommen; gleichzeitig hatte ich aber Remarques »Im Westen nichts Neues« im Bücherschrank meines Vaters gefunden – und Remarque war mir ungleich glaubwürdiger gewesen. Tatsächlich war dann der Zweite Weltkrieg noch schrecklicher, als Remarque den Ersten Weltkrieg beschrieben hatte. Ich war einer der vielen Millionen Deutscher, die keineswegs danach strebten, ein Held zu sein. Aber zugleich war ich einer der vielen Millionen, die sich Mühe gaben, ihre Pflichten zu erfüllen.

Ich gehörte zu derjenigen deutschen Altersgruppe, die erst im Laufe der eigenen Soldatenzeit erwachsen geworden ist. Aber sehr viel an eigener politischer Urteilskraft habe ich innerhalb meiner acht Jahre als Soldat nicht dazugewonnen. Ich wurde zu einem der Millionen von Gegnern des Regimes; aber zugleich war ich einer der Millionen, die nicht wußten, was an dessen Stelle treten konnte oder sollte. Erst als Kriegsgefangener habe ich die Prinzipien und die Werte einer demokratischen Gesellschaft und eines demokratischen Verfassungsstaates begriffen. Den allermeisten aus meiner Generation ist es ähnlich gegangen; und wer von uns jahrelang sowjetische Kriegsgefangenschaft ertragen mußte, für den war dieser Prozeß des Lernens und des Erkennens besonders schwierig. Eines allerdings haben wohl die meisten Deutschen aus dem Kriegserlebnis als Positivum mitgebracht, nämlich die Erkenntnis, daß man füreinander einstehen und daß man einander helfen muß. Dieses Gebot, zu verschiedenen Zeiten Brüderlichkeit oder Solidarität oder Kameradschaft genannt, ist einer der beiden Werte, die uns durch den Krieg unmittelbar und existentiell zugewachsen sind. In der heutigen Überflußgesellschaft droht er in Gefahr zu geraten.

Der andere Wert ist das Ideal der persönlichen Freiheit. Wer in der Nazi-Zeit und besonders während des Krieges lernen mußte, seine eigene Meinung zu allermeist zu verbergen und seine Zunge im Zaum zu halten, der bedurfte hinsichtlich des kardinalen Wertes der Meinungsfreiheit keiner »re-education«. Ansonsten aber hatten wir Deutschen nach dem Ende von Krieg und Nazi-Zeit sehr vieles zu lernen. Wir haben inzwischen – im Vergleich zum ersten deutschen Demokratieversuch der Jahre 1919 bis 1933 und erst recht im Vergleich zum Bismarckschen Reich der Jahre 1871 bis 1891 – in der Bundesrepublik Deutschland einen bisher einzigartig gut gelungenen demokratischen Verfassungsstaat errichten können; wir haben dabei von unseren vormaligen Kriegsgegnern, vornehmlich den Amerikanern, Engländern und Franzosen, gelernt. Außerhalb oder gar oberhalb der Grundwerte unseres Grundgesetzes kennt dieser Staat keinerlei gemeinsam verbindliche Ideologie; seine Bürger sind frei in der Wahl und der Ausgestaltung ihrer persönlichen religiösen, philosophischen und politischen Bekenntnisse. Die in diesem Buche zu Wort kommenden Deutschen haben – je auf verschiedene Weise und auf der je verschiedenen Basis ihrer persönlichen Bekenntnisse – am Aufbau dieses Staates mitgewirkt, auf daß sich die Schrecken der Vergangenheit nicht wiederholen.

Freilich hat dieser Staat einen wichtigen Defekt, nämlich den Umstand, daß er kein Nationalstaat der Deutschen ist, sondern nur ein deutscher Teilstaat. Wir Deutschen können diesen Defekt nicht beheben. Die von der Sowjetunion mit großer militärischer Macht aufrechterhaltene Teilung Europas, Deutschlands und Berlins, die hohe Rüstung und der Expansionsdrang der Sowjetunion unter Stalin – und später erneut unter Chruschtschow und Breschnew – haben die westlichen Demokratien zur Erkenntnis geführt, daß zur Aufrechterhaltung des Friedens in Europa ein Gleichgewicht der militärischen Kräfte nötig ist und daß für dieses Gleichgewicht nicht auf einen beträchtlichen Verteidigungsbeitrag des 60-Millionen-Staates der Bundesrepublik Deutschland verzichtet werden kann. Deshalb kam es seit 1955 zum Aufbau der Bundeswehr. Etwa gleichzeitig kam es im sowjetischen Machtbereich zum Aufbau der sogenannten Volksarmee des 16-Millionen-Staates der

Deutschen Demokratischen Republik. Auf beiden deutschen Seiten haben Offiziere und Generäle mitgewirkt, die vormals in Hitlers Wehrmacht gedient hatten.

Diese Rüstung beider deutschen Staaten gegeneinander, oder genauer: Die Einbindung der beiden neuen deutschen Armeen in zwei entgegengesetzte internationale Allianzsysteme, begann also bereits zehn Jahre nach dem Ende von Hitlers Weltkrieg. Die DDR war nicht das deutsche Vaterland, aber die Bundesrepublik war es auch nicht. Wo war das deutsche Vaterland? Das Vaterland existierte nur in der inneren Wunschvorstellung. Was also war die patriotische Pflicht eines wehrpflichtigen Deutschen drüben oder hüben, wenn es doch kein Vaterland zu verteidigen gab? Viele alte Wunden aus dem Konflikt zwischen staatlich verordneter Pflicht und selbst erkannter moralischer Pflicht brachen wieder auf.

Den einen wird gesagt, sie hätten die Pflicht, den real existierenden Sozialismus und dessen »Errungenschaften« zu verteidigen. Ich wage nicht abzuschätzen, wie viele von ihnen innerlich daran glauben. Wahrscheinlich sind sie in der Minderheit. Gleichwohl erfüllt auch dort die erdrückende Mehrheit die Gesetze ihres Staates. Wer von uns, die wir in Sicherheit und Freiheit leben, hätte ein Recht, ihnen aus ihrer Pflichterfüllung einen Vorwurf zu machen? Oder gar sie zu heldenmütigem Widerstand aufzurufen? Die Deutschen in der DDR sind von einer Diktatur in die andere gestürzt worden. Wer hat die Stirn, aus sicherer Entfernung das Verhalten von Menschen zu verurteilen, die unter einer Diktatur leben müssen?

Den anderen Deutschen wird gesagt, es gehe für sie um die Bereitschaft zur Verteidigung von Freiheit und Würde der Person und zur Verteidigung der Demokratie. Ich halte diese Maxime für richtig. Aber ich muß gestehen, daß ich im Laufe der fünfziger Jahre wegen meiner damaligen Hoffnung auf eine Vereinigung beider deutschen Teilstaaten zunächst erhebliche innere Zweifel überwinden mußte, ehe ich dieser Maxime voll zugestimmt habe. Zwar war ich sehr gern Abgeordneter des Deutschen Bundestages, aber ich habe noch am Ende der sechziger Jahre abermals mit mir gerungen, ehe ich die Berufung zum Verteidigungsminister und damit – kraft Verfassung – zum Inhaber der Befehls- und Kommandogewalt über die Bundeswehr akzeptierte, denn mir war klar, daß manche Deutsche auch zu jenem Zeitpunkt immer noch von solchen Zweifeln geplagt wurden, wie ich sie für mich selbst schon im Laufe der 50er Jahre überwunden hatte. Danach habe ich freilich dieses Amt mit Freude und Hingabe ausgeübt. Denn ich kannte Steinhoff, Kielmannsegg, Baudissin, de Maiziére, Wirmer und viele der anderen seit anderthalb Jahrzehnten, die den Aufbau der Bundeswehr zustande gebracht hatten. Ich wußte, man konnte sich auf ihre Verfassungstreue verlassen.

Auch heute, zwanzig Jahre später, kann sich jedermann auf die Verfassungstreue der Bundeswehr verlassen. Und ihre Soldaten können sich darauf verlassen, daß sie nicht unter einem Befehlshaber dienen müssen, der ihnen verfassungswidrige oder unmoralische Befehle geben könnte. Diese Bundeswehr ist in ihrem inneren Gefüge kategorisch verschieden von der Wehrmacht, in der meine Generation gedient hat. Sie ist in ihrer ethischen Grundhaltung unter den deutschen Armeen dieses Jahrhunderts unvergleichbar – nicht eine patriotische Armee des Vaterlandes, wohl aber eine Armee des Verfassungs-Patriotismus. Und zugleich gehört sie als militärisches Verteidigungsinstrument zu den besten Armeen der Welt.

Die Architekten und die Pädagogen der Bundeswehr, auch ihre politischen Befehlshaber, waren fast alles Männer, die als Soldaten in Hitlers Weltkrieg gekämpft hatten, einige von ihnen kamen aus dem Widerstand, andere aus dem Führerhauptquartier. Alle standen gleichermaßen vor der Notwendigkeit, die Pflichten des Soldaten, und damit auch ihre eigenen Pflichten, neu zu definieren. Das tatsächliche Ergebnis in der Gestalt der Bundeswehr erlaubt den Schluß, daß sie aus dem Kriege nicht nur negative Erfahrungen mitgebracht haben, sondern daß sie auch bereit und fähig waren, aus ihnen zu lernen. Mit einem Wort: daß sie sich im Kriege – trotz Hitler – genug menschliche und moralische Substanz bewahrt haben. Viele Deutsche, ob Privatperson, ob in der Wirtschaft, in den Universitäten, in der Verwaltung, ob in den Kirchen, den Gewerkschaften und Verbänden oder in der Politik haben – Hitlers Diktatur und seinem Kriege zum Trotz – ihre menschliche und moralische Substanz bewahrt.

Die alte Redensart, nach der Männer die Geschichte machen, hat umgekehrt einen höheren Wahrheitsgehalt: Es sind die geschichtlichen Umstände ihrer Zeit, welche die Menschen formen. Für den einzelnen Menschen ist die Variationsbreite der möglichen Entscheidungen, die er selbst treffen kann, über die längsten Strecken seines Lebens nur sehr gering. Aber er hat fast immer die Möglichkeit, in seinem Verhalten anständig zu sein gegen seine Mitmenschen. Ich bin überzeugt, daß die Mehrheit der Deutschen sich im Zweiten Weltkrieg anständig verhalten hat – bei allen allzumenschlichen Schwächen, denen keiner entgeht.

Freilich, es hat auch viele Charakterschweine und viele Verbrecher gegeben. Ein Verbrecher, der sich aus freien Stücken zu seiner Schuld bekennt, ist eine Seltenheit, sie kommt – außer unter Anklage im Gerichtssaal – kaum jemals vor. Ein Charakterschwein, das nicht unter individueller Anklage steht, wird kaum jemals nachträglich seine begangenen Gemeinheiten offenbaren. Aber auch wir anderen, die große Masse der durchschnittlichen Menschen, auch wir vergessen gern die menschlichen Unzulänglichkeiten, die wir uns eigentlich selbst zur Last legen müßten. Und wo wir sie nicht vergessen können, dort sind wir geneigt, sie zu beschönigen oder mit den jeweiligen äußeren Umständen zu entschuldigen. Niemand erkennt und bekennt sich gern als Schwächling, der einer schwierigen Situation nicht gewachsen gewesen ist.

Deshalb sind die Selbstzeugnisse dieses Buches mit Distanz zu lesen. Aber schließlich sind alle historisch bedeutsamen Dokumente mit kritischer Distanz zu lesen; denn fast immer sagen sie sehr wenig über die Motive und die Empfindungen der Beteiligten. Dieses Buch ist gleichwohl ein dankenswertes Experiment. Der Leser wird verstehen, daß die Auswahl der Beitragenden zwangsläufig – wenn auch unbeabsichtigt – Einfluß haben mußte auf den Gesamteindruck; er wird unterstellen, daß die einzelnen Beitragenden bei mehr Zeit und Raum für ihre (von den Herausgebern gekürzte) Darstellung möglicherweise den einen oder anderen Akzent anders gesetzt hätten. Daß sie sich alle aber haben befragen lassen, erscheint mir allein schon als dankenswert.

Gewalttätige Diktaturen aller Art zwingen die Menschen zu Verhaltensweisen, die ihnen unter normalen Umständen durchaus ungewöhnlich, unsympathisch oder sogar tief zuwider sind. Das galt für die gewaltsame Christianisierung der größten Teile Europas mit dem Kreuz in der einen und dem Schwert in der anderen Hand, es galt später für die Inquisition und wieder später für die Machtausübung in fremden Erdteilen durch die europäischen Kolonialmächte des 18. und 19. Jahrhunderts. Es gilt heute für Diktaturen wie Burma, Rumänien oder Chile gleicherweise. Es galt ebenso für die Diktaturstaaten unter Hitler und Stalin.

Für jedermann, also auch für die unter einer totalen Diktatur lebenden Menschen, hat der preußische Philosoph Immanuel Kant den moralischen Satz aufgestellt, nach dem jeder Einzelne sich so verhalten soll, daß sein Verhalten zugleich als Maxime für das Verhalten aller gelten könne. Aber für den großen Aufklärer war es einfacher, diesen »kategorischen Imperativ« abstrakt zu formulieren, als ihn konkret zu befolgen, wenn man der lebensgefährlich konkreten Nazi-Herrschaft ausgeliefert war.

Vorwort der Herausgeber

Dieses Buch ist ein Dokument: 161 Zeugen der Zeit – Frauen und Männer, Anhänger und Gegner Hitlers – schildern mit eigenen Worten, wie – mit welchen Empfindungen und Konflikten – sie die unmenschlichsten Jahre der deutschen Geschichte erlebt – und schließlich überlebt haben. Ihre Aussagen stehen stellvertretend für Millionen, die Ähnliches erfahren, erlitten oder auch bewirkt haben und inzwischen in der Mehrzahl verstummt sind.

Dieses Buch ist kein historisches Werk im herkömmlichen Sinn. Es handelt ausschließlich von Menschen – Objekten der Politik – die noch jung waren, als Hitler zur Macht kam, die aber dennoch während der Jahre 1933 bis 1945 bewußt Siege, Niederlagen und meist auch Verbrechen des »Dritten Reiches« miterlebt haben.

Uns als Herausgeber bewegten während der über zwei Jahre langen Arbeit an diesem Buch besonders die folgenden Fragen:

Wie haben Deutsche möglichst aller politischen und gesellschaftlichen Schattierungen unter Hitler gelebt, und was hat sie bewogen, oft wider besseres Wissen, bis zum Ende durchzuhalten?

Wie konnte es geschehen, daß im Lande Bachs, Kants, Lessings, Goethes und des Freiherrn vom Stein Millionen von unschuldigen Menschen ermordet wurden, und was wußten die deutschen Zeitgenossen von diesen Verbrechen?

Warum blieb der Widerstand gegen das Regime auf eine kleine Minderheit beschränkt?

Mit welchen Gefühlen hat der deutsche Soldat gekämpft und die militärischen Leistungen erbracht, die seinen Gegnern Respekt abverlangten?

Wir hatten angenommen, es werde schwierig sein, Menschen unserer Jahrgänge dazu zu bewegen, über die traumatischen Erfahrungen jener Jahre zu sprechen. Wider Erwarten waren jedoch die meisten Zeitzeugen, die wir baten, spontan bereit, ihre Erlebnisse auf Tonband zu Protokoll zu geben. Einige machten uns persönliche, für die eigene Familie bestimmte Aufzeichnungen zugänglich mit der Erlaubnis, daraus zu zitieren.

Fast alle Gespräche haben unsere Interviewpartner wie uns selbst tief bewegt. Oft mußten wir das Tonband anhalten, weil Erinnerungen übermächtig aufbrachen, die jahrzehntelang verdrängt worden waren.

Die Fülle der Aussagen machte Straffungen und Kürzungen unumgänglich. Unantastbar aber waren Inhalt und Sinn des Gesagten. Wir haben während der Gespräche die Interviewpartner auf den Zwang zur Straffung aufmerksam gemacht und danken ihnen allen für das Vertrauen, das sie uns auch in dieser Hinsicht entgegengebracht haben.

Altbundeskanzler Helmut Schmidt gilt unserer besonderer Dank für sein Geleitwort.

Ein Letztes: Wir haben die einzelnen Kapitel mit kurzen, historischen Einleitungen versehen. Sie sollen vor allem den Lesern, die die Jahre 1933 bis 1945 nicht bewußt miterlebt haben, den Zugang zum Verständnis der »oral history« – den Erzählungen der Zeitzeugen – aus Deutschlands dunkler Zeit erleichtern.

Bonn, im Dezember 1988

Wie es dazu kam: Republik ohne Republikaner

Die meisten Männer und Frauen, die in diesem Buch ihre Geschichte erzählen, sehen einen engen Zusammenhang zwischen den Nachwirkungen des Ersten Weltkrieges und dem Aufstieg des Dritten Reiches. Die Deutschen eilten 1914 in der Überzeugung zur Fahne, ihr Vaterland gegen eine übermächtige Koalition von Feinden verteidigen zu müssen. Der Zusammenbruch Deutschlands vier Jahre später resultierte primär nicht aus einer totalen Auflösung der bestehenden Ordnung, sondern aus der Erschöpfung eines Volkes, das über seine Kräfte hinaus strapaziert worden war. Beispielsweise forderte die spanische Grippe 1917/18 in dem erschöpften Deutschland so viele Opfer, daß diese vielerorts in Säcken beigesetzt werden mußten, weil nicht genug Särge zu beschaffen waren.

Die Weimarer Republik hatte, als sie 1918 proklamiert wurde, die Lasten eines verlorenen Krieges zu tragen. Die Friedensverträge destabilisierten Europa, indem sie das Habsburger Reich durch ein labiles Konglomerat neuer Staaten ersetzten. Für ihr eigenes Land betrachteten die meisten Deutschen den Versailler Vertrag als einen aufgezwungenen Frieden, der ihre Heimat in ständiger Unterwerfung halten sollte. Die Armee wurde auf ein Berufsheer von 100.000 Mann reduziert. Die Reparationszahlungen, die Deutschland auferlegt wurden, kamen einem Blankoscheck gleich, und Deutschland wurde die alleinige moralische Verantwortung für den Beginn des Krieges auferlegt.

Diese neue Republik erregte weder die Gemüter noch gewann sie ein Engagement ihrer Bürger. Für zu viele war sie ein Intermezzo auf dem Weg zu etwas Besserem oder der Rückkehr zu den früheren Verhältnissen. Ihr erster Präsident, Friedrich Ebert, wurde von Kritikern der Rechten als ehemaliger Sattler abschätzig beurteilt, als ein mittelmäßiger Mann ohne Charisma, Stil und Sachverstand. Einzelne Interessengruppen kämpften um die Macht im Rahmen eines parlamentarischen Systems, in dem Kabinette an nichtigen Anlässen scheiterten. Monarchistisch gesinnte Bürokraten und Generale, die grundsätzlich gegen die »ungeliebte Demokratie« waren und sich im wesentlichen aus der Aristokratie und dem Bürgertum rekrutierten, beobachteten die Konfusion mit grimmiger Genugtuung.

Die Entscheidung des Deutschen Reichs, die untragbare Last der Verschuldung, die als Folge der Auflagen des Versailler Vertrages anwuchs, durch den Druck und die Herausgabe von Papiergeld zu finanzieren, setzte eine exzessive inflationäre Entwicklung in Gang. Diese führte im November 1923 zu einer Bewertung der Mark im Verhältnis zum Dollar von 1 zu 4,2 Billionen. Solch ein Wechselkurs annullierte den Geldwert. Während einzelne Spekulanten Profit machten, lösten sich die Ersparnisse des Mittelstandes in Deutschland in nichts auf. Sparsamkeit und harte Arbeit wurden wert- und sinnlos.

Schließlich gelang es der Republik, ihre Währung wieder zu stabilisieren. Aber die Wirtschaft Deutschlands blieb während der gesamten zwanziger Jahre durch hohe Arbeitslosigkeit, geringe Gewinne und negative Zahlungsbilanzen belastet.

Instabilität wurde zur Katastrophe, als die Weltwirtschaftskrise ihre Schatten auf Deutschland warf. Sie kam nicht wie in den USA als Zusammenbruch über Nacht, die Deutschen konnten vielmehr fast 18 Monate lang den langsamen Zusammenbruch ihrer Wirtschaft beobachten.

Im Winter 1931 waren fast fünf Millionen Deutsche arbeitslos. Die Zahl sank vorübergehend im Sommer um eine Million. Schließlich reihten sich über sechs Millionen Männer und Frauen, zehn Prozent der Gesamtbevölkerung, in die Schlangen vor den Arbeitsämtern ein. Hunderttausende hatten schon aufgehört, es dort zu versuchen, oder sie hatten es gar nicht erst probiert. Dabei bleibt zu beachten, daß damals im Durchschnitt auf eine Familie ein Ernährer kam, während es heute im Durchschnitt zwei sind. Die Vergleichszahl heute läge also etwa bei 8–9 Millionen Arbeitslosen.

Am 14. September 1930 gaben 6,4 Millionen Deutsche ihre Stimmzettel ab für die Nationalsozialistische Deutsche Arbeiterpartei und ihren Führer Adolf Hitler. Schon vor der Krise hatten sich die Nazis als Deutschlands größte Oppositionspartei etabliert. Sie gebärdeten sich nicht als Neuerer, die Bestehendes zerstören wollten, sondern sie versprachen, die Dinge besser zu machen. »Alles, was wir brauchen«, riefen ihre Redner, »ist ein Gemeinschaftssinn, ist der Wille, zusammenzuarbeiten in einer gemeinsamen Notsituation. Anstatt uns als Feinde gegenseitig zu bekämpfen, sollten wir Kameraden werden in einer ›verschworenen Volksgemeinschaft‹.«

Das war ein simpler Appell, aber Reden, Versammlungen, Konferenzen und Pressepropaganda verbreiteten ihn in jedem Winkel des müden, verstörten Landes. Das Geheimnis der Nationalsozialisten bestand darin, zu einer Zeit ein Feuer zu entfachen, als niemand mehr gewillt oder in der Lage zu sein schien, irgendwelche größeren Aktivitäten zu entwickeln. Die Deutschen wurden von einem *Massenrausch* erfaßt – von einem Messianismus, der sich auf Adolf Hitler konzentrierte.

Der Appell der Nationalsozialisten kam aber keineswegs bei jedem an. Hitler gelang es nicht, im April 1932 statt des amtierenden, alt gewordenen Feldmarschall Paul von Hindenburg zum Präsident gewählt zu werden. Im Juli erreichte die Partei bei den Reichstagswahlen 37 Prozent der abgegebenen Stimmen. Das war genug, um Deutschland in einem Zustand ständiger Unruhe zu halten. Es reichte aber nicht aus, Hitler an die Macht zu bringen ohne die Hilfe der Männer um Hindenburg. Deren Hoffnung bestand darin, Hitlers Wahlvolk zu sich herüberzuziehen und Hitler selbst gleichzeitig zu neutralisieren. Letzten Endes arrangierten sie sich doch mit ihm. Am 30. Januar 1933 wurde Adolf Hitler zum Reichskanzler ernannt.

Theo Hupfauer (1)
Jahrgang 1906

Damals erlebten wir als junge Burschen nach dem Ersten Weltkrieg die Inflation. Und die haben wir sehr stark miterlebt, denn verschiedene Mitschüler von mir mußten vom Gymnasium weg, mußten aus dem Internat raus, weil die Eltern nicht mehr das Geld hatten, um das zu finanzieren. Das war die Inflation, die das deutsche Bürgertum von einem Tag auf den anderen enteignete. Einige Beispiele dazu: Es kosteten auf dem Höhepunkt der Inflation

1 Brötchen	RM 20 Milliarden
1 Brot	RM 100 Milliarden
1 Liter Milch	RM 300 Milliarden

Als die Währungsreform 1923 auf der Basis eine Billion Papiermark zu einer Rentenmark durchgeführt wurde, waren alle, die keine Immobilien oder sonstigen Sachwerte besaßen, völlig auf dem Hund. Ich wurde 1926 immatrikuliert an der Uni Würzburg, und aus meiner Gesinnung heraus wurde ich Waffenstudent und war Burschenschaftler. Der Wahlspruch der Burschenschaft heißt ›Ehre, Freiheit, Vaterland‹. Und da kam ich nun natürlich zwangsläufig in ein fixiertes politisches Klima. Im Gegensatz zu den Corps, die mehr die gesellschaftliche Seite betonten, waren wir Burschenschaftler doch mehr patriotisch eingestellt und wurden auch patriotisch erzogen. Während meines Studiums begann 1928 die Massenarbeitslosigkeit, die vehement zunahm. Ich erinnere mich, damals habe ich von einem Schriftsteller folgenden Satz gelesen: »Der Nationalsozialismus hat seine Geburtsstätte nicht in München, sondern in Versailles.«

Jutta Rüdiger (1)
Jahrgang 1910

Mir ist beim Überdenken meiner eigenen Kindheit aufgegangen, daß das Jahr 1923 für mich eine große Rolle gespielt hat. Der Einmarsch der Franzosen ins Ruhrgebiet. Gegen die Bestimmungen des Versailler Vertrages. Damals ging bei uns allen das Wort um: Versailles nie vergessen, immer daran denken, nicht darüber sprechen. Das wurde uns schon als Kinder eingebläut. Und nun erlebten wir in Düsseldorf, daß die Franzosen in manchem etwas sadistisch gewesen sind. Zum Beispiel ging ein Student, der beinamputiert war, ein Soldat aus dem Ersten Weltkrieg, über die Königsallee, die Prachtstraße Düsseldorfs, und der Franzose ist bewußt auf ihn zu, hat ihn angerempelt, daß er der Länge nach hinfiel. Dann gab es die Separatisten, das war eigentlich Pöbel, der von Frankreich bezahlt worden ist. Wenigstens war das unsere Auffassung. Das hat das Nationalgefühl natürlich sehr heftig in mir gestärkt.

Und dann kam die wirtschaftliche Depression, die große Arbeitslosigkeit.

Also nationaler Sozialismus. das hieß für uns Kameradschaft, und heute würde man sagen, Solidarität.

Das also waren Begriffe, die uns sehr beeindruckt haben, und wir haben gesagt, das ist die einzige Möglichkeit, eine Lösung zu finden, daß unser Volk nicht restlos in den Bolschewismus abrutscht.

Otto Kumm (1)
Jahrgang 1909

1930 hatten wir immerhin schon an die drei Millionen Arbeitslose, die Hälfte aller Industrieunternehmen stand still, endlose Schlangen ausgemergelter, hungernder Menschen standen auf den Straßen herum, es war ein Bild des Jammers, was man dort erlebte. Insbesondere in den großen Städten, in den Industriegebieten. Später, 1932 waren es sechs Millionen, mit Angehörigen ein Drittel unseres Volkes.

Meine Freunde und ich haben in jeder Stadt, in der sich die Möglichkeit bot, politische Versammlungen von ganz rechts bis ganz links besucht und uns angehört, was die anzubieten hatten. Damals bin ich zu der Überzeugung gekommen – nachdem immerhin Millionen kommunistischer Deutscher ihr Vaterland schon in der Sowjetunion sahen – daß es nur die Alternative gab, entweder mit den Kommunisten unter russischer Führung oder mit den Nationalsozialisten einen neuen Anfang zu versuchen mit dem Ziel, uns aus dem Würgegriff des Versailler Vertrages herauszuwinden, und wieder selbständig zu werden.

Eine andere Möglichkeit sah ich damals nicht, sahen wohl auch Millionen Deutscher nicht. Deshalb bin ich nach der Rückkehr im Oktober 1930 in die SA eingetreten. Ich sagte mir, es gibt nur die eine Möglichkeit, dieser Partei zum Durchbruch zu verhelfen in der Hoffnung, daß Adolf Hitler mit seiner Bewegung einen neuen Anfang schafft.

Rolf Johannesson (1)
Jahrgang 1902

Meine Kindheit fiel in die Zeit der Flottenbegeisterung Tirpitzscher Prägung. Daß ich Soldat wurde, stand immer außer Zweifel. Die Uniform in jungen Jahren brachte mit sich die Uniformierung des Urteilsvermögens, die Scheuklappen gegenüber der Vielfalt menschlicher Existenz. Es fehlte diesen Technikern des Krieges das volle Verständnis für das Ganze der geschichtlichen Situation. Deshalb unterlagen sie verhängnisvollen Irrtümern in der Einschätzung jener Dinge, die außerhalb des technisch-militärisch Faßbaren lagen. Es war im Kadettenkorps sogar möglich, bei guten militärischen, aber mangelhaften wissenschaftlichen Leistungen befördert zu werden auf Befehl des Kommandeurs. Man sagt, hier habe man gelernt, tapfer und schweigend zu sterben. Das haben die Kadetten im Ersten Weltkrieg ja auch bewiesen. Das ist aller Achtung wert. Aber es genügt nicht. Das Verhalten der Generalität unter Hitler hat hier eine seiner Wurzeln, meine ich.

1918 machten wir kurze Übungsfahrten in der Kieler Bucht. Aber das alles überschattende Erlebnis war die Revolution. Ein Erlebnis, das ich niemals ganz überwunden habe. Deswegen will ich auf dieses Geschehen etwas tiefer eingehen und die Fahrt unseres Schlachtschiffes ›Schlesien‹ beschreiben:

Am 5. November 1918 früh sahen wir vor Kiel-Holtenau die Schlachtschiffe des 3. Geschwaders. Die Revolution kündigte sich an. Die militärische Lage sah etwa so aus: Das Heer zog sich tapfer kämpfend Schritt für Schritt zurück. Was die Marine angeht, so hatte Hipper als neuer Chef der Seekriegsleitung der Flotte den Befehl erteilt, mit Unterstützung der nun frei gewordenen U-Boote die englische Flotte anzugreifen. Wir auf der ›Schlesien‹ waren dann Zeuge, als das Geschwader am Montag, den 4.11., unter beschämenden Umständen – die Anker wurden von Offizieren und Fähnrichen gelichtet – in die Lübecker Bucht auslief. Als wir nach dem Frühstück an Deck gingen, sahen wir gegen 7.30 Uhr auf den Schiffen ringsum rote Flaggen. Die Matrosen hatten das Kommando übernommen.

Ich war 1918 Kadett bei der Marine geworden und erlebte auf dem Schlachtschiff ›Schlesien‹ nun das Ende des Ersten Weltkrieges. Während wir mit äußerster Kraft ostwärts dampften, breitete sich die Revolution in Düsseldorf, Magdeburg, Leipzig, Frankfurt und Stuttgart aus. In Berlin versuchte Prinz Max von Baden verzweifelt, zur Rettung der Monarchie den Kaiser zum Rücktritt zu bewegen. Auch Scheidemann und Ebert hofften, bei dessen sofortigem Rücktritt die Massen in der Hand zu behalten.

Am 30. November 1918 wurden wir Seekadetten vom Arbeiter- und Soldatenrat entlassen. Tags darauf, am 1. Dezember, ließ ich mich an der Berliner Universität immatrikulieren. Das Halbjahr 18/19 war von Unruhe erfüllt. Kämpfe um den von der Volksmarinedivision besetzten Marstall, Umzüge der regierungstreuen

Truppen durch die Straßen Berlins, Ansprachen des Volkskommissars Noske – ich selbst hatte mich als Zeitfreiwilliger bei den 8. Husaren gemeldet. Als ich erfuhr, daß zum Schütze Ostpreußens gegen die vordringenden Sowjetrussen eine Marine-Sturm-Kompanie aufgestellt wurde, meldete ich mich. Sie bestand aus drei Zügen, der erste Zug Leutnants, der zweite Fähnriche, der dritte Seekadetten. Diesen Entschluß halte ich für den anständigsten in meinem Leben, ein gefahrvolles Unternehmen, ohne soliden Rückhalt, kaum ärztliche Versorgung, keine Rechte, nur Pflichten und Einsatz des Lebens. Weder Ruhm noch Ehre, weder Beförderungen noch andere Vorteile waren zu gewinnen. Rückschauend kann ich nicht ohne Stolz sagen, daß ich meinen kleinen Teil zur Abwehr der Bolschewisten beigetragen habe.

Wir wurden in Libau ausgeschifft und kamen dann an die Aa in die Schützengräben. Eine Übersicht über die militärische Lage hatten wir nicht; ich weiß nur noch, daß wir unsere Stellungen hielten und die Einnahme Rigas durch die Baltische Landeswehr erfuhren. Damit war die Gefahr vorüber. Ich ließ mich entlassen. Hätte uns eine Kassandra das Unheil von 1939 * prophezeit, wir hätten sie für verwirrten Sinnes gehalten. Das unmöglich Scheinende hat Hitler fertiggebracht und das Baltikum verraten. Bei späteren Flottenbesuchen in Libau, Riga, Reval erlebten wir die Balten noch einmal, bei herrlichen Festen in unserer deutschen diplomatischen Vertretung.

Werner Bartels (1)
Jahrgang 1902

Ich bin in einer der schönsten Gegenden Deutschlands, Klostermannsfeld am Harz, in der Nähe des Kyffhäuserdenkmals aufge-

* 1939 überließ Hitler im Hitler-Stalin-Pakt die baltischen Staaten (Litauen-Lettland-Estland) der UdSSR

wachsen. Im Ersten Weltkrieg bin ich mit 15 Jahren zum Kriegsdienst eingezogen worden. Wenn die Lazarettzüge kamen, mußten wir die Verwundeten ausladen. Das war 1917.

Am 12. Mai 1918 bin ich als Kriegsfreiwilliger eingezogen worden. Ich wurde Meldereiter für die Infanteriebegleitbatterie eines Regiments. Es war während des deutschen Rückzugs. Da ging ich dann mit Meldetasche und Kochgeschirr zwischen der Batterie und den im Rückzug befindlichen Einheiten hin und her. Es gab keine Pferde mehr. Die waren in den Kochtopf gewandert. Oder Wurst war daraus gemacht worden. Das war also praktisch schon der Zusammenbruch.

Die zurückgeführten Truppen dachten nur daran, anständig nach Hause zu kommen. Ohne Revolution. Und dann hat uns die Revolution doch überrascht. Wir sind aber in geschlossener Formation zurückmarschiert und sind in Dessau im Dezember sogar mit klingendem Spiel eingezogen. Man wollte nicht hinnehmen, daß der Krieg verloren war und die Heimat, wie die deutsche Legende sagt, die Armee im Stich gelassen hätte. So entstanden die Freikorps. Neben dem Entlassungsgebäude standen schon die Tische mit den Werbern für das ›Freiwillige Landesjägerkorps‹ unter General Maerker. Wir wollten vor allem entweder die Monarchie oder wenigstens einen anständigen Nationalstaat retten. Als Angehöriger dieses Freicorps war ich plötzlich am Kapp-Putsch beteiligt. Und 1920 bin ich deshalb wegen reaktionärer Umtriebe entlassen worden. Noske war damals unser Reichswehr-Minister.

Nun mußte ich eine zivile Karriere anfangen. 1922 habe ich am Polytechnischen Institut in Bad Frankenhausen am Kyffhäuser das Studienfach Flugzeugbau begonnen. Das war das einzige Institut in Deutschland, das damals Flugzeugbau lehrte. Den Universitäten war das, glaube ich, laut Versailler Vertrag verboten. Als ich ein praktisches Jahr nachweisen mußte, habe ich bei Junkers bis 1925 gearbeitet. Ich wurde dann in einer studentischen Verbindung aktiv, wo der burschenschaftliche Geist mit dem Begriff »ein großes deutsches Vaterland« hochgehalten wurde. Die Burschenschaft hatte den Freiheitsgedanken aus den Freiheitskriegen übernommen.

Ich habe dann insgesamt dreizehnmal Säbel und achtmal Schläger gefochten. Als das Dritte Reich kam, wurden die Verbindungen verboten.

Wie gesagt, bei Junkers-Flugzeugbau in Dessau machte ich ein Praktikum. Als Bordwart eines der ersten mehrmotorigen Bomber bin ich dann 1925 nach Malmö in Schweden geflogen, wo das Flugzeug seine Zulassung bekam. Diese Flugzeuge waren für die ehemaligen Kriegsgegner bestimmt. Wir haben aber heimlich welche zusätzlich gebaut, d. h. die ersten deutschen Bomber nach dem verlorenen Krieg. Das Material, das eigentlich als Entente-Lieferung gedacht war, haben wir einfach denen weggenommen und die Dreimotorigen gebaut. Das war 1925.

Eigentlich war das eine richtige Hintergehung der Entente-Bestimmungen. Es gab schon unter Seeckt als Oberbefehlshaber der Reichswehr heimlich Fliegerschulen, ebenso eine Ausbildung in der Sowjetunion von 1925 bis Hitler Kanzler wurde. Milch, der später in der Luftwaffe Feldmarschall geworden ist, hat mich dann zur Lufthansa gebracht, die gerade aufgebaut wurde. Er war dort Direktor.

Um Flugkapitän zu werden, bin ich dann dem Syndicado Condor in Rio de Janeiro vermittelt worden. Das Condor Syndikat war eine Fluggesellschaft, die von Deutschen mit deutschen Flugzeugen betrieben wurde. Man hat dort in den zwanziger Jahren in Kolumbien die ›Skata‹, in Peru die ›Lufthansa Peru‹, in Bolivien den ›Aerio Boliviano‹ und in Rio das ›Syndicado Condor‹ aufgemacht. Das war eine großartige Geschichte. So begann der Luftverkehr in der Welt. Bis Hitler an die Macht kam, flog ich in Rio de Janeiro beim Syndicado Condor. Das war eine sehr schwierige Fliegerei. Sie war einfach richtig naßforsch.

Ende 1933 wurde ich aufgefordert, nach Deutschland zurückzukehren. Dort habe ich ein Flugzeugwerk als technischer Leiter und Chefpilot übernommen. Nach dem Anschluß Österreichs ans Reich wurde ich technischer Leiter des Flugzeugwerks in Wiener Neustadt.

Gottfried Fährmann (1)
Jahrgang 1923

Ich bin in den 30er Jahren als Halbwaise aufgewachsen. Mein Vater ist zwei Monate vor meiner Geburt gestorben. Er war in der Fabrik meines Großvaters tätig gewesen, und nach seinem Tode stand meine Mutter praktisch mittellos da, weil es Sozialversicherungen für Selbständige seinerzeit noch nicht gab. Wir zogen dann zu meiner Großmutter, die ein Juweliergeschäft hatte, und meine Mutter hat das Geschäft zusammen mit der Großmutter, die 1932, glaube ich, gestorben ist, geführt. Aus dieser Zeit stammt auch meine Kenntnis der wirtschaftlichen Verhältnisse, die sich selbstverständlich auf ein Juweliergeschäft besonders extrem ausgewirkt haben, denn wer in den 30er Jahren war überhaupt noch in der Lage, Juwelen oder Schmuck zu kaufen?

Ich bin oft aus der Schule nach Hause gekommen und habe die beiden gefragt: »Habt ihr was verkauft?«, und dann war die Antwort: »Bloß 'ne Reparatur für 30 Pfennig.« Das war dann auch der Grund dafür, daß ich nur die Handelsabteilung des Realgymnasiums besucht habe. Ich wollte meiner Mutter nicht länger als nötig zur Last fallen, denn damals gab es außer Schulgelderlaß und Schulbücherspenden keinerlei Unterstützungen. Wir wohnten in unmittelbarer Nähe des Arbeitsamtes, und ich habe als Junge – ich war 1929 sechs Jahre – eine Menge »mitgekriegt«. Der Weg zu meiner Volksschule führte am Arbeitsamt vorbei, und da sah ich die Riesenschlangen der Arbeitslosen, was mich besonders beeindruckt hat. Am Ende der Schlange war eine Kneipe, wo Frauen mit ihren Kindern standen, um ihre Männer vom Suff abzuhalten.

Als ich 1932 in die Penne kam, ins Realgymnasium, habe ich dort bereits die Differenzen politisch verschieden orientierter Studienräte miterlebt, die sich offen bekämpften. In der Volksschule hatte ich zwei Kameraden, der eine hatte einen Vater, der schwer kriegsbeschädigt aus dem Ersten Weltkrieg nach Hause gekommen war; er hatte nur noch einen Arm. Er war als Pförtner tätig gewesen und wurde als einer der ersten bei der großen Wirtschaftskrise entlassen. Ein anderer, der ebenfalls von Anfang an arbeitslos war, dem habe ich geholfen, einen Nebenverdienst zu erhalten, indem er überaltete Zahnpastatuben aufkaufte, die wir gemeinsam abschnitten. Den Inhalt hat er dann als Schlemmkreide verkauft.

In dieser Zeit (1929) machte die Fabrik meines Großvaters Pleite, und auch daher wurde die gesamte Wirtschaftslage wie durch ein Brennglas für einen Jungen wie mich deutlich. Anfang 1941 habe ich das Abitur gemacht. Damals war es so, daß wir ohnehin schon Komplexe hatten, noch zu Hause zu sitzen, denn es hieß ja, die deutschen Studenten haben 1914 Langemarck gestürmt und 1940 die Wehrbezirksämter.

Ich will noch einmal an die Situation erinnern, wie sie sich uns Kindern dargestellt hat. Bis 1933 waren für uns noch die Ereignisse wesentlich, die sich auf den Straßen abspielten, nämlich Straßenschlachten der Rotfront, dann des Reichsbanners und der SA, Prügeleien und solche Sachen, und man hatte das Gefühl, jetzt müßte da mal Ordnung geschaffen werden. Vor diesem Hintergrund waren wir eben fasziniert, als in der Potsdamer Garnisonkirche, nach einer normalen Wahl, Adolf Hitler durch den von allen verehrten Reichspräsidenten Hindenburg zum Reichskanzler ernannt wurde. Ich sehe heute noch die Bilder, wie er sich tief vor Hindenburg verneigte; dies hat bei uns allen einen sehr tiefen Eindruck hinterlassen, und daraus ergab sich eigentlich die Identifizierung Preußen-Deutschland-Nationalsozialismus. Es ist einfach falsch, Deutschen, die ihr Land geliebt haben, zu unterstellen, sie seien schon deshalb Nazis gewesen.

Klaus von Bismarck (1)
Jahrgang 1912

Meine Eltern waren Liberale, so aus der Ecke wie die Bonhoeffers oder Dohnanyis, mit viel Musik, sehr liberal, keine hinterpommersche traditionelle Bismarck-Sippe, das Gegenteil. Sehr bürgerlich, selbstbewußt. In meine Jugend hinein gehört, daß ich Jungstahlhelmer gewesen bin. Mir hat das Spaß gemacht. Das gehörte zum körperlichen Härtetraining. Ich habe da mit Passion mitgemacht. Von all diesen hinterpommerschen Aristokraten sind ganz wenige Nazis gewesen, aber sie haben die Weimarer Demokratie verpaßt. Sie waren zum großen Teil Monarchisten.

Die Monarchisten haben die Weimarer Demokratie aufgrund historischer Blindheit verpaßt, weil sie einen verlängerten Glauben an die Monarchie hatten. Der Glaube an die Monarchie war natürlich verbunden mit gewissen Vorstellungen von den Privilegien eines adeligen Landbesitzes. Sie lebten in einem aristokratischen Reservat.

Im Gegensatz zu Schlesien, Ostpreußen und dem Saargebiet waren die pommerschen Aristokraten arm. Sie standen morgens um fünf Uhr als Besitzer auf ihrem Hof und teilten die Pferdegespanne ein. Nachts saß die Hausfrau und rechnete im Gutsbüro, aber die meisten dieser, sagen wir einmal, Onkels, waren natürlich Drittes Garderegiment zu Fuß, und so standen auf dem Kaminsims die ganzen Aschenbecher und Silberbecher mit Cognacs von ihren Freunden. Das heißt, es war eben eine absolut antike Welt, meilenweit weg von dem, was wirklich mit der Weimarer Republik unternommen wurde. Das war für sie ein sozialdemokratisch-katholischer Staat. Und der erste Präsident der Republik, Ebert, war für sie ein Prolet. Aber das, was da so im Dritten Reich antrat an Gauleitern usw., das waren natürlich auch schreckliche Satrapen-Typen und wurden ebenfalls abgelehnt.

Wilhelm Fischer
Jahrgang 1916

Ich stamme aus dem Arbeitervorort Köln-Kalk. Mein Vater war Stadtverordneter. Er war Schlosser von Beruf. Im Krieg wurde er schwer verwundet, im Ersten Weltkrieg, und zwar mit einem Halsdurchschuß. Die Mundpartien usw. wurden zerschossen.

Ich habe die Weimarer Republik miterlebt. Ich möchte sagen, das Hauptkennzeichen war die große Arbeitslosigkeit, die man in Kalk, in unserem Arbeiterviertel, ja besonders stark spürte. Wenn wir irgendeine Veranstaltung hatten, konnten manche Leute nicht mitgehen, weil sie einfach keine Schuhsohlen hatten. Ich war Mitglied des Reichsbanners. Ich erinnere mich immer noch an diese schreckliche Zeit. Da haben wir als Sozialdemokraten ja auch stark nach links abgegeben an die Kommunisten.

Was uns nachher, 1933, enttäuscht hat, war, daß die Rötesten zuerst mit übergeschwenkt sind, besonders die arbeitslosen Kommunisten – ich meine zu den Nazis. Wir haben damals unter uns gesagt: Erst haben sie die Arbeiterwohlfahrt ausgenutzt, die Rote Hilfe, und dann gingen sie direkt in die Nationalsozialistische Volksfürsorge (NSV) hinein. Viele von ihnen haben Arbeiterwohlfahrt, NSV und nach dem Krieg die Caritas in Anspruch genommen.

Ich habe ja miterlebt, wie die Nazis kamen, auch die Prügeleien, links gegen die SA hier in Köln. Als der SA-Führer Röhm nach Köln kam, haben wir im geheimen Plakate geklebt. Wir hatten ein schwarzes Plakat: Achtung SA und SS, Hintern waschen, Röhm kommt*. Und da waren die schwer beleidigt. (Das war eine Anspielung auf Röhms homosexuelle Neigung.) Ein Jahr später ist Röhm von Hitler ermordet worden. An der Hitler-Jugend bin ich sozusagen vorbeigekommen. Ich hatte meinen Fimmel mit dem Reiten. Deswegen bin ich dann in Deutz ganz automatisch in das NS-Reiterkorps geraten wie der Waldheim. Beim Waldheim ist es so: der war nicht Nazi und nicht SA-Mann. Nur das Pferd war Nazi.

Vor 1933 war die komische Grußart der Nationalsozialisten für alle Nicht-Nazis eine Quelle der Belustigung. Es war zum Lachen, aber das Lachen ist uns vergangen, sie haben es uns abgewöhnt. Das erste Mal, als ich dieses Begrüßungsritual erlebte, habe ich nie vergessen. Es war wohl 1928 oder 1929 im roten Kalk auf der Hauptstraße vor der Marienkirche an einem Sonntagmorgen. Ich stand an der Haltestelle der Straßenbahn, die Messe war aus, und

* Ernst Röhm (1887-1934), Offizier im Ersten Weltkrieg. Teilnehmer am Hitlerputsch 1923. Als oberster SA-Führer beim sogenannten »Röhmputsch« 1934 ermordet.

ein junger, normal sonntäglich angezogener Mann steht neben mir. Eine Bahn kommt, es steigt ein Kerl aus mit Braunhemd inklusive roter Hakenkreuzarmbinde und Wickelgamaschen – Reitstiefel wurden erst später modern. Ein Gesicht, das man nur mit Schläger- oder heutzutage mit Rockervisage bezeichnen würde. Der junge Mann und dieser Urwaldbewohner sehen sich, reißen die Arme hoch, rufen lautstark »Heil Hitler«, wobei der Urwaldmann uns Umstehende frech musterte. Einige ältere Leute schüttelten den Kopf, sagten aber nichts. Ich war damals etwa zwölf Jahre alt und vollständig konsterniert, wußte gar nicht, was das Ganze bedeutete. Zu Hause fragte ich meinen Vater. Der lächelte nur und sagte: »Die Arschlöcher kannste vergessen, die kommen auch noch zur Vernunft.« Wie sagt der Lateiner? »Errare humanum est.«

Martin Koller (1)
Jahrgang 1923

Ich bin in Süddeutschland geboren als zweiter Sohn von sechs Kindern. Mein Vater war evangelischer Pfarrer. Mein ältester Bruder ist in Ostpreußen als Hauptmann gefallen, 1944. Ich wurde schwer verwundet. Meine Schwester ist im Bombenkrieg umgekommen, und die jüngsten drei Brüder leben noch.

Unser Elternhaus war ein ganz typisches süddeutsches Pfarrhaus. Beide Eltern waren sehr fromm, mein Vater war im Ersten Weltkrieg Soldat, lag vor Verdun, erzählte aber von diesem Krieg sehr wenig, obwohl wir gerne viel von ihm gehört hätten, denn damals war das Frontkämpfertum eine Art Ideologie in unserem Volk. 1923 bin ich geboren; man muß sich vorstellen, der große Krieg war erst vor fünf Jahren zu Ende gegangen, und der Krieg war zwar verloren, aber nicht militärisch verloren gewesen, und da, glaube ich, steckte in den deutschen Bürgerhäusern noch sehr viel unbewältigte Vergangenheit. Das, meine ich, war auch bei meinem Vater zu spüren.

Mein Vater war im Grunde seiner Seele Monarchist. Er glaubte an den Kaiser und an das Treueverhältnis zwischen Kaiser und Untertanen, aber er war eigentlich sehr kritisch bei der Machtübernahme Hitlers diesen Braunen gegenüber.

Als Hitler die Macht übernahm, war ich zehn Jahre. Als Pfarrerskinder gehörten wir zur gehobenen Schicht. Die anderen Eltern waren froh, wenn ihre Kinder mit uns spielen durften, wir hatten eine soziale Vorgabe, wir waren immer die Rädelsführer in diesen Bandenkriegen, wie Kinder eben so spielen.

Als ich zur Welt kam, litt Deutschland unter der großen Infla tion. Meine Mutter hat mir erzählt, als ich geboren wurde, kostete eine Flasche Milch einige Billionen Mark. Sonst ging es uns auf dem Dorf natürlich nicht besonders schlecht, für jede Taufe oder jede Beerdigung wurde mein Vater in Naturalien entlohnt und nicht in Geld.

In diesen Jahren begann die Rundfunk-Ära. Ich erinnere mich, daß mein Vater eines Tages mit einem Kasten nach Hause kam. Auf einmal kam die Welt ins Wohnzimmer, und den »Tag von Potsdam«, wie er 1933 genannt wurde, habe ich in diesem Zimmer mit verfolgt. Man hörte die Glocken läuten, man hörte Marschmusik und, wenn es dann hieß »der Führer, der Führer« usw. usw., das waren schon die ersten Eindrücke einer neuen Technik, die uns teilhaben ließ am Weltgeschehen. Ich denke, daß die Nazis dieses neue technische Instrument in ihrer Massenbeeinflussung systematisch eingesetzt haben. Wir Jungens waren damals in einer Jugendgruppe. Das war noch der Ausklang der Wandervogelzeit und der Jugendbewegung. Ich glaube, keiner in unserer Gymnasialklasse war nicht in irgendeiner solchen Verbindung. Es gab die Sozialisten, die Falken, es gab die Kommunisten, es gab auch schon die Hitlerjugend, und es gab Jungstahlhelm, die Söhne der Frontsoldaten waren da vereinigt, und die trugen alle Uniformen, Koppel, Schulterriemen. Wir hatten blaue Hemden und trugen am Ärmel ein Eichenkreuz, das unser Symbol der christlichen Pfadfinder war; die HJ erkannte man natürlich an ihren Braunhemden usw. Diese Jugendbünde befehdeten sich, führten also richtige Bandenkriege. Das waren Kriege unter der Überschrift »Geländespiel«, so haben wir zu Hause gesagt; man zog in die Felder und die

Wälder und bekämpfte sich. Man mußte sich gegenseitig die Fahne stehlen, das waren dann große Heldentaten. Man hat Krieg gespielt.

1934 allerdings wurde damit Schluß gemacht. Durch einen »Führerbefehl« wurden alle Jugendbünde aufgelöst, und jeder mußte in die Hitlerjugend, die sog. Staatsjugend. Das war also die einzige Jugendorganisation, die es noch gab, uns hat man geschlossen übernommen. Wir waren auf einmal ein Fähnlein der Hitlerjugend. Der Bannführer übergab uns eine Fahne. Er gab uns den Namen »Götz von Berlichingen«. Wir waren jetzt Hitlerjugend, aber wir waren eigentlich die alten Pfadfinder geblieben. Wir machten auch noch Bibelstunden, alles was dazu gehörte. Einmal hat mein Bruder nachts die Fahne des Fähnleins »Leo Schlageter« gestohlen, da war ich sehr stolz auf ihn. Aber am nächsten Tag auf dem Schulhof gleich nach Schulschluß sah ich, wie die Schulkameraden meinen Bruder fürchterlich zusammengeschlagen haben. Er blutete aus dem Mund, er hatte blaue Flecken usw. Ich mußte ihn auf dem Fahrrad nach Hause schieben, es ging ihm sehr schlecht, und er spuckte Zähne aus. Er sagte ein Wort, das mir unvergeßlich ist. Er sagte: »Faschisten«. Dieses Wort hatte ich vorher noch nie gehört, ich wußte auch nicht, was es bedeutete, aber ich ahnte etwas.

Es war ganz klar, ich wollte Flieger werden. Ich wurde auch zuerst Segelflieger in der Hitlerjugend, das kostete keinen Pfennig. Mit 16 Jahren hatte ich meine C-Prüfung, und jedes Wochenende war ich draußen auf dem Hang. Ich hatte eigentlich die klassische humanistische, traditionelle Ausbildung auf einem sehr ruhmreichen alten Gymnasium, das in der Reformationszeit gegründet war; unser Rektor war ein Humanist reinsten Wassers. Über Politik wurde in der Schule nicht gesprochen. Wenn wir ein schlechtes Gewissen hatten wegen der Hausaufgaben, zogen wir Uniformen an, gingen in die Schule und sagten: »Herr Professor, ich konnte meine Hausaufgaben nicht machen, wir hatten Nachtdienst.« Und der Professor respektierte das. Zu Hause standen natürlich die kriegsverherrlichenden Bücher aus dem Ersten Weltkrieg von Ernst Jünger, Dwinger, Beumelburg, »Kornett« von Rilke. Dwinger »Die Armee hinter Stacheldraht«, – aber auch die ketzerischen »Die letzten Reiter«.

Peter Herz
Jahrgang 1930

Unsere Wohngegend in Köln war ein typisches Arbeiterviertel. Meine Freizeit verbrachte ich die Woche über mit meinen Schulkollegen, den Sonntag mit meinem Vater beim Fußballclub Nippes 1912, mit dem wir alle Heim- und Auswärtsspiele besuchten. Ein typischer Arbeiterverein, wo der Höhepunkt immer der Sonntagnachmittag und -abend im Vereinslokalssälchen bei Kartoffelsalat und Würstchen mit Bierstiefel war. Dieser Verein hat auch heute noch Bestand und dieselbe Struktur.

Zirka 800 Meter davon war das SA-Sturm-Lokal. Von dort zogen die SA-Leute dann zu später Stunde im trunkenen Zustand oft vor unser Vereinslokal und randalierten. Beispielsweise mit ausgehobenem Straßenpflaster. Aber mit ausgebrochenen Stuhl- und Tischbeinen wurden sie dann immer erfolgreich in die Flucht geschlagen. Meistens führte mein Vater den Gegenstoß an.

Meinen ersten Eindruck vom Nationalsozialismus bekam ich als Kind, als ich auf der Sechzigstraße im Schaufenster SA-Bleisoldaten und einen Hitler mit beweglichem Arm sah. Ein paar Tage später paradierten dann diese Blei-Soldaten in natura über die Sechzigstraße. Vornweg die »Blutfahne«, die jedermann mit gezogenem Hut und mit erhobenem Arm grüßen mußte (wie der Blei-Hitler mit beweglichem Arm).

Hans Herwarth von Bittenfeld (1)
Jahrgang 1904

Als Hitler Kanzler wurde, war ich schon im Auswärtigen Dienst. Die Gründe, die zu Hitlers Machtergreifung geführt haben, sind m. E. einmal das Versagen der Mittelparteien und vor allem auch die abwartende Haltung der Sozialdemokraten. Die Sozialdemokraten waren wohl noch nicht daran gewöhnt, daß sie nun auch Macht übernehmen und Verantwortung tragen mußten. Und dazu die Tatsache, daß sie Brüning zwar nie ihr Vertrauensvotum gegeben haben, aber andererseits seine Notverordnungen nicht aufgehoben haben. Sie haben ihn also nur passiv unterstützt. Das war, glaube ich, der Fehler der Sozialdemokratie. Und zweitens: das Versagen der Mittelparteien, die nicht in der Lage waren, eine wirkliche Abwehrfront gegen den Nationalsozialismus und den Kommunismus aufzubauen. Ein weiterer Grund war die sehr große Arbeitslosigkeit. Die muß man miterlebt haben. Der Friedensvertrag von Versailles. Der hat sich doch außerordentlich ungünstig ausgewirkt. Die sehr harten wirtschaftlichen Bestimmungen, die auch mit dazu geführt haben, daß Deutschland wirtschaftlich im Abstieg begriffen war. Das alles hatte dazu geführt, daß der Nationalsozialismus und der Kommunismus sehr viele Gefolgsleute gefunden haben.

Das Schlimme war, daß sich eigentlich außer der Staatspartei und der deutschen Volkspartei niemand so recht mit der Weimarer Republik identifizieren wollte. Ich erinnere mich noch daran, daß wir mal in irgend ein Ostsee- oder Nordseebad gingen, da waren nur schwarz-weiß-rote Fahnen, keine schwarz-rot-goldenen. Ich kam einmal mit dem Auto aus der Sowjetunion zurück – in der Sowjetunion führten wir natürlich die offizielle schwarz-rot-goldene Fahne als Wimpel am Auto, und als wir in Ostpreußen ankamen, wurde ich gleich dort an der Grenze beschimpft, warum ich diese Fahne führte. Es war eigentlich niemand da, der wirklich bereit war, sich für die Weimarer Republik einzusetzen. Das erste Mal, daß ich mich selbst mit dem Staat identifiziert habe, war, als ich ins Auswärtige Amt eintrat, das war unter Stresemann. Stresemann war eine großartige Persönlichkeit. Seine Ziele: die Versöhnung mit Frankreich, ein neues Europa, damit gab er uns wieder ein neues Ziel, ein Ideal. Deshalb war ich natürlich auch ein großer Anhänger von Brüning. Brüning war Frontsoldat gewesen, er hatte sich also im Kriege bewährt, er war Katholik, ein gläubiger Christ, der Mann, der sich hinstellte mit dem Eisernen Kreuz Erster Klasse, der sprach uns junge Studenten an. Wir sagten, das ist ein Kerl. Wir waren überzeugt, daß er in der Lage sein würde, die Krise zu meistern.

I. Herr Europas

»Ihr sollt einmal mein Corps der Rache sein«
»Juden raus«
Der Blitzkrieg auf dem europäischen Festland
Deutsche auf Zeit

»Ihr sollt einmal mein Corps der Rache sein«

Als Hermann Göring, Pour-le-Mérite-Jagdflieger des Ersten Weltkrieges und »Paladin« Hitlers, den ersten Jahrgang junger Leutnants seiner Luftwaffe in Berlin beförderte, rief er ihnen zu: »Ihr sollt einmal mein Corps der Rache sein.« Aber die öffentliche Zustimmung zum Nationalsozialismus und zur massiven Aufrüstung bedeutete noch keinesfalls Begeisterung für einen neuen Krieg.

1,8 Millionen Deutsche waren 1914–1918 gefallen. Hitler, der selbst an der Front gewesen war, betonte, daß seine eigenen Kriegserlebnisse die beste Friedensgarantie für das Reich seien. Viele Bürger hielten es für unmöglich, daß er, als einer der »im Felde« gewesen war, etwa einen neuen Waffengang riskieren würde.

Die ersten vier Jahre des Nationalsozialismus waren Triumphjahre. Das Ermächtigungsgesetz vom März 1933, das fast die gesamte politische Macht in den Händen des neuen Führers konzentrierte, fand mehr als achtzig Prozent Zustimmung im Reichstag. Die »Bewegung« der Nazis schien Schaffenskraft und Entschlußfreudigkeit zu verkörpern. Selbst Hitlers Mord an zahlreichen politischen Gegnern, die SA-Führer in der Säuberungsaktion von 1934 inbegriffen, wurde weitgehend als Zeichen seiner Absicht interpretiert, Korruption und Verrottung auszuschalten und Stabilität zu sichern. Ein nationaler Arbeitsdienst, der die heranwachsenden jungen Männer aufnahm, öffentliche Bauprojekte, insbesondere die Autobahnen, die den erwerbslosen Vätern und älteren Brüdern Arbeitsplätze gaben, militärische Aufrüstung bis zur vollständigen Wiederbewaffnung – all das gab Hitler als sein Verdienst aus. Als die Wirtschaft wieder zu blühen begann, stimmten Millionen von Deutschen darin überein, daß »wir dem Führer danken müssen«. Die Nazis agierten nach dem Prinzip, daß kein anständiger Deutscher sich bewußt von der sich entwickelnden »nationalen Revolution« ausschließen könne. Hitler festigte seine Position an der Wurzel durch die Politik der *Gleichschaltung*. Jeder Alltagsaktivität wurde eine nationalsozialistische Identität zugemessen. Alle freiwilligen Vereinigungen, die das Gesellschaftsleben der Gemeinden in Deutschland seit langem bestimmten, wurden aufgefordert, sich zusammenzuschließen. Traditionelle Jugendorganisationen wurden aufgelöst, ihre Mitglieder in den Bund Deutscher Mädel und in die Hitlerjugend überführt. Nach 1933 waren einzelne führende örtliche Parteigenossen weder Ideologen noch Opportunisten, sondern tatkräftig, loyale Bürger, wie man sie in jedem Gemeinwesen antrifft. Ihre Beteiligung stärkte die Glaubwürdigkeit des Regimes, während Hitler Deutschland Schritt für Schritt für den Krieg präparierte.

Die Wiedereinführung der Wehrpflicht im März 1934 war auch eine Geste der Dankbarkeit Hitlers gegenüber den Generalen, die ihn vor 1933 unterstützt hatten. Armee, Marine und die neu gegründete unabhängige Luftwaffe unter Hermann Göring, alle übertrafen sich bei der Formulierung ihrer Aufrüstungswünsche.

Die Rüstungsplanung spiegelte das Bestreben Hitlers wider, aus der Wehrmacht in größter Eile ein für seine Machtpolitik brauchbares Instrument »aus dem Boden zu stampfen«. So entstand in atemberaubend kurzer Zeit eine Kriegsmaschine, die im Vergleich zu den militärischen Fähigkeiten der anderen europäischen Staaten eindrucksvoll und respektgebietend war. Zugleich wurde aber auch der Mangel an homogener Zielsetzung deutlich.

Während die deutsche Marine den ehrgeizigen Plan, eine starke Übersee-Flotte zu bauen, den »Z-Plan« verfolgte, um England zur See paritätisch gegenübertreten zu können, tappte die unabhängige junge Luftwaffe strategisch im dunkeln. Die beachtliche Produktion zweimotoriger Bomber, mit denen allenfalls ein »taktischer« Luftkrieg geführt werden konnte, unter gleichzeitiger Vernachlässigung der Luftverteidigung durch leistungsfähige Jagdflugzeuge, spiegelte die ganze Konzeptlosigkeit wider. Und beim Landheer hielt die Weiterentwicklung von Panzern – ihre Zahl, ihre Technik und ihre Bewaffnung, nicht Schritt mit dem rapiden Anwachsen des Heeres – so groß war die Eile, in der alles ablief.

Das Versäumnis des Militärs, wie auch der politischen Führung, ein umfassendes, vorausschauendes, strategisches Konzept zu entwickeln, sollte viel dazu beitragen, daß dann die Willenskraft des ideologisierten Einzelnen das Manko an rationaler Berechnung wettmachen sollte.

Die Außenpolitik des Reichs war anfänglich darauf angelegt, Europas Furcht vor einem neuen Krieg und seine Unsicherheit in Bezug auf die Absichten der deutschen Regierung auszunutzen. Zwischen 1933 und 1938 schien es so, als ob alles, was der Weimarer Republik verwehrt worden war, den Nazis auf ihr Drängen gewährt würde. Hitler verließ den Völkerbund und seine Abrüstungskonferenz und erntete nur Scheinproteste. Im März 1936 marschierten deutsche Truppen in das Rheinland ein, das nach den Bestimmungen des Versailler Vertrages entmilitarisiert worden war. Frankreich war nicht in der Lage, ohne eine Generalmobilmachung zu reagieren. England wollte keinen Mann angreifen, »der nur seinen eigenen Hinterhof benutzen wollte«.

Vier Monate später verschaffte der Ausbruch des Bürgerkrieges in Spanien Hitler die Möglichkeit, dort Teile seiner neuen Militärmaschinerie zu erproben. Die Legion Condor der Wehrmacht lieferte Francisco Francos Nationalisten machtvolle Unterstützung in der Luft und am Boden und durch die Zerstörung Guernicas gelangte sie zu traurigem Ruhm. Die Zusammenarbeit in Spanien verbesserte auch die Beziehungen Deutschlands zu Italien, dessen Diktator Mussolini in Hitler noch immer mehr den Rivalen als den Kollegen sah. 1937 war die Achse Rom-Berlin geschaffen worden. Der Kontinent starrte wie gebannt auf den »Führer« und seine unabsehbaren Entschlüsse.

Hitlers bisherige Erfolge waren jedoch nur Präliminarien. Im November 1937 zeichnete sich in der Hossbach-Konferenz (so benannt nach dem Offizier, der das Protokoll dieser Konferenz führte) Hitlers Absicht ab, sich dem Osten zuzuwenden, wo er die wahren pangermanischen Zukunftsmöglichkeiten sah. Im März 1938 beugte sich die österreichische Regierung dem deutschen Druck. Unter dem Jubel der Bevölkerung kehrte Österreich »heim ins Reich«. Zwei Monate später gab Hitler der Wehrmacht geheime Befehle zur Vorbereitung der Besetzung des Sudetenlandes und der Unterwerfung der Tschechoslowakei. Nur wenige leisteten ihm Widerstand. Viele prominente Kritiker der Hitlerbewegung verließen Deutschland bei der Machtübernahme der Nazis. Aktiver Widerstand beschränkte sich anfänglich auf die Kommunisten, einige Sozialdemokraten und ein paar Intellektuelle, die sich weigerten zu emigrieren. Erst 1936 begann sich der Widerstand in anderen Bereichen der Bevölkerung zu regen: Christen beider Konfessionen, die erkannten, daß das Verhalten des Reichs alle moralischen Gesetze mißachtete, Soldaten, Beamte, Journalisten und Diplomaten, denen klar wurde, daß die ›Bewegung‹ einen neuen Krieg ansteuerte. Aber noch immer war deren Zahl gering. Insbesondere das Offizierskorps genoß seine neuen Ränge und seine erweiterte Verantwortung nur allzu sehr.

Als 1938 anläßlich der tschechoslowakischen Krise in Generalstabskreisen vorsichtig und verhalten diskutiert wurde, ob Hitler entmachtet oder gar entfernt werden müsse, waren die Argumente eher pragmatischer als moralischer Natur: Hitler riskiere den falschen Krieg zur falschen Zeit. Die Generale aber verwarfen Vorschläge für einen Putsch, weil sie glaubten, daß die jungen Offiziere, Unteroffiziere und Rekruten bereits so stark vom Nationalsozialismus indoktriniert seien, daß sie wahrscheinlich Befehle, die gegen das Regime gerichtet waren, verweigern würden. Diese Betrachtungsweise gab Hitler weiterhin freie Hand.

Hitler war enttäuscht, als Frankreich und Großbritannien auf der Münchener Konferenz im September 1938 gegenüber den deutschen Forderungen bedingungslos kapitulierten. Der britische Premierminister, Neville Chamberlain, sprach vom »Frieden in unserer Zeit«. Sechs Monate später besetzte Hitler das, was von der Tschechoslowakei übrig geblieben war. Dann legte er Polen eine Liste mit Forderungen für eine territoriale Neuaufteilung vor. Die polnische Regierung, unterstützt von Frankreich und England, weigerte sich, diese Forderungen zu akzeptieren. Am 1. September 1939 erklärte Hitler seinen Krieg.

Johannes Steinhoff (1)
Jahrgang 1913

Am 20. April 1934 wurde ich in Stralsund an der Ostsee Soldat, oder besser, Matrose. Meine Crew – wir waren 176 an der Zahl – wurden später die Göring-Kadetten genannt. Fast alle kamen entweder von den Universitäten oder aus dem Beruf. Unsere Ausbilder haben es mit uns nicht leicht gehabt. Wir sollten Flieger werden, Flieger in der noch aufzustellenden neuen deutschen Luftwaffe. Während der Ausbildung sind wir enorm herangenommen worden. Von Politik wurden wir so gut wie nicht beeinflußt. Alle unsere Vorgesetzten waren ehemalige Reichswehr-Offiziere. Nationalsozialistische Führungsoffiziere gab es noch nicht. Wir hatten zu arbeiten, unser Pensum zu bewältigen.

Am Tage des Röhm-Putsches hatten wir zwei Tage Ausgehverbot. Sonst wußten wir nur, was in den Zeitungen stand, aber die lasen wir kaum.

Zum ersten Mal kam ich mit der aktuellen Politik in Berührung, als uns 1934 Joseph Goebbels besuchte und uns eine flammende Ansprache hielt. Ich muß rückblickend sagen, das war eine beeindruckende Schau, ein Meisterwerk der Polemik. Vor allem hob es sich von dem, was der Kommandeur der Marineschule, den wir »Sauren Wolf« nannten, sagte, so eklatant ab, daß später die Goebbels-Rede auf den Stuben zu heftigen, meist positiven Diskussionen geführt hat. Dann wurde ich Jagdflieger, Seejagdflieger. Wir lagen auf einem Flugplatz in Ostfriesland. Wir flogen auf Teufelkomm-raus. Fliegen war alles. Mit der Politik dieser Tage kamen wir kaum in Berührung. Aber wir waren stolz, gehätschelt, die »Garanten der Zukunft«. Görings Flugplätze waren im germanischen Stil des Dritten Reiches aus dem Boden gestampft worden, modern, komfortabel. 1936 wurde mein Leutnantsjahrgang, die erste »Offiziersmassenproduktion« des Dritten Reiches, für die

Luftwaffe nach Berlin beordert. Göring sollte zu uns im Preußischen Landtag sprechen. Dieses alte preußische Parlamentsgebäude, im Innern ein riesiges Amphitheater, war bis zum letzten Platz gefüllt. Es mögen rund 1.000 junge Leutnants gewesen sein. Göring sprach etwa eine Stunde lang. Er war bereits sehr dick geworden und trug die taubenblaue Uniform, rote juchtenlederne Schaftstiefel und Sporen. Was er sagte, war im großen und ganzen eine Abrechnung mit den Gegnern des letzten Krieges. Natürlich hatten wir Respekt vor dem Pour-le-mérite-Flieger. Sein Auftreten war theatralisch. Er gebrauchte die hinlänglich bekannten Vokabeln wie »Versailler Schandvertrag, Erniedrigung, Anspruch des Reiches auf Lebensraum und Vergeltung«. Als er mit den Worten schloß »Ihr sollt einmal mein Corps der Rache sein«, gab es wohl keinen unter uns, der nicht von dem Gedanken beseelt gewesen wäre, sich für dieses Reich bis zum letzten einzusetzen.

Theo M. Loch (1)
Jahrgang 1919

Ich war dreizehn Jahre alt, als Hitler zur Macht kam. Meine Eltern stellten Überlegungen an, wie der robuste und etwas tatenfreudige Junge zu bändigen sei und lasen 1934, daß am Starnberger See in Feldafing eine Schule gegründet worden sei, die eine Elite-Schule sein würde, und zwar für sportlich Begabte, wissenschaftlich Geeignete, die dort im gesunden, natürlichen, nationalsozialistischen Sinne erzogen werden sollten. Für die Ausgewählten war die Frage der Parteimitgliedschaft unbedeutend, denn mein Vater war damals kein Parteigenosse, und es wurde auch nicht primär die Frage gestellt, ob des Schülers Eltern alte Kämpfer waren. Von Anfang an bestand ein sehr starker Druck auf die Schüler, und das Bewähren als Kamerad stand natürlich im Mittelpunkt. Die Erzieher waren alle jung, zwischen 24 und 32 Jahre alt. Meine ganze Entwicklung bis Ende des Krieges ist nur aus dieser Schule her zu erklären, nicht aus dem Elternhaus. Die Schule in Feldafing war, obwohl sie auf der einen Seite viele Schwächen hatte, auf der anderen Seite merkwürdig liberal. Sie war eine Mischung aus Kadettenanstalt, Parteischule, großbürgerlichem Internat. Sie war eine Mischung, die im Grunde genommen ihre Schüler für ihr ganzes Leben auf eine Bahn brachte, in der das Leistungsprinzip vorherrschte.

Heinrich Böll sagte einmal, diese Generation wurde zum Sterben erzogen. Das stimmte. Es wurde gesagt, ihr müßt bereit sein für die »große Bewährung«.

Ich habe noch alle meine Briefe aus der Kriegszeit, die ich meiner Braut und meiner heutigen Frau schrieb. Wir haben uns jeden Tag geschrieben. Ich habe vor einiger Zeit mal einige Briefe nachgelesen, ich fand immer wieder, in sehr pathetischer Weise, in existentiell bedrängter Form: Ist heute dein letzter Tag? Damit entstanden existentielle Elemente in der Betrachtungsweise, die wir heute gar nicht mehr nachvollziehen können, weil wir heute für morgen und nächstes Jahr und die Zukunft planen. Diese Perspektive war uns Jungen als Soldaten, ganz gleich welcher Waffengattung, völlig genommen.

1938 kam ich von dort nach Amerika zum Schüleraustausch. 1937 hatte die NS-Oberschule für ein Jahr zwei Amerikaner eingeladen, die mit uns lebten und auch in unsere Uniformen gesteckt wurden. Der eine kam aus Choate, der zweite Amerikaner kam aus Andover. Im Jahr 1938 sind wieder zwei Schüler aus Feldafing ausgewählt worden, der eine ist später dann über dem Mittelmeer als Flieger gefallen, und der andere war ich. Bei meiner Ankunft in New York war es, als ob ich »auf einem anderen Stern« gelandet wäre. Es war eine andere Welt. Die Amerikaner haben uns mit offenen Armen aufgenommen. Die Kreise, die ihre Kinder auf diese Privat-Schulen schickten, vornehmlich vermögende Amerikaner, hatten auch Interesse an Deutschland. Sie zogen Vergleiche zu Roosevelt, zum New Deal und dem Arbeitsdienst, zum Straßenbau in Amerika, zu den Versuchen Adolf Hitlers, mit der Arbeitslosigkeit fertig zu werden. Es war im Grunde eine skeptische, aber offene Neugier der Amerikaner, soweit sie uns Jungen damals fragen konnten. Ein starker Einbruch, der mich sehr nachdenklich stimmte, erfolgte am 9.11.1938, der sogenannten »Reichskristallnacht«. Danach sagten auch für Deutschland aufgeschlossene Amerikaner: »Dies aber bitte nicht.«

Dann brach der Krieg aus. Aber Amerika war noch neutral.

Ich kehrte nach Deutschland zurück. Warum ging ich damals zur Waffen-SS, warum? Der Leiter der Schule, der SA-Standartenführer Görlitz, ließ uns kommen und teilte uns mit, er habe entschieden, daß wir der Waffen-SS beitreten sollten. Ich mußte ja als Nichtmündiger die Erlaubnis meiner Eltern einholen. Hierzu ein Auszug eines Briefes an meine Eltern: »... die Chancen bei der Waffen-SS sind für mich viel größer. Beim Heer würde ich zu lange Zeit mit der Offiziers-Ausbildung verbringen. Dann ist der Krieg ja längst vorbei. Der Schulleiter hat verfügt, daß wir alle, die jetzt noch hier sind, im April zur SS einrücken. Die Waffen-SS nimmt uns als Offiziersanwärter und schickt uns für ein halbes Jahr auf die Kriegsschule, entweder in Braunschweig oder in Tölz, während das im Heer nie der Fall wäre. Ich wäre damit also nach zwei Jahren Leutnant der SS, während ich beim Heer drei Jahre dienen müßte und deshalb sehr viel später zum Studium käme. Die SS sandte letzte Woche sofort einen Beauftragten in die Schule, der alles mit dem Schulleiter besprach. Nun überlegt euch einmal, liebe Eltern, alles genau, und ihr werdet sicher einsehen, daß der Schulleiter recht hatte, wenn er uns befahl, in diesem Frühjahr schon in die SS einzutreten, und daß dies sicherlich, wie alles bisherige in Feldafing, zu meinem Nutzen war.«

Peter Petersen (1)
Jahrgang 1926

1935, glaube ich, ging eine Kommission durch die Oberschulen und suchte Jungens aus, die blond, sportlich und die auch in den schulischen Leistungen überdurchschnittlich waren. Dann kriegte mein Vater einen Brief, daß ich die Möglichkeit hätte, zur Napola

(Nationalpolitische Erziehungsanstalt) zu gehen. Das war damals unser Traum. Die war natürlich ganz anders eingerichtet als die normale Penne. Da hatten wir Pferde, Segelboote, und wir waren die »Elite«. Da haben damals die Pädagogen die Eitelkeit der Jungens sehr geschickt ausgenützt. Dann haben sie, glaube ich, 1000 Jungens nach Rügen geholt zu einer Prüfung. Die dauerte eine Woche lang. Die haben 200 angenommen, und ich war Nummer 190.

Im Krieg wollte ich eigentlich zur SS, weil es die Elite war, die besten Soldaten, die die schicksten Uniformen trugen.

Dann aber hatte ich ein ziemlich erschütterndes Erlebnis. Einer meiner Freunde, der zwei Jahre älter war als ich, kam 1942 auf Urlaub und besuchte seine alte Schule. Er hatte erreicht, was ich wollte, er war SS-Untersturmführer und hatte sich völlig verändert in seinem Wesen. Als ich ihn darauf ansprach, ließ er mich schwören, daß ich die Geschichte niemals erzählen würde, so lange er lebe. Das habe ich getan. Er hat erzählt, er sei an der Front gewesen, hätte Gefangene, russische Soldaten, gemacht und den Bataillonskommandeur gefragt, was er mit ihnen machen solle. Dann hatte er das Pech, daß gleichzeitig der General der Waffen-SS, der den Abschnitt befehligte, auf dem Bataillonsgefechtsstand war und den Hörer nahm und sagte: »Erschießen Sie sie.« Er hätte dann gesagt: »Moment, das sind doch keine Partisanen, sondern reguläre Soldaten. Die kann ich doch nicht einfach abschießen.« Und dann sei er zurückbefohlen worden zum Bataillon, habe einen fürchterlichen Anpfiff bekommen. Damit er begreife, daß dies kein Kindergartenkrieg sei, würde er jetzt in Odessa ein Erschießungskommando übernehmen, das hieße Partisanen, deutsche Deserteure und was weiß ich noch alles, zu erschießen.

Da hat er mir also die Geschichte erzählt. Er sagte: »Ich hatte nicht den Mut, das zu verweigern, sonst wäre ich erschossen worden.« Dann ist er wieder zurückgegangen an die Front, und später haben wir eine Gedächtnisfeier gehabt, weil er auf dem »Felde der Ehre« gefallen war. Ich weiß nicht, ob er wieder an die Front kam, ob es tatsächlich so war, oder ob er sich selber erschossen hat, oder was auch immer. Ich fand das moralisch gar nicht so schlecht. Wir waren ja so erzogen. Ich habe mich dann zur Heeres-Division »Groß-Deutschland« gemeldet.

Egon Bahr
Jahrgang 1922

In Treffurt in Thüringen bin ich geboren. Mein Vater war Lehrer. Wir haben in Torgau zehn Jahre, von 1928 bis 1938, gewohnt. Und Torgau an der Elbe war 1945 auch der Begegnungsort der Amis und der Russen. Mein Traum war mal, Landrat in Torgau zu werden. Das habe ich nicht geschafft, wie man sieht.

Wir sind 1938 nach Berlin gezogen, und zwar deshalb: Die jüdische Großmutter hat dazu geführt, daß mein Vater aus dem Dienst entlassen wurde. Und er ging dann in die Industrie, einfach um sein Brot zu verdienen, und es war besser, in Berlin zu leben. Wir lebten dort ganz legal. Mein Vater wurde eingezogen unmittelbar zu Beginn des Krieges. Ich war zu Hause. Der Stein des Anstoßes, meine Mutter lebte während des ganzen Krieges relativ unbehelligt. Nur der Mann und der Sohn waren dann weg.

Ich habe mich freiwillig gemeldet, weil ich der Einberufung zuvor kommen wollte, und zwar zur Luftwaffe, weil ich keine Lust hatte zu laufen. Die Grundausbildung erhielt ich in Belgien. Es ist eine scheußliche Erinnerung, wir sind geschliffen worden. Da war ich 20 Jahre alt. Und eines Tages wurden wir verladen und in Rendsburg wieder ausgeladen. Die gelben Fliegerspiegel wurden uns abgetrennt, und wir bekamen rote Flakspiegel. Das empfanden wir als Degradierung. Wir kamen also zur Flak. Dann hieß es eines Tages, alle Abiturienten rechts raus, und dann kamen wir zu einem Offiziersbewerber-Regiment. Dort bekam ich Ausbildung 2-cm, 2-cm-Vierling 3,7, 60-cm-Scheinwerfer, wurde am Ende Fahnenjunker und kam dann zu einem Kraftfahrzeug-Lehrgang nach München-Neubiberg. Das war die schönste Zeit beim Kommiß überhaupt. Ich hatte den Marschbefehl in der Tasche für den Mittelabschnitt nach Rußland, als es unserem Führer und Reichskanzler gefiel, in das unbesetzte Frankreich einzumarschieren. Und da hatte ich, weil der Buchstabe B weit vorne ist im Alphabet, Glück. Da haben sie nämlich 20 Fahnenjunker für Frankreich abgestellt.

Mir wurde also der Marschbefehl nach Rußland abgenommen,

und ich kam zur Frontleitstelle Brüssel, und in Brüssel bekam ich Papiere zur Untergruppe Dieppe, und bei dieser Gelegenheit habe ich dann Paris zum ersten Mal gesehen und empfand es als seltsam, deutsche Knobelbecher auf den Champs-Elysées zu sehen und zu hören. Ich wurde einer Batterie in Abbéville zugeteilt, die zum Schutze einer V-1-Abschußstelle da war. Das war 1943, in dem Augenblick, wo die Bauarbeiten abgeschlossen waren und der Einbau der Instrumente in die V-1 beginnen sollte. Dann haben wir in 16 Tagen 142 Angriffe auf die V-1-Stellungen erlebt mit allem, was es gab, Bomber, Tiefflieger; »Moskitos« haben uns besonders beeindruckt, weil die jede Bodenwelle ausnutzten und vier bewegliche Maschinengewehre nach vorn hatten. Dort sind auch zum ersten Mal Raketen ausprobiert worden, die durch die Stellungen flogen, tiefe Furchen rissen und zum größten Teil ohne Explosion dann irgendwo liegenblieben. Ich war damals Unteroffizier. Ja, und Geschützführer.

Dann kam ich zur Luftkriegsschule 6 in Kitzingen am Main. Dort wurde ich zur Beförderung zum Oberfähnrich vorgeschlagen. Da bekam ich einen Brief meines Vaters, in dem stand: »Das Gausippenamt ist auf Deine Abstammung gekommen.« Das habe ich dann dem Chef gemeldet. Der fand es eine große Schweinerei, aber hat mich vom Dienst suspendiert. Dann sollte ein Kriegsgerichtsverfahren gemacht werden, »wegen versuchten Einschleichens in die Wehrmacht«.

Die Offiziere der Luftkriegsschule waren außer einem, den wir als Nazi kannten, alles erstklassige und anständige Leute. Das Kriegsgerichtsverfahren ist aufgrund des Berichtes dieser Offiziere niedergeschlagen worden, und ich bin zur einfachen und schlichten Entlassung als Schütze Pumpelmus wieder nach Spandau gekommen. Dann bin ich entlassen worden. Ende Juli 1944. Ich wurde dienstverpflichtet zu Rheinmetall Borsig in Berlin, was wir »Spreemetall Rostig« nannten. Ich war also nicht würdig, Soldat zu sein, aber ich konnte die ganzen Nachschubentscheidungen für Flakwaffen machen, was alles bei Borsig hergestellt wurde. Das konnte ich durchaus machen.

Heribert Suntrop (1)
Jahrgang 1928

Wir gewannen international ausgerichtete Rennen zu Lande, zu Wasser und in der Luft. Bei den Olympischen Spielen regnete es nur so Medaillen. Das alles in Verbindung mit einer stetig und rasch abnehmenden Arbeitslosenzahl, mit einer Verbesserung der sozialen Situation breiter, bisher verarmter Volksschichten, mit einem von den Nazis aufgezogenen Programm zur Steigerung der Lebensqualität – KdF*. Dies alles mußte zwangsläufig zur Hebung des Lebensgefühls führen, das sich wiederum umkehrte in Begeisterung (oder auch nur Sympathie) für das neue Regime, für den neuen Staat.

Es dauerte auch nicht lange, und die Leute in den Laubenkolonien erhielten wieder anständigen Wohnraum. Die Bruchbuden verschwanden. Ich erinnere mich noch sehr genau an Augenblicke, in denen sich das erwachte Selbstbewußtsein – bis hin zur Steigerung in Euphorie – Luft machte! So, wenn plötzlich auf der Straße Menschen in wahrer Begeisterung riefen: »Der Zeppelin kommt, der Zeppelin kommt!« und alle wie gebannt nach oben schauten und angesichts dieses technischen und von Deutschen geschaffenen Wunders mit Stolz erfüllt waren. Am nächsten Tag hörte man im Radio von Siegen unserer erstklassigen Rennwagen und ihrer Fahrer, am übernächsten Tag, daß unsere Segelflieger auf der Rhön wieder Rekorde geflogen hatten, und daß bei einer großen internationalen Flugveranstaltung in der Schweiz unsere Bombenflugzeuge schneller flogen als die Jagdmaschinen der Konkurrenten. Und um diese Leistungen beneidete uns die ganze Welt. Wir waren wieder wer!

* Das war die Urlaubsorganisation »Kraft durch Freude«.

Albert Bastian (1)
Jahrgang 1927

Zehn Jahre, zehn Monate und 18 Tage war ich alt, als ich meine erste politische Entscheidung treffen mußte. Es war am Morgen nach der »Kristallnacht« (9./10.11.1938). Am Morgen nach der Nacht, in der alle Synagogen in Deutschland in Flammen aufgingen.

Es war noch dunkel draußen, als ich durch eine fremde Männerstimme, die aus der Küche in meine Kammer drang, wach wurde. Ein fremder Mann war bei uns, mitten in der Nacht. Ganz ruhig blieb ich liegen und lauschte. Es war Levi, der Jude aus Daun, der Viehhändler, dem Vater immer die Kälber verkaufte, der Jude, der uns das ganze Jahr über mit Schweineschmalz versorgte und der immer zur Mutter sagte: »Frau, wenn Du jetzt kein Geld hast, dann zahl', wenn Du kannst. Es eilt nicht. Deine Buben brauchen doch was zum Beißen.« Der Jude, der Jude, so ging es mir durch den Kopf.

Es gefiel mir überhaupt nicht, daß er bei uns in der Küche saß. 10 Monate war ich schon Mitglied im Jungvolk. Führer in unserem kleinen Dorf an der Grenze zu Frankreich war unser Lehrer. Er hatte uns bereits aufgeklärt über die Juden, die im Ersten Weltkrieg Deutschlands Untergang waren. Diese Kapitalisten, diese Blutsauger, die nur auf ihren Profit aus waren, die nicht arbeiteten, nur Handel trieben, sie mußte man bekämpfen, wo es nur ging. Wir Pimpfe hatten den Auftrag, bei unseren Eltern darauf hinzuwirken, daß sie keine Geschäfte mehr mit den Juden machten. Nun saß dieser Jude da in unserer Küche. Levi wollte nach Frankreich. Seine Familie hatte er bereits im Frühjahr 1938 dorthin in Sicherheit gebracht.

Dieser Morgen war für mich eine große Enttäuschung. Ich war erschüttert. Obwohl sich mein Vater meinem Lehrer widersetzte und sich weigerte, für mich ein Braunhemd, Koppel und Schulterriemen zu kaufen, verehrte ich ihn. Er war groß und stark. »Der Führer«, so unser Lehrer, »erwartet von euch Pimpfen, daß ihr flink wie Windhunde, zäh wie Leder und hart wie Kruppstahl werdet.« Genau so aber war mein Vater, und es war keine Frage, daß auch ich so stark werden wollte. »Ein deutscher Junge ißt nur Schwarzbrot, kein Weißbrot wie die Franzosen hinter der Grenze.« Das war auch so ein Lehrsatz von unserem Jungvolk-Führer. Aber ich war überzeugt, daß es stimmte, was uns der Lehrer da gesagt hatte. Diese jungen Franzosen, die nur Weißbrot essen, keinen Sport treiben, schon in jungen Jahren Alkohol trinken, die sind doch schwach, die haben doch nichts in den Knochen. Das gibt auch keine guten Soldaten.

Mein Vater, ein Freund der Juden! Das wollte mir nicht in den Kopf. Das müßte ich eigentlich meinem Lehrer sagen, so waren meine Gedanken. Tagelang trug ich dieses Problem mit mir herum. Soll ich es dem Lehrer sagen, soll ich es ihm nicht sagen? Vater brachte den Juden Levi am Abend bei Dunkelheit über die Grenze. Als er zurückkam, fragte ihn die Mutter: »Bist Du sicher, daß Dich niemand gesehen hat?« »Du kannst beruhigt sein«, antwortete er. Im selben Moment sah ich ein Lächeln über das Gesicht der Mutter huschen. Ihre Augen leuchteten auf. Und da wünschte ich mir zum ersten Mal, nicht der Sohn dieser Eltern zu sein.

Es kam der 1. Mai 1939. Am Vorabend wurde, wie es in allen Orten und Städten der Fall war, eine Maifeier veranstaltet. SA, Hitlerjugend und Jungvolk begaben sich in Uniform zum Dorfplatz, wo der Maibaum aufgestellt wurde und natürlich das Horst-Wessel-Lied und das Deutschlandlied gesungen wurden.

Ich schämte mich vor meinem Lehrer, vor dem SA- und HJ-Führer für meinen Vater. An Hitlers Geburtstag und allen weiteren NS-Feiertagen hing fast an allen Häusern die Hakenkreuz-Fahne. Es waren nur noch wenige Familien im Dorf, die keine Hakenkreuz-Fahne besaßen. Auch wir hatten keine. Vater hing immer die Kirchenfahne aus dem Haus. »Ich habe kein Geld für eine neue Fahne«, sagte er.

Es kam der 1. September 1939. Wir mußten die Heimat verlassen. Vater, wie alle Männer des Dorfes, war schon einige Tage Soldat bei der Grenzwacht geworden. Wir mußten das Dorf räumen, weil dort die Befestigungen des Westwalls verstärkt wurden. Wir mußten uns noch über einen Volksempfänger die Rede des Führers anhören. Noch heute sehe ich den Volksempfänger im Fenster des dem Schulplatz gegenüberliegenden Forsthauses stehen, so faszinierte mich dieses Gerät, aus dem die markanten Worte des Führers hervordrangen. Gleichzeitig mit dem Bus kam auch Vater am Schulplatz an. Er umarmte die Mutter, küßte uns und machte jedem von uns Kindern mit dem Daumen der rechten Hand ein Kreuzzeichen auf die Stirn. Auch hier habe ich mich vor den umstehenden Leuten (Soldaten, Männern der SA und Hitlerjugend) für die Handlungsweise meines Vaters geschämt. Ein Soldat, der seinen Kindern ein Kreuzzeichen auf die Stirn macht, das kann kein tapferer Soldat sein, und ein Hitlerjunge braucht kein Kreuzzeichen auf der Stirn.

Am Ort unserer Evakuierung war ich dann bald zum Jungvolkführer avanciert. Fast täglich kamen die Sondermeldungen von den Fronten. Ich führte Buch über die Sondermeldungen. Vater war inzwischen bei einer Luftwaffenbaukompanie in Freiburg. Von ihm konnte also keine Gegenmeinung kommen, so war dies eine »große« Zeit für mich. Mutter hatte sehr oft verweinte Augen, wenn sie mich ansah. Vater sprach mich in jedem Brief persönlich an, ich hätte als Ältester Verantwortung für Mutter und meine Geschwister zu tragen usw. usw. Das machte mich stolz, das war ein Auftrag, den ich erfüllen wollte. Wenn er dann aber manchmal auch schrieb, daß der Krieg, trotz aller Siege, für uns Deutsche niemals gut ausgehen dürfe, wenn es einen Gott gäbe, woran er fest glaube, dann schämte ich mich wieder für ihn und legte den Brief schnell aus der Hand.

Wolfgang Schöler (1)
Jahrgang 1921

Mein Vater war im Ersten Weltkrieg Soldat. Nach dem Krieg wurde er Stahlhelmer. Für ihn war ein entscheidender Wendepunkt die Besetzung des Rheinlandes. Er erwartete damals die Intervention der Franzosen und auch der Engländer. Mein Vater war beeindruckt von dem, was Hitler erreichte. Was blieb da einem national denkenden Menschen anderes übrig, als Hitler die Wiederbewaffnung nachvollzog, die allgemeine Wehrpflicht einführte, als ihm dann in einem Husarenritt alles gelang, und die Westmächte eben alles so hinnahmen, ohne irgend etwas dagegen zu tun? Ich selbst war als Junge im »Scharnhorst«, dem Jugendverband des Stahlhelms. Wir machten damals beim »Scharnhorst« Kriegsspiele, die eher als »Räuber und Gendarm« zu bezeichnen waren, und trieben Sport. Als das Dritte Reich anfing, war ich zwölf Jahre alt. Wir alle gehörten damals zu denjenigen Jahrgängen, die unter Hitler groß wurden, die ihn aber nie gewählt haben, weil wir dazu zu jung waren. Doch waren wir nicht zu jung, um später auf seinen Befehl hin in den Krieg zu ziehen, für ihn zu sterben, die Gesundheit zu opfern, oder noch später in der Gefangenschaft für seine Fehler und Verbrechen zu büßen! Viele mit dem Verlust ihres Lebens.

Diese Jahrgänge gehörten alle einer um die schönste Zeit der Jugend betrogenen Generation an. Diese Jahrgänge, soweit sie davon noch übrig waren, galten als von Hitler erzogene Schnösel. Es war eine betrogene Jugend, weil sie niemals eine unbeschwerte Jugendzeit erleben durfte. Dabei denke ich nicht nur an die Männer unserer Jahrgänge. Nach meiner Rückkehr aus der Gefangenschaft las ich einmal eine Statistik, nach der auf etwa 100 Männer meines Jahrgangs 183 Frauen kamen. Frauen, die im Kriege in der Heimat überall die Männer ersetzen mußten und von denen, neben den vielen Kriegerwitwen, dann nach der Niederlage viele allein im Leben geblieben sind. Und die durch harte Arbeit zum Wiederaufbau unserer Heimat beigetragen haben.

Rolf Johannesson (2)
Jahrgang 1902

Inzwischen hatte der Kapp-Putsch* die Marine in ihren Grundfesten erschüttert. Es wurde dringend Nachwuchs gebraucht. Ich hatte mein Studium wieder aufgenommen. Im selben Jahr wurde mir angeboten, wieder in die Marine einzutreten. Ich meldete mich, wurde angenommen, sandte meinem Vater ein Telegramm, fuhr nach Wilhelmshaven und habe es nicht bereut.

Im Jahre 1922 setzte sich die Marine – dieser kümmerliche Rest der stolzen Hochseeflotte – aus zwei Linienschiffen, einigen kleinen Kreuzern und 18 Torpedo-Booten zusammen. Meiner Entscheidung für die Marine lag ein guter Teil Idealismus zu Grunde. Ich wollte mich einem großen Ziele hingeben nach der Devise: »Wer auf Preußens Fahne schwört, hat nichts mehr, was ihm selbst gehört.« Mir ist noch eine Begebenheit in Erinnerung. Reichspräsident Friedrich Ebert kam aus Berlin. Er besuchte unser Schiff, und wir Kadetten wurden ihm vorgestellt. Er gab jedem die Hand und fragte nach dem Stand des Vaters. Ein Arbeitersohn war nicht unter uns. Seine Persönlichkeit machte den Eindruck von Würde, Wohlwollen und Vorurteilslosigkeit. Ende März 1922 bestand ich die Fähnrichs-Prüfung. Die Zukunft lag hell und problemlos vor mir.

Noch eine Erinnerung: Der Reichswehrminister Gröner fuhr, um den polnischen Korridor zu umgehen, bei uns an Bord von Swinemünde nach Ostpreußen. Bei dem guten Wetter hatte der Steuermann die Wache auf der Brücke. Wir vier Offiziere saßen mit dem Minister in der Messe. Er fragte jeden von uns nach seinem Gehalt. Und keiner konnte ihm eine Antwort geben. »Wie soll ich im Reichstag Ihre Gehälter aufbessern, wenn mir keiner sagen kann, was er verdient?« – Wo gibt es so etwas noch? Der Erste Weltkrieg hatte sich kaum auf die angesehene Stellung der Offiziere in der Gesellschaft ausgewirkt. Unsere Beziehungen zu den po-

* Putsch reaktionärer Truppenteile 1920 gegen den demokratischen Staat. Brach durch loyale Administration, loyale Truppenteile und Generalstreik gewaltlos zusammen.

litischen Parteien, auch zu den sozialdemokratischen Oberpräsidenten und Polizeipräsidenten, waren unbelastet.

Während meiner Zeit als Stationsadjutant kam Admiral Raeder mehrmals im Jahr nach Kiel. Er war der dienstälteste Offizier der Wehrmacht, älter als von Schleicher, von Blomberg, von Hammerstein und von Fritsch. Man kann seine entscheidende Rolle und die der Führung des Heeres vor, bei und nach der Machtergreifung Hitlers überhaupt nicht überschätzen.

Als Reichswehrminister General Gröner Raeder 1928 zum Chef der Marineleitung berief, ernannte er keinen Unbekannten. Von seiner Vorstellung, seiner Autorität, seiner Auffassung von kritiklosem Gehorsam, der doch im Widerspruch zur preußischen Tradition stand, seinem totalen Führungsanspruch, der jede Auseinandersetzung über die Strategie des Ersten Weltkrieges, über den U-Boot-Krieg, über die Meuterei so gut wie ausschloß, – aus all dem hatte er in den vier Jahren als Stationschef in Kiel keinen Hehl gemacht.

Ich war jetzt zehn Jahre Soldat und fand die Marine großartig. Zum ersten Mal war ich enttäuscht, wenn ich auch die hier zu Tage tretende Geisteshaltung in ihrer vollen Bedeutung nicht erkannte: als nämlich der Großadmiral gehorsam schwieg bei Hitlers Kündigung des Flottenvertrages mit England am 28.4.1939 ohne vorherige Konsultation.

Nach dem Erfolg der Nationalsozialisten in der Reichstagswahl 1930 besuchte ich während meines Urlaubs meinen geschätzten alten Chef im Berliner Büro des Bankhauses Gebr. Arnhold. »Halten Sie unsere Lage als Juden in Deutschland für gefährdet?« »Seien Sie ohne Sorge, die Reichswehr paßt auf.« Der schmerzlichste und folgenreichste Irrtum.

In diese, alles in allem, wunderbare Zeit fiel die Machtübernahme Hitlers. Ich hatte ursprünglich nichts gegen die Sozialdemokraten – mein Vater, ein überzeugter Bismarckianer und Monarchist, hatte wiederholt geäußert, wenn die Hohenzollern weise sind, wird einer von den Söhnen des Kaisers Sozialdemokrat – ich schätzte Ebert und Noske und besonders unseren Gesandten in Riga, Köster, der mir bei einem Flottenbesuch imponiert hatte. Mit welchen Gefühlen und Gedanken ich die Machtübernahme selbst begrüßt habe, kann ich heute nicht mehr genau sagen. Ich meine aber, ziemlich sicher positiv. Wenige ahnten, daß die am 30.1.1933 zur Gesundung eingenommene Medizin sich bald als tödliches Gift herausstellen würde, unter dessen Wirkung das Reich sich sechs Jahre lang in Qualen wand.

Später las ich mit Erschütterung Ludendorffs* Brief an Hindenburg vom 1.2.1933: »Sie haben durch die Ernennung Hitlers zum Reichskanzler einem der größten Demagogen aller Zeiten unser heiliges deutsches Vaterland ausgeliefert. Ich prophezeie Ihnen feierlich, daß dieser unselige Mann unser Reich in den Abgrund stoßen, unsere Nation in unfaßbares Elend bringen wird, und kommende Geschlechter werden Sie verfluchen in Ihrem Grab, weil Sie das getan haben.«

In Swinemünde erreichte uns die Nachricht von der Röhm-Affaire, als bewußte Geschichtsfälschung ›Röhm-Putsch‹ genannt, und schlug wie eine Bombe ein. Wie konnte das Reich am 30.6.34 am Abgrund stehen, wenn die Reichswehr noch nicht einmal alarmiert worden war? Ermordung der Generale Schleicher und Bredow, Erschießungen ohne Gerichtsurteil in der Lichterfelder Kadettenanstalt, dem Zuhause meiner Kindheit. Hitlers bekannten »Rechenschaftsbericht« am 13.7. vor dem Reichstag hörten wir durch Radio an Bord. Die ganze Wahrheit allerdings – der Staatschef Hitler ein Monstrum und die Reichswehr vom politischen Schiedsrichter zum Komplizen des Verbrechers abgesunken – wußten wir noch nicht.

Am 2. August starb Hindenburg. Während die Eidesformel bisher auf Volk und Vaterland lautete, hieß es jetzt »bei Gott unbedingten Gehorsam Adolf Hitler«! Die Besatzung trat auf der Back an, und ich hielt die dümmste Ansprache meines Lebens. Unter anderem sagte ich: »Unser Führer kennt als alter Feldsoldat den Krieg, daher wird er uns nicht in gefährliche Abenteuer stürzen, aber mit Sicherheit die Versailler Fesseln sprengen und Deutschland frei machen«.

Der Herbststellenwechsel brachte meine Versetzung in das

* Ludendorff: Generalstabschef Hindenburgs im Ersten Weltkrieg, später unter dem Einfluß seiner sektiererischen Frau Mathilde Rechtsextremist. Mit Hitler brach er nach dem Putsch 1923.

Oberkommando der Wehrmacht und dort in die Abwehrabteilung. Oberkommando der Wehrmacht, das war ein Olymp, bevölkert von den Halbgöttern, wie Bismarck 1870 die Generalstabsoffiziere verärgert genannt hatte. In meinen Augen hatte der ›Röhm-Putsch‹ zwar die Reichswehr von der Konkurrenz der SA befreit, sie aber auch schuldig gemacht. Nie durfte sie die Ermordung Schleichers und Bredows schlucken. Die Meinung meiner Kameraden im OKW war geteilt. Als ich dem Marineadjutanten Blombergs, Kapitän von Friedeburg – mein Signaloffizier auf der ›Hamburg‹ – meinen Besuch machte, tadelte er meinen engen Horizont bei der Beurteilung dieser beiden Morde. Zehn Jahre später war das Reich zerstört, und er wählte als letzter Oberbefehlshaber der Marine den Freitod.

Über meinen Abteilungsleiter Admiral Canaris vermochte ich kein klares Bild zu gewinnen. Ich habe ihn nicht durchschaut und möchte mich auf die Bemerkung beschränken, daß ich schon damals nichts hielt von dem klugen Jonglieren zwischen Wehrmacht und Partei. Meines Erachtens hätte die Wehrmacht und mit ihr die Abwehrabteilung mit offenem Visier den Rechtsstaat ohne Kompromiß vertreten müssen. Hitler hatte damals noch Achtung und Furcht vor uns. Blomberg galt als nazifreundlich.

Ich war der Meinung, daß ein Offizier im Frieden jede Möglichkeit, einen Krieg zu erleben, beim Schopf ergreifen müßte. Der Spanische Bürgerkrieg war im Gange. Am 10. Juli 1937 verließ ich Berlin mit falschem Namen und flog über Rom nach Sevilla mit einer Ju 52. In Spanien sollte ich die Spionage- und Sabotage-Abwehr der Legion Condor leiten.

Ich machte meinen Besuch bei dem Führer der Legion, Generalmajor Sperrle. In der Halle saß der Gewaltige, das Einglas im ausdruckslosen Gesicht, in prächtiger spanischer Uniform. Mit dröhnender Stimme bewillkommnete er mich. Schauspielerei und Göring-Imitation waren unübersehbar.

Aus meiner Zeit bei der Legion Condor ist mir eine Episode in der Erinnerung haften geblieben. Der Spanische Bürgerkrieg war dank deutscher Mithilfe siegreich beendet worden. Nun sollte der Preis zwischen Göring und Franco ausgehandelt werden. Wir wünschten Stützpunkte für unsere U-Boote im Fall eines Krieges in bestimmten Häfen der spanischen Halbinsel. Göring weilte an der italienischen Riviera, in San Remo, und wollte, auf dem Hapagschiff ›Huascaran‹ eingeschifft, sich mit Franco treffen. Zwei Zerstörer sollten ihn begleiten. Dieser Auftrag war ganz in unserem Sinne. Wir wurden detachiert und fuhren unter Begleitung eines Tankers nach Genua und von dort am 8. Mai zu Göring in San Remo mit dem Wagen. Am nächsten Morgen Einschiffung an einem kümmerlichen Steg. Göring mit Gefolge und unendlichem Gepäck auf ›Huascaran‹, mit unserer Hilfe Kurs West zu den Balearen, dort warteten wir vergeblich auf Franco. Dieser hatte sich die Sache anders überlegt und fand immer neue Gründe für sein Fernbleiben.

Wir ankerten und waren abends immer Görings Gäste. Als wir über die Störanfälligkeit unserer Boote klagten, sagte er: »Ihre Klagen über die technischen Mängel sind begründet. Da wir alles erreicht haben, was wir wollen – Danzig kommt früher oder später dazu – wären wir von allen guten Geistern verlassen, einen Krieg zu beginnen. Falls sich die Lage zuspitzt, schickt mich Hitler nach London, der Ribbentrop ist bekanntlich zu dumm.«

Ich glaubte damals, daß dies Görings ehrliche Meinung war. Seine Erscheinung war eindrucksvoll, große blaue Augen, grobes aber gut geschnittenes Gesicht, massive, imponierende Gestalt, kleine kurze Finger. Als er zu mir an Bord kam und die angetretene Front der Besatzung abschritt, habe ich meine Männer noch nie so strahlen sehen. Er besaß ein ausgesprochenes Charisma.

Im allgemeinen saßen wir nach dem Abendessen auf der Schanze der ›Huascaran‹, er in einen weißen Mantel gehüllt, bei einer vorzüglichen Erdbeerbowle. Plötzlich war er verschwunden. Wo war er? Mit einer ganzen Bowleschüssel im Heizraum bei der Maschinenwache.

Im Juni fand eine Siegesparade der Legion Condor statt, an der ich als ehemaliger ›Spanienkämpfer‹ teilnahm. Wir marschierten durch den mittleren Bogen des Brandenburger Tors zum Lustgarten, wo uns Hitler, Göring und Ribbentrop empfingen. So bin ich doch einmal als Sieger in Berlin einmarschiert, geschmückt mit einem deutschen und einem spanischen Orden. Bitte sehr!

Dann kehrte ich nach Berlin zurück. Das Fazit: Meine drei Jahre in Berlin fielen in die Zeit der gigantischen Aufrüstung. Täglich flatterten auf meinen Tisch die Befehle über Aufstellung neuer Regimenter, Schulen, Stäbe ... alles ging etwas hastig vor sich. Diese Vergrößerung fiel aber nicht zusammen mit einer Vergrößerung unseres Ansehens im Lande. Die Nachrichtenoffiziere der Divisionen berichteten uns fast täglich von Übergriffen der Parteidienststellen und SS-Formationen. Nur weich und widerwillig vom Oberkommando zur Kenntnis genommen, wich dieses Schritt für Schritt zurück. In meinem Bereich insbesondere Canaris und später Keitel vor der Gestapo, sprich Himmler und Heydrich.

In den ersten Februartagen 1938 brachte die Morgenzeitung die Nachricht über die Blomberg-Fritsch Affäre und die Entlassung beider Generäle. Hitler selbst übernahm den Oberbefehl, Ribbentrop wurde Außenminister. Mir war klar, die Säule der Wehrmacht war geborsten, und das Dritte Reich ruhte jetzt nur noch auf der Säule der Partei. Nach dem einhelligen Urteil der Historiker war die Gleichschaltung der Wehrmacht im Februar 1938 die Freigabe des Weges in den Krieg, und damit der Untergang Deutschlands und der Tod von 50 Millionen. Als Chamberlain kurz nach dem Münchner Abkommen 1938 ein Aufrüstungsprogramm verkündigte, reagierte Hitler scharf in seiner Rede in Saarbrücken. Ein neuer Schiffbauplan mit der Spitze gegen England war die Folge, der sogenannte Z-Plan mit Vorrang vor Heer und Luftwaffe. Raeder war damals bereits zehn Jahre im Amt. Er hätte meines Erachtens als Autorität für alle die Seemacht betreffenden Fragen mit Einsatz seiner Person bis zur Bereitschaft zum Rücktritt Hitler vor diesem Irrweg seiner auswärtigen Politik warnen müssen. Davon ist nichts bekannt. Vielmehr verkündigte er ein Mammut-Schiffbau-Programm mit gehobenem Selbstwertgefühl.

Jutta Rüdiger (2)
Jahrgang 1910

1933 bin ich in den BDM eingetreten. Nach einer Blitzkarriere wurde ich Ende 1937, mit 27 Jahren, Reichsführerin des Bundes Deutscher Mädel. Ich übernahm von meiner Vorgängerin, was sie schon aufgebaut hatte, was sehr neuartig in einer Jugendbewegung war: die Leibeserziehung. Die Mädel waren ja sportlich bisher nur in den Höheren Schulen und vielleicht noch an den Mittel- und Realschulen erfaßt. Wir haben also den Sport sehr stark betont, und die Mädel haben auch begeistert mitgemacht. Außerdem haben wir uns für die Berufsausbildung jedes Mädchens eingesetzt, was früher nicht der Fall war. Entweder waren sie höhere Töchter und taten nichts, oder sie waren ungelernte Arbeiterinnen. Wir haben uns sehr stark dafür eingesetzt, daß jedes Mädel einen Beruf haben und mal auf eigenen Füßen stehen können sollte, egal ob verheiratet oder nicht. Wir wollten alle erfassen, die gesamte Jugend. Und das war auch das Ziel Schirachs*.

Seine Idee war, eine wirkliche Einheitsjugend zu schaffen. Schon als Jungmädel sollte man lernen, sich in die Gemeinschaft einzuordnen, selbstsüchtige Wünsche aufzugeben und zu lernen, daß man schon auf kleinem Posten dem Volk gegenüber eine Verantwortung trug. Das ist uns gelungen. Damit aber bestand die Gefahr einer Kollektiverziehung. Und ich habe das dem Schirach vorgetragen und habe gesagt, wenn die jungen Mädel jetzt gelernt haben, daß sie sich einordnen müssen, dann sollen sie sich ab 17 ihrer Persönlichkeit gemäß und ihren Neigungen und Begabungen entsprechend individuell entfalten können. Davon war Schirach sehr angetan, und er hat dann das Wort aufgebracht von der »gemeinschaftsgebundenen Persönlichkeit«. Und das sehe ich eigentlich heute immer noch als Ziel: die Persönlichkeit, die doch eine gewisse Verpflichtung der Gemeinschaft gegenüber verspürt.

Auf dieser Basis entstand das BDM-Werk »Glaube und Schön-

* Baldur von Schirach, Reichsjugendführer, gründete und entwickelte die Hitlerjugend. Auch Jungvolk und BDM unterstanden ihm.

heit«. Schirach hat dabei die gymnastische Bildung der Mädel im Kopf gehabt, und er hat gesagt, es komme nicht darauf an, wie hoch ein Mädel springt oder wie weit es die Kugel wirft, sondern daß der Körper durchgebildet ist, die harmonische Durchbildung.

Schirach hatte auch geniale Züge. Das muß ich sagen. Also jede Besprechung mit ihm war, wenn man ihn persönlich gekannt hat, ein Erlebnis. Er stammte überhaupt aus einem sehr kultivierten Haus. Seine Mutter war Amerikanerin, und die Mutter seines Vaters war auch Amerikanerin, so daß er eigentlich zu 75 Prozent Amerikaner war.

Ich war 1938 bei Schirach privat eingeladen in sein Haus in Bayern; ein sehr schönes Haus. Seine Schwester Rosalind von Schirach war Opernsängerin, Wagner-Sängerin, und die kam 1938 auch in das Haus. Seine Mutter war auch als Gast da. Die Rosalind kam 1938 aus Amerika zurück, wo sie auf Tournee gewesen war und erzählte uns, das sei entsetzlich, es würde so gegen Deutschland gehetzt, daß man sich als Deutscher kaum noch zeigen könne. Worauf die Mutter plötzlich in Tränen ausbrach und sagte, es wird doch nicht nochmal einen Krieg zwischen Deutschland und Amerika geben. Die Mutter war Amerikanerin, aus den Südstaaten.

Schirach war eben als ganz junger Mensch von Hitler sehr beeindruckt, und eines muß ich sagen, Hitler hat eine ungeheure Suggestivkraft gehabt. Das hat mir zum Beispiel auch Seyss-Inquart* später, gegen Ende des Krieges, bestätigt. Er hat mir erzählt, er wäre überzeugt gewesen, daß wir den Krieg verlieren und ist also ziemlich am Kriegsende bei Hitler erschienen und hat ihm das vorgetragen. Das hätte ihn auch den Kopf kosten können. Und da hätte Hitler ein sehr schmerzlich bewegtes Gesicht gemacht und dann hätte er angefangen zu reden von der Tapferkeit des deutschen Soldaten und hätte so gesprochen, sich selbst suggeriert, aber auch Seyss-Inquart so beeindruckt, daß der sagte: »Ich bin rausgegangen in der Überzeugung, wir gewinnen den Krieg.« Das kommt von der ungeheuren Suggestionskraft, die wahrscheinlich Hitlers Erfolg war, ihn aber auch in die Vernichtung getrieben hat.

* Seyss-Inquart vollzog als österreichischer Innenminister und Bundeskanzler Österreichs »Anschluß an das Reich«. Ab 1940 Reichsminister.

Ich habe Hitler selbst zum ersten Mal 1931 in Düsseldorf erlebt. Also erstens: die sonore Stimme hat immer sehr gewirkt, und ich habe das Gefühl gehabt, hier ist ein Mann, der nicht an sich persönlich denkt, sondern nur an Deutschland. Das war mein Eindruck. Zum zweiten Mal bin ich Hitler Ende Februar 1938 begegnet im »Führerbau« in München. Er gab einen Empfang für seine hohen Parteiführer, und da hat Schirach das erste Mal eine Reichsführerin des BDM, also mich, mitgenommen und die Beauftragte für das BDM-Werk »Glaube und Schönheit«, die Gräfin Clementine zu Castell. Wir hatten erstmals unsere neue Dienstkleidung an: ein blaues Kostüm. Das hatten wir von einem Modesalon in Berlin entwerfen lassen. Ein paar von den alten BDM-Führerinnen haben damals auch gesagt, wir seien verrückt geworden, wir seien jugendbewegt. Das waren wir auch, aber wir hatten doch schon langsam Repräsentationspflichten bekommen. Das heißt, zunächst einmal gingen wir im Abendkleid hin, Clementine und ich. Aber Goebbels hatte Hitler brühwarm erzählt, die BDM-Mädel haben eine ganz neue Kleidung, die sehen jetzt viel netter aus usw. Am Führerbau ging es eine Treppe hoch, oben stand Hitler, neben ihm ein Zeremonienmeister, der mit dem Stab aufklopfte und die Namen nannte. Wir wurden dann auch vorgestellt, und Hitler begrüßte alle Damen, auch uns, mit Handkuß. Ich war also im Moment etwas erschlagen, ein Handkuß des Führers! Dann hat er später geäußert, er wollte auch die neue Dienstkleidung mal gerne sehen. Da sind wir nochmal ins Hotel zurückgefahren und haben uns wieder umgezogen und waren dann also nur im engsten Kreis mit ihm zusammen. Und da habe ich persönlich den Eindruck gewonnen, daß Hitler Frauen gegenüber scheu war, irgendwie befangen. Wir haben eigentlich bis 1945, das muß ich sagen, das Bild dieses Hitler vor Augen gehabt, der die Menschen begeisterte, der auch noch Sinn für Humor hatte und auch lachen konnte.

Willi Weisskirch (1)
Jahrgang 1923

Ich hatte ein sehr katholisches Elternhaus. Mein Vater war ein kleiner Reichsbahnbeamter. Das erste Schlüsselerlebnis für mich war der 30. Januar 1933. Wir hatten noch kein Radio, wir waren arme Leute. Da kam mein Vater nachmittags aus dem Dienst, ich hatte morgens die Zeitung gelesen, die Zentrumszeitung für das südliche Sauerland. Dort stand in einer Spalte, fett gedruckt, die Überschrift: »Hitler Reichskanzler« und darunter »... Hindenburg hat Adolf Hitler zum Reichskanzler gemacht.« Ich habe das gelesen, habe mir als Zehnjähriger nichts weiter dabei gedacht. Da kam mein Vater aus dem Dienst und sagte: »Sag mal, wo ist die Zeitung?« Da habe ich ihm die Zeitung gebracht, und er hat angefangen, sie zu lesen. Plötzlich hat er »Um Gottes Willen, jetzt gibt es Krieg« gerufen. Ich fragte ihn: »Woher willst du denn das wissen?« Da sagte er: »Hier steht es doch schwarz auf weiß, Hitler ist Reichskanzler, jetzt wird es Krieg geben, Junge.«

Das andere Schlüsselerlebnis lag einige Wochen davor, nämlich bei der Reichspräsidentenwahl 1932. In Alten im Sauerland sprach Brüning auf einer Kundgebung, und wir als Mitglieder der Katholischen Jungschar standen Spalier. Der Brüning fuhr dann in einem offenen Auto an uns vorbei. Wir hatten von der Zentrumspartei so kleine Aufkleber, die man anlecken mußte, da war der Kopf von Hindenburg drauf und drunter stand: »Auf Hitler folgt Bolschewismus, darum wählt Hindenburg.« Da habe ich meinen Vater gefragt: »Was ist das denn, Bolschewismus?« Da hat er gesagt: »Junge, das kann ich dir nicht anders erklären, das ist drunter und drüber, Chaos ist das, Durcheinander, und wenn der gewählt wird, der Hitler, dann gibt es Bolschewismus, dann gibt es Krieg.«

Helmut Schmidt (1)
Jahrgang 1918

Ich bin in einem kleinbürgerlichen Elternhaus aufgewachsen. Mein Großvater – in Wirklichkeit war er der Ziehvater meines Vaters, das wußte ich als Kind aber nicht, – war ein ungelernter Hamburger Hafenarbeiter. Mein Vater hatte sich also vom Sohn eines ungelernten Hamburger Hafenarbeiters hochgearbeitet. Nach dem Ersten Krieg hat er neben seiner Tätigkeit als Volksschullehrer im Abendstudium ein ökonomisches Studium absolviert. Er wurde Diplom-Handelslehrer. Eine unglaubliche Energieleistung, denn er ist 1886 geboren, 1926 war er also Diplom-Handelslehrer und später Studienrat. Er hat die ersten 40 Jahre seines Lebens den Aufstieg aus den wirklich untersten Schichten des Proletariats zum Kleinbürger erlebt und hat infolgedessen auch die Möglichkeit gehabt, seine beiden Jungen auf eine höhere Schule zu schicken.

Was seinen politischen Standort anging: er hatte einen leiblichen jüdischen Vater und eine Mutter aus Mecklenburg. Er war unehelich geboren. Das hat ihn sicherlich in mancher Beziehung beeinflußt, aber seine politischen Auffassungen schwankten zwischen denen der Deutschen Demokratischen Partei und der Deutschen Volkspartei. Das heißt: mal ein bißchen links von der Mitte des damaligen Spektrums, mal ein bißchen rechts von der Mitte.

Der politische Einfluß meines Vaters auf mich, auf seinen älteren Sohn, war gering. Er hielt nichts davon, daß die Jugend politisch beeinflußt wurde. Er verbot mir, in die bündische Jugend einzutreten, was damals Mode war. Er hat es aber nicht verhindern können, daß Ende 1934 mein Schülerruderverein in die Marine-HJ inkorporiert wurde. Ich war der ›Kapitän‹, also der Schülervorsitzende des Rudervereins, und so wurde ich also Kameradschaftsführer in der Marine-Hitlerjugend.

Die Schule, auf die er mich geschickt hat, war eine für damalige Verhältnisse ungemein fortschrittliche Schule, die Lichtwark-Schule. Die Lehrer waren zum Teil Kommunisten, zum Teil waren sie Sozialdemokraten, aber auch einige Nazis, zum Teil waren sie Deutsch-Nationale, zum Teil waren es Juden, zum Teil Antisemiten. Das spielte aber alles gar keine Rolle. Sie waren alle besonders gute Pädagogen. Sie waren sich völlig einig in ihrer pädagogischen Aufgabe. Vernachlässigt wurden Sprachen und Naturwissenschaften, außerordentlich gefördert wurden die musischen Fächer, Musik, Malen, Zeichnen, Literatur, deutsche sowie ausländische. Die Schulzeit wurde um ein Jahr verkürzt, weil Adolf Hitler Soldaten brauchte. Ich war damals von meinen Eltern aufgeklärt, daß ich nach den Nürnberger Gesetzen* ein Vierteljude war und wollte Deutschland verlassen. Ich hatte auch Gespräche angefangen mit der deutschen Shell, um nach Indonesien zu gehen, wo damals nach Öl gebohrt wurde. Das wurde aber nichts. Ende 1936 war ich aus der HJ rausgeflogen wegen irgendwelcher Äußerungen, denn ich hatte auch schon damals eine freche Klappe. 1937 bin ich im Rahmen der Wehrpflicht vorzeitig einberufen worden, und als die zwei Militärjahre um waren, da kam der Krieg.

Ich war damals kein Anhänger der National-Sozialistischen Bewegung, aber ich hatte auch die verbrecherische Natur des Dritten Reiches nicht durchschaut. Es kam eben darauf an, was man für ein Elternhaus hatte. Meine Eltern hatten sich, wegen der Belastung durch die Nürnberger Gesetze, nachdem die Nazis am Ruder waren, noch mehr aus der Politik rausgehalten. Sie haben uns Kinder nicht politisch beeinflußt, sie haben uns aber merken lassen, daß sie mit den Nazis nichts im Sinne hatten. Ich habe auch begriffen, wieviel Angst mein Vater hatte und meine Mutter, daß es rauskommen könnte, daß wir unsere Abstammung verschwiegen hatten. Für uns hörte damals die Welt am Ende des Stadtteils auf.

1935 war ich 14 Jahre alt, aufgewachsen in Hamburg-Barmbek. Hamburg-Eimsbüttel war für uns genauso weit weg wie Australien, das heißt unser Gesichtskreis war ungewöhnlich beschränkt, gemessen an dem Gesichtskreis der jungen Leute heute. Kein Fernsehen, kein Radio, es gab nur Detektorempfänger. Da mußte man mit irgend so einer Nadel an einem Kristall herumfummeln. Das war sehr mühselig. Die ersten Radios kamen dann später mit dem Volksempfänger ins Haus.

* Die Nürnberger Gesetze 1935 schränkten die Rechte der Juden massiv ein, machten sie zu Parias und grenzten sie aus der »Volksgemeinschaft« aus.

Was eine Demokratie ist, davon hatten wir keine Ahnung. Die Nazis machten die Demokratie lächerlich, als sogenannte Plutokratie, als Geldherrschaft; das konnte eigentlich nicht stimmen, dachten wir. Wir waren bestimmt gegen die Naziherrschaft. Aber wofür wir hätten sein sollen, daß hat uns niemand beigebracht, und wir hatten auch keine Möglichkeit, uns darüber zu informieren. So attraktiv war für uns die Weimarer Reichstagsdemokratie nicht gewesen, daß man sich daran hätte orientieren können. Die Nachbarländer konnte ich gar nicht beurteilen, ich habe noch niemals vor 1946 eine ausländische Zeitung in der Hand gehabt. Das können sich die heutigen Jugendlichen gar nicht vorstellen. Ich will denen gerne attestieren, daß sie sich heute tapferer vorkommen als wir gewesen sind. Das mag ihr gutes Recht sein, sich das einzubilden, aber wir hatten keine Maßstäbe.

Stefan Thomas (1)
Jahrgang 1912

Ich gehöre einem Jahrgang an, der Weimar schon bewußt erlebt hat. Bewußt politisch erlebt, d. h. Entscheidungen getroffen hat für seinen persönlichen Lebensweg. SPD-Reichsbanner*, dies war die bewußte Verteidigung der Republik gegen Kommunisten und Nationalsozialisten. Als Angehöriger der Berliner Arbeiterbewegung war man in einer besonderen Weise gefordert. Die militanten Auseinandersetzungen liefen in Berlin. Mir bleibt unvergeßlich in Erinnerung das Drama im Herbst 1932, wo Kommunisten und Nationalsozialisten zusammen marschierten und zusammen streikten gegen Sozialdemokraten und Zentrum und die anderen demokratischen Parteien: Der kommunistische Rotfrontkämpfer-

* Das Reichsbanner war die militante Organisation der SPD als Gegengewicht zur SA.

bund* kämpfte mit der nationalsozialistischen SA gegen das Reichsbanner.

Ich war im Reichsbanner, das ist unvergeßlich. Und hier muß ich noch zwei, drei Sätze sagen, wie ich dazu kam. Ich trat in die SPD ein 1930, als die Nationalsozialististen mit Macht in den Reichstag zogen.

Ich hatte meine Vorbehalte gegen die SPD von Weimar, die Führung erschien mir, in der Entschlossenheit zu kämpfen, zu schwach. Das war die Einstellung meiner Generation, ich war 1928/29 recht militant eingestellt und in Auseinandersetzungen verwickelt, z. B. in Straßenschlachten mit der SA. Ich trat gleichzeitig ins Reichsbanner ein. Wissen muß man, daß ich als Metallarbeiter die große Chance hatte, die Karl-Marx-Schule zu besuchen. Das war die einzige große Schule der Weimarer Republik für den zweiten Bildungsweg, wo man sein Abitur machen konnte. Ich war auf dieser Elite-Schule. Von 1.000 Arbeiterkindern, Mädchen und Jungen, die dorthin zur Aufnahmeprüfung kamen, bekamen nur 40 das Stipendium. Das war eine Selektion, da war der liebe Gott auf meiner Seite.

Als Hitler zur Macht kam, änderte sich das Leben, denn in dem Vorort, in dem ich lebte, war ich natürlich bekannt. Die Leute wußten, daß ich im Reichsbanner war. Ich mußte also mit einem Wort »türmen«. Da halfen mir die Quäker, diese großartige englische Glaubensgenossenschaft, weil ich an der Universität einem Deutsch-Englischen Sprachzirkel angehörte. Die halfen mir, nach England zu kommen. Ich war 22 Jahre alt, ich war ja kein großer profilierter Emigrant, ich kam also zurück und ging dann in den Widerstand. Ich lebte ein Doppelleben, versuchte mein Studium aufzunehmen unter bestimmten Bedingungen, und gleichzeitig war ich mitbeteiligt an der Ausgabe eines illegalen Blattes, der ›Neuköllner Sturmfahne‹. Die wurde im Keller abgezogen, da waren Sozialdemokraten und Kommunisten dabei. Da unten in den Arbeiterbezirken war die Einheit der Arbeiterklasse schon verwirklicht im Widerstand gegen den Nationalsozialismus. Ich beto-

* Der Rotfrontkämpferbund war die militante Organisation der KPD als Gegengewicht gegen die SA.

ne das ausdrücklich, weil mich die tragische Spaltung der deutschen Arbeiterbewegung, durch das Entstehen der KPD im Dezember 1918, immer beschäftigt hat. Die KPD wird zur russischen Interessenpartei in der Weimarer Republik, sie hat keinen nationalen Fundus, sie hat mit den nationalen Interessen der Deutschen Nation nichts zu tun, sondern sie ist ein Instrument der sowjetischen Außenpolitik. Wesentlich ist, daß der Mann und die Frau, die in die kommunistische Partei gehen, einer bestimmten Disziplin unterliegen, die es in der Sozialdemokratie und in den bürgerlichen Parteien nicht gab.

Man ging aus eigenem Willen in die Partei, und man blieb das unabhängige Individuum. Kommunist zu werden, bedeutet Unterordnung, heißt Disziplin, und das merkte ich sehr schnell. In der Fabrik, wo ich gearbeitet habe als Schlosser oder in dem Bezirk, in dem man lebte, – Kommunisten waren anders als wir Sozialdemokraten. Sie waren auch nicht imstande, selbständig zu formulieren und zu denken. Man merkte eine Gewalt, eine Macht, die diese Leute beinahe manipulierte. Das ist meine Erfahrung. Ich meine, wenn man sich das Schicksal der Weimarer Republik ansieht, diese Aufstandsaktionen, der Mitteldeutsche Aufstand, München, alle revolutionären Aktionen, die standen nicht mehr im Interesse der Deutschen Arbeiterbewegung, die wurden von außen reingetragen durch die sowjetische Interessenpolitik in Deutschland. Denn dahinter stand das Diktum Lenins, der genau wußte, daß sein sowjetisches Experiment nicht aufgehen konnte, wenn es nicht zur deutschen Revolution käme. Immer wieder nach dem November 1918 haben die Kommunisten versucht, ihre Revolution hineinzutragen ins deutsche Volk, und so erklärt sich das tragische Schicksal der Arbeiterbewegung und die Schwächung der Weimarer Republik in der Grundsubstanz. Kommunismus bedeutete die Negation der Demokratie, so sehe ich das heute. Das ist, glaube ich, die richtige analytische Wertung, warum Weimar schwach war in der Stunde der Bewährung. Die Spaltung der Arbeiterbewegung war das tragischste Element in der Schwächung Deutschlands.

Prälat Erich Klausener
Jahrgang 1917

Am 30. Juni war ich 17 Jahre alt und ging auf das Gymnasium am Lietzensee in Berlin. Es war der letzte Schultag gewesen. Es waren eigentlich alle im Aufbruch in die Ferien.

Wir warteten auf meinen Vater mit dem Mittagessen. Aber er kam und kam nicht, bis dann, 15.30 Uhr etwa, ein mysteriöser Anruf kam. Jemand sagte, bei ihm hätte man angerufen, meinem Vater sei etwas passiert im Ministerium. Nun ist meine Mutter sehr energisch ans Telefon gegangen und hat versucht, den Minister Eltz von Rübenach* zu erreichen. Der war schließlich bereit, sie zu sprechen.

Wir sind dann ins Ministerium gefahren. Das vielleicht politisch Eindrucksvollste war: Es war ganz deutlich, daß ein Reichsminister wie Eltz von Rübenach, ein Deutschnationaler, aber sogar ein Reichsminister, der der NSDAP angehörte wie Frick** völlig ohnmächtig vor der Gewalt der SS standen, wenn sie nicht ihr persönliches Leben riskieren wollten, damals schon, 1934, etwas über ein Jahr nach der Machtübernahme.

Vor dem Zimmer, in dem mein Vater erschossen lag, gegenüber dem Ministerbüro, standen zwei SS-Leute mit Gewehr, die Befehl hatten, jeden, der über die Schwelle gehen wollte, zu erschießen.

Das auszuprobieren hat natürlich keiner gewagt, so daß wir dann unverrichteter Dinge heimfuhren. Eltz von Rübenach war auch überhaupt nicht zu bewegen, einen persönlichen Schritt zu tun. Er war ja Katholik. Aber als ich ihm sagte: »Sie sind doch katholisch und Sie wissen doch, daß ein Priester zu einem Sterbenden gehört, wenn wir ihm wenigstens einen Priester holen«, da war er völlig verständnislos, überhaupt nicht begreifend, daß ich so etwas ihm zumuten könnte.

Nachdem wir also gesehen hatten, daß das Reden ziemlich fruchtlos war, sind wir nach Hause gefahren. Und dort tauchte

* Reichspost- und Verkehrsminister
** Reichsminister des Inneren

dann der Staatssekretär Königs* auf, der gegen 18.00 Uhr schließlich mit dem Minister in das Zimmer gegenüber gegangen war, nach Aufforderung durch die SS, um die Überführung der Leiche meines Vaters in das Leichenschauhaus zu veranlassen und der eine sehr, ja, subjektive Schilderung dessen, was er gesehen hatte, gab, so daß wir also ganz unsicher waren. Sicher nur darüber, daß mein Vater wahrscheinlich sofort gestorben war, denn das war ein Kopfschuß, und alles andere, was die beiden (körperlich) kurzsichtigen Leute gesehen haben wollten, war für mich unklar.

Eigentlich das Erschütterndste an diesem Tag war: Wir saßen natürlich alle zwischendurch immer mal wieder vor dem Radio und wollten wissen, was sagen die denn nun darüber. Gegen 22 Uhr etwa, es muß ziemlich spät gewesen sein, kam dann eine Erklärung, in der die Namen der erschossenen SA-Leute genannt wurden, und dann war die Schlußbemerkung: »Dies sind alle Toten des heutigen Tages.« Und wir wußten ja nun alle, daß es anders war. Wir hatten inzwischen auch schon vom Tode Schleichers und Bredows gehört. Und das war eben für mich doch eine ganz klare Erkenntnis an dem Abend: du kannst dich auf kein Wort aus dem Munde dieser Leute verlassen. Die lügen wie gedruckt.

Dann kam die ganze Woche des Hin- und Hergezerres, anders kann man das gar nicht nennen, um Herausgabe der Leiche, bis dann schließlich gegen Mitte der Woche klar war, die SS hatte meinen Vater verbrannt. Aber selbst die Beisetzung der Urne sollte möglichst geheimgehalten werden. Im Endeffekt war das dann aber doch ein recht öffentlicher Akt.

Dabei ist eigentlich vom ersten Moment an die Solidarität der katholischen Kirche deutlich geworden. Kein Mensch hat sich zurückgezogen von uns und so getan, als ob wir Verfemte seien. Alle setzten voraus, daß das, was über meinen Vater und seinen angeblichen Selbstmord gesagt wurde, erstunken und erlogen war. Wir wußten, daß der Bischof völlig hinter meinem Vater stand, auch der Nuntius (der spätere Papst), so daß eigentlich eine lückenlose Solidarität existierte. Wir sind dann zwei Wochen nach der Ermordung meines Vaters sonntags früh zur ersten heiligen Messe gegan-

* Staatssekretär im Reichspost- und Verkehrsministerium

gen. Aber schon da wußten einige Leute davon. So was spricht sich ja in einer Stadt herum, und außerdem hatte unser Ortspfarrer es von der Kanzel bekanntgegeben. Da spürte man: die Leute standen zu uns und wollten uns ihr Mitgefühl ausdrücken. Ich habe nie im katholischen Kreis einen Vorbehalt, ich habe immer nur Hochachtung für meinen Vater gefunden.

Das gehört sicher in dem Zusammenhang zum Schönsten, daß man einfach wußte, wir stehen in einer Gemeinschaft, und die Gemeinschaft steht zu uns und zu meinem Vater. Das hat auch meine Mutter diese Tage außerordentlich erleichtert.

Die Frage nach den Motiven hinter dem Mord an meinem Vater ist schwer zu beantworten.

Zunächst wird man mal sagen: es wurden zum größten Teil persönliche Rechnungen beglichen. Göring hat gesagt: »Der Mann Klausener hat doch acht Tage vor seinem Tod 60.000 Leute auf die Beine gebracht, auf dem Katholikentag«, und hat nach Görings Meinung die Menschen auch motiviert, zusammenzuhalten, anders als die Nationalsozialisten sich das dachten. Es war der einzige Massenauftritt in jener Zeit, wo das nationalsozialistische System nicht präsent war. Und das war ganz sicher etwas, was ihn tödlich verletzt hat.

Göring selbst ist meinem Vater einmal begegnet bei seiner Entlassung aus dem Innenministerium. Da hat Göring ihm gesagt: »Ihr Bürgerlichen habt uns ja nur mit Nadeln gestochen. Wir, die Nationalsozialisten, werden mit der Faust zuschlagen.«

Das ist wahrscheinlich schon ein Stück Motivgeschichte.

Marianne Hoppe (1)
Jahrgang 1911

Wir waren jung und hübsch, das darf man sagen, und wir fingen in Berlin gerade an; ich hatte zwei oder drei Filme gemacht, und da kam dieser Anruf. »Hier ist die Reichskanzlei, Schaub. Der Führer lädt Sie zum Abendessen ein.« Und da sagte ich, die Leute will ich kennenlernen. Ich ging also an dem Abend hin. Und es war noch nicht diese Hitler-Reichskanzlei, die er sich erst später ausbauen ließ, sondern man fuhr gegenüber vom Kaiserhof in ein Eckhaus, rauf in den vierten Stock, und da wohnte er, dieser Führer. Und ich kam da ruff und also rinn, und da war die Riefenstahl, glaube ich, da war die Sybille Schmitz, und ein paar von uns auch.

Na ja, da saßen wir also um 'nen Tisch, und es wurde gegessen, und Hitler aß natürlich ganz was anderes, saß mir so schräg gegenüber und hat erst gar nischt gesagt. Und wir waren auch alle ziemlich schweigsam, ich war ja nu ganz Neuling und habe weiter nicht den Mund aufgemacht. Und dann sagte er: »Die Schlamperei, das muß ja alles ganz anders werden« und sprach so komisch. Leider hat man es nicht hinterher direkt aufgeschrieben, so weiß ich nicht mehr genau, was er gesagt hat. Aber da standen wir auf, und dann sagte er zu mir: »Es freut mich, daß Sie hier sind. Und kann ich Ihnen meine Wohnung zeigen?« Und da sagte ich: »Ja, das würde mich interessieren.« Hat er mir ein paar Zimmer gezeigt und machte dann eine Tür auf und sagte: »Das ist mein Schlafzimmer.« »Ach«, sage ich, »wie ungemütlich.« Das werde ich nie vergessen, es war wirklich furchtbar ungemütlich. »Können Sie sich das nicht ein bißchen freundlich und nett machen?« »Nein.« Hitler hat auf mich gewirkt, ja, wie auf einer Postkarte. Er hat kein Flair als Mann gehabt, jedenfalls nicht für mich. Er war wahrscheinlich auch an Kunst interessiert. Nur es war nicht unsere Kunst.

Viel später waren wir noch einmal eingeladen. Das ist allerdings eine Geschichte, die ein bißchen prekär ist. Da saß Goebbels, da saß seine Frau, da saßen die ganzen Potentaten, und ich saß in der zweiten Reihe, und da wurde ein Film vorgeführt, der hieß ›Der Rebell‹ mit Luis Trenker. Der spielte 1809 während der Tiroler Volkserhebung gegen die Franzosen. Da war eine Szene, da mußte die französische Armee durch einen schmalen Engpaß, und die Tiroler hatten oben Bretter festgemacht mit Steinen drauf. Als die Franzosen kamen, da machten sie die Stricke los, und dann fielen die ganzen Steine auf die Franzosen herab. Und da, glaube ich, kriegte Hitler eine Art von Erregung und hat so die Knie gerieben bei diesem Ereignis, wie die Steine da runterrollten auf die Franzosen drauf, und hat gestöhnt. Ich weiß nicht, ob er verrückt war, aber da kriegte er so eine Art von Orgasmus, sagen wir mal. Und da weiß ich noch, wie ich in der Dunkelheit aufgestanden bin, denn da war mir der Mann unheimlich. Und da ging ich raus und bin nie wieder hingegangen.

Ich hatte die ersten Filme gemacht, war ein hübsches Mädchen und hatte auch Erfolge, wenn Sie so wollen. Und eines Tages im Jahr 1936 klingelte es bei mir an der Tür, da stand ein SS-Mann vor der Tür. Grüßt und sagt: »Der Reichspropagandaminister kommt hier die Treppe rauf.« Nanu? Ich war erstaunt. Es dauerte nicht lange, da stand er da. Na ja, also er schließt die Tür, der Chauffeur ging wieder runter, und Goebbels kam also in meine Wohnung. Nicht in Uniform, aber mit dem goldenen Parteiabzeichen. Ich war 25, man sagt, das ist alt genug, aber ich war Zeit meines Lebens doch verhältnismäßig naiv, man ist von solchen Dingen doch düpiert, sprachlos. Ich dachte, was mach ich nur, wie kriege ich den Mann hier raus?

Goebbels setzte sich da also hin und sagte, er könne sich denken, daß wir zusammen etwas machen würden. Er stellte sich das so vor, also nur um ein Beispiel zu nennen, wenn er in Dresden im Bellevue eine Rede halten würde, dann würde für mich selbstverständlich ein Flugzeug bereitgehalten werden. »Da fliegen Sie dann hin, und ich halte dann eine Rede, und dann essen wir im Bellevue zusammen usw.« Und da wurde mir dann schon ein bißchen schwummrig, und ich dachte, der Mann kann mich doch nicht mit einem Flugzeug und Blumen abholen lassen, da müssen andere kommen. Und da sagte ich, was auch ziemlich unangenehm war: »Ja«, sage ich, »wir haben ja beide einen Ruf zu verlieren. Ich glaube, das geht nicht. Ich habe auf jeden Fall einen Ruf zu verlieren, nicht wahr.« Und meinen Ruf zu verlieren, das wäre mir unangenehm gewesen. Und das hat ihn gestoppt. Und dann, na ja, dachte ich mir, wie kriege ich den raus. Und gequält habe ich mich, es war furchtbar, fürchterlich, und der wollte nun schon zudringlich werden. Ich wehrte ab, und da verlor der sein goldenes Parteiabzeichen. Und ich habe es aufgehoben und ihm gegeben. Und da stand ich auf, es war nun schon fast 'ne Stunde, also was mache ich? Und da ging ich und stellte mich vor das Bücherregal, und ich weiß noch genau mit welcher Angst, also was mache ich, was soll ich, und da habe ich dann abgelehnt. Da fing er an, die Daumenschrauben ein bißchen anzuziehen. Er hätte ja doch auch eine ganze Menge beim Film zu sagen und so. Das ließ mich jedoch verhältnismäßig kalt. Aber es mißfiel mir sehr, daß der auf Touren kam. Und dann sagte ich, es war mir, glaube ich, gar nicht so bewußt, was ich sagte: »Und Sie glauben, ich würde mich einem Menschen, wie Sie es sind, ausliefern?« Da stand der auf, wurde bleich, nahm seine Mütze und ging. Das war ja doch ein ziemlich dolles Ding, glaube ich. Goebbels war ein intelligenter Mann. Diabolisch intelligent.

Wolfgang Stresemann
Jahrgang 1904

Daß ich 1939 nach USA ausgewandert bin, dafür gibt es sehr verschiedene Gründe. Einmal war ich der Sohn meines Vaters, zum anderen war ich von vornherein gegen die Nazis eingestellt. In Berlin war das möglich. Berlin war damals keineswegs eine typische Nazi-Stadt, das haben ja auch die Wahlen gezeigt. Berlin hat niemals, selbst bei den Wahlen nach dem Reichstagsbrand (1933), eine NS-Mehrheit gehabt. Wenn man sich überlegt, daß die Nazis damals nur 32 oder 33 Prozent der Stimmen bekamen, dann kann man schon daraus entnehmen, daß in Berlin, und dasselbe gilt auch für Hamburg und Bremen, eine ganz andere Stimmung herrschte.

Daß ich erst 1939 emigriert bin, war eine Frage des Geldes. Ich wollte mich in Amerika der Musik widmen. Und ich habe dann noch bis zu meiner Emigration in Berlin Unterricht genommen im Dirigieren, in der Instrumentation, Theorie usw., um das, was ich früher gelernt hatte, noch einmal zu erweitern. Mit Mark konnte ich das nämlich bezahlen, in Amerika aber wäre das gar nicht möglich gewesen, denn dort hatte man schon aus rein finanziellen Gründen gar nicht dieselbe Chance. Daher die späte Emigration.

Und so bin ich dann auf Umwegen nach Amerika gekommen. Amerika kannte ich schon, weil ich 1938 schon drei Monate drüben war, in der Ahnung und in dem Bewußtsein, daß das eines Tages die sogenannte zweite Heimat werden würde.

In Amerika war 1939 die Stimmung relativ freundlich, nicht so wie nach Pearl Harbour. Es gab auch noch gewisse Kreise, die hatten diese alte Englandfeindschaft, die waren sehr geneigt, sich aus dem Kriege rauszuhalten, weil sie die Engländer nicht mochten. In Washington sah es anders aus. Roosevelt war sich bewußt, daß England auf die Dauer Hitler nicht allein widerstehen könne und daß früher oder später Amerika in den Krieg eintreten müsse. Das hat er nach außen hin natürlich nicht gesagt. Er war irgendwie ein Spieler. Er hatte etwas sehr leichtes in seiner ganzen Art, er war eine phänomenale Persönlichkeit. Seine Ausstrahlung ist enorm gewesen. Ihr sind fast alle Leute erlegen. Aber er hat nie irgend etwas verstanden von Wirtschaft – sein ›New Deal‹ war damals ein Schlagwort. Eine wunderbare Sache, aber am Anfang des Weltkrieges war die Zahl der Arbeitslosen genauso groß wie zuvor. Er hat Amerika erst später durch den Krieg wirtschaftlich überhaupt wieder auf die Beine gebracht – und er hatte von Außenpolitik nicht die geringste Ahnung. Ihm war Europa letzten Endes genau so fremd wie seinem Vorgänger Wilson. Die vierte Amtszeit war einfach vorgezeichnet durch den Krieg. Leider muß man sagen, hat auch er den Frieden wieder verloren und dadurch doch schweren Schaden, nicht nur den Amerikanern, sondern auch der ganzen Welt zugefügt.

Als nun der Krieg ausbrach, hat es einen Sturm der Entrüstung gegeben, der richtete sich erstmal gegen jeden, der japanisch aussah, wobei Leute geschlagen und verhauen wurden, die gar keine Japaner waren und die nachher Schilder trugen: ›Komme aus Indonesien‹, usw. Dann aber trat natürlich ein, worüber man sich nicht wundern kann: alles Deutsche wurde verbannt und verdammt. Man kann kaum ermessen, wie außerordentlich stark damals der Haß und die Abneigung gegen alles Deutsche waren. Nun hieß es selbstverständlich, die Deutschen haben zwei Weltkriege hervorgerufen, sie sind daran Schuld, auch am Ersten Weltkrieg, und das darf nie wieder passieren: Deutschland muß kaputtgemacht werden. Es kam der Morgenthauplan,* es gab aber auch die Überlegung, daß man Deutschland politisch zerschlagen müsse in verschiedene Teile. Damals war es zuweilen etwas schwierig, z. B. auf der Straße Deutsch zu sprechen. Allerdings war ich in einer etwas günstigeren Position, als sich doch viele Leute an das Wirken meines Vaters erinnerten und auch gewisse persönliche Schlüsse daraus zogen. Ich habe erlebt, daß Leute, die wohlwollend waren, sagten: »Sie sind ja nicht Deutscher, Sie sind ja Österreicher.« Worauf ich denen gesagt habe: »nein, ich bin Preuße, und ob sie es mögen oder nicht, ich bin sehr stolz darauf sogar, Preuße zu sein«, worauf die Amerikaner fast ohnmächtig wurden. Und dann habe ich ihnen einmal auseinandergesetzt, was Preußen eigentlich im wahren Sinne des Wortes darstellte, und da waren sie erstaunt.

Viel schlimmer ist mein Verhältnis zu vielen deutschen Emigranten gewesen. Die Emigranten waren ja letzten Endes viel größere amerikanische Patrioten als viele andere. Sie hatten sich in der 86. Straße niedergelassen und sind nachher dreifache Amerikaner geworden. Aber dieser verständliche Haß gegen uns ging nun so weit, daß z. B. einige nicht mehr Deutsch sprachen. Ehepaare sprachen Englisch mit schrecklichem Akzent, als ob die Sprache Goethes hier nicht mehr gut genug sei.

Hans-Heinrich Herwarth von Bittenfeld (2)
Jahrgang 1904

Also ich bin oft gefragt worden, welches war ihr schönster und interessantester Posten, und ich habe immer gesagt: Moskau. Sicher, London, Rom waren Traumposten, aber der interessanteste Posten war für mich Moskau. Wenn man einmal in Rußland oder

* Der Morgenthau-Plan, benannt nach dem Bankier Morgenthau, sah vor, daß Deutschland aller Industrien beraubt und in einen Agrarstaat zurückverwandelt werden sollte.

jetzt in der Sowjetunion war, dann erst lernt man die Russen, die Bevölkerung dort lieben, das System aber weniger.

Stalin habe ich während meiner Zeit in der Moskauer Botschaft nur einmal getroffen. Das war 1932, als der türkische Minister Inönü da war. Da gab Stalin ein Fest im Kreml, wo auch mein Botschafter von Dirksen dabei war. Die Botschafter wurden bevorzugt behandelt, das übliche Diplomatische Corps war etwas entfernter aufgebaut. Aber man konnte Stalin sehen, und er hat auf mich eigentlich einen sehr starken Eindruck gemacht.

Er hatte einen wiegenden Gang wie ein Tiger. Er hat auf mich immer den Eindruck eines eleganten Raubtieres gemacht. Er hatte auch Witz und Humor, das unterschied ihn wahrscheinlich von Hitler. Aber man muß sich auch darüber im klaren sein, für den, der umgebracht wird, ist es gleichgültig, ob der Mann, der ihn umbringt, Charme hat oder nicht. Er war damals also wirklich amüsant. Und ich besinne mich noch auf eine Szene. Der afghanische Botschafter sagte zu dem sowjetischen stellvertretenden Außenminister: »Also wissen Sie, ist es nicht ein bißchen komisch, draußen hungert die Bevölkerung, und wir essen hier von goldenen Tellern und mit goldenem Besteck, es gibt eine Delikatesse nach der anderen?« Und der Sowjetdiplomat antwortete: »Das war immer so bei uns.«

Als Stalin anfing, der Alleinherrscher zu sein, hatte er auf die Großbauern gesetzt und glaubte, daß man die Landwirtschaft in Ordnung kriegt, daß sie genug abliefert an den Staat. Dann plötzlich drehte er das Steuer um, es wurde kollektiviert, und die Bauern wurden alle enteignet.

Es kam das sogenannte Bauernlegen, wenn ich mal den Ausdruck benutzen darf. Damals, 1932, sind so zwischen 7 und 10 oder 12 Millionen verhungert. Das ist eine Tatsache. Wir hatten eine große Kontroverse in der deutschen Botschaft.

Wir Jüngeren standen auf dem Standpunkt, daß einem Staate, der Hunderttausende, Millionen verhungern läßt, darunter waren ja auch Wolga-Deutsche, von dem darf man weder was kaufen noch darf man ihm etwas verkaufen. Das war unser Standpunkt. Botschafter von Dirksen sagte jedoch nein. Und gab als Gründe folgendes an: »Erstmal, wenn wir eine totale Blockade der Sowjetunion verhängen, wenn alle Nationen mitmachen, wird das die Sowjetunion nicht dazu bringen, von ihrer Politik abzulassen. Die Leute werden weiter verhungern. Die Sowjetunion verfügt über alle notwendigen Rohstoffe. Wir können den industriellen Aufbau vielleicht zehn Jahre verzögern, aber diese sturen Leute bringen wir nicht von ihrer Politik ab. Das zweite ist, daß, wenn wir nicht liefern, andere liefern werden. Das dritte Argument: wir haben eine große Arbeitslosigkeit in Deutschland. Wenn wir die Lieferungen in die Sowjetunion einstellen, haben wir noch einmal 200.000 Arbeitslose mehr. Man sagt, der deutsche Arbeiter steht uns näher als der russische Bauer.«

Es gab da noch ein Interesse von unserer Seite. Hitler hätte seine Luftwaffe nicht so schnell aufbauen können, wenn die Piloten nicht in der Sowjetunion ausgebildet worden wären. Tatsächlich wurden dort bis 1932 viele Offiziere als Piloten und Jagdflieger ausgebildet. Diese Zusammenarbeit war sehr eng und gut. Sie wurde aber ab 1932 abgebrochen. Wir hatten unter Stresemann eine Politik der Annäherung an den Westen begonnen. Das beunruhigte die Sowjets. Wir waren ja ihre einzigen Bundesgenossen zu dieser Zeit.

1939 habe ich an den Geheimverhandlungen, die zum Abschluß des deutsch-sowjetischen Nichtangriffspaktes führten, teilgenommen. Das entscheidende Motiv war, von Hitlers Standpunkt aus gesehen, daß er sich den Rücken frei halten wollte. Er war in keiner Weise beeindruckt, als die Briten eine Garantie für Polen aussprachen. Die Franzosen hatten schon vorher Polen garantiert, durch einen Vertrag, das hatte ihm überhaupt keinen Eindruck gemacht. Aber es beunruhigte ihn, als die Engländer und Franzosen anfingen, mit den Sowjets zu verhandeln und versuchten, die Sowjets in einen Garantiepakt für die Sowjetunion hineinzuziehen. Da wurde Hitler nervös, weil er sagte: Dann habe ich drei Weltmächte gegen mich, das ist zuviel. Dann kam dieser faszinierende Wettlauf zwischen Hitler, Engländern und Franzosen um die Gunst von Stalin. Den mußte natürlich Hitler gewinnen, denn Hitler bot Stalin alles an, was das zaristische Rußland am Schluß des Ersten Krieges verloren hatte: die baltischen Staaten, Bessarabien und ich glaube, auch einen Teil Ost-Polens. Dagegen konnten die Engländer und Franzosen nicht an.

Stalin hatte im Februar 1939 seine berühmte Rede gehalten, die Sowjetunion sei nicht bereit, die Kartoffeln für andere Leute aus dem Feuer zu holen. Er war enttäuscht über die Konferenz in München 1938, wo er nicht zugezogen worden war. Er glaubte, da es um einen slawischen Staat – die CSR – ging, hätte man ihn zuziehen müssen. Er traute überhaupt den Engländern und Franzosen nicht. Er war auch negativ beeindruckt, daß die Engländer und Franzosen nichts taten, als Hitler Österreich wieder mit dem deutschen Reich vereinigte. Das alles hatte ihn enttäuscht. Und außerdem war Stalin wahrscheinlich im Grunde seines Herzens – er war Georgier – deutschfreundlich. Aber noch einmal zurück zu den deutsch-sowjetischen Verhandlungen 1939. Bei den eigentlichen Verhandlungen war ich kaum dabei. Denn ich war geistig abgetreten, ich hatte mich schon vorbereitet, zur Armee zu gehen. Und deshalb habe ich die Stellung gehalten im Botschaftergebäude, d. h. ich saß in der Botschaft und habe auf der direkten Leitung nach Berlin und zum Obersalzberg* Verbindung halten müssen. Dabei ging es immer um Grenzberichtigungen. Die hatte ich immer durchgegeben, und dann kam nach zehn Minuten schon die Antwort, Hitler sei damit einverstanden. Das ging also alles schnell. Bemerkenswert ist noch: Die hatten auf dem Verhandlungstisch eine Karte 1:1 Million im Maßstab. Da wurde dann mit einem Rotstift eine Demarkationslinie gezogen, so mit einem dikken Rotstift, der war in der Natur gleich 200 Kilometer breit.

Damals, 1939, hat, glaube ich, keiner von uns angenommen, daß dieser Pakt gebrochen würde, von der einen oder anderen Seite. Wir glaubten eigentlich, daß dieser im Interesse beider Staaten liege. Erst später wurde uns klar, daß Hitler das nur als Provisorium angesehen hatte und am Schluß wieder auf seine alten Ideen aus ›Mein Kampf‹ zurückkommen würde, die Sowjetunion zu zerschlagen. Im übrigen hatte er merkwürdige Gedanken, die er, wie ich glaube, auch geäußert hat. Er hat immer gesagt, die Sowjetunion wird immer mächtiger, jedes Jahr. Nach menschlicher Voraussicht aber oder nach der Lehre der Geschichte wird mein Nachfolger ein schwacher Mann sein, also muß ich jetzt, noch bevor die

* Obersalzberg bei Berchtesgaden: Hitlers privates Refugium in den Alpen.

Sowjetunion stärker wird, bevor ein schwacher Nachfolger in Deutschland kommt, sehen, daß ich diese Bedrohung Deutschlands und Europas ausschalte.

Botschafter Graf von der Schulenburg hat bis zum letzten Augenblick, bis Mai 1941, immer wieder versucht, Hitler davon zu überzeugen, daß die Sowjetunion in keiner Weise die Absicht hatte, sich in kriegerische Verwicklungen gegen das Deutsche Reich einzulassen. Er hat immer wieder darauf hingewiesen, daß die Sowjetunion ihre vertraglichen Verpflichtungen, die sie übernommen hatte, Lieferung nicht nur von Getreide, sondern auch von kriegswichtigen Rohstoffen, minutiös eingehalten habe. Und die Berichterstattung von Köstring (deutscher Militärattaché in Moskau) war immer so, daß er gesagt hat, defensiv ist die Sowjetarmee ein sehr beachtlicher Faktor, offensiv ist sie nicht fähig, einen Angriff zu unternehmen.

Es ist nachträglich manchmal der Vorwurf erhoben worden, Köstring habe nicht richtig berichtet, er habe nicht gewarnt. Das ist falsch. Er hatte ein sehr klares Bild. Dabei gab es für ihn ein schwieriges Problem: Er durfte die Sowjetunion nicht zu schwach darstellen, aber auch wieder nicht zu stark. Er hat sich bemüht, eine korrekte Darstellung zu geben, die stimmte, glaube ich. Als er dann, nach Kriegsausbruch, Hitler in Ostpreußen sah, hat Hitler ihm angeboten, nach siegreichem Kriege gegen die Sowjetunion – er nahm an, daß das in einigen Wochen erledigt sein würde – Köstring das Oberkommando über die Grenztruppen zu übertragen, die an der Linie Astrachan bis Archangelsk stehen sollten, der berühmten AA-Linie. Da hat Köstring gesagt: Erstmal wäre der russische Winter sehr hart, und die Widerstandskraft der Sowjets dürfe man nicht unterschätzen. Und er hat noch gesagt: »Der russische Bär ist einmal über den Kopf gehauen worden, da ist er aus dem Winterschlaf erwacht. Wenn er noch einmal zwei über den Kopf kriegt, erst dann wird er sich auf die Hinterpfoten stellen, dann wird es unangenehm werden.« Darauf wurde Köstring in die Führerreserve versetzt.

Ich habe damals einen amerikanischen Freund, Chip Bohlen, der Attaché an der Botschaft der USA in Moskau war, über die Geheimverhandlungen unterrichtet. Aber die Vereinigten Staaten waren damals keine Weltmacht. Die amerikanische Botschaft, die ließ sich Zeit mit der Berichterstattung. Sie waren einfach nicht in der Weltpolitik drin. Warum ich das gemacht habe? Ich habe zunächst einmal, als die Verhandlungen der Engländer und Franzosen anfingen, als bei uns die ersten Fühler ausgestreckt wurden nach der Sowjetunion, da hatte ich sofort das Gefühl, das wird jetzt eine Katastrophe. Der Hitler wird jetzt unter allen Umständen zu einem Abschluß mit der Sowjetunion kommen, und er gibt denen alles, was sie haben wollen. Diese Kassandrarufe habe ich dann an die Engländer und Franzosen übermittelt.

Die haben mir nicht geglaubt, und bis zuletzt haben es sehr kluge Leute im Foreign Office nicht für möglich gehalten, daß der Hitler mit der Sowjetunion abschließt, und gesagt, das ist ganz unmöglich. Hitler und Stalin können nicht zusammenkommen. Und die Nachricht vom Abschluß des Vertrages schlug dann in England, Frankreich und in Deutschland wie eine Bombe ein.

Leider Gottes haben meine Warnungen an die Amerikaner, Engländer und Franzosen gar nichts geholfen. Dann habe ich mich an die Italiener gewandt. Auch das blieb erfolglos.

Also habe ich mir gesagt, um diese Katastrophe zu verhindern, werde ich nun die Amerikaner informieren. Aber der Chip Bohlen glaubte mir nicht. Der sagte, der Herwarth fantasiert, der hat zu viel Whisky getrunken oder weiß der Teufel was. Trotzdem habe ich ihn immer regelmäßig informiert. Weil er mir nicht glaubte, habe ich ihm Details gesagt. Wäre er vernünftiger gewesen, da hätte ich ihm nur gesagt: Hört mal zu, der Krieg wird immer wahrscheinlicher. Aber ich mußte das immer begründen. Das war nach den Gesetzen des Dritten Reiches sicherlich Verrat, aber das hat mich nicht bekümmert. Die Ablehnung war so groß. Ich möchte mal so sagen, es war nicht nur die Ablehnung Hitlers selber, es war zu verhindern, daß Deutschland in den Zweiten Weltkrieg reinglitt, der wieder verlorengehen mußte. Das war meine Überzeugung: Um Gottes Willen, das führt ja zum Untergang Deutschlands. Es war nicht nur die Absicht, gegen Hitler zu sein, sondern das Vaterland war in Gefahr. Der Eid hat dabei keine Rolle gespielt. Den Eid hatte ich auf Deutschland geschworen. Außerdem hatte ich das Gefühl, daß Hitler seinen Eid schon mehrmals gebrochen hatte, schon damals. Und daß er eben eine Gefahr für Deutschland war. Dann erinnerte ich mich immer an meinen Rekrutenoffizier. Der hat uns immer gesagt, was die Ausführung von Befehlen angeht: Befehle sind ohne Widerspruch auszuführen. Es gibt nur zwei Ausnahmen: einmal, wenn ihr aufgefordert werdet, Verbrechen durchzuführen, dann dürft ihr es nicht machen, und zweitens: wenn der Vorgesetzte offensichtlich wahnsinnig ist. Nach meiner Meinung trafen beide Voraussetzungen zu.

Wolf-Dieter Zimmermann (1)
Jahrgang 1911

Ich war Pfarrer der Bekennenden Kirche und gab unter anderem einen oft nur hektographierten, manchmal aber auch gedruckten Nachrichtendienst heraus. Im Sommer 1937 hatten wir irgendwelche Flugblätter gedruckt mit Mitteilungen, wann und wo Versammlungen stattfinden. Eine ziemlich hohe Auflage. Einer von der Druckerei rief mich an und sagte: »Die Geheime Staatspolizei war da, die wollten dich haben. Die holen dich, wenn du nicht hingehst.«

Da bin ich zur Druckerei gefahren, hab mir so ein Flugblatt geholt, und dann bin ich, völlig naiv, zur Gestapo gefahren. Dort ging die Vernehmerei los. »Was hast du gemacht? Wer bezahlt euch? Wie organisiert ihr das? Wer sind die Leute, die da mitmachen? Wo wird vervielfältigt usw.?«

Und zum Schluß sagten sie dann: »Nun bleiben Sie erstmal hier.«

Dann haben sie mich in eine Einzelzelle gebracht am Alexanderplatz (Sitz des Polizeipräsidiums in Berlin). Es war für mich ein etwas demoralisierendes Erlebnis, wenn man alle seine Sachen, inklusive Gürtel und Uhr und was man so hat, abgeben muß und dann in die Zelle kommt, die so klein ist, daß man gerade zwei Schritte gehen kann. Man darf auch nichts machen, man darf nur gerade sitzen auf dem Schemel. Man darf sich nicht hinlegen. Das waren damals also noch richtig harte Sitten. Dann las ich an der Wand: »Gerechtigkeit ist Goldes wert, und wo bleibt die Gerechtigkeit Gottes?«

Und dann sah ich diese Striche, 5, 10, 15, 20, 25, 30 Striche von Leuten, die die Tage gezählt hatten. Und dies war mir ziemlich unheimlich. Es gab nichts zu lesen, und diese Beschäftigungslosigkeit ist grauenvoll, wenn man aus einer intensiven Alltagsarbeit unvorbereitet herausgerissen wird, wenn man auf einmal dasitzt und nichts machen kann und sich nicht hinlegen kann. Nur zwei Schritte vor, zwei Schritte zurück und nur auf seinen Kopf angewiesen ist. Es macht einen also nach ganz kurzer Zeit völlig fertig.

Das zweite Mal war ich in Haft im August 1937, glaube ich, und kam in eine Gemeinschaftszelle. Da kriegte ich auch eine Bibel. Die konnte ich aber nie lesen, weil die Kommunisten, mit denen zusammen ich eingesperrt war, sie immer lasen. Wir diskutierten intensiv. In der Zelle waren auch ›Erste Bibelforscher‹. Die brachten mir dann bei: wir 144.000 ›Erste Bibelforscher‹ kommen in den Himmel, und ihr anderen kommt nur durch unsere Gnade in den Himmel. Wir haben also viele interessante Gespräche gehabt in dieser Gemeinschaftszelle.

Herbert Mittelstädt (1)
Jahrgang 1927

1933 war ich gerade sechs Jahre alt, aber ich erinnere mich, mit welcher Anteilnahme und mit welchem Enthusiasmus in meinem Elternhaus der Fackelzug am 30. Januar damals zur Reichskanzlei verfolgt worden ist. Ich muß vorausschicken, daß ich aus einem stockkonservativen Elternhaus komme. Mein Vater, Zeit seines Lebens Lehrer, war als einziger seines Kollegiums nicht in die Partei eingetreten. Bei uns hat der Katholizismus eine stärkere Rolle gespielt als die Staatsangehörigkeit, und trotzdem hat sich damals, auch in unserer Familie, eine Art von Euphorie eingestellt, weil eben die Hitlersche Machtübernahme eine Wende nach einer langen Phase der Unsicherheit verheißen hat.

Es kam dann der Abschluß des berühmten Concordats mit dem Vatikan, mit dem Hitler den Katholiken – und meine Eltern sind ihm prompt auf den Leim gegangen – vorgegaukelt hat, daß sie ungeachtet irgendwelcher anderweitigen Gerüchte ihre Religionsausübung ungestört und sogar vom Regime gefördert weiter würden praktizieren können. Dies bedeutet, daß meine Eltern durchaus in einer relativ langen Phase, mit Sicherheit 1934 bis 1935, dem Regime positiv gegenübergestanden haben.

Sie haben mir beispielsweise dies auch in Form von Spielzeug nahegebracht. Ich glaube, die Nazis sind kaum an der Macht gewesen, da gab es kleine Spielzeugsoldaten, und prompt kamen auch kurz danach SA-Männer in Miniaturform heraus, und ich hatte da ansehnliche Kohorten in meiner Spielzeugkiste. Unter anderem hatte ich auch den Stabschef der SA, Herrn Röhm, dabei. Der hatte einen beweglichen rechten Arm, den man also gesenkt an der Hüfte lassen, aber auch zum Deutschen Gruß nach oben strecken konnte. Nachdem es dann zum ›Röhm-Putsch‹ gekommen war und Röhm das Leben lassen mußte, habe ich Herrn Röhm in einer kleinen Pappschachtel zur Ruhe gebettet. Mein Vater hat mir dabei zugesehen, als ob ich nicht alle Tassen im Schrank hätte.

1937 merkte ich dann aber bei meinen Eltern wegen der antireligiösen Tendenzen des Regimes immer kräftiger und intensiver werdende Vorbehalte gegen den Nationalsozialismus. Mein Vater erzählte dann auch von beginnenden Pressionen aus dem Kreise seiner Kollegen, ihn zum Eintritt in die NSDAP zu animieren, aber er hat dem widerstanden – bis zum Kriegsende.

Ich hatte zunehmend Schwierigkeiten, bei meinen Eltern noch Verständnis für mein Engagement im Jungvolk zu finden. Allerdings hatte ich immer ein gutes Argument, das meine Eltern auch respektiert haben: man brauchte damals, um in einem Fußballverein spielen zu können, ein sogenanntes Dienstleistungszeugnis, und dies mußte alle sechs Wochen erneuert werden. Man durfte also nur in einem richtigen Verein Fußball spielen, wenn man den bewußten Stempel brachte, daß man auch seinen Dienst im Jungvolk pflichtbewußt versehen hatte. So zog ich dann zum Jungvolkdienst und bekam den Stempel. Dann aber wurden meine Eltern plötzlich wieder schwankend, dann kam nämlich der Anschluß Österreichs. Da die Österreicher in ihrer Mehrheit katholisch waren, versprachen sich meine Eltern ein Anwachsen des katholischen Elements in der deutschen Bevölkerung durch die »Heimkehr« der Österreicher, wie es damals hieß.

Diese Stimmung hielt aber nur eine relativ kurze Zeit an, und dann hörte ich zum ersten Mal, ich war mit Sicherheit so knapp zwölf, wie mein Vater sagte, Hitler bedeutet Krieg. Ich habe ihm das nie abgenommen. Das ist etwa Anfang 1939 gewesen. Die Stimmung änderte sich freilich noch einmal nach dem Sieg über Frankreich. Mein Vater war selbst auch drei Jahre im Ersten Weltkrieg gewesen und hat möglicherweise immer ein bißchen unter dem Trauma der damaligen Niederlage gelitten.

Als dann Frankreich besiegt war im Mai 1940, hörte ich jedenfalls plötzlich zu meinem Erstaunen sogar von meiner Mutter, den Ausspruch wieder: »Unser wundervoller Führer.« Sie muß also da trotz ihrer sonstigen und speziell religiös bedingten Zurückhaltung offenbar zumindest einen kurzen Zeitraum lang gedacht haben, daß sich doch alles zum Positiven wenden würde, daß der Krieg gewonnen werden könnte.

Friedrich Georgi (1)
Jahrgang 1917

Ursprünglich wollte ich Jurist werden. Aber als dann der Nationalsozialismus über unser Volk hereingebrochen war, hat mein Vater mich dringend davor gewarnt, einen juristischen Beruf zu ergreifen. Er sagte: »Wir leben in einem Unrechtsstaat, und Du wirst totunglücklich, wenn Du in einem solchen Staat dem Recht dienen willst. Ob Du nun Anwalt, Richter oder Staatsanwalt wirst, Du wirst daran zerbrechen. Denn Du kannst auf die Dauer einem

Unrechtsstaat nicht dienen, wenn Du dem Recht dienen willst.« Das hat mich damals sehr überzeugt, ich habe das akzeptiert und habe gefragt, was ich werden sollte, seiner Meinung nach. Da sagte er mir: »Werde Soldat, das ist ein sehr ehrenwerter und anständiger Beruf, und es ist die letzte Insel in diesem Sumpf, in dem wir jetzt sitzen. Denn an die Soldaten wird sich diese Nazi-Clique nicht herantrauen.«

Es war ja damals auch so, daß Berufssoldaten nicht in der NSDAP sein durften, daß sie nicht das aktive und passive Wahlrecht hatten. Das war eine Bestimmung der Weimarer Verfassung, und so glaubte mein Vater damals, daß man als Soldat am längsten, vielleicht für die ganze Dauer dieses Spuks, auf einer Insel leben könne, ohne korrumpiert zu werden durch irgend etwas anderes. Und so bin ich Soldat geworden, 1934, mit 17 Jahren, bei der damals noch getarnten Luftwaffe (Flak).

Die Familie spielte eine große Rolle bei meinem Entschluß, aber auch meine leidenschaftliche Begeisterung für die bündische Jugendbewegung. Dann kam die Auflösung der bündischen Jugendbewegung und die zwangsweise Überführung in die Hitlerjugend. Das war ein besonderes Erlebnis für mich mit dem Empfinden, wie widerwärtig diese Leute waren, die dies erzwungen haben. Der dritte Komplex ist die Schule. Ich war Schüler des Arndt-Gymnasiums in Berlin-Dahlem, einer Schule, die auch den Nazis sehr negativ gegenüberstand, einer Schule, die sich immer darauf berief, daß sie ein preußisches Gymnasium war, ein Staatsgymnasium, und nicht vom Nationalsozialismus überwältigt würde. Dort gab es Wissensbildung *und* Persönlichkeitsbildung, was ganz undeutsch war. Schlüsselerlebnis von der Schule als preußischem Gymnasium: An Feiertagen wurde die preußische Flagge gehißt. Und wir legten entschiedenen Wert darauf, daß das Hakenkreuz niemals auf dieser Schule gehißt wurde zu irgendwelchen Feiertagen, sondern die Berliner Flagge und die Flagge Schwarz-Weiß des Staates Preußen. Das haben wir auch durchgehalten. Ich möchte sagen, Elternhaus, bündische Jugendbewegung und Schule sind die drei Faktoren, aus denen ich diese Einstellung gewonnen habe. Ich habe im März 1935 das Abitur gemacht und bin dann nach 14 Tagen Pause Soldat geworden.

»Juden raus!«

Die deutschen Juden gehörten zu den besten und treuesten Bürgern im Reich. In der Gleichberechtigung vor dem Gesetz und in der offenen Gesellschaft hatten sie beachtliche Beiträge zum wirtschaftlichen, kulturellen und intellektuellen Leben des Landes geleistet. Zwölftausend waren im Ersten Weltkrieg gefallen – eine der höchsten Gefallenenraten aller europäischen Minderheiten. Aber ihr Erfolg hatte auch Neid und Feindschaft zur Folge. Juden wurden von Nichtjuden kritisiert, wenn es ihnen im Vergleich zu ihren Nachbarn besser ging und wenn sie in Schlüsselberufen dominierten: Recht, Medizin und Presse. Die sogenannten Ostjuden, jüdische Einwanderer aus Osteuropa nach dem Ersten Weltkrieg, wurden auch von deutschen Juden nur mit Vorbehalt akzeptiert. Die längst Assimilierten sahen ihr Prestige durch die Glaubensgenossen im Kaftan gefährdet.

Der Antisemitismus war in der Geschichte Deutschlands nicht unbekannt, hatte aber nie eine dominierende Rolle gespielt. Zu der Zeit, da der Antisemitismus allgemein relativ wirkungslos war, wurde auch Hitlers Versuch, dem Judenhaß eine Priorität zu geben, wenig Bedeutung beigemessen.

Auf die Machtübernahme der Nazis folgte allerdings eine Reihe von »wilden« antijüdischen Aktionen, die vom Einwerfen von Fensterscheiben bereits bis zum Mord reichten. Am 1. April 1933 ließ Hitler einen nationalen Boykott jüdischer Berufsgruppen starten. Der Anblick bewaffneter Sturmtruppen, die Lebensmittelläden demolierten und alte Frauen bedrohten, war zu Hause wie im Ausland dem Ansehen der Nazis abträglich. Der Boykott war jedoch ein Zeichen dafür, daß die ›Bewegung‹ Ernst machte mit dem, was sie lauthals verkündet hatte: daß für die Juden kein Platz mehr in Deutschland sei.

Eine wachsende Zahl von Juden emigrierte – falls sie die strengen Auflagen erfüllen konnte, die sowohl das Reich als auch die Aufnahmeländer, insbesondere die Vereinigten Staaten von Amerika, ihnen auferlegten. Andere wehrten sich weiterhin dagegen, aus ihrem Vaterland von Kräften vertrieben zu werden, die sie immer noch als vorübergehenden Spuk ansahen. Im September 1935 traten die Rassengesetze von Nürnberg in Kraft.

Diese Gesetzgebung legalisierte eine wachsende Zahl rechtlicher und politischer restriktiver Entscheidungen zur Judenfrage. Sie entzog den meisten Juden ihre deutsche Staatsbürgerschaft. Sie verbot die Ehe zwischen Christen und Juden. Rechtlich definierte sie »Juden« und »Mischlinge« – Kinder oder Enkelkinder aus Mischehen. Sie verbot den Juden, nichtjüdische Frauen unter 45 Jahren zu beschäftigen.

Der *Rechtsstaat* war unwiderruflich dahin. Zwischen 1935 und 1938 wurde das Netz um die Juden immer enger gespannt. Geschäfte und persönlicher Besitz wurden konfisziert, oder sie mußten ihr Hab und Gut zu Schleuderpreisen verkaufen. Jüdischen Ärzten und Anwälten wurde untersagt, ihre Berufe auszuüben. Personalausweise und Pässe wurden mit einem »J« versehen. Männliche Juden mit »deutschen« Vornamen mußten zu ihrem Namen »Israel« hinzufügen; Frauen mußten den Namen »Sarah« annehmen. Sie alle mußten in der Öffentlichkeit den Judenstern tragen.

Gaston Ruskin (1)
Jahrgang 1924

Schon 1933 hat die Judenverfolgung begonnen. Ich weiß es nur von meinem Großvater, der war Glasermeister. Er hatte hier ein kleines Geschäftchen seit 1920. Alle aus der Provinz Posen sind sie nach Deutschland emigriert, nach Berlin, und durch die Inflation ist die Entschädigung, die sie erhalten haben für Haus und Hof, die sie hinterlassen haben, dahingeschmolzen.

1933 hat ein SA-Mann vor dem Geschäft ein Schild angebracht: »Kauft nicht bei Juden«. Dann haben sie hinten geklopft, und mein Großvater macht hinten auf, ja bitte, da hat man den 69jährigen Mann niedergeschlagen.

Am 9. November 1938 ereignete sich dann die große, von oben veranlaßte anti-jüdische Aktion, »Reichskristallnacht« genannt. Das habe ich noch im Gedächtnis. Ich bin in unsere Synagoge gegangen, die man nicht angebrannt hatte, denn sie war in einem Haus, in dem noch andere Mieter waren. Aber ich habe die Synagoge von innen gesehen, man hat alles klein geschlagen, und das Heiligste, was die Juden haben, die Thorarolle, lag ausgerollt da, und sie haben die Notdurft darauf verrichtet. Ich habe die Synagoge dann nicht mehr gesehen, ich bin nicht mehr hingegangen.

1940 bin ich von der Schule abgegangen. Ein Jahr vor dem Abitur, mit 16 Jahren. Meine nichtjüdischen Mitschüler haben das Abitur gemacht. Ich war dann in einer Lehrwerkstätte in der jüdischen Gemeinde, und zum 30. April 1941 wurden die jüdischen Schulen geschlossen. Jüdische Kinder hatten keine Möglichkeit mehr, in die Schule zu gehen. Sechs-, acht-, zehnjährige Kinder hatten keinen Unterricht mehr. Man wollte ihnen gar keine Möglichkeit mehr geben, sich zu bilden. Alle wurden in den Arbeitsprozeß überführt. Die jüdische Gemeinde hat dann noch versucht, Kindergärten einzurichten für die Kinder, die nicht alleine zu

Hause bleiben durften, denn man hat ja die Juden zur Zwangsarbeit herangezogen. Etwas später, im Herbst 1941, kam noch das Gesetz, daß die Juden keine öffentlichen Verkehrsmittel mehr benutzen dürften. Am 27. Februar 1943 wurde ich verhaftet, auf der Straße. Meine Schwester wurde aus der Fabrik geholt, mein Vater war noch in Borsigwalde, hat gesehen, was los war, ist nicht mehr in die Fabrik, er hatte Nachmittagsschicht, ist nach Hause gefahren. Er hat einen gelben Fischgrätenmantel gehabt, da hat man nicht so den Stern drauf gesehen.

Arnold Biegeleisen
Jahrgang 1911

Als es losging, am 30. Januar 1933, da war ich 25, da war ich kaufmännischer Angestellter. Als Hitler kam, wurde meine »Karriere« abgebrochen. Ich hatte eine gute Stellung und sollte auch ins Ausland geschickt werden von der Firma aus. Das Personal war sehr nett zu uns. Da war nur einer, der war vorher ein ganz verbissener SPD-Mann gewesen und war der erste, der übergelaufen ist. Und hat uns, es war noch ein Jude in der Firma, gezwungen, einen ›Stürmer‹* zu kaufen. Mit einem ganz ironischen Lächeln ging er zu jedem hin, und wir mußten den ›Stürmer‹ kaufen, auch ich.

Dann hat er noch eine Sache gemacht. Da hat einer gearbeitet, der war Sozialdemokrat, und bei dem hat die Gestapo zu Hause Haussuchung gehalten. Dann kamen sie ins Geschäft. Da hat dieser ehemalige SPD-Mann gesagt: »Das Geschäft hat hinten noch einen Ausgang.« Die Gestapoleute sollten dort noch jemanden hinstellen, damit er dort nicht ausrücken könne. Das war 1934.

Der erste Boykott-Tag war am 1. April 1933, die Schaufenster waren alle beschmiert, SA-Leute standen davor mit Schildern: »Kauft nicht bei Juden.« Meine Mutter sah absolut nicht jüdisch

* Stürmer: Von Julius Streicher herausgegebenes anti-jüdisches Hetzblatt

aus. Sie ging in ein Geschäft rein, und als sie rauskam, da sagte der SA-Mann: »Sie sehen's und gehen doch rein.«

Man hat es eigentlich nicht sehr ernst genommen. Wir haben uns noch frei bewegt. Nachher wurde es schwieriger. Die Firma fing an, Nazi-Abzeichen usw. zu machen. Aus München kam ein Käufer, hat mich da sitzen sehen und da hörte ich, wie der zum Firmeninhaber sagte: »Sie beschäftigen ja Juden. Dann können wir bei Ihnen nicht kaufen.« Über meine Kollegen in der Firma kann ich mich nicht beklagen, bis auf den einen. Wenn die Käufer wiederkamen, hat man mir Bescheid gesagt. Dann mußte ich mich in der Toilette verstecken, damit man mich nicht sah. Aber einmal, das war im August 1935, da kamen die aus München wieder, und da hat es nicht so geklappt mit dem Verstecken. Da hat der gesagt: »Sie können uns nicht an der Nase herumführen, Sie beschäftigen hier Juden.« Da hat mich die Firma noch bis Ende Dezember gehalten. Dann haben sie gesagt: »Es tut uns leid, aber Sie müssen gehen.« Dann habe ich noch Arbeitslosenunterstützung bekommen. Mit 20 Mark Bordgeld bin ich 1936 nach Argentinien gegangen. Ich war da noch nicht verheiratet, hatte keine Sprachkenntnisse.

Dorothea Schlösser (1)
Jahrgang 1921

Den entscheidenden Anstoß zu meiner besonderen Aversion gegen Hitler gab ein Ausspruch meines Schuldirektors, der sagte, es gäbe Juden und es gäbe Christen, aber das Schlimmste, was es gäbe, seien die Mischlinge. Denn die hätten das Antlitz Gottes zur Fratze verzerrt. Und das hat mich merkwürdigerweise sehr betroffen, obwohl ich glaubte, über all diesen Dingen zu stehen, und mich über diese ganzen Nazis lustig gemacht habe. Ich nahm sie nicht ernst, ich fand diese braunen Rabauken eher komisch als gefährlich. Das war ein großer Fehler, und ich glaube, diesen Fehler haben sehr viele gemacht, daß sie die Gefährlichkeit nicht gesehen haben, sondern nur das Unappetitliche und Unschöne an diesen Menschen.

Das war kurz vor dem Abitur, vor Kriegsausbruch. Da hat mich mein Schuldirektor so furchtbar schockiert. Es ging nämlich speziell auf mich. Ich war der einzige Mischling in der Schule, ansonsten hatten wir nur Arier und reine Juden, die nicht mehr das Abitur machen durften. Ich durfte es gerade noch machen. In der Augusta-Viktoria-Schule in Berlin-Wilmersdorf. Ich habe damals geheult wie ein Schloßhund. Es hat mich dann auch immer wieder so beeindruckt, daß ich mich angeguckt habe und mich gefragt habe, bin ich eigentlich wirklich so scheußlich? Das wurde ja so in einen reingeschlagen, daß man schon wirklich beinahe selbst glaubte, man sei ein minderwertiger Mensch.

Hanns-Peter Herz (1)
Jahrgang 1927

Am 10. Mai 1933, da war ich sechs Jahre alt und war gerade in die Schule gekommen, und wir wohnten noch in der alten Wohnung in Berlin. Das war der Tag, an dem die Buchverbrennung stattgefunden hatte, und die ersten größeren Pogrome gegen jüdische Wohnungen begannen. Uns haben sie an dem Abend die Scheiben der Haustür und des Küchenfensters eingeschlagen, und an dem Holzteil der Tür war ein Judenstern angebracht mit dem Wort »Juden raus«.

Wir sind dann nach Berlin-Britz umgezogen, weil wir 1934 aus der Wohnung rausgeflogen sind als jüdisch versippte Familie. Ich habe auf dem Spielplatz, der zu dem Wohngelände gehörte, wie jedes Kind gespielt. Ich hatte eine kleine Freundin, die Tochter unserer jüdischen Zahnärztin, die Deutschland 1938 noch verlassen konnte und nach England gegangen ist. Ich erinnere mich noch, wie sie am Anhalterbahnhof in den Zug stieg und sich aus dem Fenster lehnte, uns zurief: »Peter, ich sehe Dich nie wieder.« Wir haben uns aber wiedergesehen nach dem Kriege. Auch das ist hängengeblieben, dieses sich Lösen, das sich Trennen von Menschen, die man gern gehabt hat, und sie war die einzige, mit der ich spielen konnte.

Aber wenn dann die Horden der anderen Jungen und Mädchen kamen, dann hieß es: »Juden raus.« Dann wurde uns das Spielzeug weggenommen, dann wurden wir mit Dreck beschmissen und wurden vom Spielplatz vertrieben. Da taten sich die Jungvolk- und HJ-Führer immer besonders hervor, die das vielleicht sogar als eine Art vaterländischer Übung für sich angesehen haben.

Ich bin dann in die Oberschule gekommen, das war 1938, saß in der Aufnahmeprüfung neben einem Jungen, der zwangsweise neben mich gesetzt wurde, der war mir so unsympatisch wie nur irgend möglich. Aber schon nach vier Wochen war er mein bester Freund. Der Junge hat viel dafür getan, daß ich diese Mentalität des sich Duckens und des Hinnehmens überwunden habe. Ich wurde nämlich in der Oberschule von den Mitschülern auch ständig gehänselt und geprügelt und auch mit »Jude« tituliert und »artfremd« usw. Da hat er mich so lange verprügelt, bis ich mich gegen die anderen gewehrt habe. Und da habe ich dem ersten einen Zahn ausgeschlagen, und damit hörte die Prügelei dann erstmal auf. Da war ich elf Jahre alt.

In der darauffolgenden Klasse, das war 1939, ereignete sich auch etwas, was ich nicht vergessen werde, weil es auch zwei Seiten zeigte. Da war der Sohn des Reichskommissars für die Reichshauptstadt, Lippert, in meine Klasse gekommen, der jüngste Sohn. Dieser Lippert saß hinter mir. Vor einer Deutschstunde, nach der Pause, kam ich wieder rein in die Klasse, fand auf meine Bank einen Judenstern gemalt und hatte in den paar Minuten, in denen ich nun in meiner Bank saß, schon hinten drauf gemalt »Jude«. Unser Deutschlehrer kam rein in die Klasse, sah das, kam auf mich zu und sagte: »Steh auf, wer war das?« Mich packte dann die schiere Angst, den Sohn des Reichskommissars zu verraten, und ich sagte: »Ich weiß es nicht.« »Gut«, sagte er, »dann kriegst du die Prügel.« Worauf dann mein Freund und Nachbar aufstand und sagte: »Der Lippert war's.« Da sagte der Lehrer: »Lippert, komm mal vor und mach den Schwamm naß. Du wischst den Tisch ab, dann machst

Du die Jacke sauber und dann gibst Du mir den Schwamm«. Der Lehrer klopfte dann den Schwamm aus mit beiden Händen und gab ihm rechts und links eine Ohrfeige mit der Bemerkung: »Bei mir passiert so etwas nicht nochmal.« Zu mir gewandt: »Wenn Du das nächste Mal nicht sagst, wer es war, dann kriegst Du die Senge ab.«

Dieser Lehrer wurde dann auch eingezogen nach Polen, kam aber nach dem Polenfeldzug zurück und hat in der Klasse, mit dem goldenen Parteiabzeichen am Revers, über die Untaten der braunen ›Goldfasane‹* berichtet, darüber geredet, was sie den katholischen Kirchen und den Priestern angetan hatten und wie sie Juden behandelt hatten. Das war ein alter Parteigenosse, wirklicher Idealist, und keiner hat ihn verpfiffen.

Aber es hat auch andere Lehrer gegeben. Wir hatten einen strammen Nazi als Sport- und Schwimmlehrer. Wir mußten uns versammeln und kriegten den Befehl, Badehosen anzuziehen und am Beckenrand anzutreten. Als die Klasse dann stand, sagte der Sportlehrer: »Herz, vortreten. Du bleibst hier stehen, mit einem Nichtarier, einem Halbjuden, werden wir nicht zusammen ins Becken gehen.« Von diesem Augenblick an mußte ich jede Woche zwei Stunden Schwimmunterricht, stehend am Rande des Bekkens, in der Badehose verbringen. Das hatte zur Folge, daß ich erst 1963 schwimmen gelernt habe.

Inge Schilzer
Jahrgang 1921

Ich stamme aus einem sehr bewußt-jüdischen Elternhaus. Ich war Jüdin, habe mich aber deshalb nicht als andersartig angesehen. Ich war in der jüdischen Jugendbewegung, war aber auch mit anderen Kindern zusammen, ich war auch in der christlichen Schule,

* Spitzname für in den besetzten Gebieten eingesetzte Parteifunktionäre.

und für mich gab es da überhaupt keinen Unterschied, keine Diskrepanz.

Das erste Mal, daß mir die neue Situation so richtig knallhart bewußt gemacht wurde, war, als ich 1933 ins Oberlyzeum kam. Eines Tages, gleich am Eingang, wurde mir gesagt: »Geh wieder nach Hause, du darfst hier nicht mehr rein, weil du Jüdin bist.« Da bin ich dann nach Hause gegangen. Ich habe jeden Abend in die Sterne geguckt und habe mir gesagt, so, jetzt ist dein Leben »gorsch«, ist im Eimer. Von da an war mir bereits klar, daß ich das gesteckte Ziel, das mir schon als Zehn- und Elfjährige vorschwebte, was ich werden wollte, daß ich das nicht erreichen würde. Ich schwankte nämlich zwischen Juristerei und Lehrerin. Bis heute bin ich damit nicht fertig geworden.

Mein Vater war einer der ersten, der seine Arbeit verlor als Jude. Er war auch einer der ersten, der zur Zwangsarbeit eingezogen wurde. Mit 15 nahm ich mein eigenes Leben, so weit es ging, in eigene Hände. Mehr recht als schlecht. Ich habe dumme Sachen gemacht.

Im September 1937 kam Mussolini nach Berlin. Weib, dein Name ist Neugierde. Ich mußte Mussolini sehen, warum, weiß ich nicht. So schön war er nicht. Damals war ich schon in der Berufsschule und hatte auch eine Klassenkameradin, die war im BDM. Wir tauschten unsere Kleidung. Ich also in der BDM-Uniform auf die Straße.

Alles schrie natürlich begeistert, als Hitler und Mussolini im offenen Wagen da vorbeikamen. Ich stand eingekeilt in dieser Menge und wußte nicht, was machst du jetzt. Alle standen da mit erhobener Hand, und ich stand da, mein Kopf zwischen diesen SA-Leuten. Ich dachte überhaupt nicht daran, auch den Arm zu heben. Keiner merkt, daß du den Arm nicht hebst, außerdem gucken sie alle ja auf diese Idioten. Also ich hob den Arm nicht.

Auf dem Nachhauseweg komme ich in unsere Straße, in der jeder jeden kannte. Mir war nicht bewußt, daß ich ja immer noch in dieser BDM-Uniform steckte. Alles schaute aus dem Fenster, da kommt eine Jüdin in BDM-Uniform. Das Schlimmste war, daß meine Mutter mich sah. Die bekam schon einen Herzanfall. Na ja, solche Sachen habe ich gedreht.

Ich durfte dann nicht mehr aufs Lyzeum gehen und kam wieder in eine jüdische Volksschule. Ich wußte von diesem Moment an, daß mein Leben verpfuscht ist. Ich habe jeden Abend in meine Sterne geguckt. Damals lernte ich die Sternbilder auswendig. In dieser Zeit waren meine beiden Eltern arbeitslos. Wie meine Eltern das gemacht haben, zu überleben, das weiß ich bis heute nicht.

Ich fing schon sehr früh an, zu lernen, was Hunger heißt. Ich glaube, seit meinem dreizehnten/vierzehnten Lebensjahr hatte ich nur Hunger. Um meine Eltern nicht weiter zu belasten – sie hätten ja das Schulgeld nicht bezahlen können –, lehnte ich ab, weiter zur Schule zu gehen.

Ich bewarb mich als Lehrling bei einer Firma. Ich dachte, wenn ich arbeiten gehe, das sind genau 25 Mark im Monat Lehrlingsgeld, das ist ja eine Menge Geld, das ich zum Unterhalt beitragen könnte. Dann ging ich zu dieser Firma, die noch in jüdischen Händen war. Es war eines der berühmtesten und bekanntesten Bekleidungsgeschäfte überhaupt in Deutschland. Alles, was Rang und Namen hatte, kaufte dort. Ich war kaufmännischer Lehrling. Da geschah es auch eines Tages, eine Dame war am Telefon: »Haben Sie schwarze Spitze?« Also ging ich ins Lager und guckte nach schwarzer Spitze, ging zurück und sagte: »Jawohl, wir haben schwarze Spitze.« »Ja, können Sie sofort ins ›Adlon‹* kommen und einen halben Meter davon bringen? Es wird nötig gebraucht.« Ich sagte: »Es ist recht, auf welchen Namen?« Ich hörte nicht richtig zu, ich hörte nur »Top«, bekam nur Top mit.

Ich ging zurück zu meinem Abteilungsleiter. Sage ich: »Da war ein komischer Anruf, einen halben Meter schwarze Spitze, aber ich habe den Namen nicht richtig mitbekommen. Hotel Adlon und hinten irgend etwas mit Top.« Sagt er: »Es ist zur Zeit gerade der Ribbentrop** im ›Adlon‹. Also marsch, marsch Inge, hin mit dir.« Sagte ich: »Wie bitte? Ich kann doch als Jüdin da nicht hingehen.«

Das Trinkgeld hat mich aber doch gelockt. Also ich einen halben Meter schwarze Spitze, als Päckchen schön eingepackt. Ich kam also ins ›Adlon‹, lief die Freitreppe rauf und war nicht vorbereitet,

* Hotel ›Adlon‹: Das Nobelhotel Berlins in den zwanziger und dreißiger Jahren.
** Ribbentrop, ab 1936 Hitlers Botschafter in London, ab 1938 Außenminister.

was mich dort erwartete. Ein Spalier von SS-Leuten, jeder Meter stand einer. Da begriff ich, wo ich mich befand. Also ich klopfte da an, Madame öffnete die Tür, ich mußte dann auch gleich kassieren. Ich dachte dabei, wie kommst du hier wieder raus? Ich habe dann blödes Zeug gequasselt. Sag ich: »Ist ganz interessant, Sie kommen überall rum und sehen so viele andere Länder.« Daraufhin sagte sie: »So schön ist es auch nicht, man lebt nur aus Koffern und andauernd in anderen Hotels.« Aber ich bekam drei Mark Trinkgeld, also das war ja für mich überhaupt ein Vermögen. Wie ich dann wieder aus dem ›Adlon‹ herauskam, ich bin jeweils drei Stufen auf einmal heruntergesprungen, daß ich das überhaupt geschafft habe, kann ich heute kaum glauben.

Als ich dann beim Geschäft ankam, das damals im übrigen schon unter arischer Aufsicht war, durfte ich nicht mehr arbeiten. Das war am 9. November 1938. Die »Kristallnacht« war vom 9. zum 10. November. Ich kann mich nur erinnern, ich bin dann noch mal raufgegangen in das Büro, in dem ich zuletzt arbeitete. Der Abteilungsleiter, der hatte einen Narren an mir gefressen. Er mochte mich halt sehr. Er verzog zwar nie eine Miene, schien aber sehr zufrieden mit mir zu sein, denn er holte mich zurück in diese Abteilung. Auch da war ich naiv. Ich dachte, von diesem Herrn mußt du dich anstandshalber verabschieden. Ich bin dann in sein Büro, plötzlich saß dieser Herr da in Uniform. Ich habe mich nicht mehr von ihm verabschiedet. Den habe ich nun über zwei Jahre gekannt und konnte mir einfach nicht vorstellen, daß der in der Partei war. Warum hat der dich immer hier behalten? Warum war der immer so nett zu dir? Und über Nacht saß er plötzlich da und war in der Uniform mit einem dicken Hakenkreuz auf dem Arm. Wir guckten uns nur an, ich brachte kein Wort raus, er brachte kein Wort raus, und dann drehte ich mich um. Das war es.

Lothar Levy (1)
Jahrgang 1923

Ich bin im Saarland, also in Deutschland, drei Kilometer von der Grenze nach Lothringen entfernt, geboren, am 28. Juli 1923. In Saarlouis ging ich zur Schule, bis ich zehn Jahre alt war. Als 1933 Hitler gewählt wurde, hat mein Vater sofort begriffen, daß Hitler dem ganzen Europa eine Revolution bringt. Hauptsächlich in Deutschland. Da hat er gesagt, wir warten nicht, bis es im Saarland eine Wahl gibt, sondern wir ziehen sofort nach Metz in Frankreich.

So bin ich dann nach Metz gekommen und verlebte meine Jugend in Metz. Ich mußte Französisch lernen, bis dahin sprach ich ja nur Deutsch. Ich konnte vorher weder ja noch nein auf französisch sagen. Dann bin ich nachher bis 1938 aufs Gymnasium gegangen. Dann kam schon der erste Schock, im September 1938, als Hitler die Tschechoslowakei besetzt hat. Dann hat in München Chamberlain unterschrieben – den vorläufigen Frieden. Ein Jahr später, 1939, war Kriegsbeginn.

Obgleich wir Angst hatten, haben wir nicht den Entschluß gefaßt, auszuwandern. Verwandte von uns gingen nach Amerika. Wir glaubten nicht, daß Hitler in Frankreich einmarschieren und es in kurzer Zeit besiegen würde. Mein Vater hatte noch die deutsche Staatsbürgerschaft. Er wurde eingesperrt in Metz, weil er Ausländer war. Alle Deutschen wurden hier eingesperrt. Dann ging meine Mutter mit mir, Großeltern und Familie nach Dijon. Das ist ungefähr 200 Kilometer südlich von Metz. Mein Vater war einen Monat im Gefängnis, und dann kam er zum französischen Militär als ausländischer Arbeiter. Meine Heimat war ja nicht weit von Metz. Mein Großvater väterlicherseits kam aus Trier, aus einer alten jüdischen Familie. Er war 1846 geboren. Der hat nicht unter dem Kaiser gedient. Er hatte sich zum Militärdienst gemeldet und mußte nach Koblenz zur Untersuchung. Da ist er zu Fuß nach Koblenz gegangen, das war mehr als ein Tagesmarsch. Wie er dort ankam, hat man ihn untersucht und festgestellt, daß er einen Plattfuß hat. Also wurde er nicht Soldat.

Mein Vater ist 1895 geboren. 1897 hat er seine Mutter verloren. Seine älteste Schwester, sie waren zu sechst, sie war 16 Jahre, hat ihn erzogen. Er ist mit 13 Jahren nach Trier als Lehrling. Mit 19 Jahren wurde er eingezogen. Dann ging er an die Front, russische Front, drei Wochen später war er schon verwundet, er hatte einen Mundschuß. Als er verwundet war, haben die Russen ihn gefangengenommen. Dann war er drei Jahre in Sibirien. 1919 wurde er ausgetauscht, dann war er in Königsberg, er geriet in die Revolution hinein. Vorher erlebte er die russische Revolution. Drei Jahre war er in Sibirien, dann konnte er nach Deutschland.

Alles, was er an Geld auf die Seite getan hat, hat er verloren durch die Inflation. Dann hat er schwer gearbeitet bis 1933. Dann ist er 1933 nach Metz. Nachher hat er wieder drei Jahre gearbeitet, dann wurde ihm verboten zu arbeiten, weil Leute ihn als Deutschen denunziert haben. 1939 wurde er verhaftet. Dann ging er als ausländischer Arbeiter in eine Arbeitskompanie für Frankreich. 1942 ist er geflüchtet zu uns nach Dijon. 1944 ist er nach der Schweiz geflüchtet, dort war er unwillkommen, und 1955 ist er dann wieder zurückgekommen, da war er wieder frei. Aber 1955 starb er.

Klaus Scheurenberg (1)
Jahrgang 1925

Mein Vater war, wie viele deutsche Juden des Mittelstandes, ein naiver, unpolitischer Mensch. Es passierte also folgendes: Als Hitler an die Macht kam, demonstrierte er seine Verbundenheit mit den Frontkämpfern. Und so schuf er das Frontkämpferkreuz. Das wurde an alle Frontkämpfer des Ersten Weltkrieges verschickt mit einer ganz großartigen Urkunde von Adolf Hitler: »Lieber Kamerad ...« usw. Damals hatten die Nazis aber noch keine Listen, wer Jude und wer Christ war. Und so bekam auch mein Vater das Frontkämpferkreuz, und daraufhin sagte er: »Da kann ja der Hitler nicht so schlimm sein. Der tut mir nichts. Der hat mir ja das Kreuz da verliehen.« Naiv. Aber das hat ihm vieles verdorben, denn als es so weit war, zu sagen, na, nun wird es wohl doch mulmig, da war es dann zu spät. Dann schrieb er über die Reichsvereinigung der Juden in Deutschland einen Brief an seinen Bruder und an seine Schwester nach Amerika. Beiden hatte er die Auswanderung bezahlt, als es uns noch gut ging. Beiden ging es nun schon gut in Amerika, damals 1938. Aber als die Reichsvereinigung anfragte, ob die uns denn nicht ein Affidavit* stellen wollen, was ja bedeutet, die müssen ein Jahr für uns aufkommen, schrieben beide, dazu wären sie nicht in der Lage. Und unterschrieben eigentlich damit unser Todesurteil aus Interesselosigkeit.

So ging ich also in die normale Grundschule, in Berlin-Reinikkendorf in der Lindauer Straße, und dann kam Hitler an die Macht, und plötzlich ging alles zack zack. Der Turnlehrer kam nur noch in Nazi-Uniform.

Ich war ein guter Turner, und mich stellte er raus, zusammen mit meinem Klassenkameraden, der allerdings unsportlich war, und sagte: »Judenbengels, geht raus!« Und in der großen Pause war immer Fahnenappell. Wir hatten alle anzutreten und das Horst-Wessel-Lied zu singen. Klassenweise standen wir da und ich immer dabei, Hand an der Hosennaht. Dann wurde die Fahne gehißt, und dann standen wir alle mit der rechten Hand hoch, und in so einem Augenblick erwischte mich der Turnlehrer. Alle standen noch da, und dann zog er mich vor die versammelte Schule und verdrosch mich mörderisch und schrie dabei: »Du Judenjunge, du hast doch nicht den deutschen Gruß zu gebrauchen! Das Deutschlandlied zu singen und das Horst-Wessel-Lied!« Und ich weinte. Acht Jahre war ich alt. »Ich bin doch auch Deutscher«, weinte ich. Und da schrie er: »Was, du bist ein Deutscher? Ein Saujude bist du!«

Nun wußte ich's. Aber ich wußte nicht, was das ist, ein Saujude. Deshalb fragte ich meine Religionslehrerin, Fräulein Kindermann: »Was ist das eigentlich, ein Saujude? Oder ein Jude?« Und dann

* Affidavit: eidesstattliche Bestätigung, finanziell für den Emigranten aufzukommen – Voraussetzung für die Einreisegenehmigung in die USA.

sagte sie: »Du weißt doch, was ein Jude ist. Ihr zündet doch am Freitag abend die Kerzen an, und ihr heiligt den Sabbat.«

Ich: »Natürlich, machen das nicht alle?«

Sagte sie: »Nein, nur Juden.«

Und dann erzählte sie uns aus unserer Geschichte. Und ich sehe sie noch bis heute, wie ihre kohlschwarzen Augen leuchteten, und sie sagte: »Wir sind das auserwählte Volk.« Damit zog sie mir ein Rückgrat ein. Sagte sie: »Aber auserwählt auch zum Leiden.«

Ich kam dann in die jüdische Schule, und am 9. November 1938 kam unsere Schuldirektorin und sagte, es ist da was passiert, und gegen Juden gibt es Ausschreitungen, geht schnell nach Hause und wartet darauf, daß wir euch wieder in die Schule holen. Vorher kommt ihr nicht. Aber die umliegenden arischen Schulen hatten frei bekommen mit der Maßgabe, geht mal hin zur jüdischen Schule und verhaut da die jüdischen Kinder. Wir waren aber mutig, das lag an unserem Sportlehrer. Wir nahmen unsere Fahrräder und unsere Mädchen in die Mitte und unsere Luftpumpen in die Hand und schlugen uns tapfer durch. Das hatten die gar nicht erwartet, das Zurückschlagen. Denn die Kinder hatten ja immer gelernt, Juden sind feige. Na, und so kämpften wir uns durch. Ich bekam einen Stein an den Kopf, blutete, merkte es gar nicht und fuhr also rasend schnell los und brachte mich in Sicherheit, fuhr aber nicht nach Hause, sondern zuerst zu meiner Synagoge. Die brannte natürlich schon seit dem Vorabend, und ich stand da und durfte nicht weinen, denn ich durfte mich ja nicht verraten. Daneben war ein jüdisches Schuhgeschäft. Durch die zerborstene Schaufensterscheibe kroch ein etwa achtjähriger Junge und zeigte einer Frau, die draußen wartete, Schuhe und sagte: »Kieck mal, Mutter, die schönen Schuhe, die ick mir jeklaut habe.«

Und die Mutter sagte: »Dussel, det sind ja zwei linke, gleich jehste zurück und holst dir den rechten.«

Und daneben stand ein Polizist und wachte darüber, daß alles seine Ordnung hatte.

Helmut Schmoeckel
Jahrgang 1917

Ich hatte eine sehr schöne Jugend in Berlin-Lichterfelde. Mit zehn Jahren trat ich der Marinejugend bei und habe mich in diesem Kreise sehr wohl gefühlt. Dadurch ist dann später auch das Interesse an der Marine gekommen. Mein Vater war im Reichswehrministerium tätig. Aber nicht als aktiver Offizier, sondern als Angestellter. Mein Vater war sehr kritisch dem Nationalsozialismus gegenüber eingestellt – schon vor 1933. Sagte aber auch 1933 nach der Machtübernahme: Jetzt hilft nichts anderes, als mit reinzugehen in diese Bewegung, um sie zu bremsen. Mein Vater ist aber nicht Mitglied geworden.

1935 kamen dann die Nürnberger Gesetze. Ich wußte ja von dieser ganzen Geschichte überhaupt noch nichts. Ich habe mich dann also zur Marine gemeldet 1936. Dann war ich bei der Marine, und alles lief wunderbar. Marineschule Flensburg-Mürwik und dann Fähnrich-Examen. Da rief mein Vater mich nach Hause und erzählte mir, daß ich aus der Marine entlassen würde, weil ich nicht ganz arisch sei. Das war ein toller Schock. Also, ich sah damals aus, wie ein blondgelockter Hitlerjunge nur aussehen kann. Aber mein Vater wurde reaktiviert, als Oberst eingestellt und mußte den Ariernachweis für sich und meine Mutter erbringen, und dabei stellte sich heraus, daß die beiden Eltern meines Großvaters zwar christlich geheiratet hatten, aber aus jüdischen Familien kamen, und daraus konnte man folgern, daß blutsmäßig mein Großvater Volljude war.

Mein Vater hat sicherheitshalber die Marine darüber unterrichtet, daß dem so sei. Meinem Vater passierte nichts, weil er Frontkämpfer war, nur mich traf es als einzigen in der Familie. Mein älterer Bruder studierte Theologie. Er ist vor Moskau gefallen, war übrigens Anhänger der Bekennenden Kirche, hatte bei Niemöller studiert gehabt. Wie gesagt, ich war total schockiert. Ich entschied mich, Technik zu studieren, Maschinenbau. Und habe dann erstmal Praktikantenzeit gemacht bei der Firma Siemens in Berlin. Und später auf der Deutschen Werft in Kiel.

In der Zeit lief ein »Gnadengesuch« meines Vaters beim Reichssicherheitshauptamt, weil ich doch wirklich nichts dafür konnte und mein Vater als aktiver Offizier dem Staate diente. Dieses »Gnadengesuch« wurde im Juli 1939 gebilligt, und ich hatte also nun die Möglichkeit, wieder zur Marine zurückzugehen. Ich hatte gerade ein Semester Maschinenbau an der Technischen Hochschule in Berlin studiert. Der Krieg stand vor der Tür, und die Möglichkeit, zu meinem eigentlichen Lebensberuf wieder zurückzugehen, war gegeben.

So habe ich mich sofort bei der Marine gemeldet, aber zur Bedingung gemacht, daß, wenn ich wieder eintrete, ich wieder in meine Crew eingereiht würde. Und das wurde mir dann auch zugesagt und später auch gehalten.

Lilo Clemens (1)
Jahrgang 1928

Zu Kriegsbeginn war ich elf Jahre alt. Meine Familie hatte schon Jahrzehnte in dem Haus in Berlin-Alt-Moabit 84 gelebt, das heißt, bei allen Läden, beim Milchladen, beim Bäcker, beim Fleischer, war man bekannt. Damals gab es ja noch keine Supermärkte. Und meistens bin ich einholen gegangen. Ich hatte also zweimal Karten mit dem »J« (Lebensmittelkarten für Juden), und meine arische Mutter hatte normale Karten und, na ja, die Kaufleute haben möglichst dann die Karte meiner Mutter oben drauf getan, damit die anderen Leute gar nicht erst sahen, daß da zwei Karten für Juden dabei waren. Und wenn möglichst wenig andere Kunden da waren, dann hat der Bäcker auch schon mal einen Kanten mit dazu gelegt oder die Bäckersfrau ein Brötchen.

Mein Traum damals zu der Zeit war: Falls du jemals das Kriegsende erleben solltest, was kein Mensch glaubte, dann wird sich das dadurch zeigen, daß du dir ein ganzes Weißbrot holen und allein aufessen kannst. Ich habe damals permanent Hunger gehabt. Ich würde nicht sagen, daß das gleich ab 1939 war oder 1940, aber ab 1941, 1942, wir wußten, was Hunger ist. Wir haben das Brot aufgeschnitten morgens, so und so viel Scheiben. Derjenige, der gestern den Kanten hatte, der kriegte ihn heute nicht, und so und so viele Scheiben waren für jeden von uns, und das war furchtbar. Das waren vielleicht drei Scheiben Brot pro Tag. Und mein Vater ist damit den ganzen Tag unterwegs gewesen als Schwerarbeiter, und wie meine Mutter durchgekommen ist, das weiß ich nicht. Denn die hat sowieso immer dann noch eine Scheibe zugelegt von ihrer Ration, und sie war auch den ganzen Tag unterwegs. Gegessen haben wir meistens Kohlrüben mit Wasser und Wasser mit Kohlrüben, und wenn zwei Kartoffeln drin waren, dann war es schön. Also ich weiß, was Hunger ist.

Mein jüdischer Vater war der Typ, der gesagt hat, wenn wir alles das machen, was von uns verlangt wird, was können die Nazis uns dann tun? Ich bin nicht mehr im Radio – er war Rundfunksprecher gewesen –, ich darf nicht mehr schreiben, meinen Beruf hat man mir weggenommen, was kann man uns denn jetzt noch tun? Der einzige Bruder meines Vaters ist noch 1938 raus nach Australien, und zwar arbeitete seine Frau da bei der Jewish Agency, in diesem Auswanderungsbüro in der Meineckestraße, und ich weiß, daß sie angerufen hat: »Hört mal zu, ich kann euch noch was besorgen. Wollt ihr raus?«

Und mein Vater hat angerufen: »Ich, aus Deutschland auswandern? Ich sehe nicht ein, warum, immer diese Hetzerei!« Er war eben ein nationaler Deutscher. Aber da seine Familie schon so lange in Deutschland als Deutsche gelebt hatte, fühlte er sich absolut als der berühmte deutsche Bürger jüdischen Glaubens. Und als meine wenigen Verwandten einer nach dem anderen dann die Karte bekamen, sich bereitzuhalten für den Abtransport, sagte mein Vater, das ist doch vollkommen logisch. Die brauchen die Arbeitskräfte nicht in der Großstadt. Wir werden langsam bombardiert werden, die brauchen die Arbeitskräfte irgendwo in der Provinz.

Marianne Regensburger
Jahrgang 1921

Ich stamme aus Fürth in Bayern, wie der große Henry Kissinger. Da kann ich auch eine Geschichte dazu erzählen. Dessen Vater war nämlich mein Mathematiklehrer. Henry ging in eine Schulklasse zwischen meiner Schwester und mir. Ich weiß noch, daß er Heinzi hieß und als Petze verrufen war. So viel zu Henry Kissinger.

Ich habe erfahren, daß ich jüdisch bin, als man mir als kleines Kind, ich muß so fünf Jahre alt gewesen sein, als Vorschulkind, mal auf der Straße »Judenstinker« nachrief. Ich wußte nicht, was das ist. Ich habe zu Hause gefragt, was das ist. Und dann wurde ich unwillig darüber aufgeklärt, denn meine Eltern waren beide völlig assimiliert. Sie hatten seltsamerweise, also meine ganze Familie, lauter deutsche Städtenamen. Sie hießen Höchstetter und Stettauer und was weiß ich was. Und wir eben Regensburger. Ja, und mein Vater behauptete, er sei ein Atheist, und wenn er also jemals eine Synagoge betrat, dann war das am Heldengedenktag, und da hing er sich seine ganzen Klunkern aus dem Weltkrieg an. Zwei Eiserne Kreuze und Fliegerabzeichen und ein bayerisches Verdienstkreuz und Verwundetenabzeichen, ich weiß nicht, was noch alles.

Ich kam dann in das Mädchenlyzeum, das muß 1933 gewesen sein, und ich wußte immer noch nicht sehr viel über meine Identität und drängte mich dann also ein bißchen vor und nahm teil, das muß an der Jahreswende 1933/34 gewesen sein, am Krippenspiel in der Schule. Dieses denunzierte irgend jemand dem ›Stürmer‹, ich war damals im reifen Alter von 12 Jahren, und wurde plötzlich im ›Stürmer‹ namentlich erwähnt. Das war hart, weil nämlich meine Eltern, meine Mutter vor allem, sehr stolz darauf gewesen waren, daß ich an diesem Krippenspiel teilnahm. Meine Mutter verhaute mich unheimlich, so als hätte *ich* die Familie ins Unglück gebracht.

Meine Mutter ließ mir einmal die Haare färben. Ich weiß nur, ich kriegte den Kopf gewaschen, und es stank ganz fürchterlich, und auf einmal hatte sich meine Haarfarbe verändert. Also ich hatte immer so mittelbraune Haare, und die hatten auf einmal so einen rötlich-blonden Stich, und das war mir so ungeheuer peinlich, und das dauerte Wochen, bis ich meine Mutter dazu kriegte, das nicht mehr zu machen. Das wuchs dann raus und sah gräßlich aus. Meine Mutter hat das gemacht, damit ich arisch aussehe, nehme ich an. Also es war ein dussliger Versuch, sich anzupassen. Ich weiß nicht, was man da alles getrieben hat. Außerdem hatte ich Zöpfchen, »Affenschaukeln«, wie man das nannte. Und dann hat die Lehrerin gesagt: »Auch mit blonden Haaren wirst du keine Arierin.«

Das zeigt nur, wie unpolitisch meine Leute waren. Damals habe ich das ja alles selber mitgemacht. Diesen Versuch, sich um jeden Preis anzupassen, der hatte sicher damit zu tun, daß man eben überhaupt keine jüdische Identität mehr hatte. Das Verhältnis zu meinen Mitschülerinnen in jener Zeit war sehr unterschiedlich. Also ich hatte eine sehr treue Freundin, ein katholisches Mädchen, die mich immer in ihre Kirche mitschleppte. Als dieser ›Stürmer‹-Artikel kam, da hat die mich gepackt und hat mich aufs Mädchenklo geschleppt, damit ich nicht auf den Schulhof ging.

Wir haben Rilke und George gelesen und sind auf Fahrt gegangen sommers wie winters und haben das komischerweise auch noch nach dem Verbot weiter getrieben. Das war so eine seltsame Angelegenheit, das war kein Ghetto, aber so seltsam nach innen zurückgezogen, zum Teil sicher sehr riskant, obwohl wir das nicht wußten, denn wir taten alles, was verboten war. Dann weiß ich eigentlich nur noch, daß ich aus purem Trotz weiter in Kirchen ging, ich ging weiter ins Theater. Als meine Eltern dann schon ihre Auswanderung betrieben, da, das weiß ich noch, bin ich mal, obwohl es bereits für Juden verboten war, Radioapparate zu haben, durch Nürnberg und Fürth gewandert mit einem riesigen Telefunken-Apparat auf dem Buckel und habe den nach Hause geschleppt, wo ich abwechselnd Radio Moskau und BBC hörte. Von Radio Moskau habe ich natürlich nichts verstanden.

Dann kam die Reichskristallnacht. In meiner Heimatstadt Fürth sind nur zwei männliche Juden nicht verhaftet worden. Das waren mein Vater und noch einer, der hatte eine noch höhere Kriegsauszeichnung, den Max-Josef-Orden, mit persönlichem Adel verknüpft. Er und mein Vater waren die einzigen, die nicht verhaftet wurden und nicht ins KZ kamen, und infolgedessen war die Gestapo dauernd bei uns im Hause.

Ich bin Ende März 1939 ausgewandert. Ich muß sagen, mein Vater war im Krieg Flieger und die Tatsache, daß die Familie noch rausgekommen ist, die war dem Ernst Udet* zu verdanken. Den trafen wir mal in der Schweiz, und der hat meinen Vater so lange bekniet, bis der sich registrieren ließ im amerikanischen Konsulat. Und dadurch kriegte man eine relativ niedrige Wartenummer und konnte also einen Zwischenaufenthalt in England bekommen. Was meinen Eltern dann auch gelang, mir auch.

Ich bin im März 1939 erst mal über Holland gefahren. Hatte kein Aufenthaltsvisum für Holland, bin aber trotzdem in Amsterdam ausgestiegen und war bei Freunden ein paar Tage und hatte ein sehr komisches Erlebnis. Also: die Koffer wurden durchstöbert. Ich hatte so einen kleinen, schicken Lederkoffer, und da kam irgend so ein SA-Mann. Es kann auch ein Zöllner gewesen sein. Der packte den Koffer an beiden Enden und kippte alles auf die Erde. Und das war mir natürlich sehr unangenehm, besonders weil ich einen Hundertmarkschein in der Schuhsohle hatte und ich dachte, was macht der nun noch alles. Er machte gar nichts. Aber ich fing an zu heulen, sehr gegen meinen Willen. Und stand also im Gang und heulte, weil ich kein Visum hatte und in einen anderen Wagen verfrachtet werden sollte. Dann packte ich den Koffer und ging zurück, und da kam der SA-Mann und ein anderer. Sie trösteten mich und sagten, also, es wird alles nicht so schlimm, und eines Tages werden sie schon wiederkommen und so. Das habe ich noch als sehr komisch in Erinnerung.

* Ernst Udet, berühmter Jagdflieger aus dem Ersten Weltkrieg, Kunstflieger, Generalluftzeugmeister der Luftwaffe im Zweiten Weltkrieg. 1941 Selbstmord.

Hans Radziewski (1)
Jahrgang 1924

Ab Ende 1938 gab es für alle jüdischen Menschen in Berlin nur eine Berufsbezeichnung: Judenarbeiter. Wenn also jemand gelernter Ingenieur oder was immer war, oder Rechtsanwalt, der durfte in seinem Beruf nicht mehr arbeiten. Nur noch ganz wenige sogenannte Konsulenten oder Ärzte bildeten eine Ausnahme. Da konnte man denn erleben: Straßenkehrer, die früher mal Rechtsanwälte oder Ärzte oder Oberlehrer oder sonst was gewesen waren. Gleichzeitig war es unmöglich, Deutschland zu verlassen.

Die Frage war überhaupt: Wie sollte man rauskommen? Erstens mal, wenn einer hier jahrzehntelang gewohnt hat, wenn er hier eine Rente bekommen hat, Pension bekommen hat oder sein kleines Einkommen gehabt hat, wo sollte er neu anfangen, nicht wahr? Das kann sich ein gesunder Mensch erlauben, der das Leben noch vor sich hat. Aber mit Familie, wer wollte uns nehmen?

Ich war der Älteste, da waren vier jüngere Geschwister. Nachdem mein Vater 1938 eingesperrt war in Sachsenhausen – ich war auch 14 Tage in Sachsenhausen –, da wollten wir raus, nach USA, November 1938. Und da war natürlich alles zu spät. Dann kam noch etwas dazu: Mein Vater kam aus der Provinz Posen. Das war damals Westpreußen, und nach dem ersten verlorenen Krieg, 1919, hat die gesamte Familie optiert für Preußen, für Deutschland. Ein Teil ist in Breslau geblieben. Mein Vater hat dann in Berlin geheiratet. 1915 oder 1916 hatte er das Notabitur gemacht und sich freiwillig gemeldet. Das war ja so Sitte. Da gab es also drei, vier Geschwister, er war der jüngste, die haben sich alle gemeldet. Zwei sind gefallen, die anderen zwei haben überlebt. Das gehörte eben auch dazu, man wollte eben so deutsch bleiben wie jeder andere auch.

Wenn also dieser Hitler nicht diesen Wahnsinn mit dem Antisemitismus gemacht hätte, wäre ich vielleicht genauso ein guter oder schlechter Kämpfer geworden für das Vaterland wie mein Vater auch.

Ich konnte kein Abitur machen. Da habe ich zu meinem Vater

gesagt: »Bitte, ich gehe jetzt in die Gärtnerei.« Von Juli 1939 bis 31. Dezember 1940 habe ich auf dem jüdischen Friedhof gearbeitet. Das hatte auch mit dem Obst- und Gemüsebau zu tun. Jetzt wird man sich natürlich wundern, wie kann man Obst- und Gemüsebau auf dem Friedhof machen. Das war so: Anschließend an den Friedhof im Norden war eine jüdische Nervenheilanstalt. Und die hat ein riesengroßes Gelände gehabt, denn die Kranken mußten ja beschäftigt werden. Und da haben wir unser Gemüse angebaut. Denn auf dem Friedhofsgelände darf ja so was nicht gemacht werden. Was uns allerdings nicht gehindert hat, daß wir auf dem Streifen, der mal als Straße deklariert worden war (da durften keine Gräber hin), da haben wir Radieschen und Salat gepflanzt und haben das alles versteckt für uns selber.

Als ich plötzlich nicht mehr als Gärtner arbeiten durfte, da war ich mal zwei Tage beim Arbeitsamt. Da kam so ein großer vierschrötiger Mann an, in NSKK-Uniform*, hatte eine Möbelfabrik und da habe ich gefragt, ob er mich brauchen kann. Da sagte er: »Was bist Du denn von Beruf?« Ich habe gesagt: »Tischler.« Wir sind dann zu seiner Fabrik gefahren nach Pankow, und da war ich dann bis 27. Februar 1943. Da hat der mal zu mir gesagt: »Hans, du bist ein Lügenhund.« Ich sagte: »Wieso?« »Du bist gar kein Tischler.« Ich sagte: »Nee, aber ich bin Gärtner.« »Na, dann zeig das mal, jetzt mußt du meinen Garten machen.« Ich habe dann seinen Garten gemacht und den Garten von seiner Freundin, das waren zwei, und da habe ich immer als Hilfstruppen so meine jüngeren Geschwister mitgenommen, und die konnten dann essen, soviel sie wollten. Und dann haben wir noch etwas zu essen bekommen von der Chefin und von der Freundin auch. So hat man sich durchgefressen. Und auch wenn der Chef sein Essen in der Firma nicht essen wollte, wenn ihm der Fraß von seiner Frau nicht geschmeckt hat, dann hat er gebrüllt durch den Laden: »Hans, was hast du denn schon wieder für Mist gemacht!« Dann wußte ich schon, es gibt was zu essen, dann habe ich sein Essen bekommen.

Dann sind meine Eltern abgeholt worden am 24. Oktober 1942. Meine Großmutter ist also die einzige von der ganzen Familie, die

* NSKK: Nationalsozialistisches Kraftfahr-Korps

normal im Krankenhaus gestorben ist, an irgendeiner Alterskrankheit. Vielleicht auch an Krebs, ich weiß es jetzt nicht mehr. Alle anderen Angehörigen, die ich gehabt habe und die nicht rechtzeitig ausgewandert sind, sind also auf diese Art und Weise deportiert worden. Da ist keiner wiedergekommen. Der einzige, der überlebt hat, war ein Großcousin von mir, der sich mit seiner Frau in einer Laube bei Alt-Landsberg verstecken konnte. Bei Nacht sind sie dann mal rausgegangen, um Pipi zu machen oder sonst was, weil es anders gar nicht möglich war. Das war so ein Verschlag unterhalb der Laube, und auf dem Bügeleisen haben die sich dann Kartoffeln gewärmt. Die durften ja nicht gesehen werden. Also ob das nun das richtige Leben war, fast drei Jahre lang, weiß ich nicht.

Dann kamen wir alle auf Transport. Der Transport ging am 26., am Montag, Montag früh, 26.10.1942, vom Bahnhof Berlin-Grunewald weg, und ich bin dann in der Nacht darauf aus dem Transport abgehauen, das muß also kurz vor oder hinter der Oder gewesen sein. Ich bin über eine mächtige Brücke drüber weggekommen und kam dann zwei Tage später nach Hause. Habe dann die Möbelfirma angerufen und bin zur Arbeit hingegangen.

Ich habe dann natürlich keinen Stern mehr getragen, ich war ja illegal, ich existierte nicht mehr. Und als ich zur Firma kam, da war das erste, was der Chef zu mir gesagt hat: »Na, wo kommst du denn her, du fauler Hund?« »Ich war krank, Meister.« Das war damals so. Wenn man über drei Tage wegen Krankheit gefehlt hatte, dann kam die Gestapo und hat gefragt. Das konnte ich mir natürlich nicht erlauben. Und dann kam die Schwiegertochter vom Chef zu mir und hat gesagt: »Was war denn mit Dir los?« Da habe ich gesagt: »Frau Diko, ich bin auf Transport gekommen, bin weggelaufen.« »Das muß ich gleich dem Schwiegervater sagen.« Dann haben die aber gar nichts gemacht. Jetzt stand aber meine Arbeit noch da, denn ich war ja Auskleber bei der Firma. Und da habe ich dann im Akkord die Arbeit fertig gemacht. Sie waren heilfroh, daß sie mich wieder hatten. Der Chef hat zu mir gesagt: »Von was lebst du?« Ich, der Illegale: »Ich habe keine Lebensmittelkarten.« Ja, da hat er mir dies, das, jenes gegeben, und ich habe von anderen Leuten was bekommen. Ich konnte einigermaßen leben. Ich wurde ja gebraucht. Denn irgendein SS-General oder Wehrmachtsgeneral brauchte eine Küche. Also wurde ich gebraucht. Ja der Chef hat Küchenmöbel verkauft. Und Stühle dazu und Handtuchhalter.

Am 27. Februar 1943, da kam von Österreich die Wiener SS nach Berlin unter Kaltenbrunner, und die haben reinen Tisch gemacht. Denn die haben in der Zwischenzeit Arbeitskräfte gebraucht, um sie an die IG Farben zu vermieten, um Berlin »judenrein« zu machen, denn Goebbels wollte ja nun endlich mal die Geschichte loswerden.

Ich bin gerade bei meiner Akkordarbeit beim Auskleben, kommt die Schwiegertochter vom Chef an, die war damals schon über 40 und uralt gegen mich Neunzehnjährigen. »Die SS ist da, die holt uns alle Arbeiter ab.« Da hat sie mir 100 Mark in die Hand gedrückt, und ich bin, so dreckig, speckig wie ich war, mit dem Handwerkskasten in der Hand, bin ich also durch den Hinterhof raus, hinter einem Lastwagen über einen Zaun gestiegen. Und dann habe ich mich so illegal in Berlin rumgedrückt. Es wurde immer mit Freunden verabredet, du kannst dann und dann wiederkommen. Mal war ich außerhalb von Berlin, mal konnte ich mit jemand mitfahren, mal war ich in einer Stadtwohnung, abends bin ich gekommen, dann durfte ich irgendwo schlafen, dann habe ich mich aufgewärmt, dann habe ich etwas zu essen bekommen.

Das waren gottlob Arbeitskollegen, »Arier«. Und die wußten, daß sie sich damit sehr stark gefährdeten. Wenn ich bei Bekannten, die ja immer selber mit Leib und Leben gefährdet waren, wenn ich dort aufgegriffen worden und gesehen worden wäre, wenn ich also da war, dann hatte ich ein Dach über dem Kopf. Bei Fliegeralarm sind die in den Keller runtergegangen, ich blieb in der Wohnung. Mich störte es ja nicht. Mir – ja, was sollte mir noch passieren? Im Gegenteil, es war eine angenehme Unterbrechung. Nun konnte keiner kommen und mich verhaften.

Gefährlich wurde es nur, wenn die Bekannten zur Arbeit gingen. Dann durfte ich nicht Wasser ziehen, dann durfte ich nicht auf die Toilette gehen, dann durfte ich mich nicht rühren. Diese kleinen Sachen. Der jüdische Friedhof war auch so ein Versteck für mich, – aber nur nachts. Da kannte ich diese Grabmäler. Da hatte ich dann eine Decke und ein bißchen Wehrmachtszwieback, was man so auf dem Schwarzen Markt bekommen konnte oder was man zugesteckt bekam, auch mal ein Päckchen Schokolade, und da habe ich mich dann in die Erde reingesetzt. Eine Decke über den Kopf und habe dann gewartet, bis es dunkel war, und ich mußte ja, bevor es hell wurde, wieder verschwinden, weil dann schon wieder die Arbeiter kamen. Denn bei den Arbeitern gab es Verräter, z. B. es gab jüdische Ordner, die auf die Straße geschickt worden sind von der Gestapo, um Menschen zu fangen.

Für den Tag habe ich zwei Bekannte gehabt, die haben ein Wäschereiverleihgeschäft gehabt, und dann konnte ich mich auf der schmutzigen Wäsche ausruhen, in dem Raum, wo die schmutzige Wäsche war. Da kam keiner hin, die haben abgeschlossen. Das waren unsere Nachbarn. Die haben mir viel geholfen. Ich bin also nur bei Nacht unterwegs gewesen. Am Tag nur, wenn ich aus dem Grunewald kam früh um fünf, wenn es mir also zu kalt war, wenn ich mich bewegen mußte, damit ich überhaupt wieder in Wallung kam. Und Ende März hat mich dann ein jüdischer Ordner angesprochen, und ich war ganz erfreut, daß ich ihn gesehen habe: »Was machst du?«

Ich sagte: »Danke, gut.«

»Willst du eine Tasse Kaffee trinken?«

»Ja, könnte ich gebrauchen.«

Ja, und auf einmal wurde ich verhaftet. Die sind losgeschickt worden, von der Gestapo, Juden! Dann kam ich zur Burgstraße, und da wurde ich verhört. Da sollte ich sagen, wer mir geholfen hat. Weil ich's nicht sagen wollte, haben sie mich fürchterlich verdroschen. Und der Gestapomann, der mich dann verhört hat, sagte: »Kennst du die Fotografien?«

»Ja, das sind meine Geschwister.«

»Wenn du nochmal abhaust, werden die erschossen.«

Richard Löwenthal
Jahrgang 1908

Ich bin aufgrund meiner sozialdemokratischen Vergangenheit vom Anfang des Dritten Reiches an in einer Widerstandsgruppe gewesen. Ich bin sogar 1935, als es eine Krise in dieser Gruppe gab, in deren Leitung aufgestiegen. In dieser Situation haben meine illegalen Freunde mich angewiesen, das Land zu verlassen. Nicht weil ich in akuter Gefahr war, sondern weil ich objektiv zu einer Gefahr für meine Genossen wurde.

Sie müssen sich vorstellen, daß diese illegalen Gruppen, kleine Gruppen, die so zu vier oder fünf Leuten zusammen in Wohnungen saßen, um die Entwicklung im Lande zu besprechen, daß bei denen die eiserne Regel war, am Anfang jeder Besprechung zu fragen: »Falls die Polizei kommt, woher kennen wir einander und was tun wir hier?« Wenn es aber eine Gruppe von fünf Leuten gibt, die aus vier jungen Arbeitern und einem jüdischen Intellektuellen besteht, sind diese Fragen schlechthin nicht zu beantworten. Darum, in diesem Sinne, wurde ich objektiv eine Gefahr.

Ich bin dann nach Prag gegangen, später nach Paris, kurz vor Kriegsausbruch nach London. So habe ich den ganzen Krieg von Anfang bis Ende in England überlebt und von England aus das Schicksal Deutschlands gesehen. Wir haben immer noch geglaubt, daß im Laufe des Krieges der Widerstand in Deutschland, den es ja immer gab, der aber immer beschränkter, dann im Kriege wieder etwas größer wurde, daß er immer noch eine Chance für eine echte Bewegung von unten wäre. In der Mitte des Krieges habe ich das nicht mehr geglaubt und natürlich nach dem 20. Juli schon gar nicht mehr. Ich habe das nicht der menschlichen Schwäche der Gegner des Regimes zugeschoben, unter denen es Leute gab, die ihr Leben die ganze Zeit riskierten. Aber ich habe es der erfolgreichen Isolierung, der erfolgreichen Zerschlagung ihrer Organisation und den vielen großen Anfangserfolgen Hitlers in der Welt draußen zugeschrieben. Ich habe mich sicher außerhalb Nazi-Deutschlands gefühlt, aber ich habe mich immer als Freund gefühlt.

Meine Heimat ist die deutsche Arbeiterbewegung. Das ist so geblieben. Das ist das, was viele Leute, die aus Deutschland weggegangen sind, aus dringenden Gründen und mit gutem Recht, nicht verstehen können, weil sie diese Erfahrung der Arbeiterbewegung einschließlich der Erfahrung des Widerstands der Arbeiterbewegung – so erfolglos er war – nicht gehabt haben. Das war ja nicht nur eine intellektuelle, nicht nur eine politische, das war eine menschliche Erfahrung, das waren die Menschen, mit denen ich verbunden war, und die ich nach dem Kriege wiedergefunden habe.

Der Blitzkrieg auf dem europäischen Festland

Deutschland ging zum zweiten Mal in einem Vierteljahrhundert in den Krieg, diesmal mit einer Mischung aus Zweifel und Entschlossenheit. Für die Männer in Uniform war das kein »frisch-fröhlicher Krieg«. Ein ungeschickt vorgetäuschter Angriff auf einen oberschlesischen Rundfunksender wie auch gelegentliche Gewaltausbrüche gegen Deutschstämmige in Polen – all das war nicht geeignet, eine begeisterte Kreuzzugsstimmung auszulösen. Truppen, die auf dem Weg zur Front durch Berlin marschierten, wurden nicht mit dem hysterischen Jubel von 1914 begrüßt. Stillschweigend beobachteten Tausende von Männern und Frauen, wie die Panzer und Lastwagen vorbeirollten. Aber in diesem Stillschweigen lag auch bereits der Keim einer Überzeugung, die sich später als stärker erweisen sollte als der Hurra-Patriotismus zu Beginn des Ersten Weltkrieges, nämlich die Entschlossenheit – noch mehr oder minder unbewußt –, daß das Vaterland dieses Mal nicht nochmals die Folgen einer Niederlage erdulden solle.

Der Zusammenbruch Polens innerhalb kaum eines Monats überraschte selbst die Wehrmachtsgeneräle. Der schnelle deutsche Sieg war weniger auf die neuen Techniken der Kriegsführung zurückzuführen, als auf das Ungleichgewicht der Kräfte. Durch den deutsch-sowjetischen Nichtangriffspakt vom 8. August 1939 mußte Polen einen Zweifrontenkrieg führen. Seine französischen und britischen Verbündeten blieben passiv, obwohl die Westgrenze Deutschlands zu dieser Zeit praktisch ungeschützt war. Hitlers Glück hielt sogar noch nach dem Zusammenbruch Polens an. Auf den Blitzkrieg im Osten folgte der Sitzkrieg im Westen. Die siegreiche Wehrmacht konnte einen ganzen Winter lang Truppen ausbilden und ihre Ausrüstung modernisieren.

Die Experten des Generalstabs sahen in einem Vorstoß über das offene Gebiet von Belgien und Nordfrankreich nach dem Muster vom August 1914 die größte Aussicht auf Erfolg. Der Alternativvorschlag für einen Vorstoß durch die Mitte, bei dem die motorisierte Armee auf dem bewaldeten, zerklüfteten Terrain der Ardennen ihre Probe bestehen sollte, entsprach Hitlers Vorstellungen, wie auch denen von Franz Halder, dem Chef des Generalstabs. Bei allen Risiken erschien es eine verlockende Alternative zu sein, um nicht noch einmal im Schlamm von Flandern steckenzubleiben.

Am 9. April 1940 landete die Wehrmacht in Norwegen und marschierte in Dänemark ein. Sie kam einer britischen Invasion in Skandinavien zuvor. Narvik und das Nordkap wurden Hauptstützpunkte der deutschen Marine.

Am 10. Mai startete die Wehrmacht ihre Offensive gegen Frankreich, Belgien und die Niederlande. Die französische Armee war nur auf einen hinhaltenden Verteidigungskrieg vorbereitet. Ihr fehlte die Flexibilität, auf die blitzschnellen deutschen Aktionen zu reagieren. Dem einzelnen französischen und britischen Soldaten mangelte es an Kampfgeist und dem taktischen Geschick seines deutschen Gegners. Deutsche Offiziere führten von der Front aus und handelten initiativ.

Die westlichen Verbündeten verloren in den ersten Tagen der deutschen Offensive ihr Gleichgewicht und erholten sich nicht wieder davon.

Am 14. Mai bombardierte die Luftwaffe Rotterdam, nachdem Befehle, die in letzter Minute den Einsatz anhalten sollten, wirkungslos geblieben waren. Die Holländer hatten inzwischen kapituliert. Am 28. Mai legte Belgiens König Leopold die Waffen nieder und beendete den Krieg für sein Land. Die besten französischen und britischen Truppen wurden in einer Reihe von harten Gefechten aufgerieben oder bei Dünkirchen ins Meer getrieben.

Britische Militärhistoriker beurteilen den fluchtartigen Abtransport ihrer Truppen aus Dünkirchen als eine der erfolgreichsten militärischen Operationen des Empires. Aber der Rückzug war auch eine militärische Katastrophe, die die britische Insel zunächst praktisch schutzlos preisgab. Der Wehrmacht mangelte es jedoch an Kraft, zwei Offensiven gleichzeitig zu führen. Die Panzer und Stukas wendeten sich vom Dünkirchener Kessel aus Zentralfrankreich zu, um es zur Kapitulation zu zwingen. Am 22. Juni 1940 unterzeichnete die französische Regierung den Waffenstillstand – im selben Eisenbahnwaggon in Compiègne, in dem eine deutsche Delegation den Waffenstillstand vom 11. November 1918 signiert hatte.

Die Geschichte schien auf den Kopf gestellt. Orte, deren Namen ein Vierteljahrhundert zuvor zum Symbol des Opfertodes einer Generation geworden waren – Verdun, Ypern, Langemarck, Arras –, fielen in schneller Folge in deutsche Hände. Die Gefallenenzahlen waren niedriger als 1870/71. Lachende Männer in Feldgrau fuhren in Panzern hinter endlos scheinenden Kolonnen Gefangener her. Deutsche Soldaten probierten ihre französischen Schulkenntnisse in den Kneipen an der Vormarschstraße aus. Deutsche Generäle standen Schlange, um ihre Generalsterne oder ihre Marschallstäbe zu empfangen.

Ein Feind blieb übrig: Großbritannien. Auch mit der neuerworbenen Selbstsicherheit konnte die deutsche Armee keine Panzer und Waffen über die wenigen Kilometer Wasser bringen, die sie von England trennten. Die deutsche Marine, die die Hauptlast bei der Vorbereitung von Landungen zu tragen hatte, war im skandinavischen Feldzug empfindlich getroffen worden. Als die Stützpunkte in Norwegen sicher in deutscher Hand waren, hatte sie kaum ersetzbare Verluste hinnehmen müssen.

Das bürdete der Luftwaffe nun eine doppelte Last auf. Sie hatte nicht nur ihre anfängliche Luftüberlegenheit über der Insel zu wahren, sie war auch für die geplante Invasion gegen den erbitterten Widerstand der Briten unerläßlich.

Zum ersten Mal im Krieg war die Wehrmacht nicht in der Lage, die Initiative zu behalten. In den sechs Jahren ihres Bestehens hatte sie kein gesamtstrategisches Konzept entwickelt. Göring und seine engsten Berater waren offensichtlich nicht in der Lage, eine konsequente strategische Luftoffensive zu planen. Statt dessen wechselten sie unentwegt die Angriffsschwerpunkte: Zuerst sollten Radarstationen und Flugplätze angegriffen werden, danach die britischen Jagdkräfte, dann Hafenanlagen und schließlich die »Straßen von London«.

Der Luftwaffe fehlten die Schlagkraft, die Reserven und eine Versorgungsstruktur, um derartig wahllose Angriffe erfolgreich beenden zu können. Ihre zweimotorigen Kampfflugzeuge konnten sich weder wirksam verteidigen noch genügend Bombenlast befördern, um die Kraftquellen Englands empfindlich zu treffen. Sie konnte auch ihre großen Verluste nicht ausgleichen.

Das beste Jagdflugzeug der Luftwaffe, die Messerschmitt Me-109, war zumindest ebenso gut wie das des Gegners, die Spitfire. Aber die Me-109 war für einen Einsatz im deutschen Luftraum entworfen. Wie alle Einsitzer dieser Zeit verfügte sie über ungenügende Reichweite bzw. Flugdauer. Ihre Piloten flogen und kämpften immer mit einem Auge auf der Benzinuhr.

Die Schlacht um England war die erste Schlacht in der Geschichte, die ausschließlich in der Luft ausgetragen wurde, und wohl eine der letzten, die von einem hohen Maß an Ritterlichkeit zwischen den Gegnern geprägt war. Strategie und Technik, Geschick und Entschlossenheit der Royal Air Force verhinderten in erster Linie eine erfolgversprechende Invasion der Deutschen. Im Herbst 1940 zog Hitler die Invasionstruppen von der Kanalküste zurück.

Aber die Luftschlacht um Großbritannien war mehr als eine Niederlage im Kampfeinsatz. Sie kostete die Luftwaffe die unersetzliche Substanz ihrer besten Besatzungen und ihrer besten Einheitsführer.

Hitlers Hoffnung auf das Einlenken Englands war enttäuscht worden. Die Wehrmacht hatte ihre erste Niederlage erlitten. Das bestärkte Hitlers Entschlossenheit, sich auf den Hauptfeind der Nationalsozialisten zu konzentrieren, um ihn zu vernichten – das kommunistische Rußland.

Aber Hitler feierte gleichwohl eine Reihe weiterer Triumphe in Westeuropa. Er hatte den Mittelmeerraum immer als eine strategische Sackgasse betrachtet und hätte sich wahrscheinlich nicht nach Süden gewandt, wenn da nicht sein italienischer Verbündeter gewesen wäre. Mussolini, der eine von Hitler möglichst unabhängige Rolle spielen wollte, hatte Frankreich und Großbritannien nur wenige Tage vor dem Zusammenbruch der Aliierten den Krieg erklärt. Seither gab es für seine Armeen nur Niederlagen.

Das deutsche Engagement im Mittelmeerraum war mehr als

eine Hilfsaktion. Italiens militärische Operationen gefährdeten Deutschlands Position in Süd-Ost-Europa in beunruhigender Weise.

Rumänien und Ungarn gingen 1940 zu den Achsenmächten über, Bulgarien – mit wenig Enthusiasmus – im Jahre 1941. Aber Generäle der jugoslawischen Armee, die gegen die Achse waren, reagierten auf die Bereitschaft ihres Königs, mit Deutschland ein Bündnis zu schließen, am 27. März 1941 mit einem Putsch.

Hitler antwortete mit einem Blitzkrieg gegen Jugoslawien und Griechenland. Am 6. April bombardierte die Luftwaffe Belgrad. Drei Wochen später rollten deutsche Panzer durch die Straßen von Athen. Am 20. Mai wurden die britischen und neuseeländischen Truppen, denen es gelungen war, nach Kreta zu entkommen, durch die bis zu jener Zeit größte Luftlandeoperation der Geschichte überrascht. Die Eroberung der Insel wurde mit 6000 Gefallenen unter den deutschen Fallschirmjägern und den Luftlandetruppen in einer der bittersten Nahkampfschlachten des Krieges teuer erkauft. Und die Wehrmacht bezahlte für den Balkan-Feldzug mit einer Verzögerung von sechs Wochen bei der riskantesten Operation in Deutschlands Militärgeschichte – dem Ost-Feldzug.

Klaus von Bismarck (2)
Jahrgang 1912

Laut Mob-Plan* bin ich im Herbst 1939 sofort als Bataillonsadjutant eingezogen worden. Damit begann der Krieg für mich in der Nähe von Preußisch-Eylau, durch die Tucheler Heide, und ich habe die Hetzparolen von Goebbels über das angriffslustige polnische Volk und auch über die Ausschreitungen gegen Deutsche in Bromberg – ich habe sie nicht geglaubt.

Sicher, ich habe schon das Gefühl gehabt, daß da irgend eine Bedrohung für uns war, auch geschichtlich durch die Korridorsituation nach dem Ersten Weltkrieg. Aber in Pommern gab es bei uns keine Polen, ich kannte sie nicht, ich habe niemals, wie die Bauern in Schlesien oder Ostpreußen, polnische Landarbeiter gehabt. Ich hatte keinen Polenhaß, ich habe den Parolen von Goebbels nicht geglaubt, aber ich hatte doch das Gefühl, ich muß jetzt als Soldat meine Pflicht tun.

Aber die ersten Zweifel kamen schon in Polen. Die kamen dort, als ich gemerkt habe, daß das ein armes, überfallenes Land war. In der Festung Modlin, die wir erobert hatten, wie die alten Frauen da so in den verbrannten Kirchen herumstocherten, da merkte ich, das offizielle Bild kann nicht stimmen.

Aber wir müssen die Zeitabläufe auseinander halten. Polen und auch Frankreich waren noch eine naßforsche, stolze Blitzkriegangelegenheit. Wir waren einfach besser als die anderen. Wir waren schneller. Wir hielten es länger aus. Wir waren auch geschickter. Und freuten uns auch an unserem eigenen Können und auch an unserer offensichtlichen Überlegenheit.

Ich meine, die Soldaten fanden den Krieg nicht lustig und haben der Propaganda auch nicht sehr geglaubt. Sie haben aber auch nicht

* Mob-Plan: Mobilisierungs-Plan

geglaubt, daß das, was sie taten, großes Unrecht sei. Wir waren alle auch ein wenig berauscht.

Auch von unserer eigenen Vitalität, Kraft und Disziplin. In dem Augenblick, in dem man als Offizier eine Führungsrolle hatte, war das ebenso, wie wenn man bei einem 10.000-Meter-Lauf vorne läuft. Die Führungsrolle eines Offiziers war natürlich auch ein Selbstschutz, ein schimmernder Schutz, denn: das mußte jetzt so sein. Heute sehe ich, daß ich mißbraucht worden bin mit all meinem soldatischen Idealismus, der auch ein Stück preußischer Tradition war. Gewiß nicht von meinem Vater, aber meine Mutter hat den ganzen Idealismus der Freiheitskriege eingebracht, als eine deutsche Nationale. Die Zweifel kamen später.

Ich bin das erste Mal verwundet worden bei der Überquerung der Maas, im Schlauchboot bei Givet. Gottseidank war ich niemals bei einer Besatzungstruppe. Ich war immer im Einsatz, an der Front. Ich weiß heute, daß meine Frau aus einer Ecke kam, die vollkommen in den 20. Juli reingehörte. Ich bin mit Henning von Tresckow befreundet gewesen, bin befreundet gewesen mit Schlabrendorf und Dietrich Bonhoeffer. Ich habe am Anfang die Zerrüttung jünglingshaft, aus Verblendung, nicht wahrgenommen, sondern ich hatte das Gefühl, ich verteidige mein Vaterland, dies ist meine Pflicht – wir sind eine anständige Truppe.

Da gibt es noch eine Geschichte. Meine Schwiegermutter hatte einen landwirtschaftlichen Beamten, der war Halbjude, der hieß Dück. Der hat es auch überlebt. Und der war nun auch so einer, der sich unbedingt zu seiner patriotischen Gesinnung bekennen mußte, der wollte unbedingt Offizier werden und für sein deutsches Vaterland kämpfen. Das tat er auch und bekam also das EK 1 und 2*, und dann wurde er in den Arm geschossen, und dann war er nicht mehr kriegsverwendungsfähig und zu Hause, und plötzlich wurde er von der SS abgeholt.

Ich kam in Urlaub nach Hause und fragte, wo ist denn Dück? Ja, den haben sie abgeholt. Ich sagte, weswegen denn den Herrn Dück, also diesen patriotisch begeisterten Jüngling? Ja, der ist also in Verdacht, daß er irgend etwas Subversives macht. Ich sagte, das

* EK: Eisernes Kreuz, Kriegsauszeichnung

ist doch der reinste Quatsch, das ist doch alles bloß nur weil er Halbjude ist und weil sie das jetzt herausbekommen haben. Da bin ich in voller Uniform, ich glaube, schon mit silbernem Verwundetenabzeichen und Nahkampfabzeichen und Ritterkreuz, da hingegangen nach Stettin und habe gesagt: »Guten Tag, ich bin der und der. Ich kenne den Herrn Dück. Ich höre, Sie haben ihn hier einvernommen. Was ist denn los mit ihm? Was sind denn die Beschuldigungen?« Sie haben mich von einem zum anderen geschickt, und ich hatte auch das Selbstbewußtsein als Frontsoldat und sagte: »Bitte sehr, dies ist ein Mann, den ich als anständigen Mann kenne. Der ist sicherlich kein Parteigenosse, aber das kann kein Maßstab sein, wenn er sich als Soldat bewährt hat. Wenn wir da draußen für unser Land kämpfen, dann müssen Sie mir die Auskunft geben und können mich hier nicht so abspeisen.«

Ich hab mich durch drei oder vier Flure immer weitergequetscht, und schließlich haben die den Spieß umgedreht und gesagt: »Wenn Sie sich so penetrant für ihn einsetzen, dann müssen wir ja fast annehmen, daß Sie mit der Sache, die wir ihm vorwerfen, auch irgendetwas zu tun haben.« Und damals habe ich mir überlegt, mußt du eigentlich nicht deine Orden hinschmeißen, dein Ritterkreuz hinschmeißen und sagen, für eine Sache, für die man hier keine Klarheit mehr bekommen kann, bin ich nicht bereit, da draußen meine Haut zu Markte zu tragen? Das hat mich sehr gequält.

Mein Vorstoß endete erfolglos, aber es gibt Dück heute noch in der Bundesrepublik. Meine Einstellung zum 20. Juli, damals, will ich schnell umschreiben. Es hat eigentlich mit dem Soldatischen zu tun, auch mit der Grundeinstellung, unabhängig von solchen Leuten wie Bonhoeffer, der ja sehr früh, am frühesten kapiert hat, und eben konspiriert hat, wie solche Leute wie Henning von Tresckow und ähnliche, die ich auch alle kennengelernt habe. Ich war bereit, mich mit voller Konsequenz daran zu beteiligen. Aber ich fand die politischen Ideen von Henning von Tresckow und von Fabrian von Schlabrendorf und den anderen höchst erstaunlich. Die hatten die Idee, wir machen wieder einen Staat, einen Ständestaat der Kavaliere, der Offiziere, der Aristokraten. Die hatten auf völlig andere Weise die Weimarer Demokratie nicht kapiert. Bei einem so klugen Mann wie Henning von Tresckow war eben doch das letzte

Motiv die Ehrenhaftigkeit. Die Sache wird keinen Erfolg haben, aber wir müssen der Welt demonstrieren, daß wir, doch einige von uns, um diese Verbrechen gewußt haben. Hier war ein Gefühl von ritterlicher Verpflichtung, auch von persönlicher Integrität, auch von persönlichem Selbstbewußtsein, aber auch von Verkennung der gesellschaftlichen Situation.

Max Mayer
Jahrgang 1913

1938 wurde ich für einen Monat in das Reichsluftfahrtministerium in Berlin, in das Beschaffungsamt, abkommandiert. Bei dieser Gelegenheit wurde ich gefragt, ob mich ein Herr sprechen könne, den ich nicht kannte. Er machte mir nach einer längeren Unterhaltung über mein Herkommen und meine Ausbildung das Angebot, eine Dienststelle in der Nähe der Insel Rügen anzusehen. Dort seien schon einige Flugbaumeister. Da kam also das Angebot »Peenemünde«, als eine sehr »geheime« Sache. Viel dürfte darüber nicht geredet werden. Ich sollte mir aber die Sache einmal anschauen und hinauffahren.

Im Dezember 1938 bin ich dann mit meinem Motorrad über Berlin, Stettin nach Peenemünde raufgefahren. Dort kam ich abends so gegen sechs Uhr an, es war schon längst dunkel. In einem sehr schönen Gebäude war für mich ein Zimmer reserviert. Das Zimmer war ein Junggesellen-Appartement, wie man es sich nur wünschen konnte. Ich fragte: »Wo kann man noch etwas essen?«

»Ja, da drüben in der Kantine«, war die Antwort.

Da saßen an einem großen runden Tisch lauter nette Leute zusammen. Es waren Flugbaumeister – bekannte Männer, unter ihnen Dr. Wernher von Braun. Da hieß es gleich: »Hallo!«

So lernte ich schon am ersten Abend Wernher von Braun kennen, der im selben Gebäude wohnte. Auch die anderen wohnten da. Das war das sogenannte Haus 5 – wir nannten es später, wie es üblich war, das »Bullenkloster«, weil nur nicht-verheiratete Männer dort wohnten. Die Aufnahme des Neuangekommenen, diese fröhliche Aufnahme, diese lachenden Gesichter, diese sofort den »Neuen« in die Unterhaltung einbeziehenden intelligenten Menschen waren bezeichnend für jene ersten Jahre in Peenemünde.

Als ich nach Peenemünde kam, war ich 25 Jahre alt, zwei Jahre schon Flugbauführer. Die anderen waren in ähnlichem Alter. Nur die Chefs waren vielleicht drei bis fünf Jahre älter, es war also eine Ansammlung von jungen, begeisterungsfähigen Menschen.

Wie ist denn Peenemünde entstanden? Ausgangspunkt war das Bestreben des damaligen Heereswaffenamtes – Anfang der dreißiger Jahre – die Beschränkungen des Versailler Vertrages bezüglich der Reichweite der Artillerie zu umgehen. Die maximal gestattete Reichweite war so ungefähr 30 bis 35 Kilometer. Dort im Heereswaffenamt saß ein junger Diplomingenieur, das war Dr. Walter Dornberger, ein Hauptmann. Er hatte Kontakt bekommen mit ein paar Raketenenthusiasten, wie Rudolf Nebel und Prof. Hermann Oberth* u. a. Nun hatte man sich im Heereswaffenamt überlegt: Könnte man nicht mit Hilfe dieser Raketentechnik die Beschränkungen der Reichweite der Artillerie umgehen? Der Versailler Vertrag war also der Ausgangspunkt der ganzen Geschichte. Daraufhin hat man sich mit diesen Raketenpionieren in Verbindung gesetzt, alles Leute, die nichts anderes waren als Raketenenthusiasten, die Post mit Raketen befördern und auch auf den Mond fliegen wollten. Vom Mond war natürlich auch die Rede.

Auf dem Artillerieschießplatz Kummersdorf haben dann die ersten Raketenversuche stattgefunden. Später stieß Wernher von Braun zum dortigen Team. Eines Tages wurde natürlich dieses »Kummersdorf« zu eng. Man mußte sich nach etwas anderem umsehen. Wernher von Braun hat dann mit einer Messerschmitt 108 ›Taifun‹ einen Flug entlang der Ostseeküste gemacht; er hatte von Verwandten Hinweise auf das Naturschutzgelände von Peenemünde erhalten. Peenemünde war ein ganz kleines Fischerdorf an der Nordspitze von Usedom, wo früher einmal, vor dreihundert Jahren, König Gustav Adolf von Schweden gelandet war. Inzwi-

* Hermann Oberth: Pionier der Raumfahrt, entwickelte die ersten Raketen.

schen machte die Luftwaffe Versuche, Flugzeuge mittels Raketen anzutreiben.

Zwischen dem Reichsluftfahrtministerium und dem Heereswaffenamt waren Gespräche geführt worden, um gemeinsam Versuchsstellen für Raketenantriebe aufzubauen, nämlich in Peenemünde. Das Luftwaffenbauamt errichtete die Gebäude und die Flugplatzanlagen, während das Heer die Standortverwaltung übernahm. Die Versuchseinrichtungen und die Prüfstände selbst waren jeweils Sache der Heeresversuchsstelle bzw. der Versuchsstelle der Luftwaffe. Das eine war Peenemünde-Ost, das andere Peenemünde-West. Der fundamentale Unterschied zwischen Peenemünde-Ost und -West war, Raketen ballistischer Art wurden beim Heer, und alles, was direkt flog, wurde bei der Luftwaffe bearbeitet. Ein Kennzeichen für alle Aktivitäten in der damaligen Zeit war, daß alles in überraschend kurzer Zeit realisiert wurde. Alles sehr, sehr schön, auch nach heutigen Gesichtspunkten noch schön, in der Siedlung, fast villenartig. Das war Ende 1938, und auch noch die erste Hälfte 1939 war einfach eine fabelhafte Zeit.

Dann auf einmal, Ende August oder Anfang September 1939, kam die Meldung durchs Radio, daß der Krieg ausgebrochen war. Wir wurden in das Reichsluftfahrtministerium zur Entwicklungsabteilung gerufen. Dort hieß es, wir sollten etwas entwickeln, womit man treffen, womit man ein Ziel erreichen kann. Lenkwaffen für Flugzeuge und die Vergeltungswaffen V-1 und V-2. Niemand fragte zu der damaligen Zeit nach den Kosten, man brauchte so etwas, also wurde es entwickelt. So wurde bei uns zum Beispiel die ›Henschel 293‹ konstruiert für den Einsatz gegen Punktziele, gegen Schiffe von Flugzeugen aus, also ein ferngelenkter Flugkörper.

Überhaupt ist festzustellen, daß alle wesentlichen Aufgabenstellungen, die ja auch heute noch relevant sind, damals bereits bekannt, in ihrer Grundsatzlösung konzipiert und zum großen Teil auch realisiert waren. Ob das nun Luft-Boden-, Boden-Luft-, Luft-Luft- oder Boden-Boden-Flugkörper waren, alles ist schon da gewesen.

Ein weiteres Aufgabengebiet war die Erprobung eines weitreichenden, horizontal fliegenden Flugkörpers, der späteren V-1. Das Interessante bei dieser Entwicklung war folgendes: Der Vorschlag zur Entwicklung eines solchen Flugkörpers war nichts anderes als eine Alternative zu den ballistischen Fernraketen, zum Beispiel der V-2. An die 5.000 Flugkörper sind einsatzbereit gewesen, als die alliierte Invasion an der Kanalküste am 6. Juni 1944 stattfand. Von fast 22.400 gestarteten Flugkörpern V-1 erreichten knapp 59 Prozent ihr Zielgebiet, als sie dann gegen England eingesetzt wurden.

Am 17./18. August 1943: eine wundervolle Mondnacht. Da wurde Alarm gegeben. Ich war gerade aus Nürnberg zurückgekommen von einem Flug nach Friedrichshafen. Auf einmal ging also der Fliegeralarm los. Es heulten die Sirenen. Es kam eine Masse von ca. 650 englischen 4-mot-Bombern auf uns zu. Sie warfen auf ein Zielgebiet von etwa 500 Metern Breite und zwei Kilometern Länge ihre Bomben ab. Als dann die Angriffe nachließen, brannte ringsum alles. Darüber hinaus hatte es etwa 765 Tote in der Siedlung gegeben. Es war furchtbar. Im Werk Ost war sehr viel zerstört worden.

Ich glaube, daß es nicht interessant ist, zu erzählen, wie unsere Tätigkeit in Peenemünde zu Ende ging, wie wir Peenemünde räumten. Aber natürlich stellt sich die Frage, warum man bis zum Ende mitgemacht hat. Man wollte letzten Endes zum Erfolg beitragen, damit diese Massen von Soldaten, die »draußen« waren, nicht hilflos sein würden, sondern daß es Möglichkeiten geben sollte, eine Wende herbeizuführen. Daß das letzten Endes umsonst gewesen war, daß im Grunde genommen wir alle mißbraucht worden waren, ist schrecklich; denn niemand von uns hat diesen Krieg gewünscht, hat etwa danach gestrebt, sondern jeder hatte schließlich seine Pflicht erfüllt, die er gesehen hat, der er sich auch gestellt hat, auch gegen Widerstände gestellt hat. Was blieb den entwikkelnden und erprobenden Ingenieuren und Flugzeugführern, die im Einsatz waren, denn anderes übrig, als ihre Pflicht nach bestem Wissen und Gewissen zu tun?

Walter Knappe (1)
Jahrgang 1916

Im Zivilberuf war ich Ingenieur – mein Fach war Elektrotechnik. Ich wurde 1939 eingezogen und als Flieger bzw. Navigator ausgebildet. Anfang Mai 1940 wurden wir im Frankreichfeldzug eingesetzt. Bei einem Einsatz wurde unser Flugzeug, in dem ich als Beobachter flog, vom Verband getrennt, von französischen Jägern angegriffen, und beide Motoren wurden in Brand geschossen. Wir mußten notlanden in der Nähe von Brügge in Belgien. Wir hatten im Luftkampf unseren Bordschützen verloren. Ich, als Beobachter, ging nach hinten, suchte ihm zu helfen, bis ich merkte, er hatte eine tödliche Verwundung. Ich zog ihn raus und wollte selbst in die Bodenwanne gehen, da sah ich auf einmal eine grüne Fläche unter mir. Das heißt, wir waren schon längst im Tiefflug runtergegangen und befanden uns nur noch wenige Meter über dem Boden, das heißt, im nächsten Moment wäre ich beinahe rausgeflogen. Auf jeden Fall, wir krachten auf dem Boden auf.

Es dauerte nicht lange, da hörte ich schrilles Pfeifen und einschlagende Geschosse. Ich überlegte, das ist nicht sicher hier drin, also raus. Nach vorne, ich hob den Kopf. Unser Funker und der Flugzeugführer waren schon draußen. Ich sprang mit einem Satz raus und rannte dann in Richtung meiner beiden Kameraden. Natürlich mit erhobenen Händen. Wir standen jetzt zu dritt vor der Maschine, mit erhobenen Händen, und ich sah auf einmal in lauter Gewehrmündungen. Zivilisten robbten sich unter Feuerschutz an uns heran. Ich bekam einen heißen Schlag in die Schulter, das heißt einen Durchschuß, wie ich später feststellte. Warmes Blut rann mir herunter in die Kleider hinein, ich schwankte, das nutzten die Angreifer. Sie kamen auf uns zugesprungen und nahmen uns alles ab und rissen uns runter, was wir hatten, das heißt auch die Uniform usw., beschimpften uns.

Wir drei wurden, nachdem ein Lkw angekommen war, abtransportiert in ein nahegelegenes Dorf. Dort wurden wir erstmal vernommen. Ich wurde in ein Lazarett gebracht, direkt in einem Vorort von Dünkirchen.

In diesem Lazarett erlebte ich die Kämpfe um Dünkirchen. Wir lagen 30 Meter vom Strand entfernt. Alle unsere Gegner versuchten, auf die Schiffe zu kommen, damit sie nach England fliehen konnten. Stege wurden gebaut, um an die Schiffe heranzukommen. Es sammelten sich Kriegsschiffe, Handelsschiffe. Alle wollten so schnell wie möglich weg. Denn über uns waren unsere eigenen Flieger, und die Artillerie schoß dazwischen. Wir selbst hatten kaum noch ein Dach über dem Kopf. Wir wurden natürlich auch nicht ausgenommen von der Bombardierung, als die Schiffe ausschwärmten.

Ich wurde dann durch die Eroberung Dünkirchens befreit.

Überwältigend ist in dem Fall ein Geschehnis. Wir waren in dem Dünkirchener Lazarett Franzosen, Engländer, Deutsche, Farbige, alle unsere Gegner. Alle waren verwundet. Keiner tat dem anderen was. Jeder war auf einmal Mensch. Es lagen Tornister aufgereiht in der Mitte des Platzes unter freiem Himmel. Jeder ging an die Tornister ran und sagte, das ist wohl Allgemeingut. Es lagen Pistolen dabei, ich selbst nahm eine französische Pistole. Andere nahmen auch Waffen in die Hand. Ob das Gegner oder Nicht-Gegner waren. Keiner tat dem anderen was. Plötzlich waren wir alle Kameraden, wir Verwundeten, eine Gemeinschaft. Sobald das Kriegsgeschehnis vorüber war, waren die Soldaten einfach Menschen.

Als ich aus der Gefangenschaft befreit war, wurde ich in einem Sanitätszug nach Deutschland gebracht. Das Empfinden, sich der deutschen Grenze zu nähern, als Verwundeter und als Soldat, aus der Gefangenschaft befreit worden zu sein, ist unbeschreiblich. Als wir die ersten Blumen in die Hand kriegten, verschlug es uns die Sprache.

Ich bin nach der Genesung wieder als Navigator in einem Bomber geflogen. Ich war Deutscher, und ich trat für das Reich ein. Ich konnte nicht mal verstehen, daß mancher an dem Sieg zweifelte oder an dem Recht, an diesem Krieg teilzunehmen. Und ich sah es auch eigentlich als Verpflichtung an, gegenüber der Heimat und auch den vielen deutschen Menschen, die zu Hause waren, gegenüber der Familie, meinen Eltern, zum Schutze für sie einzutreten.

Ich kam zurück zu meinem Verband. Wir hatten im Frankreichfeldzug aus der Gruppe von 27 Maschinen 17 verloren. Wir hatten nur noch zehn alte Besatzungen.

Nun flogen wir »gegen Engelland«. Der Einsatz, der Kampf um England, nahm harte Formen an, am Tag und in der Nacht. Uns wurde einmal ein Motor in Brand geschossen, in der Nacht auf dem Rückflug von Liverpool. Das Fliegen mit einem Motor in einer Ju 88 ist ein Kunststück, aber wir kamen nach Hause. Ich bin dann nachts auch gegen Coventry* geflogen. Man muß durchaus bestätigen, daß die englischen Städte brannten. Liverpool brannte auch. Die Engländer verstanden es auch, eine Scheinstadt abseits von Liverpool aufzubauen, worauf viele von uns reinfielen.

Ich wurde in der Nacht vom 31. Oktober zum 1. November 1940 wieder einmal abgeschossen, diesmal über England. Ich kann mich an nichts erinnern. Von dem Abschuß weiß ich gar nichts. Ich wachte Tage später in einem Lazarett auf. Ich nahm Gesichter wahr, merkte gar nicht, daß man mich ansprach. Ich hatte eine Gehirnerschütterung und Schädelbasisfraktur, Armbrüche, Beinbrüche. Meine drei Kameraden waren schon auf dem Wege zu dem englischen Lazarett gestorben. Ich zeigte noch Lebenszeichen, so daß die Ärzte sich sehr um mich bemühten, wie mir später gesagt wurde, und es ist gelungen, mich aus meiner Ohnmacht, die etwa acht bis zehn Tage dauerte, wieder rauszuholen. Ich wurde künstlich ernährt, um überhaupt wieder Lebensgeister in mir zu wekken. Wer um mich war, nahm ich zu Anfang überhaupt nicht wahr. Da ich überhaupt kein Lebenszeichen mehr von mir gab oder nicht ansprechbar war, sandte man mir eine Deutsche, eine Jüdin, die damals in England beheimatet war. Sie gab mir das Gefühl, ins Leben zurückgerufen zu werden. Ich kam mir vor, als ob ich das zweite Mal sprechen lernte. Es fiel mir auch gar nicht auf, daß ich in England war. Das Rote Kreuz nahm die Personalien auf und meldete dies nach Deutschland. Der November war nun schon vergangen, und die Staffel hatte noch keine Nachricht von mir und gab daraufhin eine Meldung ab: »Gefallen im Kampf für Groß-Deutschland.«

Meine Eltern kriegten erst Monate später eine Nachricht, daß

* Coventry: Von der Luftwaffe schwerst bombardierte Stadt Englands

ein Soldat Walter Knappe schwer verwundet in englische Gefangenschaft geraten sei. Einfügen möchte ich, daß meine Eltern, in Berlin wohnend, damals eine Haushaltshilfe hatten. Sie nahm regen Anteil an meinem Schicksal im Zusammenleben mit meinen Eltern, hatte aber den englischen Rundfunk gehört. Hatte die Nachricht abgehört: »Unteroffizier Walter Knappe, Gefangenschaft in England.« Hatte das Leid meiner Eltern erdulden müssen, weil sie sich nicht traute, diese Meldung weiterzugeben. Denn auf dem Abhören englischer Sender stand die Todesstrafe.

Ich erlebte im Lazarett eine erstaunlich nette Kameradschaft mit den Engländern, nachdem ich wieder zu mir gekommen war und mich bewegen konnte. Die Soldaten kamen alle aus Dünkirchen. Und ich war in Dünkirchen praktisch in ihrer Gewalt gewesen und war jetzt ihr Gefangener. Aber durch diese Kriegsgeschehnisse, die jeder in seiner Art miterlebt hatte, war ein Zusammensein nicht Feind-Freund, sondern es war ein echtes soldatisches Miteinander. 1942 wurde ich nach Kanada verschifft. Die meisten der abgeschossenen Flieger der »Luftschlacht um England« sind damals nach Kanada gebracht worden.

Wir landeten in Halifax und fuhren dann mit dem Zug nach Westen. Welche Erschütterung ging durch mich, als wir Quebec im hellen Lichterschein erlebten. Denn in Deutschland war ja alles verdunkelt. Wir waren tief getroffen und wußten uns keine Antwort auf die Frage, wie sollen wir, nachdem Amerika und England im Kriege waren, überhaupt siegen gegenüber einer solchen Übermacht? Es kamen uns Zweifel, bezogen auf die Führung des Reichs. Man sagte sich, wie kann ein relativ kleines Land – wenn auch damals Großdeutschland genannt –, von allen Seiten bekämpft, sich dieser Gegenmacht erwehren? Das war die erste große Erschütterung.

Die gewaltige Ausdehnung des Landes Kanada kam uns dann noch mal direkt zum Bewußtsein, als wir tagelang ohne Unterbrechung mit den kanadischen Schnellzügen von Ost nach West bis nach Alberta fuhren. Das hörte nicht auf.

Werner Bartels (2)
Jahrgang 1902

Als der Zweite Weltkrieg begann, wurde ich als Reserve-Offizier zu Übungen eingezogen. Ich machte den Feldzug gegen Frankreich mit. Beim damaligen Hauptmann Galland wurde ich Technischer Offizier. Der wurde ja später General der Jagdflieger. Nach der Besetzung Frankreichs ging ich mit Galland die Champs-Elysées entlang, und wir nahmen uns vor, als Erste bald auch über die Bond-Street in London zu spazieren. Nicht viel später bin ich dann tatsächlich nach London gekommen – aber als Kriegsgefangener. Ich war während der Luftschlacht um England abgeschossen worden.

Nach dem Frankreichfeldzug wurden wir an den Kanal verlegt. Die Luftschlacht um England begann. Am 20. Juli 1940 beim ersten Großbombenangriff auf die Docks von London hat es mich dann erwischt. Bei einem Luftangriff mit einer Überzahl von Spitfires war das. Der Haufen, der uns angriff, wollte wohl den Galland treffen. Da saß plötzlich einer hinter mir, der schoß mein Bein kaputt. Ich konnte mit den Beinen nicht heraus. Ein Bein war festgeklemmt. Es war wie tot. Der Ischiasnerv war herausgeschossen. Es fehlte ein ganzes Muskelpaket. Der Oberschenkel war kaputt. Ich konnte also das rechte Bein nicht mehr aus dem Bügel herauskriegen. Die Hand war auch zerschossen, und einen Kopfschuß hatte ich auch. Ich hatte also den ganzen Körper voller Splitter. Rausspringen konnte ich nicht.

Ich mußte notlanden. Auf der Höhe von Ramsgate hatte ich ein Haus entdeckt, das ein großes Rotes Kreuz auf dem Dach hatte. Mit vollem Bewußtsein, weil ich wußte, wie schwer ich verwundet war, bin ich dann praktisch am Rande durch den Gartenzaun mit Kohl und Kartoffeln – noch nicht bewußtlos – durch eine tief durchhängende Telegrafenleitung geflogen und habe eine Bauchlandung gemacht.

Als es dann still wurde, habe ich instinktiv zwischen meine Beine gefaßt, um mich zu vergewissern, daß meine »Familien-Juwelen« nicht verletzt waren. Sie schienen intakt zu sein – Gottlob. Da war dann der Blutverlust so groß, daß ich nicht mehr voll bei Bewußtsein war. Ich weiß nur noch, daß ich mit einer Bahre direkt zum Hospital über ein paar Feldwege gebracht wurde, auf den Operationstisch, und da kriegte ich gleich eine Blutkonserve hingehängt und bin bewußtlos geworden.

Und als ich dann wieder erwachte, hatte ich also das Bein voll in einem Streckverband, allerdings seitlich offen gelassen und mit Kanülen bis tief in die Schenkel hinein, damit der Eiter und alles ablaufen sollte. Unten standen Töpfe und da lief das ganze Zeug hinein. Der Arm hing auch so hoch, und den Schädel hatte ich auch verbunden. Also ich war eine richtiggehende Gipsleiche.

1941 wurde ich nach Kanada transportiert. Zusammen mit dem Hauptmann von Werra im gleichen Waggon über die Grenze von USA nach Kanada, aus dem dieser sich herausfallen ließ und floh. Der große Film mit Hardy Krüger ist über ihn gedreht worden ›Einer kam durch‹.

1942 hat das erste Mal eine Rot-Kreuz-Kommission, besetzt mit Ärzten neutraler Länder, unter den in den Lazaretten liegenden Schwerkriegsbeschädigten die Austauschwürdigen ausgesucht.

Ich war unter denen, die ausgetauscht werden sollten. Im Juli 1943 gings nach Edingburgh und von Edinburgh mit einem Lazarettschiff durch das Skagerrak nach Göteborg in Schweden. Nach Schweden kam dann mit dem Trajekt aus Stettin die entsprechende Anzahl englischer Kriegsgefangener, die an unserer Stelle nach England gehen sollten.

Du lachst dich tot, was es da für Szenen gab! Wir standen da vor dem Schiff, und dann kommt der englische Brigadier, der mit einem deutschen Oberst beim Hafenkapitän den Austausch vorgenommen hatte. Der Brigadier sah dann, wie wir gerade da standen und uns verbrüderten. Die Schweden hatten uns zum Saufen gebracht, und wir waren schon stinkblau, wir haben zwei Stunden gestanden und gesessen und purzelten da so herum, kurz und gut, da kommt der Tommy, so typisch mit seinem steifen Gang und dem Stöckchen unterm Arm, und sagt zu einem englischen Offizier: »Do you know, Captain, that there is a war against Germany?« Das war ein Anschiß. Der englische Offizier hatte auch ein Bein verloren. »Yes Sir«, sagte der. Aber er war stinkblau und hielt sich an mir fest.

Als ich nach kurzer Zeit sah, was aus Deutschland geworden war, habe ich geweint. Also ich habe, wie gesagt, viele, viele lange Nächte, na fast immer, wach gelegen und nach den ersten Eindrükken geweint.

Johannes Steinhoff (2)
Jahrgang 1913

Auf das nächste Zusammentreffen mit meinem höchsten Luftwaffenchef brauchte ich nicht lange zu warten. 1938 hatte ich den Auftrag bekommen, die erste deutsche Nachtjagdstaffel aufzustellen. Ich muß gestehen, daß ich keine Ahnung hatte, wie man bei stockdunkler Nacht einfliegende Gegner jagen sollte. Die Vorgesetzten – und das schließt natürlich Göring ein – wußten das noch viel weniger. In den ersten Monaten des Krieges – der Polenfeldzug war beendet – lagen wir auf einem Flugplatz in der Nähe von Bonn. Wir flogen bei völliger Dunkelheit – jede Stadt war ja verdunkelt – mit einsitzigen Messerschmitt 109 Maschinen. Erfolge hatten wir nicht. Daß ich damals am Leben geblieben bin, ist ein Wunder.

Im November 1939 wurde ich nach Berlin bestellt. Es ging um die Nachtjagd, die nicht funktionierte, denn die englischen Blenheimbomber flogen bis zur Reichshauptstadt und warfen – vorerst wenigstens – Flugblätter ab. Das ärgerte Göring, denn er hatte ja großsprecherisch verkündet, daß er »Hermann Meyer« heißen wolle, falls die alliierten Bomber bis nach Berlin vordringen würden.

Die Besprechung im Reichsluftfahrtministerium wird mir unvergessen bleiben. Wir saßen an einer runden Tafel von germanischer Dimension. Alles war sehr germanisch. Der riesige Kronleuchter wie ein Wagenrad, die Stühle mit gelbem Leder bezogen, und in der Mitte das Prachtexemplar mit fast zwei Meter Lehne, auf dem Göring Platz nahm. Es war eine kleine Gruppe von Offizieren. Der Generalluftzeugmeister General Udet, der Chef der

Flak, General Rüdel, der Chef des Generalstabs und der junge Oberleutnant. Göring steckte sich eine Virginia an und dozierte mindestens eine Stunde lang. Das war wie das Drehbuch eines Films über die Schlacht in Flanderns Himmel 1918. Die Doppeldecker überschlugen sich, griffen von unten an, und die Piloten sahen das Weiße im Auge des Gegners. Ich konnte das nicht mehr ertragen. Ich war ja schließlich der einzige, der als Nachtjäger flog, und ich hob meinen Finger. Plötzlich Totenstille. In Görings Gesicht stand Erstaunen. Er erteilte mir mit seiner Virginia das Wort. Ich sagte, das sei ja heute alles anders. Wir flögen sehr hoch, wir atmeten Sauerstoff mit einer Maske, wir hätten keine Navigationsmittel, es sei stockdunkel, wir könnten den Gegner nicht finden, wenn nicht zufällig Flakscheinwerfer ihn beleuchteten.

Weiter kam ich nicht. Er winkte mit der Zigarre ab, und da saß ich nun wieder. »Junger Mann«, sagte er, »junger Mann, wenn Sie hier mitreden wollen, müssen Sie eine Menge Erfahrung sammeln. Setzen Sie sich auf Ihren kleinen Popo.« Von diesem Augenblick an wußte ich endgültig, daß dieser Mann ein Amateur war, und ich begann ihn zu hassen.

Aus der Nachtjagd flog ich kurz darauf raus. Hätte ich nicht schon ein paar Luftsiege gehabt, wäre ich vermutlich irgendwo in der Versenkung verschwunden. Ich hatte die Luftschlacht über der deutschen Bucht am 19. Dezember 1939 mitgemacht und hatte »Blut geleckt«. Ehe ich mich versah, mußte ich eine Tagjagdstaffel übernehmen und befand mich auf einem Feldflugplatz unweit Calais. Die Luftschlacht um England hatte begonnen. Rückblickend muß ich feststellen, daß die vier Monate, nämlich von Anfang August bis Anfang November, mir die größte psychische und nervliche Belastung des ganzen Krieges gebracht haben. Es war ja die einzige Schlacht zwischen zwei Luftwaffen ohne Beteiligung der anderen Wehrmachtsteile, ein Sich-Messen blutjunger Menschen in der Form des ritterlichen Duells. Es ist heute Geschichte, daß die Regeln der Fairneß von beiden Seiten in dieser Schlacht eingehalten worden sind. Was die höchste Luftwaffenführung von uns verlangte, war enorm. Zwei- bis dreimal pro Tag trafen wir uns mit den englischen Jagdfliegern über dem Kanal, über der britischen Insel oder über London. Unser Verband hatte den Auftrag, die Bomber zu begleiten. Wir sollten möglichst keinen Luftkampf annehmen, sondern sicherstellen, daß die Bomber das Ziel erreichten.

Die deutsche Luftwaffe verlor in diesen Monaten die beste Substanz ihrer jungen Piloten. Weil die Luftwaffe in den Krieg als »Torso« eintrat, gab es keine im heutigen Sinne »strategische Bomberwaffe«. Wir Jäger, die diese Bomber schützen sollten, hatten nicht genug Sprit, das heißt Flugzeit. Außerdem änderte Göring die Zielgruppen im Verlauf der Schlacht beinahe wahllos. Mitte September war es klar, daß die Schlacht für uns verloren war. Für mich bedeutet die so unglücklich verlaufene Luftschlacht einen Wendepunkt des Krieges. Von diesem Augenblick an wußte ich, daß wir die Kontrolle der dritten Dimension, die Kontrolle des Luftraumes über Europa, verloren hatten. Ich hatte am Frankreichfeldzug, der Zerstörung Rotterdams, der Besetzung der skandinavischen Länder, teilgenommen. Das war, soweit es den Luftkrieg betraf, ein Kinderspiel gewesen. Nun wurde es todernst.

Marianne Hoppe (2)
Jahrgang 1911

Ein- oder zweimal im Jahr haben wir Göring gesehen. Mein Mann, damals Generalintendant der Preußischen Staatstheater, hatte ihm als preußischem Ministerpräsidenten zu berichten. Göring, der hatte natürlich die Bonhomie gepachtet. Ich weiß nicht, wieweit er das rechtfertigte, jedenfalls gab er sich so. Er hatte einem einen gewissen Respekt abgenötigt, wenn man an seine Vergangenheit dachte. Das ist ein glänzender Flieger gewesen. Wie der zur NSDAP gekommen ist, warum er dahin gekommen ist, in diesen Club, in diese fürchterliche Parteigeschichte, das weiß ich nicht. Wahrscheinlich haben sie jemanden gebraucht, der so 'ne Ausstrahlung hatte. Mein Eindruck, den kann ich Ihnen vielleicht am besten an einem Beispiel zeigen.

Wir kamen also alle Halbjahre oder so mal dahin, weil Gustav Gründgens Bericht geben mußte. Ich saß neben ihm, und wir waren in einer ziemlich schwierigen Situation. Da war eine sehr unangenehme Sache passiert mit zwei bis drei Leuten, die wir sehr gut kannten und die verhaftet worden waren. Und Gustav hatte sich mit ihm alleine unterhalten, wollte die Leute rausholen. Das ist ihm auch gelungen – mehrmals. Göring war charismatisch und jovial, und er benahm sich freundlich, und es war dort in seinem Hause auch eine, ich muß fast sagen, bürgerliche Atmosphäre, wenn die da so mit ihren Hermelinjäckchen um den Tisch herum saßen. Es war also absolut harmlos, so schien es. Aber der hat natürlich genau gewußt, was vorging.

Und bei einem unserer Besuche, da habe ich eine ganz tolle Szene erlebt: Da war ein junger Neffe von ihm, der Flieger war. Und Göring hat da nun also dahergeredet, nach England fliegen in großer Formation usw. Plötzlich wurde dieser Neffe weiß. Der war auf Urlaub und stand auf und sagte: »So ist es nicht. Das sind alles alte Kisten, mit denen wir fliegen müssen. Wir werden abgeschossen.« Der kam von der Front. Und da wurde Göring blaß und sagte: »So, wenn du hier wiedergibst, was in euren Kasinos geredet und gesprochen wird, da kann ich nur sagen, wenn wir im Ersten Weltkrieg so geredet hätten, wo wären wir dann hingekommen?« Ja, und da sagte ich: »Und wo sind wir hingekommen?« Also jedenfalls muß der Göring nicht vom Ersten Weltkrieg losgekommen sein. Und warum er sich diesem Hitler angeschlossen hat, in diesen Sog mit hineingekommen ist, das weiß kein Mensch. Und das hat er ja selbst verantworten müssen.

Otto Kumm (2)
Jahrgang 1909

Wir sind Soldat geworden nicht als Beruf, sondern aus der Notwendigkeit. Deutschland war von Feinden umgeben, dieses Reich mußte zunächst mal nach außen geschützt werden, um innerlich aufbauen zu können. Ich glaube auch nicht, daß ich auf Lebenszeit Soldat geblieben wäre. Ich habe mich zwar, wie jeder Offizier es tun muß, verpflichtet für 25 Jahre, aber ob das nun so geblieben wäre, das ist noch sehr fraglich. Ich muß sagen, daß ich nachher gern Soldat war, ohne Zweifel. Aber immer unter ganz anderen Perspektiven, als man es normalerweise von einem Berufssoldaten erwartet. Nicht so sehr als Beruf in dem Sinne, sondern als Aufgabe. Was wir uns vorstellten, entsprach doch absolut der Meinung der großen Masse unserer Volksgemeinschaft. Ein Reich mit nationaler Souveränität und sozialer Gerechtigkeit. Dieses beides sahen wir in den Jahren 1936, 1937 und 1938 mehr und mehr verwirklicht und hatten deswegen überhaupt keinen Anlaß, irgendwie zu zweifeln. Und ich muß sagen, daß auch unsere damaligen Kommandeure so fest verwurzelt waren im deutschen Soldatentum, aber auch im Nationalsozialismus andererseits in dem Sinne, wie wir alle dachten, daß uns zunächst keine Zweifel gekommen sind und das ist wohl auch mit ein Grund, daß die Waffen-SS im Kriege nachher beachtliche Leistungen erbringen konnte. Weil wir nicht einen Kommandeur hatten, der irgendwie an der oberen Führung gezweifelt hat.

Nun muß ich folgendes erzählen, wie ich Hitler persönlich kennengelernt und erlebt habe. Doch zunächst zu Himmler, denn der hat mich zu Hitler gebracht. Eine sehr zwiespältige Natur. Zwei Seelen, auf der einen Seite ein sehr fürsorglicher Mann, allen Teilen der SS, insbesondere den Führern gegenüber, mit einer wirklichen Fürsorge. Bei jeder besseren Gelegenheit kamen von ihm Glückwünsche, kamen von ihm Geschenke. Auf der anderen Seite aber ein ganz kalter Rechner. Anders ist es uns allen gar nicht erklärlich, wie unter ihm so grauenhafte Dinge passieren konnten. Und die sind ja zweifellos unter seiner Regie geschehen. Geprägt worden ist er zunächst mal durch den ›Röhm-Putsch‹, den Hitler ja nur mit Hilfe der SS niederschlagen konnte. Damit erlangte Himmler bei Hitler die Stellung eines absolut getreuen Ekkehards. Und damit eben auch die SS. Darüber hinaus war Himmler aber auch ein Spinner. Denn man muß sich vorstellen, was dieser Mann für sonderbare Vorstellungen hatte. Zunächst mal seine ganze Rassentheorie.

Die war ja schon aberwitzig genug. Dann seine Archäologie, die wurde wenig ernst genommen in unseren Kreisen.

Zunächst hieß er ja nur der »Reichsheini«. Auch die Mannschaften sprachen nie anders als vom »Reichsheini«. Nicht gerade sehr respektvoll dem sogenannten fast höchsten Vorgesetzten gegenüber. Und keiner hat ihn auch als Vorgesetzten betrachtet, sondern die Vorgesetzten waren Adolf Hitler und nach ihm die Feldmarschälle und Generalobersten und Generäle des Heeres. Das waren unsere Vorgesetzten, aber nicht Himmler. Himmler hatte nur dafür zu sorgen, daß wir Nachschub bekamen an Mannschaften und was sonst noch. Das wäre seine Aufgabe gewesen. Er war ein absoluter Antisoldat. Er hatte überhaupt keine Vorstellung auch nur von dem kleinsten Gefecht. Er war darüber hinaus, das haben wir allerdings erst später festgestellt, ein ausgesprochener Feigling.

Ich persönlich habe mit Himmler mehrere erhebliche Kontroversen gehabt. Die erste, als ich mein Regiment, das in Rußland im Winter 1941/42 aufgerieben worden war, neu aufstellen wollte. Himmler sagte: »Da kann ich gar nichts machen. Ich gehe aber heute Abend zum Abendessen beim Führer, ich werde Sie dem Führer vorstellen, sprechen Sie selbst mit dem Führer.«

Damals aß Hitler noch im großen Kreis mit etwa 30 Generälen, Admirälen, usw. Und alle standen in kleinen Gruppen im Gespräch beisammen. Dann kam er aus einer Seitentür, zusammen mit Himmler. Himmler winkte mich herbei, stellte mich vor. Hitler begrüßte mich, nahm mich am Arm und führte mich an den Tisch. Und Keitel rutschte einen Platz weiter runter, und ich saß neben Hitler. Und dann erzählte er mir, was mein Regiment alles geleistet hatte. Was das für ein hervorragendes Regiment sei. Er wußte von jedem Einsatz. Dann fragte er: »Wie geht es dem Regiment?«

Ich sagte: »Mein Führer, deswegen bin ich hier. Ich bin mit ganzen 35 Mann wieder rausgekommen und möchte das Regiment auf einem Truppenübungsplatz in der Heimat wieder aufstellen.«

Er: »In Ordnung, sofort. Aber in vier Monaten müssen Sie einsatzbereit sein. Himmler, veranlassen Sie, daß die letzten Männer sofort in Urlaub fahren, und machen Sie einen Truppenübungsplatz für Kumm frei. Ich möchte, daß er sein Regiment neu aufstellt.« Und Himmler kuschte.

Wolfgang Preiss
Jahrgang 1910

Während des Krieges kam ich zu einer Kriegsberichterkompanie. Dort machte ich einen Unteroffizierslehrgang mit. Dann war ich fast ein halbes Jahr freigestellt. Ich durfte als Schauspieler bei mehreren Filmen mitwirken. Während dieser Abkommandierung zum Filmen drehten wir auf einem Flugplatz in Frankreich. Der Titel: ›Besatzung Dora‹. Hauptdarsteller war Hannes Stelzer. Eines Tages spazierte ich nun mit dem Hannes Stelzer die Champs-Elysées entlang. Wir kannten ja in Deutschland schon den Typ der deutschen Frau, der unterm Rock Pumphosen trug. So mit einem Kopftuch – Typ Trümmerfrau. Und die Pariserinnen, die sind nicht umsonst in der Welt berühmt, sie waren doch schon immer schöne Frauen und auch noch herrlich zurechtgemacht. Und ich ging mit dem Hannes über die Champs-Elysées. Das erstemal in Paris, man wird ja besoffen von dieser Stadt. Auch wenn es Krieg war. Aber wenn man das erste Mal da ist, ist das eben Paris. Wir machten uns gegenseitig auf die schönen Frauen aufmerksam, da schau mal die und schau mal die da. Und er sagt: »Schau mal die«, und ich schaue hin und sage: »Trudl«, und die sagt: »Wolfgang«.

Zurückgeblendet 1930: Nach dem Abitur ging ich nach München und studierte Germanistik und Theaterwissenschaft. Und nahm dann später nebenbei Schauspielunterricht. Und da war bei meinem Lehrer eine Jüdin, die Trudl Kahn. Wir studierten gemeinsam. Und wir machten zusammen die Schauspielprüfung, 1932, aber sie ist mir dann ausgekommen. Was weiß ich, irgendwo ins Engagement gegangen, und ich bin jedenfalls auch ins Engagement. Und nun, in Paris, steht sie mir plötzlich gegenüber.

Sie erzählte mir dann eine Geschichte, für mich eine Traumgeschichte. Ich bin 1932 gleich ins Engagement, und sie blieb in München und lernte einen jungen Bierbrauereibesitzer kennen aus Nürnberg. Und die beiden haben sich ineinander verliebt und haben geheiratet. Das war etwa 1933. Dann kam das Dritte Reich.

Sie lebten in Nürnberg. Er: Brauereibesitzer, schwere Kohlen, alles kein Problem, herrlich gelebt, alles weitere konnte ihnen egal sein. Sie war Volljüdin. Er konnte das immer noch so ein bißchen abfangen. Er kannte auch die Parteibonzen zum Teil. Doch nach einiger Zeit ging das nicht mehr. So wechselten sie mehrmals die Wohnungen und lebten natürlich doch noch zusammen in Nürnberg. Dann haben sie sich offiziell scheiden lassen. Ja, und lebten trotzdem noch zusammen. Dann hatte sie gesagt, das halte ich nicht aus, das hat gar keinen Sinn. Man war ja damals noch der Ansicht, dieser Hitler-Spuk kann ja nicht ewig dauern. Und sie war vorher in Paris Tänzerin gewesen und sagte: »Du, ich gehe wieder nach Paris. Und wir schreiben uns, und wenn der Spuk vorbei ist, dann ist alles, wie's bisher war.«

Gut, sie ging nach Paris. Sie hat ihm jeden Tag geschrieben am Anfang, er hatte ihr jeden Tag geschrieben am Anfang. Sie hat nie einen Brief von ihm gekriegt, und er hat nie einen Brief von ihr gekriegt. Und wie das halt so ist, und die Zeit verging ja auch, und sie hat ihr Leben wieder aufgenommen als Chansonette und tanzte in irgendeinem Kabarett.

Sie lernte in dieser Zeit einen Portugiesen kennen. Einen älteren Herrn im Vergleich zu ihr, sie war 23, er ein sehr sympathischer Mann, der sich Hals über Kopf in sie verliebte. Der machte ihr einen Heiratsantrag. Trudl sagte: »Da habe ich eigentlich ganz kalt rechnerisch gedacht. Ich mag ihn, er ist mir sympathisch, geht's gut, herrlich, geht's nicht gut, können wir auch wieder auseinandergehen.«

Kurz und gut, die Trudl Kahn ging also mit Herrn Fernandez nach Portugal und hat geheiratet. Die Ehe ging ganz gut, es war eigentlich eher auf einer freundschaftlichen Basis, und nach einem dreiviertel Jahr haben sie sich in aller Freundschaft getrennt.

Und nun war sie plötzlich als Dolores Fernandez zurück in Paris. Paß portugiesisch, so weit so gut. Und geht wieder zurück zu ihrem Kabarett, und der Krieg kommt. Die deutschen Truppen marschieren in Paris ein. Und einer der ersten deutschen Soldaten, den sie auf der Straße sieht, ist ihr ehemaliger Mann. Ihr Mann, von dem sie geschieden war, aus Nürnberg. Und sie fingen ihr Eheleben da wieder an, führten es weiter, wo sie es vor vier oder fünf Jahren unterbrochen hatten. Die Briefe waren abgefangen worden. Bald wurden sie bespitzelt in irgendeiner Form. Aus der deutschen

Einmarschtruppe wurde ja dann auch eine Besatzungstruppe. Er war Sonderführer, hatte also halben Offizierstatus, und da er Bierbrauereibesitzer war, übernahm er die alkoholische Versorgung der Truppe. Für das Offizierskorps in erster Linie. Und es fanden natürlich Fêten statt, und er kam mit seiner portugiesischen Freundin dorthin. Die Herren waren ganz begeistert, vor allem, sie war so reizvoll, und sie sprach so gut deutsch. »Ja, wieso können Sie so gut deutsch?«

»Ich habe in München lange Tanz studiert, usw.«

Nach der Wehrmacht kam ja dann auch die SS nach Paris, und er übernahm genauso die Betreuung der SS-Leute und brachte auch seine portugiesische Freundin mit. Die waren genauso angetan. Ich will mal sagen, wenn man wußte, sie war jüdisch, sah sie jüdisch aus, wenn man es nicht wußte, sah sie wie eine Portugiesin oder Italienerin oder Spanierin aus oder auch meinetwegen wie eine Südfranzösin. Auch die SS-Offiziere fragten sie: »Wieso sprechen Sie so gut deutsch?«

Und sie antwortete: »Aus den und den Gründen« und fügte hinzu: »Ich hatte ja geplant vor ein paar Jahren, nach München zu fahren, wieder einmal meine alten Freunde zu besuchen, aber nun ist leider der Krieg dazwischengekommen.« Der SS-Offizier reagierte sofort. »Aber ich bitte Sie, es ist für uns doch ein Vergnügen und eine Ehre, Ihnen einen Besuch in München zu ermöglichen.«

Langer Rede kurzer Sinn, die Jüdin Trudl Kahn ist als portugiesische Señora auf Sonderfahrschein der SS nach München gefahren. Sie wußte oder hatte erfahren, wie im einzelnen, das weiß ich jetzt nicht mehr, daß ihre Mutter nach Dachau (KZ bei München) gekommen war. Und da versuchte sie, irgendwie hinzukommen, Verbindung zu ihrer Mutter zu kriegen. Und einer von ihren Freunden, der saß in einer Parteidienststelle, der sagte: »Du, Trudl, irgendwie ist da jemand aufmerksam geworden, verschwinde.«

Da ist sie zurück nach Paris. Und wie gesagt, inzwischen war in Paris ihr Mann nach Rußland versetzt worden und ist da, glaube ich, umgekommen. Sie hat dann nie wieder etwas von ihm gehört.

Zum Abschluß: Ich habe 1955 in München Theater gespielt – ›Bei Anruf Mord‹ in der Kleinen Komödie – und kriege in der Premiere einen großen Blumenstrauß von eben der Trudl Kahn. Die war nach dem Krieg wieder zurückgekommen und hatte im Rahmen der Wiedergutmachung natürlich ganz schön Geld auf die Hand gekriegt. So, das ist also dieses Schicksal. Sie ist 1965 gestorben.

Karl Schulze (1)
Jahrgang 1914

Ich wurde als Reserveoffizier einberufen. Der Frankreichfeldzug war in kürzester Zeit gelaufen, und wir jungen Offiziere fürchteten, der Krieg gehe zu Ende, ohne daß wir die Möglichkeit hätten, uns im Krieg zu bewähren. Wir sahen in der Meldung zur Fallschirmtruppe dafür den einzigen Weg.

Ich bin das erste Mal eingesetzt worden in Griechenland, um den Kanal von Korinth zu sichern. Wir sind gesprungen und hatten den Auftrag, den Rückzug der Engländer am Kanal von Korinth abzuschneiden, was uns ja auch gelungen ist. Mein Bataillon hatte den Auftrag, am Ausgang des Kanals eine Brücke für den Fall zu bauen, daß die bestehende Brücke gesprengt war, was sich später leider als gegeben erwies. Unsere Pioniere haben zwar rechtzeitig die Brücke im Handstreich genommen. Sie landeten mit Lastenseglern und bauten Sprengladungen ein, die aber unglücklicherweise auf der Brücke detonierten. Die abwehrende englische Flak auf dem anderen Ufer traf eine dieser Sprengladungen, und die Brücke ging in die Luft.

Der nächste Fallschirmeinsatz war dann Kreta. In Kreta bin ich gesprungen bei Rethymnon. Das 1. Bataillon des Fallschirmjäger-Regiments 2 hatte den Auftrag, den dort erkundeten Flugplatz mit schwacher Unterstützung zu nehmen, um die nachfolgende Luftlandung zu ermöglichen. Der Widerstand der Engländer an der Stelle war so groß, daß dieses Unternehmen leider scheiterte. Ich selbst wurde in einem Gegenangriff der Neuseeländer am 21. Mai schwer verwundet. Wir hatten schon Teile des Geländes in unserer

Hand, wurden aber am Morgen durch einen überraschenden Gegenangriff überrannt. Dabei wurde ich verwundet und kam für kurze Zeit in neuseeländische Gefangenschaft.

Die Flugzeuge waren sehr leicht verwundbar in der niedrigen Höhe, in der sie flogen. Wir kamen mit der zweiten Welle im Anflug, und die Flieger hatten über dem Einsatzort schon eine sehr starke Luftabwehr festgestellt und hatten uns bereits einige Kilometer vorher rausgeworfen. Für die Flieger ist das eine kurze Strecke. Da mußten wir aber dann im Fußmarsch erstmal die Ausgangsstellung erreichen. So etwa die Hälfte des Bataillons hat das nicht überlebt, weil wir mitten in die neuseeländischen Stellungen hineingesprungen sind, die in den Luftbildern nicht erkannt worden waren. Wir wurden aus der Ju-52 abgesetzt. Die Abwurfhöhe war normalerweise etwa 300 bis 500 Meter. Infolge meiner Verwundung habe ich mich sehr lange in der Charité in Berlin aufgehalten. Man machte verschiedene Knochenverpflanzungen.

Karl-Heinz Reintgen
Jahrgang 1918

Anfang April 1941, zu Beginn des Balkankrieges, erhielt ich Befehl, mich beim Oberkommando der Wehrmacht bei einem Oberst i. G. Kratzer zu melden. Der hat mich angesehen und dann kurz und bündig gesagt: »Sie sind doch Rundfunkmann!«

Ich sage: »Jawohl, Herr Oberst.«

Darauf sagte er: »Sie fliegen nach Zagreb und übernehmen den dortigen Sender.«

Wir waren kaum in Zagreb angekommen, da kriegte ich keine 24 Stunden später ein Fernschreiben: »Leutnant Reintgen, Sie haben sofort den Sender in Belgrad zu übernehmen.« Wir flogen also weiter. In Belgrad war das Funkhaus zerstört, aber der Sender stand und war betriebsfähig. Ein Ersatzstudio war bald gefunden, und wir begannen zu senden, hatten einen Plattenvorrat von 54

Platten, sollten 20 Stunden am Tag Programm machen. Nachrichtenticker bekamen wir bald. Aber das Entscheidende war, wir brauchten dringend Schallplatten. Also habe ich einen meiner Mitarbeiter nach Wien geschickt. Beim Reichssender Wien wollten die zunächst keine Platten rausrücken, nur von Goebbels verbotene, die im Keller lagerten. Auf mein Geheiß brachte mein Mitarbeiter nun diese verbotenen Platten mit. Darunter zu meiner Überraschung ›Lied eines Wachtpostens‹, eben die ›Lilli Marleen‹. Bald lief dieses Lied dauernd über den Sender, und zwar jede Stunde, und jeder wollte das Lied gespielt haben.

Dann kam der entscheidende Moment. Wir bekamen einen Brief aus Hamburg. Und von dem Moment an wußten wir, daß, wenn der Abend einbricht, wir nicht nur auf dem Balkan, sondern in ganz Deutschland zu hören waren. Und da haben wir uns zusammengesetzt und gesagt, jetzt müssen wir einen Programmplatz finden. Und da fiel mir ein, wenn wir eine Sendezeit am Abend mit der Lilli Marleen versorgen, und das kurz vor 22.00 Uhr, weil dann die Leute alle Nachrichten hören, das wäre doch der richtige Platz. Und dieses neue Programm haben wir genannt: »Wir grüßen unsere Hörer.«

Und haben dann Grüße von der Front an die Heimat und von den Familien an die Soldaten an der Front gesendet, mit dem Lied. Das war dann derart erfolgreich, daß wir in einer Woche 10.000 Briefe bekamen. Wir haben mehrere Millionen Briefe bekommen. Millionen! Wir haben jeden Abend gesendet, erst die Ansage: »Wir grüßen unsere Hörer«, dann die Platte ›Es geht alles vorüber‹, dann kamen die Grüße, und dann sagte ich: »Und nun für Sie, für Dich, für überall, diesseits und jenseits: Lilli Marleen.«

Die Sendung kam auch bei den alliierten Truppen an, und das wußten wir.

Ein Beispiel: Wir wurden natürlich bombardiert. Und nach einem Fliegerangriff, der unser Studio teilweise zerstörte, kam ein Trupp von drei deutschen Soldaten mit einem abgeschossenen englischen Flieger zu uns. Der sagte: seine Frau höre jeden Abend Belgrad. Und sie sei in anderen Umständen und würde in den nächsten Wochen ein Kind erwarten. Und sie wäre natürlich jetzt in Sorge, denn er würde ja nicht zu seinem Stützpunkt zurückkehren. Ob ich nicht abends einen Gruß an sie sagen könne, es gehe ihm gut, er sei in Gefangenschaft geraten. Auf englisch. Ich habe gesagt: »Das mache ich. Geben Sie mir Ihren Namen.«

Und dann hat er mir seinen Namen gesagt, und wir haben noch eine Zigarette zusammen geraucht. Und da habe ich abends diesen Gruß durchgesagt auf Englisch. Natürlich hat es darauf einen irrsinnigen Krach gegeben.

Zum Schluß: Hitlers Reaktion auf ›Lilli Marleen‹. Der Generalmajor Rudolf Schmundt war Chefadjutant der Wehrmacht bei Hitler. Er starb am 1. Oktober 1944 an den Folgen des Attentats vom 20. Juli 1944. Schmundt war es, der Hitler im August 1941 auf den Hit des Soldatensenders Belgrad, ›Lilli Marleen‹, aufmerksam machte. Gesungen von einer Lale Andersen, mit bürgerlichem Namen Lieselotte Wilcke, geborene Bunterberg. Hitler war so begeistert, daß Schmundt ihm umgehend die Schallplatte besorgen mußte. Da Hitler von der Zauberkraft der Melodie genauso überzeugt war wie von der Zauberkraft der Sprache, dankte er Schmundt mit dem Bemerken: »Schmundt, der Schlager wird nicht nur den deutschen Landser begeistern, sondern möglicherweise uns alle überdauern.«

Stefan Thomas (2)
Jahrgang 1912

1940 – ich war inzwischen Soldat geworden – hatte ich ein tragisches Erlebnis. Ich treffe einen alten Sozialdemokraten, der meiner Gruppe in Berlin angehört hatte. Dieser alte Genosse und Freund, der sieht mich nach dem Sieg Hitlers über Frankreich, ich in Uniform, und der sagt: »Stefan, wenn du dir hier alles ansiehst, vielleicht waren wir in der falschen Partei. Wenn man bedenkt, daß mein Vater im Ersten Weltkrieg vor Verdun lag, drei Jahre lang im Schlamm der Champagne, und wenn man dann sieht jetzt, 1940, drei bis vier Wochen Blitzkrieg, und Frankreich bricht zusammen.«

Ich verstand den alten Freund und seine Zweifel, und dies gab mir einen tragischen Knacks. Ich muß hier noch sagen, ich hatte nicht das Gefühl, in der falschen Partei gewesen zu sein, das konnte ich nicht haben. Ich hatte nun einmal spezifische Erlebnisse hinter mir gehabt, die mir bestätigt hatten, warum man nicht Nationalsozialist sein konnte. Aber das Gespräch mit meinem alten Genossen war das Zeichen für mich, daß viele, auch aufrechte Menschen, auf dem Höhepunkt der Macht Hitlers schwankend wurden in bezug auf ihren eigenen Weg.

Deutsche auf Zeit

Der Siegeszug der Wehrmacht im Jahre 1940 gab Hitler die Möglichkeit, seine Herrschaft über ein kontinentales europäisches Reich zu festigen. Seit den Tagen Napoleons hatte es nichts Vergleichbares gegeben. Der Einfluß Deutschlands auf dem Balkan wuchs ständig. Die französische Regierung von Vichy spielte die Rolle eines Vasallen. Mussolinis Italien und Francos Spanien reagierten sensibel auf deutschen Druck. Und der Erfolg des Diktators zog immer mehr Anhänger jenseits der ursprünglichen Reichsgrenzen an.

Diese »Deutschen auf Zeit« waren Erbteil einer fast tausend Jahre alten Siedlungspolitik, die weit verstreut in Osteuropa Sprachinseln hatte entstehen lassen.

Die slawischen Staaten Europas nach 1918 waren stark nationalistisch gestimmt und versuchten, die ethnischen Minderheiten zu unterdrücken. Eine Symbiose wäre, selbst wenn die Deutschen weniger Selbstbewußtsein gezeigt hätten, schwierig gewesen. In Polen, in der Tschechoslowakei und auch im Elsaß, das wieder zu Frankreich gehörte, schwelten starke ethnische Spannungen.

Die Republik Österreich, als Torso des Habsburger Reiches entstanden, entwickelte sich zum Zentrum dieses Irredentismus. Ein Drittel der Bevölkerung dieses Kleinstaates lebte in Wien; der Rest schlug sich kümmerlich durch mit Einnahmen aus dem Tourismus, einer Landwirtschaft für den Eigenbedarf und einer kleinen Industrie, die so gut wie keine Absatzmärkte jenseits der neuen Grenzen fand, wo bessere Preise gezahlt wurden. Die Österreicher waren deshalb für Hitlers Propaganda anfällig – besonders beeindruckten die Berichte vom besseren Leben in Deutschland. Außerdem war die Reichsidee wach: Wahrscheinlich wollte eine Majorität der Österreicher »hinein ins Reich«. Als Hitler die deutschen Truppen im März 1938 einmarschieren ließ, war der Freudentaumel groß. Hitler war inzwischen darüber informiert worden, daß Großbritannien den Einmarsch hinnehmen werde.

Die Tschechoslowakei, früher Teil des alten Habsburger Reichs, wurde selbständiger Staat. Deutsche, die im gebirgigen Norden und Osten lebten, im Sudetenland, waren nie ganz in den neuen Staat integriert worden. Sie waren zwar nie Teil des Reichs gewesen, aber das hielt Hitler nicht davon ab, ihre Klagen und Beschwerden als Vorwand dafür zu benutzen, die Tschechoslowakei 1938 zu zerstückeln. Wie die Österreicher, so nahmen auch die Sudetendeutschen begeistert die Vorteile der Integration in das Reich an.

Hitlers Vorstellungen, wie er mit den Volksdeutschen weiterhin umgehen wollte, wurden in Südtirol deutlich. Diese Region war nach dem Ersten Weltkrieg Italien zugesprochen worden. Unter Mussolini waren die Südtiroler erheblich schlimmeren kulturellen Diskriminierungen unterworfen worden, als dies zum Beispiel je bei den Sudetendeutschen in der Tschechoslowakei der Fall gewesen war. Hitler hielt still, besonders nach der Bildung der Achse Rom-Berlin. Der Brenner-Paß blieb die offizielle Grenze zwischen Italien und Großdeutschland bis 1943. Mussolinis größtes Zugeständnis war schließlich das Angebot, daß alle Südtiroler für Deutschland »optieren« konnten. Sechsundachtzig Prozent »optierten« dafür. Die Übersiedlung ins Reich begann.

Ihre Ankunft fiel zusammen mit den Plänen der Nazis für eine massive Umsiedlung »germanischer« Völker. Aus den baltischen Staaten, Siebenbürgen, dem Banat und aus anderen Teilen Südosteuropas wurden Familien in neue Siedlungs-Räume im besetzten Polen gebracht, in Siedlungen, deren polnische und jüdische Besitzer vertrieben worden waren.

Hierfür mußten sie einen Preis entrichten: den »Blutpreis«. Die »heimgeführten« Deutschen unterlagen entweder der Wehrpflicht, oder es wurde ihnen »erlaubt«, sich freiwillig zur SS zu melden. Die gleiche Alternative wartete auf die Elsässer, die zum dritten Mal in einem Jahrhundert ihre Fahne wechseln mußten, als ihre Region 1940 annektiert wurde.

Ursprünglich hatte die Wehrmacht die Rekrutierung von Kräften für Himmlers »Schutzstaffel« national strikt begrenzt. Das

Anwerben von Freiwilligen aus dem Ausland, die »rassisch« geeignet erschienen, bot sich an, weil die einheimischen Personalreserven schrumpften. 1940 begann die SS, Skandinavier und Niederländer zu rekrutieren, aus Spanien kam die »blaue Division«. Auch in Vichy-Frankreich gab es »Söldner« und Regierungsbeamte, die hofften, ihre Teilnahme an einem Krieg gegen Rußland werde den Status ihres neuen Regimes festigen.

Die Zahl der westeuropäischen Rekruten blieb jedoch insgesamt niedrig. Die SS-Division »Wiking«, von der es hieß, sie bestünde in erster Linie aus blonden, blauäugigen Skandinaviern, hatte, vor allem in Führungspositionen, auch viele Deutsche in ihren Reihen. Letten, Esten, Ungarn und sogar galizische »Freiwillige« dienten unter der SS-Rune. Eine besondere Kategorie von Kombattanten formte sich nach dem Einmarsch in die Sowjetunion. Von den ersten Monaten des Feldzuges an heuerten die Einheiten der Wehrmacht, die personell knapp besetzt waren, formlos russische Gefangene in ihren Reihen als Hilfskräfte an. Diese Hilfswilligen oder »Hiwis« wurden schließlich auch in die militärische Organisation übernommen. Einige zogen es auch vor, freiwillig Militärdienst in der Wehrmacht zu leisten, statt im Kriegsgefangenenlager zu verhungern. Wiederum andere waren überzeugte Anti-Stalinisten oder Antikommunisten. Wie Millionen ihrer Kameraden.

Als die Offensive von 1942 in die Kosaken- und Moslemgebiete in Südrußland vorstieß, war das Heer der Wehrmacht um Kompanien, Bataillone, Divisionen und Korps von Freiwilligen angewachsen, die unter der deutschen Flagge für die Befreiung von der Sowjetherrschaft kämpften. 1943 ging der gefangene russische General Andrej Wlassow noch einen Schritt weiter, als er alle Russen aufrief, seiner Befreiungsbewegung beizutreten. Inzwischen war jedoch die Mehrheit der russischen Bevölkerung infolge der brutalen Besatzungsmethoden der Deutschen auf Distanz gegangen.

Wenn in der Nachkriegszeit diese »Zeitdeutschen« zu Teilnehmern an einem europäischen Kreuzzug gegen den Bolschewismus hochstilisiert wurden, wurde ihre Zahl übertrieben und ihr Ziel verklärt. Diese Freiwilligen büßten zudem fast alle mit ihrem Leben – zumindest so weit sie aus dem Osten kamen.

Johann Freiherr von Allmayer-Beck
Jahrgang 1917

Daß Hitler Österreich besetzte, war ein Fehler. Es hätte genügt, mit dem Anschluß zu drohen, und alles andere wäre dann praktisch schon von allein gelaufen. Die Partei hat sehr schnell hier die Macht übernommen und hat sich eben sozusagen auf die breiten Massen stützen können. Nicht, daß die jetzt alle Nazis gewesen wären, ganz im Gegenteil. Man schätzte, glaube ich, daß nur etwa 20 Prozent Nazis waren.

Aber es kam ja sehr viel zusammen. Da war natürlich noch die alte Sehnsucht nach dem Reich. Der Mythos vom Ersten Reich hat teilweise eine sehr große Rolle gespielt. Gerade bei historisch denkenden Leuten, die glaubten, jetzt kommt die alte Reichsherrlichkeit wieder, in der ja Österreich eine sehr bedeutende, prominente Rolle gespielt hat. Wir haben schließlich die deutsche Kaiserkrone hier in Wien liegen. Dazu kamen natürlich Erinnerungen an die Waffenbrüderschaft im Ersten Weltkrieg, dann kam dazu, daß man endlich den Vertrag von St. Germain* loswerden wollte, daß man nicht als der Rest des Reichs, der übrig blieb, betrachtet wurde, daß sich ein großes Wirtschaftsgebiet öffnen, daß man Arbeit finden würde.

Viele Leute sagten, nun sind wir endlich dieses konservative, klerikale Regime los. Jetzt kommt der nationale Sozialismus. Das alles spielte sicherlich mit hinein, hat diese Begeisterungswelle ausgelöst, die im Laufe des Krieges verlorenging. Eine Kriegsbegeisterung wie im Jahre 1914 hat es hier genausowenig wie im Reich gegeben. Daß die Beseitigung der Arbeitslosigkeit im Reich, diese Vollbeschäftigung, durch die Rüstung ausgelöst wurde, wußte

* Vertrag von St. Germain: die österreichische Parallele zum deutschen Vertrag von Versailles.

man a) nicht und b) hielt man es nicht für möglich, daß hier ein Mann ganz bewußt auf den Krieg hinsteuerte.

Es gab in Österreich sicherlich einen latenten Antisemitismus, der verschiedene Wurzeln hat. Wir haben zum Beispiel hier in Österreich, oder gerade hier in Wien, ein großbürgerliches Judentum gehabt, das doch sehr weitgehend integriert war. Vor dem Krieg, aber auch nach dem Ersten Weltkrieg, hatten wir eine sehr starke Zuwanderung von Ostjuden bekommen. Die haben natürlich als ein Fremdelement gelebt, waren eine fremde Minderheit, haben den Neid der kleinen Geschäftsleute hervorgerufen und wurden von dem eingesessenen großbürgerlichen Judentum sofort als eine Gefahr betrachtet. Der Antisemitismus dürfte gerade hier in Wien etwas stärker gewesen sein. Ich kann mir vorstellen, daß er in Tirol nicht sehr groß war, wo es ja keine Juden gab, oder in der Steiermark. Das ist eine sehr traurige Seite des Anschlusses, daß der latente Antisemitismus sich so sehr schnell aktivieren ließ.

Der österreichische Soldat hat im Krieg seine Pflicht getan. Das wird ihm heute als Vorwurf angekreidet. Dabei ist es doch Unsinn, zu sagen, daß wir, weil wir tapfer gekämpft haben, den Krieg verlängert hätten. Die Sache ist ja viel komplexer und umfassender. Auf jeden Fall: Wir wurden ja gar nicht gefragt.

Was nun die Jahre seit 1945 angeht, so waren wir durch die Moskauer Deklaration als »nichtschuldige Nation« eingestuft. Wir haben im Jahre 1945 versucht, nahtlos an das Jahr 1938 anzuschließen. Damit haben wir uns sicherlich die Stunde Null bis zu einem gewissen Grad erspart. Das hat Vor- und Nachteile. Es hat den Vorteil, daß wir gewisse Werte retten konnten. Die Stunde Null ist wertfrei. Sie fällt ins Bodenlose. Es hat den Nachteil, daß eine Irritation eintritt, weil die Jugend fragt: Was hat Papa eigentlich in den Jahren seit 1939 getan? Warum ist denn der überhaupt in den Krieg gezogen? Der kämpfte ja in einem Krieg, der uns gar nichts anging!

Ferdinand Krones
Jahrgang 1918

Es wird heute behauptet, daß Österreich das erste Opfer Hitlerscher Politik gewesen sei, daß Österreich vergewaltigt worden ist. Das stimmt nicht. Österreich war Reststaat der alten österreichisch-ungarischen Monarchie, die ihrerseits wieder ein nachgeborener Staat des alten Heiligen Römischen Reiches Deutscher Nation gewesen ist. Österreich, das ja auch in seinen Anfängen die amtliche Bezeichnung trug: »Republik Deutsch-Österreich«, kann man nicht als Opfer bezeichnen.

Schon 1919/20 haben in österreichischen Teilländern, dort, wo der Name Hitler damals noch gar nicht bekannt war, Volksabstimmungen stattgefunden, in denen mit überwältigender Mehrheit – durchschnittlich mit 95 Prozent – die Bevölkerung sich für den Anschluß an das Deutsche Reich ausgesprochen hat. In absolut geheimen, freien, unbeeinflußten Volksabstimmungen. Schon damals haben sich alle in Österreich agierenden politischen Parteien für den Anschluß ausgesprochen. Dieser Anschluß wurde von den damaligen Siegermächten dann verboten, weil im Friedensvertrag für Österreich von Saint Germain der Anschluß an das Deutsche Reich untersagt worden war. Österreich war durch seine politische, militärische Situation selbstverständlich gezwungen, sich diesem Diktat zu beugen.

Aber der Anschlußgedanke lebte natürlich weiter und hat sich dann später noch verstärkt, als die Arbeitslosigkeit in Österreich, die wirtschaftlichen Verhältnisse so miserabel wurden, daß die Bevölkerung Österreichs in einem Zusammenschluß mit dem wiederauflebenden und wirtschaftlich wiederaufblühenden Deutschen Reich die einzige Rettung sah. Die wirtschaftliche Situation war auch die Folge des Friedensvertrages. 1936/37 haben in Österreich über eine Million Menschen, wahrscheinlich aber 1.500.000 Menschen, von öffentlicher Unterstützung leben müssen. Die Arbeitslosigkeit zum Beispiel war prozentual höher als im Deutschen Reich, als 1933 Hitler Reichskanzler wurde. Die wirtschaftliche Not war gewiß ein weitreichendes Motiv. Aber ich persönlich betrachte als tiefer ins menschliche Bewußtsein und in die Seelen der Menschen greifend das nationale Zusammengehörigkeitsgefühl. Das war eines der Hauptmotive.

Auch das kleine Restösterreich, nach dem verlorenen Ersten Weltkrieg, war immer großräumig gesinnt im Sinne der großdeutschen Idee. Österreich hat sich immer als jenes Land gefühlt, dessen Herrscherhaus, das Haus Habsburg, rund 500 Jahre hindurch die Krone des Heiligen Römischen Reiches Deutscher Nation mit Recht getragen und in Wien auch aufbewahrt hat bis zum heutigen Tag. Es war die Reichsidee. Der Nationalsozialismus hat gerade unter den nationalen und deutschbetonten, deutschbewußten Kräften in Österreich deshalb relativ raschen und viel Erfolg gehabt, weil man in ihm und unter Adolf Hitler, der noch dazu aus Österreich stammte, eine Kraft gesehen hat, die diesen Traum vom Reich zu erfüllen in der Lage schien.

Die Mehrheit der österreichisch-patriotisch gesinnten Menschen hat den Anschluß freudig, meist unter Tränen der Freude, begrüßt, die Jugend selbstverständlich, denn die Jugendverbände in Österreich samt den katholischen Jugendverbänden und samt einem Großteil der sozialistisch organisierten Verbände waren ebenfalls für den Anschluß. Nicht für Adolf Hitler. Aber für den Anschluß. Es hat selbst viele jugendliche Juden gegeben, die großdeutsch gedacht haben, und ich weiß aus der inneren österreichischen Entwicklung, daß die Juden vielfach gekränkt waren, weil sie durch die Rassenpolitik aus den Kräften, die für das Reich waren, ausgegliedert wurden. Es hat jüdische Mitglieder der Burschenschaften gegeben, der waffentragenden Burschenschaften, die noch Schmisse im Gesicht hatten, und die plötzlich nicht mehr bei ihren jugendlichen deutsch-nationalen Freunden mitmachen konnten.

Als ich dann Soldat in der Wehrmacht wurde, habe ich mich immer als Soldat der deutschen Wehrmacht und damit als deutscher Soldat im Dienste des Großdeutschen Reiches gefühlt. Allerdings bekam ich bald Zweifel an der Richtigkeit der innenpolitischen Konstellation. Hitler hat ja die alte Struktur unseres Landes zerschlagen. Daß es zu einer solchen Zerschlagung Österreichs kam, ist ja wohl nur auf Adolf Hitlers Willen zurückzuführen, auf seine sicherlich nicht sehr glücklichen Jugendjahre, die er in Wien als kleiner, armer, meist bedürftiger junger Mann verbringen mußte. Widerwillen gegen Österreich, gegen die österreichische, in seinen Augen wohl mangelnde Sozialverwaltung und daher auch seine Haßgefühle, meines Erachtens, die er gegen Österreich zum Ausdruck brachte, indem er einfach den Begriff »Österreich« aus der deutschen Geschichte zu streichen versucht und durch den Begriff »Ostmark« ersetzt hat.

Die österreichische Identität in Frage zu stellen und zu liquidieren, das war ein enormer politischer Fehler. Hitler hat mehrere Fehler gemacht. Er war von dem Glauben besessen, daß das Großdeutsche Reich, wie er es sich erträumt hat in seinen Jugendjahren, nur unter seiner Ägide verwirklicht werden könnte. Als ob es nicht schon 1000 Jahre vor ihm ein deutsches Volk gegeben hätte und eine deutsche Geschichte. Er hat sich identifiziert mit dem Bestand und der Existenz des deutschen Volkes und Reiches. Und das war auch ein Fehler, ein Trugschluß.

Erich Kern (1)
Jahrgang 1919

Wir waren sechs Kinder, ich war das Sechste. Mein Vater verstarb drei Monate nach meiner Geburt. Meine Mutter hatte nun die Sorge, die Kinder großzuziehen. Ohne irgendwelche Sozialleistungen, die es damals ja nicht gab. Sie mußte Haus und Hof verkaufen. Nun war sie mit fünf Kindern obdach- und mittellos. Die Kinder wurden dann verteilt, ich kam auf einen Bauernhof zu Zieheltern, wo ich fünf Jahre blieb. Nach Beendigung der Hauptschule in Graz, das war 1934, suchte ich eine Lehrstelle. Mein Wunsch war immer, Kaufmann zu werden. Da aber die Not so groß war, mußte ich eine Lehrstelle suchen mit Kost und Logis, und die war zu dieser Zeit nicht zu bekommen. Ich bin ein Jahr lang jeden zweiten Tag zum Arbeitsamt gelaufen und habe mich um eine Lehrstelle bemüht. Nach einem Jahr ohne Erfolg sagte mein ältester Bruder, der teilweise die Vaterrolle übernommen hatte, jetzt mußt du etwas lernen, egal was, und da mußte ich Bäcker lernen in Feldkirchen (Kärnten).

Ich mußte als 15jähriger um zwei Uhr nachts aufstehen, in der Backstube arbeiten und in der Frühe um 6/7 Uhr mit dem Fahrrad die Brötchen zum Ossiacher See transportieren. Das waren täglich 16 Kilometer hin und zurück. Für diese Arbeit bekam ich in der Woche einen Schilling, etwa 50 Pfennig.

Am 30. März 1938 hat Hitler Graz besucht. Graz hatte zu dieser Zeit etwa 250.000 Einwohner. Die ganze Stadt war unterwegs, um den Führer zu begrüßen. Wir standen sieben Stunden auf der Straße, bis Hitler kam. Er wurde mit einem Jubel ohnegleichen empfangen. Es ging dann noch während der Nacht weiter. Hitler übernachtete im Parkhotel, er wurde von Tausenden von Menschen umjubelt, Tag und Nacht.

Wir jungen Menschen, die nun voller Hoffnung waren, glaubten, es komme eine neue Zeit, es gäbe Arbeit und Brot für alle. Wir haben es nur begrüßt, und ich würde sagen, 90 Prozent der Bevölkerung waren dafür, obwohl der Anschluß etwas überraschend kam. Die Meinung der Bevölkerung war, »mit Deutschland zusammenarbeiten, damit es Arbeit und Brot gibt«. An den Anschluß hat man gar nicht direkt gedacht. Als es aber passiert war, hat sich auch keiner aufgeregt.

Österreich lag damals wirtschaftlich am Boden. Kinder, die aus armen Verhältnissen kamen, hatten überhaupt keine Möglichkeit, eine höhere Schulbildung zu erreichen, weil sie nicht gefördert wurden, weil eben nur Privilegierte die Möglichkeit hatten. Da waren Bauern, die waren nicht in der Lage, drei Brötchen zu bezahlen. Wenn ich den Bauern ein Brötchen gab, habe ich ein Mittagessen bekommen. Wenn einer mal ein paar Brötchen gekauft hat, konnte er sie nur mit Eiern bezahlen. Wenn man das heute der Jugend erzählt, die kann gar nicht begreifen, wie traurig es damals war.

Im Winter wurden von der Gemeinde Wärmestuben eingerichtet, wo die Menschen sich aufwärmen konnten. Kohle, die haben wir mit einem Handwagen am Güterbahnhof geholt. Da gab es einen Gutschein. Da hat man zwei Zentner Kohlen bekommen. Nachdem Hitler kam, wurde es besser. Wir haben alle auf den Aufschwung gehofft, und es wäre ja auch bergauf gegangen, aber leider, leider kam der Krieg, der alles zunichte machte.

Wir sind eine verratene Generation. Hatten wir eine Alternative? Ich sage nein dazu, denn wir wußten nicht genug. Wir waren zu jung.

Hans-C. von Carlowitz
Jahrgang 1917

Am 11. März 1938 kam der endgültige Alarm, der die gesamte 2.Panzer-Division, die im Main-Dreieck in Garnison lag, zum Einmarsch nach Österreich rief. Am 13. März wurde die Division nach Wien verlegt und blieb dort. Ich war damals gerade Leutnant geworden und 21 Jahre alt. Als Reichsdeutscher nun in ein anderes deutschsprachiges Land einzumarschieren, das war ein Gefühl, Geschichte zu erleben, zudem das Gefühl, daß die Österreicher in ihrer großen Masse uns ausgesprochen willkommen geheißen haben. Die wirtschaftliche Misere hat dabei eine große Rolle gespielt. Und da war das Bewußtsein gemeinsamer geschichtlicher Vergangenheit: die Reichsidee.

Wir waren sowohl gesellschaftlich als auch außergesellschaftlich in unseren Quartieren, wo wir uns bewegt haben, überaus gern gesehen, und es gab keinen Soldaten und keinen Offizier, der nicht alsbald in irgend einer Form besonders netten Anschluß gefunden hatte. Anschluß bis in Familien hinein, wo man sofort eingeführt wurde. Es war eben doch so, daß man das Gefühl hatte, hier ist man genauso zu Hause wie in Deutschland.

Natürlich hat es gelegentlich kleine Reibereien gegeben zwischen Deutschen und Österreichern. Wir »Altreichsdeutschen« wurden von der Bevölkerung aufgrund unserer Eßgewohnheiten beispielsweise die »Marmeladinger« genannt. Im späteren Verlauf wurde dann vom Gauleiter Bürckel auf das Strengste und bei Strafe verboten, den Ausdruck »Marmeladinger« zu gebrauchen. Daraufhin nannten die Wiener uns die 28er. Dieser nachfolgende Ausdruck rührte daher, daß auf den Abschnitt 28 der inzwischen eingeführten Lebensmittelkarten Marmelade ausgegeben wurde.

Freilich, die wirtschaftliche Not, die damals in Österreich geherrscht hat, diese Not stand uns vielfach vor Augen. Ich entsinne mich an eine Situation, wo ich als ein eingeteilter Offizier zwölf Feldküchen des Regiments nach Floridsdorf zu führen hatte. Floridsdorf ist ein Arbeitervorort nördlich der Donau, wo ganz besonders hohe Arbeitslosigkeit herrschte. Und die Bilder, die ich damals dort anläßlich dieser großen Ausspeisungsaktion gesehen habe von Leuten aller Altersklassen, haben sich mir sehr eingebrannt. Es herrschte eben wirklich eine absolute, bis in körperliche Bedürfnisse hineingehende Not.

Noch ein Beispiel dafür. Wir bekamen im Herbst 1938, etwas später als normal, im November bereits die ersten österreichischen Rekruten, die sich mehrheitlich für die Panzertruppe aus Wien rekrutierten, und hatten bezüglich ihrer Einstellung und ihres guten Willens keinerlei Schwierigkeiten. Schwierigkeiten allerdings traten auf wegen der körperlichen Konstitution dieser jungen Leute, die eben vielfach aus einem lebenslangen Arbeitslosenmilieu kamen. Das ging so weit, daß beispielsweise unser Regimentskommandeur, ganz gegen jede preußische Militärordnung, für die ersten acht Wochen eine einstündige Mittagsruhe für die jungen Soldaten angeordnet hat. Sicher ist das eine Einzelerscheinung gewesen, aber für die damalige Situation in Österreich typisch.

Gedankt haben es uns diese österreichischen Rekruten, als ein dreiviertel Jahr später der Krieg ausbrach und die Masse der damaligen Soldaten bereits in ihren Panzern oder auf dem Krad den Feldzug mitmachten. Jedenfalls bestand dann im Feld nicht im entferntesten ein Unterschied zwischen Österreichern und Reichsdeutschen. Das hat überhaupt von einem gewissen Moment an keine Rolle mehr gespielt. Ich entsinne mich jedenfalls eines dieser Rekruten, der wirklich als ein abgezehrter, dürrer junger Bursche zu uns kam im Jahr 1938, der in der Nacht vom 7. und 8. September in Südpolen nach schweren Offiziersverlusten, auf seine 750er

BMW geduckt, um sich zu decken gegen das Feindfeuer, dreimal in einen kleinen Kessel hineingefahren ist, um die verwundeten Schützen herauszubringen auf seinem Beiwagen. Er wurde damals als erster Rekrut bei uns im Regiment mit dem Eisernen Kreuz ausgezeichnet, wurde dann allerdings später, viel später, in der zweiten Hälfte des Rußlandzuges, aus der Armee ausgeschlossen, weil sich herausgestellt hatte, daß er Halbjude war.

Theo Hupfauer (2)

Im März 1938 kam ich nach Wien, um dort die deutsche Arbeitsfront aufzubauen. Im Parlamentsgebäude haben wir residiert. Eines Tages sagt ein Freund von mir, der bei Bürckel, dem Reichskommissar für Wien, saß: »Du, komm mit, ich habe so einen blöden Auftrag. Ich weiß gar nicht, was wir machen sollen.«

Wir sind im Auto, und ich frage: »Wo fahren wir hin?«

»Wir fahren zum Kardinal Innitzer.«

»Zum Kardinal Innitzer? Was soll ich dabei tun?«

»Du bist katholisch«, hat er gesagt, »du weißt, wie man sich da verhält.«

Na gut, wir fuhren hin, und im Auto ließ er mich einen Aufruf, den der Bürckel verfaßt hatte, lesen zur Volksabstimmung* am 10. April 1938, und ich lese den und habe gesagt: »Was soll's damit?«

»Das sollen der Innitzer und die Bischöfe jetzt unterschreiben.«

Da habe ich gesagt: »Das unterschreibt doch kein Mensch. Willst du das wirklich verhandeln?«

»Ich muß«, hat er gesagt, »der Bürckel war zu feige, dorthin zu gehen.«

So, also wir gingen hin, wurden vom Kardinal sehr freundlich empfangen, sehr nett, und mein Freund gibt ihm das Dokument zu lesen. Innitzer liest, ohne eine Miene zu verziehen, und sagt: »Ja,

* Volksabstimmung zur Bestätigung des Anschlusses Österreichs an das Reich.

meine Herren, das ist ja sehr interessant, aber wissen Sie, das ist eine Erklärung, die ich allein nicht abgeben kann. Dazu müssen sich schon auch die anderen Bischöfe äußern.«

Und dann sage ich: »Dann müssen Eminenz eben eine Bischofskonferenz einberufen.«

Und da sagt Innitzer: »Ja, ja, da muß ich eine Bischofskonferenz einberufen.«

Es waren aber nur noch 14 Tage bis zur Volksabstimmung über den Anschluß Österreichs, dem 10. April 1938. Deshalb sagte ich: »Ja, Eminenz, aber spätestens übermorgen sollten die anderen Eminenzen schon da sein.«

Der Kardinal stimmte zu. Zwei Tage später gehen wir die Treppe rauf zum Bischöflichen Palais. Da sagt mein Freund zu mir: »Du, wie grüßen wir denn die Bischöfe?«

Da sage ich: »Klaus, keinen deutschen Gruß, kein Heil Hitler, wir wollen was. Wir machen nur eine höfliche Verneigung.«

Wir gehen also rein, und ein kleines Pfäfflein macht die Flügeltür auf zu dem Saal, in dem die Bischöfe warteten. Es waren sechs oder sieben. Und wir treten über die Schwelle und verbeugen uns also – und da stehen die Bischöfe mit erhobener rechter Hand, also mit dem »deutschen Gruß«. Und da sage ich: »Klaus, die wollen auch was von uns.«

Also so begann die Verhandlung. Es war eine sehr sachliche Verhandlung, schon aber mit Änderungswünschen natürlich. Aber wir wollten ja nur, daß die katholischen Bischöfe überhaupt unterschreiben, daß sie für den Anschluß Österreichs ans Deutsche Reich waren.

Andreas Meyer-Landruth (1)
Jahrgang 1929

Ich bin 1929 geboren in Reval, in Estland. Die Stadt hieß damals Tallinn, sie heißt auch heute wieder Tallinn, sie ist die Hauptstadt der estnischen Republik. Estland ist ein Gebiet, das von finnischen Stämmen bevölkert war. Auch heute noch sind die Esten, die seit 1940 entgegen ihrem Willen Teil der Sowjetunion sind, die bestinformierten Leute, weil sie finnisches Radio und Fernsehen hören können. In diese ursprünglich nur von diesen Stämmen bevölkerten, aber nicht staatlich geordneten Gegenden waren vor 700 Jahren deutsche Ordensritter eingedrungen. Es war ein Versuch der Christianisierung im Norden, als die Versuche, die heiligen Stätten des Christentums im Vorderen Orient zu erobern, gescheitert waren. 1918 entstanden aufgrund der Wilsonschen Selbstbestimmungsdoktrin, der 14 Punkte von Wilson, drei Staaten, Litauen, Lettland und Estland, die sogenannten Kartoffelrepubliken. Leider hat diese Unabhängigkeit nur 20 Jahre gedauert, denn der Zweite Weltkrieg begann für uns eine Woche oder 10 Tage, bevor geschossen wurde.

Das geschah so: Am 23. August 1939 wurde in Moskau der sogenannte Hitler-Stalin-Pakt unterzeichnet. Diese Teilung Europas ging von der Memel im Norden bis unten ans Schwarze Meer und läuft entlang der heutigen Westgrenze der Sowjetunion, einen großen Teil Polens, die Bukovina und die heutige Moldaurepublik, einen großen Teil Rumäniens mit umfassend. Diese Gebiete hat Stalin nach dem Kriege den Betroffenen nicht wieder zurückgegeben. Und in den Teil, der östlich dieser Linie lag, fielen eben auch die drei baltischen Staaten. Und zu diesem Abkommen gab es ein geheimes Zusatzprotokoll.

Die Deutschen sollten aufgrund dieses Zusatzprotokolls die Möglichkeit haben, diese Gebiete zu verlassen, bevor der sowjetische Einfluß auf sie ausgedehnt wurde. Das heißt eine Politik der Einflußsphären wurde hier festgelegt. Hitler sicherte sich die Einflußsphäre über Polen und über ganz Osteuropa bis hinunter ans Schwarze Meer, und die Sowjetunion erhielt zur Kompensation die baltischen Staaten, mit Ostpolen und mit dem östlichen Rumänien. Dieses war natürlich eine enorme Belastung für die 80.000 Deutschen, die sich damals entschlossen, aus den baltischen Staaten nach Deutschland auszuwandern. Wir kannten die Sowjetunion, wir kannten die Russen, nachdem es schon 1918–1920 einen Krieg gegeben hatte zwischen den baltischen Ländern und der Sowjetunion, der damals mit Hilfe von Engländern und Finnen gewonnen wurde. Wir wußten, was uns bevorstand. Deshalb war für uns hier praktisch keine Optionsmöglichkeit gegeben, sondern es blieb eben nur die einzige Möglichkeit, auszuwandern, fortzugehen.

Manche Leute sind in andere Länder gegangen, sind nach Schweden gegangen, einige nach Großbritannien, aber der größte Teil der 80.000 ging nach Deutschland. Die ganze Aktion lief unter dem Banner »Heim ins Reich«,»Rücksiedlung der Volksdeutschen«, natürlich von der SS organisiert.

Wir kamen im November 1939 in Stettin an. Da gab es schon den ersten Betrug: Wir wurden nicht etwa ins Deutsche Reich zurückgeführt, sondern direkt in das frisch okkupierte Polen weitergeschafft. Wir kamen nach Posen, wo wir dann in Schulen untergebracht wurden. Zunächst auf Stroh.

Wir fanden uns in einer sehr schwierigen Situation. Mein Vater war noch in Estland geblieben, um dort abzuwickeln, und ich war mit meiner Mutter und meinen zwei Geschwistern nun in Polen. Wir waren völlig aufgeschmissen, meine Mutter weinte vom Morgen bis zum Abend, wir hatten überhaupt keine Ahnung, was aus uns werden sollte. Ich war zehn Jahre alt. Nun, nach einiger Zeit organisierte sich das alles, und die baltischen Barone und Landeigentümer, soweit sie nicht schon 1918 fortgegangen waren, wurden jetzt auf dem Lande angesiedelt.

Wir kamen in eine kleine Stadt, wo es Fabriken gab, die mein Vater dann geleitet hat bis Kriegsende. Es war eine sogenannte Kommissarische Verwaltung, und nach dem Kriege sollte eben dann alles vermögensrechtlich usw. geordnet werden. Ich habe dort von 1940 bis 1945 die Schule besucht. Es gab eine deutsche Höhere Schule. Die Atmosphäre war gespannt. Es waren auch schreckliche Dinge passiert. Ich erinnere mich, daß wir als Schüler einmal zusammengetrieben wurden, wo Polen und insbesondere auch polnische Juden aufgehängt wurden auf dem Marktplatz der Stadt, weil sie angeblich Getreide verschoben hatten. Als abschreckendes Exempel. Die Schüler wurden zu solchen Hinrichtungen zusammengetrieben und mußten sich das ansehen.

Die Nazis trauten auch den Balten nicht, weil wir doch als zu liberal, zu fremdländisch beeinflußt galten. Es gab immer wieder Verfahren gegen Balten, und es ist ja kein Zufall, daß auch eine Reihe von Balten später am 20. Juli beteiligt waren. Ich habe von der christlichen Grundstimmung gesprochen, die für uns sehr prägend war, und die ein Element der Gegnerschaft zum Nazismus, oder zumindestens der Distanz, in sich trug.

Andererseits waren aber wir als Auslandsdeutsche und insbesondere die Generation meiner Eltern durchaus fasziniert von dem, was Hitler geschaffen hatte. Denn wir blickten ja immer nach Deutschland, als dem Großen, als der Heimat, als dem Faszinierenden. Wir selbst hatten Schwierigkeiten, Estland und unsere kulturelle Identität zu erhalten. Insofern herrschte gegenüber der Umsiedlung und auch gegenüber dem Nazitum an sich eine aufgeschlossene Stimmung bei uns. Es ist vielleicht auch ganz interessant festzustellen, daß die jüngeren Leute, die im Wehrdienstalter waren, sich zum großen Teil nach der Umsiedlung freiwillig meldeten. Als Volksgruppe gesehen haben wir die meisten Ritterkreuzträger gehabt. Es ist eine große Begeisterung gewesen. Das wurde natürlich immer wieder durch das Unrechtsbewußtsein gemindert, daß man in einem Land lebte, das nicht das eigene und okkupiert war. Wir waren im Baltikum eine Art Oberschicht gewesen. Aber hier in Polen war eine andere Ausgangssituation.

Hans Peter Schober (1)
Jahrgang 1921

In Mährisch-Ostrau bin ich 1921 geboren, und auf der Straße sprach man Tschechisch. Denn Mährisch-Ostrau war immer eine tschechische Stadt mit höchstens zehn Prozent Deutschen. Also lernte ich Tschechisch auf der Straße als Kind, beherrsche es noch heute. Ich bin in einen tschechischen Kindergarten gegangen, wo sich meine Sprache noch vervollkommnete, so daß die Tschechen nie feststellen konnten, ob ich Tscheche oder Deutscher war. Zu Hause wurde Deutsch gesprochen, später ging ich dann auch auf eine deutsche Schule. Und das war eines meiner Erlebnisse, die mich für lange Zeit geprägt haben. Ich muß sagen, erst nach dem Krieg habe ich das abgelegt. Im Kindergarten war ich ein Kind wie alle anderen auch. Dann kam ich in die erste Volksschulklasse. Das war die deutsche Schule inmitten einer tschechischen Schule. Das heißt, eine Zwergschule, wo der Oberlehrer acht Klassen gleichzeitig unterrichtet hat.

Schon am ersten Schultag, als wir raus kamen aus der Schule, stand dort eine Horde von 150 tschechischen Kindern, um uns in Empfang zu nehmen. Das war für mich ein Schlüsselerlebnis. Sie brüllten Niemcy, Niemcy, Niemcy! Das heißt Deutsche, Deutsche. Aber das war böse gemeint, sie hatten Ruten in den Händen und schlugen auf uns ein. Da habe ich, im Gegensatz zum Kindergarten, zum erstenmal gemerkt, daß ich etwas anderes bin als tschechische Kinder, nämlich ein Deutscher. Das haben sie mir mit Ruten eingeprügelt, daß ich Deutscher sei. Das hat sich dann sehr oft wiederholt. Oft haben uns dann die Eltern abgeholt, oder wir haben uns selbst auch bewaffnet, in Anführungszeichen »mit Stökken bewaffnet«, um nach Hause zu kommen. Das heißt, wir haben uns häufig nach Hause geprügelt, eine Art Spießrutenlaufen durch die tschechischen Schüler. Das hat dann dazu geführt, daß wir, als wir älter wurden, so 14/15 Jahre, da haben wir Tschechen verprügelt. Und zwar Erwachsene, ausgewachsene Männer, da sind wir zu dritt als 15jährige über einen hergefallen und haben ihn verprügelt. Und haben dabei daran gedacht, wie die uns verprügelt haben. Kann man sich heute gar nicht mehr vorstellen. Ich halte es auch für verrückt, aber so war es.

Später bin ich dann in Aussig zur Schule gegangen, also in einem rein deutschsprachigen Gebiet. Die Tschechen versuchten immer, in den rein deutschen Gebieten eigene Positionen zu schaffen. Das heißt, sie versetzten Postbeamte oder Polizisten mit einer großen

Familie in ein Dorf oder einen größeren Ort. Die hatten dann sechs Kinder und sagten, jetzt brauchen wir eine Schule für unsere Kinder, und gründeten eine tschechische Schule. Da gab es Widerstand, da gab es auch Ärger. Die Tschechen haben eigentlich nie so richtig Fuß gefaßt im Sudetenland.
Ich habe auch erlebt, wie die deutschen Truppen nach Aussig kamen. Da kann man einfach nur sagen, die wurden überschwenglich begrüßt, es waren Deutsche, es war eine große Sache. Für uns war sowieso ein Reichsdeutscher ein halber Gott. Wir fanden es richtig, daß diese Lösung gefunden worden war. Denn eigentlich waren wir der Meinung, es hätte 1918/19 eine Volksabstimmung geben müssen darüber, wo die Deutschen hinwollten, die 3,5 Millionen. Es waren ja nicht 200.000 oder 100.000, es waren eben geschlossene Siedlungsgebiete. Die Reichsdeutschen wurden also großartig begrüßt.

Lothar von Sternbach
Jahrgang 1905

Südtirol ist ja im Friedensvertrag von St. Germain mit Österreich 1919 zu Italien geschlagen worden. Das war der Preis, den die Italiener für den Eintritt in den Ersten Weltkrieg bekamen. Das, was die Faschisten ab 1922 getan haben, das ist mit dem Schlagwort zu kennzeichnen: brutale Entnationalisierung unter jeder Mißachtung der Menschenwürde und Menschenrechte. Ich erwähne dabei, daß alle Beamten, die in Österreich schon staatlich angestellt, in der Verwaltung tätig, als Lehrer tätig waren, gehen mußten. Es hat geheißen: entweder geht ihr nach Italien runter oder ihr verliert hier die Stelle. So sind Hunderte von Südtirolern, die hier im öffentlichen Dienst tätig waren, entlassen worden, ohne irgendeine soziale Entschädigung. Das war eine große Brutalität. Das andere war dann das Verbot der deutschen Sprache. Beginnend in den Ämtern, bei Gericht, bei der Polizei, beginnend auch in der Schule vom Jahre 1923 an, ist die italienische Unterrichtssprache eingeführt worden. Das wirkt sich zum Teil für die Jahrgänge, die nur diese italienischen Schulen besucht haben, noch heute aus. Sie haben heute noch Schwierigkeiten mit der deutschen Rechtschreibung.

Dann kamen die Namensänderungen. Nicht nur Ortsnamen, sondern auch Personen, die unter öffentlichem Druck standen, d. h. die in irgendeiner Abhängigkeit von Behörden waren, sind aufgefordert worden, ihre Familiennamen zu ändern. Wir hatten den Eindruck, daß wir keine Zukunft hätten. Das ist vielleicht die konzentrierte Kennzeichnung dieser faschistischen Zeit.

Das heutige Südtirol, das vom Brenner bis Salurn reicht, hat 250 bis 300.000 Deutsche. In der Faschistenzeit waren wir zwischen 240 und 250.000 Deutsch sprechende Südtiroler. Im Ersten Weltkrieg haben die Südtiroler für Österreich gekämpft. Dann kamen die Faschisten. Dann ist 1939 dieser schreckliche Optionsvertrag gekommen. Die Option war: Man konnte optieren entweder für die Beibehaltung der italienischen Staatsbürgerschaft, die wir alle seit 1920 hatten, oder für die deutsche Staatsbürgerschaft. Die zweite Option war mit dem Zwang verbunden, Südtirol zu verlassen.

Wir haben gewußt, als Südtiroler haben wir keine Zukunft, und das große Opfer, das gebracht werden mußte, nachdem unser Volk vorwiegend ein bäuerliches ist, das Opfer hieß, den angestammten Hof, die Güter, die seit Jahrhunderten schon unsere Väter bearbeitet hatten, nun zu verlassen.

Es ist für den Außenstehenden deshalb fast unverständlich, daß 86 Prozent der ganzen Volksgruppe die zweite Option gewählt haben, d. h. die Abwanderung nach Deutschland, und nur 14 Prozent sich zum Dableiben entschlossen. Die Zahlen kann ich auch ungefähr angeben: etwa 200.000 Menschen haben für Deutschland optiert. Meistens haben nur die Familienoberhäupter optiert, und die Familienangehörigen sind mitgegangen. Ohne den Krieg hätte Südtirol aufgehört zu sein. Denn 86 Prozent der Einwohner wären nach Deutschland umgesiedelt worden.

Ich selber war »Dableiber«, d. h. ich habe für Italien optiert. Die Motivierung war nicht eine Vorliebe für die italienische Kultur, sondern ich wollte meine Heimat nicht aufgeben und habe gleichzeitig gegen die brutale Lösung der Minderheitenfrage protestiert. Das war, als ob im Krieg eine Feldwache aufgegeben würde, und einige bleiben als Posten zurück. Und es ist uns auch gelungen, uns »Dableibern«, den Amerikanern, die nach dem Krieg unser Gebiet besetzt hatten, klarzumachen, daß wir nicht für den Faschismus optiert hatten, sondern für die Rettung unserer Existenz als Volksgruppe. Es ist damals, 1939, Haß entstanden zwischen denen, die optierten, und den »Dableibern«. Wir Südtiroler haben ja Hitler nicht gesehen, wie er wirklich war. In der Faschistenzeit waren wir von der deutschen Meinungsbildung mehr oder weniger ausgeschlossen. Wir haben als unterdrückte Minderheit in Hitler nur den Exponenten einer starken, bewußten deutschen Politik gesehen, die dem deutschen Volk sein Recht verschaffen und das Unrecht von Versailles wiedergutmachen will. Heute wird unserem Volk vorgeworfen, es habe zu 86 Prozent für Hitler optiert. Aber das stimmt nicht. Wir haben schlicht für Deutschland optiert. Von dem ganzen Nazi-Rummel haben wir nichts gewußt. Die 86 Prozent, die für Deutschland optierten, haben in Hitler nur den Befreier von der italienischen Entnationalisierung gesehen.

Die heutige Geschichte weiß ja, daß der Versailler Vertrag nicht der Weisheit letzter Schluß war. Ich formuliere immer so: Hitler war ein uneheliches Kind von Versailles. Im Jahre 1940 sollte sich die Abwanderung der 86 Prozent vollziehen. Und da ist der Krieg dazwischengekommen. Für uns Südtiroler also war der Krieg, das große Unglück der Menschheit, unser Glück, denn die Heimat ist uns dadurch erhalten geblieben. Tatsächlich ausgewandert sind nur etwa 70 bis 75.000 von den ca. 200.000, die für Deutschland optiert hatten, und das waren diejenigen, die keine Liegenschaften hatten, also die Arbeiter, denen man draußen in Deutschland sofort eine Arbeit geben konnte. Und von diesen 75.000 sind etwa 12.000 wieder zurück nach Südtirol gekommen.

Als im September 1943 der italienische König zusammen mit Marschall Badoglio zu den Alliierten umschwenkte, ist sofort, mit einem Schlag, in einer Nacht Südtirol besetzt worden. Im Jahre 1943 sind wir waffenfähigen »Dableiber« auch einberufen worden. Ich habe immer spaßhaft gesagt, nun, wir sind die »Beutegermanen«.

Josef Rambold
Jahrgang 1925

Ich bin in Innsbruck 1925 geboren, weil mein Vater vor dem faschistischen Regime nach Innsbruck geflohen war. Aber das Heimweh nach der Sterzinger Heimat war immer sehr groß. Eine typisch südtirolische Eigenschaft. Es war eine glückliche Jugend. Die Geborgenheit der Familie, die geistig viel Anregung geboten hat. Ein sehr guter Freundeskreis. Ausgezeichnete Lehrer am Gymnasium, denen ich heute noch zu großem Dank verpflichtet bin. Ich hatte drei Brüder. Davon lebt nur mehr einer. Alle drei mußten schon sehr bald einrücken. Unsere Familie war sehr deutsch eingestellt und ist es heute noch, konservativ und christlich, das waren die Richtlinien, nach denen wir Buben erzogen worden sind.

Ich kam dann zwangsläufig zur Hitlerjugend, die ein recht abenteuerlicher Haufen war, so eine Mischung aus Kommunisten und Ministranten und allem möglichen. Dann kam die Matura, und damit die Einberufung zum Reichsarbeitsdienst. Ich war ein Mensch, der die Freiheit unbändig geliebt hat. Ich war damals schon sehr aktiver Bergsteiger und Skiläufer, und ich hätte mir weiß Gott alles andere gewünscht, als jetzt nach dem gut bestandenen Abitur in den Drill der Kaserne und des Militärs zu kommen. Die Zeit in der Kaserne war schrecklich.

Und erst viel, viel später, im Einsatz an der Front, hat mir so langsam gedämmert, daß das Ganze doch nicht nur unsinniger Drill war, sondern daß man uns sehr wohl etwas beigebracht hat. Daß man uns mit System beigebracht hat, uns innerhalb einer Zehntel Sekunde in eine Deckung zu schmeißen, schnell zu reagieren, keinen Schmutz, keine Entbehrung zu scheuen.

Der 8. September 1943, nachdem der italienische König mit Marschall Badoglio zu den Alliierten übergelaufen war, war der unvergeßliche Tag, an dem ich mit einer Gebirgsjägerkompanie über den Brenner in meine Heimat Südtirol einmarschiert bin. Und nur wer das damals erlebt hat, kann sich den grenzenlosen Jubel vorstellen, mit dem uns die Menschen empfangen haben. Vor allem die einfachen Menschen, die Bauern, die haben uns, die wir verpflegungsmäßig ja nicht verwöhnt waren, nach Strich und Faden verwöhnt und uns umjubelt. Wir haben einen Blumenfeldzug durchgeführt. Wir wurden mit Obst und Wein überschüttet.

Endlich wieder Deutsch reden können, endlich wieder eine deutsche Schule. Sofort gab es wieder Musikkapellen und Trachtengruppen. Das Volk atmete auf, wir durften wieder die sein, die wir seit Jahrhunderten gewesen sind. Wer das erlebt hat, der wird das, wie gesagt, nie vergessen. Die NSDAP ist offiziell in Südtirol nicht existent gewesen. Man konnte also gar nicht Parteimitglied sein, und man dachte auch gar nicht daran.

Wir als Soldaten waren an Parteidingen immer völlig desinteressiert, um nicht zu sagen, wir haben die Parteileute abgelehnt. Denn es waren ja auch nicht die sympathischsten Typen dabei. Der Durchschnitt war doch eigentlich eher eine Gesellschaft von Leuten, die sich hinten herum gedrückt haben, und wir als Soldaten haben sie eigentlich recht verachtet. Es war, ich nenne es auch gar nicht ungern, die innere Emigration, in die man als Soldat gehen konnte. Man war unter anständigen Leuten.

Es war schon Frühjahr 1944. Meine ganze Gruppe kam nun geschlossen in die erste Frontbewährung. Und diese erste Frontbewährung vollzug sich im Partisanengebiet am Isonzo. Wir wurden nach Görz verlegt. Und von dort aus in einem unheimlich harten, entbehrungsreichen Kampf, Partisanenkampf, eingesetzt. Ich habe in Erinnerung, daß vor allem die Splitterwirkungen in diesem Karst furchtbar waren. Auch der Durst, daß man oft tagelang keinen Tropfen Wasser bekommen hat. Und ich weiß dann, daß wir manchmal mit den Pistolen in der Hand die Kameraden am Wassertrinken hindern mußten. Denn wenn sie in diese Erschöpfung hinein sich mit Wasser hätten vollaufen lassen, dann wären sie zugrunde gegangen.

Und dann kam es zur nächsten Frontbewährung, bevor wir an die Kriegsschule geschickt werden sollten, um Leutnants zu werden. Diese zweite Frontbewährung, das war dann das Partisanengebiet Oberitalien, Piemont. Eine abenteuerliche Sache. Denn es haben dort auch die Partisanen untereinander rivalisiert. Da waren die Monarchisten gegen die Kommunisten, und es war ein wildes Durcheinander, so daß man oft wirklich nicht mehr gewußt hat, wer für wen und wer gegen wen war. Und außerdem ein Krieg, der ziemlich heimtückisch geführt wurde. Ich kann mich an Überfälle, an Schießereien auf Kolonnen usw. erinnern. Und hat man dann reinen Tisch machen wollen, dann waren die Partisanen verschwunden. Die Herren sind in Zivil im Caféhaus des nächsten Städtchens gesessen und haben uns mitleidig ausgelacht.

Es ist dort auch zu Härten gekommen. Es hat Erschießungen gegeben, und zwar ganz nach der Genfer Konvention. Ich kann mich noch gut erinnern, daß die Zivilbevölkerung gar nichts gegen uns hatte, ganz im Gegenteil. Sie hatte Angst, weil die Partisanen von ihnen Unterschlupf verlangten. Weil sie wußten, daß wir dann aktiv werden mußten. Wir konnten ja nicht warten, bis uns die Partisanen abschießen.

Ich möchte noch sagen, daß ich durchaus nicht mit großer Begeisterung Soldat geworden bin. Für mich war das ein Muß, es war eine Pflicht. Ich war weit davon entfernt, mich freiwillig zu melden. Aber ich habe dann in dieser Zeit beim Einsatz, und dann auch in der Gefangenschaft und auf der Flucht, völlig umgedacht. Ich habe in dieser Zeit menschlich ganz, ganz Großes erfahren. Wir waren ja zusammen mit Leuten, vor allem dann in Rußland, die mit allen Fasern ihres Herzens an den Nationalsozialismus geglaubt haben. Es waren Prachtburschen, zum größten Teil voller Idealismus, voll großer Ehrlichkeit, voll Tapferkeit und Kameradschaft, so daß ich von diesem Soldatsein für mein ganzes Leben lang sehr viel gelernt habe.

Eduard Steinberger
Jahrgang 1919

Ich ging in Bruneck in Südtirol von 1930 bis 1935 in das italienische Gymnasium. In dieser Zeit war der faschistische Parteisekretär Leiter des Gymnasiums, und wir waren sehr stark unter Druck, sehr stark verfolgt, weil wir nicht zu den Jungfaschisten gegangen sind. Daher bin ich dann auch nach fünf Jahren Gymnasium ausgeschieden. 1939 bin ich über die Grenze gegangen und habe mich freiwillig zur Deutschen Wehrmacht gemeldet, war bereits für das italienische Militär ausgemustert und bin im Januar 1940 nach Klagenfurt zu den Gebirgsjägern eingerückt. Im Mai 1940 wurde ich bereits zum Bataillon Brandenburg ZBV 800 überstellt und habe mit den Brandenburgern den ganzen Krieg mitgemacht. Die Division Brandenburg war eine Sondereinheit, die dem Amt Ausland-Abwehr des Oberkommandos der Wehrmacht direkt unterstellt war. Sie sollte eigentlich hinter den feindlichen Linien operieren, Objekte schützen, Brückensprengungen verhindern, Tunnelsprengungen usw. Sie hießen Brandenburger, weil in Brandenburg diese Einheit ursprünglich aufgestellt worden ist. Das war damals ein Major Hippel, der die Idee gehabt hat. Der ist direkt dem Oberkommando der Wehrmacht unterstellt gewesen, da hat er den Auftrag bekommen, die erste Einheit mit uns Gebirgsjägern, aufzustellen. Erst später ist das dann alles erweitert worden. Diese erste Einheit ist in Brandenburg geboren. Partisanenbekämpfung war eigentlich nicht vorgesehen, es ist dann später dazu gekommen, aber es ist vieles dazu gekommen, was eigentlich nicht in der ursprünglichen Absicht lag. Diese Einheit Brandenburg ist bis zur Division erweitert worden und hat alle möglichen Aufgaben übernommen.

Wie war die Division Brandenburg zusammengesetzt? Ursprünglich waren alle mehr oder weniger Auslandsdeutsche. Diese Einheit, der wir angehörten, dieses Gebirgsjägerbataillon war, soviel wir damals gehört haben, für den Einmarsch in die Schweiz vorgesehen. Sie ist dann aber auf die alten Fronten verteilt worden, und sie hat immer diese Tarneinsätze gemacht. Es waren hauptsächlich Sudetendeutsche dabei, also Tschechischsprechende, es waren Palästinadeutsche dabei, einige, dann gab es da Ukrainer, Hilfswillige aus der Ukraine, es waren Männer aus allen möglichen Ländern dabei, hauptsächlich Leute, die eben andere Sprachen gesprochen haben. Alle Einheiten standen unter deutscher Führung!

Natürlich waren wir fantastisch ausgerüstet, fantastische Leute. Die Kommandeure der Divisionen, denen wir zugeteilt wurden, die haben, als die gemerkt haben: das ist eine Kompanie Brandenburger, diese sofort als Vorausabteilung eingesetzt, die als erste Feindberührung bekam. Wir waren ja fast immer nur in Kompaniestärke den großen Einheiten zugeteilt. Natürlich, die haben an uns toll bewaffneten und ausgerüsteten jungen Leuten, alle gut ausgebildet, ihre Freude gehabt. Wir haben in Tarnuniformen operiert, wir haben alle möglichen Uniformen getragen, immer über unserer Wehrmachtsuniform. Auch russische Uniformen. So improvisiert hat man das gemacht, die wurden dann möglichst schnell wieder weggeworfen. Aber die Tarnuniform war natürlich die Voraussetzung, um hinter die feindlichen Linien zu gelangen.

Wir wußten zuerst gar nicht, warum man uns zu den Brandenburgern geholt hat. Wir waren ja Gebirgsjäger. Die erste Aufgabe meiner kleinen Einheit sollte in Gibraltar erfüllt werden, und zwar sollten wir dort die Landung unterstützen. Wir wurden dazu als Gebirgler in den Golf von Biskaya verlegt, und dort hat man uns mit Schlauchbooten in der Brandung herumgejagt. Ein paar Brokken Englisch mußten wir auch lernen. Die ganze Sache wurde abgebrochen – Franco war mit dem Durchmarsch durch Spanien zur Eroberung von Gibraltar nicht einverstanden.

Mein nächster Einsatz war dann Jugoslawien. Danach Rußland bis zum Kaukasus.

Dort gab es wieder Einsätze hinter der gegnerischen Front. Unser Einsatz sollte Menschenleben retten. Wenn so eine Brücke im reinen Infanterie-Einsatz genommen werden mußte, kann es ungezählte Menschenleben kosten, und darum besorgten wir das. Wir mußten uns immer der Situation anpassen. An die Brücken ist man meistens mit russischen Lkws, mit Beute-Lkws, rangefahren. Da ist man halt oben gesessen, vorne drin einer, der Russisch sprach, entweder ein Lette oder Este. Im Augenblick des Kampfes hat man immer wieder versucht, die übergezogenen Klamotten, die russischen Uniformen, wegzuschmeißen. Es hätte ja auch so niemand gewußt, wer Freund und Feind ist. Die nachrückenden Panzer haben oft auf die eigenen Leute geschossen. Es war immer ein fürchterliches Chaos. Wenn ein Einsatz geglückt ist, dann hat es meistens sehr wenig Verletzte gegeben. Aber es hat natürlich Einsätze gegeben, die von vornherein danebengegangen sind, die vom Gegner zu früh erkannt wurden, und dann sind meistens alle draufgegangen, alle. Die Einsätze waren, sagen wir einmal, bis zu einer Halbkompanie stark, also bis zu 60–70 Leuten maximal, aber normalerweise waren es Zugstärken, 20–25–30 Leute.

Da haben wir viel zu viel Verluste gehabt, und wir waren dann Weihnachten 1942 schon so ausgeblutet da unten in Südrußland, daß man uns rausgezogen hat.

Ich bin dann hinunter gekommen nach Montenegro, zur Partisanenbekämpfung. Auch dort hat man gewisse Tarneinsätze mit italienischer Uniform gemacht, weil Italiener lieber zu den Partisanen übergelaufen sind. Das waren eigentlich zum erstenmal Einsätze, die für uns Südtiroler wie geschaffen waren, weil wir alle italienisch sprachen.

Ich bin dann 1944 schwer verwundet worden dort unten in Montenegro. Das war ein schwerer Kopfschuß. Damit war für mich der Krieg praktisch aus, mit Hirnverletzung. Man wollte dort ein von Tito beherrschtes Gebiet im Hochgebirge von Montenegro säubern. Ich mußte mit meiner Gruppe die Bereitstellung sichern und habe gleich einen Granatvolltreffer direkt in meine Halbkompaniegruppe bekommen und mehrere Splitter am ganzen Körper, aber der schwerste war der Kopfschuß. Da bin ich nur mehr von einem Lazarett ins andere gependelt und habe in Prag, in einem Speziallazarett für Kopfverletzte, praktisch das Kriegsende miterlebt.

Ich gehörte ja als Südtiroler zu denen, die 1939 für Deutschland optiert hatten. Die Option lautete so: wir wollten Deutsche werden. Wir wollten weg vom italienischen Staat, wir wollten weg von dieser Unterdrückung durch die Faschisten. Das war schrecklich, ja. Wenn man heute zurückblickt, es war ja kein Leben. Wir sind als Jungen da hineingewachsen. Wir haben das natürlich gar nicht als, wie soll ich sagen, als anormal empfunden, weil wir nichts anderes kannten. Aber je älter wir wurden und je größer und stärker Deutschland wurde, um so mehr fühlten wir uns dort hingezogen. Wir waren ja so von den Italienern unterdrückt. Wir wollten einfach mit allen Mitteln los von Italien, und unsere Eltern, die vielleicht noch irgendwie gezögert hatten, mußten dem Druck von uns Jungen nachgeben. Wir wollten raus. Wir wollten etwas machen, wir wollten auch endlich frei sein, Deutsche unter Deutschen. Wir

Südtiroler haben immer fest daran geglaubt, daß, wenn der Krieg gewonnen wird, Hitler dann Südtirol wieder zurückholt und daß das jetzt mit Mussolini einfach eine Notlösung ist. Daran haben wir geglaubt, und die paar Veröffentlichungen, die erschienen sind, und die Bücher beschreiben es auch so. Wir Südtiroler haben absolut daran geglaubt. Wenn kein Krieg gekommen wäre, wär's halt hier eines Tages wahrscheinlich zu einem fürchterlichen Gemetzel gekommen. Wir waren damals zu allem entschlossen, wir Jungen. Gefehlt hat uns damals vielleicht überhaupt nur der richtige Rückhalt durch Deutschland. Wenn Deutschland gesagt hätte, wir besorgen euch Waffen, und schlagt los und verjagt die Italiener, dann hätten wir es getan. Als Soldaten waren wir immer von der Richtigkeit unseres Anspruchs überzeugt. Wir waren immer überzeugt, daß wir für eine gute Sache kämpfen und daß, als es dann in Rußland losgegangen ist, und wir den Bolschewismus in Rußland kennengelernt haben, wir verhindern mußten, daß Europa bolschewistisch wird. Wir haben uns eigentlich um die Politik wenig gekümmert. Zum Politisieren haben wir keine Zeit gehabt. Man ist im Krieg gewesen, wenn man mal im Urlaub war, hat man versucht, sich ein paar Tage zu amüsieren. Politik, das war bei uns eigentlich das letzte. Wir haben unsere Pflicht getan und waren begeistert. Mit der Länge des Krieges sind natürlich Abnützungserscheinungen gekommen, das ist ganz klar. Wenn man jeden Tag wieder einen Freund verliert, dann denkt man, eines Tages muß es für mich auch kommen, aber trotzdem hat man immer seine Pflicht getan. Aber man hätte nie daran gedacht, etwas dagegen zu unternehmen. Um Gottes Willen.

Bernhard Schmitt (1)
Jahrgang 1923

Ich stamme von einer alt-elsässischen Familie väterlicherseits. Mein Ur-Urgroßvater fiel als Rittmeister des Dritten Husarenregimentes in Spanien, als Rittmeister eines napoleonischen Husarenregimentes. Mein Urgroßvater hat dann, schon etwas alternd, den Krim-Krieg als Oberleutnant der Grenadiere mitgemacht, bei Napoleon dem III. Mein Großvater wurde noch vor 1871 zur französischen Zeit geboren, wuchs aber natürlich im Reichsland Elsaß auf, begeisterte sich für die deutsche Kultur und die deutsche Zivilisation. Vor allem vergötterte er Goethe. Und Goethe führte ihn zur Freimaurerei; er wurde rasch ein sehr tüchtiger Freimaurer und wurde dann um die Jahre 1905, 1910, einer der ersten Redner der Großloge in Straßburg. Er stammte aus dem Lehrfach, wendete sich sehr rasch den Büchern zu, wurde Bibliothekar, und als Bibliothekar dann schließlich Direktor der Bibliothek in Straßburg. Er war sehr bekannt als Dichter im Elsaß, deutschsprachiger Dichter, er dichtete nie Mundart, sondern nur in Deutsch. Und er war so von Goethe, von der deutschen Zivilisation und Kultur gefesselt, daß er sich 1918 nicht fähig fühlte, Franzose zu werden. Also ging er in die deutsche Heimat zurück und beendete sein Leben 1928 als Direktor Emeritus der Bibliothek von Karlsruhe. Er ist auch in Karlsruhe begraben. Er fühlte sich vor allem als kaisertreuer Deutscher. Für ihn war der Kaiser der Begriff der goetheanischen Kultur, der Kaiser war auch der Inbegriff des Großmeisters der deutschen Loge. Der Kaiser war für ihn sein Lebenszweck, sein Lebensziel.

Mein Vater wurde als Elsässer 1913 in die deutsche Armee eingezogen, wurde dann nach Rußland geschickt und kam 1918 aus Rußland zurück, wurde demobilisiert und war sehr von der französischen Zivilisation angezogen; blieb natürlich mit seinem jüngeren Bruder in Frankreich, und beide wurden französische Reserveoffiziere. Als solche hatten sie nach dem Kriege noch einmal zwei Jahre nachzudienen, und zwar in Syrien.

Mein Vater heiratete die Tochter eines aus der Nordpfalz stammenden Notars, dessen Frau jedoch aus Südfrankreich stammte. Wobei ich betonen muß, daß meine Großmutter väterlicherseits jüdischer Abstammung war. Ich wuchs dann in Straßburg auf und ich hatte Gott sei Dank sehr sprachbegabte Eltern. Man sprach bei uns einen Tag lang nur Deutsch, einen Tag lang nur Französisch, einen Tag lang nur Englisch, einen Tag lang nur Italienisch. So sprach ich mit zehn Jahren fließend vier Sprachen, ich beherrschte sie orthographisch nicht genau mit zehn Jahren, aber ich sprach sie gut. Ich war ein Einzelkind.

Ich liebte meinen Großvater, und ich fand das ganz natürlich, daß der in Deutschland war und sich als Deutscher fühlte. Ich fühlte mich als Franzose, absolut. Wir hatten, besonders von der mütterlichen Seite meines Vaters her, sehr enge Bande mit allen unseren jüdischen Verwandten behalten. 1933/34, da kam uns der Hitler noch als so eine Art Retter aus der Not vor, und wir dachten, Deutschland könnte nichts besseres passieren, als ein Mann, der die Arbeitslosigkeit und Korruption usw. bekämpft. Aber dann, als wir die ersten Nachrichten der Judenverfolgung, der Pogrome usw. erfuhren, da bekamen wir es trotzdem mit der Angst zu tun. Da fragten wir uns, wie weit geht das noch, um Gottes Willen? Mein Vater hatte einen sehr semitischen Einschlag durch seine Mutter. Seine Mutter war ja in Deutschland geblieben, sie starb dann 1934. Mein Vater hatte kurz vor ihrem Tod seine Mutter besucht und wurde an der Kehler Grenze von einem deutschen Zöllner angehalten und angerempelt und als Judenbengel bezeichnet. Mein Vater kam ganz entsetzt zurück und sagte, das ist doch nicht möglich, das gibt es doch nicht. Das ist das erste Mal, daß ich so rüpelhaft behandelt wurde.

Ich begann Medizin zu studieren. Dann brach der Krieg aus, und ich meldete mich freiwillig fürs französische Heer und war junger Offiziersanwärter.

Ende Juli 1940, als Frankreich besiegt war, wurde ich demobilisiert. Nachdem ich demobilisiert war, wurde mir erlaubt, mein Studium in Deutschland fortzusetzen, und ich studierte dann Philologie, Psychologie, Philosophie, Germanistik und Medizin in Heidelberg. Ich habe ein Doppelstudium bis zum Schluß durchgeführt, und das ging dann auch in den ersten drei bis vier Semestern in Heidelberg sehr gut. Alle Elsässer und Lothringer wurden in eine studentische Verbindung eingereiht, in den sogenannten Nationalsozialistischen Deutschen Studentenbund. Ich fand dort alles, bloß keine Nazis. Und die Leute haben mich auf eine sehr, sehr liebenswürdige Weise empfangen. Ich habe also in der Verbindung nur Gutes und Güte, Liebe und Freundschaft und Kameradschaft gefunden, und die Leute, die mich geschützt haben als Sohn eines jüdisch »angehauchten« Mannes, den man übrigens zum Arier gestempelt hatte, als man ihn brauchte. Da hatte ich plötzlich juristisch nicht mehr den geringsten Tropfen jüdischen Blutes in mir. Ich war dann Vollarier. Mein Vater und ich bekamen einen Ahnenpaß, aus dem klar hervorging, daß zwar meine Großmutter Sarah Mühlberger hieß, aber trotzdem vollkommen arisch war. 1942 bekam mein Vater Schwierigkeiten mit den Nazis, und ich mußte Heidelberg verlassen. Ich durfte dann an der Universität Leipzig weiterstudieren und habe dann auch dort mein Staatsexamen als Diplompsychologe gemacht und mein Physikum abgelegt.

Das war Ostern 1943. Dann sagte man mir, ich würde sehr rasch eingezogen werden zur Wehrmacht, und das wollte ich natürlich gar nicht. Ich war ja plötzlich Deutscher. Zwar konnte ich als Elsässer damals nicht Reichsdeutscher werden, aber ich wurde zum Volksdeutschen gestempelt. Man sagte mir, in dem Moment, in dem ich meinen Eid ablegen würde als deutscher Soldat, würde ich automatisch reichsdeutscher Staatsbürger und bekäme dann auch einen reichsdeutschen Paß.

So habe ich es dann vorgezogen, zwischen Ende 1943/Anfang 1944 mich aus Deutschland zu entfernen. Ich wurde dann durch verschiedene Widerstandsgruppen durchgeschleust nach Frankreich. Ich hatte schon vorher einer solchen Gruppe angehört, und wir hatten ungefähr 300 bis 400 französische Gefangene durchgeschleust von Norddeutschland in die freie, nicht besetzte Zone in Südfrankreich. Nun wurde ich selbst durch die verschiedenen Widerstandsgruppen durchgeschleust und verborgen gehalten bis zur Invasion in Südfrankreich.

Ich meldete mich freiwillig zur Freien Französischen Armee, war bei der Befreiung von Straßburg mit dabei und habe dann als französischer Soldat die Überquerung des Rheins, die Besetzung Deutschlands und das Kriegsende von August 1944 bis Mai 1945 miterlebt.

Albert Schoeb (1)
Jahrgang 1924

Ich bin Lothringer, aber meine Muttersprache zu Hause ist ein deutscher Dialekt, er unterscheidet sich wesentlich vom elsässischen. Als ich 1924 geboren wurde, war das Département de la Moselle wieder an den französischen Staat angeschlossen worden, nach dem Versailler Vertrag. Staatsrechtlich sind wir somit als Franzosen geboren. Ich habe eine französische Schule besucht, habe in dieser Schule jede Woche ein bis zwei Stunden Deutsch gehabt. Das hat es uns ermöglicht, Deutsch schreiben zu können und die deutsche Sprache zu beherrschen, zumal schon unser Dialekt deutschähnlich war.

Der Frankreichfeldzug 1940 hat uns überrascht. Ich fühlte mich doch als Franzose. Es war ein Schock, als die Deutschen kamen. Ich habe bitterlich geweint am Vorabend, wo man wußte, daß morgen die Deutschen kommen. Wir fühlten uns vollständig französisch. Trotz unseres Dialekts. Unser Département wurde besetzt, und vom 15. Juni 1940 an war dann Elsaß-Lothringen wieder an das Deutsche Reich angegliedert, durch eine einseitige Entscheidung der deutschen Regierung, des »Führers«. Gegen das Völkerrecht, weil in dem Waffenstillstandsabkommen zwischen Frankreich und Deutschland vom 22. Juni 1940 davon nicht die Rede war. Die Eindeutschung unserer Heimat ging schnell, die Orts- und Straßennamen wurden umbenannt, es war verboten, französisch zu sprechen, und wir durften nicht einmal mehr Baskenmützen tragen, obgleich sie allgemein unsere Kopfbedeckung waren. Und selbstverständlich ist die ganze Verwaltung eingedeutscht worden. Wir bekamen deutsches Geld, in der Schule sofort nach den Ferien deutschen Unterricht, Deutsch, ohne ein Wort Französisch in der Schule.

1942 bestimmten die Gauleiter Wagner und Bürckel, daß junge Elsaß-Lothringer zum Arbeitsdienst und zur Wehrmacht zwangseingezogen wurden. Selbstverständlich waren nicht alle bereit, in die Deutsche Wehrmacht zu gehen. Da gingen manche gleich, als das verkündet wurde, über die Grenze ins unbesetzte Frankreich. Andere warteten den Gestellungsbefehl ab und folgten diesem nicht. Viele flüchteten. Ich kenne ein Dorf von 300 Einwohnern, da waren über 20, die eingezogen werden sollten. Sie sind nicht gegangen. Da gab es die Möglichkeit, nach Frankreich zu gehen, aber mit einem kolossalen Risiko. Die meisten davon haben sich in der näheren Umgebung versteckt. Manche haben jahrelang in den Vogesen gelebt, andere haben sich auf Speichern versteckt. An die 6.000 Lothringer von 30.000 Zwangseingezogenen sind nicht gegangen.

Die Folge: Die deutschen Behörden haben die Sippenhaft angewendet. Der Bub geht stiften. Dafür werden Geiseln genommen. Entweder wird die ganze Familie nach Deutschland verfrachtet ins Lager, oder eine Schwester, ein Vater, eine Mutter werden geholt. Und die gehen ins Konzentrationslager. In Pannersdorf im Oberelsaß steht ein Denkmal. Das ist errichtet worden, weil 26 Jungen, die sich zur Musterung stellen mußten, über die schweizerische Grenze wollten. Von diesen 26 ist einer durchgekommen. Die anderen wurden geschnappt oder auf der Stelle erschossen. Und von denen, die sie geschnappt hatten, sind alle hingerichtet worden. Da gab es auch viele Fälle von Elsässern, die zur Waffen-SS gezwungen wurden. Das galt als Druckmittel für die Familie.

Zum Beispiel: Da hat ein Junge einen Streich gespielt, eine Schlägerei oder so. Oder er hatte seine Baskenmütze noch und wurde verraten. Da hat man ihm dann gesagt, entweder gehst du ins KZ oder du meldest dich zur Waffen-SS. Es gibt Beispiele dafür, daß sie sich dann zur Waffen-SS gemeldet haben.

Im Februar 1943 wurde ich zum Reichsarbeitsdienst eingezogen und am 22. Mai 1943 zur Wehrmacht, zum Grenadierersatzbataillon 188 östlich von Frankfurt in der Gegend von Meseritz.

Wir waren zehn Lothringer in der Kompanie. Die Deutsche

Wehrmacht hat das immer so organisiert, daß selten größere Gruppen Elsaß-Lothringer beisammen waren.

Im November 1943 ging es in den Partisaneneinsatz bei Brest-Litowsk bis zum 1. Januar 1944. Dann kamen wir direkt an die Front. Ich will sagen, die Front kam zu uns! Die Elsaß-Lothringer, die in die Deutsche Wehrmacht eingezogen wurden, kamen zu einem hohen Prozentsatz an die Ostfront.

Ich habe die Rückzugskämpfe mitgemacht und bin am 19. März 1944 durch einen Oberschenkelschußbruch und eine Handverletzung verwundet worden. Das war bei Brodi, östlich von Lemberg. Nach der Verwundung kam ich mit dem Sanitätszug über Lemberg nach der Tschechoslowakei in ein Lazarett. Da blieb ich fünf Monate. Dann kam ich nach Glogau ins Lazarett und blieb dort bis ungefähr Mitte Januar 1945. Da bekam ich dann Genesungsurlaub, und da kamen auch schon die Russen nach Schlesien. Die deutsche Militärverwaltung hat mich aus dem Genesungsurlaub herausgeholt und wieder eingegliedert in eine kämpfende Truppe! Das war Ende Januar. Nach mehreren Tagen in der Kaserne ging es wieder an die Front am 10. Februar, und am 12. Februar wurde ich zum zweiten Mal verwundet, kurz vor der Einschließung von Glogau durch die russischen Truppen.

Jede Verwundung war ein Glück, war eine Lebensrettung! Die erste Verwundung war es schon, weil das ganze Bataillon kurz danach aufgerieben worden ist. Die zweite Verwundung bei der Einschließung von Glogau war ebenfalls ein Glücksfall, denn ich kam mit dem letzten Sanitätszug aus Glogau heraus und hatte das Glück, bis zum 1. April 1945 im Lazarett zu bleiben, wurde dann aber wieder an die Front geschickt, in die Schlacht um Berlin.

Die deutschen Soldaten haben sich uns Lothringern gegenüber wie gute Kameraden benommen. Als Junge von 18 Jahren hat man doch ahnungslos gelebt. Und die Kameraden, die man getroffen hat, hat man als Kameraden angesehen und sie uns auch. Ich kann sagen, daß ich niemals Gehässigkeit oder Hänseleien gemerkt habe, im Gegenteil. Ich habe die ganze Zeit eine freundschaftliche Beziehung mit ihnen gehabt. Unter den »Landsern«, meinen Kameraden, waren Nazis selten. Wenn ich sage, es waren wenige Nazis, meine ich damit, daß ich im Gespräch selten Nazis herausgehört habe. Ich hatte überhaupt den Eindruck, daß in der ganzen Wehrmacht ein anderer Geist war, nicht der Nazigeist. Es war der Geist vom Vaterland. Der Patriotismus, das ist eigentlich das Unglück der Deutschen. Das Vaterlandsgefühl ist eben so stark, daß er jedem, der die Macht hat, Glauben schenkt und ihm nachläuft, ohne zu kritisieren. Und das habe ich auch gemerkt: Die Deutschen, die gehorchen aufs Wort. Jedenfalls, fanatische Nazis habe ich nicht getroffen.

Otto Kumm (3)
Jahrgang 1909

Die Waffen-SS bestand zunächst aus Freiwilligen. Erst 1943 wurden die ersten Wehrpflichtigen direkt zu uns eingezogen. Die ganze Division Prinz Eugen ist ja aus Banater Deutschen aufgestellt worden. Das sollten Freiwillige sein. Sie hieß ja auch Freiwilligen-Division. Freiwilligen-Gebirgsdivision. Es meldeten sich aber nur etwa 1.500 Freiwillige. Davon konnte man keine Division aufstellen. Dann kam Himmler auf die Idee, die allgemeine Wehrpflicht einzuführen in den deutsch-besiedelten Gebieten. Und daraufhin wurden dann alle vom 15. bis 50. Lebensjahr eingezogen. Das galt dann auch fürs Elsaß und für Südtirol. Und für die ganzen Südost-Gebiete. Davor war schon die Freiwilligen-Division »Wiking« aufgestellt worden. Unmittelbar nach dem Westfeldzug. In Holland, da lagen wir als Besatzungstruppe mit unserer Division »Das Reich«. Es meldeten sich so viele junge Holländer, die zu uns wollten, daß man auf die Idee kam, daraus stellen wir eine Division auf. Das waren echte Freiwillige. Da war das Regiment »Westland«, das waren nur Niederländer, und das Regiment »Nordland«, das waren Norweger, Dänen, Schweden vor allen Dingen. Die wurden aufgestellt, und das Regiment »Germania« kam dazu, und das war dann die Division »Wiking«.

Hans-Günther Seraphin (1)
Jahrgang 1903

Ich stamme aus dem Baltikum und habe Deutsch, Geschichte, Russisch und Bibliothekswissenschaft studiert. Ich habe mich nach dem Studium und meiner Tätigkeit als Historiker und Bibliothekar bei Kriegsbeginn zur Wehrmacht freiwillig gemeldet. Im letzten Krieg habe ich nicht für Adolf gekämpft. Das gab es nicht. Aber nachdem der Krieg ausgebrochen war, da kam es erstmal darauf an, Nation und Volk zu erhalten, das Reich zu erhalten. Daran war nichts zu deuteln. Ich weiß nicht, ob Sie das erlebt haben, bei uns an der Front gab es das schöne Wort: »Laß den Frieden ausbrechen, dann gehen wir nach Hause und schaffen Ordnung.«

Ich wurde eingezogen bei einem Pionier-Feldregiment. Mit denen habe ich den Frankreichfeldzug mitgemacht, das heißt wir sind zunächst hinterhergelaufen, und dann haben wir die Maginot-Linie durchbrochen. Dann war für uns der Krieg also auch wieder praktisch zu Ende. Zum Schluß haben wir die Vorbereitung für das England-Unternehmen mitgemacht, d. h. Infanteriegeschütze auf Flöße verladen und all solche Sachen. Es folgte meine Versetzung zum Nachschub. Mit dem bin ich dann nach Rußland gegangen, Rußland-Nord, und weiter bis zum 18. Oktober 1941. Dann kam ich ins Lazarett.

Aus dem Lazarett entlassen kam ich zur Turk-Einheit, – denn ich sprach Russisch. Vorher hatte ich einen Auftrag bei der armenischen Legion zu erledigen. Dort wäre es beinahe zu einer Revolte gekommen. Diese Legion war aus freiwilligen Gefangenen zusammengestellt worden. Es gab Idealisten dabei, die wirklich glaubten, sie könnten Armenien mit deutscher Hilfe wieder zu Ehren bringen.

Es hatten sich aber kommunistische Zellen in zwei oder drei Bataillonen gebildet. Ein V-Mann kam zu mir, weil ich ja Russisch sprach und den Leuten also nicht verdächtig war. Sie machten mich zu ihrem Vertrauensmann, und ich fand Einzelheiten ihres Planes heraus. Ja, und dann haben wir Mitte November 1942 zugeschlagen. Sie müssen wissen, diese Bataillone sahen so aus: etwa 1.000

Freiwillige und 40 Deutsche. Und die waren bewaffnet. Dieser Plan bestand darin, bei irgend einer festlichen Veranstaltung, Kino oder was es sonst gab, mit Maschinengewehren auf die Bühne zu gehen und die Deutschen abzuschießen. Dann haben wir gesagt: Zuschlagen. Wir haben die Bataillone alle an einem Morgen entwaffnet und die sechzehn Leute, die Rädelsführer, vor Gericht gestellt. Die kamen vors Kriegsgericht und wurden – ich glaube, es waren sogar mehr als sechzehn – erschossen.

Die Turk-Einheit, die ich dann geführt habe, bestand durchwegs aus Leuten, die aus den Gefangenenlagern kamen, gesellschaftlich gesehen zum Teil Akademiker. Alle waren Mohammedaner. Und die waren intelligent. Die Intelligenz war ausgesprochen armenisch-national, anti-russisch. Die Bergbauern unter ihnen waren einfache, simple Leute. Ich weiß noch, wie ich am Morgen zur Legion kam, – ich kam von der Division –, und die armenischen Posten sah, da habe ich, glaube ich, gedacht: die sehen ja aus wie Juden in Uniform. Die Leute waren nicht schlecht. Mit diesen Freiwilligen aus den Turk-Gebieten der Sowjetunion war ich in Italien eingesetzt. Die waren prima, die Jungens. Und es war natürlich manchmal etwas komisch. Ich erinnere mich, wir waren oben im Karst in Jugoslawien eingesetzt, kamen danach zurück nach Italien und marschierten auf einer großen Straße durch ein Dorf. Auf einmal kommt mein Pferdehalter von hinten angeritten: »Was ist denn nun los, Kolja?« Da zeigt er so mit dem Daumen auf die Zivilisten, die vor den Häusern standen, und sagte auf russisch: »Was ist das für ein kulturloses Volk!«

Als wir als Festungsbesatzung in Pula lagen, ist es mir passiert, daß einer meiner Freiwilligen zu mir kam und sagte: »Capitan, wir haben jetzt Ersatz bekommen. Wir haben zwei Leute in unserem Zug, die taugen nicht, nimm die weg, die sind schlecht.« Er sagte: »Die wühlen.« Daraufhin habe ich sie also verhaften lassen. Es stimmte, sie waren Bolschewisten. Als das rauskam, da kamen die Männer zu mir und sagten: »Capitan, gib die uns, wir machen die fertig.« Sie waren furchtbar empfindlich in puncto Ehre. Wenn sie glaubten, sie würden ungerecht behandelt, und wenn so etwas sich ereignete, dann passierte es, daß die entsprechenden Deutschen umgebracht wurden und die Leute zu den Partisanen gingen.

Mir ist es ähnlich gegangen. Ich wurde verwundet, und vorher hatte mein Regimentskommandeur gesagt: »Nehmen Sie Ihre Leute, die keine Geschütze mehr haben, zum Infanterieeinsatz«. Ich habe ihm gesagt: »Herr Oberst, das hat keinen Zweck. Die Leute sind eingeschworene Infanteriegeschützleute, fühlen sich als etwas Besseres.« Dann wurde ich verwundet, wurde abtransportiert und der Leutnant, der mir nachfolgte, hatte den Leuten gesagt: »Nun gut, ich gehe jetzt mit euch in den Infanterie-Einsatz.« Da sagten die: »Nee, das tun wir nicht. Wenn der Capitan noch hier wäre, dann würde man uns das nicht zumuten.« Da sagte der Leutnant: »Also ich gehe selbst mit euch, aber wir wollen uns erstmal ausruhen.« Legte sich hin und schlief und glaubte, daß seine Männer auch schliefen. Aber als er aufwachte, waren sie weg. Verschwunden, zu den Partisanen gegangen.

II. Wendepunkte

Barbarossa
»Sie sprechen zu Toten«
Die Atlantikschlacht
Eine Festung ohne Dach

Barbarossa

Hitlers Traumziel – die Erweiterung germanischen Lebensraumes nach Osten – war seinen Gefolgsleuten und den Generälen bekannt. Dem Angriffsbefehl ging nicht mehr als ein halblautes Murren voraus. Die Invasion der Sowjetunion verfolgte aber mehr als ideologische Ziele. Durch die Vernichtung des Bolschewismus und seiner »jüdischen Anhänger« sollten das Land und die Rohstoffe sichergestellt werden, die für das »Tausendjährige Reich« unentbehrlich waren. Männer wie Heinrich Himmler planten bereits die Umsiedlung »germanischer« Völker, der Niederländer und Skandinavier, an die neuen Grenzen. Westrußland sollte ein Geflecht von Riesengütern werden, von Autobahnen durchschnitten. Arische Siedler sollten dort Arbeitsgruppen von Sklaven leiten, deren Wissen ausreichte, wenn sie bis hundert zählen konnten und ihre Mütze vor jedem Deutschen abnahmen.

Hitler und die meisten seiner Generäle hatten eine nüchternere Betrachtungsweise; Rußland schien ihnen ungeschützter als Großbritannien. Ihr Selbstvertrauen gründete sich nicht nur auf Siegesüberheblichkeit, sie waren besonders stolz darauf, Landkriegsexperten zu sein.

In den dreißiger Jahren hatten Stalins Säuberungsaktionen das Offizierskorps der Roten Armee geschwächt. Die meisten Generäle waren erschossen oder in Arbeitslager geschickt worden, wobei die deutsche Führung auf Initiative Heydrichs Stalin auch noch mit gefälschten Dokumenten gegen Tuchatschewski und die Seinen versorgt hatte. Das blamable Versagen der Russen im Winterkrieg von 1939–40 gegen Finnland schien deren Schwäche nur zu bestätigen. Der deutsche Generalstab war sich sehr wohl des immens großen russischen Potentials an Menschen und an Bodenschätzen bewußt. Aber die Militärexperten waren auch überzeugt, daß sie einen Stil der Kriegsführung perfektioniert hatten, der Rußlands materielles Übergewicht irrelevant machen würde. Der Luftkrieg gegen Großbritannien war verloren worden, weil der Feind Bedingungen und Initiativen bestimmen konnte. Aber im Krieg zu Lande in Rußland würde ja das Heer Ablauf und Geschwindigkeit festlegen.

Wie in Frankreich, sollten auch hier die mobilen Streitkräfte das Geschehen entscheiden. Die Zahl der Panzerdivisionen wurde verdoppelt und gleichzeitig die Zahl der Panzer in jeder Division halbiert. Die deutsche Auffassung vom mobilen Krieg basierte weniger auf quantitativer Stärke als auf zeitlicher Abstimmung: ein Dutzend Panzer zum richtigen Zeitpunkt wurden höher eingeschätzt als fünfzig Panzer eine Stunde später.

Die deutsche Industrie war jedoch nicht in der Lage, die benötigten Fahrzeuge für die neuen Einheiten zu liefern. Alles, was vier Räder und einen Motor hatte, wurde in dem besetzten Europa konfisziert. Aber die Fahrzeuge, die für Mitteleuropas Straßen gebaut waren, hatten keine hohe Lebenserwartung in einem Land, in dem gepflasterte Straßen höchstens in Städten existierten.

Noch bedenklicher war es um den Zustand der Infanterie bestellt. Sie sollte weit mehr als Aufräumtruppe der Panzereinheiten sein. Die Panzerdivisionen sollten die russischen Positionen durchstoßen und zerschlagen. Von der Infanterie wurde erwartet, daß sie die Hauptlast des Kampfes tragen werde gegen einen Feind, der getreu seiner historischen Überlieferung vermutlich erbitterten Widerstand leisten würde. Die deutschen Divisionen marschierten 1941 in Rußland ein mit einer bunten Sammlung von Gewehren und Waffen, dem Beutegut von einem halben Dutzend Armeen. Die einzige Fortbewegungsmöglichkeit des Infanteristen waren seine Füße. Märsche von 50 Kilometern vor einer Schlacht entsprachen so sehr dem Alltag, daß nur wenige Kriegsteilnehmer sie überhaupt erwähnen. Verpflegung und Transport erfolgten meist mit Pferden. Sogar die Artillerie war größtenteils bespannt. Pferde aus Belgien und Holland verendeten in kurzer Frist unter den barbarischen Bedingungen der russischen Weite.

Anstatt die spärlichen Mittel zu konzentrieren, sah Hitlers Plan einen Vorstoß auf breiter Front vor, im Norden nach Leningrad, in der Mitte nach Moskau und im Süden in die Ukraine, in Richtung auf das Schwarze Meer und seine Ölfelder.

Die meisten seiner Generäle hüteten sich, das Genie des »größten Feldherrn aller Zeiten« anzuzweifeln und akzeptierten den Grundsatz, daß deutsche Soldaten alles erreichen könnten, solange ihr Wille nur stark genug sei.

Schon die Geographie sprach allerdings dafür, daß sich die drei Hauptachsen des Vorstoßes im Verlaufe des Feldzuges weit auseinanderziehen würden, aus der Reichweite des Nachschubs hinaus. Und so hatte innerhalb von sechs Wochen jeder Kriegsschauplatz seine eigenen Probleme. Rußland war einfach zu groß, seine Armeen zu mächtig, um von *einem* Ansturm des Gegners geschlagen zu werden.

Motorpannen und Blasen an den Füßen, die Zermürbung des Krieges nagten an der Kraft eines Heeres, das weder Männer noch Material ersetzen konnte. Die anfänglichen Siege, bei denen Hunderttausende kapitulierten, machten den Weg frei für einen härteren Kampf, als die Deutschen ins Herz Rußlands vorstießen. Selbst Soldaten der Roten Armee, die dem Regime feindselig gegenüberstanden, beherzigten jetzt Stalins Worte, der den »vaterländischen Krieg« für Mütterchen Rußland ausgerufen hatte.

Der Widerstand der Russen wurde durch das Verhalten der Deutschen stimuliert. In der Ukraine und in Weißrußland war das Heer zunächst vielfach mit Brot und Salz als Befreier begrüßt worden. Aber hinter den Panzern kamen die Einsatztruppen der SS und die Parteibürokraten, die sofort begannen, das besetzte Land gnadenlos auszuplündern.

Hitlers berüchtigter Befehl, alle Kommissare sofort zu erschießen, wurde von manchen Armeeführern ignoriert. Aber genug hohe Offiziere begrüßten ihn, genug andere gaben ihn kommentarlos weiter und schufen so gefährliche Präzedenzfälle. Die Wehrmacht war keineswegs frei von der »Untermenschen-Theorie«. Angeregt durch die Ideologie der Nazis, wurde damit das Gefühl der Gleichgültigkeit gegenüber dem Schicksal von Gefangenen und der Zivilbevölkerung gefördert. Im Spätherbst 1941 endete die Ära der schnellen Kesselschlachten, die über eine Million sowjetischer Soldaten hinter deutschen Stacheldraht gebracht hatte.

Schon im August wurde klar, daß die Deutschen sich übernommen hatten. Während der Generalstab darauf drängte, den Angriff gegen Moskau fortzusetzen, war Hitler von der fixen Idee besessen, die Ukraine unter Kontrolle zu bringen. Die Panzerdivisionen wurden von einem Frontabschnitt in den anderen beordert, wie Schachfiguren, ohne die logistischen Konsequenzen dieser Bewegungen zu bedenken. Zwischenzeitlich waren die Infanteriekompanien auf Züge und Gruppen zusammengeschmolzen. Panzerregimenter, die den Feldzug mit hundert Panzern begonnen hatten, konnten noch fünfzehn oder zwanzig einsetzen.

Auch in der Luft führte Deutschland bald den Krieg eines armen Mannes. In den ersten Tagen des Feldzuges erlangte die Luftwaffe die Überlegenheit gegen einen Feind, der schlecht ausgerüstet war. Aber wochenlanges Fliegen von provisorischen Feldflugplätzen aus forderte seinen Tribut. Als die Bodentruppen schwächer wurden, rieb sich die Luftwaffe weiter in dem verzweifelten Versuch auf, schnelle Unterstützung anstelle der fehlenden Panzer und Geschütze zu leisten.

Mit Beginn der Regenperiode im Spätoktober blieb die Wehrmacht buchstäblich im Schlamm stecken. Dann kam der Frost. In Sicht- und Reichweite Moskaus fuhren sich die letzten Angriffe im November fest – nicht zuletzt, weil die Einheiten an der Front weder Verpflegung noch Munition erhielten.

Entgegen allen Erwartungen hatten die Russen durchgehalten. Das Mißlingen ihres Gegenangriffs vom Dezember im Mittelabschnitt war neben dem erbitterten Widerstand der Deutschen der taktischen Schwerfälligkeit der Roten Armee zuzuschreiben.

Erfrierungen bedeuteten Tod oder Amputation. Die Führung des Reiches hatte sich nicht damit befaßt, Winterkleidung bereitzustellen, weil ja der Feldzug bis zum Herbst beendet sein sollte. Nun wurden Pelzmäntel, Handschuhe und Schals wahllos in der zivilen Wirtschaft eingesammelt, überstürzt und wenig sinnvoll verteilt, manchmal sogar aus dem Flugzeug über den Einheiten an der Front abgeworfen. Schließlich gab die Wehrmacht einen Verdienstorden für die Überlebenden des Winters von 1941/42 heraus. Die, die ihn trugen, nannten ihn den »Gefrierfleischorden«.

Friedrich Schulz
Jahrgang 1913

Im Oktober 1941 war ich mit den Pferden 60 Kilometer vor Moskau. Der Winter kam früh, wir lagen in Stellung. Am 1. Dezember war noch einmal ein großer Angriff geplant auf Moskau. Und genau an diesem Tag, wo es eisig kalt war und schneite, da bin ich nach vorn gezogen auf Moskau zu, das waren noch 25 bis 30 Kilometer. Da kommt einer an: »Der ganze Wald ist voller Russen.«

Da hatten die Sowjets, das muß man sich mal vorstellen, die Russen aus Moskau und aus der Umgebung, diese Wälder unterminiert, untertunnelt. Da hatten sie Kühe, da hatten sie Schafe, da hatten sie alles drin und nährten sich.

Dann ging's zurück. Es war entsetzlich kalt geworden, und es lag viel Schnee. Wir wurden am Heiligabend 1941 unheimlich angegriffen. Die Russen kamen mit T-34 Panzern angefahren und schossen unsere Bude in Trümmer, dabei wurde ich verschüttet und verwundet. Ich kam in die Heimat. Eine abenteuerliche Fahrt im Waggon mit vielen anderen Verwundeten. Sobald ich aus dem Lazarett entlassen war, meldete ich mich wieder freiwillig zu meiner Truppe und zu meinen Pferden.

Im Sommer 1942 war ich dann nach der Genesung wieder in Rußland. Wir lagen jetzt im Norden und fingen dort noch einige Truppen auf, die sich durchgeschlagen hatten, zurückflutende aus Leningrad, und igelten uns da ein und bauten eine neue Stellung aus, und diese Stellung haben wir gehalten bis Juni 1943.

Wir griffen abends um sechs Uhr an, und um sieben Uhr wurde ich verwundet, bekam einen Lungenschuß. Ich flog in einen Graben. Die Kugel ging nicht ganz durch die Lunge, sie sitzt heute noch in den Rippen und hat sich eingekapselt. Ich flog also hin durch den Schuß, und es ist so, als wenn Sie eine Ohrfeige kriegten, und saß mit dem Rücken an der Wand. Es war ein sehr tiefer, steiler

Graben. Ich machte mein Koppel auf, legte Kartentasche und Pistole hin, die linke Hand konnte ich bewegen. Aber das Blut lief aus Nase und Mund, die Luft wurde immer weniger, und ich habe mit der Hand zugehalten, damit das Blut nicht so lief, ich hatte unheimlich viel Blut verloren. Wenn ich das Hosenbein bewegte, dann krachte es, weil es hart gefroren war. In der Nacht krauchte irgend einer am Boden her, suchte nach Waffen, was weiß ich, und ich konnte mit meinem linken Arm dann so Klopfzeichen geben an der Wand. Es war ein ganz tiefer Graben. Der neigt sich runter und guckt mich so an, im Halbdunkel, denn um zwei Uhr wurde es schon ein bißchen hell in Rußland.

Er sagt: »Du bist schon längst als tot gemeldet.«

Ich dagegen: »Ich bin da und will hier raus.« Das Schlimmste war, der Russe schoß von weit her mit ganz schwerer Artillerie, und wenn die Geschosse einschlugen, da blieb meine Luft weg. Die schlugen ganz in der Nähe ein. Jedenfalls habe ich es überstanden. Ich sagte mir, du willst nach Deutschland, du willst nach Hause zur Familie. Immer wieder.

Man holte mich raus. Es kam der Kommandeur, furchtbar netter Mann, Soldat, ein richtig kerniger. Der hatte sein Fläschchen aufgeschraubt: »Hier! Willst du auch mal einen kleinen Cognac.«

Hat mir auf die Schulter geklopft: »Du kommst wieder in die Heimat, und später kommst du wieder zu uns.«

So ging das ab. Ich kam nachmittags um drei Uhr zum Hauptverbandsplatz, ohne Verband, ohne irgendwas. Ich entsinne mich, daß mein Schwadronschef in dem strengen Winter mit mir darüber gesprochen hat, daß wir den Krieg verlieren werden. Ich war in dem Bunker. Er kam rein, er sprach nicht, – kam rein, legte sich hin, hatte seine Kapuze zugezogen, lag so ganz still da und sagte: »Hitler muß ja verrückt sein.« Ich sagte: »Und das merken Sie erst jetzt?«

Karl Rupp
Jahrgang 1908

Eines schönen Tages im Juni 1941 kam im Radio die Nachricht, daß es nun auch gegen die Russen losging. Ich kann mich noch genau erinnern: Mir lief es eiskalt über den Rücken. Die Kameraden schien das gar nicht zu beeindrucken, oder merkte ich nichts davon? Denn die einfachen Soldaten, die Gefreiten und die Obergefreiten, waren ja zehn oder zwölf Jahre jünger, und auch die Unteroffiziere und Feldwebel waren im Durchschnitt nur fünf bis acht Jahre älter als die Mannschaft. Aber das eine weiß ich noch genau – eine Hochstimmung war es nicht, es wurde eben so hingenommen. Wir dachten an unseren Einsatz in Afrika.

Dann kam die große Überraschung, ich glaube, es war Anfang September 1941. Wir mußten uns innerhalb von drei Tagen für Rußland fertigmachen. Nachträglich wurde bekannt, nachdem es zum erstenmal in Rußland nicht recht weiterging, sollten ein paar frische Panzer-Divisionen die Bresche nach Moskau öffnen.

In Witebsk wurden wir ausgeladen, und nahmen dann an der Kesselschlacht von Wjasma-Brjansk teil. Ende Oktober 1941 blieb der deutsche Angriff auf Moskau im Schlamm stecken. Die Division hatte schwere Verluste erlitten. Wir wurden längst nicht mehr als Panzer-Regiment oder -Abteilung oder -Kompanie eingesetzt, sondern kampfgruppenweise. Ein paar Panzer, ein paar Infanteristen und, als wichtigstes, ein oder zwei 8,8 Flak-Geschütze. Denn diese allein waren den russischen T-34-Panzern gewachsen. Die T-34 schossen unsere Panzer ab wie die Hasen. Wir selbst waren machtlos. In einem Fall ließen wir die T-34 bis auf 40 Meter herankommen (wir standen in guter Deckung), und unsere Geschosse spritzten nur so ab.

Eine Erinnerung: Als unser sogenannter »Führer« daheim auf einer Massenversammlung einige Wochen vorher ausrief: »Wir haben die besten Waffen der Welt« – an diesem Tag verlor unsere II. Abteilung bei einem Angriff sage und schreibe 20 Panzer. Wir sagten damals zueinander: »Und wir Rindviecher haben das noch gar nicht bemerkt, daß wir die besten Waffen der Welt haben.«

Inzwischen wurde unsere Kampfgruppe immer schwächer. Wir wurden von Tag zu Tag vertröstet. Bald kommt Verstärkung bzw. Ersatz. Einmal wurden wir direkt angelogen – einer, der von hinten kam, sagte uns: »Ich habe selbst gesehen, Gebirgsjäger sind im Anmarsch.« Nachdem all das nicht wahr war, kamen wir uns richtig verraten und verkauft vor. Auch das Wort »Vaterland« kann ich von da an nicht mehr hören. Damit wurde zuviel Schindluder getrieben. Vorne waren die Soldaten Mangelware. Nachher haben wir gesehen, weiter hinten gab's genug! Unsere Kampfgruppe bestand zuletzt aus zwei Panzern II und drei Panzern III, ca. 40 bis 50 Mann Infanterie und einem Geschütz 8,8-Flak. Wir kamen wochenlang überhaupt nicht oder nur für Augenblicke aus dem Panzer.

Wo man im Panzer hinfaßte – alles Eis, von unserem Atem, der gefror. Draußen 40–50 Grad Kälte. Meistens war sogar die Verpflegung gefroren. In der Nacht mußte man die Panzer alle zwei Stunden anlassen wegen der Gefahr des Einfrierens. Wenn uns also der Iwan auch schon mal eine zeitlang in Ruhe ließ, der Panzer forderte sein Recht. Wir waren alle hundemüde. Wenn gerade nichts los war, schliefen die jungen Kerle in jeder Lage.

Ich war inzwischen Kommandant geworden von einem Panzer II und mußte meistens dann auch den Panzer anlassen, wenn mein Fahrer schlief. Dann unser letzter Vorstoß gegen Moskau. Auch im Waldgelände. Spitze: Zwei Panzer II, zwei Panzer III und als letzter wieder ein Panzer II. Dazwischen die Panzergrenadiere. Der erste Panzer II wurde abgeschossen, kein Überlebender. Ich war im zweiten Panzer. Es gab kein Durchkommen mehr, wir mußten uns zurückziehen. Dort habe ich auch die sibirischen Elite-Truppen kennengelernt, die an die Front von Moskau geworfen wurden. Diese waren aufs beste ausgerüstet: Pelzjacken, Pelzmütze, Pelzstiefel, gefütterte Handschuhe usw. Wenn man dagegen unsere deutschen Landser sah: Leichte Mäntel, Lumpen um die Schuhe und um die Füße gewickelt – ein Bild des Jammers.

Ich hatte mir inzwischen russische Filzstiefel besorgt, d. h. sie einem toten Russen ausgezogen. Das mußte aber geschehen, solange der Körper noch warm war, denn die Totenstarre trat bei dieser Kälte sehr rasch ein. Wir übernachteten im Wald. Es war bitterkalt. Plötzlich bemerkten die Schützen: Unser MG schießt nicht mehr! Wir erschraken – auch unsere MGs sind eingefroren. Wenn die Russen in dieser Nacht angegriffen hätten, die hätten uns mühelos kassiert. Bis einer draufkam: Das MG mit Petroleum einschmieren, dann schoß es wieder. Die russischen MGs hatten übrigens keine Hemmung. Wie überhaupt auch die russische Infanterie mit besseren Gewehren ausgerüstet war. Wir standen damals 20 bis 25 Kilometer vor Moskau. In der Nähe war schon die Straßenbahn, und in der Nacht schoß ganz in der Nähe die russische Flak auf unsere Flugzeuge.

Die ersten starken Zweifel, daß der Krieg eventuell schief gehen könnte, kamen mir schon beim ersten Fronturlaub aus Rußland nach der Schlacht um Moskau. Während des Heimaturlaubs wurde mir klar, welche verlogene Propaganda man betrieb. Dem Volk wurde damals erzählt, nur der kalte Winter sei Schuld gewesen an dem Desaster. Nein! Denn auf der Gegenseite war es genauso kalt. Nur die andere Seite war eben besser und gründlicher darauf vorbereitet. Und dann die Moral: Die Russen wußten ja, um was es ging: die Heimat. Und bei uns war es so: Wir wurden soviel angelogen (es käme Ersatz), das Treiben bei den Heimat- und Etappentruppen, die es sich wohl sein ließen, kurzum, wir Frontsoldaten fühlten uns deshalb schon abgeschrieben. Bei uns ging es damals also lediglich ums Überleben. Und das ist schon ein großer Unterschied. Auch die russischen Kommissare imponierten uns unbewußt. Wo waren dagegen unsere politischen Führer? Die sogenannten Sonderführer und die »Goldfasane« waren in der Etappe.

Hans Herwarth von Bittenfeld (3)
Jahrgang 1904

Als wir einmarschierten in die Sowjetunion, wurden wir ja dort als Befreier begrüßt, mit Brot und Salz, und die Bauern gaben uns das wenige, was sie hatten, teilten es mit uns. Sie hofften, nun endlich als Europäer, als Menschen, behandelt zu werden. Und den Nazis ist es gelungen, diese Leute, die mit uns zusammen kämpfen oder arbeiten wollten, in die Arme von Stalin zurückzutreiben. Das haben sie dadurch geschafft, daß die Zivilverwaltung furchtbar gewütet hat, und natürlich kam außerdem auch das Auftreten der SS dazu. Diese hat zunächst gegen Minderheiten gewütet – ich meine die Erschießung und Ermordung von Juden und auch die Ermordung von Mohammedanern. Das ist passiert, jawohl, weil die auch beschnitten waren und damit als besondere »Untermenschen« galten. Auch Turkestaner wurden also am Anfang des Krieges getötet, weil sie »Untermenschen« waren. Man hielt sie für Juden, eine furchtbare Verwechslung.

Diese blödsinnige, unmenschliche Behandlung der Bevölkerung hat natürlich dazu geführt, daß der gute Wille den Leuten langsam ausgetrieben wurde. Außerdem strebten sie auch die Aufhebung der Kollektivwirtschaft an. Hitler dagegen sagte, das sei das beste System, um das Getreide zu erfassen. Also genau derselbe Gedanke wie bei Stalin bei der Kollektivierung. Das war die Katastrophe.

Allerdings, im Süden der Sowjetunion war das anders. Dort wurde die Bevölkerung anständig behandelt. Und zwar ging das darauf zurück, daß der Nordkaukasus unter Militär-, nicht unter Zivilverwaltung stand. Der Major Stauffenberg z. B. hatte Befehle ausgegeben, daß die Truppe sich so verhalten sollte, als ob sie im Manöver wäre. Und Stauffenberg hatte damals den General der Kavallerie Köstring, den früheren deutschen Militärattaché in Moskau, der selber halb Deutscher, halb Russe war, dorthin geschickt, um dafür zu sorgen, daß im Kaukasus nicht dasselbe passierte wie in der Ukraine. Und im Nordkaukasus wurde die Kollektivwirtschaft aufgehoben. Die Truppe hat sich wirklich so benommen, als ob sie in Deutschland im Manöver wäre. Die Folge: keinerlei Partisanen.

Ich möchte dazu noch eine Anekdote erzählen. Ein Professor Jakobsen, ein Politologe, hat zu einem Vortrag von mir folgendes Schlußwort gesprochen: »Ich möchte noch einmal unterstreichen, was Herr von Herwarth über die Behandlung der sowjetischen Bevölkerung durch uns gesagt hat, und auch das, was er gesagt hat über den Kaukasus. Ich war als junger Offizier nach dem Zweiten

Weltkrieg als Kriegsgefangener in Georgien. Da haben viele Georgier gesagt, daß ihr den Krieg angefangen habt, das haben wir euch nicht übel genommen, aber daß ihr den Krieg verloren habt, das haben wir euch übel genommen«. Das zeigt eben die ganze Tragik. Wir haben verloren durch die falsche Behandlung der sowjetischen Bevölkerung.

Das gilt auch für die russischen Freiwilligenverbände, die auf deutscher Seite kämpften. Die Idee dazu stammte von der Truppe, nicht vom Generalstab. Die Truppe hatte, schon als wir in die Sowjetunion einmarschierten, so ein unheimliches Gefühl. Das war ein halb ostpreußisches, halb bayerisches Regiment, bei dem ich war. Aber beide, die Ostpreußen wie die Bayern, hatten das Gefühl, Rußland ist sehr groß, und es hört erst am Pazifischen Ozean auf. Das war ein wirklich unheimliches Gefühl, als wir dort einrückten, von Begeisterung war keine Rede.

Einmal kam ein Reichspropagandaredner zu uns, zur 1. Kavallerie-Division, und hielt einen Vortrag, der in der Form ausgezeichnet war. Er erinnerte uns an die Deutschritter, die gen Osten gezogen seien, und bereitete uns auf das Kommando vor. Wir haben uns das schweigend angehört, es gab keinerlei Beifall. Hinterher standen wir noch so rum, und dieser Redner sagte zu meinem Divisionskommandeur: »Ich bin eigentlich enttäuscht, habe hier nichts von Begeisterung gespürt.« Worauf ein Rittmeister sagte: »Mein Herr, von Begeisterung ist bei der 1. Kavallerie-Division keine Rede. Aber wenn sie angreift, greift sie prima an.«

Das ist die ganze Tragik des deutschen Frontoffiziers. Wir haben unsere verdammte Pflicht und Schuldigkeit getan, an den Sieg über die Sowjetunion haben wir nicht geglaubt. Wir haben dann eigentlich sofort, nachdem wir in Rußland einmarschiert waren, bei den Feldküchen überall russische Gefangene, die sich freiwillig meldeten als Hilfswillige (Hiwis), eingestellt. Und dann in den rückwärtigen Heeresgebieten, besonders bei der Heeresgruppe Mitte, war noch eine Selbstverwaltung eingerichtet worden für die russische Bevölkerung, und die funktionierte ausgezeichnet. Das war eine natürliche Entwicklung. Dann hat der damalige Major i. G. Graf Stauffenberg gesagt: »Jetzt haben wir schon ein paar Hunderttausende von diesen Hilfswilligen, darum müssen Vorschriften erlassen werden, damit die Leute richtig und gleichberechtigt behandelt werden«.

Alle drei, Stauffenberg, der frühere Botschafter Graf von der Schulenburg, hingerichtet nach dem 20. Juli, und General Köstring hatten wiederholt gesagt: »Wir müssen die Russen anständig behandeln.« Wir haben versucht, die Anordnungen, die Hitler gegeben hatte, zu umgehen. Man war sich klar darüber, der Gedanke, den Krieg gegen die Sowjetunion in einen Bürgerkrieg umzuwandeln, daß der nur gelingen konnte, wenn Hitler nicht da war. Das war die Tragik.

Wir hatten am Schluß des Krieges immerhin über 800.000 sowjetische Freiwillige in der deutschen Armee. Leute, die uns, nach meiner Meinung, nicht verstehen wollen, behaupten, daß diese Soldaten alle gepreßt worden seien. Das ist natürlich nicht richtig. Es haben sich sicher einige gemeldet, weil sie aus dem Kriegsgefangenenlager rauskommen wollten. Aber ich habe selber erlebt, wie die sowjetischen Soldaten übergelaufen sind zu uns und gesagt haben, sie wollen mitmachen bei uns. Es gab ja eigentlich keine Familie in der Sowjetunion, die nicht unter Stalin gelitten hatte. Darüber muß man sich auch einmal im klaren werden.

Und dann ist dieser hochbegabte General Wlassow ausgesucht worden, um die russischen Freiwilligenverbände zu führen. Er war ein russischer Patriot, der nicht zu uns übergelaufen ist, um es besser zu haben. Er hatte bis zum letzten Tag brav gekämpft, hervorragend gekämpft. Aus Überzeugung war er gegen Stalin und wäre bereit gewesen, von Anfang an 100prozentig bei uns mitzumachen. Hitler sagte, der Wlassow kommt jetzt wieder ins Kriegsgefangenenlager und kann dann schöne Aufrufe an die sowjetischen Kriegsgefangenen erlassen. Ein Mann wie Wlassow paßte eben nicht in die Politik Hitlers, der nach wie vor die Russen als »Untermenschen« behandelt sehen wollte. Das Ganze hat dann tragisch geendet. Denn die Wlassow-Leute sind nachher, bei Kriegsende, aufgrund der Verträge von Jalta, an die Sowjetunion ausgeliefert worden. Die Offiziere sind wohl alle erschossen oder gehenkt worden, Unteroffiziere bekamen 25 Jahre. Auch der deutsche General von Pannwitz, der Kommandeur des Kosakenkorps, der am Schluß noch die Möglichkeit gehabt hätte, sich abzusetzen, der hat gesagt: »Ich war in guten Zeiten mit den Kosaken zusammen, in schlechten Zeiten werde ich sie nicht verlassen.« Was großartig war, aber er hat es natürlich mit dem Tode bezahlt.

Was nun die Frage angeht, warum die oberste militärische Führung sich Hitler gefügig untergeordnet hat, so würde ich nicht sagen, die sind schuldig, aber sie tragen doch eine große Verantwortung. Sie tragen eine Verantwortung gegenüber ihren Soldaten, gegenüber den Menschen. Aus dieser Verantwortung heraus hätten sie Hitler sagen müssen, Schluß, es geht nicht mehr weiter. Aber da fühlten sie sich natürlich wieder an den Eid gebunden.

Als ich aus dem Kuban-Brückenkopf zurückkam, mußte ich mich beim Generalfeldmarschall von Kleist melden, dem Oberbefehlshaber der Heeresgruppe A. Da habe ich ihm dann ganz offen gesagt: »Herr Feldmarschall, Sie müssen etwas unternehmen, so geht es nicht weiter. Auf dem Rückzug wurden sowjetische Kriegsgefangene erschossen.« Er sagte, dafür trüge er keine Verantwortung. Er ist zu Hitler gegangen und hat ihm, glaube ich, vorgeschlagen, er, Hitler, solle den Oberbefehl abgeben. Die Folge war aber, daß Kleist den Oberbefehl über seine Heeresgruppe abgeben mußte. Freilich – erschossen wurde er nicht.

Den Kommissarbefehl, d. h. den Befehl, die Kommissare zu erschießen, bekamen wir 1941. Die Offiziere sagten: Wir sind christliche Offiziere, das machen wir nicht. Das widerspricht der Genfer Konvention. Da kam meine erste Enttäuschung, daß so ein Befehl von oben überhaupt durchgegeben wurde. Aber ich möchte auch wieder sagen, bei der Heeresgruppe Mitte war damals von Tresckow als Chef des Stabes. Er hat alles versucht, die Durchgabe des Befehls zu verhindern.

Peter Pechel (1)
Jahrgang 1920

25. Oktober 1941, Mittelabschnitt der Ostfront – 80 Kilometer sind es noch bis Moskau, eine lächerliche Strecke nach den Tausenden, die wir schon marschiert sind. Aber vor Moskau liegt nicht nur die sowjetische Hauptschutzstellung, vor Moskau liegt der Schlamm. Schlamm, Morast, Sumpf. Das ganze Land zerfließt zu einer zähen, überfrorenen, dunklen Brühe, die jede Bewegung unendlich schwerfällig und müde macht. Bleigrauer, drückender Himmel, tiefhängend, alles grau in grau, und schwarzbraun darunter der Schlamm, ab und zu etwas Reif darauf. Ein paar geduckte, dreckige Katen, Bäume, Straße, die einmal Straße war, tief ausgefahren, kreuz und quer laufende Spuren, in denen Fahrzeug an Fahrzeug das deutsche Heer steckt. Morgens der Befehl: »Wir greifen an. Ziel Wolokolamsk. Hinter dem Wald vor uns liegt ein starker russischer Sperriegel. Die 5. Kompanie stößt weitausholend in dessen Rücken und rollt von hinten auf. Hauptstoß erfolgt durch die anderen Kompanien frontal. Sie, Pechel, begleiten die 5. und geben die nötige Artillerie-Unterstützung.«

Wir stoßen vor, eine langsame, drohende graue Schlange, neun Panzer, holen weit seitlich aus, bekommen manchmal Feuer, brausen durch. Ich habe ein unsicheres Gefühl, bin meiner selbst gar nicht sicher. Sollten sich Ahnungen bestätigen? Auch mein Hilfsbeobachter und mein Funker sagen ähnliches, ein unbestimmter Druck lastet auf dem Magen, macht das Atmen schwer. Sind heute wir dran?

Wir fahren durch einen stillen Wald, treten aus ihm heraus, und urplötzlich ist die Hölle um uns. Es schießt und scheppert von allen Seiten. Wir haben uns verfahren und sind nicht im Rücken des Feindes wie geplant, sondern direkt vor seiner Hauptpaksperre herausgekommen. Aber es bleibt uns keine Zeit, dies in seiner ganzen Tragweite zu überdenken, denn jetzt geht alles sehr, sehr schnell. Der Führerpanzer brennt. Vor mir bekommt einer einen Volltreffer auf die Kommandantenkuppel, und ehe ich dieses rasende Feuer noch ganz begreife, ehe ich es erwidern kann, dröhnt es kurz, ich kann nichts sehen, es ist dunkel, blaue Sterne tanzen mir vor den Augen, ein kurzer Schlag im rechten Arm und linken Oberschenkel, mein Funker schreit auf: »mich hat's erwischt!« und dann Stille im Wagen, grauenhafte Stille. Ich quetsche noch heraus. »Ausbooten, schnell ausbooten!« und schwinge mich aus dem Wagen. Nur zwei Mann folgen mir. Also hat es den Funker erwischt.

Alles Feuer konzentriert sich auf diese kleine Waldecke, Artillerie, Pak, Granatwerfer, MG. Es jault und grölt und pfeift und faucht und zischt, als wäre der Weltuntergang ausgebrochen. Bald sind wir nur noch fünf abgeschossene Panzer, die anderen konnten abdrehen, fünf Wracks, Verwundete und Tote. Mein Funker, Splitter direkt ins Herz, tot. Mein Hilfsbeobachter liegt mit einer blutenden Brustwunde am Boden, dem Fahrer geht es am besten. Er kann nur nichts hören. Unseren Panzer hat es schwer mitgenommen. Die ganze rechte Vorderseite fehlt, 7,62 Pakvolltreffer. Mein Arm fängt an zu schmerzen, ebenso der Oberschenkel. Im Gesicht ist Blut und verklebt die Augen. Anscheinend habe ich auch etwas am Kopf. Ich fühle meine rechte Hand und kann sie um das Handgelenk herumdrehen. Da ist also ein Knochen zerschlagen. Die Hand wird kalt und blau und ich kann sie nicht schützen: wir haben ein paar Grad unter Null. Um uns, die wir flach an den Boden gepreßt liegen, tobt das Inferno. Überall schlägt es ein. Einmal Verwundete werden ein zweites, ein drittes Mal verwundet. Man hört ihr Wimmern. Der Kommandant des Wagens vor mir hat einen Kopfschuß, das Gehirn ist ausgetreten und läuft ihm über das Gesicht. Er rennt herum und röchelt das eine Wort »Mutter, Mutter«, dreht sich in grotesken Kreisen, bis ein mitleidiger Splitter ihn zu Boden wirft. Und dann plötzlich sind überall um uns herum Russen. Sie machen einen Gegenstoß, wimmeln in den Waldstücken um uns, und wir sind allein, wehrlos.

Verwundete, Sterbende, Tote ... Oh Gott, ich habe vor vier Tagen erst die Toten einer anderen Kompanie gesehen mit ausgestochenen Augen, abgeschnittenen Geschlechtsteilen, grauenhaft verquälten und verzerrten Gesichtern. Nur das nicht. Die Russen machen noch keinen Unterschied zwischen SS und Panzertruppe. Für sie sind wir in der schwarzen Panzeruniform mit den Totenköpfen wahrscheinlich auch SS. Ich zerre aus dem Panzer meine

Pistole, nehme sie in die gesunde Linke, sage zu meinem Hilfsbeobachter: »Fritz, erst du, dann ich«, und er nickt. Aber werde ich mir mit der linken Hand das Leben nehmen können? Ich bin Rechtshänder, und wahrscheinlich wird man sich dann eher die Augen ausschießen, aber nicht tot sein. Auf der anderen Seite, in russische Kriegsgefangenschaft kommen?

Gibt es einen Ausweg? Acht Patronen sind im Magazin der Pistole. Sechs für die Russen, zwei für uns. Aber geht das so einfach? Schließlich – bin ich erst 21 Jahre alt, da nimmt man sich nicht so leicht das Leben. Man will doch leben, man hat ja noch gar nichts vom Leben gehabt, wenn man so jung ist und seit dem 19. Lebensjahr im Krieg an der Front. Ich will nicht sterben!! Ich sehe in das kleine schwarze Loch, die Öffnung der Pistole, ich entsichere und ich bete. Ich bete inbrünstig zu einem Gott, den es vielleicht gibt.

Überall schleichen jetzt die Russen herum. Warum kommen sie eigentlich nicht zu uns, warum gehen sie nicht an die Panzer heran? Haben sie Angst vor uns, glauben sie etwa, daß wir noch Widerstand leisten können? Verwundete? Unbegreiflich. Mein Fahrer bekommt plötzlich einen Anfall, fährt auf, torkelt sinnlos schreiend auf die Russen zu. Ich springe ihm nach, zwinge ihn brutal zu Boden, er wimmert, bleibt dann ruhig.

Plötzlich verstummt der Gefechtslärm um uns herum, plötzlich ist es ganz still. Aber dann – zu unserer Linken brandet der Kampflärm wieder auf, schwillt an, kommt schnell näher. Wir lauschen gespannt. Die Todesgedanken weichen einer vagen Hoffnung. Sollte es vielleicht doch noch eine Rettung geben? Und dann bricht es hervor aus dem Wald und es sind – es sind deutsche Panzer, es sind die anderen Kompanien, die den Hauptstoß führen. Eigentlich nehmen wir sie noch gar nicht richtig wahr. Wir waren schon zu weit vom Leben entfernt, wir hatten uns mit dem Tod abgefunden. Doch dann schreit plötzlich ein Verwundeter, und dieser Schrei ist ein Jubel, in dem die ganze Qual der letzten Minuten liegt: »Deutsche, deutsche Panzer, unsere Kameraden!«

Und langsam kommen wir wieder zu uns. Wir wachen aus der Erstarrung auf, die schon hinüberführte auf den langen Weg ins Jenseits, wir begreifen, daß wir gerettet sind. Am nächsten Tag stand im Divisionsbefehl: »Kampfgruppe Back hat am 25. Oktober 1941 in kühn geführtem Umfassungsangriff Spasskoje angegriffen und ist mit vordersten Teilen bis zum Bahnhof Wolokolamsk durchgestoßen, 60 Kilometer vor Moskau.«

Josef Hühnerbach
Jahrgang 1913

Ich würde sagen, wegen Tapferkeit vor dem Feinde zum Unteroffizier befördert. Das war mein letzter Dienstgrad. Ich hatte mal das Schneiderhandwerk erlernt, nach meiner Krankheit wurde ich Feldhüter bei der Stadtverwaltung Bad Godesberg. Im Kriege Rußlandfeldzug. Bis zum 28. August 1942. Ich war Infanterist, der am Tag beim Vormarsch in Rußland bis zu 40 Kilometer marschieren mußte, mit vollem Gepäck und kämpfen dabei. »So etwas wie die deutschen Infanteristen gibt es nicht wieder«. Ich habe die Kämpfe mitgemacht, als 1941 die große Kälte kam. Wir waren in der Nähe der Stadt Klin eingesetzt, das ist 40 Kilometer von Moskau entfernt. Das Kämpfen war sehr hart, ich muß das offen gestehen, manchmal war es so, daß die Gulaschkanone nicht an uns herankommen konnte, auch die Essensträger nicht, weil wir zu stark unter Feuer standen, so daß wir manchmal zwei bis drei Tage nichts zu essen hatten.

Die Kälte war furchtbar. Wir waren doch nicht dementsprechend gekleidet. Die Winterbekleidung kriegten wir im Frühjahr. Das kann ich nicht vergessen, am 15. März. Bis dahin hatten wir die einfache Kleidung, den dünnen Wehrmachtsmantel und ein paar Handschuhe und dann den Kopfschoner. Die Kälte war bis zu 50 Grad minus. Daß die Armee nicht ausgerüstet war, das war ein Verbrechen. Da stand alle Kampftätigkeit still. Der Hitler hat doch gesagt, das werde ich nie vergesen: »Es wird keine acht Wochen dauern, dann werden die russischen Armeen ihre Waffen strecken. Davon bin ich überzeugt.« Nachher hat er nichts mehr gesagt. Nachher da war Ende, da haben wir noch die Waffen gestreckt.

Der russische Winter, das war ja auch eine Waffe, eine natürliche Waffe.

Wir waren mal, ich werde das nie vergessen, abseits von der Vormarschstraße, da wurden wir beschossen aus den Dörfern, da war dann Schneetreiben, da sah man die Hand nicht vor den Augen. So was von Schnee, und da wurden wir »beaast« von allen Seiten, und da kriegte man den Befehl, da, wo die Schüsse herkamen, wo der Laut herkam, mußten wir dann draufzugehen. Oh ja, oh ja, oh ja, und da hatten wir auch hohe Verluste.

Am 28. August 1942 im Raum von Rshew wurde ich verwundet bei der Kesselschlacht von Wjasma. Es war eine Verwundung am linken Oberschenkel. Vorher bin ich verwundet worden bei einem Schützengrabenkampf. Da waren die Russen durchgebrochen, wir waren sehr schwach besetzt im Schützengraben. Ich hatte Ladehemmung. Die Russen griffen an zu Tausenden, Welle auf Welle, und wir mußten die ja abwehren, und da hatten wir gerade Hemmungen gehabt, und da waren die schon bei uns im Graben drin, und da schlugen wir uns mit dem Kolben die Köpfe ein und stachen mit Bajonetten, und dabei bekam ich einen Streifschuß hier am Kopf. In die Kopfhaut rein, das können Sie jetzt noch sehen. Da kriegte ich dann ein Pflaster drüber usw. Weil wir immer im Kämpfen, im Einsatz waren, gab es keinen Urlaub.

Wolfgang Schöler (2)
Jahrgang 1921

Am 11. Dezember 1939 wurde ich Soldat. Ich wurde Eisenbahnpionier. Am 20.4. wurde ich Leutnant, kam dann nach Polen. 1941 habe ich dann den ersten Teil des Krieges gegen Rußland mitgemacht. Bin über Lemberg weit in die Ukraine reingekommen. Während dieser Zeit habe ich die Russen, vor allem die Ukrainer, sehr schätzen gelernt. Ich hatte das große Glück, daß ich eine Zeitlang mit einem Rußland-Deutschen zusammen war, der bei uns als

Sonderführer Dolmetscherdienste machte. Der hat mir dann die ersten Russischkenntnisse beigebracht. Ich habe auch versucht, viel Russisch zu lernen, soweit wie möglich, was viele andere Kameraden abgelehnt haben. Dadurch hatte ich guten Kontakt zur Bevölkerung.

Ich glaube, daß viele Ukrainer über die Anwesenheit der deutschen Soldaten sehr glücklich waren. Wir wurden in der Gegend von Lemberg mit Brot und Salz und Eiern empfangen. Ich habe Bilder in Erinnerung, in denen die Ukrainer in ihrer Festtagskleidung zu uns kamen, um uns zu begrüßen. Aber ich glaube, ein entscheidendes Gespräch, das ich einmal mit einem gebildeten Ukrainer geführt habe, beleuchtet vielleicht die Gedanken vieler Ukrainer. Er sagte: »Nach dem Ersten Weltkrieg, nach der Russischen Revolution, gab es die sogenannte Zeit der Intervention in Rußland. Als damals deutsche Truppen zu uns kamen, haben wir uns gefreut. Wir haben uns damals zu früh gefreut. Heute wissen wir noch nicht, ob wir uns schon freuen dürfen.« Das habe ich schon damals mit meinem noch recht holprigen Russisch-Ukrainisch vermittelt bekommen.

Ich war eine Zeitlang im Gebiet südlich Saporoshje. Da hatte ich eine 19jährige Ukrainerin, eine Lehrerin, mit der ich sehr eng zusammen war. Ich war damals wahnsinnig verliebt und hätte wohl nie von ihr losgelassen, wenn nicht das Schicksal es anders gewollt hätte. Ich war auch oft im Hause ihrer Eltern. Dort habe ich wirklich das Familienleben kennengelernt. Unser Hauswirt, ein alter Kulake, ein Bauer, war auch recht zufrieden mit uns.

Ich muß sagen, es war in der Ukraine ein sehr herzliches Verhältnis zur Bevölkerung. Ich war damals 20. Als ich dann mit den jungen Mädchen – die Burschen waren ja meistens zur Roten Armee eingezogen – in Kontakt kam, erzählten sie mir, wie es war, als die deutschen Truppen im Dorf einrückten. Die jungen Mädchen mußten sich verstecken. Sie mußten ihre ältesten Kleider anziehen, sie durften sich nicht waschen. Dann kamen die ersten deutschen Panzer. Und aus den Luken stiegen die deutschen Soldaten. Was verlangten die als erstes: Wasser zum Waschen. Und dann kamen sie ins Gespräch, zeigten ihre Bilder – ein Soldat hat ja immer die Bilder seiner Lieben dabei! Der erste Kontakt erfolgte über das

Zeigen dieser Fotos. Und die Leute merkten, daß diese faschistischen Eindringlinge auch Menschen waren, wie sie selber, und daß sie gar nicht so dem Bild der Propaganda entsprachen, die die kommunistische Führung eben den Leuten dort erzählt hatte. Und allmählich holten dann die jungen Mädchen ihre besten Kleider aus dem Schrank, wuschen sich, und die Atmosphäre wurde locker. Dank meiner kleinen Freundin wurde mein Russisch auch besser.

Ich habe zum Beispiel gesehen, daß diese jungen Leute dort sehr gute Bücher lasen, daß sie sehr interessiert waren an Musik. Damals hörte ich das erste Mal in der Ukraine »Das Lied der Moorsoldaten« von Brecht, weil es die einzige Grammophonplatte war, die sie in Deutsch besaßen. Ich habe dann auch gelernt, einige russische Tänze mitzutanzen. Es war für mich ein Bedürfnis, als junger Mensch, nicht nur Soldat zu sein, sondern auch mal die Füße unter einen einfachen Tisch zu strecken, und diese Gelegenheit haben mir die Ukrainer geboten. Deswegen denke ich auch noch gerne an diese Menschen zurück.

Auf dem Vormarsch hatte ich eine schwere Angina mit über 40 Grad Fieber. Ich wurde in ein Privathaus gebracht, in dem nur zwei Frauen waren. Als die beiden Frauen merkten, daß ich so schwer krank war, boten sie ihre Hilfe an. Ich erinnere mich, daß sie die ganze Nacht bei mir am Bett gewacht haben. Sie haben mir heiße Kompressen um den Hals gelegt, die sie aus heißem Getreide in einem Wollstrumpf machten. Sie wischten mir den Schweiß von der Stirn. Und vor allen Dingen, als ich so in meinen Fieberträumen lag, habe ich wahrgenommen, daß beide Frauen zusammen an meinem Bett beteten. Ich glaube, daß die Güte dieser Frauen zeigt, daß man in der Propaganda große Fehler gemacht hat, wenn man immer von »russischen Untermenschen« sprach. Ich muß heute feststellen, daß die Zusammenarbeit mit vielen Menschen dort äußerst gut war, und ich muß dazu weiterhin feststellen, daß diese Leute wahrscheinlich später durch das Verhalten gewisser Parteifunktionäre, die wir »Goldfasane« nannten, tief enttäuscht wurden.

Ich habe dort erlebt, wie junge Leute angeworben wurden zur Arbeit im Reich, meistens in der Rüstungsindustrie. Die Gefangenen, die ja letzten Endes sich der deutschen Wehrmacht ergeben hatten, haben bei der Weiterleitung in den Westen erlebt, daß sich ihre Lage enorm verschlechterte. Die »Helden in der deutschen Heimat« tobten sich an ihnen aus, so daß sie im wahrsten Sinne des Wortes in den Lagern verreckt sind.

Für mich und auch meine anderen Kameraden an der Front ist dieses Geschehen eine ebenso große wie bedrückende Schande in der Geschichte unseres Volkes, das ist so schlimm wie die systematische Vergasung der Juden in den KZs. Ich habe selbst keine Tötung von Juden erlebt. Das war aber eines meiner erschütterndsten Erlebnisse am Anfang des Rußlandfeldzuges. Wir waren im Einsatz an einer Eisenbahnbrücke. Als die Stadt dann drüben vom Russen geräumt wurde und wir reinkamen, erlebten Soldaten meiner Kompanie, wie ein schießwütiger Hauptmann der Wehrmacht dort sich als Henker und Richter zugleich aufspielte. Er schoß Einheimische nieder. Also Leute, die er meinte beim Plündern erwischt zu haben. Und das, was meine Soldaten am meisten erschütterte und was ich erst gar nicht glauben konnte, war, daß an einer Stelle drei dieser Erschossenen lagen. Zwei waren tot und der mittlere war noch einige Tage später am Leben. Man durfte ihm nicht helfen, weil ein Posten in der Nähe das überwachte. Das konnte ich nicht glauben, das war für mich so unfaßbar, daß ich hinging und nachsah und feststellte, er lebte wirklich noch. Hoch im Fieber, schon im Koma, ich weiß nicht, ob ich dann noch unfreiwillig zu seinem Tode beigetragen habe, jedenfalls starb er, als ich da war. Seine letzten Worte waren das typisch jüdische Jammern: »Oi joijoi«. Dann war er tot.

Siegfried Fischer (2)
Jahrgang 1918

Unsere Stuka-Einheit war sehr auf die Zerstörung von Brücken im Hinterland spezialisiert. Wir waren an der ganzen Ostfront und von Stalingrad bis nach Finnland die Feuerwehr. Wir wurden immer dorthin geworfen, wo es am dringendsten nötig war. Ich habe viele Brücken zerstört.

Ich habe zum Beispiel mit meiner Bombe den Kessel von Smolensk geschlossen. Unsere Truppen stießen vor, um an dieser Brücke den Kessel zu schließen, eine Armee war eingekesselt. Das war 1941. Die russischen Truppen fluteten aus dem Kessel nach Osten. Da ließ man uns spät abends nochmals starten mit acht Maschinen, um eben diese Brücke zu zerstören. Ich hatte das zweifelhafte Glück, wieder als letzte Maschine zu fliegen und zu stürzen und sah vor mir, daß alle Bomben neben der Brücke lagen. Ich riskierte deshalb alles und warf meine Bombe dermaßen tief, daß sie erst mit Verzögerung losging. Ich unterflog dadurch die Flak, und erst nach 13 Sekunden flog die Brücke vollständig zerstört in die Luft. Dadurch waren die Russen eingekesselt.

Später habe ich mich auf Panzer spezialisiert. Ich habe 80 Panzer vernichtet. Dann flog ich die Focke-Wulf 190. Mit Hohlladungsgeschossen habe ich die Panzer hauptsächlich abgeschossen. Die Russen kamen gegen Ende des Krieges ja in unübersehbaren Massen mit ihren Panzern. Die Panzer griff ich im Tiefflug an.

Ich bin insgesamt dreizehnmal abgeschossen worden. Zweimal mit dem Fallschirm abgesprungen, und beim letzten Fallschirmabsprung mit der Focke-Wulf 190 bin ich mit den Beinen und dem Kopf am Rumpf entlang geschlittert. Ich hatte jedenfalls am Hinterkopf ein Loch, und die Beine waren zerschmettert. Zum Amputieren der Beine war keine Zeit, weil die russischen Truppen so schnell vorstießen, daß unsere Ärzte keine Zeit dazu hatten. Ich wurde immer weiter Richtung Heimat verlegt, und die Beine wurden zunächst einmal notdürftig geschient. Dann kam ich in russische Gefangenschaft südlich Berlin. Mit meiner Verwundung wurde überhaupt nichts getan, weil gar keine Möglichkeiten da waren. Erst nach zwei Monaten bekamen die Ärzte Gipsbinden, und so wurden für meine Beine zwei Gipsbinden verwendet und damit notdürftig geschient. Heute trage ich Prothesen.

Kurt Meyer-Grell (1)
Jahrgang 1921

Der »Versuchsverband Ob.d.L.« (Oberbefehlshaber der Luftwaffe), späteres Kampfgeschwader 200, war ein Spezialverband, der dazu diente, Fallschirmagenten und Sabotage-Trupps hinter der feindlichen Front abzusetzen. Wir flogen Beuteflugzeuge und führten Kommandounternehmen, wie man heute sagt, durch. So weit ich weiß, gab es 10, 15 bis 20 solcher Kommandos auf dem gesamten europäischen Kriegsplatz. Und ich habe eine ganze Reihe von Einsätzen mitgeflogen im Osten, in Rußland, habe hinter der Front Fallschirmagenten abgesetzt in russischer Uniform.

Ich will mal versuchen, einen solchen Einsatz zu rekonstruieren. Wir flogen damals die Heinkel-111. In der He-111 war eine Spezialbodenlafette angebracht, auf die die Agenten gesetzt wurden, und die dann auf dieser Rutsche und aus dieser Lafette herausrutschten. Wir wußten vor dem Einsatz nicht, wohin es ging, wir wußten nicht, was diese Fallschirmagenten für einen Auftrag hatten. Der Einsatz spielte sich so ab: von der Vorbereitung her, daß die Besatzung im Flugzeug Platz nahm und dann in einem verschlossenen, versiegelten Umschlag den Einsatzbefehl erhielt. Der Flugzeugführer, in diesem Falle ich, hatte diesen Umschlag dann zu öffenen, der Kampfbeobachter hatte separat die Wetterbedingungen mitgeteilt bekommen, es wurde dann das Ziel angegeben. Planquadrat XY, die Höhe, in der die Agenten abgesetzt werden sollten, und eventuelle Erkennungszeichen, die aufgestellt waren, gewisse Markierungen. In den meisten Fällen wurde aber blind abgesetzt, d. h. in dem befohlenen Planquadrat, ohne daß unten irgendwie zu erkennen war, ob der Platz nun wohl für die Landung geeignet war.

Ich habe nur Nachteinsätze geflogen. Ich kann mich nicht erinnern, daß tagsüber solche Einsätze geflogen worden sind. Dann kamen die Fallschirmagenten in einem geschlossenen Lkw vorgefahren. Die wurden begleitet, entweder von den Männern des Heeres, von der Abwehr, oder aber sie wurden begleitet und gestellt von Männern des Sicherheitsdienstes, des SD. Die hatten graue

Uniformen, keine schwarzen SS-Uniformen, aber es gab eigentlich keinen Kontakt zu diesen Männern, weder zu den Männern vom Heer, von der Abwehr, noch zu den SD-Männern. Sondern die Fallschirmagenten, die russische Uniform trugen, bewaffnet waren, wurden sehr, sehr schnell in den Rumpf der Maschine verladen, die meisten, ich möchte sagen, fast alle, standen unter Alkoholeinfluß, ganz bewußt, um diesen Männern und Frauen, ich habe auch manchmal Frauen mittransportiert, um diesen Männern und Frauen die Angst zu nehmen. Und nachdem wir den Kurs abgesetzt hatten, – das Ziel war klar, – die Fallschirmagenten hinten festgezurrt waren, sind wir dann gestartet.

Die eigene Flak ist nie verständigt worden. Deshalb waren wir sowohl auf dem Hinflug als auch auf dem Rückflug sehr häufig eigenem Beschluß ausgesetzt. Das war eigentlich sehr schlimm, und die Agenten hinten, die sangen in gebrochenem Deutsch Lieder, patriotische Lieder. Wo die herkamen. Wie die in die Uniform gesteckt wurden, was die für einen Auftrag hatten, – alle diese Dinge kannten wir nicht, und je länger der Flug dauerte – wir waren oft zwei, drei, vier Stunden unterwegs bis zum Ziel – desto ruhiger wurde es hinten und desto mehr machte sich auch Angst breit. Und in dem Augenblick, wo ich das Gas zurücknahm, um zum Gleitflug anzusetzen, da hatten die Absetzer hinten schon Schwierigkeiten mit diesen Fallschirmagenten. Für den, der sie absetzte, der sie rauswarf, und zwar da, wo es erforderlich war, auch mit Gewalt hinauswarf, für den gab es den strikten Befehl, keinen Agenten zurückzubringen.

Wir haben selbst uns damit entschuldigt, daß wir gesagt haben, wenn die Männer erst mal am Schirm hängen, dann kommt der Selbsterhaltungstrieb, und so werden sie also ihren Auftrag ausführen. Und das war ja nicht so, daß sie ohne Fallschirm herausgeworfen wurden, sondern eben am Fallschirm.

Wir haben dann auch nie mehr etwas gehört, wir haben nie eine Bestätigung bekommen, weil das nicht unsere Aufgabe war, es interessierte uns auch nicht. Wir wollten es nicht wissen, eben weil wir immer damit rechnen mußten, im Falle einer Gefangenschaft einem besonders scharfen Verhör ausgesetzt zu werden.

Ich erinnere mich, daß wir im Jahre 1944 dann auch sogenannte KO-Pillen bekamen. Es waren kleine, rote Tabletten, wobei man sich verpflichtete, schriftlich verpflichtete, im Falle der Gefangennahme diese Tabletten zu nehmen. Das muß wohl Gift gewesen sein. Ich habe mich vielfach so wie 007 – würde man heute sagen – gefühlt, und, Sie werden es nicht für möglich halten, ich habe mich an diese besondere Geheimhaltung noch wenigstens zehn Jahre nach dem Kriege gebunden gefühlt. Ich habe mit niemandem darüber gesprochen, was für Einsätze ich geflogen habe. Ich hatte Glück, in russischer Kriegsgefangenschaft bin ich nie darauf angesprochen worden, ich hatte keine Veranlassung, darüber zu sprechen und bin eigentlich heute sehr dankbar, daß dieses Kapitel hinter mir liegt.

Helmut Schmidt (2)
Jahrgang 1918

Ich bin erst im Sommer 1941 ins Feld gekommen, kurz nach dem Anfang des Rußlandkrieges. Ich habe diesen ersten Sommer bis Winter in Rußland miterlebt, im Verbande der 1. Panzerdivision. Ich hatte im Herbst 1941 ein Erlebnis, das mir das Gefühl, Hitler sei größenwahnsinnig geworden, vermittelte, nämlich als er sich selber zum Oberbefehlshaber des Heeres ausrief. Er setzte Brauchitsch ab, ich kannte beide nicht, aber ich dachte, der Mann ist größenwahnsinnig. Aber es ist mir so gegangen wie vielen Soldaten, wir waren keine Nazis. Zum Teil waren wir sogar Anti-Nazis. Ich war immer noch blutjung, erst 21 Jahre alt, aber wir dachten, wir hätten unser Pflicht gegenüber dem Vaterland zu erfüllen, genau wie das früher die Menschen getan haben, tun mußten. So haben wir den Krieg gesehen, im ersten Rußland-Winter und auch später noch.

Ich hatte Glück, weil ich schon im Frühjahr 1942 versetzt wurde kurz nach dieser Kalinin- und später Klin-Episode*, wir wurden ja

* Klin-Episode: Eintreffen der russischen Divisionen aus Sibirien und erste Niederlage der Deutschen.

nach Klin in lauter kleine Kessel aufgespalten und kriegten es dann immer wieder fertig, uns durchzuschlagen.

Dann wurde ich zum General der Flakwaffe in die Heimat versetzt. Da haben wir noch einen Tag gefeiert, und dann wurde ich mit einer Ju Richtung Heimat geflogen.

Die Jus flogen »leer« nach Hause, mit Verwundeten und Abkommandierten. Sie starteten von zugefrorenen Äckern. Dafür mußte man große Türme aus Benzin- oder Ölfässern bauen, aus denen Boden und Deckel herausgeschnitten waren. Unten wurde Feuer angemacht, der warme Qualm stieg unter die Motoren, um diese anzuwärmen. Die Maschine startete mit zwei Motoren, einen kriegten wir nicht in Gang. Sie flog ganz niedrig wegen der Angst vor Partisanen, die sie hätten runterholen können. Wir landeten in Orscha, und dann bin ich auf irgendeine Weise nach Oberschlesien gekommen und von da mit dem Zug nach Berlin.

Wenn Sie mich fragen, warum ich weitergemacht habe, so ist meine Antwort: Aus demselben Grunde, aus dem die amerikanischen GIs in Vietnam weitergemacht haben, obwohl sie wußten, dies hier geht alles schief. Die hatten dasselbe Pflichtbewußtsein wie wir: Wenn mein Land mir den und den Befehl gibt, ist es meine verdammte Pflicht, diesem Befehl zu folgen. Das ist genau derselbe Grund, aus dem die in Vietnam gekämpft haben.

Von den Greueltaten habe ich nichts gewußt. Ich habe aber irgendwann während des Rußlandfeldzuges von dem Kommissarbefehl gehört. Er ist mir nie vorgelesen worden, ich bin auch nie dienstlich darüber belehrt worden. Ich habe auch nie einen Kommissar gesehen, ich habe auch nie russische Gefangene gesehen, mit einer einzigen Ausnahme, wo ichKriegsgefangene erlebt habe, irgendwo in der Etappe. Ich sah einen Güterzug voll mit russischen Kriegsgefangenen. Die machten auf mich einen erbärmlichen Eindruck. Sie wurden aber nicht mißhandelt, sondern sie kriegten offenbar einfach nichts zu essen. Sie strecken ihre Hände aus und schrien irgend etwas, was ich nicht verstand. Ich nahm an, sie hatten Hunger.

Willi Nolden (1)
Jahrgang 1914

Ich bin während des ganzen Krieges Soldat gewesen. Mit Ausnahme von Lazarett-Aufenthalten war ich immer an der Front. Ich wurde achtmal verwundet. In der Weihnachtswoche 1941, da ging es über Minsk nach Brest, nach Brjansk, und da war auch gleich die Front, mitten in den schrecklichen Winter hinein. Wir hatten die normale Winterkleidung aus Frankreich mitbekommen. Dünne Mäntel und weiter nichts. Das Gerät wurde mit der Bahn nach Rußland transportiert. Als es ankam, war alles ein Eisklumpen. Da haben wir dann die ganzen Fahrzeuge auf einen großen Platz gestellt und haben rundherum Holzfeuer gemacht. Rundherum und zwischen den Fahrzeugen. Da haben wir ein paar Tage die Fahrzeuge aufgetaut, und dann lief so ein Fahrzeug nach dem anderen wieder. Es gab gleich danach sehr viel Schnee, ein bis zwei Meter hoch, und wir mußten unsere Fahrzeuge zurücklassen.

Wir wurden dann den Guderian-Panzern zugeteilt und kamen bis in die Gegend von Kaluga, Tula – in dieser Gegend war ich. Und da ging es aber wirklich nicht mehr weiter. Da wurden auch die meisten Panzer gesprengt. Ich selbst habe gesehen, daß im kleinsten Umkreis über 200 Panzer gesprengt wurden. Wir hatten hohe Verluste. Hauptsächlich Erfrierungen.

Ich kann mich erinnern, daß die Russen da mit einem interessanten Fahrzeug über die Schneefelder kamen. Das war ein gepanzerter, viereckiger Kasten, vorne dran war ein Propeller, und unten waren Schlittenkufen. Da waren immer so zwei Mann drin, und die rasten damit sehr schnell und hatten oben ein MG drauf. Wir haben drei abgeschossen mit unserer 3,7-Pak.

Dann kam die große Schlammperiode. Das war auch schlimm. Da fuhr auch nichts mehr. Wir haben tagsüber Knüppeldämme gebaut, so bis zu 20 Kilometer rückwärts zum Troß, damit überhaupt Munition und Verpflegung nach vorn kamen. Und dann kam die furchtbare Mückenplage. Wir kriegten Netze dafür. Wir haben dort in den Wäldern Mückenschwärme gesehen, so groß, daß man nicht 20 Meter weit sehen konnte.

Im April 1944 kamen wir in die Nähe des Pripjet. An diesem Fluß mußten wir über eine Brücke in ein Dorf. Wir dachten, das Dorf sei leer. Und da hieß es, über die Brücke, die ist frei. Ich war auch auf der Brücke, da kriegte ich Granatfeuer. Die schossen mit Granatwerfern in die Brücke rein. Da kriegte ich einen hier in die Hand, einen Granatsplitter. Das Blut floß sofort. Es tat nicht besonders weh, aber ich dachte, oh je, ich muß zurück. Die Kameraden riefen noch: »Kamerad, tausend Mark für deine Hand.« Das war so ein Spruch damals. Das hieß »Heimatschuß«, da gebe ich tausend Mark dafür. Das war nun meine dritte Verwundung.

Da ist noch ein Erlebnis vom Nahkampf in der Nacht. Wir sollten einen Bunker bewachen. Ich hatte vergessen, wir waren mit zwei Mann in einem Loch, ich hatte eine Maschinenpistole, und ein Offiziersanwärter, der war zehn Meter weiter auch mit einem Mann in demselben Loch.

Ich sah plötzlich gegen Mitternacht, – da wurde es in Rußland schon etwas dämmrig –, wie sich etwas bewegte. Ich sagte: »Da stimmt was nicht.« Nach einigen Minuten kamen zwei Russen auf mich zu mit Maschinenpistolen. Ja, die hatten beide eine Maschinenpistole in der Hand, aber nicht so, daß sie schießen konnten, die spazierten einfach so herum und kamen genau auf mein Loch zu. Ich hatte vor meinem Loch so ein bißchen Kuschel, und hier hatte ich eine feine Ablage in dem Graben gemacht für Handgranaten, ich war vorbereitet. Und die Leute, die zwei Russen, kamen auf mich zu, und ich wollte sie nicht erschießen, ich wollte sie gefangen nehmen.

Wie sie zwei Meter vor mir standen, da bin ich bis Brusthöhe aus dem Loch raus, Maschinenpistole auf sie gerichtet. »Pan«, sagte ich. Ich weiß nicht, was das hieß, Herr oder so was, »Waffen wegwerfen.« Die taten es aber nicht. Sie blieben stehen, waren ganz überrascht, und jetzt wollten sie weglaufen. Und das wollte ich wieder nicht zulassen. Und da kam ich jedes Mal in den Anschlag, sobald sie eine komische Bewegung machten. Und da sagte ich zu meinem Kumpel: »Spring raus und nimm denen die Waffen weg.« Da war der aber zu bange, das zu tun. Jetzt ging das, glaube ich, fünf Minuten lang hin und her. Die wollten uns auch mitnehmen.

Ich sag' zu den Russen: »Mach keinen Quatsch, kriegst Zigaretten, Schokolade.« Ich habe dem alles angeboten. Er sollte nur rüberkommen. Ich wollte ja gar nicht schießen. Aber jetzt kamen noch acht Russen auf uns zu. Und die sahen plötzlich auch, daß da was nicht stimmte. Und ich sah noch, wie ein Russe von den hinteren zur Seite und in Anschlag ging, und da konnte ich leider nicht mehr anders, ich habe dann losgefeuert, und ich habe drei Magazine leergefeuert, bis daß nichts mehr sich bewegte. Ich hatte keine andere Wahl. Also die haben wirklich durchgedreht, wie wild sind sie durcheinander gesprungen, als ich sie traf – alle tot!

Hugo Volkheimer
Jahrgang 1918

Ich bin während des Krieges auf beinahe allen Kriegsschauplätzen eingesetzt worden. Im Januar 1942 waren Teile des II. Armeekorps im Norden Rußlands bei Demiansk eingeschlossen. Wir standen bereit, um diesen Kessel aus der Luft mit Ju-52 mit Material und mit Personal zu verstärken bzw. auszutauschen. Verwundete und Tote wurden nicht ausgeflogen. Das war im ersten Rußland-Winter. Bei Minustemperaturen um 15 bis 20 Grad tagsüber, nachts sank das Thermometer auf etwa 30 Grad minus. Das war der erste Winter in Rußland, in dem die Landser keine Winterkleidung hatten. Die Pelzsammelaktion war erst später. Das waren ja alles Damenpelze, die uns dann an die Front gebracht wurden. Wir hatten nur Sommerkleidung. Vor allen Dingen: wir hatten keine Filzstiefel. Der sogenannte »Knobelbecher«* war absolut ungeeignet für diesen Winter. Wenn die Füße geschwollen waren und der Stiefel kalt, dann froren die Zehen weg.

Ich wurde zu dem Feldflugplatz geflogen, der im Kessel für die Versorgung schnell vorbereitet worden war. Die Verstärkung wurde mit Ju-52-Transportflugzeugen in den Kessel geflogen. Es

* Knobelbecher: Kurze Wehrmachtsstiefel.

mußte alles rasend schnell gehen, denn die russische Infanterie konnte den Platz mit Infanteriewaffen bestreichen. Die Maschinen durften nicht zur Landung auslaufen, sondern die hatten nur kurze Bodenberührung und starteten wieder. Da war ein schmaler Landstreifen. Der war natürlich primitiv, vielleicht 15 oder 20 Meter breit, kein Beton, keine Behausung, nichts, kein Unterschlupf, sondern an der Seite ein Graben, unregelmäßig in 3 1/2 Meter Tiefe ausgehoben. Da mußte natürlich gleich reingesprungen werden, um Deckung vor dem Infanteriebeschuß zu finden.

Kaum war ich aus dem Flugzeug rausgesprungen, entdeckte ich seltsame Haufen unter einer Plane. Aus Neugier habe ich eine vereiste Plane hochgerissen, und mir kam ein menschlicher Körperteil entgegen, es war ein Bein mit der Hüftpartie bis ungefähr unter den Brustkorb, kein Körper dabei und nichts weiter. Es muß sich also um einen Soldaten gehandelt haben, der durch eine Sprengung zerrissen worden ist. Und alle diese Haufen, die mit der Plane zugedeckt waren, waren gefallene Soldaten, die aufgrund des steinharten Bodens nicht beerdigt werden konnten.

Der Kessel ist dann aufgebrochen worden durch einen Gegenstoß. Weil das geklappt hat, haben die oben dann bei Stalingrad gedacht, das könnten sie dort auch so machen – ich meine die Luftversorgung. Das hat aber nicht geklappt.

Martin Koller (2)
Jahrgang 1923

1941 meldete ich mich zur Luftwaffe und kam nach einem Jahr auf die Luftkriegsschule Dresden, und ich lernte das Fliegen auf schönen alten Doppeldeckern. Dort hatten wir auch Unterricht in Völkerrecht. Von der Haager Landkriegsordnung und solchen Dingen habe ich dort zum ersten Mal gehört. Ein Leutnant, der die Luftschlacht um England mitgemacht hatte, fragte: »Wenn Sie angeschossen über London fliegen und die Bomben noch nicht losgeworden sind, was machen Sie dann?« »Notwurf.« »Richtig. Werfen Sie blind oder scharf?« »Blind«, sagten wir, »weil wir kein militärisches Ziel unter uns sehen.« »Falsch«, sagte er, »scharf, wir sind über Feindgebiet, kann nie schaden.« Das hat uns kolossal imponiert. So einfach ist das. »Kann nie schaden.« Wir drängten sehr an die Front, und es konnte uns gar nicht schnell genug gehen.

Ich wurde dann Aufklärer für Gefechtsaufklärung. Ich lernte die schnellsten und besten Maschinen, die Me-109, die Focke-Wulf 190 kennen und lernte dann das Fliegen, Tiefflug, Photoaufklärung, alles, was dazu gehört, schießen, Bomben werfen. Aber an die Front kam ich sehr spät.

1943 wurde ich in Marsch gesetzt nach Odessa und von dort rübergeflogen auf die Krim. Unsere Aufgaben waren im wesentlichen Aufklärung fliegen, bewaffnete Aufklärung, Gefechtsfeldaufklärung, immer alleine, bis weit hinter die feindlichen Linien. Wir kamen natürlich oft in Kämpfe über dem Kubanbrückenkopf, über Kertsch, überm Tatarengraben. Die russischen Flieger waren sehr tapfer, hatten anfangs Maschinen, die uns unterlegen waren, aber das änderte sich im Laufe der Zeit doch sehr schnell. Sie brachten neue Modelle an die Front, die uns dann ebenbürtig waren, und dann lieferten die Amerikaner mit ihrem Pacht- und Leihvertrag hochmoderne Jagdflugzeuge, die Aero-Cobras. Die waren uns haushoch überlegen. Unsere Flugzeuge waren veraltet. Als ich abgeschosen wurde, das war April 1944 über Sewastopol, hatte ich eine Messerschmitt 110 aus einer alten Baureihe, die war im Polenfeldzug schon mal notgelandet und nur wieder zurechtgeflickt worden. Mit der Maschine mußte man mich einfach erwischen. Es war nicht mehr zu machen. Ich hatte eine Artilleriestellung aufzuklären, die die eigene Artillerie nicht anmessen konnte, weil sie gut getarnt und hinter einem Berg lag, und ich hatte meinen Flug so gewählt, daß ich aus dem Osten kam, in Richtung eigene Linien flog. Im Tiefflug fand ich auch die Batterie, und über den russischen Linien traf mich ein Panzerabwehrgeschoß mit ziemlich großer Sprengwirkung.

Bei uns hieß es ja immer ›volle Deckung‹, wenn Tiefflieger kamen, bei den Russen wurde man erschossen, wenn man in Deckung ging, jeder mußte mit Pistolen, mit allem, was er hatte, schießen. Und da hat mich wohl ein Zufallstreffer erwischt, aber genau vorne in die Kabine unten, das Flugzeug reagierte nur noch auf das Höhenruder, die Motoren brannten, und ich war im Tiefflug. Zwischen den Linien bin ich dann mit ungefähr 400 Stundenkilometern auf die Erde gekracht. Meinem Funker ist gar nichts passiert, aber ich war ziemlich eingeklemmt und wurde noch eine Zeitlang geröstet von den Motorflammen.

Rausgeholt haben mich deutsche Infanteristen. Ohne diese Landser wäre ich nicht mehr am Leben. Gleichzeitig kam auch eine russische Patrouille. Es muß für die schon ein Ereignis gewesen sein, daß zwischen den Linien mal so ein großer Vogel runterging. Und trotz des dann einsetzenden fürchterlichen Feuers haben diese Landser uns da herausgehebelt aus der Maschine und in den eigenen Graben gezerrt und sofort Erste Hilfe geleistet, als ob sie das gelernt hätten und jeden Tag machen würden.

Später ist im Lazarett ein Bein an der Hüfte amputiert worden. Die Landser, die mich gerettet haben, waren großartig. Wissen Sie, bei den Frontsoldaten gab es ein ganz enges Verhältnis. Die eigene Einheit war wie eine Familie. Je größer die Belastung im Einsatz war, desto enger war der Zusammenhalt. Ich glaube, selbst wenn überhaupt kein Kriegsziel mehr vor Augen stand, als man sah, daß alles umsonst ist und zu Ende geht, hat man trotzdem weiter gekämpft, aber nur, weil man sich sonst vor seinen Kameraden geschämt hätte. Man mußte zusammenhalten, um überleben zu können, um eine Chance zu haben, und deswegen war diese kleine Gruppe das Tragfähigste, auch in der Katastrophe. Dort konnte man auch offen reden, politische Witze wurden erzählt, der Führer wurde nachgemacht, das konnte man ungeniert und offen tun.

»Sie sprechen zu Toten«

Die deutsche militärische Führung zeigte sich durch die Verluste des Unternehmens »Barbarossa« schließlich dann doch wenig beeindruckt. Hitler und seine Generale betrachteten den Kampf im Winter 1941/42 als eine vorübergehende Niederlage. Hunderttausende Männer, im Kessel von Demjansk südöstlich von Leningrad Anfang 1942 eingeschlossen, waren von Januar bis Ende April erfolgreich aus der Luft versorgt worden. Es gab anscheinend keinen Grund, warum das Reich seine Erfolge von 1941 nicht hätte wiederholen können, um den Krieg in Rußland 1942 erfolgreich zu beenden.

Am 9. Dezember 1941 hatte Hitler persönlich die Befehlsgewalt über die Ostfront übernommen. Viele Schlüsselfiguren der Operation »Barbarossa« – Guderian, Rundstedt, Bock – wurden abgelöst oder versetzt. An ihre Stelle traten neue Männer, die sich ihren Ruf erst verdienen und ihre Karrieren noch sichern mußten. Ihr Gesichtskreis war ausschließlich auf ihren Kriegsschauplatz beschränkt; ihr mangelndes strategisches Können wurde durch die Fähigkeiten der von ihnen geführten Männer aufgewogen. Im späten Winter von 1941/42 erwies sich die Wehrmacht als ein vorzüglich funktionierendes Kriegsinstrument, das die Eigenschaften einer Volksarmee und einer modernen Berufsarmee in sich vereinte.

Acht Monate Rußland hatten aber auch erbarmungslos die Schwachstellen offenbart, sowohl im menschlichen als auch im materiellen Bereich. Neue Fahrzeuge und Waffen existierten immer noch lediglich auf dem Reißbrett oder waren in der Erprobung, aber Offiziere und Mannschaften wußten auch mit dem, was sie hatten, optimal umzugehen. Respekt vor »Iwans« Härte und Entschlossenheit mischte sich mit der Überzeugung, daß der

Landser als Soldat doch überlegen sei. Noch bestand die Überzeugung, daß Stoßkraft und vor allem disziplinierte Initiative – dies alles auf der Basis von Kameradschaft und gegenseitigem Vertrauen – den deutschen Waffen im bevorstehenden Feldzug den Sieg bringen würden.

Auch die strategische Planung war realistischer geworden. Anstelle von drei Offensiven, die fächerförmig wie 1941 in verschiedene Richtungen gingen, sorgte Hitlers Weisung vom 3. April 1942 für eine Konzentration aller verfügbaren deutschen Kräfte auf den Süden, um den Feind in diesem Sektor zu vernichten und sich die kaukasischen Ölfelder sowie den Zugang über den Kaukasus in den Mittleren Osten zu sichern.

Am 28. Juni 1942 begann die große Offensive. In den ersten Wochen war es wieder wie bei der Operation »Barbarossa«, als die deutschen Panzerkolonnen unter einem Schirm der Luftwaffe durch die Steppe rollten.

Während ihres Jahres in Rußland war die deutsche Luftwaffe immer mehr zu einem taktischen Instrument geworden, das eingesetzt wurde, um Hindernisse für Panzer und Infanterie aus dem Weg zu räumen.

Die Russen hatten wohl überlegt ihre Truppen zurückgezogen, anstatt sie der Vernichtung in offener Feldschlacht auszusetzen. Aber Stalin und seine Generäle waren auch unsicher, was die Deutschen planten. Hatte Hitler die Absicht in Richtung Kaukasus zu marschieren, oder würden die Panzerdivisionen nach Nordosten abdrehen und Moskau von Süden aus bedrohen?

Hitler selbst war unschlüssig. Die Flankenbedrohung seiner Kaukasusoffensive durch die Garnison Stalingrad schien ihm zu riskant. Am 30. Juli erreichte die deutsche Armee die Wolga bei Stalingrad, das nunmehr die Schlüsselstellung in seinem Feldzug einnahm.

Das Prestige, die nach Stalin benannte Stadt zu nehmen, muß Hitler blind gemacht haben. Die Aufteilung der deutschen Streitkräfte in zwei Stoßkeile war die Entscheidung eines strategischen Amateurs. Seine Generäle waren zudem von ihrer eigenen »Betriebsblindheit« geschlagen. Generalstabschef Franz Halder beschränkte seine Empörung auf die Seiten seines Tagebuchs. Befehlshaber der Armee und der Korps knirschten mit den Zähnen und setzten ihre Hoffnung auf die »Jungens an der Front«. Sie bildeten sich ein, daß die Landser weitere Wunder vollbringen würden.

Es blieb kein Raum für Flexibilität, für elastisches Manövrieren. Statt dessen bahnten sich die Männer der 6. Armee in der Festung Stalingrad ihren Weg von Haus zu Haus, Stockwerk zu Stockwerk, Zimmer zu Zimmer.

320 Kilometer von Baku entfernt blieb der deutsche Angriff gegen den Kaukasus stecken. Im Oktober stoppte Hitler die Offensive überall, außer im Sektor von Stalingrad. Inzwischen waren die deutschen Reserven erschöpft. Entscheidende Frontabschnitte sollten von Verbündeten gehalten werden, Italienern, Rumänen und Ungarn, die schlecht ausgerüstet und wenig motiviert waren. Am 19. November 1942 schlugen die Russen zu, nicht in Stalingrad selbst, sondern an den Flanken, in der offenen Steppe. Die Verteidigung an der Achse brach zusammen; am 22. November waren die Deutschen schließlich in Stalingrad eingeschlossen.

In diesem Stadium wäre ein Ausbrechen der 6. Armee noch möglich gewesen. Statt dessen befahl Hitler, die Stellung um jeden Preis zu halten. Göring versprach leichtfertig, Stalingrad aus der Luft zu versorgen, trotz wiederholter Warnungen, daß dies unmöglich sein werde. Die Luftwaffe verlor im Verlauf dieser Aktion 488 Flugzeuge durch die russische Abwehr und schlechtes Wetter. Sie brachte nur einen kleinen Bruchteil dessen in den Kessel, was für das Leben der Armee erforderlich gewesen wäre.

Hitler ließ Erich von Manstein kommen. Als Heerführer in Rußland hatte er weitere Lorbeeren gesammelt über die hinaus, die er als strategischer Planer in Frankreich erworben hatte. Am 21. Dezember schließlich war die deutsche Entsatzarmee Hoth, die einen verzweifelten letzten Versuch unternahm, den Kessel aufzubrechen, nicht mehr als 35 Kilometer vom Stadtrand Stalingrads entfernt. Manstein empfahl, den Ausbruch der 6. Armee vorzubereiten, aber den Befehl gab er nicht. Der Chef der Armee, Friedrich Paulus, zögerte. Seine Männer seien zu schwach, ihren Weg freizukämpfen. Und er habe nicht mehr genug Benzin und Munition. Manstein beugte sich dem Willen seines »Führers«. Schließlich überließ er Paulus die Entscheidung, wohl wissend, daß der Ausbruch nun nicht mehr möglich war. Einem Offizier der Luftwaffe, der als Hitlers Emissär kurz vor der Kapitulation nach Stalingrad geschickt worden war, hielt Paulus nur entgegen: »Sie sprechen hier zu Toten.«

Am 2. Februar 1943 ergaben sich 90–95.000 Männer der 6. Armee. Aber mehr als nur Männer und Waffen waren verloren worden. Noch nie in der Geschichte der preußisch/deutschen Armee hatten Generäle ihre Soldaten auf das Wort eines Politikers hin im Stich gelassen. Als Stalingrads Schicksal besiegelt war, besaß kein hoher Offizier der Wehrmacht die Zivilcourage, sich gegen Hitler zu wenden. Keiner trat zurück.

Offiziere, die in Stalingrad gefangen genommen worden waren, bildeten den Kern des »Nationalkomitees Freies Deutschland« und des »Bundes Deutscher Offiziere«, Organisationen, die 1943 ins Leben gerufen wurden. Aus Erbitterung und in der Hoffnung, zu retten, was zu retten war, nahmen sie die Erklärungen der Sowjets, daß Rußland gegen das Nazi-Regime und nicht gegen das deutsche Volk kämpfe, für bare Münze. Und in Deutschland rief Propagandaminister Josef Goebbels den »totalen Krieg« aus.

Heinz Pfennig
Jahrgang 1921

Ich kam als junger Leutnant im Juli 1942 ostwärts von Charkow zur 8. Kompanie des Eisenbahn-Pionierregiments IV. Da begann der Vormarsch gen Stalingrad. Unsere Hauptaufgabe bestand darin, Eisenbahnstrecken umzuspuren auf die breitere russische Spur. Die russische Bauweise ist einfach. Die Schienen werden nur auf die Schwellen genagelt, mit langen Nägeln.

Auf dem Vormarsch nach Osten war das deutsche Heer noch sehr erfolgreich.

Wir sind dann auch über den Don rüber bei Kalatsch und weiter, Richtung Stalingrad. Die drei Einsatzzüge der Kompanie machten Quartier am Bahnhof Karpowka, südwestlich von Stalingrad. Eisenbahner in Feldgrau nahmen den Betrieb auf, um die Stalingrad-Front vom Bahnhof Karpowka aus mit Munition zu versorgen. Nacht für Nacht kamen sowjetische Kleinflugzeuge, die »Nähmaschinen«, die versuchten, den Bahnhof zu demolieren. Es war ein hartes Brot, Nacht für Nacht Schäden auszubessern im Dunkeln. Man mußte sogar die Schienen trennen mit Meißel und Vorschlaghammer, denn das Schneidgerät hätte ja den genauen Standort verraten und den »Nähmaschinen« ein leichtes Ziel geboten. Und da war es schon erstaunlich, mit was für einer Ruhe, mit was für einem Gleichmut und mit was für einem Fleiß unsere Soldaten hier Nacht für Nacht ihre Pflicht erfüllten, denn sie haben sich manchmal so gefühlt wie ein Lamm auf der Opferbank. Ich muß staunen, wie tapfer sich die Soldaten gehalten haben. Und es verging auch keine Nacht, wo nicht Tote oder Verletzte zu beklagen waren.

Der Stalingrad-Kessel war immer vom Norden her bedroht, – von der Flanke her. Da waren die Italiener. Um den 18., 19., 20. November herum gelang dann der Durchstoß der Russen, und Stalingrad wurde eingeschlossen.

Im Laufe des Dezembers wurde dann stark rationiert. Das Brot wurde kontingentiert, besondere Lebensmittel gab es kaum noch, Kartoffeln nur noch in Form von Kartoffelflocken, wir wurden ja nur noch aus der Luft versorgt. Der erste Schnee kam. Das war das große Problem. Und ohne Winterkleidung. Wir hatten zwar noch leidlich feste Behausungen, nicht alle rusischen Einwohner waren geflohen, so hatten wir hier und da einen Raum in Häusern. Außerdem wurden eilends Bunker gebaut, und das Problem war jetzt das Heizmaterial; endlose Steppe, kein Wald und nichts, gar nichts.

Die Situation spitzte sich zu im Januar. Am 10. Januar brach der Russe durch. Nun war auch unsere Zeit als Eisenbahnpioniere beendet. Wir wurden infanteristisch eingesetzt. Weihnachten hatten wir pro Mann einen Eßlöffel voll Erbsen, zwei Eßlöffel voll Kartoffelbrei aus Kartoffelflocken und zwei Riegel Schokolade. So drei, vier Zigaretten. Das war also unser Weihnachtsfest.

Wir haben uns im Schnee einbuddeln können und haben warten können, bis der Russe angreift. Die Russen wußten, die Zeit arbeitet für sie, und die Kälte arbeitet für sie. Wir sahen natürlich die Flugzeuge, die uns versorgten. Und das gab den Landsern Hoffnung. Was enormen Auftrieb gab, das waren die so beliebten Scheißhausparolen. Immer wieder gab es neue. »Hast Du schon gehört? Wir haben gehört von der Gruppe Hoth, die vom Süden herkommen soll und die uns raushauen soll.« Also diese Parolen trieben Blüten in den schönsten Farben. Natürlich klammerte man sich daran. Auch in dieser schweren Situation hat niemand Äußerungen gemacht wie: »Mensch, wir sind in den Arsch gekniffen« oder »Man hat uns hier vergessen«, »Die lassen uns verrecken, die haben uns verraten und verkauft.«

In der Nacht vom 10. auf 11. Januar habe ich mir dann beide Hände und beide Füße erfroren. Ich hatte bei dem Geplänkel in der Nacht einen Granatwerfersplitter in den rechten Unterschenkel bekommen, so daß mir später, nach Monaten in der Gefangenschaft, am rechten Fuß die Zehen amputiert werden mußten. Die Finger waren aufgequollen und sahen aus wie Blutapfelsinen. Nach zwei Tagen hingen dann die Fingernägel in den Handschuhn drin, die Haut ebenfalls. Mein damaliger Chef sagte: »Komm, du gehst jetzt erstmal ins Lazarett.« Und ich kam in ein Lazarett der 305. Infanteriedivision. Da wurde ich versorgt. Mittlerweile waren die Verbände beinahe völlig verhärtet, wie Gips, und stanken wie die Pest von dem vielen Eiter. Ich lag in einer Lazarett-Baracke.

Eines morgens kam dann die Hiobsbotschaft: »Die Russen sind durchgebrochen, Oberleutnant Graf ist gefallen. Wir setzen uns ab Richtung Stalingrad-Mitte.« Ich bin dann zu Fuß Richtung Stalingrad-Mitte aufgebrochen, mehr oder weniger apathisch, mehr oder weniger energisch voranschreitend. Es gab kaum etwas zu essen, manchmal ein bißchen Suppe, manchmal auch Haferbrei. Von Brot war schon gar nicht mehr die Rede. Ich wußte, du mußt jetzt voran, dein Leben retten. Ich glaube, daß hier einmal Apathie die eine Seite war, und die andere war das Animalische, also der Selbsterhaltungstrieb, den ja leider viele, wenn sie von ihren Heldentaten erzählen, als eiserne Energie darstellen, und in Wirklichkeit war es doch nur ein Vorwärtsdrängen, aus Angst geboren, um sein bißchen Leben zu retten.

Es ging Richtung Stalingrad in die Stadt hinein. Dann landeten wir am Ende der sogenannten Barrikade. Da hatte man von einem Straßenzug, der ostwärts der durchgehenden Bahnlinie lief, alle Zufahrten nach Osten hin zum Roten Platz verbarrikadiert. Mit alten Lkws, mit alten Fahrzeugen, war eine Barrikade entstanden, so daß man die lange Häuserzeile längs der Straße gut besetzen konnte. Man konnte also sehen, wenn der Angreifer kam. Ich hatte nun mittlerweile zwei dick verbundene Hände, am linken Fuß hatte ich einen großen Stiefel, am rechten nur dicke Verbände.

In dieser »Barrikade« hatte man ein System entwickelt. In den Kellerräumen war es leidlich warm. Da hockten die Soldaten mit ihren Waffen. Drüber, im Untergeschoß, saßen stundenweise Posten und lugten nur rauf zum Eisenbahndamm. Und wenn sich da was tat, dann gaben sie Signal. Ich wurde dort als Posten hingesetzt. Ich hatte ein Stück Leine, und auf halber Höhe zwischen dem Keller und dem Fußboden hing ein Bündel aus Eisenteilen und Nägeln. Wenn ich damit schepperte, dann hieß das: Sie kommen. Und dann stürzten die Kameraden leidlich aufgewärmt aus dem Keller in ihre bekannten Stellungen, und es hieß »Feuer frei«.

Aber nach kurzer Zeit wurde ich als Melder nach Stalingrad hinein geschickt, zum Kaufhaus, dem Hauptquartier von General Paulus. Das war für mich sehr beschwerlich, denn ich konnte ja kaum laufen. Mittlerweile war der Kessel so klein geworden, daß von ringsum immer schön hineingehalten wurde. Artillerie, Granaten und Granatwerfer. So sah man in diesem engen Kesselraum eigentlich nur Staub aus trockenem Mörtel von den einstürzenden Wänden, von feinem Schnee und in diesem Dunst die Mauern, die dann und wann leicht schwankten. Ich bin durchgekommen zum Kaufhaus. Da habe ich meine Meldung abgegeben und kriegte dann eine Tasse Kaffee, ich kriegte ein Stück Wurst. Ich denke, ich sehe nicht richtig. Es war der 30. Januar 1943. Es wurde die Parole ausgegeben: »Heute zum 10. Jahrestag der nationalen Revolution wird nicht kapituliert.«* Ein großes Wort in der Scheißsituation. Aber dann am 31. war es dann soweit.

Die Russen kamen. Die Frontsoldaten, mit denen wir es zu tun hatten, haben sich ganz ordentlich benommen. Sie haben zwar nach Uhr und nach Photoapparat und nach allem möglichen gefragt, aber sie haben nichts weggenommen ohne Gegenleistung. Ich habe einen Füllfederhalter, einen Tintenkuli, weggegeben. Dafür habe ich ein halbes Brot gekriegt. »Was willst du mehr, Herz, nicht?« Man zog mit uns nach Stalingrad hinein.

In einem dieser Riesenschutthaufen, wo früher die Oper gestanden hatte, da war ein gähnendes Loch. Da mußten wir hinein und landeten unten in einem leeren Kellerraum. Da lagen noch Schutt, Steine, Brocken herum. Das wurde dann von den Russen als Sammellazarett 6 bezeichnet.

Und es waren ein Arzt dabei und ein deutscher Sanitätsfeldwebel. Ein optimistischer, mitreißender Mensch. Aber er konnte nicht viel tun, denn was dann an russischen Soldaten kam, das war weniger erfreulich. Man nahm uns Mäntel, Decken, ja sogar die Verbandpäckchen ab. Wir hatten also nichts mehr. Und in dieser Situation mußte man dann sein Unterhemd ausziehen, was sowieso verlaust war, die ganzen Klamotten waren ja verlaust, und mußte versuchen, dann und wann einmal seinen Verband zu wechseln.

* 30. Januar 1933: Tag der Machtübernahme Hitlers.

Und in dieser Zeit tauchte dann auch der erste Fall von Fleckfieber auf. Wir waren 26 Mann, die Stamm-Mannschaft. Denn was morgens tot war und rausgetragen wurde, das wurde im Laufe des Tages irgendwo her wieder aufgesammelt und da hinein gesteckt. Manchmal war es etwas weniger, manchmal war es etwas mehr. Jeden zweiten, dritten Tag, da kam mal so ein Kübel mit einer sogenannten Suppe. Das war heißes Wasser mit Grießkörnern oder Graupen drin. Dann gab es wieder nichts. Mit 26 Mann ein Brot, eine halbe Scheibe pro Mann und dann wieder nichts, und so sah man eben links und rechts seine Kameraden sterben. Und da habe ich dann Fleckfieber gehabt. Da fehlen mir 14 Tage. Hinterher habe ich bloß noch so Vorstellungen gehabt, daß ich Läuse sah, die waren so groß wie diese kleinen, griechischen Landschildkröten. Und wie ich nach diesen 14 Tagen mal wieder richtig zu mir kam, als ich wieder sehen und wieder fühlen konnte, da merkte ich, Mensch, Oberschenkel, Unterarme, die sehen ja furchtbar aus. Aber sofort war der Wille zum Leben da.

Nach Wochen hatte ich den Drang: Du mußt doch mal raus hier aus diesem Kellerloch. Da bin ich dann die kaputte Treppe hochgerobbt, gekrochen und sah dann nach Monaten wieder Tageslicht. Aber leider auch einen Iwan, einen Wachtposten, der stand da. Mit seiner »Mandoline«, mit seiner Maschinenpistole. Und der Iwan hat mich mit ausgestreckter Hand aufgehalten. Da habe ich nur gesagt: »Ich will die Sonne haben.« Da sagte er: »Setz Dich.« Da habe ich mich da hingehockt, dann kramte er in der Tasche rum und heraus kam Zeitungspapier, Machorka* rein, steckte die Zigarette an, kam zu mir und gab sie mir. Und jetzt muß ich auf etwas kommen, das muß gesagt werden. Ich habe viele gute russische Menschen kennengelernt. Und der erste wirklich gute, das war dieser Soldat. Mir ist bald übel geworden von diesem Machorka, aber er wußte, was er damit tat. An dem kleinen Ding habe ich mich damals seelisch festgehalten.

An dem nächsten bedeutungsvollen Tag, am 20. April 1943, wurden wir aus diesem Kellerloch rausgeholt, ja, »Führers« Ge-

* Übelriechender russischer Tabak, aus dem die Soldaten mit Zeitungspapier Zigaretten drehten.

burtstag, so kurios das klingt, und kamen in ein wirkliches Lazarett, in ein festes Gebäude, aber auch das war ohne Fenster. Aber es waren Pritschen drin. Das war immer noch in Stalingrad. Da treffe ich den Arzt unserer Kompanie wieder. Die Freude war groß. Ich wog mittlerweile noch 80 Pfund, das Gehen, das war mehr ein Schleichen. Der hat angefangen, meine Erfrierungen zu behandeln. Also am rechten Fuß, sagt er, da muß amputiert werden. Am linken Fuß, das tut verdammt weh, was ich mache, aber da kann man was retten. Wenn ich mit einem scharfen Löffel jetzt vorne die ganzen, die vergammelten Knochensplitter rausbohre, können wir die Zehen retten. Ich sagte: »Ja, dann probier es mal.« Das hat höllisch weh getan, ja. Es ist gutgegangen.

Im Dezember wurden wir von diesem Lager in der Zarikaschlucht in einen Transport gesteckt, und ich kam in ein riesiges Kriegsgefangenen-Lazarett. Und dort war ein Arzt, ein Chirurg, der hat sich dann meine Erfrierungen beguckt. Er hat den Kopf geschüttelt und gesagt: »Den rechten Fuß müssen wir amputieren.« Er sprach fließend deutsch. »Ich habe keine Injektionsmittel für örtliche Betäubung, Narkose kann ich Ihnen auch keine machen, außerdem, Narkose würden Sie gar nicht durchstehen.« Dann kam ich auf so einen Operationstisch, ein deftiges Tuch über mich gelegt, dann kamen vier stabile Krankenschwestern, eine da, eine da, eine da, eine da, die mich hielten und dann das Laken runterzogen, und nur unten guckte der Fuß raus. Da hat er dann operiert und hinterher noch erzählt wie. Ich habe also durchgehalten eine knappe halbe Stunde, und dann war ich besinnungslos. Der Arzt hat sich wahnsinnige Mühe gegeben. Er war Jude, in der russischen Armee, ein hervorragender Mensch.

Am 30. Dezember 1943 wurden wir zu fünft rausgeholt, drei Deutsche und zwei Rumänen. Wir wurden dann zum Bahnhof gebracht, in einen Waggon gesteckt, der vergittert war, in der Mitte ein Riesenofen drin, und wurden dann von da aus nach Wladimir gebracht. Am Silvestertag, am 31., von Wladimir nach Susta, das ist dieses berühmte Kloster Susta, wo der falsche Dimitri, der einmal Zar werden wollte in Rußland, gesessen hatte. Da wurden wir hintransportiert. Fünf Gefangene, heruntergekommene Elendsgestalten, mit drei Posten und zwei scharfen Hunden. Also fünf zu fünf.

Schnee, einen Meter, und jetzt per pedes vorwärts marsch. Wie man das übersteht, das weiß ich nicht. Wir wußten nur, wer umfällt und liegenbleibt, wird erschosen. Wer anfängt zu wanken und zurückbleibt, den beißen die Hunde. Also marschieren. Das waren rund 45 Kilometer an einem Tag. Der Mensch, der kann so viel, wenn er muß. Für mich ist es heute das größte Rätsel meines Lebens, daß ich das überhaupt geschafft habe. Ich wußte, daß der Tod die Alternative war. Und in diesem Lager Susta, wir sind angekommen Silvester 1943/44, da bin ich erst wieder wach geworden am Nachmittag des 2. Januar. So lange habe ich geschlafen.

Von da aus bin ich dann in das große Offizierslager nach Jelabuga gekommen, Ende des Jahres 1944. Dort gab es Anhänger des Nationalkomitees Freies Deutschland. Das Nationalkomitee waren Emigranten, Mannschaften, kommunistisch angehaucht.

Einsiedel soll einer der ganz wenigen Offiziere gewesen sein, die zu den Gründungsmitgliedern des Nationalkomitees gehörten. Es waren später Generäle, die als Ergänzung den »Bund Deutscher Offiziere« gründeten. Man bemühte sich immer, möglichst viele Mitglieder zu bekommen. Wir trugen noch unsere Dienstgradabzeichen und sogar Hoheitsabzeichen. Dafür trugen die Mitglieder des Bundes Deutscher Offiziere ein schwarz-weiß-rotes Band und sprachen sich an mit »Herr Kamerad«. Es ist denen nicht gelungen, mich zum Mitglied zu machen. Im Gegenteil. Ich erfuhr dann, daß ich als »unverbesserlicher Faschist« eingestuft war.

Meine Verurteilung zu 25 Jahren im Arbeits- und Bewährungslager erfolgte im Dezember 1949. Vorher war die Qual der Verhöre. Man warf mir Kriegsverbrechen in Stalingrad vor. Kriegsverbrechen gegen die Zivilbevölkerung, die ich erbarmungslos aus ihren Häusern in die Kälte gejagt hätte.

Am 15. Oktober 1955 kam ich mit einem Transport von Kriegsgefangenen im Lager Herleshausen an. Konrad Adenauer hatte bei seinem Moskau-Besuch erreicht, daß wir nach Hause durften.

Heinrich Graf von Einsiedel
Jahrgang 1921

Wenn man in einem Hause aufwächst, in einem Hause, wo überhaupt nur geredet wurde von Himmler »der Mörder«, Göring »der Morphinist«, Ley »der Säufer«, Goebbels »die Lüge hat ein kurzes Bein«, Hess wurde nur »Ruthchen« genannt, weil er als schwul galt, wenn man in einer solchen Umwelt aufwächst, und gleichzeitig als Junge in einem Umfeld, das mehr oder weniger begeistert ist von dem nationalen Wiederaufstieg und dem wirtschaftlichen Aufstieg, den Deutschland damals ohne Zweifel mitgemacht hat, lebt man natürlich in einer ungeheuer widerspruchsvollen Welt. Manche Dramen spielten sich dort ab. Es war interessant, in welchen Widersprüchen ich lebte. Dann kam der Krieg. Natürlich spielte auch die Fritsch-Affäre* eine Rolle, die Blomberg-Affäre**, das war natürlich ein Gesprächsstoff bei uns, und mein Vater vertrat immer die Ansicht, eines Tages werden die Generäle mit dem braunen Spuk Schluß machen. Das also war meine Hoffnung. Ich wurde erst zum 1. Oktober zur Luftwaffe einberufen und machte den Polenfeldzug mit.

Jetzt kommt noch ein sehr wichtiges Schlüsselerlebnis. Ein Freund, der Urlaub hatte, besuchte mich auf der Jagdfliegerschule. Er erwirkte beim Kommandeur der Jagdfliegerschule Sonderurlaub für mich und konnte mich mit nach Berlin nehmen. Er sagte, wir fahren in die Prinz-Albrecht-Straße. (Hauptquartier der Gestapo). »Um Gottes Willen, was willst du denn da?«

»Wir besuchen dort Achim Peiper.«

Achim Peiper kam aus der Jugendbewegung. Es waren zwei Brüder und Generalssöhne, und Achim Peiper war inzwischen Adjutant von Himmler geworden. Ich fragte ihn: »Was willst du denn bei Peiper?«

* Fritsch-Affäre: Anschuldigung der Homosexualität, wählte den Soldatentod im Warschau-Vorort Praga.

** Blomberg-Affäre: Mußte den Abschied nehmen, weil er Hitler die Trauzeugenschaft zugemutet hatte, als er eine Frau heiratete, der man nach der Eheschließung vorwarf, vordem eine Prostituierte gewesen zu sein.

»Ich will erfahren, wie es weitergeht.«

Wir wurden vorgelassen. Unter anderem sagte Peiper: »Wir werden nächstes Jahr Rußland angreifen, Rußland ist verteidigungsunfähig. Der Finnland-Krieg hat das bewiesen. Die sind vollkommen kampfunfähig. Stalin hat die Rote Armee ihrer Köpfe beraubt, und in sechs Monaten spätestens sitzen wir im Kreml, und dann machen die Engländer von allein Frieden.«

Dazu noch eine Geschichte: Unter meinen Jugendfreunden hatte ich einen Mentor, einen Schweizer Professor, Alfred Schmidt. Ich habe ihn erst 1940 kennengelernt. Diesem Mann hatte ich von unserem Besuch bei Peiper erzählt. Ich war am 15. Juni 1941, an genau dem Sonntag, bevor der deutsche Angriff auf die Sowjetunion losging, bei ihm in Berlin. Schmidt sagte zu mir: »Du hast übrigens Recht gehabt, nächste Woche, am 21. Juni geht es los.«

Ich habe damals in meinem jugendlichen Unverstand so zynisch dahergesagt: »Na, wenn wir es wissen, dann wird es ja Genosse Stalin auch schon wissen.«

Da hat der Schmidt mich ganz ernst angeguckt und hat gesagt: »Das ist das Beste, was uns passieren kann.«

Und dann habe ich ihn gefragt: »Wie meinst du denn das?«

Da sagte er: »Na, ich weiß nicht, ich kenne die Widerstandskraft der Sowjets nicht, aber eines sage ich dir, wenn deutsche Knobelbecher vor Petersburg, vor den heiligen Städten Rußlands, erscheinen, dann wird ganz Rußland für Mütterchen Rußland kämpfen und damit für Stalin.« Er sagte: »Die Russen sprechen von Matsch Rodina, für sie ist die Erde die Mutter.«

Und dann hat er noch gesagt: »Du mußt dir die Russen wie den Riesen in der griechischen Sage vorstellen. Den mußt du vom Boden loslösen, um ihn zu besiegen, sonst, solange der auf dem Boden steht, ist er unbesiegbar.«

Es steht fest, daß fast sämtliche Wehrkreiskommandeure, sämtliche Brigadekommandeure, 90 bis 95 Prozent der Divisionskommandeure von Stalin umgebracht worden sind. Es ist ganz klar, daß Zehntausende liquidiert worden sind, was nicht bedeutet, daß sie alle erschossen worden sind. Viele saßen in Lagern. Die Folge war die miese Leistung in Finnland, die Folge war auch die miese Leistung 1941. Für mich war das damals vollkommen klar, das hat

Peiper uns auch ganz klar gesagt: der Finnland-Krieg hat bewiesen, daß die Rote Armee kampfunfähig ist!

Dann ging es nach dem Osten. Ich nahm später an der Sommeroffensive 1942 in Rußland teil. Während dieser Sommeroffensive kam unser Kommodore, Oberst Lützow, aus Deutschland an und sagte: »Der Führer hat alle Pläne umgeschmissen, wir gehen jetzt durch den großen Don-Bogen auf Stalingrad los.«

Ein Teil ging plötzlich auf den Kaukasus los, der deutsche Angriff fächerte auseinander. Am Nordrand von Stalingrad wurde ich über einem bereits abgeschnittenen deutschen Panzerkeil verwundet.

Ich wurde am 30. August 1942 am Südrand von Stalingrad infolge eines Kühlertreffers abgeschossen. Ich machte eine Bauchlandung direkt am Rande eines russischen Feldflugplatzes. Ich geriet in Gefangenschaft. Ende Januar 1943 kam die Meldung, die 6. Armee hat kapituliert und 90.000 Mann und 24 Generäle sind in Gefangenschaft gegangen. Der russische Lagerkommandant kam zu mir und sagte: »Nun, was sagen Sie dazu, Graf Einsiedel?«

Da sagte ich: »Das glaube ich erst, wenn die Leute hier im Lager sind. Ich halte es für ausgeschlossen, daß eine deutsche Armee mit 300.000 Mann zugrunde geht und daß 24 Generäle lebend in Gefangenschaft geraten sind.«

Der Russe hat bloß über mich gelacht und hat gesagt: »Na, Sie sind immer noch ein Faschist.«

Inzwischen bin ich dann sehr krank geworden. Aber eines Tages wachte ich aus fürchterlichen Fieberanfällen auf, da kam der Sanitätsoffizier, der die Krankenabteilung im Lager leitete, und sagte: »Die Generäle sind da.«

Dann hat er mich hochgehoben und kratzte das Eis von der Scheibe, und da sah ich Stücker 20 Generäle über die Lagerstraße stolzieren mit ihren roten Hosen und in ihren Pelzmänteln.

Ein Stubenkamerad schabt mit dem Messer das zentimeterdicke Eis von der Fensterscheibe. Mit Hilfestellung einiger Kameraden kann ich mich aufrichten und einen Blick auf die Lagerstraße werfen. Dort bietet sich mir ein Anblick, der gespenstisch und grotesk zugleich ist – die Generäle beim Einzug in ihre Quartiere. Blitzende Monokel und Orden, Pelzmäntel und Spazierstöcke, leuchtendrote Generalsaufschläge und wunderbare, mit Leder abgesetzte Filzstiefel, energische Gesten, weitausholende Handbewegungen, strahlendes Lachen. Und nur selten in diesem bunten und eleganten Bild ein grauer Fleck: die gebeugte Gestalt eines alten Lagerinsassen in zerlumpter russischer Wattejacke oder zerfetzter deutscher Uniform, anstelle des Schuhwerks Lappen mit Bindfäden um die Füße gewickelt – das ausgemergelte Gesicht ständig zu Boden gesenkt.

Wie wir hören, soll der Transport der Generäle und jener 300 Offiziere von Stalingrad nach Krasnogorsk in einem Schlafwagen-Sonderzug mit weiß bezogenen Betten vor sich gegangen sein. Mit ungläubigem Staunen hören wir Alt-Gefangenen von Kondensmilch, von Butter, Kaviar und Weißbrot, die es auf diesem Transport als Verpflegung gab. Dennoch sind einige der Neuankömmlinge bereits mit Flecktyphus infiziert.

Ich habe dem Nationalkomitee Freies Deutschland angehört bzw. seine Gründung unterstützt. Uns wurde natürlich Landesverrat vorgeworfen. Man darf aber nicht vergessen, das Kaiserreich hatte mit dem Bolschewismus paktiert, die Weimarer Republik und Hitler hatten mit dem Bolschewismus paktiert, jetzt paktierte die ganze freie demokratische Welt mit den Bolschewiken gegen Hitler. Warum sollten ausgerechnet die deutschen Kriegsgefangenen, die von ihrer eigenen Regierung totgesagt waren, im Stich gelassen waren, die praktisch vogelfrei waren, weil die damalige deutsche Regierung das Völkerrecht im Rußlandfeldzug außer Kraft gesetzt hatte, warum sollten die nun nicht die Möglichkeit ergreifen, die ihnen geboten wurde, dem deutschen Volk zu sagen, was in Deutschland die Widerständler nicht sagen durften: »Kinder, der Krieg ist verloren, und außerdem werden Verbrechen ungeheurer Art begangen.«

Wir haben den Deutschen einfach gesagt: »Wenn Hitler nur durch die Waffen der Alliierten gestürzt wird, ist das das Ende des Reiches, die Zerstückelung unseres Vaterlandes, und gegen niemanden können wir dann Anklage erheben als gegen uns selbst. Wir haben nur dann eine Chance, irgendwie auf unser Nachkriegsgeschick selber einzuwirken, wenn wir selber Hitler stürzen, aus eigener Kraft.«

Daß die Kommunisten natürlich ihre kommunistischen Ziele in dem Komitee verfolgt haben, das ist klar. Was wir über die Nachkriegskonstruktion Deutschlands gesagt haben, sind natürlich leere Formeln. Aber immerhin, so wie sie formuliert waren, könnten sie alle im Deutschen Grundgesetz stehen.

Alles, was wir dort an politischen Forderungen erhoben haben, sind absolut legitime demokratische Forderungen. Ich glaube auch nicht, daß die Russen damals mit dem Nationalkomitee das Ziel hatten, mit nützlichen Idioten Deutschland zu bolschewisieren, denn dann hätten sie ja gerade dafür sorgen müssen, daß der Hitlerkrieg möglichst lange dauerte und der Staat möglichst zugrunde ging. Daß einige Leute, die im Nationalkomitee waren, wie ich zum Beispiel, daß die von der kommunistischen Ideologie eingefangen worden sind wie ich, das war dann, wenn Sie so wollen, meine private intellektuelle Insuffizienz, daß ich nicht rechtzeitig durchschaut habe, welche Irrtümer in der marxistischen Ideologie liegen. Aber man darf nicht vergessen, ich war damals 21 Jahre alt.

Ich war zweimal mit der Roten Armee an der Front als Frontpropagandist des Nationalkomitees, einmal im Herbst 1943 an der 4. ukrainischen Front, und dann bin ich am Neujahrstag 1944/45 von Moskau abgefahren, um mit der Roten Armee nach Deutschland zu kommen. Ich war bei der Heeresgruppe Rokossowski, der sogenannten 2. Weiß-Russischen Front am Narew. Wir hatten dann an jeder Front bei den Divisionen Fronthelfer des Nationalkomitees, die Lautsprecher-Propaganda in den Gräben machten. Die erlebten nun die fürchterlichen Übergriffe der Roten Armee beim Einmarsch in Deutschland, in Ostpreußen. Wir hatten aber schon genug gesehen, und mein Kamerad und ich bekamen den Auftrag, den deutschen Mitarbeitern des Nationalkomitees zu sagen, diese Untaten seien nicht von russischen Soldaten begangen, sondern von verkleideten deutschen Werwölfen in russischen Uniformen. Diesen Blödsinn habe ich natürlich nicht mitgemacht, ich habe mich dann auch geweigert, deutsche Soldaten in den Kessel zu schicken, weil die vollkommen ungenügend vorbereitet waren. Es war ganz klar, daß die erschossen werden würden. Ich habe nicht dabei mitgemacht, die Greueltaten zu verschleiern.

Ich wurde nach Moskau zurückgeschickt und war dann in Ungnade gefallen, deshalb bin ich erst 1947 aus russischer Kriegsgefangenschaft zurückgekommen. Die Geschichtsschreibung der DDR sagt dann über mich, ich sei zwar ein aufrechter Hitler-Gegner gewesen, aber aufgrund meiner Herkunft so eng mit dem Junkertum und dem Monopolkapital verbunden, daß ich im Moment, als die Rote Armee sich anschickte, Deutschland von beidem zu befreien, zum Feind überlief und begonnen habe, die Mitarbeiter des Nationalkomitees gegen die Sowjetunion aufzuhetzen und die Rote Armee zu verleugnen.

Monsignore Josef Kayser
Jahrgang 1895

Nachdem ich den Ersten Weltkrieg als Leutnant von Ostende über Verdun bis zum Hartmannsweiler Kopf* mitgemacht hatte, bin ich Priester geworden. Während des Zweiten Weltkrieges war ich der Seelsorger der 76. Infanterie-Division. Im Sommer 1942 nahm ich am Vorstoß der 6. Armee über den Don in Richtung auf die Wolga teil.

Vom November bis zum Januar 1943 erlebte ich die Tragödie des Untergangs einer ganzen Armee. Als es dann zu Ende ging, habe ich neben meiner Aufgabe als Priester auch im Lazarett geholfen. Ich habe herzzerreißende Bilder erlebt. Ich war immer vorn dabei. Am 22. November – an meinem Geburtstag war der Stalingradkessel zu! Ich hatte vier Gottesdienste für diesen Tag angesetzt und zwei davon gehalten. Bei einer Kälte von 40 Grad unter Null waren Eisstückchen im heiligen Kelch. Ich packte meine liturgischen Geräte auf einen kleinen Rodelschlitten und zog ihn von Wertjatschi nach Peripolny, wo das Lazarett des Armeekorps eingerichtet war. Auf dem Wege – etwa 2,5 Kilometer – sah ich zum erstenmal im Kriege flüchtende Rot-Kreuz-Schwestern und Ru-

* Hartmannsweiler Kopf: heftig umkämpfter Höhenrücken im Elsaß.

mänen – bei denen die russische Armee durchgebrochen war. Beim Korpslazarett standen ca. 20 »Sankras« (Sanitätskraftwagen). Ich half die Verwundeten heraustragen und öffnete die Hinterklappe eines Sankra. Dabei fiel mir gleich ein toter Kamerad entgegen. »Gut, daß Sie da sind – Herr Pfarrer! Der Kamerad drückte mich so!« klang's aus dem Dunkel des Wagens!

»Kerl, der ist ja schon längst tot«, sagte ich nur, und statt eines Gottesdienstes half ich – hielt Köpfe und machte Beruhigungs-Spritzen.

Als ich einmal vom Operationstisch, um Luft zu schöpfen, nach draußen kam, lief ein Hund dort herum, in seiner Schnauze hatte er einen Männerarm, der Trauring war noch am Ringfinger! Die letzten angesetzten Gottesdienste fielen aus.

Es war in Wertjatschi am Don im Monat November. Es war der Monat, in dem ich 1.056 deutschen Soldaten die Augen zugedrückt habe. Wir hatten den Verbandsplatz in der »Schweinekolchose« eingerichtet. Ein junger deutscher Soldat – ein Westfale nach der Aussprache zu urteilen – griff immer nach seiner Hosentasche, als wollte er dort etwas herausziehen. Ich dachte, der will sicher seinen Rosenkranz haben und folgte der schwachen Hand mit meiner Rechten. – Ich griff in die offene Bauchhöhle und zog die Hand – rot von frischem Blut – wieder zurück. Der Junge schaute mich mit seinen blauen Augen an wie ein kleines Kind: »Herr Pfarrer«, sagte er, »jetzt kann ich aber nicht mehr stürmen!«

»Brauchst du auch nicht, mein Junge!« sagte ich.

Im gleichen Moment – mich unverwandt anschauend – brachen seine klaren Augen.

Das war in den letzten Tagen unerträglich geworden. Einmal, da wurde ich morgens wach, da lag ich bei 29 Toten. Ich habe an einem Tag mal 84 beerdigt.

Ganz kurz vor dem Ende, am 14. Januar 1943, blieb ich zurück bei den Sterbenden. Ich hatte noch Kommunion, Hostien, das war, während alles Richtung Stalingrad-Stadt flüchtete. Ich ging durch den Unterstand in der Schweinekolchose, als alle riefen: »Die Russen kommen, die Russen kommen!«

Ich sah sie kommen und stand dann kurz, so vielleicht auf 20 Meter, vor fünf jungen Sibiriaken. Nun, die kannte ich vom Ersten

Weltkrieg her. Sie legten auf mich an. Da erkannten sie wohl das Kreuz des Geistlichen. Ich zeigte auf mein Kreuz und rief ihnen entgegen: »Ich bin Priester, Christus steht im Kriege auf.«

Und mache ein großes Kreuzzeichen. Ich dachte natürlich, jetzt schießen die eine Salve, jetzt ist es vorbei. Tatsächlich wäre mein letzter Gedanke gewesen, wenn du jetzt eine MP hättest, ein Feuerstoß, dann liegen sie auf der Nase, diese dummen Jungens, 17- bis 18jährige Jungens. Als ich ein Kreuzzeichen machte, machten die drei auch eins. Und dann holten sie mich im Triumph Richtung Stalingrad, und auf einem Feldhügel stand ein Offizier mit Pelzmütze und sagte: »Sie werden leben.«

Es war Marschall Rokossowski*.

Ich wußte nicht, was ich sagen sollte. Schließlich sagte ich: »Der liebe Gott schickt mich, damit Ihr katholisch werdet.«

»Ho, ho«, lachte der Russe, »Sie Idealist.«

Ich sagte: »Ich nix Idealist, Protestant Idealista, du Marxista.«

Der Russe: »Interessant, sich mit dir zu unterhalten. Ich bin kritischer Realista.«

Da war ein anderer, der saß hinter dem Russen im Erdloch, in dem wir verhört wurden. »Weißt du nicht, wer ich bin, ich bin Kommunist.«

Es war Walter Ulbricht. (Später Partei- und Staatschef der Deutschen Demokratischen Republik.)

Wir wurden nachts um drei Uhr zum Kommissar geführt: »Was machen Sie hier in Stalingrad? Hitler ist eine Lüge. Wie dürfen Sie stehen auf seiten der Lüge?« fragte er mich.

In den Gefangenenlagern begann sehr bald eine Auseinandersetzung über den Kommunismus. Der Diskussion mit dem theoretischen Materialismus stand der faktische Materialismus des Westens gegenüber, der ja religiös viel gefährlicher ist. Nach vielen Begegnungen mit Kommunisten, die zuweilen sehr klug waren, nach Gesprächen mit deutschen Offizieren, die den Verrat von Stalingrad nicht vergessen konnten, bin ich dann dem Bund beigetreten, dem Bund der Deutschen Offiziere**.

* Marschall Konstantin Rokossowski, OB. der Don-Front, der Stalingrad einnahm.
** Bund Deutscher Offiziere trat für den Sturz Hitlers ein.

Becher* sagte mir persönlich: »Herr Pfarrer, Sie müssen beitreten, sonst wird die Sache kommunistisch.«

Und dann kam hinterher eine dreimonatige Schulung, und da wurde mein guter Becher reinrassiger Kommunist. Später wurde er Ulbrichts Innenminister. Feldmarschall Paulus spielte im Bund Deutscher Offiziere kaum ein Rolle. Paulus war der Stille. Er machte jeden Gottesdienst mit. Wir wechselten ab mit ökumenischem Gottesdienst. Einmal war der Prediger der katholische und dann wieder der protestantische, und da war Paulus immer dabei. Wie ging es mit mir zu Ende mit dem National-Komitee? Ja, die Russen sagten: »Du Metropolit von Berlin.«

Dazu wollten sie mich machen. Und ich wollte nicht. Ich schlug den Russen vor, sie sollten mich in der Ukraine zum Pastor machen.

Aber 1945 wurden wir am 8. Dezember zu Ulbricht nach Berlin geflogen. Das war 1945. Und jeder bekam seine Stelle zugewiesen. Wir waren zu sechst, und Ulbricht verteilte die Posten: Sie sind Minister für Forsten und Landwirtschaft usw. Die Pfarrer müssen sehen, wie sie unterkommen. Die Pfarrer, da wußte er nichts weiter zu sagen, für die hatte er keine Aufgabe.

Gerhard Kerscher
Jahrgang 1916

Als die Stalingrad-Tragödie begann, war ich Hauptmann in der 4. Abteilung des Generalstabes der Luftwaffe. Sie unterstand dem General-Quartiermeister. Der General-Quartiermeister seinerseits war der höchste Vorgesetzte aller Lufttransportverbände. Davor war ich im Kessel von Demjansk selbst eingesetzt mit dem Kampfflugeschwader Z. Das war 1942. Etwa Mitte Januar 1942 waren Teile von zwei Armeekorps südöstlich von Leningrad ein-

* Johannes R. Becher, bekannter Autor; wurde 1954 Minister für Kultur in der DDR.

gekesselt. Vier Monate lang übernahmen nun etwa 350 Transport-Flugzeuge vom Typ Junkers-52 und eine geringe Zahl von Kampfflugzeugen die Versorgung von fast 100.000 Soldaten. Wir schafften es, bis zu 1.500 Tonnen zur Erhaltung der Einsatzbereitschaft in den Kessel hineinzufliegen. Im Frühjahr gelang es dann, die Verbindung zwischen Kessel und Front wieder herzustellen. Das hat den Transportfliegern einen gewissen Ruhm eingetragen.

Die Situation bei Stalingrad war natürlich eine wesentlich andere. Es war erstens eine ganze Armee, also 200.000 Mann. Die Transporter, die dort unten standen, waren etwa 350–375 Ju-52, von denen eine Einsatzbereitschaft, da es auf den Winter zuging, von 40 bis 50 Prozent erwartet werden konnte. Also etwa die Hälfte. Anfang November wurde damit begonnen, Versorgung hineinzufliegen. Die Armee war bereits eingeschlossen. Die Rumänen kämpften noch mit pferdebespannten Kanonen. An dieser Stelle brachen die Russen durch und damit war der Ring geschlossen; das war also der Anfang vom Ende.

Die Frage, die nie klar entschieden wurde, war: Sollten sie ausbrechen oder nicht? Sie hätten zu diesem Zeitpunkt ausbrechen können. Nach Ansicht unseres damaligen Oberquartiermeisters bei der Luftflotte wäre das möglich gewesen. Das war allerdings eine Beurteilung der Luftwaffe, und wir hatten die Erfahrung, daß alle Verbände, vor allem in bezug auf Betriebsstoff, Schwarzbestände hatten, die sie nicht gemeldet haben, und mit diesen Schwarzbeständen wären sie herausgekommen. Als klar wurde, daß man den Ausbruchsbefehl nicht geben wollte, haben nach meiner Erinnerung sowohl der General Fiebig, 8. Fliegerkorps, und auch der Flottenchef, General von Richthofen, erklärt: »Aus der Luft versorgen, das können wir nicht.« Dies wurde dem Chef des Generalstabs der Luftwaffe gemeldet. Der wiederum verlangte Vortrag durch den General-Quartiermeister. Zusammen mit anderen Offizieren wurde ich zu diesem Vortrag befohlen. Wir haben folgendes festgestellt:

1. Die Zahl der Flugzeuge reicht für die Versorgung nicht aus,
2. die Bodenorganisation erschien uns zu schwach, weil wir nicht wußten, wie lange die vorgeschobenen Landeplätze gehalten werden konnten,

3. der Winter stand vor der Tür,
4. die Verbände waren schon »abgeflogen« d. h. »verbraucht« und
5. die Mengen an Versorgungsgütern, die nach unserer Ansicht geflogen werden müßten, überstiegen bei weitem die Möglichkeiten.

Das war sehr leicht zu berechnen. Die Forderungen, Stalingrad zu versorgen, lagen danach bei 1.000 Tonnen täglich. Das ist dann reduziert worden auf eine Zahl, die wohl bei 600 Tonnen lag. Möglich wären 300 Tonnen gewesen. Göring hat entschieden, daß wir auf jeden Fall bis zum letzten Mann zu versorgen haben. Alle Transport-Flugzeuge aus der Heimat wurden zusammengekratzt. Alle verfügbaren Flugzeuge sollten an die Front weitergeleitet werden, was natürlich ein ganz großer Unsinn war. Das war technisch gar nicht durchzuführen. Wir mußten täglich an den »Führer« melden, wieviel Tonnen nach Stalingrad hineingeflogen worden waren. Es wurde also jeden Tag eine »Erfolgs«-Meldung abgesetzt.

Dann kam der »General Winter« dazu. Dann kam der russische Durchbruch. Die Sowjets hatten ja die Nordostfront durchbrochen und die italienische Armee praktisch vernichtet. In Eilmärschen drangen sie nach Süden vor. Am 24. Dezember 1942 erreichten sie den Flugplatz Tatzinskaja. Von dort starteten die Transport-Flugzeuge nach Stalingrad. Sie vernichteten etwa 80 Flugzeuge. Das Wetter war miserabel, Schneetreiben. Panik brach aus. Ich glaube, 180 Maschinen haben sich damals noch retten können. Unter anderem erinnere ich mich, daß ein Obergefreiter vom technischen Personal, der nie selbst geflogen war, sich einfach in eine Maschine gesetzt hat, ich glaube die Ju-86, und hat die nach Hause geflogen. Er ist auch wieder heil runtergekommen.

Also es war dort wirklich ein stilles Heldentum erster Ordnung. Die Besatzungen der Transporter haben Heldentum bewiesen. Das waren zum Teil Reservisten, zum Teil aktive Besatzungen, alte Herren, ganz junge Unteroffiziere. Die Besatzungen haben sich aus meiner Sicht heraus hervorragend geschlagen, im Sinne von Kameradschaft, und für andere das Leben hingegeben.

Ich habe selber Erfahrung im Einsatz als Transportflieger, ich bin selber als Flugzeugführer genügend Transporte geflogen, und ich weiß, wie schwierig das war, mit einer fast unbewaffneten Maschine. Wir flogen immer in Baumwipfelhöhe, damit uns keiner sah, damit uns das Radar nicht kriegte. Solche Einsätze zu fliegen, und das in einen Kessel hinein, wo also nur stärkste russische Verbände ringsum aufmarschiert waren, das war eigentlich Selbstmord. Bei dem Durchbruch der russischen Panzer in Tatzinskaja haben wir eine große Anzahl Flugzeuge verloren. Flugzeuge, die aus der Heimat zugeführt worden waren, die waren doch nicht umgerüstet für den Winter, und ihre Besatzungen hatten ja keine Fronterfahrung. Das waren aber hervorragende Piloten. Nach meiner Erinnerung haben wir also damals ungefähr 250 erstklassige Besatzungen verloren, die wir nie haben ersetzen können. Immerhin sind 54.000 Verwundete ausgeflogen worden.

In letzter Minute setzte Hitler den Feldmarschall Milch ein, um die Luftversorgung zu retten. Ich kann mich ziemlich deutlich erinnern, daß wir uns alle an den Kopf gefaßt haben und haben gesagt: Was will denn der Feldmarschall jetzt da unten?

Wir hatten zu diesem Zeitpunkt immer noch die Hoffnung, daß doch noch ein kluger Mensch da sein würde, der versuchte, aus dem Kessel auszubrechen. Wir kriegten also hin und wieder die Funksprüche mit, die von Paulus herausgegeben wurden, bis zu dem letzten, wo er sich verabschiedet hat. Aber das sind ja alles leere Worte. Was in Stalingrad geschah, das war unverantwortlich: die Armee überhaupt im Kessel drin zu lassen.

Friedrich-Ernst Graf Solms
Jahrgang 1911

1942 wurden wir zurückgezogen und als die 24. Panzer-Division aufgestellt. Im Juni 1942 sind wir mit der Division Großdeutschland über Woronesch und weiter nach Stalingrad marschiert. In Stalingrad-Süd waren wir im August 1942. Wir hatten unheimliche Verluste. Ich war damals Abteilungskommandeur.

Es lag schon Schnee. Im Dezember verteidigten wir im Norden des Kessels. Die Russen kamen, und wir bezogen Stellung in Hochhäusern. Das Weihnachtsfest 1942 war traurig. Wir haben Katzen gefressen und Hunde. Sonst gab's nur noch 100 g Brot und das einzige, was noch da war, ist Pferdefleisch gewesen. Die Stimmung bei den Soldaten war schlecht, deprimiert. Als es auf Weihnachten zuging und es sich rumgesprochen hatte, es ginge nicht mehr raus – wir haben ja immer noch ein bißchen Hoffnung gehabt, es werde noch dieser letzte Ausbruchsversuch gemacht – da waren wir alle sehr deprimiert. Die Leute waren einfach schon zu schlapp.

Geschimpft wurde nicht. Die Soldaten waren schon zu apathisch. Geschimpft haben höchstens die Offiziere. Die Soldaten wollten nicht mehr kämpfen. Die Russen griffen nicht an, ließen uns verhungern. General Paulus hatte kapituliert. Wir taten dies am 2. Februar. Wir haben einen rübergeschickt und haben gesagt, ab morgens drei Uhr wird nicht mehr geschossen, und da sickerten die Russen ein, durch unsere Linien hindurch. Wir haben einen rübergeschickt und haben das Feuer eingestellt, und dann ging es ganz friedlich. Die kamen rüber, da passierte überhaupt nichts. Die kamen durch und marschierten zu uns zum Divisionsstab und haben den Lenski, unseren Kommandeur, geweckt. Und da ist das alles sehr friedlich gegangen. Nachher wurden alle versammelt, und da haben sie aber auch schon die Generäle abgesondert. Wir sind dann marschiert in zwei Tagesmärschen so nach Norden rauf bis zu einem Lager.

Das war ein Todesmarsch. Und zwar war es erstmal sehr kalt. Es waren ungefähr 60 bis 70 Kilometer, und nachts haben alle draußen gelegen und sind am nächsten Morgen wieder losmarschiert. Es sind viele liegengeblieben. Wer liegenblieb, den haben sie dann erschossen. Da ist vorne ein Russe gelaufen und alles lief hinterher. Und wenn einer liegenblieb, dann haben sie ihn von hinten abgeschossen. Wir hatten noch diese Pelzstiefel. Manche hatten noch Lederstiefel, die wollten die Russen haben.

Nachher haben sie uns gefilzt. Dann lagen wir in Dubrowka. Da gab es überhaupt nichts zu fressen, und nach acht oder 14 Tagen haben sie uns wieder zurückgejagt über Stalingrad. Die ganze Tour wieder zurück nach Stalingrad-Süd. Und da lagen bestimmt also

50.000 bis 60.000 Mann, wenn nicht mehr. Jeden Tag starben 200 bis 300 Mann.

Und dann wurde ein Transport Offiziere nach Oranki zusammengestellt. Und da haben wir den Puttkamer* mitgeschleppt. Den Jesco von Puttkamer. Der konnte nicht mehr krauchen. Und da haben wir den noch in den Waggon reingeschleppt und bis zum Lager Oranki gefahren. Da sind im Waggon dann auch noch viele gestorben. Ich habe noch bis Oranki mitgehalten. Da bekam ich Fleckfieber. Als ich gesund wurde, da war der Jesco von Puttkamer schon im »Bund Deutscher Offiziere«. Da war der schon Antifa.

Es sprach sich dann rum, es soll der »Bund Deutscher Offiziere« gegründet werden. Dieser sollte mit den Russen zusammen gegen Hitler und die Nazis arbeiten. Wir wurden von deutschen Offizieren und Russen bearbeitet, dem Bund beizutreten. Dann wurde ich zu einem russischen Oberst vorgeladen. Dieser Oberst wollte, daß ich nach Moskau führe, zusammen mit anderen, die deutsche Antifaschisten waren. Er sagte, ich bekäme Schlafwagen und Vorzugsverpflegung. Und dann hat er mir noch zwölf Stunden Bedenkzeit gegeben, und nach zwölf Stunden habe ich »nein« gesagt, und da hat er mich rausgeschmissen. Da war Schluß. Von da an hat mich keiner mehr belästigt.

Später, als ich im Lager Jelabuga war, kamen sie wieder, ja, und da kreuzten eben auch viele dieser Leute vom »Bund Deutscher Offiziere« auf, die inzwischen schon auf der Antifa-Schule gewesen waren. Nachher war das ein ewiger Kampf zwischen denen, die in diesem Bund mitmachen wollten, und denen, die nun mit den Russen arbeiteten, zum Beispiel Herr von Einsiedel**. Die Stalingrader, also gerade die waren alle sehr eisern. Es sind eigentlich sehr wenige in den BDO gegangen. Ununterbrochen legte man uns Resolutionen vor. Zum Beispiel Fragen wie: Bist Du für die Zusammenarbeit mit Rußland?

Eine nach der anderen. Nachdem ich die fünfte nicht unterschrieben hatte, gaben sie es auf. Von da an war man abgemeldet. Kam in andere Lager und hatte keine Vorteile mehr. Da hat auch

* siehe Interview: Jesco von Puttkamer

** siehe Interview: Graf v. Einsiedel.

die Werbung für den BDO aufgehört. Da war es für die Russen nicht mehr interessant. Dann haben sie die Antifa-Leute und die BDO-Leute genauso zum Arbeitseinsatz eingesetzt wie die normalen Gefangenen. Der Traum war für die aus, die mit den Sowjets zusammengearbeitet hatten. Für uns war es Landesverrat.

Ich habe auch Ulbricht kennengelernt, der später Staats- und Parteichef in der DDR wurde. Der hat uns Vorträge gehalten. Er sprach über Judenerschießung und KZ-Lager. Da haben wir den doch glatt ausgelacht. 1949 sind wir nach Hause entlassen worden.

Jesco von Puttkamer
Jahrgang 1919

Die ersten Zweifel am Endsieg kamen mir beim Überschreiten der sowjetischen Grenze 1941. Da ist einem doch deutlich geworden, daß dies ein Unternehmen werden würde, dessen Ausgang völlig unsicher war. Obwohl es rasch nach vorne ging, waren die Kämpfe doch so, wie man sie bis dahin noch nicht erlebt hatte. Dagegen war der Polenfeldzug ein Spaziergang. Und selbst der Durchbruch durch die Maginotlinie war am Anfang furchtbar, aber dann war es auch in Frankreich ein Spaziergang. Und jetzt wurde plötzlich die Truppe gefordert, und wir hatten hohe Verluste. Wir waren die zweite Welle. Wir lagen eine Weile in Lemberg, dann sahen wir den Aufmarsch der nach uns folgenden SS und ähnlicher Organisationen, die dann alle hinter den Truppen sofort hermarschierten. Also ich kann nur sagen, bei mir hatte es vom ersten Tage an geklingelt, sozusagen.

Und dann kamen wir nach Stalingrad. Ich hatte sofort die Befürchtung, daß die Sache nicht gutgehen konnte. Meine Division lag eigentlich westlich des Don und wurde, als der Kessel drohte sich zu schließen, rausgezogen und eingesetzt. Und ich erinnere mich an die allerersten Stunden, als der Kessel zu war. Als ein Divisionskommandeur, das war Arno von Lenski, mit dem Korps-

kommandeur, mit Walter von Seydlitz, telefoniert hatte und Seydlitz damals zu Lenski sagte: »Wenn wir jetzt hier nicht abhauen, dann ist – wie er sich damals ausdrückte – die Kacke am Dampfen.«
Seydlitz hat dann drei Tage später die berühmte Denkschrift an Paulus geschickt: »Wir müssen ausbrechen.«

Von diesem Moment an ging das unter den Generälen, die da eingeschlossen waren, hin und her, was machen wir, und was tun wir, und was können wir. Da komme ich auf den »Schweine-Schmitt«, den Chef des Stabes Paulus, der für seine schweinischen Witze bekannt war. Der hatte sie alle abgeblockt. Alle. Hat sie alle klein gemacht. Und als dann Ende Dezember 1942 klar wurde, daß auch der Vorstoß von Hoth nicht mehr gelingen würde, schlug das dann um in eine totale Resignation. Denn dieses Erlebnis von Stalingrad, das sich praktisch allen im Kessel sehr bald mitgeteilt hat, war das Erleben dessen, was zweieinhalb Jahre später dem ganzen Reich widerfahren ist. Wir wurden verraten, und wir wurden verheizt. Und von 260.000 Mann, die eingekesselt waren, sind 90.000 bis 95.000 noch in Gefangenschaft gekommen und vielleicht 5.000 aus der Gefangenschaft herausgekommen.

Es erhebt sich natürlich die Frage, ob der Oberbefehlshaber der Heeres-Gruppe, von Manstein, seiner Verantwortung gerecht geworden ist. Ich habe nichts übrig für Manstein. Daß er hinterher als größter Stratege der ganzen Zeit gehandelt wurde, finde ich absolut unberechtigt. Denn er hat in dieser Situation wirklich völlig versagt, kein Rückgrat gehabt. Er hätte auf die zahlreichen Funksprüche von Paulus reagieren müssen. Er hätte etwas tun müssen. Seydlitz wollte ausbrechen, aber er konnte mit seinem Korps nicht alleine losmarschieren. Als Paulus und seine Leute gesagt haben, das kommt nicht in Frage, hat er die Flagge eingezogen. Was blieb ihm anderes übrig? Das Verrückte war, daß er eine große Nummer bei Hitler hatte. Durch die Befreiung des Kessels von Demjansk hat ihm Hitler dann auch noch das separate Kommando über den Nordteil des Kessels in Stalingrad übertragen. Das hatte er akzeptiert.

Im Kessel gab es nicht den geringsten Zweifel, daß ein großer Teil der Schuld bei Göring lag, wegen seiner fahrlässig gegebenen unhaltbaren Versprechungen. Obwohl wir resigniert hatten, haben wir weiter gekämpft. Es gab ja gar keine Alternative mehr. Ein einzelner General hätte ja nicht aufhören können. Im abgeschnittenen Nordkessel habe ich dramatische Szenen erlebt. Da war nicht mehr Seydlitz der Oberbefehlshaber des Kessels, sondern der Generaloberst Strecker. Wir sind zu ihm hinmarschiert, haben Regimentskommandeure, die vorne nur noch fünf Leutchen hatten, mitgenommen, haben zu ihm gesagt: »Herr Generaloberst, es geht einfach nicht mehr, wir müssen aufhören.«

Strecker gab die Zustimmung zur Kapitulation nicht. Aber es war gar nichts mehr da zum Schießen, keine Munition, keine Verpflegung, es war einfach nichts mehr da. Man ist also mit sehenden Augen in einen totalen Untergang hineingeraten. Unsere Landser konnten nicht mehr laufen. Die meisten sind umgekommen, lagen in den Lazaretten und sind dann da krepiert. Einfach krepiert. Es gab ja nichts mehr zu fressen zum Schluß. Nachdem alle Pferde aufgefressen waren, war effektiv nichts mehr da. Es ist einfach nicht zu beschreiben, wenn eine Armee ohne Munition, ohne Nahrung in schneidender Kälte, ohne gute Winterausrüstung, sehenden Auges in den Tod geht. Es hat da einen Divisionskommandeur gegeben, der hat sich auf den Bahndamm gestellt mit seinen roten Generals-Aufschlägen und hat darauf gewartet, daß ihn die Kugel trifft. Das war der General von Hartmann. Andere haben in ihren Bunkern gesessen, genau wie der Paulus auch, und haben dann abgewartet, bis die Russen vor der Tür standen. Man kann es nicht beschreiben. Da gibt es kein Heldentum mehr, das kann man aber kaum noch Leiden nennen, das ist einfach das Inferno.

Natürlich haben wir im Kessel auch über die Schuldfrage gesprochen. Die Generäle unter sich haben sich besonders auf Göring und Manstein konzentriert, der Hitler war für sie schon gar kein Diskussionsgegenstand mehr. Daß der nichts davon verstand, das hatten inzwischen alle begriffen. Besonders gegen Manstein gingen die Vorwürfe der Generäle. Und dann diese Gespräche. Wie sich einer mit seinem Nachbarn darüber unterhalten hat, ob er nun in Gefangenschaft gehen soll oder ob er sich zu erschießen hat. Dann hat der andere gesagt: »Nein, man darf sich nicht erschießen, aber auch wenn man das aus christlichen Gründen nicht tut, man kann die Truppe nicht alleine lassen, die Soldaten nicht ihrem Schicksal überlassen.«

Das war hinterher besonders grotesk. Denn die Generäle wurden, nach russischem Verständnis von Generälen, sofort in Watte gepackt mit Diener und Koffer abgeholt, in einen Zug gesetzt und nach Moskau gefahren, während die armen Landser durch den Schnee stapften und zu Tausenden auf dem Marsch in die Gefangenschaft krepiert sind. Die ersten Monate waren die allerschlimmsten, da sind sie wie die Fliegen gestorben. Allerdings muß man auch zugeben, daß auch die Russen im Stalingradbereich nichts zu fressen hatten. Nichts. Also von Kapitulation konnte in dem Sinne nicht mehr die Rede sein. Zwar sind die Generäle abgeholt worden und haben sich als Kapitulanten erklärt. Aber die Soldaten haben davon nichts gemerkt. Sie wurden zusammengetrieben in langen Kolonnen und durch die Steppe, um Stalingrad herum, in provisorische Lager getrieben. Dabei blieben schon auf dem Weg immer wieder Leute einfach aus Erschöpfung liegen. Teilweise wurden sie von den Begleitmannschaften erschossen, teilweise blieben sie einfach liegen und erfroren und verreckten.

Ich bin dem Tod nur von der Schippe gesprungen, weil der Divisionsarzt mit mir zusammen war. Und der hatte eine Arzttasche, und ihm persönlich ging es gut. Das ist wohl der Grund, warum ich, obwohl ich auch Typhus und Diphtherie und anderes hatte, davongekommen bin. Und dann hatten die Russen allmählich angefangen zu sieben und nachzusehen, wen sie da gefangen hatten. Dann waren sie sehr rasch darauf gekommen, daß ich einer war, der im Stab gearbeitet hatte. Und da wurde ich mit vielen anderen rausgeholt aus diesem Lager, ungefähr nach eineinhalb Monaten, und nach Moskau verbracht. Ich kam in Moskau ins Gefängnis. Dort haben sie also nun die Leute zusammengezogen, von denen sie sich etwas versprachen, z. B. daß sie ihnen irgend etwas erzählen könnten über den Generalstab, die Zusammenhänge, die Stimmung in Stalingrad. Es gab zwar auch nicht sehr viel zu essen in dem Gefängnis, aber doch so viel, daß man am Leben bleiben konnte.

Im Sommer 1943 kam ich dann in das Lager Lunowo, das war die Zentrale des »Bundes Deutscher Offiziere Freies Deutschland«. Also das Nationalkomitee existierte schon, es waren aber nur ganz wenige Leute, meistens solche, die schon länger in Gefangenschaft gewesen waren. Noch keine Stalingrader waren dabei. Der Kern des Offiziersbundes, das waren alles Stalingrader. Dieses Erlebnis hat alle zu der Entscheidung geführt, der eine Schritt verlangt den nächsten. Der nächste Schritt war, sich durchzuringen, erstens den Eid zu brechen und zweitens zu versuchen, den Kameraden auf der anderen Seite der Front klarzumachen, was wir erlebt haben und ihnen zu sagen, daß ihnen das auch bevorsteht.

Keiner von uns hatte damals Gedanken daran verschwendet, daß man so etwas eigentlich mit den Kommunisten, die in Moskau regierten, nicht machen könne. Sondern für uns war das sozusagen eine deutsche nationale Überlegung. An dem Manifest, das damals von allen verabschiedet worden ist, kann man das ablesen. Das ist ein Papier, das auch in der heutigen Demokratie noch Bestand haben könnte. Wir wußten, daß wir hinter Stacheldraht saßen. Aber wir waren so tief beeindruckt und so tief geschockt von dem, was in Stalingrad gewesen war, daß wir das Gefühl hatten, wir müßten das mitteilen. Der Eid hat bei vielen eine Rolle gespielt, bei mir nicht. Ich kann das nicht erklären. Der Eid, den ich geleistet hatte auf dem Kasernenhof in Stolp als Fahnenjunkerrekrut, hat mich wirklich weder religiös noch sonst irgendwie berührt. Bei den älteren Semestern, also sagen wir mal vom Major an, die vor der Frage standen: schließen wir uns dem Offiziersbund an oder nicht? war der Eid das Hauptdiskussionsthema. Und die Leute wie Seydlitz und andere, die sich dann nach nächtelangen Diskussionen dazu durchgerungen hatten, da mitzumachen, haben genau dieses Argument ihren Kameraden gegenüber immer wieder gebraucht: Dieser Eid ist kein Eid mehr, weil er einem Verbrecher geleistet worden ist. Das war dann auch in der Auseinandersetzung in den Lagern der Hauptpunkt. Es sind ja nicht alle Offiziere in den Lagern dem Offiziersbund beigetreten, vielleicht ein Drittel bis ein Viertel. Die Stalingrader sind in ihrer Masse dabei gewesen. Aber die anderen, vor allem die, die später in Gefangenschaft kamen, nicht. Und zwar waren es entweder richtige Nazis, die in den Lagern, wenn Hitlers Geburtstag war, das Horst-Wessel-Lied gesungen haben, um die Russen zu reizen. Oder aber der Eid war für sie ein

Punkt, über den sie nicht hinwegspringen konnten. Für die Stalingrader spielte das am wenigsten eine Rolle.

Natürlich haben sich die kommunistischen Emigranten sehr bemüht, uns zu beeinflussen. Vor allem Ulbricht, der spätere Chef der DDR. Ulbricht war derjenige, der uns am wenigsten überzeugt hat. Der war damals genauso wie später in der DDR und wie er die DDR regiert hat, nämlich ein Kommunist von vor 1933. Der hatte die Suada und die Argumente von damals parat, und mit dem war eigentlich nicht zu diskutieren. Auch Paulus kam mit dem gar nicht zurecht. Das waren andere, das waren Weinert* und Plievier**. Das waren die Leute, die flexibel waren und mit denen man reden konnte. Und Pieck war so ein loyaler alter Herr, mit dem man auch gut reden konnte, aber mit Ulbricht nicht.

Erst ganz zuletzt kam die Erkenntnis, daß wir von den Russen mißbraucht wurden. Den Russen war von Anfang an klar, daß mit den Kommunisten wie Ulbricht und Pieck, so wie sie waren, es gar nicht möglich war, entweder die Gefangenen zu beeinflussen oder einen Einfluß auf die andere Seite, die deutsche Front oder gar die deutsche Heimat, auszuüben. Trotz des Stalinismus gab es auch unter Stalin eine ganze Reihe von cleveren Leuten, die das sofort begriffen hatten. Das war bei den Russen ein Motiv, die Kommunisten zurückzuhalten.

Erst als gleich nach dem Scheitern des 20. Juli 1944 das Interesse der sowjetischen Seite rapide aufhörte, wurde uns klar, daß das russische Interesse am Nationalkomitee primär das war, ein Faustpfand in der Hand zu haben für den Fall, daß in Deutschland der Widerstand Erfolg haben würde. Sie waren offensichtlich ziemlich gut informiert, sie wußten, daß der Widerstand vor allem von den militärischen Kreisen getragen wurde, und daß nur die militärischen Kreise die Macht in der Hand hatten, das Regime zu beseitigen. Dann hätten sie hier in den Lagern eine – sozusagen – Kontaktadresse gehabt. Das haben wir aber erst gemerkt, als der Krieg praktisch zu Ende war.

* Erich Weinert, Schriftsteller
** Theodor Plievier, Schriftsteller

Richard Blinzig (1)
Jahrgang 1908

Winter 1942–43 in Rußland! Die Russen eröffnen ihre große Gegenoffensive, in weitem Bogen wurden die Fronten um Stalingrad durchbrochen. Auch unser Frontabschnitt in der Gegend Woronesch brach zusammen. Die hier vorwiegend eingesetzten rumänischen und ungarischen Verbände leisteten keinen allzu großen Widerstand. Die Artillerie-Abteilung, der ich angehörte, mußte die Geschütze sprengen und sich in Richtung Kursk absetzen. – Das hört sich einfach an, aber erstens war tiefer Winter, der Schnee lag sehr hoch, und zudem waren die paar vorhandenen sogenannten Rollbahnen schon hoffnungslos überfüllt mit zurückflutenden Truppen, Gerät, Wagen und Schlitten. In diese sich mühsam zurückwälzenden Haufen stießen immer wieder russische Panzer hinein, manchmal mit aufgesessener Infanterie. In den kilometerlangen Kolonnen war an größeren Widerstand nicht zu denken, denn Pakgeschütze waren kaum noch vorhanden, und mit Gewehren gegen Panzer?

Das war sinnlos. – So rasselten dann auch am dritten Tag unseres Rückmarsches sechs T-34, mit Infanterie »bestückt«, in unseren Pulk hinein, richteten ein furchtbares Gemetzel an, so daß der Haufen nur eine Möglichkeit sah: Flucht! Auch ich stapfte durch den hohen Schnee, behindert durch die gesamte Ausrüstung eines deutschen Soldaten als da sind Gewehr, Gasmaske, Kochgeschirr, Brotbeutel, Patronengurte, Stahlhelm und zusätzlich noch der Tarnanzug! Nun, die Gasmaske und der Stahlhelm flogen als erstes weg. So hatte ich mich ungefähr eine halbe Stunde durch den Schnee gequält, wohin wußte ich überhaupt nicht, denn hinter mir ging das Spektakel unvermindert weiter – da fuhr ein mit Verwundeten vollbeladener, mit Pferden bespannter, großer Sanitäts-Schlitten an mir vorbei, hintendran hing ein leeres, sogenanntes Rettungsschiffchen (eine ovale flache Mulde, in der Verwundete über den Schnee gezogen werden konnten). Ich klammerte mich an dieses Schiffchen, wobei auch noch mein Kochgeschirr verlorenging, und nach etwa halbstündiger Fahrt erreichten wir wieder eine Rollbahn, an der ein paar Hütten lagen. Doch hier war der Teufel los, denn gerade tauchten wieder einige Panzer auf, die wohl keine Munition mehr hatten, denn sie zermalmten einfach die Wagen, die Schlitten, Pferde und Menschen unter sich!

Ich flog von meinem Schiffchen genau vor eine von der Besatzung verlassene Gulaschkanone, vor der noch zwei Pferde wild in den Sielen, d. h. im Geschirr, tanzten! Es gelang mir, das eine Pferd mühsam abzuschirren, das verängstigte Tier etwas zu beruhigen und – oh Wunder – sogar ohne Steigbügel und Sattel hinaufzukommen! Und der Gaul lief los wie die Feuerwehr. Auf einmal war die Rollbahn zu Ende, d. h. sie gabelte sich nach rechts und links – was sollte ich tun, ich hatte keine Ahnung, wo ich war, die überholte Kolonne hinter mir war noch weit weg. Zudem war ich müde und hungrig, so überließ ich meinem Gaul die Wahl, und dieser entschied sich, wie ich später erkannte, für die richtige Richtung, er marschierte nach rechts ab. Ich habe später von einigen aus russischer Gefangenschaft in diesem Abschnitt entflohenen Kameraden erfahren, daß, wäre ich nach links abgebogen, mich unweigerlich viel Unheil erwartet hätte, denn nicht nur waren dort Kosaken eingesetzt, sondern auch ca. 5.000 Landser in Gefangenschaft geraten – ohne die Ungezählten, die fielen oder verwundet in der eisigen Winternacht umkamen! Selbst im Verband gefangen zu werden war – wenigstens im Augenblick – noch ein Glück, denn eine Front bestand ja nicht mehr, und für die manchmal nur in kleineren Trupps operierenden Russen waren Gefangene nur lästig und wurden oft kurzerhand liquidiert!

Im Laufe der Nacht traf ich wohl immer wieder müde und apathisch zurückmarschierende Kolonnen, aber von meiner Abteilung nur einen jungen Kameraden. Ich machte dann Halt vor einer total überfüllten Russenhütte, »organisierte« für meinen Gaul einen halben Sack Hafer und versuchte, an dem Feuer in der Hütte ebenfalls eine unterwegs ergatterte Büchse Fleisch, die steinhart gefroren war, aufzutauen, was nur mäßig gelang. Bei dieser Gelegenheit hörte ich erstmals aus dem Munde eines Offiziers – er war Hauptmann – das Wort »Kamerad«! Er bat mich, etwas mitessen zu dürfen! Dann machte ich meinen Gaul wieder »flott«, ließ den Kameraden, der die Zehen erfroren hatte, aufsitzen und weiter ging's! Gegen Morgen machten wir wieder Halt an bzw. in einer Hütte, die so voll war, daß die Landser buchstäblich nur im Stehen schliefen. Es war schon eine eigentümliche Sache, dieses Schwanken der Körper im Schlaf. Es wurde später leerer, und wir beide konnten uns etwas hinlegen. Das Pferd hatte ich draußen locker angebunden. Es war heller Tag, als ich wach wurde. Außer uns beiden war kein Mensch mehr da. Ich lief hinaus und sah in einer Entfernung von ca. 2.000 bis 3.000 Metern russische Infanterie, auch hörte ich das Rasseln der Panzer. Mein Gaul stand ca. 100 Meter weg in Richtung der Russen. So mußte ich ihn schweren Herzens seinem Schicksal überlassen, denn die Russen wären aufmerksam geworden, falls ich ihn geholt hätte. Wir beide krochen rasch einen Abhang hinunter, der zu einem Fluß führte (wahrscheinlich der Tim) und waren wenig später in einer größeren Ortschaft.

Doch hier knallte es bereits wieder an allen Enden, alles strömte zur einzigen Brücke über den Fluß, denn drüben ging die Rollbahn weiter. Meinen Kameraden konnte ich noch in einem Sanitätsfahrzeug unterbringen, ich selbst schaffte mich auf einen kleinen Tankanhänger eines der letzten Lkws, die die Brücke passierten. Ich hatte das Glück, in einer Russenhütte drei Kameraden meiner Einheit zu finden.

So »trampten« wir in den nächsten Tagen zu viert auf der Rollbahn. Zu essen hatten wir fast nichts.

Dann erreichten wir endlich Kursk. Hier war auch eine Auffangstelle unseres Regimentes, wir wurden mit frischer Wäsche und Stahlhelmen versorgt, und nach zwei Tagen hieß es wieder: »Vorwärts, damit wir besser rückwärts kommen!« Das war der Anfang meiner Rückzüge in Rußland – es sollten weitere folgen.

Mady Freiin von Schilling
Jahrgang 1920

Nach Stalingrad wurde sie als Sekretärin zum »Abwicklungsstab Stalingrad« beim Stellvertretenden Generalkommando III.A.K (Kommandobehörde des Ersatzheeres für den Berliner Wehrkreis III) versetzt. In dieser Stellung wurde sie mit einem der größten Skandale konfrontiert, die sich die Oberste Wehrmachtsführung geleistet hat: dem Befehl, Post von deutschen Soldaten in sowjetischer Kriegsgefangenschaft an ihre Angehörigen ebenso wie Briefe der Angehörigen an die Gefangenen nicht weiterzuleiten, sondern zu vernichten.

Im Frühjahr 1943 wurde ich angesprochen, ob ich interessiert wäre, das Vorzimmer eines Majors Waldersee zu übernehmen, der beim Stellvertretenden III. Korps einen Abwicklungsstab Stalingrad aufbaute. Im Ministerium, im OKW (Oberkommando der Wehrmacht), gab es einen sogenannten Abwicklungsstab 6. Armee. Wir waren beim Wehrkreis III dafür zuständig, so weit wie möglich das Schicksal der bei Stalingrad eingesetzten Soldaten zu klären. Waren die gefallen, das heißt hatten wir Nachricht darüber von zwei zuverlässigen Zeugen, dann gaben wir sofort eine Todeserklärung heraus, weil das sehr wichtig war für die Renten der Angehörigen. Sonst gab es Vermißtenerklärungen.

Am Pfingstsonntag 1943 meldete sich bei mir ein gewisser General von Rabenau. Wir hatten gemeinsame Bekannte und redeten gleich offen miteinander. Rabenau: »Ich komme eben von der Frau des Generals Heitz. Sie hat einen Brief ihres Mannes aus russischer Gefangenschaft erhalten. Sie sagt, er schreibt, sie könnten Briefe und Päckchen kriegen, sie dürften auch selber schreiben. Dieser Brief ist ganz unzweifelhaft von ihm selber. Er schreibt u. a., sie soll bitte jetzt die Zentralheizung in Ordnung bringen lassen und solche Dinge, die nur er wissen kann. Was halten Sie davon?«

Ich sagte: »Um Gottes willen, Herr von Rabenau, das ist ein ganz heißes Eisen. Bitte, gehen Sie zu Frau Heitz und sagen Sie ihr, sie soll um Himmels Willen kein Wort darüber verlauten lassen. Warten Sie, bis mein Chef am Mittwoch zurück ist.«

»Wieso ist das ein heißes Eisen?« fragte Rabenau.

Ich war sehr erstaunt, daß Rabenau das damals noch nicht wußte, und sagte: »Wissen Sie nicht? Die haben tot zu sein. Das ist die Anordnung von oben, und wenn das bekannt wird mit dem Brief des Generals Heitz, blocken sie alles andere ab. Dann kommt kein Brief mehr durch.«

Rabenau: »Das kann ich mir nicht vorstellen.«

Aber allmählich begriff er das, und ich sagte: »Bitte gehen Sie zu ihr, rufen Sie sie nicht an, sondern gehen Sie zu ihr, und wenn das mit dem Brief schon bekannt ist, wird sie wahrscheinlich überwacht.«

Vier Tage später war die Tatsache, daß die Stalingrader an ihre Angehörigen schreiben durften, in Berlin bekannt, und die Nachricht pflanzte sich lawinenartig fort durch das Reichsgebiet, überall wo Angehörige sehnsüchtig darauf warteten, zu erfahren, was aus ihren Männern und Söhnen geworden war. Und dann ist natürlich genau das eingetreten, was ich befürchtet und vorausgesagt hatte: von dem Moment an wurde die Feldpost aus Rußland bei den Briefprüfstellen festgehalten.

Beim Abwicklungsstab 6. Armee wurde eine Liste der Stalingrader angelegt. Dort gingen erst einmal alle Briefe, die aus sowjetischer Gefangenschaft kamen, hin. Es wurden Namen und Absendedatum notiert, und dann wurden die Briefe verbrannt. Alles, was aus der Sowjetunion kam, aus der Gefangenschaft, wurde verbrannt.

Nun sprach sich das allerdings in der Bevölkerung herum, und die Verbitterung stieg. Das merkte man natürlich auch oben, und dann passierte folgendes: Es erscheinen plötzlich Riesenanzeigen in allen Zeitungen etwa diesen Inhalts: Man versuche zur Zeit, Verbindung mit dem Internationalen Roten Kreuz zu bekommen und darüber mit dem Russischen Roten Kreuz sowie mit dem Türkischen Halbmond. Und man wolle auf diese Weise das Schicksal von etwaigen Kriegsgefangenen klären. (Das war gegen Ende 1943/Anfang 1944. Das heißt, daß praktisch neun Monate sämtliche Briefe, die von Stalingradern und anderen deutschen Soldaten in sowjetischer Kriegsgefangenschaft geschickt worden waren, verbrannt worden sind.) Und die Angehörigen wurden aufgefordert, sie sollten einen kurzen Brief an die Gefangenen schicken. Man würde versuchen, solche Post weiterzuleiten. Die Angehörigen möchten bitte schreiben unter Angabe des Regiments, soweit sie es wüßten, oder unter der Feldpostnummer, und zwar an den Abwicklungsstab 6. Armee. Der war in Thüringen irgendwo, Saalfeld, glaube ich, evakuiert. Dort saß ein Major, bei dem die Post ankam. Der hat sich die abends zeigen lassen, und dann ging auch die in den Verbrennungsofen. Das war für mich so unmenschlich. Den Frauen, den Müttern, denen wurde Hoffnung gemacht. Ich wußte es ja deshalb so genau, weil ich ja gemerkt hatte, welche Liebe in diese Päckchen, in diese Briefe, die mir gebracht wurden, hineingepackt worden war. Das spürte man doch. Und dann wurden sie verbrannt.

Die Atlantikschlacht

Der Krieg im Atlantik machte die interne strategische Kontroverse sichtbar zwischen den Befürwortern einer starken Überwasserflotte und den Anhängern eines U-Boot-Krieges, der England im Ersten Weltkrieg fast in die Knie gezwungen hatte.

Der sogenannte »Z-Plan«, der 1939 in Kraft trat, konzentrierte sich auf den Bau einer starken Hochseeflotte. In der Marineplanung spielten U-Boote zunächst eine untergeordnete Rolle – zum Ärger von Karl Dönitz, dem Chef der U-Boote der Kriegsmarine. Dönitz glaubte, die Uhr stünde für das Reich bereits auf fünf vor zwölf, die Planung aber sah erst für 1946 eine U-Boot-Flotte nennenswerten Umfangs vor. Würde der Krieg früher beginnen, wäre die Marine einem Abnützungskrieg zur See nicht gewachsen.

Dönitz' Logik wurde durch die Niederlage der Luftwaffe über England indirekt bestätigt. Während die deutsche Überwasserflotte durch ihre ersten Verluste schon angeschlagen war, griff die kleine U-Boot-Flotte bereits wirkungsvoll in das Geschehen ein. Dönitz war der einzige deutsche Admiral, der die Prämissen eines Zermürbungskrieges klar erkannt hatte. Er wollte 300 U-Boote. Im August 1940 hatte er weniger als fünfzig. Sie reichten aus, um Großbritannien schmerzhaft abzuschnüren. Es waren aber nicht genug, um diese Strangulierung zum »Enderfolg« zu führen – besonders angesichts der wachsenden US-Unterstützung der Kriegsanstrengungen Großbritanniens.

Schon vor Dünkirchen hatte Franklin D. Roosevelt Amerikas vitales Interesse an einer Niederlage der Deutschen bekundet. Die anfängliche »Cash-and-Carry«-Politik – Lieferung gegen sofortige Bezahlung und bei Verschiffung durch den Empfänger – führte zu einem Leih- und Pachtabkommen, zum Austausch amerikanischer Zerstörer gegen britische Marinestützpunkte und letztlich zum Bereitstellen amerikanischen Geleitschutzes für britische Schiffe über den halben Atlantik. Sechs Monate vor Pearl Harbor beschossen die USA ohne Kriegserklärung U-Boote der deutschen Kriegsmarine.

Am 11. Dezember 1941 erklärte Hitler den USA den Krieg. Seine Gründe sind bis heute undurchsichtig. Vermutlich hat er Amerikas Leistungsfähigkeit falsch eingeschätzt als die eines Landes, das in seinen Augen nur Autos, Eisschränke und Rasierklingen produzierte. Vielleicht hatte er aber auch schon erkannt, daß sein Krieg verloren war. Indem er Amerika den Krieg erklärte und nunmehr die systematische Vernichtung der europäischen Juden anordnete, inszenierte er ein hochdramatisches Wagner-Finale. Die Deutschen würden entweder Hitlers Träume doch noch wahrmachen, oder das Reich würde vollends untergehen – alles oder nichts.

Für Dönitz und seine U-Boot-Kommandanten schuf Hitlers Kriegserklärung eine Situation, in der sie ihre Feinde nun rücksichtslos angreifen konnten.

Die USA waren auf eine Auseinandersetzung mit U-Booten völlig unvorbereitet: kein Geleitschutz, keine Funkstille, keine Nachrichtensperre. Vom St.-Lorenz-Strom bis zum Kap Hatteras versenkten deutsche U-Boote zunächst so viele Schiffe wie sie Torpedos in ihre Rohre laden konnten. Erst im August 1942 fand diese »gute Zeit« ein Ende.

Die Taktik des U-Boot-Krieges basierte darauf, daß die deutschen Schiffe eher Tauchboote als wirkliche Unterseeboote waren. Sie waren bedeutend schneller über als unter Wasser. Ein Konvoi von Handelsschiffen konnte, selbst wenn er überwiegend aus langsamen Schiffen bestand, ein getauchtes U-Boot mühelos hinter sich lassen. Und ein einzelnes Boot konnte nach Entdeckung durch die Geleitschiffe selten mehr als einen Angriff fahren. Wenn der Angreifer von den Geleitschiffen nicht direkt versenkt wurde, war er zumindest gezwungen, um sein Überleben zu kämpfen. Schon vor dem Krieg war Dönitz zu dem Schluß gekommen, daß die beste Antwort auf das System der Geleitzüge darin bestand, Gruppen von U-Booten einzusetzen, die auf der Wasseroberfläche operierten – die berühmten »Wolfsrudel«. Diese Rudel von sechs bis 20 Booten bezogen – etwa 15 Kilometer voneinander entfernt – patroullierend Stellung. Wenn ein Boot einen Geleitzug sichtete, machte es der U-Boot-Zentrale im besetzten Frankreich Meldung. Dönitz schickte dann die übrigen Boote des Rudels ins Zielgebiet. Diese schwerfällige Vorgehensweise sollte eine mögliche Entdekkung durch Abhören des Funkverkehrs durch die Alliierten ausschließen.

Die Effizienz des Systems wurde in erstaunlicher Weise in der zweiten Hälfte des Jahres 1942 offensichtlich, als Dönitz den Schwerpunkt des U-Boot-Krieges zurück in den Atlantik verlegte. Das Flugzeug war der größte Feind des U-Bootes. Da die amerikanischen Langstreckenflugzeuge aber für die Bomberoffensive abgezogen worden waren, stand ein Luftschirm gegen die U-Boote nur beim Auslaufen in den Atlantik und der Rückkehr der Konvois zur Verfügung.

Die »Wolfsrudel« waren im »schwarzen Loch« des mittleren Atlantik besonders erfolgreich, und die Versenkungen durch sie häuften sich.

Zwanzig Millionen Tonnen Fracht verließen 1943 amerikanische Häfen – doppelt soviel wie die Deutschen erwartet hatten. Dönitz's Pläne und Befehle waren den Alliierten bekannt, da sie den deutschen Funkcode »geknackt« hatten. Langstreckenflugzeuge und Begleitjäger schlossen infolgedessen bald das Loch im Atlantik. U-Boot-Jäger- und Killerkommandos begannen, die U-Boote in ihrem bevorzugten Jagdgebiet aufzuspüren. Die Verluste stiegen, während die Versenkungsrate fiel. Im März 1943 sanken 590.000 Tonnen Rüstungsgüter der Alliierten. Im April nur noch die Hälfte. 15 deutsche U-Boote wurden im April versenkt – ein Verlustquotient von zehn Prozent. Im Mai kamen 41 U-Boote von Feindfahrt nicht mehr zurück. Dies bedeutete den Verlust eines Viertels der Einsatzstärke.

Ein flexibler Oberbefehlshaber hätte die Situation grundsätzlich überdenken müssen. Statt dessen forderte Dönitz mehr U-Boote, bessere Technik und »fanatischen« Einsatz der Besatzungen. Drei Viertel der 40.000 Männer der U-Boot-Waffe kamen nicht zurück – die höchste Verlustquote aller Spezialeinheiten im Zweiten Weltkrieg.

Dönitz, dem Hitler die Trümmer des Reichs für eine knappe Woche vererbte, wurde vor Gericht gestellt und als Kriegsverbrecher verurteilt. Er verbrachte zehn Jahre im Gefängnis von Spandau, lebte dann zunächst als »großer alter Mann« der Marine, bis die Schatten seiner Vergangenheit ihn einholten.

Rolf Johannesson (3)
Jahrgang 1902

Die deutsche Seekriegsführung wurde fast ausschließlich durch die unflexible Haltung Raeders bestimmt. So zeigte sich schon in dem ersten Jahr der Krebsschaden der Raederschen Führungsprinzipien: das Primat der Landdienststellen gegenüber den Befehlshabern auf See, ein roter Faden, der sich durch den ganzen Krieg zog. Bei Dönitz wurde es nicht anders. Offenbar konnten alle Rückschläge der Schweren Überwasserschiffe Raeders Selbstvertrauen nicht erschüttern.

Nach dem Sieg in Frankreich und der Schlacht von Dünkirchen (Rettung des britischen Expeditionskorps) wurden Pläne einer Landung auf der britischen Insel erarbeitet, Stichwort »Seelöwe«. Mußte die Seekriegsleitung Hitler nicht ein entschiedenes Nein entgegenhalten, statt nach Erfüllung bestimmter Bedingungen zuzustimmen? Ich lag in Cherbourg, hatte die Befehle zur Landung an Bord, nachdem wochenlang endlos Züge von Schleppern, Booten, Küstenmotorschiffen u. ä. nachts von der Nordsee der Küste entlang gelaufen waren. Ich erinnere mich nur schwach der Einzelheiten. Lokomotivlaternen an der englischen Küste sollten uns Zerstörern den Weg weisen und ähnliche Naivitäten. Wir waren erleichtert, als die fantasievollen Pläne zu den Akten gelegt wurden.

Als Zerstörer-Kommandant wurde ich ins Mittelmeer verschlagen. Eines Tages besuchte uns Rommel. Ich mußte ihm auf der Karte die Aufstellung unserer U-Boote vor dem eingeschlossenen Tobruk erläutern. Sein Charisma war unübersehbar. Seine großen blauen Augen habe ich noch heute in meinem Gedächtnis. Sein von mir beneideter Adjutant sagte mir »Dieser Mann ist kugelfest, ich bin sein 7. Adjutant, alle meine Vorgänger sind an seiner Seite gefallen.«

Die Lage im Mittelmeer war gespannt. Das Afrikakorps stand und fiel mit dem Nachschub über See. Von deutscher Seite war immer auf die Bedeutung Maltas hingewiesen worden. Solange die Insel in britischer Hand blieb, solange waren die Nachschubwege von Sizilien und Kreta nach Afrika bedroht. Die unterlassene Inbesitznahme der Insel war wohl der entscheidende Fehler, der die Wende im Mittelmeer zur Folge hatte.

Im Herbst 1941 verfolgte ich mit größter Spannung die Wehrmachtberichte. Unsere Truppen standen vor Moskau und Leningrad. Aber statt der erhofften Sondermeldungen über die Einnahme dieser Städte kamen nur solche vom U-Boot-Krieg. Mir schwante Böses. Nie hatte ich geglaubt, daß wir England mit U-Booten bezwingen konnten, hielt das riesige Potential für den U-Boot-Krieg für eine Fehlinvestition; war von den Erfolgen, nicht von dem späteren Fehlschlag, überrascht. Ende Dezember 1941 war der Krieg endgültig zu unseren Ungunsten entschieden.

Am 6.4.1943 übernahm ich die 4. Zerstörer-Flottille. Nach Erprobung und Ausbildung in der Ostsee verlegte ich in den hohen Norden, in den Alta-Fjord, wo ich am 18. Juli eintraf. Dort lag die Kampfgruppe, bestehend aus den Schlachtschiffen ›Tirpitz‹, ›Scharnhorst‹, ›Lutzow‹ und einigen Zerstörern. Dort erlebte ich als Akteur die ›Scharnhorst‹-Tragödie. Rückblickend halte ich den Einsatz dieses Schlachtschiffes für eine unverantwortliche Führungsentscheidung.

Und so geschah es, und 1800 Mann und ein überforderter Admiral fanden in den eisigen Fluten des Nordmeeres den Seemannstod. Am 22.12.1943 wurde ein Geleitzug durch den Fliegerführer Nord-West gemeldet. Es sollte sich um etwa 40 für Murmansk bestimmte Schiffe handeln. Admiral Bey auf der ›Scharnhorst‹ kam gar nicht auf den Gedanken eines Einsatzes der Kampfgruppe*. Dann kam aber der Einsatzbefehl für Beys Kampfgruppe. Bey schrieb seinen Operationsbefehl auf der Überfahrt vom Kaa-Fjord zum Lang-Fjord, der dann durch Wurfbeutel den Zerstörern zugestellt wurde.

Der Grundsatz in unserer Friedensausbildung, jede Operation

* Kampfgruppe: Kampfverband von Schiffen verschiedener Größe.

vor Beginn ausführlich und gründlich zu besprechen, wurde bei dieser schwierigen, waghalsigen Unternehmung über Bord geworfen. Das fing ja gut an.

Als wir aus den Fjorden in die offene See hinaustraten, empfing uns ein Süd-West-Wind Stärke 8 mit entsprechend hoher und langer Dünung. Ohne bei mir vorher anzufragen, ließ Bey der Flotte funken: »Im Operationsgebiet voraussichtlich Süd-West 6 bis 8. Waffenverwendung Zerstörer stark beeinträchtigt. Fahrtbeschränkung«. Diese Unterbrechung der Funkstille schadete uns wahrscheinlich. Die Flotte antwortete: »Wenn Zerstörer See nicht halten können, kommt Durchführung Aufgabe nach Art Kreuzerkrieg mit ›Scharnhorst‹ allein in Frage. Entscheidung durch Befehlshaber.«

Die Zerstörer holten mächtig über und nahmen viel Wasser an Deck, zum Teil auch Seeschäden und Wassereinbruch. Gegen 9.30 Uhr sahen wir achteraus einige Leuchtgranaten in einer Entfernung von rund 12 Seemeilen. Bey meldete die Beschießung durch Kreuzer. Ich wußte, daß meine Zerstörer wegen des hohen Seegangs weder mithalten konnten, noch die ›Scharnhorst‹ zu schützen in der Lage waren.

Aber nachdem der Kontakt mit dem Geleitzug bestand, die ›Scharnhorst‹ beschossen wurde, geriet ich in einen großen Konflikt. Denn mittags traf ein Funksignal ein: »4. Zerstörer-Flottille abbrechen.« Gab es nicht doch eine Chance, dieses letzte große Unternehmen der Kriegsmarine befriedigend zu beenden? Mußte ich nicht den Verlust von ein oder zwei meiner Zerstörer in Kauf nehmen, um das Überleben der ›Scharnhorst‹ möglich zu machen? Aber das wäre Befehlsverweigerung gewesen. Ich fügte mich schließlich und folgte der Weisung: »Einlaufen«. Die ›Scharnhorst‹ sank. Ihre überlegene Artillerie half ihr nicht. Der britische Verband, besonders die Schlachtschiffe, verfügten bereits über Radar. Sie waren in der Lage, die ›Scharnhorst‹ zu orten, und weil sie schutzlos ins Leere schoß, zu versenken. Mit dem Untergang der ›Scharnhorst‹ war eine Periode von Versuchen selbständiger deutsche Seegeltung beendet.

Erich Topp
Jahrgang 1914

Am 31. Oktober 1941 versenkte ich den amerikanischen Zerstörer ›Reuben James‹. Zu diesem Zeitpunkt hatte Hitler Amerika noch nicht den Krieg erklärt. Zitat aus dem Kriegstagebuch des Befehlshabers der U-Boote: »Am Morgen des 31. Oktober 1941 wurde im mittleren Nord-Atlantik der von fünf Zerstörern gesicherte britische Geleitzug HS 156 von U 552 gesichtet. Der Kommandant, Kapitänleutnant Topp, versenkte auf der Position 51 Grad 59' Nord/27 Grad 05'W den zur Konvoisicherung gehörenden amerikanischen Zerstörer ›Reuben James‹ um 8.34 Uhr. Dieser US-Zerstörer gehörte bereits vor Eintritt der Vereinigten Staaten von Amerika in den Zweiten Weltkrieg am 11.12.1941 zur Sicherung des britischen Konvois.«

Hitler war eine Zeitlang vorsichtig genug, die Vereinigten Staaten nicht zu provozieren. Ja, er nahm Provokationen der anderen Seite hin. Gegenüber Roosevelts »short of war«-Politik hielt sich die deutsche Seekriegsführung sehr zurück. Dann kam am 31. Oktober 1941 die Versenkung der ›Reuben James‹, von mir im Morgengrauen angegriffen als britisches Sicherungsfahrzeug. Durch den Bordfunk erfuhren wir wenig später, daß es der Zerstörer eines Landes war, mit wir nicht im Kriege waren, die ›Reuben James‹ der USA. Ich war bis zum Einlaufen mit mir allein. Völkerrechtlich war alles klar. Ein britischer Geleitzug, der von Kriegsschiffen geschützt war, wurde angegriffen. Dennoch war ich betroffen. Die innere Erregung, die der einzelne zu ertragen hat, wenn er glaubt, Geschichte zu machen, in das Rad der großen Ereignisse einzugreifen, zwar ungewollt, ist enorm.

Natürlich mußte ich nach Berlin zur Seekriegsleitung, um Angriff und Versenkung minutiös zu schildern. Die falsche Beurteilung der personellen und wirtschaftlichen Kapazität der USA spielte bei Hitler eine große Rolle. Mir klingen heute noch in den Ohren die abwertenden Bemerkungen Hitlers in der Tischrunde im Führerhauptquartier über den Paralytiker Roosevelt und später die abqualifizierenden Beurteilungen über die ›Liberty‹- und ›Victory‹-Schiffe, die so schlecht gebaut seien, daß sie den Stürmen des Atlantik nicht widerstehen könnten. Die politische Dimension der Versenkung des US–Zerstörers ›Reuben James‹ ist nicht ganz eindeutig. Die Rechtmäßigkeit dieses Angriffs als Folge der politisch-militärischen Provokation der USA wurde bewußt ausgenutzt, um die Stimmung zum Kriegseintritt gegen die USA aufzuheizen. In den USA jedoch wurde ein Gedicht über den Untergang der ›Reuben James‹ vertont und überall gesungen, bereits im November 1941, »Did you have a friend on the good Reuben James?«

In dem Gedicht heißt es: »Sie war auf der Wache gegen U-Boote und wartete auf den Kampf«, und weiter: »und nun werden unsere mächtigen Schlachtschiffe mit voller Kraft fahren.«

Hier ein paar Zeilen aus einem amerikanischen Buch über den Untergang der ›Reuben James‹: »Die Explosion brach das Rückgrat der ›Reuben James‹ und das Schiff in zwei Teile. Die Brückenbesatzung wurde entweder durch die Druckwelle über Bord katapultiert oder kam im Feuer oder in der überrollenden See um. Der vordere Teil des Schiffes versank in einer zischenden Wolke von Rauch und Dampf. Im Achterschiff, wo sich der größte Teil der Besatzung aufhielt, wurden durch die Gewalt der Explosion Menschen, Schränke, Tische, Bänke hochgeschleudert. Trümmer versperrten den Ausweg nach oben. Es gab keine Orientierung, nachdem das Licht ausgefallen war. Diejenigen, die nach oben kamen, befanden sich in einer Hölle von Flammen und spritzendem Öl und sammelten sich auf dem langsam absinkenden Heck«.

Ende 1942 kam der U-Boot-Krieg in eine gefährliche Phase. Die Kurve der Versenkungen und die Kurve der Neubauten an alliiertem Schiffsraum überschnitten sich. Wenn man sich fragt, wie sich das so entwickelt hat, so sind dafür mehrere Gründe aufzuführen. Auf der einen Seite war die technische Entwicklung bei den Alliierten schnell vorangegangen. Sie hatten, abgesehen von dem Konvoisystem, ein System der Überwachung des Atlantik geschaffen mit Hilfe von Hochleistungsflugzeugen, aber vor allen Dingen mit Hilfe des Radargerätes. Dann stellten sie sogenannte Support Groups zusammen. Das waren Eskortschiffe – Korvetten, Fregatten und Zerstörer – die aufeinander eingespielt waren, die sich um einen Flugzeugträger gruppierten. Flugzeugträger, die sie aus Handelsschiffen zusammengebaut hatten.

So hatten sie auf dem technischen Gebiet viele Dinge entwickelt, denen wir praktisch nichts entgegenzusetzen hatten. Vielleicht hat der deutsche Nachrichtendienst versagt. Ich meine hier die Abwehr des Admiral Canaris. Wir wissen ja, daß Canaris auf zwei Schultern trug. Man muß sich fragen, ob diese Nachrichtenlücke absichtlich offen gelassen wurde.

Am 9. Mai 1941 wurde das U-Boot 110 versenkt. Es wurde mit Wasserbomben angegriffen und kam dann unter der Wirkung der Wasserbombendetonation hoch. Die Besatzung stieg aus, ein dafür geschultes Team der Engländer enterte das Boot. Als der Kommandant merkte, daß sein Boot nicht absoff, wie das geübt und vorbereitet war in solchen Fällen, schwamm er zurück, wurde dabei – es ist nicht genau erwiesen – im Wasser beim Schwimmen erschossen. Das englische Team kam an Bord und hat u. a. den Funkcode dort gefunden und mit nach England gebracht, den Funkschlüssel M – das sogenannte Enigma. Alles weitere wurde so geschickt gehandhabt, die Besatzung mit keiner anderen zusammengebracht, kein Verkehr mit zu Hause, so daß bis nach Beendigung des Krieges der deutschen Seekriegsleitung nicht bekannt war, daß dieses Gerät in den Händen der Engländer und damit der deutsche Funkcode geknackt war. Wir an der Front aber haben gemerkt, daß der Funkdienst nicht mehr sicher war. Wir haben die Führung gewarnt. Hier lagen schwerwiegende Versäumnisse der Führung vor.

Die Engländer waren so weit, daß sie bei unseren Funksprüchen spätestens nach ein oder eineinhalb Tagen wußten, was drin stand. Damit wurden Aufmarsch-Pläne von uns im Atlantik, Vorpostenstreifen, die wir eingenommen hatten, bekannt, so daß die Geleitzüge diese Aufstellungen umgehen konnten. Die Engländer konnten also unsere Funksignale nicht nur entschlüsseln, sondern sie konnten sie auch einpeilen. Damit hatten sie eine doppelte Kontrolle. Das war insofern wichtig, als sie damit den U-Booten ausweichen konnten.

Ich muß noch etwas erwähnen: Wir waren eingestellt auf die sogenannte Rudeltaktik. Die Rudeltaktik besagte, daß, wenn ein

U-Boot Fühlung an dem Geleitzug hatte, es so lange Fühlung hielt, bis es die U-Boote, die in der Nähe standen, herangeführt hatte, durch Kurzsignale, dann aber auch durch Peilsignale, die das U-Boot abgab. Diese wurden nun von den Geleitfahrzeugen aufgefangen. Sie konnten damit nicht nur herausfinden, daß U-Boote am Geleitzug waren, sondern sie hatten genau die Richtung, in der das U-Boot stand. Damit war die Rudeltaktik am Ende. Damit war eigentlich »Die Schlacht im Atlantik«, wie man sie so nannte, von deutscher Seite aus nicht mehr zu führen.

Wie reagierte die deutsche Führung auf diese Entwicklung? Alles, was wir taten, war eben, ich kann nur sagen, mit Bordmitteln hergestellt, handgestrickt. Ich will nur einen Hinweis geben auf die Primitivität der Antworten, die wir langsam, und dazu noch viel zu spät, entwickelten, um auf die systematische Arbeit der Alliierten zu reagieren. Als die andere Seite festgestellt hatte, daß wir Abwehr hatten, kamen sie nicht mehr mit ein oder zwei Flugzeugen, sondern gleich mit drei oder vier und griffen von allen Seiten an. Schließlich kam der Schnorchel, auch viel zu spät.

Ich komme noch einmal zurück auf die Frage: hätte im Mai 1943 der U-Boot-Krieg zeitweilig beendet werden müssen oder nicht? Dönitz hatte Anfang 1943 im Führerhauptquartier einen Vortrag gehalten und hatte sich dafür eingesetzt, daß die U-Boote weiter kämpfen müßten. Und auch Hitler war der Meinung, daß die Festung Europa eben im Vorfeld des Atlantik geschützt werden müßte. In dieser Zeit waren aber die Versenkungserfolge so gering und unsere Verluste an Booten und Menschen so hoch, daß man sich schon die Frage stellen konnte, ob es nicht sinnvoll gewesen wäre, eine Zeitlang auszusetzen oder jedenfalls partiell auszusetzen, um dann, wenn die neuen Boote gekommen wären, mit den ausgebildeten Besatzungen zu einem großen Schlag auszuholen? Das wurde eben nicht gemacht.

Man hat von einem »Verheizen« der U-Boots-Besatzungen gesprochen – ein schlimmes Wort. Daß – wie sein Stab sagt – Dönitz schlaflose Nächte im Bewußtsein seiner Verantwortung gehabt hat, glaube ich; daß das in demselben Kreis hochstilisiert wurde zur Einsamkeit des militärischen Befehlshabers in letzten Entscheidungen, ist der Beginn eines Mythos, der der Situation nicht gerecht wird.

Hier ging es um nüchterne strategische Entschlüsse, die unter Umständen auch gegen die politische Führung artikuliert werden müßten, mit allen politischen Konsequenzen, die daraus entstehen könnten. Ich wehre mich vor allem gegen ein Verwischen von Gefühlen und Notwendigkeiten. Wenn ich etwas dagegen setze, so möchte ich es hier mit einer Formulierung von Generaloberst Beck tun und sagen: »Wir brauchen Offiziere, die scharf analysieren, die logisch schlußfolgern, die geistig diszipliniert sind und deren Charakter und Nerven stark genug sind, das zu tun, was der Verstand diktiert.« Und nicht das, was in diesem Falle Hitler diktierte.

Wie war die Atmosphäre an Bord des U-Bootes? Wenn wir den Stützpunkt verließen und das Turmluk schlossen, dann nahmen wir Abschied von allem, was das Leben lebenswert machte, von Sonne, Mond und Sternen, vom Geruch der See, von Freunden und Verwandten, wir waren auf uns allein gestellt. Unser Leben in der Stahlröhre reduzierte sich auf einige Maximen. An erster Stelle stand die Kameradschaft. Jeder wußte genau, daß er mit den anderen zusammenleben mußte. Jeder kannte seinen Nachbarn genau, kannte seine Familiengeschichten, kannte seine Interna, kannte seine Probleme. Zum Überleben gehört »Fortune« und Können. Ich mußte nicht nur meinen Platz, sondern zusätzlich den des Nachbarn – wenn notwendig – ausfüllen. Eine Kette ist so stark, wie ihr schwächstes Glied. Wir kannten die Stärken und Schwächen unserer Crew. Aus solch einer Atmosphäre heraus entwickelte sich das, was man eben »U-Boots-Geist« nennt, oder wie auch immer, von dem Churchill zu Ende des Krieges gesagt hat, dem Sinne nach: »... daß sie bis zu dem bitteren Ende kämpften und daß sie auch weiter gekämpft hätten, wenn nicht die politische Führung und auch die anderen Fronten ins Wackeln gekommen wären.«

Zu der Frage, ob wir politisch informiert wurden, kann ich nur sagen, wir wurden sporadisch informiert. Die Zentrale des Befehlshabers der U-Boote gab uns gelegentlich Funksprüche durch, aus denen wir erfuhren, was zum Beispiel um uns herum geschah im Atlantik. Das erfuhren wir dann. Politische Informationen waren ganz selten. Wir fuhren sehr oft getaucht. Dann gab es überhaupt keinen Kurzwellenempfang. Wir waren unter Wasser nur über Längstwelle erreichbar, und da gab es nur operative Mitteilungen der Leitung.

Eine Fahrt dauerte durchschnittlich vier Wochen im Nordatlantik. Es gab längere Fahrten im Südatlantik, es gab Sonderfahrten zum Beispiel in den Indischen Ozean, die dauerten Monate. Ich lief am 28. April 1945 zu einer letzten Feindfahrt aus. Das war, ich kann nur sagen, makaber. Ich meldete mich ab bei dem Befehlshaber der U-Boote, das war damals der Admiral von Friedeburg. Ich übertreibe nicht, wenn ich folgendes sage: Er verabschiedete sich mit den Worten: »Topp, wenn wir unser Heimatland nicht mehr verteidigen können, dann werden wir unsere Basis in Norwegen verteidigen. Wenn wir Norwegen nicht mehr verteidigen können, dann fahren Sie mit Ihren Booten raus, und wenn Sie keinen Brennstoff mehr haben, dann kämpfen Sie in Feindesland weiter (mit Handfeuerwaffen)!« Ich habe Friedeburg immer sehr geschätzt. In diesem Moment standen ihm die Tränen in den Augen. Für Friedeburg war dieser Zusammenbruch eine tragische Angelegenheit, und ich nehme an, daß ihn in diesem Augenblick eher das Gefühl übermannte, als er mir diese sinnlosen Worte mit auf den Weg gab. Friedeburg beging Selbstmord, nachdem er die Waffenstillstandsverhandlungen mit unterzeichnet hatte.

Wir liefen durch den Großen Belt mit fünf Booten. Zwei kamen noch bis nach Horten. Inzwischen kamen die Waffenstillstandsverhandlungen und das Ende des Krieges. Im Hafen am Südausgang der Oslo-Bucht mußten wir unser Boot den Engländern übergeben.

Horst Elfe
Jahrgang 1917

Lassen Sie mich aus dem Kriegstagebuch meines Bootes, dem ›U-93‹, zitieren:

»19.1.42 gegen 01.00 Uhr aufgetaucht. Dunkle Nacht, Wind 3

West, kein Meeresleuchten, lange Dünung. – Nach ca. 2 Std. kommt Zerstörer steuerbord voraus in Sicht. Zerstörer dreht plötzlich mit hoher Fahrt hart steuerbord auf ›U 93‹ zu, Scheinwerfer leuchten, schießt deckende Salve, kein direkter Treffer. ›U 93‹ dreht nach Backbord auf Schußposition. Entfernung nimmt sehr schnell ab. Kdt. legt mit beiden Maschinen A.K. Ruder hart stbd., um Rammstoß zu vermeiden. Mündungsklappen sind noch auf, Torpedos im Rohr. – Engl. Zerstörer H.M.S. ›Hesperus‹ ist schneller, es erfolgt Aufprall bei hoher Fahrt in spitzem Winkel. Kdt. gibt Befehl: »Alle Mann aus dem Boot«, läßt Turmwache über Bord springen, da Detonation der eigenen Torpedos zu erwarten. – ›U 93‹ wird durch Rammstoß schwer beschädigt. Trommelfelle der aus dem Turmluk aussteigenden Besatzung platzen. Auf dem Turm stehende Besatzung, darunter der Kdt., werden außenbords geschleudert. Großer Teil der Besatzung hat noch Tauchretter oder Schwimmwesten anlegen können. – Boot begann zu sinken. 6 Mann Besatzung von ›U 93‹ sind gefallen, d. h. sie sind alle aus dem sinkenden Boot herausgekommen, dann aber im Wasser anfangs schwimmend entweder vor Erschöpfung oder durch erlittene Verwundungen entkräftet ertrunken. Vielleicht wurden auch einige durch detonierende Wasserbomben getötet.« Wie die Tragödie zu Ende ging, möchte ich nun erzählen:

Nachdem ›U 93‹ gesunken war, drehte der Zerstörer ›Hesperus‹ bei, stellte Scheinwerfer an, warf achtern Netze aus und fuhr langsam durch die im Wasser Schwimmenden hindurch, so, wie es die Royal Navy auch bei der Rettung ihrer eigenen Leute tat. Ein Stoppen oder Aussetzen von Booten war zu gefährlich, da andere U-Boote in der Nähe waren. Wer von den im Wasser Schwimmenden Arm oder Bein im Netz hatte, war gerettet, als die Netze langsam eingezogen wurden.

Die erste Frage der Royal Navy Lords war: »Germans or Italians?«; denn in den Gewässern um Gibraltar konnte man nicht wissen, wer dort zur See fuhr. Der Aufklärer des englischen Kommandanten nahm sich des deutschen Kommandanten an, wickelte ihn in eine Wolldecke, goß ihm einen kräftigen Rum in ein Glas, zündete eine »Players Navy-Cut«-Zigarette an und steckte sie dem deutschen Kommandanten zwischen die Lippen, ihm wohlwollend Trost zusprechend, indem er sagte: »You take it easy, Sir« und nicht etwa »You bloody German Nazi.«

Am Morgen ließ der englische Kommandant (Lt. Commander R. Tait R. N.) den deutschen Kommandanten auf die Brücke kommen. Dieser meldete sich in aller Form in den Sachen des englischen Kommandanten eben bei demselben an Bord. Lt. Comm. Tait, der Prototyp der Royal Navy, fuhr seinen Zerstörer am Morgen nach dem Hauptgefecht in pieksauberer blauer Uniform, weißem Hemd mit Schlips und Kragen, weißer Mütze und grauen Handschuhen so, als wenn nichts passiert wäre und man gerade hohen Besuch an Bord erwartete. Er erwiderte den Gruß des deutschen Kommandanten, gab ihm die Hand und sagte: »I'am sorry for you, Sir.«

Dem deutschen Kommandanten kamen die Tränen in die Augen, und er sagte dem Engländer, daß er gerade bemüht gewesen war, ihn mit einem »Vierer Torpedo Fächer« zu versenken. Der Engländer lächelte und sagte, das hätte er schon seit Stunden gewußt; denn schließlich habe er das Boot mit seinem neuen Gerät – er zeigte auf den »Vortopp« – geortet. Der deutsche Kommandant erkannte sofort das Radargerät, mit dem zur fraglichen Zeit noch nicht alle englischen Geleitfahrzeuge ausgerüstet waren, und sagte: »This is the easy way of doing it, Sir!« Der englische Kommandant antwortete: »Oh yes, but a most successful one, Sir!« und fügte noch hinzu, daß man seitens der Royal Navy großen Respekt vor den deutschen U-Booten hätte. Im Sommer 1943 meldete die Royal Navy: »Comm. Tait, D. S. O., RN, Chef einer U-Jagdgruppe, mentioned in dispatches was killed in action. Torpedoed in North atlantic!« Verdammter Krieg.

Helmut Bernd
Jahrgang 1914

Ich kam zur Marine und zur Marine-Kriegsberichterstattung. Ich hatte einen ziemlichen Bammel vor den U-Booten, weil es mir unheimlich war, einzusteigen und dann unter Wasser größere Strekken zurückzulegen. Aber diese Schwelle, die war irgendwann vorbei, und ich kam nach Lorient.

Zunächst habe ich an Land Berichte geschrieben von Booten und Kommandanten, die unterwegs gewesen waren und zurück kamen. Ich wohnte aber zusammen mit den Besatzungsangehörigen. Wenn man mit den Besatzungen zur damaligen Zeit den ganzen Tag zusammenlebte und derartig einbezogen wurde, dann war da die Gruppen-Atmosphäre so stark, daß man sich eigentlich hätte schämen müssen, nur an Land zu sitzen und zu schreiben und nicht mitzufahren. Ich habe insgesamt nicht viel U-Boot-Fahrten mitgemacht. Eine große und eine kleinere Reise nachher in der Ostsee ganz zum Schluß des Krieges.

Ich meldete mich an Bord eines Bootes. Wir sind ausgelaufen im Mai 1943. Die U-Boot-Entwicklung war damals so kritisch geworden, und wir hatten so viele Verluste, daß man von den bis dahin üblichen Einsatzgebieten abging und uns zum Beispiel nach Südamerika schickte. Das war ein völlig neues Operationsgebiet. Wenn ich mich recht erinnere, waren wir mit sechs Booten im Süd-Pazifik. Für diese Reise waren unsere U-Boote, Typ 7C, auf dem ich gefahren bin, eigentlich nicht geeignet, weil wir nicht entsprechenden Sprit dabeihatten. Größe und Besatzung: 750 Tonnen und 55 Mann Besatzung. Eigentlich hätten diese Boote weit größer sein müssen, so 1.500 bis 2.000 Tonnen, wegen der Reichweite.

Wir mußten unterwegs versorgt werden durch die sogenannten Seekühe, das waren große U-Boote, die uns Dieselöl brachten. Aber das ist mir alles erst später richtig klar geworden. Diese Versorger wurden der Reihe nach versenkt. Und darum haben wir zwar Sprit bekommen, aber nicht von den Versorgern, sondern von anderen eigentlichen Kampf-U-Booten. Wir haben unglaubliches Glück gehabt, daß wir so viel Sprit hatten, daß wir überhaupt zurück gekommen sind. Wir fuhren zur See, wir sind 100 Tage unterwegs gewesen, rund 100 Tage.

Laien glauben, wir wären 100 Tage unter Wasser gewesen. Das ist natürlich falsch, denn U-Boote der damaligen Zeit waren Überwasserboote. Im Normalfall fuhren sie über Wasser. Auch im Angriff fuhren sie möglichst über Wasser, weil sie dann viel beweglicher und auch viel schneller waren. Wir fuhren und fuhren und fuhren durch den Atlantik und nichts, gar nichts, nichts. Aber dann hatten wir einen Treffpunkt mit einem anderen Boot. Das passierte dreimal auf dieser Reise.

Jedes Mal, wenn wir so einen Treffpunkt, Planquadrat so und so, vorgesehen hatten, war »gegnerische Luft«, wie wir es nannten. Da erlebten wir einen Angriff.

In der Zeit, als wir draußen gewesen sind, mit sechs Booten vor Südamerika, waren wir das einzige Boot, das zurückkam. Die Flottille, unsere U-Boote in Lorient, wo wir stationiert waren, wurde fast vernichtet in dem Zeitraum, in dem wir draußen waren.

Auf dieser Reise haben wir trotz größter Schwierigkeiten noch vier Schiffe versenkt. Wir versenkten nur Handelsschiffe. Wir operierten in dem Gebiet ostwärts von Rio de Janeiro. Wir waren die ersten U-Boote, soviel ich weiß, die den Auftrag bekamen, dort den Handelsverkehr zu stören. Es ging nur um Handelsschiffe, die wir versenkt haben, darunter ein amerikanisches mit Namen ›African Star.‹

Man mußte eine bestimmte Position erreichen, um zum richtigen Schuß zu kommen. Dies war das sogenannte Vorsetzmanöver. Man brauchte Mondlicht. Die Position mußte so sein, daß der Gegner oder das Ziel beleuchtet war. Aber der andere konnte einen nicht erkennen. Das ist ein Phänomen, das muß man selber erlebt haben, sonst kann man sich das gar nicht vorstellen. Ich agierte als Kriegsberichter, war mit oben auf dem Turm bei so einem Angriff, und dann fuhren wir ran. Ich sagte zum Kommandanten: »Fahren wir nicht zu nah ran?«

Die Handelsschiffe waren ja zum Teil auch bewaffnet. »Nein«, sagte er, »wir müssen noch näher ran!«

Dann fuhren wir auf bis 600 oder 800 Meter heran. Dann sieht man so ein Handelsschiff mit seinem riesigen Aufbau, kommt bis auf 600 bis 800 Meter heran, und dann heißt es: »Torpedo!« und dann »Torpedo läuft!« und dann »Treffer!«.

Und dann von der anderen Seite heran und dann nochmal einen zweiten Treffer.

Unser Verhalten war dann so: Wir gingen an die Schiffe heran. Die Besatzung war in den Booten und versuchte, die Küste zu erreichen, was in den meisten Fällen auch geglückt ist, weil wir nahe der südamerikanischen Küste operierten. Es gab natürlich auch sehr menschlich berührende Erlebnisse. Als wir vor der Küste Süd-Amerikas das Schiff ›African Star‹ versenkt haben, rief ich einem der Besatzung zu: »Hello, how are you?« Er kam an Bord. Er war mit anderen auf einem Boot. Sie kamen, es war dunkel. Das Ganze war schon etwas unheimlich, und dann unsere Leute mit Maschinenpistolen und Vollbärten! Er hat später gesagt: »Es war ja ziemlich unheimlich bei Euch!«

Aber für mich war er ein Wesen aus Amerika, »What's the difference?« Ich habe mich nett mit ihm unterhalten. Er sagte: »Es war nicht nett von Euch, uns hier zu versenken. Wir waren gerade beim Truthahnessen.« (Das sagte er mir, als wir uns in Amerika nach dem Kriege wiedertrafen). Wir haben nämlich die Besatzung der ›African Star‹, als sie aus den Booten stieg und zu uns an Bord kam, mit dem notwendigsten versorgt und sie wieder in ihr Rettungsboot steigen lassen. Dies geschah nicht weit von der Küste. Sie sind auch an Land gekommen.

Ein paar Bemerkungen sollte ich über die U-Boot-Fahrer und die Belastung, der sie ausgesetzt waren, machen. Natürlich war das Leben an Bord eines U-Bootes kein Spaß. Aber auch nicht nur schrecklich. Was heißt schrecklich? Man ist in einem Boot eingepfercht auf engstem Raum. Jetzt kommt ein Punkt, der den Soldaten der Marine unterscheidet von Soldaten des Heeres. Denn der Soldat des Heeres kämpft, aber es gibt zwischendurch Pausen, wochenlang, wo nichts passiert. Das U-Boot zur damaligen Zeit war so, daß wir jede Minute damit rechnen mußten, daß ein Angriff erfolgen könnte. Das heißt, wir standen 100 Tage lang ständig unter dem Streß »es kann passieren«. Und wenn es passiert, ist es in drei Minuten aus! Dieser Streß über so lange Zeiträume hindurch beeinflußt einen Menschen stark, es sei denn, er hat Nerven wie

Drahtseile. Aber solche Leute gibt es nur ganz selten. Ich erinnere mich, daß ich mir von einem bestimmten Zeitpunkt an gesagt habe, es ist unwahrscheinlich, daß wir zurückkommen. Also finde dich damit ab und mach' das Beste daraus, was zu machen ist.

Die U-Boot-Matrosen waren im allgemeinen hart und unpolitisch. Aber vieles ist völlig falsch, was gelegentlich im Ausland behauptet wurde. Es gibt ja die tollsten Spekulationen, was sich im U-Boot alles abgespielt haben soll. Da wären Spione an Bord, da wären Frauen an Bord gewesen und was weiß ich alles. Das ist für mich alles Quatsch und völliger Blödsinn. Das Spiel lief nach anderen Regeln ab, nach eher harten Regeln. Und dann kommt noch etwas hinzu: Eine Person ist entscheidend. Das ist der Kommandant. An dem hängt alles, an dem hängt das Schicksal des Bootes, an dem hängt das Schicksal von 55 Menschen. Der muß ein Reaktionsvermögen haben, bei dem Bruchteile von Sekunden entscheiden, ob er das Richtige macht oder das Falsche. Ja, sicherlich sind die meisten Kommandanten unter der starken Verantwortung auch innerlich belastet gewesen und waren unruhig. Sie durften es aber nicht zeigen. Wenn der Kommandant unsicher wird, nervös wird, wird auch das ganze Boot nervös und gerät durcheinander. Eines der größten Erlebnisse möchte ich so beschreiben: Wenn die Leute an Land kamen, wurden sie mit Musik empfangen, und viele Leute interessierten sich für sie. Aber sie hatten drei Monate lang auf engstem Raum zusammengelebt und kamen nun an Land und konnten 50 Meter geradeaus laufen und noch mal 50 und 100 und 300 Meter! Das war ein unvorstellbares Erlebnis! Aus dieser Enge in die normale Bewegungsfreiheit des Menschen. Das war unglaublich!

Eine Festung ohne Dach

Strategischer Bomberkrieg, das Konzept, ein Volk dadurch zu besiegen, daß man seine Industrie zerstört und seinen Widerstandswillen bricht, hatte seinen Ursprung im Ersten Weltkrieg. In den Jahren zwischen den Kriegen wurden die verschiedenen Theorien über die Rolle der Luftstreitkräfte im Rahmen der Gesamtstrategie diskutiert. Aber nur in Großbritannien entstand eine selbständige Luftwaffe. Man hatte die Bombardierung Londons durch Zeppeline und Großbomber nicht vergessen. Die schweren Bomber schienen das geeignete Instrument für den strategischen Luftkrieg zu sein.

Praxis und Theorie entsprachen jedoch in den frühen Kriegsjahren einander nicht. Versuche der Royal Air Force, bei Tag Einsätze gegen militärische Ziele ohne Jagdschutz zu fliegen, erwiesen sich als höchst verlustreich. Der Übergang zu Nacht-Operationen war die zwangsläufige Folge, aber die Ausbildung der Besatzungen und der technische Stand der Flugzeuge waren dieser Anforderung zunächst nicht gewachsen.

Die Marschälle der RAF waren gleichwohl überzeugt davon, Deutschland durch die Luftwaffe in die Knie zwingen zu können. Im Jahre 1941 verstärkte sich die Intensität der englischen Luftoffensive, obgleich die RAF im Mittelmeer und im Atlantik wachsende Aufgaben zu erfüllen hatte. Gleichzeitig war die deutsche Luftabwehr erfahrener und effektiver geworden. Die Luftbildaufklärung bewies, daß die Bomber vorerst nur in der Lage waren, Flächenziele zu zerstören. Im Februar 1942 kündigte Churchills Regierung an, daß die Bomber es von nun an darauf anlegen würden, Kampfgeist und Moral der deutschen Zivilbevölkerung zu brechen.

Die Bestellung von Luftmarschall Arthur Harris zum Kommandeur der RAF erwies sich als Wende für die britische Strategie. Harris war ein entschlossener Vertreter nicht nur des strategischen Luftkriegs, sondern auch des Luftkriegs gegen die Zivilbevölkerung. Ihre Moral sei eher zu brechen als die der uniformierten Soldaten. Wie viele führende Männer der Alliierten überschätzte Harris die Unpopularität des Nationalsozialismus. Er wähnte, gesteigerter Bombenterror genüge, um das totalitäre System in Deutschland zusammenbrechen zu lassen.

In der Nacht vom 28. zum 29. März 1942 griffen über 200 Bomber die alte Hansestadt Lübeck an. Lübeck wurde als Angriffsziel nicht aus militärischen Gründen gewählt, sondern wegen seiner Verwundbarkeit. Nach den Worten von Harris war das Ergebnis ein spektakulärer Erfolg. Das Feuer wütete anderthalb Tage lang; das Zentrum war völlig ausgebrannt.

Am 30./31. Mai erfolgte der erste Luftangriff durch 1000 Bomber auf Köln. Im Ruhrgebiet schlugen die Bomben in den Industriezentren des Reichs ein: in Düsseldorf, Essen und Hamm. Und Mitte 1942 erhielten die Bomber Verstärkung.

Wie die RAF, so übernahm auch die US-Luftwaffe das Konzept des strategischen Bomberkrieges. Ihre Generale, meist junge Männer, waren von der Überlegenheit ihrer Technologie zutiefst überzeugt. Im Gegensatz zu den Engländern hielten sie allerdings den gezielten Bombenabwurf auf Industrieanlagen und Produktionsstätten in Deutschland für die erfolgversprechendere Taktik, um den Gegner in die Knie zu zwingen. Ihre Bomber, die B-17 und die B-24, trugen relativ wenig Nutzlast. Außerdem waren die Besatzungen, die im wolkenlosen Himmel im Südwesten Amerikas ausgebildet worden waren, nicht sofort in der Lage, unter europäischen Wetterbedingungen zu operieren. Man einigte sich auf einen Kompromiß: die Briten sollten weiterhin Nachtangriffe fliegen. Die Amerikaner sollten die Aufgabe bei Tage übernehmen.

Die vereinigte Bomberoffensive führte ihren ersten großen Angriff gegen Hamburg. Die Operation ›Gomorrha‹ begann am 24./25. Juli 1943. Mehr als 30.000 Menschen starben, erstickten, verbrannten bei lebendigem Leib oder wurden in den Ruinen begraben bei einer Kette von Luftangriffen, deren Ausmaß an Zerstörung die Welt bislang noch nicht erlebt hatte. Zum ersten Mal erfuhr eine deutsche Stadt, was Feuerstürme sind: Von brennenden Gebäuden ging eine so große Hitze aus, daß ein Windhosen-Effekt entstand. Ein heißer Feuersturm raste über die Trümmer der Stadt Hamburg, es war für die Briten ein positiver Test.

Die Angriffe nahmen an Intensität zu. Im November 1943 begann die RAF den »Krieg um Berlin«, und Harris versprach, bis zum April 1944 die deutsche Kapitulation zu erzwingen. Nacht für Nacht heulten die Sirenen. Dennoch ließ der Überlebenswille weder in Berlin noch im übrigen Reich nach. Die Fabriken stellten ihre Produktionen nicht ein. Die Nazi-Organisation erwies sich als fähig, mit den Ergebnissen der Luftangriffe fertig zu werden. Die Gemeindebehörden bewiesen, daß sie in der Lage waren, die geschockten und wohnungslos gewordenen Menschen zu beherbergen, zu ernähren und den Produktionsprozeß aufrechtzuerhalten.

Auch blieben die Deutschen nicht untätig. Nachtjäger und Flak fügten den Bomberströmen der RAF wachsende Verluste zu. Die Amerikaner mußten große Ausfälle hinnehmen, als ihre Formationen ohne Jagd-Begleitschutz ins Reich flogen. Am 17. August 1943 verlor die 8. Air Force mindestens 60 der 375 Bomber, die bei einem Angriff auf Schweinfurt und Regensburg eingesetzt waren. Weitere 100 Flugzeuge wurden beschädigt. Das zwang sie, eine Pause einzulegen. Als sie mit starken Verbänden die Angriffe wiederaufnahmen, kamen sie mit einer neuen Waffe, dem Begleitjäger, der Mustang P-51. Mit abwerfbaren Treibstofftanks erreichten diese Einsitzer jeden Punkt des Reichs und waren den Messerschmitts und Focke-Wulffs mehr als ebenbürtig.

Während der Vorbereitung der Landung der Alliierten in der Normandie am 6. Juni 1944 wurden für die vereinigte Bomberoffensive neue Prioritäten gesetzt. Nun sollten sich die Bomber auf Öl- und Munitionslager, auf Flugzeugfabriken konzentrieren. Sie widmeten der Vernichtung der Vergeltungswaffen (V-Waffen) besondere Aufmerksamkeit, den unbemannten Raketen, die, wie Hitler prahlte, den Sieg bringen würden. Seit August 1943 war auch das Forschungszentrum in Peenemünde ein Bomberziel geworden. Der neuen Offensive hatten die Deutschen wenig entgegenzusetzen. Es gab nicht mehr genügend Treibstoff und immer weniger Ersatzpiloten. Die einzige Möglichkeit, die Bomberoffensive zu stoppen, der Einsatz der neuen Me-262 Düsen-Flugzeuge, wurde von Hitler mit dem Hinweis abgelehnt, daß dieses Flugzeug in Zukunft ein idealer »Blitzbomber« für seine »Vergeltung« sein werde. Ende 1944 hatten die Luftstreitkräfte der Alliierten die Zerstörung der deutschen Städte praktisch abgeschlossen. Es gab nicht mehr viel zu zerstören. Diese Tatsache hielt die Briten und Amerikaner nicht davon ab, einen letzten Schlag zu führen. Dresden war bis dahin verschont worden. Die Stadt hatte keine strategische Bedeutung. Aber die Sowjets hatten behauptet, daß dort beachtliche deutsche Truppenkonzentrationen vorhanden seien. Eine Bombardierung würde von Stalin als Entgegenkommen gewertet werden.

In der Nacht vom 13. zum 14. August starteten Lancaster der RAF den ersten Angriff. Am nächsten Tag warfen die amerikanischen B-17-Maschinen weitere 800 Tonnen Bomben auf eine Stadt, die schon in Flammen stand. Der Angriff auf Dresden ist vielleicht nicht der zerstörerischste Luftangriff gewesen. Es war aber sicher der, der den größten Schock auslöste. In Hamburg, Berlin oder an der Ruhr lebten und litten die Menschen in ihrer vertrauten Umgebung. Aber Dresden war zum Mittelpunkt für Flüchtlinge aus allen Teilen Osteuropas geworden. Entsetzte Menschen liefen durch ihnen unbekannte Straßen einer lodernden Stadt. Für Menschen vom Lande und aus Kleinstädten schien es ein Weltuntergang. Dresden blieb für viele Deutsche das Symbol des schrecklichsten Bombenterrors.

Gustav Rödel
Jahrgang 1915

Der Luftkrieg änderte sich radikal, als die fliegenden Festungen im Rahmen der alliierten Bomber-Offensive eingesetzt wurden. Die viermotorigen Bomber habe ich erstmalig 1942 in Rumänien getroffen, als sie von Sizilien kommend im Anflug auf Rumänien und auf die Ölfelder waren. Wir wurden von der Flanke aus von Athen her eingesetzt. Wir sollten in der Gegend von Sofia Feindberührung bekommen und dann so lange den Verband bekämpfen, wie unser Treibstoff ausreichte.

Wir sind nach diesen Einsätzen nicht mehr zu unserem Heimat-Flugplatz geflogen, weil wir nicht mehr genügend Treibstoff hatten. Es waren Plätze benannt, wo man dann wieder auftanken konnte. Was wir damals machten, war praktisch ein Vorspiel für das, was später in der Reichsverteidigung galt. Man wurde dem Verband entgegengeschickt und mußte so lange wie möglich dranbleiben, im Einsatz bleiben und sehen, wo man anschließend landete, um dann zu tanken und noch einmal gegen die Bomber zu starten.

Wenn man diese riesigen Bomber zum ersten Mal sah, war das ein gewaltiger Eindruck. So, daß man Angst kriegen konnte. Diese ersten Viermotorigen habe ich 1942 in Afrika zufällig mal gesehen. Es waren Boeings. Und die haben mich beeindruckt, wegen der Feuerkraft. Die schossen auf mich, und die Feuerkraft war so enorm, ich bin gar nicht zum Schießen gekommen, weil ich zu weit weg war. Bei diesem bewußten Einsatz von Athen aus, als ich etwa in der Höhe von Sofia an die Viermotorigen herankam, führte ich ungefähr 30 oder 40 Messerschmitts von meinen Verbänden. Ich war Geschwader-Kommodore, und wir hatten die Flugzeuge auf verschiedenen Feldflugplätzen. Wir starteten, als der Alarm kam, wir machten einen Sammelpunkt in der Luft aus, und ich hatte dann die Aufgabe, die von allen Seiten ankommenden Flugzeuge an den Feind heranzuführen. Das waren ausschließlich Messerschmitts.

Man muß sich das vorstellen: das ist so, als ob beispielsweise Zugvögel in einem größeren Schwarm flögen und dann eine Kurve nach rechts und links machten. Was das für ein Durcheinander gibt! Das Schwierige bei den Angriffen auf einen so großen Verband – das waren ja später bis über 1.000 Flugzeuge – war die Kunst, die Jäger mitten in den Bomber-Troß hineinzuführen.

Der Verbandsführer, der Geschwader-Kommodore, der mußte vorausfliegen. Er flog an der Spitze des Verbandes und mußte die Kunst beherrschen, die Jäger in die günstigste Angriffs-Position zu führen. Aber das war unseren Gegnern ja auch bekannt.

Wer vorweg flog, war wahrscheinlich ein sehr erfahrener Flugzeugführer, der kriegte natürlich dann auch den Zunder, das konzentrierte Abwehrfeuer. In den ersten Einsätzen, das muß ich zugeben, habe ich viel zu früh geschossen. Und ich habe bei dem ersten Angriff keinen Bomber abgeschossen. Später lernte ich dann, von unten oder von vorn oder von der Seite als Einzelkämpfer in Abschußnähe zu kommen. Das schwierige war, die Angst zu überwinden, noch weiter ranzufliegen. Du mußtest als Kommodore oder Verbandsführer damit rechnen, daß man aus ungefähr 30 bis 40 Maschinengewehren gleichzeitig Feuer bekam. Es war, als ob man durch ein Schneegestöber flöge.

Später bin ich dann in der Reichsverteidigung über Deutschland eingesetzt worden. Die Viermotorigen kamen entweder aus Norditalien oder aus England. Wenn die Wetterlage über den Alpen so war, daß der Anflug der Bomber aus Süden nicht möglich war, wurden wir gegen die eingesetzt, die aus England kamen. Es war eine große navigatorische Leistung unserer Radarführung, daß wir von Wien aus nach dem Norden geführt wurden, und dort in einem geschlossenen Verband von hinten hineinstießen.

Der Verband der Bomber ist in den seltensten Fällen auseinandergeplatzt. Die flogen eng in Formation und gaben sich gegenseitig Schutz. Die Schwierigkeit für uns war ja immer, daß wir die Luftlage in dem Sinne eigentlich gar nicht so genau kannten. Man wartete ab, ob die Bomber aus Italien oder England kamen. Dann wurden wir entsprechend eingesetzt. Und so war es beispielsweise bei Schweinfurt. Da ergab sich, daß mein Geschwader mit seinen drei Gruppen vollständig war und daß wir dann mit einem geschlossenen Angriff in diese viermotorigen Bomber hineinstoßen konnten. Wir sind vielleicht 30 bis 40 Jagdflugzeuge gewesen. Aber es waren noch mehrere andere Geschwader dabei.

Wir starteten von Wien aus. Wir sahen frühzeitig die Detonation der Flak. Flakfeuer war eigentlich für uns auch immer ein Anhalt dafür, daß die Bomber kamen. Beim Angriff auf Schweinfurt habe ich Glück gehabt, ich bin nicht abgeschossen worden, aber bei ähnlichen Einsätzen danach habe ich so viele Treffer gehabt, daß ich entweder notlanden oder Bruchlandung machen mußte. Der Angriff auf Schweinfurt verlief so: Ich kam vom Norden her, und wir hatten gerade noch so viel Zeit, daß wir uns mit einem Bogen hinten an die Viermotorigen heransetzen konnten. Ich habe während des Angriffes auf Schweinfurt keinen Bomber abschießen können. Ich habe die Aufschlagbrände gesehen, ich habe auch trudelnde Viermotorige gesehen, ich habe auch trudelnde eigene Flugzeuge gesehen, die abgeschossen waren durch die Viermotorigen. Die Luftwaffe hat damals 59 »Fliegende Festungen« abgeschossen. Das hat die Amerikaner veranlaßt, in den nächsten fünf Wochen keine Angriffe mehr auf Ziele im Reichsgebiet zu fliegen. Der Schock war so groß, daß man die Flugzeugführer nicht wieder so schnell zum Fliegen kriegte. Die wollten meutern. Sie begannen erst wieder, als sie Jäger mit genug Reichweite hatten, so daß diese die Bomber bis zum Ziel begleiten konnten. Aber wir haben die Festungen nicht aufhalten können.

Wenn man nach diesen Angriffen durch die Städte fahren mußte und dann unten diese zerbombten Städte und die Verwundeten sah, dann war da ein Schuldgefühl, daß man sich sagte, du hättest noch mehr machen können. Die Situation wurde immer schlechter. Die Überlebenschancen für Piloten waren ganz miserabel. Zum Teil konnten wir ja nicht mal sicher starten und landen. Alles, was die jungen Piloten hatten, war ein Herz voller Vaterlandsliebe, voll Einsatzwillen à la Langemarck. Und die Begeisterung von den jungen Leuten, die hat mich persönlich immer wieder aus einer gewissen Angstlethargie herausgeholt.

Wir wurden nach mehreren anderen Einsätzen nach der Invasion von Wien aus in Richtung Reims verlegt, und von dort aus versuchten wir noch Einsätze zu fliegen. Da war aber die Situation schon so schlecht, daß wir in den meisten Fällen kaum von dem Platz aus starten konnten, ohne angegriffen zu werden. Ich hatte damals auf meinem eigenen Platz ein paar junge Piloten, die wollte ich in den Kampf einweisen, und da kamen sechs oder acht ›Lightnings‹, mit denen wollte ich jetzt den Luftkampf beginnen. Meine jungen Flugzeugführer blieben nicht bei mir dran, und ich merkte jetzt, daß die ›Lightnings‹ sich die Jungen raussuchten, um sie abzuschießen. Die merkten, daß die zu unbeholfen waren, und um das ganze Unheil zu verhindern, bin ich in den Schwarm der ›Lightnings‹ hineingezogen und habe die also voll auf mich konzentriert, was mir auch gelang. Aber dann haben sie mich verdroschen. Dann haben sie mich »vernascht«. Die haben mich über dem eigenen Flugplatz wie eine Maus hin und her gejagt, und nur der Zufall wollte es, daß sie mich nicht abgeschossen haben. Und dann ging denen, Gott sei Dank, der Sprit aus, und als ich landete, habe ich mich vor meinen Soldaten so geschämt! Ich bin aus dem Flugzeug raus, meine Knie haben gezittert. Ich habe versucht zu verbergen, daß ich Angst gehabt hatte.

Johannes Steinhoff (3)
Jahrgang 1913

Seit Stunden warten wir auf den Startbefehl. Dann endlich unterrichtet mich der General, die Funkmeßgeräte hätten einen Bomberverband erfaßt, der weit nördlich der Insel Sizilien in Richtung auf Neapel marschiere. Es sei zu spät, ihn abzufangen, aber er werde mein Geschwader starten lassen, um den Verband auf dem Rückflug zu stellen. Es sei noch etwa eine Stunde Zeit, sagte er.

Letzte Vorbereitungen. Überall wird an beschädigten Flugzeugen gearbeitet, getankt und munitioniert. Mitten hinein platzt der

Startbefehl des Generals: »Starten Sie sofort, Steinhoff. Die Bomber haben nach Süden abgedreht und den Hafen von Messina angegriffen. Sie müssen sich beeilen, wenn Sie sie noch erwischen wollen ...«

»Alarmstart!« rufe ich dem Gefechtsschreiber zu. »Schießen Sie grün!«

Dann wieder die automatisch ablaufenden Verrichtungen des Gefechtsdrills. Schon springen die ersten Motoren an. Meine Warte haben mir ein Flugzeug in die Boxe gestellt und helfen mir mit den gewohnten Handgriffen. Rasch rolle ich hinaus und warte auf meinen Stabsschwarm.

Rollen. Abbremsen, Magneten prüfen. Blick zurück. Die Schwimmweste mit dem dicken Kapok-Kragen behindert jede Kopfbewegung, die Atemmaske schlenkert am Kinn hin und her. Staubwolken überall, wohin ich blicke. Straden und Bachmann in Position. Handzeichen – wird erwidert: Fertig zum Start.

Als ich die Bremsen loslasse und den Gashebel ganz nach vorn schiebe, überfällt mich ein Gefühl der Befreiung. Es ist die Lust an dem unzählige Male geübten Vorgang, der nach einer bestimmten Zeit zur Feindberührung führt und die Spannung löst. Das Fahrwerk hebt ab, der Motor vibriert mit höchster Tourenzahl. Ich muß nun sorgfältig den Plan durchführen, diese Schleppe von mehr als hundert Jagdflugzeugen über dem Platz zu versammeln. Das muß in Ruhe, aber auch schnell geschehen, damit nicht zu viel Treibstoff verflogen wird. Mit einer breiten Phalanx in mehreren Etagen will ich auf die Viermots treffen. Ich drossele die Fahrt, Fahrwerk und Landeklappen werden eingefahren, und in langsamem Steigflug, den Erice umfliegend, lasse ich die Jäger auf die vorgeschriebene Position aufschließen.

In ausholender Linkskurve lasse ich die zweite Gruppe die Position hinter mir einnehmen. Im Steigen habe ich den Erice einmal umrundet und überfliege jetzt die Nordküste der Insel in 3000 Metern Höhe. Hinter und über mir hat sich der Verband in Gefechtsformation gesammelt. Einem gewaltigen Drachen gleich bewegt sich das Dreiecksgebilde aus über 100 Flugzeugen gen Norden. Ich habe Funkstille bis zur Feindberührung befohlen. Nur die Befehle und die Informationen über den Standort des Feindes unterbrechen das Rauschen im Kopfhörer.

In der Glasröhre neben meinem linken Knie steigen Luftblasen auf, die anzeigen, daß der Zusatztank unter dem Rumpf leergeflogen ist. Noch eine gute Stunde Flugzeit!

Wieder die ruhige Befehlsstimme im Kopfhörer: »Odysseus, fliegen Sie Kurs zwohundertachtzig Grad. Möbelwagen werden von Freya nicht mehr erfaßt, gehen vermutlich in Tiefflug über.«

Sofort richten sich die Blicke nach unten und suchen den Dunst zu durchdringen, aber nur ein winziges Stück graublauer See mit dem Muster der Schaumkronen ist zwischen Fläche und Rumpf sichtbar.

»Unter uns Möbelwagen – unter uns, viele, Kurs West!«

Wie erstarrt blicke ich auf die graue See hinab – und jetzt sehe ich es auch: Die Wasseroberfläche ist auf einmal von einem seltsamen Muster hellbrauner Farbtupfen gesprenkelt. Auf der Oberseite wüstengelb gespritzt, heben sich die Fliegenden Festungen fein umrissen von dem Silbergrau der See ab. Im Tiefstflug, nur in dem Winkel zwischen Motorhaube und Fläche – in der Ferne verschwimmen sie im Dunst. Senkrecht zum Kurs des Geschwaders marschieren sie unter uns in Richtung Afrika. Zwischen den einzelnen Staffeln von neun, vielleicht zwölf Flugzeugen sind Zwischenräume. Die Wogenkämme des Mittelmeeres ziehen träge, gleich einem gemusterten Teppich, unter der Formation dahin.

Ich weiß, daß ich keine Zeit zu einem wohlangelegten taktischen Manöver habe. Ohne das geringste Zögern muß ich aus dieser ungünstigen Position den Angriff ansetzen, ob mir mein Verband folgt oder nicht. Hoffnungslos, über Funk noch Befehle zu geben, Worte oder gar Satzfetzen auszumachen, während ich schon über die rechte Fläche auf die Bomber hinabstoße.

»Möbelwagen – Achtung, sehr tief, viele!«

»Muß umkehren ...«

»Dranbleiben, dranbleiben!«

2000 Meter, die Fahrt der 109 ist enorm gewachsen. Die Bomber scheinen sich schneller zu bewegen, je tiefer ich fliege.

Da ist der Zwischenraum zwischen den feindlichen Staffeln. Ich muß so tief fliegen, daß ich in gleicher Höhe auf sie treffe. Wenige Meter unter mir ziehen jetzt die Wogen dahin, und unglaublich schnell kommt die breite Linie aus Flugzeugleibern und Motoren auf mich zu. Ich starre durch die Frontscheibe und halte das beleuchtete Reflexvisier auf das Flugzeug in der Mitte der Formation. »Du mußt auf die Glaskanzel der Festung zielen ...« Wann ich zu schießen beginne, weiß ich nicht, die Schußposition muß sich automatisch dem Daumen auf dem Steuerknüppel mitgeteilt haben. In dieser letzten kurzen Phase des Angriffs ist schlagartig alles wie beim Ablauf einer gewohnten Übung. Als hätte ich das schon hundertmal getan, pendele ich die »Me« auf die Höhe der Bomber ein. Ich muß die leuchtende Flugzeugkanzel mit einem Hagel von Geschossen zudecken. Die Leuchtspur der Maschinengewehre springt im Bogen auf den riesigen Bomber zu und kreuzt die blauen Schlieren der Rauchspurgeschosse. Das »Pop-pop-pop« der Kanonen läßt das helle Fadenkreuz zittern. Deutlich erkenne ich die glitzernden Scheiben, dann muß ich die Maschine nach oben reißen, so daß mich die Beschleunigung tief in den Sitz preßt. Mit dem Schwung der überschüssigen Fahrt werde ich hoch über die Bomber weggetragen. Mein Mund ist ausgetrocknet, und der Speichel schmeckt bitter. Der Pulvergeruch füllt die Kabine. In der Kurve bemerke ich, daß ich allein bin – mein Stabsschwarm ist »geplatzt«. Im Zurückblicken sehe ich eine haushohe Fontäne weißen Wassers die Absturzstelle des Bombers markieren. Die Bomber sind vom Dunst verschluckt. Plötzlich fühle ich wieder die Angst des Alleinfliegens über See. Besorgt horche ich auf das Laufen des Motors und berechne nochmals den Kurs und die Flugdauer und blicke angestrengt auf die graublaue Wand, aus der nun bald der Erice auftauchen muß.

Nach der Landung auf dem Flugplatz Trapani rolle ich zur Boxe. Im Augenblick, in dem ich den Motor abstelle, wird mir bewußt, daß wir eine Niederlage erlitten haben. Bisher habe ich diese Erkenntnis unterdrückt, und auch jetzt habe ich noch wider besseres Wissen die Hoffnung, es mögen ein paar von den Festungen abgeschossen sein – obgleich das recht unwahrscheinlich ist. Nichts in dem vergangenen Funksprechverkehr deutete auf Abschüsse hin, und keines der nach mir landenden Flugzeuge wackelt mit den Flächen, um auf traditionelle Art den Luftsieg zu verkünden.

Bedrückt, deprimiert sitzen wir schweigend im Zelt, bevor die Nacht anbricht. Der kurze Schlaf, aus dem ich unsanft durch das schrille Läuten des Telefons gerissen werde, war so wunderbar tief und weit weg von jeder Wirklichkeit, daß ich einige Sekunden brauche, ehe ich mich melde und begreife, daß es der General ist. »Steinhoff«, sagt er, »ich habe soeben ein Fernschreiben des Reichsmarschalls erhalten. Bitte regen Sie sich nicht auf, wenn ich Ihnen jetzt den Inhalt vorlese. Veranlassen Sie noch nichts. Aber ich muß Sie informieren. Hören Sie zu: ›An den Jagdfliegerführer Sizilien. Die bei der Abwehr des Bomberangriffs auf der Straße von Messina beteiligten Jäger haben versagt. Von jeder der beteiligten Jagdgruppen ist ein Flugzeugführer wegen Feigheit vor dem Feinde vor ein Kriegsgericht zu stellen.‹«

Erich Andres
Jahrgang 1905

Ich war Kriegsberichterstatter in Wilhelmshaven und bin am Wochenende 24./25. Juli 1943 nach Hamburg gefahren. Meine Frau hatte sich in Dresden in den Zug gesetzt und ist nach Hamburg gegondelt. Sie ist schon am Freitag nachmittag eingetroffen und hat dann beim Schlachter eingekauft, eine meiner Lieblingsspeisen. Dann, am Abend, kam ich auch an. Wir haben uns gefreut, haben Pläne geschmiedet fürs Wochenende: Spazierengehen, nach Blankenese fahren; hoffentlich bleibt das Wetter schön. Ein ganz zufriedenes Leben, das in nichts an den Krieg erinnerte.

Wir sind etwa gegen halb zwölf Uhr nachts ins Bett und um halb eins hörten wir die Sirenen heulen. Wir gingen in den Keller, hörten Einschläge, aber da in unserem Teil Hamburgs nichts passierte, gingen wir wieder ins Bett. Haben geschlafen und geschlafen und dachten, warum wird das überhaupt nicht Tag? Da guckten wir auf die Uhr, es war immerhin im Juli – kurze Nächte, da wird es um fünf Uhr morgens schon hell. Ich bin dann aufgestanden und guckte zum Balkon und zum Fenster raus, da sehe ich, daß alles, alles trüb war, als wenn es ein Regentag wäre.

Wir sind aufgestanden und haben die Nachrichten gehört. Da hörten wir, daß Hamburg einen großen Angriff hinter sich hatte in dieser Nacht, und daß man in erster Linie Altona heimgesucht habe. Meine Frau ist dann wieder nach Dresden zurückgefahren, ich nach Wilhelmshaven.

Am 28. Juli nach dem nächsten Angriff kam ich wieder nach Hamburg. Der Zug fuhr über Harburg hinein, aber nur bis Wilhelmsburg oder Veddel etwa. Da mußten wir alle aussteigen. Ich dachte, wie mag das wohl bei dir zu Hause aussehen? Ich wohnte damals in Hamm-Süd, in der Campestraße 43. Der Weg bis dahin war von Wilhelmsburg immerhin eineinhalb bis zwei Stunden zu Fuß, fünf bis sieben Kilometer schätze ich. Endlich kam ich zur Campestraße. Da guckte ich nach unserem Haus, das stand noch da bis zum vierten Stock oben, aber mit leeren, schwarzen Fensterlöchern. Da bin ich dann in den Hausflur geklettert, war alles zusammengefallen, über Trümmer hinweg, aber die Kellertreppe war noch auf. Da konnte man nicht runter, weil noch eine fürchterliche Hitze aus dem Keller herausströmte. Ich bin denn erstmal wieder hoch und habe versucht, Wasser zu finden, um mein Taschentuch ins Wasser und dann in den Mund zu nehmen. Aber es war kein Wasser da, habe dann das trockene Tuch um den Mund und die Nase gelegt, bin wieder runter. Habe zuerst davor tüchtig Atemübungen gemacht, tief Luft geholt, dann ganz tief den Atem angehalten, die Treppen runter. Da bin ich an einem Koksberg vorbei, der in heller Glut noch Hitze verbreitete.

Da ist es mir gelungen, einmal durch den Keller hindurch zu gehen. Die Bettstellen waren nicht verbrannt, da lagen überall Menschen drauf. Ich kam jedenfalls nicht weiter und mußte schleunigst zurück, denn es war ein fürchterlicher Gestank dort. Da bin ich wieder raus. Habe dann zuerst einmal wieder Atemübungen gemacht und bin dann nochmal hinunter, bin gleich an eine Stelle, die ich mir vorher gemerkt hatte, um da vielleicht noch jemand zu erkennen. Bin wieder rauf, habe durchgeatmet, dann wieder runter.

Dieses Manöver habe ich ungefähr drei oder vier Mal veranstaltet. Aber erkannt habe ich keinen Menschen mehr da unten. Bei diesen drei- oder viermaligen Gängen in den Keller – das hat immer eineinhalb Minuten gedauert – in der Zeit kann man allerhand mitkriegen, aber man konnte nicht atmen. Ich hatte Angst, wenn ich jetzt atme, daß da soviel Kohlenmonoxyd aus dem brennenden Kokshaufen, der neben mir lag, herausströmen würde, daß ich da unten umfalle und besinnungslos bin oder krepiere genau wie die armen Menschen, die dort auf den Betten lagen.

Jedenfalls ist es mir nicht gelungen, einen Bekannten oder eine Bekannte aus unserem Hause wiederzuerkennen. Das konnten aber nur unsere Leute sein im Hause, die Mütter vor allem, die Männer waren ja teilweise arbeiten, nein, die waren auch zu Hause. Es war ja nachts, als das passiert war. Ich habe mir das so gedacht: Die Menschen waren durch die Hitze – es waren ja schon drei Tage seitdem vergangen – so verschmort, daß sie alle eine dunkelbraune Färbung angenommen hatten. Sie waren aufgedunsen, hatten richtig volle Backen. Ich habe mich auch nur gewundert, daß kein bekanntes Gesicht mehr unter den Toten, die da lagen, zu erkennen war. Ich bin dann hoch, hab dann zuerst einmal tüchtig geatmet.

Jedenfalls bin ich dann raus, habe einen Blick auf unseren Hof geworfen. Die Erinnerung kam dann besonders stark. Die Balkone links und rechts, die Muttis hängten ihre Wäsche auf, es war eine Ruhe und Stille damals schon gewesen, im Frieden. Die Stille war noch, ich könnte beinahe sagen, unerträglicher. Tote habe ich selbst in unserem Hinterhof nicht gesehen. Die waren alle unten im Keller.

Vor allem war der Austritt aus dem Keller für die armen Menschen verschlossen, weil der Luftschutzwart den Befehl hatte, keinen rauszulassen, solange das Bombardement dauerte. Das war ihre Katastrophe. Es hätten sicherlich dreißig, vierzig, sechzig Prozent der Menschen noch fliehen können auf die Straße, hätten sich hingeworfen. Wenn da eine Bombe drauf bumst, Trümmer runterfallen, da sind sie natürlich auch tot. Aber sie hätten eine größere Chance gehabt als dort unten im Keller, wo sie langsam verendet sind.

Ich hatte auch den Eindruck: Die Menschen, die lagen alle in ihren Luftschutzbetten unten, als wenn sie sich zur Ruhe begeben hätten und friedlich eingeschlafen wären. Das war für mich ein ganz besonders erschütterndes Erlebnis. Ein Gedanke war, daß die Menschen nur die Möglichkeit hatten, darüber nachzudenken:

»Wir sind im Schutz hier unten«, haben noch ein bißchen dieses Kohlenoxyd geatmet, so daß sie da eingeschlafen und gar nicht mehr aufgewacht sind. Aber vielleicht haben sie doch nicht so gelitten, wie man sich später vorstellen konnte.

Ich bin dann noch ein Stückchen weiter gegangen, bis zur Ecke Basedowstraße. Da kam ich an einer Stelle vorbei, wo sich einige Menschen zusammengefunden hatten. Tot, halbwegs bekleidet, man hatte das Gefühl, einige Frauen, die müssen sich, weil die Kleider brannten oder weil es zu heiß war, die Kleider vom Leibe gerissen haben. Denn die lagen dort halb nackt. Wenn sie ohnmächtig waren, sind sie dann in Flammen aufgegangen. Anders kann ich mir das nicht erklären.

Da lag ein kleiner, zehnjähriger Junge auf einem Luftschutzwart, das war mitten drin bei den Toten. Es war tatsächlich so, dieses Kind, das muß mit letzter Kraft über den Boden gekrochen sein zu dem Luftschutzwart, der da lag, aber ganz ruhig, weil er tot war; Mit letzter Kraft, mit den Händchen hatte er sich festgekrallt in die Seite des Luftschutzwarts, um Hilfe zu bekommen. Da muß der Kleine dann auch eingeschlafen sein. So hab ich die beiden dann wiedergefunden in der ganzen Gruppe der Toten, die da lagen.

Ein Vierteljahr später, im November 1943, hatte ich mal wieder die Möglichkeit, nach Hamburg zu fahren und die Straße, wo ich mal gewohnt hatte, zu besuchen. Es war alles noch genau so trostlos, keine Bäume, die paar, die übrig geblieben waren, waren pokkig, die meisten waren so verbrannt, daß das Blätterwerk nicht durch den Herbst abgefallen war, sondern schon im Sommer verbrannt gewesen war. Vor allem die Campestraße und die Süderstraße waren eine einzige Trümmerwüste geblieben. Nur ein schmaler Gang in der Mitte der Straße, vielleicht ein, eineinhalb Meter breit, damit man gerade noch zu Fuß durchgehen konnte, war geräumt worden. Aber es war mir gelungen, unseren Parterrenachbarn, Herrn Gabers, zu erreichen. Der wohnte irgendwo an der Niederelbe, da bei Winsen an der Luhe. Durch langes Hin- und Hertelefonieren und -schreiben hatten wir dann einen Treffpunkt vereinbart. An einem Herbstnachmittag trafen wir uns vor unserem Haus. Seine ersten Worte waren: »Na, vor einem Jahr, Herr Andres, da ging es uns noch besser.«

Er erzählte mir, wie es ihm in jener Schreckensnacht am 27. Juni 1942 ergangen war:

»Ich verließ, als die Sirenen an dem Dienstag wieder einmal durch die Nacht heulten, eine halbe Stunde vor Mitternacht das Haus, um meinen Dienst als Luftschutzhelfer im Werk zu übernehmen. Ich war kaum dort, als die ersten Bomben fielen, erst weiter weg, dann näher und näher kommend. Riesige Geschwader von Feindflugzeugen mußten sich über Hamburg befinden, die über der Stadt hin- und herkreuzten. Dazwischen nahm das Brausen und Brummen in der Luft, das Zischen und Pfeifen der fallenden Bomben kein Ende. Wir hörten in unserer Deckung, daß auch unser Betrieb wiederholt von Bomben heimgesucht wurde und warteten förmlich darauf, daß auch wir getroffen wurden. Ich dachte an Mutti in der Campestraße. Aber ich konnte, ich durfte hier nicht weg. Ob sie sich in Sicherheit gebracht hatte? Aber wo? Vielleicht war sie rechtzeitig aus dem Haus geflohen und suchte Schutz am Billeufer, am Wasser, das nur 200 Meter vom Haus vorbeifloß? Als es immer kritischer wurde, die Hitze von den Fabrikgebäuden, den ringsrum lodernden Bränden, immer näher zu uns drang, gab es nur noch eins: sich selbst zu retten, solange noch Zeit war.

Ich besprach die Tatsache mit den Kollegen, die meiner Meinung waren, und schlug mich rennend, immer wieder in Deckung springend, zum Ausgang durch, um über Hammer Deich und Brackdamm zur Campestraße zu kommen.

Ich kroch langsam am linken Straßenrand entlang, wo die Flammen nicht direkt hinlangten. Trotzdem war die Hitze auch hier erheblich. Ich kam auf Umwegen durch Flammen und Trümmer schließlich zur Campestraße. Auch unser Haus 43 stand in Flammen, wie hätte es anders sein können. Einige Menschen hasteten vorbei, stürzten in Richtung Billefluß, die einzige Möglichkeit, sich vor dem Flammenmeer zu retten. Ich rief einige an, ob sie über den Verbleib der Einwohner unseres Hauses etwas wüßten, brüllte ihnen Namen zu. Aber keiner ließ sich Zeit, überhaupt zu antworten. Mit stierem Blick glotzten sie mich an und hasteten weiter. Auch ich schwankte, ob ich lieber Schutz im oder am Wasser suchen sollte. Aber ich wollte Gewißheit, ob unsere Leute, die in den Kellern gesessen hatten, herausgekommen waren.

Ich hockte gebückt vor meiner Erdgeschoß-Wohnung auf der anderen Straßenseite und mußte mitansehen, wie die Flammen in ihr wühlten, alles, Möbel, Bücher, Kleider gierig verschlangen.

Doch wo war meine Frau, wo die anderen Nachbarn? Vor die Kellerfenster waren schwere Betonklötze gewälzt. Die großen Blöcke, die ein Mann kaum allein hätte beiseite schieben können, schlossen sie fast hermetisch nach außen ab. Sollten die Kellerdekken gehalten haben, sollte man es in den Räumen eine Zeitlang aushalten können? So dachte ich mit leisem Hoffnungsschimmer; wenn aber die Hitze schon nach unten gedrungen war?

Ich versuchte, trotz der mir entgegenschlagenden Hitze hinüberzugelangen, rief laut einige Namen durch die Ritzen. Es kam keine Antwort. Ich gelangte so an der Hauswand kriechend von Keller zu Keller bis zum letzten kurz vor der Salzmannstraße.

Das Flammenmeer war hier noch nicht bis unten durchgedrungen, es wütete hier erst bis zum zweiten Stockwerk. Am letzten Keller rief ich wieder laut einige Namen. Da drangen Stimmen von unten heraus.

Mein Gott, da unten war noch Leben, da saßen Eingesperrte, nachdem die anderen in den Nachbarkellern sicher haben flüchten können. Vielleicht saß hier meine Frau. Bei Gefahr konnte man die Brandmauer zum Nachbarhauskeller durchstoßen, um sich über die Salzmannstraße zu retten. Ich rief noch einmal hinunter, und es wurde wieder geantwortet. Dann schrien viele durcheinander. Ich erkannte keine Stimme, konnte gerade verstehen, daß von diesem Raum aus alle Ausgänge wegen Feuer und Hitze unpassierbar geworden waren, daß dieses Loch, an dem ich stand, die einzige Möglichkeit biete, herauszukommen. Hier war dringend Hilfe not, hier unten standen einige Dutzend Menschen Höllenqualen aus. Aber wie sollte ich helfen? Wenn doch wenigstens noch einer gewesen wäre, der mit mir hätte die schweren Steinklötze wegwalzen können. Wie konnte ich allein die Eisengitter lösen, die den Ausgang noch zusätzlich versperrten?

Ich bildete mir fest ein, daß da unten auch meine Frau saß. Mit äußerster Kraft versuchte ich die Zementblöcke beiseite zu wälzen. Eine glücklicherweise in der Nähe liegende Eisenstange diente mir als Hebel. Damit bog ich auch die Eisengitter, langsam so die Öffnung vergrößernd. Das dauerte mindestens 20 qualvolle Minuten.

Während der ganzen Zeit mußte es da unten unerträglich geworden sein, mußte die näherrückende Feuerwand auch im Keller die Hitze gesteigert haben. Ich hörte Frauen schluchzen, Männer brüllen und Kinder wimmern. Eine Frau schrie herauf, daß ihr Kind ja schon ohnmächtig sei. Ich meinte auch, Mutter Merbeth gehört zu haben, die immerfort rief: »Das ist unsere Rettung, das ist unsere Rettung.«

Es war zum Wahnsinnigwerden, nicht schneller vorankommen zu können. Endlich war die Öffnung so groß, daß sich ein Mensch hindurchzwängen konnte. Gluthitze schlug von unten heraus, wie konnten da noch Menschen atmen? Aus allen Fenstern über mir schlugen jetzt Flammen heraus und leckten auch bis fast zu mir herunter. Meine Kleider waren nur noch wenig feucht. Ich rief hinunter, daß man versuchen solle, auch von unten das Loch zu verbreitern. Aber meine Aufforderung ging unter im Geschrei der schon halb Wahnsinnigen und langsam Erstickenden. Der Raum unten mußte brechend voll sein.

Da zeigte sich endlich, nach qualvollen weiteren Minuten, ein Kopf am Durchschlupf. Es war eine Frau, die heftig weinend nach meinen Armen griff. Ich streckte sie ihr entgegen und zerrte und quetschte sie vollends heraus. Ein Mensch war der Hölle da unten entronnen. Es war wie ein Wunder. Da zeigte sich wieder ein Kopf. Ich streckte meine Hände wieder hinunter und bekam ein Kind zu fassen, das langsam von unten nachgeschoben wurde. Die Frau umarmte es, immer noch schluchzend, und rannte, so schnell sie ihre Beine tragen konnten, über die Straßentrümmer, durch die zischenen Stabbrandbomben, mit ihm weg in Richtung zum Fluß.

Jetzt kam ein Männerkopf in Lochnähe. Ich zerrte und zerrte. Und der Mann schrie, daß ich ihn ja nicht fallen lassen solle. Doch was ich einmal in den Fäusten hielt, ließ ich nicht wieder los. Auch er zwängte sich mühsam durch das Loch. Als er oben war, gebährdete er sich wie ein Irrsinniger, jappte nach Luft und lief weg, in Richtung Fluß, mich mit meiner schweren Arbeit allein lassend. Ich rief noch hinter ihm her, aber vergebens. Er mußte nicht mehr Herr seiner Sinne gewesen sein.

Kaum beugte ich mich hinunter, um mein Rettungswerk fortzusetzen, da krachte über mir etwas zusammen. Eine feurige Lohe schlug aus dem Parterre-Nebenfenster und leckte nach mir. Auch aus dem Kellerfenster, aus dem ich drei Menschen gerettet hatte, schlug im gleichen Augenblick eine heiße Glutwelle gleich einer Stichflamme, die mich zurücktaumeln ließ. Ich warf mich platt auf den Boden und konnte kaum noch atmen. Trotzdem kroch ich wieder zum Kellerloch zurück.

Ich rief hinunter, daß ich gleich wieder zurückkäme, ich war schon ganz heiser, aber es wurde nicht mehr geantwortet. Zwischen dem Prasseln der Flammen war auch kaum mehr etwas zu vernehmen. Überall schlugen, jetzt auch aus dem Erdgeschoß, lodernde Flammen. Dann stürzte etwas hinter der brennenden Mauer mit lautem Getöse zusammen. Ich glaubte, das ganze Haus krachte zusammen und hastete in Sprüngen aus der Gefahrenzone. Funkenregen stoben aus den Fensterlöchern. Ich konnte nicht mehr zurück. Trotzdem schrie ich noch einmal von der anderen Straßenseite zum Kellerfenster hinüber, daß ich wiederkommen wolle. Doch niemand antwortete. Das Inferno konnte keiner überleben. Es wäre glatter Selbstmord gewesen, sich noch einmal in den Gluthauch des brennenden Hauses zu begeben. Ich mußte diese Menschen, die so nahe vor ihrer Rettung standen, zurücklassen. Ich mußte zusehen, wie sie in diesem zugesperrten Keller zugrunde gingen. Ich konnte nicht mehr richtig denken und kroch vollkommen apathisch zum Fluß. Dort warf ich mich in die Flut und kühlte meine heißen Glieder, kroch wieder heraus, legte mich auf die Uferböschung, sprang wieder ins Nasse und wartete und wartete. Wartete mit vielen anderen, die sich hierher gerettet hatten und auch im Fluß standen und zusahen, wie unsere Hamburger Stadt unterging. Stunden später, es war schon dämmrig hell und schwere Qualmwolken zogen über die noch brennenden und rauchenden Trümmer, versuchte ich noch einmal zum Unglückskeller zu kommen. Aus den Fensterhöhlen zu ebener Erde strömte immer noch höllische Hitze. Ich kroch an den Keller heran, rief hinein. Die einzige Antwort war der heiße Gluthauch, dem ich nicht zu nahe kommen durfte. War dies das Grab von vielen Familien? Ich frage mich heute noch, wie ich diese Stunde überstand, ohne verrückt zu werden.

Da unten war das Grab von 72 Menschen. Als man die Keller später aufräumte, hat man sie gezählt. Es waren die Einwohner der Häuser Campestraße 43 und Salzmannstraße 2, vielleicht auch einige von der Basedowstraße. Drei von ihnen konnte ich retten.«

Irmgard Burmeister (1)
Jahrgang 1931

Wenn man acht bis neun Jahre alt ist, ist einem natürlich noch nicht bewußt, was Todesgefahr wirklich bedeutet. Die Bombenangriffe sind zunächst einmal sehr aufregend gewesen für uns, etwas ganz Neues. Wir fühlten uns sogar vielleicht ein bißchen wie Soldaten an der Front, die beschossen und bombardiert wurden. Andererseits haben wir das auch etwas spielerisch gesehen. Wir haben zum Beispiel nach Bombenangriffen die Splitter von den Flakgranaten in den Gärten und Straßen aufgesammelt und getauscht. Es gab da große Splitter, kleine, glänzende und weniger schöne, und das war fast wie eine Briefmarkensammlung. Das hat allerdings ziemlich bald nachgelassen, denn es ging immer so weiter, es war ja bald nichts Neues mehr. Die Schule wurde natürlich auch betroffen, schon durch die ganze Unruhe, die die ständigen Angriffe mit sich brachten.

Ich erinnere mich auch noch an den Drahtfunk. Per Radio konnte man einen bestimmten Sender einstellen, einen Drahtfunk, über den angegeben wurde, wo die Bomberverbände sich befanden. Der Mann, der das in Hamburg ansagte, der hatte eine besonders ruhige Stimme, der wurde deshalb allgemein Herr Baldrian genannt.

Unser Keller ging sowieso nur halb unter die Erde. Wir haben also alles mitbekommen, alles gehört, sogar die Splitter, die auf die Kellertreppe fielen, obwohl wir ja in einem Vorort wohnten und nicht diese massierten Flächenangriffe erlebt haben, die nachher in der Innenstadt stattfanden. Aber wir haben natürlich Angst gehabt. Wir haben still dagesessen, meine alte Oma hatte mal irgendwann gelernt, Karten zu legen, und wenn es ganz brenzlig wurde, dann holte sie ihre Karten hervor und legte Patience. Sie sagte dann jedesmal, nein, es passiert uns nichts, es geht gut aus. Wir wußten alle, daß sie da ein bißchen fantasierte, aber wir haben es immer geglaubt.

1943 waren die allerschlimmsten Angriffe. Das war das, was man heute noch in Hamburg als »die Katastrophe« bezeichnet. Es ist wirklich fast ein Weltuntergang in der inneren Stadt gewesen. Erst wußten wir natürlich nicht, was passierte. Wir hörten nur, daß sehr große Bomberverbände kamen, und sie dauerten auch ziemlich lange, diese Angriffe. Als sie dann vorbei waren, sahen wir über der ganzen Stadt einen riesigen Feuerschein, der ganze Himmel war rot, und am nächsten Morgen ging eine Art Aschenregen auch bei uns nieder, die Sonne kam nicht durch, denn durch die Asche war alles wie durch Nebel und Wolken verdeckt, und man sah auch richtig Teile von Papier herunterrieseln. Auf unserem Rasen lagen Teile von verbrannten Büchern. Das kam aus der Luft runter, und ich weiß noch, daß ich für mein Kaninchen Futter holen wollte, aber ich konnte nichts finden, alles war grau von der Asche, da konnten wir uns ungefähr vorstellen, was in der Stadt passiert war.

Systematisch wurde ein Stadtteil nach dem anderen wirklich ausradiert. Ich muß sagen, das haben wir mit Verbitterung erlebt, denn das war eindeutig gegen die hilflose Zivilbevölkerung. Es waren keinerlei militärische Ziele, es waren reine Wohngebiete. Es war Terror. Allmählich merkten wir dann auch von Tag zu Tag mehr, was das für Ausmaße angenommen hatte.

Zum Beispiel kam bei uns ein Flüchtlingstreck vorbei. Da zog eine Karawane aus der Stadt heraus, von Leuten, die noch Handkarren und Fahrräder bei sich hatten, und die schleppten ihre letzten Sachen noch raus. Ich war völlig fassungslos, weil ich so etwas noch nie gesehen hatte. Vor allem waren die Menschen ganz still, sie zogen schweigend vorbei.

Bei uns wohnte ein alter Freund meines Großvaters, der war früher Exportkaufmann gewesen. Irgendwie ist er in die Innenstadt hineingekommen und kam dann wieder, das sehe ich noch heute vor Augen: er war rußgeschwärzt, sein Anzug war völlig verschmutzt, und er sah erschreckend aus, er hatte das Inferno gesehen. Er sagte dann zu uns, Hamburg existiert nicht mehr. Es ist alles kaputt, es ist alles weg. Das war natürlich ein schlimmer Schock für uns, aber ich erinnere mich genau, daß ich als Kind das auch irgendwie nicht wahrhaben wollte. Mein Bruder und ich, wir sagten uns, ach was, das wird alles wieder aufgebaut. Was auch wirklich sehr erstaunlich war, das war, wie schnell immer wieder alles funktionierte, Strom, Gas, Wasser usw., auch die Ernährung. Es gab dann Sonderzuteilungen, da freuten wir uns, es gab mehr Butter, und dann gab es plötzlich Käse.

Ich, als Kind, hatte eine furchtbare Wut auf den Krieg als solchen, überhaupt auf diesen Zustand, daß Krieg herrschte. Woher das nun eigentlich kam, ich habe das geglaubt damals, was die Nazis sagten, wir müßten zurückschlagen und anderes mehr.

Meine Eltern haben auch nicht viel mit uns darüber diskutiert; ich habe angenommen, daß das so stimmte. Ich habe aber die Engländer nicht gehaßt. Ich weiß, daß wir einmal gesehen haben, wie ein Flugzeug abgeschossen wurde. Da haben wir alle gesagt, wie schrecklich, der arme Mann, der ist nun tot. Das hätten wir ja nicht gesagt, wenn wir diese Leute persönlich gehaßt hätten. Wir haben eben genau gewußt, daß das auch Soldaten waren, die geschickt wurden, um uns zu bombardieren.

Aber gegen die englische Regierung hatten wir wohl doch eine gewisse Verbitterung, weil die unsere Ermordung plante. Es war ja ein geplantes Auslöschen der deutschen Bevölkerung, und was mich nachträglich eigentlich am meisten erregt dabei, das ist, daß diese ganze geplante Zerstörung der Arbeiterwohngebiete nichts gebracht hat, denn die Kriegsmaschine lief ja weiter.

Ich glaube nicht, daß es irgendwie fühlbar den Krieg verkürzt hat, daß man den Arbeitern ihre Wohnungen wegnahm oder den Hafen zerstörte. Wie durch ein Wunder ging das ja tatsächlich immer noch weiter. Das muß wohl die Tüchtigkeit unseres Volkes sein, daß man schnell alles wieder hinkriegt, daß alles gut organisiert wird. Die Leute haben wirklich ihr Letztes gegeben, um alles immer wieder in Gang zu setzen. Mit Hitler hatte das nichts zu tun. Es gab sehr böse Hitlerwitze auch, und auch Erbitterung gegen Hitler nach diesen Angriffen. Es ging aber nicht so weit, daß die Leute aufbegehrt hätten. Das haben sie dann wieder nicht gewagt, denn die Knute war ja immer noch zu spüren.

Ines Lyss (1)
Jahrgang 1924

Wir Italiener in Hamburg gehörten alle zusammen, und es wurden auch alle eingeladen. Alle, ob groß oder klein, mit Kind und Kegel. Wir waren etwa 100 Personen. Wir feierten in der Altstadt in der Hoheschulstraße in einem Innungshaus. Bis etwa 23.00 Uhr am 24. Juli 1943 haben wir gesungen, getanzt, gegessen, es war eine große Familie, ich war damals 19 Jahre alt. Dann gab es Fliegeralarm. Na ja, wir wollten den Fliegeralarm ignorieren, weil wir bisher ja diese schlechte Erfahrung noch nicht gemacht hatten. Warum sollten wir uns den Spaß verderben lassen? Und mit einemmal wurde gerufen: »Alle runterkommen, es hängen ›Tannenbäume‹ über Altona.«

Und da hörte man auch schon das Pfeifen der Bomben. Wir rannten natürlich alle in den Keller. Wir hatten großes Glück, jeder hat den Keller erreicht. Neben uns schlugen schon Sprengbomben ein, und hinterher wurden Brandbomben geworfen. Nur dieses eine Haus, in dem wir alle miteinander gefeiert haben, ist nicht zerstört worden. Rechts und links Tote und Verletzte, schreiende Leute auf den Straßen, Qualm auf den Straßen. Diese Bombardierung hörte nicht auf, sie war endlos, fand ich. Ich weiß noch, erst saß ich auf einer kleinen Holzbank, dann nachher sprangen aber alle auf. Als die ersten Bomben rechts und links einschlugen, und der Staub und Kalk so durch die Luft wirbelte und die Wände einrissen, war das zuerst ein Schock. Alle beteten, viele schrien. Der Südländer ist sowieso noch ein bißchen lebhafter, emotionaler, und schreit so aus sich raus, was er im Inneren hat, nicht sehr diszipliniert, also es war menschlich, was da passierte. Die Angst war sehr groß, als die Bomben fielen. Als man die Bomben heruntersausen hörte, war da eine so unsagbare Angst, die man eigentlich gar nicht beschreiben kann. Man erstarrte innerlich.

Ich habe angefangen zu beten. Oh Du lieber Gott. Nun waren wir ja alle ein bißchen gläubig, also natürlich. Oh Du lieber Gott.

Ich habe immer gesagt, oh, jetzt sehe ich aber den Jupp nicht mehr, jetzt sehe ich den Jupp nicht mehr. Das war mein Verlobter damals. Wir hatten uns im März verlobt. Das war es eigentlich, die Angst vor dem Tod; die war so groß. Ja. Man war dem, was da von oben runter kam, ausgeliefert, man konnte nichts dagegen tun, gar nichts. Man war machtlos, hilflos, machtlos.

Und jeder ist auf eigene Faust dann losgelaufen. Wir haben es nicht mehr ausgehalten. Sogar die Kinder sind auf eigene Faust losgelaufen. Vor der Entwarnung, als die Bomben noch fielen, ohne auf die Eltern zu warten. Aber irgend jemand nahm die Kinder dann immer mit. Meine Mutter und ich, wir rannten, mein Vater, der rannte für sich von einem Keller zum anderen, bis wir dann schließlich zu einer breiten Straße kamen, wo dieser ganze Staub und Dreck und das Feuer uns nicht mehr so beängstigen konnte. Wir konnten gar nicht mehr atmen, so schlimm war es. Da sagten dann auch unsere Begleiter, es waren ein paar Männer dabei: »Los, wir müssen gen Blankenese laufen, denn da werden die Straßen breiter.«

Und dahin sind wir gerannt. Haben uns im Gärtnerhaus eines Parks aufgehalten. Ich weiß nicht mehr, wie der Park heißt, ein kleiner Park an der Elbchaussee. Da haben uns die Leute, die Gärtnersleute, aufgenommen. Wir waren, glaube ich, vier oder fünf Personen, eine hochschwangere Frau dabei. Ja, ich weiß gar nicht mehr, wie lange wir dort gesessen haben. Ich glaube, etwa bis nachts zwei oder drei Uhr. Wir trauten uns auch gar nicht raus. Dann sagte man uns, wir müssen mal wieder gucken, es ist still geworden. Entwarnung haben wir gar nicht gehört, weil auch die Häuser kaputt waren, worauf die Sirenen standen. Jeder versuchte nun, nach Hause, in seine Straße zurückzulaufen. Wir wohnten hier in diesem Haus. Es gehört den Italienern im vierten Stock, das Haus. Und als wir hier in der Nähe waren, da sagte meine Mutter: »Ich mag gar nicht nach Hause gehen, lauft mal vor und guckt um die Ecke, ob unser Haus noch steht.«

Es war wichtig für jeden, ob das Haus noch stand. Es war ja Heimat, es war ja alles, es war Erspartes, es war La Casa. Die Möbel waren schwer erschuftet. Ich rannte dann vor und tatsächlich, das Haus stand noch, unversehrt, hier waren keine Bomben gefallen. Also in dieser Nacht, da waren wir wie erstarrt. Daß wir so viel Glück hatten, hätten wir nicht erhofft.

Klaus Kühn
Jahrgang 1928

In den Bombennächten, ich war nur noch mit meiner Mutter und meiner Schwester zu Hause, gingen wir in die Dietrichstraße. Dort war ein Tiefbunker. Tiefbunker, das ist ein Bunker, der wurde mit drei bzw. vier oder auch zwei Röhren gebaut, die ca. 50 Meter lang waren und hermetisch voneinander getrennt, sie waren nur durch Feuerschutztüren miteinander verbunden. Er befand sich unter der Erde, der gesamte Bunker lag unter der Erde, war ungefähr mit einem Meter, vielleicht auch zwei Metern Erde bedeckt. Es führte eine Treppe hinunter, wie in einer Tiefgarage, und unten war dann ein Flur. Man kam in einen Längsflur hinein, und von diesem Flur aus gingen drei Röhren oder zwei Röhren, je nachdem, was es für ein Bunker war. Die Röhren waren einfach schmale Flure, links und rechts standen Bänke, auf denen man dann sitzen konnte. Die Röhren waren durch Betonwände voneinander getrennt. Wenn jetzt eine Bombe auf diesen Bunker fiele und den Bunker durchschlagen würde, dann sollten nicht alle Leute dort zu Schaden kommen, tot oder verwundet sein, sondern höchstens eine Röhre würde getroffen werden. Mitgenommen wurde ein Koffer, da war das Notwendigste drin, Papiere usw., Geld und Schmuck, wer so was besaß, also persönliche Wertgegenstände und Papiere. So könnte man sagen. Zu essen wurde nichts mitgenommen. Gelegentlich waren auch Kleidungsstücke im Koffer. Meine Mutter zum Beispiel, die hatte da für jeden noch einmal Unterwäsche drin.

Aber viel konnte man nicht einpacken, dafür waren die Bombenangriffe oder die Alarme zu häufig, um jetzt immer diese Koffer durch die Gegend zu schleppen. Denn es war ja doch ein Weg von unserem Haus zu diesem Bunker von, na, ungefähr 300 bis 400 Metern. Zunächst war im Bunker Platz genug. Nachher, wie die Bombenangriffe massiver wurden, wurde es natürlich auch in diesen Bunkern enger, weil viel mehr Leute erkannt hatten, daß die Bombenangriffe immer schlimmer wurden und auch gefährlicher.

Gertrude Löhr (1)
Jahrgang 1919

Bei Fliegerangriffen habe ich immer eine wahnsinnige Angst gehabt. Ich habe das damit verglichen: Ich kam mir vor wie eine Ratte im Loch und dachte, nun werden wir ausgeräuchert, also so verloren wie eine Ratte im Loch, wenn das Loch zugestopft ist und dann irgend ein Gas hineingeblasen wird, – so kam ich mir vor. Ich hatte eine wahnsinnige Angst. Ich hatte immer den Jungen im Keller auf'm Schoß, ich hielt ihn ganz fest umklammert, und er hatte eine Kaffeemütze auf dem Kopf, und sein Kinderbett, das Federbett, hatte ich auf den Kopf gebunden. Und so saßen wir da, und wenn er was sagte, dann sagte ich: »Ruhig!«

Fauchte ihn an. Und wir alle, wir lauschten immer. Ich wollte wissen, wenn was kam, warum weiß ich nicht. Aber ich wollte es hören. Ich wohnte damals zur Miete in einer ausgebauten Villa mit ungefähr sieben Parteien in Berlin-Frohnau. Ich wohnte unterm Dach, und wenn man die Treppe raufkam unters Dach, dann war geradeaus meine Tür. Und ich habe nach dem Krieg meinem Schicksal oft gedankt, daß nie ein Deserteur oder ein Jude, ein Flüchtender an meine Tür geklopft hat. Denn es wäre so logisch gewesen: es war 'ne Villengegend, wenig Polizei, wenig Nazis und so weiter, und wenn da einer flüchtet, daß er dann bis unters Dach flüchtet und vielleicht an meine Tür klopft. Ich weiß nicht, was ich gemacht hätte. Weißt du, ich war zu ängstlich. Ich hatte immer diese Angst, was immer man tut, man wird umgebracht von den Nazis. Und wann immer ich telefonierte, ich wußte, es hörte einer mit, oder ich dachte es jedenfalls, und das verliere ich heute noch nicht. Wenn ich heute telefoniere, denke ich immer, daß einer mithört. Ob es wahr ist oder nicht, ist egal. Ich werde das nie los.

Wolf Sohège (1)
Jahrgang 1926

Ich war 17 Jahre alt, als die Großangriffe auf Hamburg stattfanden und ich als HS-Melder eingesetzt wurde. Nach den Fliegerangriffen war alles wirklich gut organisiert. Was allerdings erschütternd war: es war auf einmal Verpflegung, alles da. Ich habe den Keller bei mir in der NSDAP-Kreisleitung natürlich geplündert, um mich einzudecken. Ich war jung und groß und hatte entsprechenden Hunger. Da gab es Fischkonserven und Brot und alles mögliche. Mit einemmal war alles da, was die Kreisleitung und die Nazis verwalteten. Das fanden wir nicht so ganz richtig, denn es war letzten Endes Verpflegung, die der Allgemeinheit zustand. Aber die kriegten eben auch durch die Feldküchen und durch das Rote Kreuz usw. ihre warmen Mahlzeiten auf den Wiesen. Und wir sahen zu, daß wir bis abends die Wiesen geräumt hatten, falls sich da wieder Leute nach dem nächsten Bombenangriff versammeln würden.

Auch mit den Verletzten war das organisiert. Die mußten getragen werden. Zum Teil mußten wir sie mit der Bahre abholen, so schwere Verbrennungen hatten sie. Wenn die Phosphorkanister in die Häuser reinschlagen, dann läuft dieses Phosphorzeug die Treppen runter und setzt mit einem Schlag das ganze Haus in Brand und läuft dann unten aus dem Haus raus auf die Straße. Und dann kamen diese Menschen als lebende Fackeln aus diesen Häusern raus. Die wurden natürlich sofort von denen, die helfen konnten, abgelöscht. Hatten aber schwere Verbrennungen, der Phosphor frißt sich in die Haut. Die wurden dann mit Sankras abtransportiert. Teilweise hat man auch versucht, sie erst einmal zu Fuß aus dem Gefahrenbereich rauszubringen und hinzulegen. Hatte man drei oder vier Menschen auf einen Haufen gelegt, kam ein Sankra, alle rein und ab durch die Mitte. Aber die Autos mußten aufpassen, daß ihnen nicht das Phosphor vor die Reifen lief, Gummi brennt ja sofort. Die, die das Phosphor schon auf dem Körper hatten, wurden abgeschlagen. Mit Wolldecken abgeschlagen, das Feuer mußte zum Ersticken gebracht werden. Das Wasser war knapp, die Wasserversorgung brach völlig zusammen. Die Verbrannten wurden nur notdürftig versorgt, mit Notverbänden möglichst steril irgendwie verbunden und dann raus aus der Stadt in die Umgebung gebracht.

Ferdinand Schumacher
Jahrgang 1930

Erst später, als ich dreizehn war, kam die harte Wirklichkeit. Der Krieg nahm erschreckende Formen an. Erwachsene Männer waren Mangelware. Hier erinnerte man sich der Jugend, die teils freiwillig, teils mit leichtem Druck diese Lücken auffüllte. In Kurzkursen wurden sie als Sanitäter oder zum SHD-Mann ausgebildet und eingesetzt. Unser Spielfeld war der Aachener Weiher und seine Umgebung (Maifeld, die Grünanlage bis zur Universität). Auf dem Maifeld und auf dem Sockel vom Haus der Kunst (das heutige Haus der Asiatischen Kunst) standen Flakgeschütze und Scheinwerfer, die unter der Oberherrschaft von erfahrenen Offizieren von halbwüchsigen Jungen und Mädchen sowie russischen Hiwis bedient wurden. In den Kellern lagerten tausende Särge. Ideal zum Versteckenspielen. Unser liebstes Spielzeug waren die Stabbrandbomben! Von Mauern oder Ruinen warfen wir diese Bomben herunter. So wie die Erwachsenen, so wollten wir auch sein. Feuer löschen und Verletzte bergen, das war unser Spielalltag.

Inge Meyn-Kammeyer
Jahrgang 1925

Mein Bruder Edi, der nicht wiedergekommen ist – er ist im Ural in der Kriegsgefangenschaft verstorben, – der war mal auf Urlaub, und da hatten wir auch Alarm, und es ging ziemlich rund zu. Und als Entwarnung war, sind wir nach oben gegangen, und er schlief im Luftschutzkeller, weil wir ja für alle keinen Platz hatten. Und morgens um 6.00 Uhr denke ich, das darf doch nicht wahr sein. Der hat die Knobelbecher an und marschiert da in der Küche auf und ab, und wir haben Fliegeralarm gehabt. Ich sage: »Sag' doch mal, Edi, was ist los mit dir? Spinnst du? Zieh mal die Knobelbecher aus.«

Und er guckt mich an und sagt: »Wieso?«

Ich sag: »Die Uhr ist 6.00, und wir wollen alle noch schlafen, und wenn du nicht mehr schlafen kannst, zieh dich an und geh in den Garten oder in den Stadtpark oder mach sonst etwas«, sage ich, »aber du kannst uns doch nicht mit deinen Knobelbechern hier wachhalten.«

Dann hat er mich empört angeguckt und hat gesagt: »Ich gehe wieder zurück.«

Ich sage: »Wohin, zur Front?«

»Ja.«

Der konnte die Bombennächte nicht aushalten, weil er sich nicht wehren konnte.

Willi Hofmann (1)
Jahrgang 1908

Im Januar 1942, nach kurzem Wehrdienst, kam ich wieder nach Stuttgart zu Bosch zurück. Ich war doppelt UK-gestellt, war also »unabkömmlich«. Das konnte durch nichts aufgehoben werden.

Es sei denn durch einen Befehl vom RLM (Reichsluftfahrtministerium). Ich wurde nun mit der Aufgabe betraut, die Planung des »Lichtwerkes« durchzuführen. In der Zwischenzeit aber gab es schon Luftangriffe. Das »Lichtwerk« in Stuttgart-Feuerbach hat kleine Anlasser und Lichtmaschinen für Volkswagen hergestellt. Das hat Scheinwerfer, Abblendscheinwerfer, Hörner, Regler, Schalter hergestellt. Das hat aber auch gewisse Dinge hergestellt für U-Boote, d. h. das »Lichtwerk« war zu Wasser, in der Luft und auf dem Boden tätig. Und dieses »Lichtwerk« ist dann angegriffen worden. Vorher schon hatten wir, die Gefahr ahnend, einen Teil dieser Fertigung verlagert, und zwar wurden da die Textilfirmen herangezogen, die in Württemberg zu Hause sind. Die wurden stillgelegt und hatten ihre Tore zu öffnen unter anderem nicht nur für die Firma Bosch, sondern überhaupt für, nach damaligen Begriffen, Rüstungsfirmen. Man hat da entlang dem ganzen Neckartal alle möglichen Firmen belegt, bis auch diese Perlenschnur dann nachher angegriffen wurde. Und nun bestand meine Aufgabe darin, diese Verlegungen zu planen. Die Fertigung durfte nicht unterbrochen werden. Das war eine reine Generalstabsarbeit, Maschinen verlagern und Menschen verlagern.

Es hat dann ein Bombenangriff stattgefunden, der das »Lichtwerk« schwer getroffen hat. Soweit ich mich erinnern kann: Der Angriff erfolgte vielleicht Freitag abends, und am Montag morgen stand der Generalfeldmarschall Milch da in Stuttgart bei der Geschäftsführung. Und da soll das ominöse Wort gefallen sein: »Wenn die Firma Bosch oder wenn die deutsche Wehrmacht ausfällt, weil die Firma Bosch ausfällt, dann werden Köpfe rollen.«

Das Wort soll gefallen sein. Ich habe es selber nicht gehört. Meine Aufgabe bestand also darin, das »Lichtwerk« zu verlegen, so daß, wenn irgendwie ein Teil davon ausfiel, nicht das Ganze ausfiel. Unter anderem war das Werk in Langenbielau in Schlesien aufzubauen, also nicht gerade in der Nähe. Da sind Güterzüge gerollt mit Maschinen, mit Werkzeugen, und wenn das kleinste Werkzeug gefehlt hat, dann ist ja nichts gelaufen. Das klingt übertrieben formuliert, ist aber tatsächlich so. So kam es, daß das »Lichtwerk« 1943 schließlich an sechzehn verschiedenen Stellen, darunter in die Strafanstalten von Ludwigsburg und Hohenasperg, zu verlegen war. Die Forderung der Regierung war, daß die Produktion nicht zurückgehen dürfe, sondern da und dort noch gesteigert werden müsse in dieser Zeit. Minutiös pünktlich mußte alles durchgeführt werden.

Im Februar 1944 war dann der große Angriff auf Feuerbach. Das sogenannte alte »Lichtwerk«, ein Bau von 100 auf 100 Meter, hat lichterloh gebrannt. Sie mußten an sich halten, damit sie von dem Luftsog dieser heißen Flammen nicht mitgerissen wurden. Das »Lichtwerk« wurde genau getroffen. Dem wurde gewissermaßen das Kreuz gebrochen, aber unsere Maschinen waren schon verlegt worden. Dadurch ist die Katastrophe nicht eingetreten. Technisch gesehen war das eine ganz große Leistung von all den Leuten, die damit zu tun hatten. Vom einfachsten Arbeiter bis zum Direktor der Firma, alle haben da zusammengearbeitet. Wir wußten genau, daß wir auch Kommunisten unter uns hatten. Wir kannten sie, aber keiner hat sie ans Messer geliefert.

Aenni Breyer
Jahrgang 1919

Jeden Morgen mußten dort die Kriegsgefangenen, die in unserem Betrieb arbeiteten, antreten. Das waren Franzosen, Italiener (Badoglios) und Russen. Bewacht wurden sie von Österreichern, Jahrgang 1890. Die alten Landser waren im Winter in Soldatenmäntel gekleidet aus der letzten Ecke der Kleiderkammer. Da die alten Soldaten fast alle klein und untersetzt waren, gingen die Mäntel bis auf die Schuhe. Mit Gewehren waren sie ausgerüstet, ich glaube, damit wurde schon 1870/71 geschossen. Das waren »Püster« von zwei Metern Länge. Jedenfalls sahen diese Soldaten sehr komisch aus. Das Kommando morgens auf dem Hof von diesen »Aufsehern« an die Gefangenen lautete auch nicht »Achtung, Marsch«, sondern auf gut österreichisch »Geh'n Ma«.

Das beste Schauspiel gab's immer, wenn Fliegeralarm war, dann mußte es ja schnell gehen; alle wollten in Sicherheit sein, die Gefangenen hatten ihre eigenen Schutzräume, mußten sich sammeln und dann dort hin, möglichst schnell. Weil aber die bejahrten »Aufseher« nicht so schnell laufen konnten, dazu die langen Mäntel und die großen Gewehre tragen mußten, nahmen jeweils zwei junge Gefangene ihre Bewacher kurzerhand unter die Achselhöhle, hoben sie vom Boden hoch, und ab gings in den Bunker. Das war ein Bild für die Götter, oben die langen Gewehre, unten kamen die Füße gerade noch raus, so hingen die Bewacher zwischen ihren Gefangenen. Wir blieben oft noch am Fenster, um das einmalige Schauspiel zu genießen, mußten dann aber auch schnell in den Schutzraum.

Gesa Hachmann
Jahrgang 1935

Mit den Lebensmittelkarten ging es eigentlich, es war nicht so wenig. Es gab ein Stück Butter, die wurde dann in kleine Teilchen geschnitten, für jeden gleichmäßig eine Scheibe, das mußte dann für vier oder fünf Tage reichen. Und meine Schwester, die fünf Jahre älter ist, und der Sohn einer anderen bei uns einquartierten Familie, der im gleichen Alter war, sie bekamen immer etwas mehr. Das war eine Messerspitze mehr, fünf Gramm mehr als wir, weil sie größer waren.

Ich muß dazu sagen, daß wir ein anderes Leben gar nicht kannten. Insofern kann ich nur im Nachhinein eigentlich sagen, es war doch eine besondere Situation, aber für uns war es das Leben damals, wir kannten es nicht anders. Wir kannten es nicht anders, als daß mit Marken eingekauft wurde, daß wir Angst hatten, daß wir Anweisungen erhielten, was wir machen sollten, wenn Fliegeralarm gegeben wird unterwegs auf dem Weg zur Schule. Wir hatten einen relativ langen Schulweg, wir sind als Kinder fast eine halbe Stunde gegangen. Aber das gehörte zu unserem Leben. Für uns waren Amerikaner, Russen und Engländer Feinde, die für uns, wie wir es sahen, keine menschlichen Züge hatten. Daß man in den Laden gehen konnte und kaufen, daß wir verreisen oder ungehindert Ausflüge machen konnten mit dem Auto oder so, das kannten wir gar nicht. Oder daß man ein neues Kleid kriegte oder so was. Wir lebten von den älteren Geschwistern, wurden mit ihren abgelegten Sachen eingekleidet. Einmal bekamen meine Schwester und ich ein Paar Schuhe auf einen Bezugschein. Und wir hatten ein Paar Schuhe, und wir sind abwechselnd zur Schule gegangen, einen Tag sie und einen Tag ich, weil wir nur ein Paar Schuhe hatten.

In der Schule hatten wir öfter Bombenalarm. Die ganze Volksschule, 300 Kinder, saßen dann in einem Luftschutzkeller. Ein Teil des Schulflügels, der 50 Meter davon entfernt war, wurde bei einem Angriff total zerstört, während 300 Kinder da unten saßen. Ich erinnere mich: Staubwolken und runterbrechende Holzbalken und schreiende Kinder. Wie wir rauskamen, war ein Teil unserer Schule weg.

Ich war damals acht Jahre alt. Ich kann die Angst nicht mehr nachempfinden. Ich sehe diese Balken runterbrechen, ich sehe Staubwolken, ich weiß nicht, ob man als Kind diese Angst hat wie Erwachsene. Wie gesagt, weil das alles für uns ja nichts außergewöhnliches war: Bombenangriffe. Was mich eher verfolgt und heute noch als Angstgefühl wirkt, ist dieses surrende Geräusch, wenn man hoch fliegende Flugzeuge hört. Wenn ich das höre, dann kriege ich noch jetzt eine Gänsehaut.

Ich habe einmal meine Mutter gefragt: was ist Frieden? Dann haben wir uns alle wieder lieb, sagte sie. Und können wir dann, fragte ich weiter, zum Kaufmann gehen und sagen: ich möchte zwei Eier haben? Nein, sagte meine Mutter, dann kannst du für alle sieben oder acht, wieviel hier sind, ein Ei haben. Und Butter, frage ich, können wir dann ein halbes Pfund Butter kaufen? Und meine Mutter sagte: Dann kannst du zwei Pfund Butter und mehr kaufen, soviel du willst. Und dann habe ich gesagt: Frieden ist also, wenn ich eine Scheibe Brot auf beiden Seiten mit Butter beschmieren kann.

Lieselotte Klemich
Jahrgang 1916

Die Leute beneideten mich darum, daß ich in Dresden wohnen durfte – es war eine schöne Stadt. Am Tag meiner Hochzeit, 1933, nahm mein Bruder mich in seine Arme und sagte: »Wie sehr beneide ich dich um Dresden.«

Wir nannten die Stadt das »Elbflorenz«.

Wir fühlten uns dort damals vollkommen sicher. Der Krieg dauerte schon fünf Jahre an. Gerüchte gingen umher, daß Churchill möglicherweise Verwandte in Dresden hatte und die Stadt deshalb nicht angreifen ließ. Allmählich dachten wir auch, daß Dresden wegen seiner wundervollen Kunstschätze geschont werden würde. Und die Ausländer liebten Dresden.

Wir hatten einen Luftschutzbunker, aber wir waren sehr leichtsinnig geworden. Oft weckte ich die Kinder nicht einmal bei einem Alarm. Nie fielen Bomben – einmal fielen ein oder zwei tagsüber am Bahnhof, aber das entnahm ich nur der Zeitung. Aber als ich an jenem Abend das Radio einschaltete – und ich schaltete das Radio immer ein, wenn die Sirenen ertönten – erschreckte mich die Meldung, daß große Bombergeschwader unterwegs waren und wir sofort Schutz suchen sollten. Ich weckte meine drei kleinen Töchter, zog sie an und half ihnen, ihre Rucksäcke überzuhängen, in denen sich Ersatzunterwäsche befand. Ich nahm eine Aktentasche mit, in die ich eine feuerfeste Kassette mit Unterlagen, meinem ganzen Schmuck und einer großen Summe Bargeld steckte. Wir rannten runter in den Keller. Die meisten anderen waren schon dort. Die Blicke auf ihren Gesichtern waren angsterfüllt. Der Bunker war primitiv. Der äußere Schutz bestand aus einem großen Kasten voll Kies, der sich direkt vor dem Fenster befand. Wir hatten kaum den Keller erreicht, als das ganze Fenster und der Kasten ins Zimmer geschleudert wurden. Das geschah etwa zehn Minuten nach der Warnung – der Angriff hatte begonnen. Es gab eine Explosion nach der anderen. Das war zwischen zehn und elf Uhr nachts.

Die Menschen im Bunker reagierten unterschiedlich. Einige schrien bei jedem Stoß, manche beteten und andere schluchzten.

Ich war voller Erregung. Ich dachte immer: Meine armen, unschuldigen Kinder – jetzt trifft es sie. Ich versuchte die ganze Zeit, sie zu beschützen. Noch dazu war ich schwanger.

Schließlich war alles vorüber, und wir waren alle noch am Leben. Ich konnte es nicht fassen, denn niemand hatte daran geglaubt, daß wir lebend aus dem Bunker herauskommen würden. Der Luftschutzwart ging zunächst ins Haus, um es zu inspizieren, und als er zurückkam, sagte er, daß unser Teil des Hauses besonders schwer beschädigt worden sei. Die Kinder wurden dann in eine Parterrewohnung auf der anderen Seite des Gebäudes gebracht. Dann gingen wir in unseren Teil des Hauses und entdeckten, daß alle Fenster und Gardinen in die Wohnung gerissen worden waren. Ich begann, ein wenig sauber zu machen – wir hatten natürlich keine Ahnung, daß ein weiterer Angriff folgen würde. Wir arbeiteten etwa eine Stunde lang. Ich dachte, es sei vorbei, aber meine arme Annemarie heulte immer weiter, »sie kommen zurück, sie kommen zurück.«

Sie hatte recht. Der nächste Angriff folgte um ca. 1.30 Uhr morgens. Die Sirenen funktionierten nicht mehr. Ich wurde oben in der Wohnung überrascht. Natürlich griffen wir irgendeinen Mantel und rannten wieder in den Keller. Die Kinder waren fix und fertig – sie blieben weinend stehen und klammerten sich an mich. Wir standen im Flur – wir konnten nicht zurück in den Bunker, weil die Fenster eingedrückt waren. Wir standen dicht gedrängt. Einige saßen auf dem Boden. Meine kleine Karin, die fünf Jahre alt war, begann, ganz laut zu beten: »Lieber Gott, beschütze uns, lieber Gott, beschütze uns.« Ihre zarte Stimme wurde immer lauter und eindringlicher.

Und wir überlebten auch diesen Angriff. Bei diesem zweiten Angriff fielen die Bomben viel näher – unser Haus wurde von Brandbomben getroffen. Aber wir hatten Glück. Unser Haus hatte wie so viele andere einen Lichthof bis in den Keller. Wenn eine Bombe darin gelandet wäre, wäre sie genau da, wo wir waren, explodiert.

Wir standen im Flur und sahen die Zielmarkierungen am Himmel. Schließlich ging sogar das vorüber, und wir alle lebten noch. Der Luftschutzwart sagte: »Das Haus wird schnell auf die Grundmauern abbrennen – wir müssen hier heraus.«

Über den Flur kamen wir nicht wieder heraus. Wir mußten durch ein Küchenfenster im Keller – dort war eine Wohnung – hinausklettern, und wir mußten Stühle aufeinanderstellen, um das Fenster zu erreichen. Die Kinder stiegen als erste hinaus.

Und dann gelangten wir in den Vorderhof, aber er war verschlossen, so daß wir nicht hinauskamen. Aber die Situation wurde sehr gefährlich, so daß wir über die Mauer kletterten. Brennende Teile fielen bereits vom Haus in den Hof. Eine der Frauen nahm meine zwei ältesten Kinder mit in einen sehr großen Park, der nur acht Minuten entfernt war. Ich hatte meine kleine Karin an der Hand.

Wegen der großen Menschenmengen mußte man mitten auf der Straße bleiben. Als wir den Park erreichten, konnten wir nicht einmal hineingehen, weil Tausende anderer Leute dort Schutz suchten. Viele lagen oder saßen auf dem Boden. Andere wiederum liefen Richtung Elbe.

Meine zwei Kinder waren nicht bei mir. Ich konnte sie in der Dunkelheit nicht finden. Meine kleine Karin schlief auf der Stelle ein und schlief und schlief. Der Park war getroffen worden, aber was noch schlimmer war: ein fürchterlicher Sturm war ausgebrochen. Erst später begriff ich, daß das Feuer ihn verursacht hatte. Es gab ein gewaltiges Brausen in der Luft, und Bäume krachten und fielen um.

Und dann geschah etwas Schreckliches. Als wir das Haus verlassen hatten, war eine Bekannte an uns vorbeigelaufen, die weiße Handschuhe trug. Die Kinder nannten sie immer »Tante Nietsch«. Und unter einem gefallenen Baum ragte eine Hand mit einem weißen Handschuh hervor, die sich langsam öffnete und schloß. Niemand machte auch nur den Versuch, den großen Baumstamm anzuheben. Einige Leute saßen sogar auf dem Baum, während sie darunter lag.

Mein Dienstmädchen sagte, sie wolle gehen, um meine Kinder zu suchen, und nachdem sie eine Stunde lang laut nach ihnen gerufen hatte, fand sie sie endlich. Sie waren starr vor Angst, und ihre Gesichter waren rot vom Weinen.

Das war so um ca. vier Uhr morgens. Eine dicke, graugelbe Schicht lag in der Luft. Wir sahen, wie viele Menschen schon umzogen, viele zogen Karren hinter sich her. Einige zogen alte Kinderwagen, in die sie gepackt hatten, was immer sie retten konnten. Endlich kamen wir beim Haus meiner Schwiegereltern an. Ich sah meine Schwiegermutter und meine Schwägerin von weitem – sie hatten uns schon erwartet. Und wir fielen einander in die Arme, ohne etwas zu sagen.

Wir wuschen die Kinder und brachten sie ins Bett. Dann kochten wir einen Kaffee. Ich erwartete meinen Mann, der Kommandant einer Flak-Division in Wittenberg an der Elbe war. Er hatte gehört, was passiert war und war um 2.00 Uhr morgens mit seinem Fahrer losgefahren. Es war schwer, einen Übergang über die Elbe zu finden, und daher kam er sehr spät an. Ich schaute auf die Straße und sah, wie sich ein Wagen näherte. Mein Mann stieg aus und sprach mit meinem Schwiegervater, der sehr früh aufgebrochen war, um zu sehen, ob seine Druckerei in der Stadt noch stand – was natürlich nicht der Fall war. Auf seinem Weg zurück traf er meinen Mann, der ihn fragte, ob wir angekommen seien. Mein Schwiegervater sagte nein, denn er hatte das Haus ja vor vielen Stunden verlassen. Mein Mann stieg daraufhin wieder in sein Auto und fuhr zu der Straße, in der wir wohnten. Wir sahen das mit Schrecken von weitem.

Als mein Mann keine verbrannten Leichen in unserem Haus fand, faßte er sich ein Herz und kam zurück. Sie können sich vorstellen, was für eine Wiedervereinigung das war. Mein Mann sagte mindestens zehnmal: »Ihr seid mir alle zurückgegeben worden.«

Wir überlebten auch den dritten Angriff, und auch das Auto blieb unbeschädigt. Wir lagen dort über eine halbe Stunde. Dresden war immer noch von einer grauen und gelben Schicht bedeckt, und es war jetzt schon Mittag.

Erst aus den Zeitungen erfuhr ich, daß viele Flüchtlinge aus dem Osten in Dresden Station gemacht hatten. Sie waren alle unten an der Elbe, wo sie von den Tieffliegern angegriffen wurden. Viele tausende Menschen starben dort.

Mein ältestes Kind hat sehr unter der Erfahrung gelitten. Immer wenn sie eine Sirene aufheulen hörte, begann sie zu weinen oder zu zittern, oder sie klammerte sich an mich. Die anderen Kinder verhielten sich nicht so. Annemarie sagte, daß sie auch heute noch Schüttelfrost bekommt, sobald sie eine Sirene hört.

Hildegard Andres
Jahrgang 1915

Es war der 13. Februar 1945. Ich war im Zentrum von Dresden bei einer Behörde beschäftigt, wir hatten durch die vielen Flüchtlinge vom Osten sehr viel zu tun. Meine Wohnung war in Gruna, hinter dem großen Garten. Ich war kaum zu Hause, da ging die Sirene los. Aber sie ging manchmal los, und es passierte doch nichts.

Dresden war völlig unzerstört. Wir hatten ja gar keine Bunker, wir dachten, es passiert ja nichts. Aber kaum ertönte diesmal die Sirene, da donnerte es schon. Ich rannte in den Keller hinunter, da bumste es ganz schön. Das war der erste Angriff ungefähr von ein Viertel vor 10 bis ein Viertel nach 10, so ungefähr eine halbe Stunde. Das Nachbarhaus brannte sofort. Nach dem Angriff haben wir gelöscht mit Eimerketten voll Wasser. Während wir da löschten, es war dann schon Mitternacht, hieß es auf einmal wieder: Alarm! Da kam der zweite Angriff. Da sind wir wieder zurück in den Vorraum gegangen, es waren ja keine Luftschutzräume, es war ein gewöhnlicher Keller. Ich bin im Gang liegengeblieben, ich erwartete damals unser erstes Kind, war bereits im vierten Monat schwanger. Da dachte ich bloß, wenn die Decke runter kommt, auf den Rükken.

Es dauerte tatsächlich nicht lange, da brannte es wieder ganz schön. Da traf es auch unser Haus, aber nicht mit Brandbomben, sondern nur mit Sprengbomben, und vor allen Dingen durch den Feuersturm, sämtliche Fenster waren ausgehangen, die Türen waren raus.

Nach dem Angriff war es nicht mehr zu bewohnen. Ich hatte zwei Koffer gerettet. In einem hatte ich eine Leica von meinem Mann, einen Anzug, das war das wichtigste. In dem anderen Koffer hatte ich Babywäsche. Ich sagte, diese zwei Sachen mußt du retten.

Ich bin immer ein Stück gelaufen, es strömte alles raus in die Außenbezirke. Ein Stück gelaufen mit der Gasmaske, Koffer abgesetzt, wieder ein Stück, immer hin und her, bis ich zu unseren Bekannten kam.

Am nächsten Morgen, es war der 14., das war dann Aschermittwoch, wollte ich unbedingt ins Geschäft rein. Ins Zentrum, ja. Da bin ich die Stüber-Allee runter bis zum Stüberplatz – da war es aus, da tobte der Feuersturm.

Am nächsten Morgen habe ich es wieder versucht. Die Straßen waren hoch wegen der Trümmer und wegen der Ziegelsteine und Steine. Ich bin durchgelaufen. Da habe ich dann rechts und links die Menschen liegen sehen, Kinder, Frauen, Soldaten. Kinder mit Rucksäcken habe ich noch in Erinnerung, die alle mit dem Gesicht zur Erde lagen. Jedenfalls lagen sie alle tot da. Die müssen sofort bewußtlos gewesen sein, als sie aus den Kellern heraus kamen. Und in dieser Straße hörte ich einen Schrei, den höre ich heute noch, wie ein Mann auf diesem großen Ziegelberg oder Stein steht und »Mutter« ruft. Da war seine Mutter drunter begraben.

Dann bin ich ein Stück weiter gelaufen und auf der Ringstraße, das ist eine sehr breite Straße, da habe ich dann die nächsten Toten gesehen. Mumien, verschmort durch die Hitze. Ich habe das gar nicht sehr groß in mich aufgenommen, weil ich, wie ich schon erwähnte, unser Kind erwartete und dachte, bloß nicht dieses Furchtbare in dich aufnehmen, bloß durch – irgendwie. Aber von meiner Dienststelle war kein Stein mehr aufeinander. Direkt gegenüber vom Rathaus Dresden, da war ja alles weg, die ganze Innenstadt. Sie sagen, mal so viel Tote, mal so viel Tote, jedenfalls steht fest, daß sie die Toten auf dem Altmarkt dann verbrannt haben. Da haben wir auch die Bilder davon. Beerdigen konnte man sie ja gar nicht mehr. Ich habe gehört, daß viele Keller dann zugemauert worden sind einfach erst einmal, weil sie die Toten gar nicht bergen konnten.

Herbert Büchs (1)
Jahrgang 1913

Als der Luftangriff auf Dresden, der erste Nachtangriff auf Dresden stattfand, war am nächsten Morgen im Führerhauptquartier natürlich die »wilde Sau« los. Bei der Lagevorbereitung war ich mir klar darüber gewesen, daß ich Auskunft über die Abwehr geben mußte. Ich erfuhr, daß nur einzelne Nachtjäger wegen schlechtem Wetter im Berliner Raum gestartet waren. Auf der Fahrt zur Lagebesprechung habe ich mir die Flakkarte des Deutschen Reichs herausgeholt und festgestellt, daß Dresden unterstrichen war, daß ein Brigadezeichen vier daneben war und zwölf schwere Flak-Batterien verzeichnet waren. Ich habe dann vorgetragen, daß wir über Dresden noch keine weiteren Meldungen hätten. Es wären nur einzelne Nachtjäger im Einsatz gewesen. In Dresden stünden zwölf leichte und so und so viele mittlere und schwere Flak-Batterien. Auf der Rückfahrt habe ich die Karte noch einmal nachgesehen und habe festgestellt, daß ich eine falsche Meldung abgegeben hatte. Durch eine gewisse Zeichnungsart ging daraus hervor, daß Dresden zwar der Sitz einer Flakbrigade war, daß aber die zwölf Batterien zu einem etwa 60 Kilometer entfernten Werk in Brüx gehörten und beides auf der groß-maßstabigen Karte sehr eng beieinander lag. Meine Falschmeldung wurde natürlich durch die Meldung der Gauleitung Dresden sofort korrigiert, daß Dresden keinerlei Flak hatte. Ich habe mich daraufhin am nächsten Tag vor der Führerlage bei Hitler melden lassen. Bin rein, habe gemeldet, daß ich aufgrund eines Versehens eine falsche Meldung abgegeben hätte. In Dresden stehe gar keine schwere Flak. Hitler hat das wortlos entgegengenommen. Einige Tage später warf er Göring vor, er sollte vernünftige Karten drucken lassen, daß man nicht meine, es wäre irgendwo etwas, wo in Wirklichkeit nichts sei.

Peter Scholl-Latour
Jahrgang 1924

Ich war etwa ein Jahr in Berlin, 1943/1944, habe mich dort sehr wohl gefühlt. Es war dort eine sehr viel entspanntere Atmosphäre als in der deutschen Provinz. Ich habe Berlin in mancher Beziehung als Oase empfunden. Es ist bezeichnend für die Verhältnisse der damaligen Zeit, daß man es als Wohltat empfand, wenn man sich beim Bäcker in Berlin mit »Guten Morgen« begrüßte, und daß der Gruß »Heil Hitler« bei den einfachen Leuten vielfach verpönt war. Daß man seltsam aufblickte in gewissen Kreisen, wenn jemand mit »Heil Hitler« ankam, während in der Provinz ja nur noch mit »Heil Hitler« gegrüßt wurde.

Ich habe in Berlin auch den Untergang der Reichshauptstadt unter den alliierten Bomben miterlebt, und zwar sehr drastisch. Es war, glaube ich, im Herbst 1943. Ich wohnte in dem Viertel zwischen Joachimsthaler Straße und Nürnberger Platz und wurde total ausgebombt mit den Leuten, die im gleichen Haus wohnten. Ich erinnere mich noch an diese Brandgerüche des Morgens nach den Bombardierungen, und ich empfand dieses Chaos, das sich damals ausbreitete, so seltsam es klingt, als eine Art Befreiung. Man spürte eben das nahende Ende, daß das Regime nicht mehr allzu lange dauern könnte. Hinzufügen muß man natürlich, daß die wahllose Bombardierung der deutschen Städte durchaus nicht demoralisierend auf die Bevölkerung wirkte, sondern daß sich seltsamerweise am Tag nach der Bombardierung eine Art Euphorie einstellte, und daß die Leute, die ja nun alles verloren hatten und der nächsten Nacht mit Bangen entgegensahen, etwas empfanden, was Goebbels damals als Volksgemeinschaft bezeichnet hätte. Der Galgenhumor war eben damals sehr weit verbreitet und eine ganz andere Stimmung, als man es sich oft vorstellt.

Götz Bergander
Jahrgang 1927

Es hatte schon amerikanische Tagesangriffe auf Dresden gegeben, einen im Oktober 1944 und einen im Januar 1945, der war schon etwas schwerer. Da wußte man also dann schon, Dresden kommt nicht so davon. Was uns bevorstand, ahnten wir allerdings nicht. Meine Flakhelferzeit lag hinter mir. Ich wartete auf meine Einberufung zum Wehrdienst. Ich war gerade 17 Jahre alt geworden. Ich hatte mir eine Planquadratkarte besorgt. Darauf konnte man ganz genau anhand eines Senders – wir nannten ihn »Flaksender«, aber es war in Wahrheit der Sender der Jagddivision in Döberitz, der die Luftlagemeldung verschlüsselt durchgab, die Einflüge verfolgen, und ich saß zu Hause an meinem Radio, hörte diesen Sender, hatte eine große Karte vor mir, hatte Pauspapier draufgespannt und zeichnete diese Einflüge alle mit. Der »Flaksender« war nicht identisch mit dem Drahtfunk für die Zivilbevölkerung. Er gab eine sehr viel umfassendere Luftlage und im großen und ganzen wußte man schon, wenn man ihn abhörte, ob eine Gefahr naht oder nicht.

Und so war es auch am Abend des 13. Februar 1945, ausgerechnet Faschings-Dienstag. Es war erkennbar, daß bis weit nach Mitteldeutschland, über Leipzig hinaus, ein großer Einflug kam. Die Stadt war schon mit Flüchtlingen angefüllt. Besonders die Bahnhöfe. Ich schätze, daß vielleicht eine Million Menschen zu der Zeit in Dresden gewesen sind, also ungefähr 300.000 Flüchtlinge. Sie verteilten sich auf das ganze Stadtgebiet. Die Schutzraumsituation in Dresden war völlig ungenügend. Es gab überhaupt keinen einzigen öffentlichen großen Luftschutzbunker.

Dann kam also der Alarm am 13. Februar um ca. 21.40 Uhr. Ich hörte wieder den Flaksender Döberitz, er hieß »Horizont«. Und mir war klar, diesmal kommt es dick bei Alarm. Ich habe noch gesagt: »Es sieht ernst aus.«

Wir haben also auch noch einen Korb mit Wäsche genommen und alles, was wir so bereitgestellt hatten – ich hatte natürlich das sogenannte Luftschutzgepäck – und sind dann in den Keller runtergegangen. Unser privater Luftschutzkeller war sehr gut ausgebaut. Wir fühlten uns ziemlich sicher da unten. Der war richtig mit Stahlschotten und Gummiabdichtungen gegen Gas ausgerüstet und mit eingezogenen Stahlträgern und einem richtigen Luftschutzwart.

Ich hatte während der Zeit des ersten Angriffs die örtliche Luftschutzleitung im Drahtfunk gehört, und da war die letzte Meldung: »Achtung, Achtung, hier spricht die örtliche Luftschutzleitung, Bombenwürfe im Stadtgebiet. Volksgenossen, haltet Sand und Wasser bereit.«

Dann war es aus, und dann wurde die örtliche Luftschutzleitung nie mehr gehört, weil die Verbindungen unterbrochen waren.

Ich bin dann nach dem ersten Angriff sofort raus, weil auch unser Luftschutzwart rief: »Wir müssen Brandbomben suchen.« Ich komme aus dem Keller raus, und es ist unvergeßlich: Der Nachthimmel ist rosa und rot beleuchtet, die davor stehenden Häuser sind schwarze Scherenschnitte und Kulissen, und über dem Ganzen wälzt sich in dem Abschnitt, den ich überblicken konnte, eine von unten her rot angeleuchtete Rauchwolke in der Luft. Ich habe dann diesen Hof verlassen, bin sofort auf das Dach der benachbarten Fabrik hinaufgestiegen, ging auf das Fabrikdach, und dann sah ich überhaupt erst, was los war, denn da hatte ich einen Blick auf die gesamte Stadt. Ich habe dann gesehen, daß die Stadt brannte von der Neustädter Seite. Da war eine chemische Fabrik, die übrigens, wie ich dann nach dem Krieg gesehen habe, extra als Giftgasfabrik in den englischen Unterlagen geführt wurde, was nicht stimmte, es war eine pharmazeutische Fabrik. Die Elbe konnte ich selbst nicht sehen, die lag etwas tiefer, und dann zog sich die brennende Fläche hin durch die ganze Innenstadt weit nach Osten und Süden. Dann sind wir in dieser Friedrichstraße, in der ich da wohnte, stadteinwärts gegangen, und es kamen Menschen aus der Stadt, völlig verstört, rußverschmiert und nasse Decken um den Kopf geschlungen, und wenn man die anhielt und sagte: »Wo kommen Sie her?«

»Ja, ich komme vom Postplatz, und ich komme vom Altmarkt, und ich komme aus der Annenstraße, und ich komme aus der Ringstraße, es brennt alles, die ganze Innenstadt.«

Von unserem Haus bis zu dem Beginn der Innenstadt sind es ungefähr fünfhundert Meter. Die waren wir dann gelaufen vielleicht tausend Meter oder zweitausend Meter. Durch die Flammen durch. Die kamen noch ganz gut raus, weil so ungefähr eine halbe Stunde bis eine Stunde nach dem Ende des ersten dieser beiden Nachtangriffe der Feuersturm sich noch nicht so entwickelt hatte. Also wir hörten immer: »Bei uns ist alles hin, alles brennt.«

Ich war vielleicht eine Stunde von zu Hause weggewesen, da bekam ich plötzlich unerklärliche Angst. Ich bin also wieder zurück in den Betrieb, und da standen jetzt viele Leute auf dem Hof herum, weil ja unser Haus erhalten war und dadurch auch etwas im Dunkeln lag, nur von der einen Seite von den Flammen beschienen war, und alles redete durcheinander. Dann rief irgend jemand: »Die kommen wieder, die kommen wieder!«

Und in diesem allgemeinen Durcheinander hörte ich dann tatsächlich wieder Alarmsirenen. Die Warnanlagen in der Stadt waren ausgefallen, aber die in den Dörfern ringsum, die hörte man. Und die kündigten den zweiten Angriff an. Da überfiel mich, und ich spreche sicher auch für die anderen aus unserer Familie oder aus dem Haus, wirklich eine panische Angst. Wir haben gedacht, das kann doch nicht möglich sein. Das werden die doch nicht machen. Die werden doch jetzt nicht auf diese hell erleuchtete Stadt Bomben werfen, jetzt liegen wir ja wie auf dem Präsentierteller. Wir sind also in den Keller gegangen. Dann ging der zweite Angriff los, der sich genauso abspielte wie der erste.

Ja, dieser Angriff hinterließ – es kam auch die Übermüdung hinzu und die Anspannung – ein Gefühl völliger Ratlosigkeit, großer Furcht. Es gingen keine Sprengbomben in unmittelbarer Nähe nieder. Das Klatschen von Brandbomben hörten wir auch nicht. Wir haben also, als das Bombergedröhn zu Ende war, vielleicht noch fünf Minuten im Keller gewartet und sind dann rausgegangen. Das war allerdings nun überhaupt nicht mehr zu vergleichen mit dem, was man nach dem ersten Angriff gesehen hatte.

Ich bin wieder auf das Dach raufgestiegen, auf das Fabrikdach. Aber der Sog der Luft stadteinwärts, der dann in der Stadt den Feuersturm erzeugte, war bei uns, ungefähr 500 bis 1.000 Meter vom Feuersturm entfernt, noch so stark, daß ich von dem Dach gleich wieder runtergegangen bin. Es war ein unbeschreibliches Getöse in der Luft, nur vom Feuer, ein Donnern. Ich war fassungslos, wie ich diese Stadt verbrennen sah. Die Farbe des Feuers hatte sich auch geändert, sie war nicht mehr rosa und rot, sondern von einem wütenden Weiß und Gelb, und der Himmel, von dem sah man überhaupt nichts mehr. Es war nur noch ein einziges riesiges Wolkengebirge und dann dieses Dröhnen des Feuers und vereinzelt dazwischen immer noch Detonationen von Zeitzündern oder von Bomben, die vom Feuer erfaßt wurden.

Jedenfalls bin ich völlig zerschlagen wieder runtergegangen. Wir haben tatsächlich in unserem Haus keine Brandbomben gefunden. Aber wir haben, wie mit dem Lineal gezogen, neben diesem rasant beginnenden Feuersturm abgeschnitten gelegen. Die Briten haben ganz präzise gezielt. Schließlich haben wir gedacht, was soll schon werden, und sind tatsächlich vielleicht so gegen drei oder vier Uhr, – dieser zweite Angriff war von nachts halbzwei bis zwei Uhr – etwa gegen vier Uhr früh völlig übermüdet in den Kleidern aufs Bett gefallen und eingeschlafen.

Da wir im Betrieb eine eigene Stromversorgung hatten und auch eine eigene Wasserversorgung, hätten wir weiter arbeiten können. Und mein Vater, der dort Betriebsleiter war, stand am Morgen danach vor der Entscheidung: soll er weiterarbeiten oder nicht. Es war eine Fabrik, die stellte Hefe her, also eine Nahrungsmittelfabrik, und er sagte, Nahrungsmittel sind ganz wichtig, und wir müssen hier weiterarbeiten. Und wir arbeiten jetzt weiter. Und die Arbeiter – ich weiß nicht, ob dem deutschen Arbeiter das jemand nachmacht –, die waren da. Das war das Erstaunliche. Die waren zum Teil in der Nacht gekommen zwischen den beiden Angriffen mit dem Fahrrad aus den Vororten und anderen Stadtvierteln. Es war kein so großer Betrieb, wir kannten uns also fast alle, und da sehe ich noch einen auf seinem Fahrrad da nachts angeradelt kommen im Feuerschein. Ich sage: »Herr Richter, was machen Sie denn hier?«

Und da sagt er: »Ich muß doch sehen, ob der Laden noch steht.«

Wenn man sich vorstellt, wie schlecht sie bezahlt wurden im allgemeinen, und trotzdem dieses Pflichtgefühl; »ich muß doch sehen, ob mein Arbeitsplatz noch da ist oder ob ich hier was helfen kann.« Die Frühschicht war da, soweit die Leute nicht ausgebombt waren und daher mit sich beschäftigt.

Ich stand im Hof, und plötzlich höre ich doch schon wieder eine Sirene. Aber es war tatsächlich so. Ich habe dann gerufen: »Irgendwo hier gehen wieder Sirenen los!«

Und mit den Sirenen hörte man dann auch schon das Motorengedröhn wieder. Dann sind wir in den Keller gestürzt, und dann ging es ziemlich schnell. Das Motorengeräusch wurde laut und lauter, und der Tagesangriff begann. Das war der von der 8. Amerikanischen Luftflotte, und der setzte nun genau bei uns ein. Er sollte den großen Verschiebebahnhof treffen. Dieser Güterbahnhof war vollgepackt mit Versorgungszügen mit Nachschubgütern. Daher sind wir voll in einen Bombenteppich reingekommen. Unser Wohnhaus, das war ein stabiles, dreigeschossiges, einzeln stehendes Haus, und an jeder Ecke ist da eine Sprengbombe gefallen. Wir verdanken es wirklich nur diesem Luftschutzkeller, der so gut war, daß wir da unten nicht umgekommen sind durch diesen Luftdruck oder Luftsog. Wir waren vielleicht etwa hundert Menschen. Trotzdem gab es keine Panik. Wir waren schon ganz apathisch und demoralisiert durch die Nacht. Wir haben einfach dagesessen. Dieser uns besonders betreffende Bombenabwurf, der rollte näher, und in dem Moment erlosch auch das Licht, und der ganze Keller war voll Staub. Beim Näherrollen des Bombenteppichs hatte ich mich auf den Fußboden geworfen und hatte in Hockstellung den Kopf zwischen die Beine genommen. Durch den Keller ging ein Luftdruck, richtig so, als hätte man in den Keller einen Überdruck gepreßt, der aber sofort auch wieder entwich. Und dann schrie jemand kurz auf, aber sonst war es still, und dann kam auch gleich die Stimme des Luftschutzwarts: »Ruhe, Ruhe, es ist nichts passiert.«

Sofort ging eine Taschenlampe an. Man sah wieder was, und das war wesentlich. Ich weiß nicht, ob nicht, wenn es dunkel geblieben wäre, die Leute doch plötzlich aufgesprungen wären und einer dann geschrien hätte: »Ich will raus!«

Dadurch, daß diese Taschenlampe anging, trat sofort Beruhigung ein, obwohl es so gekracht hatte, daß ich erst dachte, das ganze Haus liegt auf dem Keller drauf. Das Ganze dauerte ungefähr 15 Minuten, und dann haben wir wieder nur lauschen können, ob es ruhig wird draußen. Es wurde auch wieder still, und dieser Kontrast war besonders stark, ganz totenstill. Das war die größte Angst, immer, daß man in so einer Höhle drin sitzt und denkt, es ist nichts passiert, aber nicht mitkriegt, daß es oben drüber schon längst brennt. Und man kommt dann nicht mehr raus. Diese Angst war viel größer als die Angst, jetzt eventuell noch in eine Nachzüglerbombe zu kommen.

Als dieser zweite Angriff stattfand und ich auf dem Fußboden kauerte, da habe ich immer gedacht oder vor mich hingeredet. Ich habe gesagt: »Diese Schweine, diese Hunde, diese Feiglinge, diese Mistkerle«, irgend so was. Aber das war kein Haß, der sich jetzt direkt gegen einen dieser Flieger gerichtet hätte. Und das hat es auch hinterher selten gegeben. Es hat keine direkten großen Haßausbrüche gegeben.

Es ist mir auch nicht bekannt, daß in Dresden danach Übergriffe gegen alliierte Kriegsgefangene gewesen wären. Denn die britischen Kriegsgefangenen sind bereits am 15. Februar, direkt nach den Angriffen, in die Stadt geführt worden. Ich habe sie selber bereits am 15., also am nächstfolgenden Tage in der Stadt gesehen, wo sie überall Trümmer beiseiteräumen bzw. Leichen herausziehen mußten. Da war kaum Bewachung dabei, da stand irgend so ein Soldat mit einem uralten Gewehr daneben, und die Engländer bewegten sich höchst langsam und höchst unwillig, und die ganzen ausgebombten und betroffenen Leute standen ringsum. Ich habe an keiner Stelle gesehen, daß einer hingegangen wäre, einen bespuckt hätte oder einen Stein auf ihn geworfen hätte oder sonst etwas. Es war vielleicht zu viel gewesen; Apathie. Und der Schock war zu groß, um jetzt sein persönliches Gefühl an einem Gefangenen auszulassen, von dem man ja wußte, daß er vielleicht schon seit vier Jahren hier in Deutschland als Gefangener war.

Heribert Suntrop (2)
Jahrgang 1928

Nach einem Angriff, bei dem über unserem Gebiet eine Maschine abgeschossen wurde, gingen wir morgens zu meiner Dienststelle in die Longericher Straße. Wir konnten die Krefelder Straße Richtung Escher Straße aus irgendeinem Grunde nicht passieren und gingen über einen Umweg. Vom Gladbacher Wall führt ein Weg durch die Grünanlage zur Inneren Kanalstraße. Auf diesem Weg fanden wir die Leiche eines englischen Fliegers, der dort – ohne Fallschirm – heruntergekommen und aufgeschlagen war. Neben ihm lag noch ein Ast aus dem Baum über uns. Ich wundere mich heute, mit welcher Kälte wir nun da standen und uns den Toten ansahen. Ich schubste ihn noch mit meinem Fuß an. Ein Stück weiter auf der Escher Straße in Richtung Bahnhof lag in Höhe des Einfahrsignals ein weiterer Engländer. Er sah grausig aus. Sein Körper war in Nabelhöhe durchgetrennt, und hier lag nur der obere Teil, vollkommen nackt. Auch dieser Anblick ließ uns kalt. Jegliches Gefühl für Mitleid mit unseren Feinden war in diesem Luftkrieg erloschen.

Hugo Stehkämper (1)
Jahrgang 1929

1943, ich war damals 14 Jahre alt, wurden wir aus dem bombengefährdeten Ruhrgebiet im Rahmen der Kinderlandverschickung in die ČSSR, damals Reichsprotektorat Böhmen und Mähren, ausgelagert. Wir kamen nach Zdice, einem rein tschechischen Ort zwischen Prag und Pilsen. Wir wurden untergebracht in einer dort verhältnismäßig neu errichteten Berufsschule. Es waren vier Parallelklassen – wenn ich mich richtig erinnere – und drei Studienräte fuhren mit. Diese drei Studienräte hatten ohne Rücksicht auf ihre

Spezialfächer nun alle Fächer zu unterrichten. Es war ein wunderschöner Sommer. Die tschechischen Dorfbewohner haben uns, wie ich das so auffaßte, freundlich behandelt. Wir wurden allerdings nicht oft zu Ausgängen hinausgeschickt. Die Regel war, daß wir nur in geschlossener Marschkolonne irgendwohin ausrückten, an einen See, wo wir schwimmen konnten, oder zu Ausflügen, die, wenn nicht in geschlossener Marschkolonne, dann doch wenigstens in aufgelöster Marschordnung vor sich gingen. Jedenfalls durften wir nicht einzeln ausgehen.

Ich hatte das Glück, Postholer zu sein, und das mußte ja nun individuell geschehen. Dadurch kam ich mit dem tschechischen Postmeister ins Gespräch. Zweimal am Tag ging ich zum Postamt, und je öfter ich das machte, um so länger dauerte auch die Unterhaltung mit dem Postmeister. Er fragte, wie das mit den Bombenangriffen wäre, und er fragte nach Geschwistern und Eltern. Bei diesen privaten Erkundigungen interessierte er sich auch für Mitschüler, die bei uns waren. Offenbar verstand er es, zu fragen. Die Tatsache, daß ich solche Gänge immer in voller HJ-Uniform machen mußte, hat ihn anscheinend nicht gestört, und auch die Dorfbewohner grüßten. Und ich habe auch zurückgegrüßt. Natürlich nicht mit dem deutschen Gruß, der damals eigentlich vorgeschrieben war.

Im Spätherbst 1943 mußten wir wieder nach Gelsenkirchen zurück, weil die Mitschüler des Jahrgangs 1928 Flakhelfer wurden. Der Ernst des Krieges erreichte uns. Und viele von uns, ich jedoch nicht, wurden aus den Klassen herausgezogen und kamen in gesonderte Klassen. Diese Flakhelfer-Klassen wurden meist in den Stellungen unterrichtet, die Studienräte rückten aus in die Flakstellungen hinein. Wie viel bei diesem Unterricht noch herausgekommen ist, weiß ich nicht. Immerhin mußten die Studienräte mit übermüdeten Schülern rechnen.

Das waren wir ja aber auch, denn damals war regelmäßig nachts Fliegeralarm, und vor zwei Uhr, manchmal auch drei Uhr in der Nacht, war an Schlaf nicht zu denken. Die Schule wurde immer mehr zerstört. Inzwischen hatten auch ältere Herren, die zum sogenannten Sicherheits- und Hilfsdienst eingezogen worden waren, dort Quartier bezogen, mit den Schülern zusammen, und Sie können sich denken, daß auch das einem geordneten Schulbetrieb nicht bekam. An den war nun nicht mehr zu denken. Es war alles mehr zufällig. Es hing alles ab von der Zeit, wann der Fliegeralarm kam und wie lange er dauerte, und es hing auch davon ab, welche Räume in der Schule überhaupt noch benutzbar waren.

Man lebte in den Tag hinein, eigentlich nur von einem Fliegerangriff zum anderen. Das war der Rhythmus des Tages. Viele Leute waren natürlich aufs Land gegangen. Aber man wußte, daß auf dem Lande auch schon Wohnungsnot war, und viele meinten, ehe ich mich dort bedrängen und schief ansehen lasse, bleibe ich lieber zu Hause. Natürlich wußte man um die Lebensgefahr, die täglich gegeben war, wenn man in Gelsenkirchen blieb. Man lebte damals eben mit einer großen Apathie in den Tag hinein. Apathie, meine ich, als Grundhaltung, stärkere Gefühle haben wir nur während der Bombenangriffe verspürt. Da war es Angst, Lebensangst, die mich noch heute heimsucht.

Ich kann mir noch heute keinen Film – nach über 40 Jahren – über den Bombenkrieg ansehen. Ich wäre drei Tage um meinen Nachtschlaf gebracht. Heute ist mir mein Nachtschlaf lieber als die Erinnerung an den Bombenkrieg. Es war für uns Kinder, die wir ja noch waren, ein traumatisches Erlebnis. Diese Apathie, diese Abgestumpftheit konnte man auch bemerken, als diese Nachricht vom Attentat auf Hitler über das Radio ging. Das haben die Leute damals, sagen wir mal mit stockendem Atem, zur Kenntnis genommen. Daß man Kommentare so oder anders gehört hätte, das war verhältnismäßig selten. Aber die Diskussion war uns sowieso abgewöhnt worden, weil es viel zu gefährlich war. In Sprachlosigkeit waren wir eigentlich lange eingeübt worden. Da kam eben auch noch die Apathie hinzu, und die wurde eigentlich durch die sich steigernden Bombenangriffe und die damit steigende Gefahr immer weiter gefördert, sie verstärkte sich. Es ist aber keine Frage, daß sie uns langsam auch innerlich zermürbte.

III. Verbrechen und Niederlage

Das Reich schrumpft
»Endlösung«
Zivilcourage?
Der 20. Juli

Das Reich schrumpft

Im Januar 1941 hatte die Wehrmacht zwei personell unterbesetzte Divisionen nach Nordafrika entsandt. Ihr Kommandierender, General Erwin Rommel, hatte nur die Aufgabe, drohendes Unheil abzuwenden, weil die dort kämpfenden Italiener in Bedrängnis geraten waren. Aber in den nächsten zwei Jahren wogte der Krieg in der Wüste hin und her. Rommel, ein begabter Taktiker, und sein inzwischen durch weitere Divisionen verstärktes Afrikakorps ernteten den Respekt und Bewunderung derer, die gegen ihn kämpften. Aber der Transport von Männern und Nachschub nach Nordafrika wurde von der Insel Malta aus gestört, ja zeitweise konsequent blockiert. Versuche der Italiener und den Deutschen, den »Flugzeugträger« Malta durch Luftangriffe auszuschalten, schlugen fehl.

Zwischenzeitlich wurden immer mehr Truppen der Alliierten mit ihrer Ausrüstung um das Kap der Guten Hoffnung nach Ägypten gebracht. Am 26. Mai 1942 startete das deutsche Afrikakorps seine letzte Offensive. Nachschubschwierigkeiten, verstärkter britischer Widerstand und die Luftüberlegenheit der Alliierten stoppten Rommel definitiv vor El Alamein. Am 23. Oktober begann der britische General Bernard Montgomery seinen Gegenangriff. Trotz Hitlers Befehl, unter allen Umständen die Stellung zu halten, befahl Rommel am 4. November den allgemeinen Rückzug.

Drei Tage später, in der Nacht vom 7. zum 8. November 1942, landete ein anglo-amerikanisches Expeditionskorps an den Küsten von Marokko und Algerien. Nachschub, der Rommel lange versagt worden war, als er den Sieg erringen wollte, stand ihm nun plötzlich zur Verfügung, als es galt, die Niederlage abzuwenden. Aber der geordnete Rückzug der Achsen-Streitkräfte nahm sein zwangsläufiges Ende: am 13. Mai 1943 gerieten eine Viertelmillion deutscher und italienischer Soldaten in die Gefangenschaft der Alliierten, während die Jagdgeschwader der Luftwaffe den Rest ihres Flugzeugbestandes und das nackte Leben ihrer Piloten retten konnten.

Im Juli landeten britische und amerikanische Truppen auf Sizilien – der erste Vorstoß in den »weichen Unterleib« der Achse, wie Winston Churchill den Mittelmeerraum bezeichnet hatte. Das Tor zu Europa war aufgestoßen.

Am 25. Juli 1943 stürzte ein Putsch der Royalisten Mussolini und beendete für die Italiener den Krieg. Hitler reagierte, indem er die Besetzung Italiens, seines ehemaligen Verbündeten, und scharfe Maßnahmen gegen dessen Armee befahl.

In den nächsten zwei Jahren führten deutsche Streitkräfte unter dem Oberbefehl des Luftwaffenmarschalls Kesselring einen hinhaltenden Rückzug in Italien und banden dabei starke alliierte Truppenverbände. Salerno, Anzio, Monte Cassino: Schlachten, die heute fast schon vergessen sind, füllten die Militärfriedhöfe, aber sie konnten den Krieg im Westen nicht entscheiden. Dies sollte erst nach einer Reihe weiterer Landungen geschehen, die nächste erfolgte in Südfrankreich.

In den Wochen nach der Landung der Alliierten in der Normandie am 6. Juni 1944 kamen die Deutschen zur Überzeugung, daß ihre neuen Gegner nicht so vorzügliche Soldaten seien wie die Russen. Britische und amerikanische Kommandeure schienen weniger flexibel, weniger risikobereit als ihre deutschen Gegner. Als entscheidend erwies sich aber bald die enorme Materialüberlegenheit der Alliierten. Sie beherrschten den Luftraum und kontrollierten die Schlacht. Ihre Kampfflugzeuge waren überall, manchmal schien es, als ob jeder Infanterist ein eigenes Funkgerät hätte, um Unterstützung aus der Luft herbeizurufen. Und selbst wenn die Panzer der Alliierten den »Tigern« und »Panthern« der Wehrmacht unterlegen waren, ihr Nachschub schien unerschöpflich.

Am 25. Juli durchbrachen amerikanische Truppen die deutschen Linien westlich von St. Lô, fast einen Monat danach, am 19. August 1944, schlossen sie, zusammen mit britischen und kanadischen Verbänden, 150.000 Deutsche im Kessel von Argentan-

Falaise ein. Nur 20.000 deutschen Soldaten gelang die Flucht, während die Alliierten Richtung Paris und Antwerpen marschierten. Neue französische und amerikanische Truppen landeten an der Südküste Frankreichs. Im September war der deutsche Widerstand in Frankreich gebrochen. Über 2000 Panzer und Sturmgeschütze waren verloren gegangen.

Als der Krieg nun vor ihrer Haustür stand, sammelten die Deutschen sich wieder. Divisionen wurden neu aufgestellt und ausgerüstet, während die Generäle der Alliierten über Strategien und Nachschubprobleme diskutierten. Ein Luftlandeunternehmen der Alliierten bei Arnheim in Holland mißglückte. US-Infanteristen erlitten im Wald von Hürtgen große Verluste. Ende November schließlich schwanden die Hoffnungen der Alliierten auf einen Sieg im Jahre 1944. Die Front erstarrte in Schnee und Schlamm.

Da ergriff Hitler noch einmal die Initiative. Er befahl die Konzentration aller deutschen strategischen Reserven auf der Ostseite der Ardennen. Ein Durchbruch – das war sein Wunschtraum – sollte zur Eroberung des Hafens von Antwerpen führen. Vielleicht glaubte er, die Westmächte so für den Abschluß eines separaten Friedensabkommens gewinnen zu können. Nach anfänglichen Erfolgen der am 16. Dezember 1944 begonnenen letzten Großoffensive der Armee erlahmte der deutsche Angriffselan und kam dann schnell zum Stillstand. Als sich der Himmel aufklärte und die alliierten Jagdbomber die Deutschen von den Straßen fegten, gab es über den Ausgang des Angriffs keinen Zweifel mehr. Feldmarschall Gerd von Rundstedt, der Oberbefehlshaber der Westfront, sprach von einem »zweiten Stalingrad«. Der Verlust von 90.000 Mann und von hunderten unersetzbarer Panzer bestätigte seine Worte. Der Verlust von mehr als 1000 Flugzeugen und Dutzenden der besten Piloten der Luftwaffe in einer letzten, sinnlosen Herausforderung gegen die Luftüberlegenheit der Alliierten wog ebenso schwer. Im Westen war der Krieg zu diesem Zeitpunkt entschieden.

Im Osten konnten die Deutschen 1942/43 Siege wie auch Verluste an der russischen Front verbuchen. Die 6. Armee war verloren. Aber der Kaukasus war ohne große Verluste geräumt worden.

Ein deutscher Großangriff – so dachte die Wehrmachtsführung – würde der Wehrmacht einen Zeitgewinn und eine Atempause verschaffen. Der günstigste Ort für solch einen Angriff war der 320 Kilometer lange russische Frontvorsprung um die Stadt Kursk. Der Generalstab des Heeres bereitete Planungen für einen Angriff mit zwei Stoßkeilen vor. Hitler war skeptisch, er wußte, daß 1943 nicht 1941 war. Er verschob den Angriffstermin. Das gab den Russen Zeit, den Frontvorsprung massiv zu verstärken. Am 5. Juli 1943 rollten die deutschen Panzer in ihr Verderben.

Kursk, der Untergang der Panzerdivisionen, war auch der moralische Wendepunkt im Osten. Nun begann ein unsystematischer Kampf von kaum vorstellbarer Brutalität. Ganze deutsche Divisionen verschwanden spurlos.

Nach Stalingrad war die Wehrmacht nicht mehr in der Lage, ihren russischen Feinden materiell pari zu bieten. Hingabe und Kampferfahrung des Einzelnen wurden immer wichtiger. Der Einzelkämpfer zählte nun noch mehr als in den ersten Kriegsjahren.

Als der deutsch-sowjetische Feldzug in seine Endphase ging, entwickelte sich das Heer an der Ostfront immer stärker zu einer militärischen Gemeinschaft, die von ihrer inneren Dynamik getragen wurde. Der Landser in Rußland stand Parteiparolen und patriotischen Appellen gleichgültig gegenüber. Der »Glaube an den Endsieg« war einem Kampf ums Überleben gewichen. Dies angesichts eines Gegners, der entschlossen war, für die Verwüstung und Plünderung seines Landes Vergeltung zu üben. »Haltet die Russen raus« war die Parole der Deutschen. Sie kämpften, weil sie keine andere Wahl hatten. Und wenn sie ihren Opfern einen Sinn geben wollten, so geschah dies in Vorstellungen von einem Vaterland, die mehr einem Traum als der Realität entsprachen: nicht die ausgebombten Städte, hungernde Kinder und erschöpfte Frauen von 1944 standen ihnen vor Augen, sondern Vorstellungen aus Friedenszeiten, die festgehalten waren auf Fotografien und in verblassenden Erinnerungen.

Als das Jahr 1943 zu Ende ging, kämpfte die Wehrmacht verzweifelt, um einen entscheidenden sowjetischen Durchbruch zu verhindern. Im Süden nutzte Manstein Raum und Zeit, um die

Russen in einer Reihe von taktisch geschickten Gegenschlägen abzublocken. Aber die deutsche Front näherte sich schnell den Grenzen des Reichs. Früher war es der Roten Armee nie gelungen, mehr als eine große Offensive gleichzeitig durchzuführen. Nun versetzte sie überall den Deutschen mächtige Schläge. Im März 1944 stießen gleich drei Heeresgruppen in die Ukraine vor. Sie schnitten die 1. Deutsche Panzerarmee ab und umzingelten sie. Diese entkam jedoch als sogenannter »wandernder Kessel«, der sich den Weg nach Westen freikämpfte in einer grotesken Bewegung nach Westen, bei der Panzer und Infanterie den äußeren Ring bildeten und Verwundete sowie Nachschubtruppen in der Mitte mitzogen. Hitler reagierte auf diesen Rückzug, indem er Manstein das Kommando entzog.

Ende April 1944 waren die russischen Armeen im Süden auf 500 Kilometer an die Reichsgrenze herangekommen. So blieben die Deutschen an der Nord- und Mittelfront in einem riesigen Frontvorsprung ungeschützt und exponiert. Da Hitler noch immer nicht gewillt war, die Front zu verkürzen, besaßen seine Kommandeure praktisch keinerlei mobile Reserven mehr. Am dritten Jahrestag des Angriffs auf Rußland mußte der deutsche Landser schließlich den Preis zahlen. 200 sowjetische Divisionen, unterstützt von 6000 Panzern, 45.000 Geschützen und Granatwerfern und 7000 Flugzeugen, zerschlugen die Heeresgruppe Mitte innerhalb einer Woche. Die deutsche Front brach nicht zusammen, sie löste sich auf. Bis zum 3. Juli hatten die Russen die Vorkriegsgrenze zu Polen überquert. 28 deutsche Divisionen existierten nicht mehr, 350.000 Mann waren gefallen: die Verluste waren doppelt so groß wie in Stalingrad. Erst im Herbst 1944 machte die sowjetische Offensive an den Grenzen Ostpreußens und vor den Toren Warschaus halt. Die Überdehnung der Nachschublinien erzwang hier eine Atempause. Aber gleichzeitig wollte Stalin mit ansehen, wie der eigenständige polnische Widerstand in dem sinnlosen Warschauer Aufstand, der aus dem Mut der Verzweiflung erwuchs, von den deutschen Truppen ausgelöscht wurde.

Gerhard Beck
Jahrgang 1920

Es war im Frühjahr 1942 in Nordafrika. Ich gehörte zum fliegenden Personal der Deutschen Luftwaffe (Bordfunker) und war – mit Unterbrechung – bereits seit Dezember 1941 im Fronteinsatz. Damals wurde die libysche Hafenstadt Tobruk hart umkämpft.

Am frühen Morgen des 4. Juni 1942 erhielt meine Einheit, die Stuka-Gruppe I/3 (Oberkommandierender: Generalfeldmarschall Kesselring), wiederum Einsatzbefehl zum Feindflug. Gestartet wurde von unserem Feldflugplatz bei Martuba.

Wir flogen in ziemlicher Höhe südlich über den Ort Gazala. Wir erreichten Bir el Hacheim und warfen in gewohntem Sturzflug unsere Bomben – ein Routineeinsatz. Der Rückflug allerdings verlief anders als sonst. Wir hatten bereits wieder an Höhe gewonnen, als mich plötzlich per Bordfunk ein Funkspruch unserer Jäger erreichte: »Achtung Stukas, Indianer von hinten!« (»Indianer« war das Kennwort für feindliche Jagdflugzeuge.)

Sofort darauf die Stimme unseres Kommandeurs: »Runter zum Tiefstflug!«

Alle Flugzeugführer unserer Gruppe drückten ihre Maschinen in steilstem Schrägflug nach unten. Der Befehl, auf Tiefstflug hinunterzugehen, war richtig und gab uns immerhin eine Chance, den Jägern zu entkommen. Plötzlich erschien flach-schräg von oben einer der Jäger – aus allen Rohren feuernd auf den vor mir an letzter Stelle fliegenden Stuka. Fassungslos-entsetzt mußte ich mitansehen, wie eine nicht endenwollende Feuergarbe wie ein dickes Strahlenbündel in den Stuka eindrang, der scheinbar keinerlei Wirkung zeigte. Da aber senkte sich seine linke Tragfläche, bekam Bodenberührung, die Maschine explodierte und verschwand in einer dichten, schmutzigroten Feuerwolke. Gleichzeitig donnerte die Jagdmaschine über meinen Kopf hinweg, aber nicht um fortzufliegen, sondern um in einer großen Kurve zurückzukehren...

Schon näherte sich der Jäger, wiederum flach von oben kommend, und ich schoß auf ihn, obgleich er noch viel zu weit entfernt war, um ihn sicher treffen zu können. Da plötzlich begann es vor dem Propellerkreis des Jägers aufzublitzen, und ich erhielt im selben Moment einen heftigen Schlag vor das Gesicht, der mir das MG aus der Hand riß und mich in meinen Sitz zurückwarf. Gleichzeitig hörte ich, wie dicht über meinem Kopf der Jäger mit dröhnendem Motor über unsere Maschine hinwegdonnerte und aus meinem Gesichtskreis verschwand.

Dann griff der Jäger erneut an. Ich schaute auf, hörte Schüsse und sah dann – Sekundenbruchteile, bevor ich etwas spürte – ein Loch in der gesprungenen Scheibe des Panzerglases. Erst dann fühlte ich die Wucht des gewaltigen Schlages auf meine rechte Schulter; ich war getroffen. Jetzt ging es darum, das Leben zu retten. In Erkenntnis dieser Lage rief ich meinem Flugzeugführer per Bordfunk zu: »Horst, notlanden, ich bin verwundet!«

Da in der Wüste überall Landegebiet war, tat er es augenblicklich. Sofort als die Maschine Bodenberührung bekam, zog ich wegen der Explosionsgefahr den Notabwurfhebel des Kabinendaches, das krachend zu Boden fiel. Kaum daß die Maschine ausgerollt war, stieß mein Flugzeugführer seine Kabinentür auf, sprang heraus und rannte in die Wüste, um Deckung zu nehmen – er fürchtete offenbar ebenfalls eine Explosion. Ich schrie ihm hinterher: »Horst, hilf mir raus, ich bin doch verwundet!«

Aber er rannte, rannte.

Während ich noch in größter Hast versuchte, mich von meinen Gurten zu befreien, hörte ich plötzlich meinen Namen schreien, sah hinter verdorrtem Kameldorngestrüpp das angstverzerrte Gesicht meines Fliegerkameraden auftauchen und hörte ihn mit ausgestrecktem Arm nach oben zeigend rufen: »Paß auf, da kommt er!«

Ich schaute hoch und sah den Jäger in erneutem Zielanflug auf unsere Maschine zukommen. Er kam nun, um – wie es damals immer so schön hieß – »den Rest am Boden zu zerstören«. Es war wie eine Hinrichtung: fest angebunden in die Gewehrmündung blikkend. Da erhielt ich einen furchtbaren Schlag gegen den linken Unterschenkel, der mir fast das Bein abzureißen schien. Gleich darauf donnerte der Jäger auch schon über mich hinweg und verschwand. Was dann in der nächsten Minute mit mir geschah, ist mir nicht mehr in allen Einzelheiten in Erinnerung. Genau weiß ich jedoch, daß ich mich aus dem Flugzeug heraus auf die Erde fallen ließ und einige Schritte hinweghumpelte. Dann wurde ich am Arm gepackt und schnell fortgerissen – es war mein Flugzeugführer, der sich doch noch aus seiner Deckung herausgewagt hatte. Kaum war ich aus dem unmittelbaren Gefahrenbereich heraus, da brach ich zusammen. Hinter mir brannte die Maschine ab, ohne zu explodieren.

Da lag ich nun mitten in der Wüste, und vor mir stand mein Leidensgefährte und guckte ratlos auf mich herab. Ich sagte ihm, daß ich jetzt zunächst wohl einen Notverband brauchte, aber er trug kein Verbandszeug mit sich. Ich holte mit der linken Hand aus meiner Kombitasche am Oberschenkel ein Päckchen Verbandszeug heraus, reichte es ihm und bat ihn, meine Schulter zu verbinden. Ich sagte ihm, daß er Hilfe für mich herbeiholen müsse. Er ging also los; bald sah ich ihn nicht mehr.

Ich lag nun also alleine am frühen Vormittag des 4. Juni 1942 in der großen libyschen Wüste. Das überschwere MG-Geschoß hatte, wie ich inzwischen feststellen konnte, die ganze linke Wade zerfetzt. Es wirkte wie ein Dum-Dum-Geschoß. Im übrigen nahm ich mir vor, nur dann einen Schluck aus der Flasche zu nehmen, wenn ich es vor Durst gar nicht mehr aushalten konnte.

Die Sonne stieg allmählich höher, die Zeit verging, und die Sonnenstrahlen wurden stechender. Schatten gab es nirgendwo. Die Sonne stieg dem Zenit entgegen, ich wollte noch einen weiteren winzigen Schluck nehmen, aber – die Wasserflasche war leer. Als ganz schlimm und entsetzlich qualvoll erwies sich etwas anderes, an das ich überhaupt nicht gedacht hätte: die Fliegen. Angelockt von dem Blutdunst meiner Wunden kamen sie, ich weiß nicht, woher, aber sie kamen. Erst vereinzelt, dann mehr und mehr, und sie ließen sich nicht verjagen. Afrikanische Fliegen sind anders als europäische. Die fliegen weg, wenn man nach ihnen schlägt, aber afrikanische sind träge, die kriechen höchstens ein Stückchen weiter oder lassen sich zermatschen. Dann kommen wieder neue und neue... Ich hatte mir als Schutz gegen die im wahrsten Sinne stechenden Sonnenstrahlen ein Taschentuch auf das Gesicht gelegt, es war blutig von meinen Wunden. Die Fliegen krochen unter das Tuch an die Augen, in die Nase, an den Mund – wo immer sie eine Spur von Feuchtigkeit fanden. Dennoch, mein Lebenswille war noch nicht gebrochen, noch wollte ich nicht aufgeben, noch waren meine geistigen Kräfte vorhanden und konnten noch arbeiten. Ich sah mich um: Dort drüben lag das Flugzeugwrack, und dort waren Spuren im Sand. Jetzt brauchte ich mir nur einen letzten Ruck zu geben, dann konnte ich vielleicht aufstehen und langsam zurückhumpeln. Ich gab mir diesen Ruck, kam ein bißchen in die Höhe und fiel dann zurück – genau auf den rechten Ellenbogen, der den Oberarm knirschend in die zertrümmerte Schulter hineinstauchte. Ich schrie gellend – nie in meinem Leben habe ich einen derart unmenschlichen Schmerz verspürt.

Rasch wurde es dunkel und gleichzeitig regelrecht kühl. Über mir breitete sich ein klarer Sternenhimmel. Stunden vergingen, es wurde kälter und kälter, meine Wunden begannen zu schmerzen.

Auch die längste Nacht vergeht. Ich begrüßte und empfand freudig die ersten wärmenden Sonnenstrahlen – ja, vorübergehend kam sogar neue Hoffnung in mir auf. Aber die Sonne stieg schnell höher und höher, der Durst meldete sich wieder und wurde immer stärker. Die Hitze brannte so extrem, daß es kaum möglich war, einen klaren Gedanken zu fassen.

Ich hatte die Augen geschlossen, war aber wach, als ich plötzlich eine Berührung an meinem rechten Bein verspürte. Ich zog das Bein an, riß die Augen auf und sah – einen großen Geier, der mit plumpen Flügelschlägen ein Stückchen weghüpfte. Hinter ihm hockten noch zwei oder drei weitere Geier. Offenbar hatten alle schon eine Weile dagesessen, bis der frechste von ihnen herangehüpft war, um zu prüfen, ob ich mich schon in einem zum Verzehr geeigneten Zustand befände. Jetzt hockte er da, knapp zwei Schritt von mir entfernt, die schmutzigweißen Flügel gesenkt, den kahlen Hals vorgestreckt, den krummen Schnabel halb geöffnet und starrte mich aus schwarzen Augen an – ein Bild personifizierter Gier. Von Geiern aufgefressen zu werden – das war mir doch nicht recht.

Nach diesen Überlegungen entschloß ich mich zu handeln. Ich wollte also meine Pistole herausziehen, aber das war ziemlich schwierig – ich lag darauf. Sie war in Höhe der Gesäßtasche am Gürtel befestigt, und ich brauchte lange, um sie mit der linken Hand aus dem Lederhalfter herauszuziehen.

Während der ganzen Zeit stand der Geier unbeweglich da und starrte mich an. Ich hob die Pistole, legte auf ihn an und drückte ab: kein Schuß löste sich. Ich sah nach und stellte fest, daß die Pistole zwar geladen, aber nicht durchgezogen war. Da war nun das Problem für mich: zum Durchziehen braucht man zwei Hände, ich hatte aber nur einen gebrauchsfähigen Arm, und das war auch noch der linke. Ich versuchte es dennoch, und zwar mit Hilfe der Zähne. Und es gelang mir erst nach vielen vergeblichen Versuchen. Ich drückte ab und sah sofort einen roten Punkt auf den kurzen gelbbraunen Federn seiner Brust. Er fiel um, und ich gab die restlichen Schüsse auf die anderen Geier ab, bis auf einen – ich hatte genau mitgezählt. Einen Schuß wollte ich mir als Reserve für alle Fälle aufbewahren.

Der Abwehrkampf gegen die Geier muß mich doch ziemlich mitgenommen haben, denn ich war danach eine Zeitlang irgendwie weg – mit der Pistole in der Hand erschöpft eingeschlafen. Plötzlich sah ich hinter einer Sanddüne wie ein Phantom ein Flugzeug auftauchen, einen ›Fieseler Storch‹. Es war eine reine Reflexbewegung, daß ich sofort meine Pistole hob und ihm meine letzte Kugel vor den Bug setzte. Denn würde man mich von dieser Maschine nicht sehen, würde dieses Flugzeug vorbeifliegen, dann würde bestimmt kein anderes mehr kommen. Dann wäre es aus mit der Rettung. Das Flugzeug landete. Es war eine Rot-Kreuz-Maschine. Aus der Maschine stiegen zwei Männer, der Pilot und der Beobachter (beides Sanitäter) und kamen zu mir. Aber sie bückten sich nicht etwa sofort, um mir zu helfen; sie standen da und starrten mich an. Später sagten sie zu dieser Situation folgendes: »Die Gestalt, die wir dort liegen sahen, hatte kaum noch etwas Menschliches. Das Gesicht völlig entstellt von Blasen, Hautfetzen und Blut, die Hände zerrissen, angebrannt und blutig, die rechte Schulter voll geronnenem Blut und Klumpen, von Fliegen bedeckt, am linken Unterschenkel Fleischfetzen, Blut und Fliegen, Fliegen, Fliegen.«

Johannes Steinhoff (3)
Jahrgang 1913

Wir verlegten unsere Jagdgruppe im Frühsommer 1941 nach Ostpreußen. Am 22. Juni griffen wir die Sowjetunion an. Das Unternehmen »Barbarossa« begann, der Anfang vom Ende. In der Gluthitze dieser Sommertage bewegten sich die Panzerkeile fächerförmig in die Endlosigkeit des Raumes. Wie eine Feuerwehr wurden wir eingesetzt. Mal in der Mitte bei Smolensk und vor Moskau, mal im Norden bei Leningrad, mal auf der Krim im Süden. Immerhin, Rußland war für Jagdflieger ein Dorado. Die veralteten russischen Flugzeuge waren den unseren weit unterlegen. Aber ihre Jäger- und Bomberbesatzungen haben einen Grad an Durchhaltevermögen, Mut und Tapferkeit gezeigt, der zuweilen dem Selbstmord gleichkam. Wir, die wir über England während der Luftschlacht am Rande der Atmosphäre mit Sauerstoff geflogen waren, legten die Atemmasken beiseite und jagten zuweilen unsere Gegner in Baumwipfelhöhe.

Hitlers Plan, Moskau vor Einbruch der Schlammperiode bzw. vor Anbruch des Winters zu nehmen, gelang nicht. Dann kam General Winter und besiegte die Deutschen. Meine Jagdgruppe mußte ihre Flugzeuge am Boden zerstören und wurde als Infanterie eingesetzt. Die Armee hatte keine Winterbekleidung, die Temperatur fiel bis zu minus 55 Grad. Ich habe Bilder gesehen, die denen vom Rückzug der napoleonischen Armee an der Beresina an Jammer und Bedrückung in nichts nachstanden.

Damals haben wir ernsthaft über die Sinnlosigkeit der Kriegsführung zu diskutieren begonnen. Es wurden auch erstmalig Zweifel an Hitlers militärischem Genie offen ausgesprochen. Am meisten hat uns die Erkenntnis erschüttert, daß sich offensichtlich die Feldmarschälle bei Hitler nicht durchsetzen konnten, obgleich sie doch erkennen mußten, daß hier ein militärischer Amateur am Werke war. Waren sie bereits von Hitler abhängig oder fehlte ihnen zu diesem Zeitpunkt, an dem manches noch reparabel gewesen wäre, die Zivilcourage, wie sie zur Verantwortung eines militärischen Führers gehört? Im Frühjahr 1942 begann meine Jagdgruppe wieder mit ihrem Feuerwehrdasein im Süden der Sowjetunion: Krim, Kubanbrückenkopf, Kaukasus. Wir lagen ostwärts von Mineralnje Wody am Kaukasus und flogen Schutz für die Truppen, die versuchten, auf der grusinischen Heerstraße den Kaukasus zu überqueren. Die Blätter in der Obstgegend färbten sich bereits gelb, da wurde ich nach Ostpreußen ins Führerhauptquartier befohlen, um dort eine Auszeichnung entgegenzunehmen.

Ich traf auf einen Hitler, der aufgeräumt und im Tone des ›Größten Feldherrn aller Zeiten‹ dozierte: »Jetzt habe ich das Erdöl.« (Ich kam aus Maikop, wo die Sowjets alle Möglichkeiten, Erdöl zu fördern, zerstört hatten, indem sie einfach alle Bohrlöcher mit flüssigem Zement gefüllt hatten.) »Und dann werde ich über den Kaukasus und über die grusinische Heerstraße vordringen bis nach Baku, und das Kaspische Meer ist ja auch nicht weit...«

Nach ein paar Tagen traf ich wieder auf meinem Feldflugplatz ein, man hatte meine Gruppe verlegt, verlegt auf einen Feldflugplatz, der im großen Donbogen lag. »Wir müssen uns beeilen«, sagte der zurückgebliebene Adjutant, »dort sind heftige Kämpfe im Gange, das Heer ist bis an die Wolga vorgestoßen, dort, wo die große Stadt Stalingrad liegt.« Vom Oktober bis Anfang Februar erlebte ich dann die Tragödie Stalingrad aus der Vogelperspektive, ich wurde abgeschossen und landete zwischen den Trümmern im Norden der Stadt. Der Winter kam sehr früh. Ein paar Tage später zwang mich die russische Flak, auf dem Bauch am Don in einer Schneewehe zu landen, als ich mit einer Junkers 52 die russischen Jäger verscheuchte, die ihr den Garaus machen wollten.

Der Entlastungsvorstoß vom Süden aus der Kalmückensteppe mit dem Ziele, die Festung aufzubrechen, mißlang. Wir hatten mit einem Funktrupp in Verbindung gestanden, der auf einem Getreidesilo im Süden der Stadt Stalingrad an der Wolga lag und der uns wertvolle Information über russische Jäger und Bomber gab. Es muß in den ersten Januartagen 1943 gewesen sein, daß ich den ›Funktrupp-Getreidesilo‹ noch einmal hörte. »Hier Funktrupp-Getreidesilo. Die Russen sind im Gebäude. Das ist unsere letzte Meldung. Macht's gut ...« Was dort geschah, hat sich tief in mein Gedächtnis eingegraben. Ich habe die Literatur aufmerksam gelesen. Die Liste der Schuldzuweisungen ist heute lang. Natürlich soll Hitler die Hauptschuld tragen, dann folgt Paulus; Paulus, der nicht den Mut gehabt haben soll, auszubrechen. Die Feldmarschälle waschen ihre Hände in Unschuld. Mit der Zivilcourage ist es bei den Feldmarschällen nun einmal nicht weit her gewesen. Was die deutschen Landser in Stalingrad geleistet haben, findet in der Geschichte kaum einen Vergleich. Wer sie in Pitomnik auf dem elenden Feldflugplatz gesehen hat, kann mitsprechen.

Aber mit Stalingrad war die Serie der Tragödien des Zweiten Weltkrieges noch nicht zu Ende. Ich wurde nach Afrika geschickt, um beim nächsten Brand mitzulöschen. Am 1. April 1943 traf ich in Tunesien ein, um dort ein Jagdgeschwader zu übernehmen. Sein Kommodore, Oberst Müncheberg, war gefallen. Das Afrikakorps lag in den letzten Zügen, allerdings war Feldmarschall Kesselring anderer Meinung. Als ich mich bei ihm in Rom meldete, sagte er: »Sie gehen auf keinen verlorenen Posten, Afrika ist nicht verloren. Sagen Sie das Ihren Männern.« Als ich vor den Männern des neuen Geschwaders stand, wagte ich kein Wort der Ermutigung zu sagen. Hätte ich wiederholt, was mir Kesselring aufgetragen hatte, hätten sie vermutlich laut gelacht. Beim ersten Einsatz wurde ich abgeschossen. Ich war noch nicht gewöhnt, wieder gegen die harten Angelsachsen zu kämpfen. Ich machte eine Bruchlandung in der Wüste und verstauchte mir das Kreuz.

Anfang Mai warfen die Alliierten uns aus Afrika heraus. Die Trümmern meines Geschwaders traf ich in Trapani auf Sizilien. Der Restbestand war jämmerlich. Aber das Dritte Reich nahm auf solche Betriebsunfälle keine Rücksicht mehr. Neue Flugzeuge, neue Fahrzeuge, neue Funkwagen kamen, und los ging der nächste Einsatz. Wenige Wochen später bombten die Alliierten uns aus Sizilien heraus – das Tor zur Festung Europa war aufgestoßen.

Nun begann der Marsch nach Hause. Kampf gegen die Viermotorigen, vergeblicher Versuch, die Alliierten von der Landung bei Salerno und in Nettuno abzuhalten. Im Herbst 1943 waren wir bereits in der Po-Ebene angekommen.

Der Kampf gegen die Armada der viermotorigen Bomber, die täglich auf dem Marsch ins Reich über die Adria oder den Balkan in unserer Reichweite vorbeimarschierten, war mörderisch. Die Verluste hoch.

Unsere Luftkämpfe über Salerno und Monte Cassino standen im krassen Gegensatz zu dem beinahe luxuriösen Leben, das wir am Boden in unseren Standorten führen konnten. Wir sahen das Ende kommen, aber wir wagten nicht, darüber hinauszudenken.

Nachdem die Alliierten die bedingungslose Kapitulation proklamiert hatten, war es der Nazi-Propaganda ein Leichtes, die Soldaten zum Durchhalten zu motivieren. Die Legende von den Wunderwaffen machte die Runde, von weitreichenden Raketen und Düsenflugzeugen war die Rede.

Zehn Tage nach dem Attentat auf Hitler wurde ich nach Ostpreußen ins Führerhauptquartier befohlen, um dort die Schwerter zum Eichenlaub des Ritterkreuzes entgegenzunehmen. Ich verabschiedete mich von meinem Jagdfliegerführer, dem Oberst von Maltzahn, einem großartigen Mann. Man hatte seine nächsten Verwandten bereits ins Gefängnis geworfen. Seine Bemerkungen waren bitter. »Nun, wo das Attentat gescheitert ist, wird alles ein schreckliches Ende nehmen.« Ich machte auf dem Flug nach Ostpreußen zu Hitler auf der Wolfsschanze in Berlin Station. Der General der Jagdflieger, der sich vergeblich für den Einsatz des neuen Düsenflugzeugs in der Luftverteidigung eingesetzt hatte, bat mich, auf Hitler einzuwirken, daß dieses überlegene Flugzeug endlich gegen den Bombenterror eingesetzt werde. Hitler hatte sich bisher dagegen gewehrt, Göring hatte keine Meinung, spielte in der Umgebung Hitlers die Rolle des Hofkomödianten.

Ich traf Hitler in der Wolfsschanze im Zustand völliger Erschöpfung. Ein alter Mann. Seine Stimme war monoton. Als ich das Gespräch auf den Düsenjäger brachte, vollzog sich bei ihm eine schnelle Wandlung. Er fiel zurück in den Ton des Volksredners. Das alles sei Unsinn, meinte er, dieses Flugzeug sei kein Jagdflugzeug, wir sollten uns das aus dem Kopf schlagen und so weiter und so weiter. Immer bei solchen Gesprächen mit Hitler kam am Schluß die Überraschung, das »ganz Große«, was nun geschehen werde. »Ich werde das deutsche Volk in einer Form mobilisieren, wie es die Welt noch nicht erlebt hat«, sagte er. Nicht viel später wurde der Volkssturm mobilisiert. Wir nannten diesen Volkssturm »den Eintopf«: alte Knochen und junges Gemüse.

Natürlich mußte ich als Feuerwehr zum nächsten Brandherd,

der Invasion in Frankreich. Unser Gastspiel dort war sehr kurz. Dann ging es zurück nach Italien, von da nach Rumänien, Ungarn und endgültig heim ins Reich, Reichsverteidigung.

Da hatte ich die Freude, meinen Intimfeind Göring noch einmal zu erleben. Er versammelte im Oktober 1944 die hoch ausgezeichneten Offiziere der Luftwaffe. Es blinkte im Saal der Luftkriegsschule Gatow nur so von Ritterkreuzen. Göring nannte die Versammlung einen »Areopag«, aber keinesfalls sollte es ein »Scherbengericht« sein. Nach fruchtloser Diskussion brachten es die Ideologen unter den Offizieren fertig, ein Glaubensbekenntnis der Luftwaffe zu formulieren: »Wir geloben in unerschütterlicher Treue zum Führer in fanatischem Einsatz ...« Dann kehrten wir zu unseren Verbänden zurück. Mir hatte Galland gesagt, ich solle das erste Turbinengeschwader aufstellen. Sicher eine Herausforderung für einen jungen Mann. Es wurde ein kurzes Gastspiel.

Stefan Thomas (3)
Jahrgang 1912

Ich wurde Soldat am 28. August 1939. Das war die Generalmobilmachung, wo wir alle gezogen wurden. Ich war, das stellte ich dann plötzlich fest, zur Sanitätseinheit eingezogen in Berlin-Tegel. Ich war nämlich aufgrund meiner sozialdemokratischen Vergangenheit politisch nicht zuverlässig, ich durfte nicht Offizier werden. Ursprünglich war ich gemustert für die Nachrichtentruppe. Aber dann kam der rote Zettel ins Wehrstammbuch: »Darf nicht Offizier werden, nicht zuverlässig.« Und so kam ich dann zu den Sanitätern.

In dieser Einheit hatte ich ein erstes Schlüsselerlebnis. Als ich mich meldete, fragte der Stabsarzt: »Was machen Sie hier als Jurist und als Akademiker, der nicht Mediziner ist?« Da mußte ich ihm melden, daß ich aus politischen Gründen zu seiner Einheit gezogen war und als nicht zuverlässig galt. Er hat mich angesehen, lange, und dann hat er mich begünstigt, indem er mir befahl, die Schreibstube zu übernehmen. Ich hatte ein echtes Vertrauensverhältnis zu diesem Mann, denn es stellte sich heraus, daß er Katholik, kein Nationalsozialist war.

Das zweite Schlüsselerlebnis war drei Wochen später, als ich verhaftet wurde. Nach dem Mittagessen kamen auf einmal zwei Zivilisten und nahmen mich mit. Dann kam die Gestapo, ich wurde verhört – es lag eine Denunziation vor. Aber sie wußten nichts über meine Widerstandsgruppe, das spürte ich schon bei den ersten Verhören.

Dann kam der Kommandeur, ein Oberstarzt, und der bestand darauf, daß ich zurückgebracht würde und unter seinem persönlichen Hausarrest zu stehen hätte. Abends um zehn kommt er mit einer Flasche Rotwein und etwas zu essen und sagt: »Was haben die gegen Sie?« Da erzählte ich ihm, daß da nichts vorliegen kann. Und die Art und Weise, wie er mit mir sprach, war eine große Ermunterung. Er sagte zu mir, er hätte vom Stabsarzt eine Beurteilung gefordert und diese zur Gestapo geschickt. So wurde ich jeden Abend bei dem Oberstarzt abgeliefert. Das war mein Erlebnis mit aktiven deutschen Offizieren. Das hat mir in den Verhören – die dauerten ja fünf Tage – ungeheure innere Kraft gegeben, das Wissen: hinter mir stehen diese Offiziere.

Am 4. Mai 1942 wurde ich von der Sanitätsabteilung zum Afrikakorps versetzt, und zwar zur Aufklärungsabteilung 3. Da wurde ich gefragt »Was sind Sie von Beruf?« »Ich habe studiert.« »Ja, was machen Sie hier als Sanitätsunteroffizier?« »Ich muß Ihnen melden, daß ich politisch unzuverlässig bin.« Da sagte der Kommandeur: »Sie sind mein Mann.« Den Satz werde ich nie vergessen.

Da bekam ich mit, daß das Afrikakorps, wo es keine SS-Einheit, keine Nazis gab, im Grunde genommen seinen eigenen Stil hatte. Und das Klima dieses Afrikakorps war etwas, in dem ich mich absolut wohl fühlte, in meiner eigenen politischen Beziehung. Das war mein Grundgefühl, das ich dann, als ich in Gefangenschaft kam bei Tobruk und später in London, englischen Freunden vermittelte, indem ich ihnen erzählte, daß es ein anderes Deutschland gäbe. Daß es falsch wäre, zu sagen, daß alle Offiziere des deutschen Heeres hinter Hitler standen. Denn meine persönlichen Erlebnisse mit deutschen Offizieren waren anders, waren so, wie ich sie beschrieben habe, und es war sehr eindrucksvoll, was ich den Engländern berichten konnte.

Hans-Jürgen Brandt
Jahrgang 1919

In Afrika, bei El Alamein, war ich noch nicht Arzt, da war ich noch Sanitäts-Feldwebel. Aber immerhin sind über meinen Operationstisch ca. 19 500 Operationen gelaufen. Operationen, nicht nur Verbände. Das ging unter wirklich erschwerten Feldbedingungen vor sich, zum Beispiel wurde mehrfach durch das Zelt geschossen. Ja, ich muß sagen, in Afrika war es vollkommen gleich, ob Deutsche oder Engländer oder Italiener, das spielte keine Rolle. So ein Hauptverbandsplatz verfügt über beschränkte Mittel, liegt gewöhnlich noch unter Beschuß. Und dann kriegt man die Leute frisch von der Front und meist in schrecklichem Zustand. Manchmal verzweifelt man da als Arzt.

Gerade in El Alamein habe ich das voll mitgekriegt, was man unter Vorauswahl versteht. Man muß sich vorstellen, wir hatten in El Alamein drei Hauptverbandsplätze. Jeder hatte acht Stunden Aufnahme, acht Stunden operierte man, und dann machte man das freiwillig, was auf Grund der Vorauswahl zunächst zurückgestellt worden war. Zum Beispiel Bauchoperationen. Bauchverletzungen hatten eine so schlechte Prognose, daß sie nicht operiert wurden, sie wurden ausgesondert. Der beste Chirurg macht die Aufnahme und sonderte ab. Und dann haben wir 72 Stunden hintereinander operiert. Bis wir nicht mehr auf den Füßen stehen konnten. Natürlich gibt es Müdigkeit. Man ist müde zum Umfallen. Was macht man, wenn es dazu noch reinschießt ins Zelt? Der Chefarzt befahl mir, daß ich mich hinlegen solle. Ich sagte: »Ich bin nicht der Patient.« Daraufhin guckten wir uns an und blieben stehen und haben weiter operiert.

Man muß sich vorstellen: Wasser, in Afrika, in der Wüste, das ist eine rare Kostbarkeit. Das beste Wasser kann man für Infusionen nehmen, dann kann man Wasser zum Abwaschen, sterilisieren nehmen, dann für den Operationstisch zum Abwaschen, dann schließlich kann man es für den Fußboden nehmen, das wird dann langsam degradiert, bis es eigentlich gar kein Wasser mehr ist.

Meine erste Tat in Afrika war folgende: Mir wurde gesagt: »Sie sind Abiturient, Sie können also aus Benzinfässern Wasserfässer machen. Aber sehen Sie sich vor, Ihre Vorgänger« – und dabei zeigte der Feldwebel auf drei Kreuze – »sind in die Luft gegangen.« Nun, ich war Abiturient, hatte in der Physik aufgepaßt und wußte, daß ich kein Benzin-Wasser-Luftgemisch herstellen durfte, sondern daß ich das Faß bis zum Rande füllen mußte. Ich habe viele, viele Fässer ausgekocht, und es ist keines in die Luft gegangen.

Karl Schulze (2)
Jahrgang 1924

Unser Problem war, herauszufinden, wo man Mussolini gefangen hielt. Der SS-Führer Skorzeny war damit beauftragt. Er hat es auch herausgefunden, daß der »Duce« in einem Hotel auf dem Gran Sasso festgehalten wurde. Der Gran Sasso ist der höchste Berg der Abruzzen, wenn ich nicht irre. 2.800 Meter hoch, darauf steht ein Hotel. Durch einen Trick des Generals der Fallschirmtruppen, Student, war versucht worden, festzustellen, ob das Hotel sich als Erholungsheim für Fallschirmjäger eignen würde. Wie der Spion dann an Ort und Stelle feststellte, daß das Hotel hermetisch abgeriegelt war, wurde die Vermutung, Mussolini werde dort festgehalten, bestätigt. Und daraufhin wurde der Einsatz vorbereitet.

Student hatte den Auftrag von Hitler, nach Auffindung des Duce diesen zu befreien. Man fürchtete, daß er den heranrückenden Alliierten übergeben werden sollte. Der Ablauf wurde besprochen. Es gab zwei Möglichkeiten: Den Gran Sasso im Landmarsch zu erreichen und den Berg in der Art eines Gebirgskampfes zu nehmen, wogegen allerdings sprach, daß hierbei ein Überraschungsangriff unmöglich war.

Daher kam der zweite Vorschlag zum Tragen, der auch durchgeführt wurde: einmal das Einsatzkommando mit Hilfe der Lastensegler am Hotel landen zu lassen und auf der anderen Seite im Landmarsch die Talstation zu erreichen, sie zu nehmen, um dann später den Rückmarsch von dort zu garantieren, wobei allerdings geplant war, den befreiten Mussolini vom Gran Sasso im Lufttransport zurückzubringen. Nach den Luftaufnahmen war es fraglich, ob dies gelingen würde, oben zu landen und ihn wegzubringen durch die Luft.

Ich hatte mit meiner Kompanie den Auftrag, im Landmarsch die Talstation zu erreichen, die Talstation um 14.00 Uhr zu nehmen und die Verbindung mit den oben gelandeten Teilen des Bataillons herzustellen. Ich hatte zur Unterstützung noch eine Panzerjägerkompanie dabei. Dann ging die Sache los. Lastensegler, geschleppt durch He 111-Maschinen (Heinkel 111 Bomber), landeten auf der Bergkuppe, beladen mit jeweils neun bis zehn Fallschirmjägern, direkt vor dem Hotel.

Wir erwarteten Widerstand, weil wir wußten, daß oben eine starke Wachtruppe sein mußte. Unser Auftrag war, von Albano, wo wir lagen, am Albaner See auf dem Landmarsch die Talstation zu erreichen. Wobei aber, nach der Erkundung im Raum Aquila, das ist am Fuße des Gran Sasso, eine angeblich noch intakte Badoglio-Division im Raum davor stationiert sein sollte. Sie hatte sich glücklicherweise selber aufgelöst.

Nach Plan war vorgesehen: Landung 14.00 Uhr oben am Hotel, Einnahme der Talstation 14.00 Uhr. Was wir nicht glauben und hoffen konnten: beide Aufträge wurden ziemlich pünktlich erfüllt. Wir standen kurz vor 14.00 Uhr vor der Talstation und warteten auf unsere Kameraden, die mit den Lastenseglern kommen sollten. Und wirklich, da kamen unsere Lastensegler, pünktlich auf die Minute, klinkten aus um 14.00 Uhr und landeten wenig später. Wir hatten Glück gehabt.

Die Talstation wurde sofort in Betrieb genommen. Inzwischen

war der Anflug durchgeführt. Aber zu unserem Schrecken scherte die Maschine mit Skorzeny aus dem Verband aus, flog im Sturzflug auf das Hotel zu – wir konnten ja mit den Lastenseglern im Sturzflug an das Objekt heranfliegen, um dann mit Hilfe eines Bremsfallschirmes den Landevorgang einzuleiten, was auch da gelang.

Aber das brachte natürlich die große Gefährdung, daß im ersten Moment nur eine Maschine an einer Stelle landete, die von rund 500 ausgesuchten, guten italienischen Soldaten bewacht war. Der Überraschungseffekt lähmte jedoch die Italiener. Außerdem konnten sie unsere Uniformen nicht richtig einordnen und wußten zunächst nicht, daß wir Deutsche waren. Sie waren so überrascht, daß keine Gegenwehr eintrat. Es fiel kein Schuß. Es ist kein Mensch ausgefallen. Nur ein Lastensegler hat eine Bruchlandung gemacht und einige Knochenbrüche bewirkt.

Die Teilnahme Skorzenys hing eng damit zusammen, daß er als Belohnung für seine erfolgreichen Erkundungen auf seine Bitte hin mitgenommen wurde. Er hat sehr danach gedrängt, dabei zu sein. Aber er hat durch seine Eigenmächtigkeit den Auftrag gefährdet, weil er als erster da sein wollte. Ihm ging es darum, dem Duce als erster sagen zu können: »Der Führer hat mich beauftragt, Sie zu befreien.«

Er wollte als »Befreier des Duce« in die Geschichte eingehen. Wir liefen sofort zum Hotel, in die Hotelhalle, und hier kam uns Skorzeny mit dem Duce entgegen. Mussolini machte nicht den Eindruck, den man sonst von ihm aus unseren Wochenschauaufnahmen gewohnt war: ein aktiver, spritziger, energischer Mensch. Wir konnten gar nicht glauben, daß das Mussolini sein sollte, ein krank aussehender, unrasierter, älterer Mann in einem dunklen Mantel, der sich uns gegenüber sehr apathisch verhielt. Wir hatten nicht den Eindruck, daß er seine Befreiung als einen Höhepunkt empfand. Einer der Kriegsberichter, die wir mitgenommen hatten, sagte zu ihm: »Duce, das ist doch wahrhaft ein geschichtlicher Moment.«

Worauf er dann sehr gleichgültig mit einer Geste sagte: »Nun, macht mit mir, was ihr wollt.«

Es war kein freudiges Ereignis für ihn. Es kam weiteres auf ihn zu, und er ließ es apathisch mit sich geschehen.

Inzwischen war Hauptmann Gerlach mit einem ›Fieseler Storch‹, einem Leichtflugzeug für winzige Landepisten, glücklich gelandet, um Mussolini aufzunehmen. Skorzeny hat sich aber gegen jede Anweisung des Hauptmanns Gerlach in den ›Storch‹, der nur zwei Passagiere zuließ, noch als dritter Passagier hineingezwängt und den Flugzeugführer in große Schwierigkeit gebracht. Der Start war eine fliegerische Höchstleistung, wie wir selbst als fliegerische Laien merkten. Es war ein Geröllfeld, auf dem er glücklich gelandet war. Wir hatten das gröbste Geröll etwas weggeräumt, um eine kleine Startbahn zu schaffen. Auf Gerlachs Vorschlag hin hat eine größere Zahl von Soldaten die Maschine festgehalten, bis der Motor auf voller Geschwindigkeit war, um ihn auf ein Kommando loszulassen, daß er wie von einem Katapult startete. Er rumpelte dann über das Geröll bis an den Steilabhang und verschwand zu unserem Schrecken im Sturzflug. Aber plötzlich tauchte der ›Storch‹ an der anderen Seite wie eine müde Krähe auf und flog in Richtung Prattica di Mare.

Barthel Kuckertz
Jahrgang 1922

Im September 1943 – Abfall Italiens aus dem Bündnis. Wir haben danach mit kleinsten Einheiten ganze Landstriche entwaffnet. Die italienischen Soldaten hatten zu diesem Zeitpunkt keine Motivation mehr. Es ist leicht, mit einem kampfstarken Fallschirmjägerzug ganze Einheiten zu stellen und sie nach der Entwaffnung Richtung Heimat zu entlassen. So sind wir Ende Februar 1944 bei Cassino* gewesen. Die bis dahin dort eingesetzten Soldaten liegen seit langem in einer schweren Abwehrschlacht. Nun kommt die gesamte 1. Fallschirm-Division zusammen. Ich werde als Melder

* Monte Cassino war die letzte von deutschen Truppen hartnäckig verteidigte Riegelstellung beim Rückzug aus Italien.

im Kompanie-Trupp MG-Schütze und für sonstige Zwecke eingesetzt. An Stellungsbau ist nicht viel vorgesehen, wir liegen in oder neben Häusern, Kellereingängen usw.
Am 15. März 1944 gegen acht Uhr morgens beginnt der Angriff der alliierten Bomber auf die Stadt Cassino. Um nicht dauernd im Kampfgefechtsstand zu sein, halte ich mich in privaten Räumen eines Zahnarztes auf. Der Kompanie-Trupp ist in einem Fleischkeller auf der anderen Straßenseite.

Als die ersten Bomben fallen, schnappe ich meine Siebensachen, springe über die Straßen in unseren Fleischkeller. Was jetzt folgt, ist von uns nicht mehr zu sehen. Nur ständiges Dröhnen ist zu hören, Einschläge von Bomben, Treffer in unmittelbarer Nähe. »Hier kommen wir nie mehr heraus.«

Weil die Stadt Cassino von vielen unterirdischen Kanälen und Wasserläufen durchzogen ist, haben hier Menschen Unterschlupf gesucht, die ihre Heimat nicht verlassen wollten oder konnten. Die Zivilbevölkerung war lange vorher evakuiert worden. Es sind meistens alte Menschen, Frauen und Kinder, die in den Wassergräben dem Verhungern nahe sind. Wie haben nicht den Auftrag, diese Menschen zu vertreiben, aber wir können sie mit unseren Mitteln auch nicht versorgen. So ein Elend! Wie können wir ihnen ihr Los wenigstens etwas erleichtern? In einzelnen Nischen liegen, in Tücher gewickelt, die Leichen von Verstorbenen meterhoch geschichtet. Die Lebenden sind von Krankheiten gezeichnet, sie haben Ausschlag an Händen und Körper. Kinder mit tiefliegenden Augen betteln um etwas Eßbares. Brot und Obst wird von uns an den Eingängen abgelegt, wir trauen uns nicht in eines dieser Erdlöcher hinein. Wieviele Menschen dort unten sind, können wir nicht feststellen.

Wir hier unten werden durch Bombentreffer, die die ganze Umgebung umpflügen, verschüttet. Solange der Bombenhagel anhält, sind wir nicht in der Lage, einen Ausbruch zu unternehmen. Das Erdreich nahe dem Eingang ist ständig in Bewegung. Wir versuchen, Ruhe zu bewahren. Nach einiger Zeit beginnen wir zwischen den Steinquadern mit den Händen Schutt und Erdreich nach unten und beiseite zu kratzen, mühsam und in völliger Dunkelheit. Es kann immer nur ein Mann arbeiten, derjenige, der gerade beim freimachen ist, meint hier, langsam nach oben kommend, schon Frischluft zu spüren. So geht es Stunde um Stunde. Das Bombardement hat nachgelassen, und wir hören nur noch ein andauerndes Blubbern. Eine Treppenstufe nach der anderen wird freigelegt. So geht es langsam höher Richtung Kellereingang. Wir können uns nicht vorstellen, daß noch irgend ein deutscher Soldat oder die Menschen in den Kanälen dieses Bombendrama überlebt haben könnten.

Als wir nun oben einen Durchbruch erreicht haben, stellen wir fest: es ist mittlerweile Abend oder Nacht geworden. Einer nach dem anderen verlassen wir das Schlupfloch. Vor uns sehen wir nun Bombentrichter, Staub, Ruinen, Flammen und Rauchwolken. Wo vorher Häuser standen, gibt es nur mehr Berge von Schutt, ein Krater löst den anderen ab.

Die Höhe 193 ist ein Kastell, nicht weit vom Kloster, zerschossen, schwer beschädigt. Eine schmale Gasse und einige kleine Häuser, teils nur noch Kellergeschosse mit ein bis zwei Meter hohen Ruinen. In diesen Ruinen, Kellereingängen, Nischen und an Steinwällen bauen wir unsere Verteidigungsstellungen aus. Wir sind am Anfang ca. zehn Soldaten: vom MG-Zug, vom Granatwerfer-Zug und vom Kompanie-Trupp. Der Gegner versucht am Morgen des 16. März 1944 innerhalb des Stadtgebietes vorzudringen. Wir haben auch gleich auf Höhe 193 die erste Feindberührung. Alles auf engstem Raum. Schwere Waffen sind keine vorhanden. Wir haben Handgranaten, Gewehrgranaten, Pistolen, MP und zwei MG. Es beginnen für uns und den Gegner hier oben verlustreiche Nahkämpfe. Täglich versucht der Gegner mehrmals in unsere Stellungen einzubrechen, nicht mit sehr viel Erfolg. Es werden Feuerpausen von beiden Seiten eingelegt und gehalten, um die Toten und Verwundeten beider Seiten zu bergen. Ein schwer verwundeter Kamerad von uns wird von gefangenen englischen Soldaten auf einer Tragbahre zu ihren Linien geschafft, um dort weiter versorgt zu werden. Unser Nachschub an Munition und Verpflegung kann nur nachts durchgeführt werden. Ständig ist von allem zu wenig da.

An den Hängen und Felsen neben dem Kloster Cassino, nahe dem sogenannten Nonnenkloster, spielen sich dann von Anfang

Mai bis 17.-18. Mai Kämpfe mit einer Verbissenheit und einem Haß auf beiden Seiten ab, wie sie grausamer kaum sein können. Wir lagen polnischen Soldaten gegenüber, und es ging in den Felsen manchmal bis aufs Messer. Ich möchte hier noch etwas festhalten: die Kameraden, die für Versorgung, Verwundetentransport und Bestattung der Gefallenen zuständig waren, haben Leistungen vollbracht, die einfach nicht zu beschreiben sind. Das Los dieser Soldaten an den Hängen der Berge, in den Schluchten und Tälern um Monte Cassino, ist mit zu viel Blut bezahlt worden. Hiermit meine ich beide Seiten.

Richard Blinzing (2)
Jahrgang 1908

Es war im Frühjahr 1944. Wir, d. h. vier Mann, waren als Artillerie-Beobachter in dem kleinen Hafenort Binic (Bretagne-Bucht von Saint-Brieux) auf einem Infanterie-Stützpunkt eingesetzt. Dieser Stützpunkt lag ca. 40 bis 50 Meter oberhalb des Hafens. Man munkelte um diese Zeit zwar von einer bevorstehenden Invasion, glaubte aber nicht, daß sie sich in diesem ausgesprochen ruhigen Frontabschnitt abspielen würde. Unterhalb des Stützpunktes, an der Hafenstraße, lag das in Landser-Kreisen der ganzen Umgegend bekannte »Café Wellblech«, eine Baracke, mit Wellblech gedeckt, daher der Name. Es gab nicht nur Essen und Getränke zu sehr billigen Preisen, die Besitzerin hatte auch zwei höchst attraktive Töchter, die Jacqueline, 18 Jahre, und die Mimi, 20 Jahre. Kein Wunder, daß das »Café Wellblech« täglich von der deutschen Wehrmacht sehr stark frequentiert wurde!

Nun, eines schönen Tages, es dürfte so im April/Mai 1944 gewesen sein, wurde die deutsche Besatzung des Stützpunktes, außer uns vier Mann, von einer Kompanie der mit dem Hitler-Regime sympathisierenden russischen Wlassow-Armee abgelöst. Die Russen richteten sich ein, und schon am Abend des ersten Tages besuchte der Kommandeur mit seinem Adjutanten das »Café Wellblech«. Er fand die Küche, die Weine, und vor allem die Töchter der Madame vorzüglich, aß und trank – für deutsche Begriffe etwas unmäßig – und richtete sein Augenmerk besonders auf die blonde Mimi, denn die dunkelhaarige Jacqueline war wohl nicht sein Typ. Mimi mußte ihn bedienen, sich an seinen Tisch setzen, und als er – des süßen Weines voll – aufbrach, da verlangte er von ihr barsch, daß sie mit ihm komme! Nun – die gute Mimi lehnte das glatt ab, und da packte den Kommandant der heilige, russische Zorn: er packte die laut schreiende Mimi und wollte sie eigenhändig entführen!

Nun entstand ein Riesentumult: die anwesenden deutschen Landser stürzten sich auf den Russen und den ihm zu Hilfe eilenden Adjutanten, entrissen ihm die Mimi, verprügelten die beiden und schmissen sie zur Tür hinaus.

Kommandeur und Adjutant rappelten sich mühsam hoch, verfluchten auf russisch die Deutschen und die französischen Weiber, kletterten – mit Schwierigkeiten – zum Stützpunkt hoch und – schlugen Alarm! Der Kommandeur ließ alle drei im Stützpunkt stationierten 5-cm-Geschütze auf das »Café Wellblech« richten und war drauf und dran, die Baracke wegzupusten.

Wir vier Deutschen hatten als Zuhörer und Zuschauer die ganze Sache »mitgekriegt« und bereits – Unheil ahnend – telefonisch den Regimentskommandeur und die Division verständigt und konnten so in letzter Minute den Untergang des Cafés verhindern. Auf alle Fälle herrschte viel Aufregung, denn drei Tage nach dem Vorfall war immer noch das Rohr des dem »Café Wellblech« am nächsten stehenden Geschützes auf dieses gerichtet. Und die armen russischen »Muschiks« hatten strikten Stützpunktarrest, kamen überhaupt nicht in den Genuß des »Café Wellblech« bzw. dessen »Dolce vita«, was ihnen in Anbetracht des traurigen Endes, das sie alle fanden, wirklich zu gönnen gewesen wäre!

Robert Vogt
Jahrgang 1924

Am 6. Juni 1944 waren wir unmittelbar an der Küste bei Arromanches eingesetzt und haben dort den sogenannten »Rommel-Spargel« gepflanzt, vorne in der See drin. Das waren große Stämme, die am Strand während der Ebbe in den Sand getrieben wurden. Da ist das Meer mindestens ein paar Kilometer zurückgegangen. Dieser Stamm, der hat oben rausgeschaut, und im Abstand von vier bis fünf Metern kam wieder ein Stamm, der hat etwas weniger rausgeschaut, und darüber wurde ein ganz langer Baumstamm mit Bauklammern festgemacht. Oben, an der höchsten Stelle, hat man eine Tellermine befestigt, und das Ganze war so ausgemessen, daß die Tellerminen bei Flut etwa so dicht unter der Wasseroberfläche waren, daß auch ein flaches Boot darauf aufgelaufen und dadurch zerstört worden wäre. Das ist dann mit Hochdruck gemacht worden, weil an unserer Stelle praktisch keine Bunker und sowas vorhanden waren. Nur Feldstellungen. Der Feldmarschall Rommel hat damals das berühmte Wort gesagt: »Hier vorne am ersten Tag, da müßt ihr sie kriegen. Wenn ihr sie da nicht kriegt, dann ist es aus.«

Dann kam der 6. Juni 1944. Wir haben in Schichten gearbeitet rund um die Uhr. Und in der Nacht habe ich dann Schlafzeit gehabt, und es war etwa so gegen halb drei. Ich flog aus dem Bett raus und hörte einen furchtbaren Krach. Wir hatten zwei- oder dreistöckig gelegen in dem Bau, in selbstgemachten Betten. Das war in einem Bauernhaus, vielleicht 400 bis 500 Meter vom Strand weg. Wir haben wohl gewußt, daß da etwas kommen würde. Aber wo und wann und wie, das haben wir uns so doch nicht vorgestellt. Wir wußten zunächst nicht, war das nur ein Bombenangriff wie in Rouen, Le Havre? Die sind ja damals auch bombardiert worden.

Daß das die Invasion war, wußten wir in dem Augenblick sowieso noch nicht. Nur, es war ein mächtiges Durcheinander, und dann haben wir auch in der Ferne Bombenteppiche fallen gehört, an der Küste entlang und im Hinterland.

Dazwischen war es mal so eine halbe oder eine Stunde etwas ruhiger. Und dann auf einmal hieß es, es ist »Alarmstufe 3«. Und das sei wahrscheinlich die Invasion. Ganz bestimmt wußten wir es aber noch nicht, es war ja dunkel bei der Nacht. Wir konnten auch keine Schiffe sehen und nichts. Dann, am Morgen, sagte mein Zugführer, ich solle in Richtung Küste gehen und Verbindung zu den anderen Zügen der Kompanie aufnehmen. Auf diesem Weg bin ich in einen Bombenteppich reingekommen. Mehr brauch ich nicht zu sagen. Ich bin aber trotzdem dann noch vor und bin auch in eine Stellung reingekommen, in der Steilküste von Arromanches, da müssen auch Kanonen und MGs gewesen sein, und die haben gefeuert. Und dann hörte ich irgendwo eine Stimme: »Feindliche Landungsboote nähern sich der Küste.«

Und dann habe ich einen Blick auf die See gehabt aus diesem Steilfelsen heraus, und da ist mir denn doch bange geworden, wie ich diese vielen Schiffe dort gesehen habe. Obwohl es ja schlechtes Wetter war. Aber so weit das Auge gereicht hat, da hat man gesehen, da ist eine ganze Flotte. Da dachte ich: Ach Gott, jetzt ist es aber aus.

Mein letzter Einsatz war dann am 16. Juni 1944. Wir hatten nur Infanteriewaffen. Wir hatten nicht einmal Panzerfäuste. Und wir hatten noch nicht mal genügend Infanteriemunition. Die Nachschubtruppen, die hatten sich das so nicht vorgestellt mit der brutalen Luftherrschaft der Alliierten. Die sind unter starkes Feuer geraten und sind fürchterlich zerschossen worden. Und wir haben keinen Nachschub bekommen. Und der Amerikaner, der hat Recht gehabt, der hat Flugblätter runtergeworfen, da hieß es: »Von vorne angegriffen, von hinten abgeschnitten, von Hitler abgeschrieben.« Wir haben immer und jeden Tag gesagt, jetzt kommen endlich die deutschen Fliegergeschwader und hauen denen mal einen drauf. Sie kamen nicht. Ich habe nicht einen deutschen Panzer gesehen in der ganzen Zeit. Wir hatten keine schweren Waffen. Also, wir haben uns eingegraben, das war am Waldrand, und wenn der Ami an die nächste Hecke kam, dann haben wir mit dem MG geschossen, auch Munition sparend. Aber wenn man da zwei- bis dreimal draufgehalten hat, dann kamen Granatwerfer, dann kam Artilleriebeschuß, dann kamen, wenn es ganz schlimm kam, die schweren Schiffssalven, je nachdem vor oder dahinter, dann kamen »Marauder«, die zweimotorigen Kampfflugzeuge von denen und natürlich die Jagdbomber. Die »Ligthnings« und die »Thunderbolts« waren die schlimmsten.

Also ich hatte den Eindruck, uns verheizt man. Es war ja sechstes Kriegsjahr. Es waren ja die Mittel nicht mehr da. Und die Alliierten konnten ja ihre Truppen mit ihrer Materialüberlegenheit schonen.

Wir konnten nur nachts marschieren wegen der absoluten alliierten Luftüberlegenheit. Wir hatten als Schutz vor allen Dingen damals diese niedrigen Apfelbäume. Die möchte ich heute noch umarmen. Und da sind die Flieger, die sind ja in 30 Meter Höhe oben drüber, und wenn sie was gesehen haben, da kamen die, nicht nur die Bomber, sondern vor allen Dingen diese Raketen von den »Thunderbolts«, also das war schon schlimm. Und wir haben jeden Halm, jedes Bäumchen ausgenutzt, und wenn wir irgendwo die Flieger hörten, da waren wir schon in voller Deckung. Ganz gewaltige Angst habe ich gehabt. Aber ich habe gleichzeitig einen unheimlichen Zorn gehabt. Einen Zorn, daß wir vorne standen und einer solchen Überlegenheit ausgesetzt waren.

Ein einziges Mal habe ich zwei deutsche Jäger gesehen. Das war bei Arromanches morgens am 6. Juni. Das waren zwei Messerschmitts. Und wie wir die gesehen haben, da haben wir »Hurra« gebrüllt. Aber das waren die einzigen. Und das war so furchtbar deprimierend.

Und jetzt, an diesem vierten Tag der Invasion, es war so kurz vor elf, halb zwölf, da kam auf einmal stärkeres MG-Feuer. Und auf einmal kamen die Ungetüme. Es waren Panzer. Die sind im Schutze der Büsche ran und haben uns dann unter Beschuß genommen.

Und dann sind sie ganz langsam vor, und da haben wir auch den Panzerschreck bekommen, und da sehe ich rechts und links deutsche Landser zurückgehen, und da bin ich auch mit meinem Kameraden getürmt. Und etwa 400 Meter von unserer Stellung entfernt haben wir dann ein Riesenwunder erlebt, das vergesse ich heute noch nicht. Da stand ein 8,8-Flakgeschütz. Ich legte mich hinter einen Baum und dann, oh Gott, hörte ich hinter mir das Flakgeschütz ballern. Und das hat mir einen unendlichen Auftrieb gegeben. Und da sehe ich, wie einer von den Panzern etwa in Richtung auf mich zukommt und hat so kleinere Büsche niedergewalzt, und dann habe ich das gemacht, was ich gar nicht machen durfte: ich bin aufgesprungen, bin weggelaufen, weil ich gedacht habe, der walzt mich platt. Und ich habe noch keine drei, vier Schritte gemacht, dann kriegte ich einen Schlag vor das linke Knie wie mit einem Vorschlaghammer. Es hat weh getan und dann wieder nicht, und dann habe ich zwei- oder dreimal noch Aufstehversuche gemacht, aber das Bein hat nicht mehr mitgemacht. Aha, denke ich, jetzt hat es dich erwischt. Und dann nur noch der Gedanke, hoffentlich wirst du jetzt nicht überwalzt von dem Panzer.

Ich habe dann später gehört, daß dieser Angriff von diesem Flakgeschütz abgeschlagen worden ist. Auf einmal stand, wie aus dem Boden gezaubert, ein »Sankra« da. Ich kam in ein Feldlazarett. Und da wollten sie mir das Bein abnehmen, und da habe ich nur gebrüllt: »Ich will mein Bein behalten!«

Und da kriegten wir wieder Artilleriebeschuß. Schließlich hat man mich doch bis ins Elsaß zurückbringen können. Ich habe mein Bein behalten.

Franz Veitsmeier
Jahrgang 1907

Am Hauptverbandsplatz der Division in der Normandie ereignete sich etwas sehr Interessantes. Ein amerikanischer Sani kam mit einer großen ovalen Wanne aus Hartgummi auf Halbketten, ebenfalls aus Hartgummi, und brachte mir tagelang Verwundete auf den Hauptverbandsplatz. Ich ließ ihn, ohne viel mit ihm zu reden, seine sehr nützliche Arbeit verrichten. Einmal brachte er insgesamt 24 Lungenschüsse hintereinander. Sie hatten alle einen offenen Pneumothorax und waren in höchster Lebensgefahr. Drei Tage und Nächte stand ich am Operationstisch. Meine Beine waren schon angeschwollen, und ich konnte die Stiefel nur schwer ausziehen. Der Kompaniechef kam und fragte mich, wie es mir gehe. Ich sagte nur: »Ihnen gehört das Doktordiplom weggenommen.«

Dann brachte man mir einen Schwerverletzten, und keiner wußte, was mit ihm los war, denn er war im Schock. Ich sah, daß ich ihm ein Bein abnehmen mußte, und sagte ihm auf altväterliche Art: »Ich muß Ihnen das Bein abnehmen.«

Da war der Schockierte erstaunt und schaute meine beiden Gehilfen an. Aus ihren Mienen las er, daß es sein mußte, und dann war er damit einverstanden. Das war eine komplizierte Angelegenheit. Ich mußte ihm erst einmal das Glied blutleer machen, denn der große Blutverlust und die Blutleere wären für das Herz nicht tragbar gewesen. Dann habe ich amputiert. Nachdem das alles geschehen war, ist der Mann, er war ja in Narkose, wegtransportiert worden. Das waren doch alles blutjunge Menschen, aus dem Leben herausgerissen.

Dann hat man mir einen Mann gebracht, dessen zerstörte Harnblase habe ich vor mir gesehen. Der hat geschimpft auf Hitler und hat den verflucht. Meine Leute haben sich das alles mit mir angehört, wir haben es zur Kenntnis genommen. Nur zur Illustration: bei der Winteroffensive in den Ardennen habe ich von den 3 000 Verwundeten allein 1 500 Verwundete zur Behandlung gehabt. Ich war nicht von Berufs wegen, sondern aus Berufung Arzt. Ich durfte helfen.

Gerald Kellner
Jahrgang 1920

Der Einsatz unserer Division in der Normandie begann, soweit ich mich heute noch entsinnen kann, am 11. Juni 1944 nördlich von Saint Lô. Wir lösten dort eine SS-Division ab. Meine erste Stellung, mit einem MG 42 und einem Granatwerfer, die war genau in einem Erdloch, und neben dem Erdloch lagen sechs gefallene SS-Leute. Die konnten wegen des schweren Feuers nicht beerdigt werden, man hat sie nur mit Erde zugedeckt, so daß man noch die Fußspitzen gesehen hat.

Die ersten zwei Wochen waren einigermaßen, die konnte man aushalten. Wir haben also die Stellung ausgebaut und jeden Tag kleine Geplänkel gehabt. Uns gegenüber lagen Amerikaner, ich glaube, es war die 2. Infanterie-Division, die »Indianer-Division«. Die versuchten eben jeden Tag, uns durch kleine Stoßtrupps aus den Angeln zu heben. Die kamen fast jeden Tag und versuchten es mit Panzern von hinten und dann durch Schützen, die sie bei Nacht auf hohen Bäumen postiert haben. Dann kamen jeden Tag die »Jabos« (Jagdbomber) hin und her.

Im Juli haben sie dann bei St. Lô dreimal massiert angegriffen.

Morgens um 4.00 Uhr ging das Trommelfeuer los. Das hat genau fünf Stunden gedauert. Fünf Stunden. Und dann kamen sie an mit unheimlichen Mengen von Panzern und Jabos, und wir sind aus den Stellungen heraus, weil die total zerschossen waren. Wir haben uns vielleicht einen Kilometer kämpfend zurückgezogen. Dann haben wir wieder neue Stellungen ausgebaut, und sie kamen nicht mehr durch. Wir haben eine Menge Panzer abgeschossen.

Ich muß aber sagen, daß die Verluste bei uns gewaltig gewesen sind. Ausfälle jeden Tag: zehn Tote, acht Tote, zehn Tote usw. Aber zurück sind wir nicht.

Dann kam der zweite massierte Angriff am 19. und 20. Juli, und da haben sie uns, ich glaube, an die 500 Meter zurückgeworfen. Dann kam der dritte massierte Angriff am 27. Juli. Da kamen neue Divisionen, neue Panzereinheiten der Alliierten. Also nicht mehr die »Indianer-Division«, die 2., sondern unbekannte Divisionen kamen mit gewaltiger Übermacht. Damals hieß es bei uns, daß die Übermacht zwanzigfach sei. Von unserer Luftwaffe haben wir nichts mehr gehört. Also ein-, zweimal kam hier und da eine Ju 88, hat Bomben abgeschmissen bei Nacht. Und am 27. Juli ging es dann wieder ungefähr einen Kilometer zurück bis an einen kleinen Ort am Vitré-Kanal, und von da ging es jeden Tag ungefähr 400 bis 500 Meter weiter nach Südosten, bis meine Einheit, soweit man noch Einheit sagen konnte, schließlich am 2. August bei einem Nachtangriff beim Häuserkampf umzingelt und gefangengenommen wurde. Mit fünf Panzern kamen sie auf uns zu und mit einer Menge Infanterie und haben erstmal die Häuser kaputtgeschossen, und dann sind sie von Haus zu Haus, es war schon alles in Feuer und Flamme gestanden, und wir haben die Waffen weggeschmissen, Munition war nicht mehr da gewesen. Vor meinen Augen hat man zwei SS-Leute erschossen. Weswegen, das weiß ich nicht. Ich habe jedenfalls ganz schnell meine Hände gehoben und hab gesagt auf englisch: »I surrender.«

Das war uns beigebracht worden. Das sollte man sagen. Im Häuserkampf bei Nacht, da macht man normalerweise keine Gefangenen. Ich habe also auch erwartet, daß ich umgelegt werde. Aber warum man es nicht getan hat, das weiß ich heute noch nicht. Ich weiß nur, daß der amerikanische Offizier mit seinem Funksprechgerät dann irgendwas gesagt hat. Der stand zehn Meter entfernt auf einem Panzer oben. Und dann haben sie mich gefesselt und weg dann. Geschlagen natürlich, bewußtlos geschlagen. Das haben sie getan, die Hunde. Das waren die von der 2. Division. Die hatten den Indianerkopf. Die sind schon brutal gewesen.

Trotzdem, nach all den Wochen des Kämpfens war das Gefühl eine Art Erlösung, möchte ich sagen. Man fühlte sich schon irgendwie erlöst, weil man nicht mehr kämpfen mußte.

Rudolf Würster
Jahrgang 1920

Ich habe mich im November 1939 freiwillig zur Luftwaffe gemeldet. Dort bin ich als Kraftfahrer – später als Kasino-Ordonnanz – bei einem Jagdgeschwader gelandet. 1941 ging es nach Rußland. Wir haben, nachdem unser fliegender Verband an die Straße von Kertsch verlegt war, natürlich Infanterieübungen gemacht, und da der Verband fast nur aus alten Obergefreiten bestand, habe ich persönlich überhaupt keine Chance gesehen.

Eines Morgens stand der Hauptfeldwebel vor der Kompanie mit einem Fernschreiben: Freiwillige für ein SS-Panzerkorps. Und ich guckte meinen Freund an und sagte: »Du, wollen wir nicht?« Und so haben wir uns freiwillig gemeldet.

Dann wurden wir aufgeteilt. Die kleinere Hälfte zur Division »Das Reich«, die größere Hälfte zur »Leibstandarte Adolf Hitler«, zum Panzerverband.

Wie das bei der Waffen-SS war? Natürlich hatten wir dieses Bewußtsein, Elite zu sein. Ich kam ja gleich zur Kampftruppe, zum Politisieren war gar keine Zeit. Wir haben bei uns in der Kompanie Holländer und Belgier gehabt, die freiwillig bei uns waren.

Wir waren 1944 im Kampf in der Schlacht um Kursk am Miusbogen und bei Stalinow. Aber ich war bis dahin Kradfahrer und wollte doch endlich im Panzer fahren. Wegen einer Erkrankung kam ich in die Heimat und dann auf die Schießschule Paderborn. Mein Wunsch war: Ich möchte endlich mal in den Panzer. Nun war ich Panzer-Schütze geworden. Nachher wurden wir verlegt in die Normandie, mußten teilweise im Landmarsch marschieren und haben dann den Bereitstellungsraum erreicht am 10. Juli, und am 11. Juli morgens um 6.00 Uhr haben wir die verlorengegangene Höhe 112 von den Engländern zurückerobert, und dort habe ich meine ersten drei Panzer abgeschossen.

Das war zur Zeit der Invasion. Wir wurden dann weiter zurückverlegt und zogen uns langsam nach Süden zurück, bis die Alliierten den Kessel von Argentan-Falaises gebildet hatten. »The Pocket of Falaise«. Die Mehrheit des Verbandes wurde eingeschlossen, aber nur eine Mannschaft geriet in Gefangenschaft, die anderen ohne Panzer kamen alle raus.

Ich hatte das Pech, daß unser Panzer aufgelaufen war, er hatte die Kette abgeworfen. Wir sind dann herausgeschleppt worden und sind buchstäblich bis Köln gefahren aus dem Kessel.

Unterwegs hatte ich dann ein Erlebnis. Mein Kommandant und ich guckten schön dösig zur Sonne, ich saß oben auf dem Panzer, und plötzlich ging mein Kommandant auf Tauchstation und zog den Deckel zu. Ich denke, warum zieht er den Deckel zu. Ich drehe mich rum und zwei »Typhoons«* kamen an mit Raketen. Ich habe dann den Deckel aufgerissen und bin kopfüber rein, weil ich mir gesagt habe, an den Beinen kannst du noch was abkriegen, aber den

* Typhoon: englischer Jagdbomber

Kopf mußt du in Sicherheit bringen. Ich bin also kopfüber rein, und der Fahrer sagte: »Was soll ich machen?«

Ich sagte: »Heini, fahr weiter und bleib nicht stehen.«

Wir fuhren also im 8. Gang, der Tiger hatte acht Vorwärtsgänge und vier Rückwärtsgänge. Im 8. Gang, 60 km/h die Landstraße entlang, die Raketen zischten vor uns und hinter uns rein, aber stehengeblieben sind wir nicht! Da sind wir davongekommen.

Wir erhielten dort dann dreißig neue »Königstiger« und haben uns nach Stettin verlegt, und von Stettin aus sind wir verlegt worden in das Oderbruch.

Inzwischen war es April 1945. Die Front war zusammengebrochen, und es gab nur eine Parole: Nach dem Westen, möglichst über die Elbe.

Als nachts um 4.00 Uhr die Russen Leuchtkugeln auf gleicher Höhe schossen, sind wir ausgebootet und sind auf einen anderen Panzer raufgesprungen.

Wir sind dann über die Autobahn weg und haben uns gesammelt. Als ich nachts auf dem gesprengten Schießplatz Kummersdorf ankam, sah ich im Morgengrauen eine Gruppe in einem Wäldchen liegen, fast alle tot. Ein Leutnant lag dabei und hatte ein Fernglas um. Ich sagte zu meinem Kumpel: »Mensch, das können wir gebrauchen, dann können wir besser sehen.«

Ich gehe hin, will ihm das Fernglas vom Kopf ziehen, da schlägt er die Augen auf und sagt: »Hau ab, ich schlafe hier bloß.«

Er hatte nachts gar nicht gemerkt, daß er sich zwischen all die Toten gelegt hatte. Im nächsten Dorf habe ich dann junge Mädchen getroffen, die sehr nett angezogen waren, und habe gefragt: »Habt Ihr keine Angst?«

»Ja, die Russen waren schon zwei Tage hier.«

»Na, und?«

»Die haben uns nichts getan.«

Aber in der Funkstation unten wimmerte ein Mädchen von 17 Jahren, die die russischen Soldaten zu ...zig Leuten vergewaltigt hatten. Wir sind dann weiter gelaufen und gelaufen und Richtung Elbe marschiert und, als ob ich es gerochen hätte, habe ich mein frisches Eisernes Kreuz und mein Panzerkampfabzeichen und mein silbernes Verwundetenabzeichen weggeworfen und habe gesagt, wenn die Russen dich damit erwischen, wirst du massakriert.

Ich habe dann in Burg bei Magdeburg die SS-Sachen weggeworfen und habe eine Luftwaffenuniform angezogen, und dann bin ich mit dem Motorrad an der Elbe langgefahren und traf auf unseren Abteilungskommandeur. Die Amerikaner waren herübergekommen, und sie redeten miteinander und der Sturmbannführer wollte, daß er die Abteilung geschlossen übersetzte. Aber die Amerikaner wollten das nicht, weil wir SS waren.

Da bin ich die Elbe entlanggefahren, und in Rogätsch kam ein Sturmboot, mit Schwarzen besetzt, ein amerikanisches. Ich fing plötzlich, obwohl mir nichts fehlte, an zu humpeln und schrie, ich bin verwundet, in englisch, wollt ihr mich nicht mit rübernehmen, und sie kamen an und nahmen sieben Mann von uns rüber.

Hans Eichinger
Jahrgang 1920

Bei Falaise wurde ich als Kompanieführer verwundet. Da sagte mir der damalige Kommandeur: »Sie gehen dort und dort in Stellung, vor Ihnen liegt die 116. Panzerdivision, Sie kriegen noch einen Panzerspähwagen.«

In demselben Moment quietscht ein Jeep, heraus springt ein Oberfähnrich von meiner Kompanie und berichtet aufgeregt, drunten auf der Straße, wo wir gerade drüber sind, ist die amerikanische Spitze. Der Kommandeur war furchtbar aufgeregt. Ich habe ihm gesagt: »Ich fahre geschwind zu der Kompanie und schaue, daß die Amis nicht weiterkommen.«

»Ja, ja.«

Das war das letzte. Ich wollte die Hauptstraße Falaises-Argentan sperren. Aber da kam ein Feuerüberfall, es waren Treffer rundum, auch amerikanische Panzer kurvten herum. Die Amerikaner sind also auf uns losgefahren.

Ich habe mich hingehauen und die Ferse wahrscheinlich hochgeschlagen, denn da sind mehrere Splitter durch, die den Knochen durchtrennten. Einer steckt heute noch als Souvenir drin. Dann versuchte ich, davonzukommen, denn die anderen habe ich nur davonlaufen gesehen in den Staubwolken der Einschläge. Und allmählich war ich allein, und die Einschläge wurden schon weniger. Ich bin dann auf Knien und Händen hunderte Meter gekrochen, eine Schotterstraße, man glaubt nicht, wie das wehtut –, weil ich ja nicht aufstehen konnte.

Auch der Blutverlust war sehr groß, ich hatte kein Verbandspäckchen, nur mit dem Taschentuch habe ich versucht, das Bein ein bißchen abzubinden. Dann habe ich mich quer auf die Straße gelegt und Koppel auf und Pistole weg.

Ich wurde von den Amerikanern aufgeklaubt, auf einen offenen Jeep gelegt. Meine Füße haben auf der einen Seite herausgeschaut und mein Kopf auf der anderen Seite. Andere haben sie auch noch aufgeklaubt, und dann wurden wir auf der Hauptstraße an der amerikanischen Kolonne zurückgefahren. Wenn wir durch Ortschaften kamen, wo die Kolonne abgerissen war und nur die Franzosen herumstanden, haben die uns freundlich gegrüßt. Wenn wir aber durch Ortschaften kamen, wo Ami-Kolonnen noch standen, da haben die Franzosen mit der Faust gedroht, und ich habe immer Angst gehabt, daß mir einer auf den Schädel haut, weil mein Kopf hinausragte.

Und dann kamen wir in ein Zeltlazarett, also ein großes Lazarett mit mehreren Abteilungen, und da wurde ich von einem Ami-Arzt operiert. Meines Erachtens sehr ungenügend, ohne Narkose, nur mit Herumschneiden. Was er mit der Pinzette an Splittern fand, hat er rausgenommen und den Rest zugebunden und dann verbunden. Ich kam dann nach England und dann später nach Amerika.

Hermann Blocksdorff (1)
Jahrgang 1919

Am 6. Juni 1944 ging es mit der Bahn über Lyon nach Orleans, ziemlich flott, wir kamen gut voran. Aber nun waren wir schon nahe der Atlantikküste und kamen in den Bereich der amerikanischen und englischen Flieger. Unsere Züge wurden ständig angegriffen, vor allem von den »Lightnings«. Aber wir hatten immer wieder Glück. Einmal mußte ich den Zug auf freier Strecke auseinanderschieben lassen, damit der Munitionswagen isoliert stand. Alle lagen in Deckung, und ich mußte mit 30 Leuten im ständigen Angriff von Tieffliegern den Zug auseinanderziehen. Ich erlebte, daß unser Oberst (56 Jahre alt) langsam Nerven zeigte. Nachdem wir weiterrollten in einen Bahnhof hinein, ließ uns der französische Weichenwärter auf einen anderen Zug auffahren. Die französischen Widerstandskämpfer begannen nun auch ihr Werk. Unser Oberst ließ uns aus einem in der Nähe liegenden Soldatenheim verpflegen, und während eine neue Lok kam und einige neue Waggons, wurde der Weichensteller am Fensterkreuz seines Stellhäuschens gehenkt. Der Krieg nahm nun neue Formen an.

Dann ging es weiter. Die Fahrt ging nur noch stundenweise. Dann stehen, raus aus dem Zug in Deckung. Wir sprangen schon immer vom noch fahrenden Zug ab, während er abbremste, und wenn dann der Flugzeugbeschuß kam, lagen wir immer einige hundert Meter hinter dem stehenden Zug. Wenn angefahren werden konnte, rannten wir hinter dem Zug her und dann neben ihm und sprangen im Fahren wieder auf. Der Zug rollte so lange im Schrittempo. So konnten wir nachts um 24.00 Uhr entladen, einige Kilometer vor Caen.

Es war der 7.6.1944. Vor uns schien die Hölle los zu sein. Caen brannte. Heller Feuerschein vor uns. Dem mußten wir nun entgegenmarschieren. Wir mußten in unseren Bereitstellungsraum. Am Tag konnte man nichts bewegen. Auf jeden Mann und jedes sich bewegende Fahrzeug war ein »Jabo« angesetzt. Wir lernten eine neue Art Krieg kennen. Da lagen wir nun in und um Caen einem Gegner gegenüber, der uns zehnfach an Soldaten und 100fach an

Munition und Gerät überlegen war. Aber wir haben vier volle Wochen gehalten. Am Tag war kein Transport möglich und keine Truppenbewegung, denn der Himmel hing voller Flugzeuge. Einmal kam 100 Meter neben unserem Gefechtsstand ein viermotoriger Bomber herunter. Hätte sich das Ding beim Abbrechen eines Flügels nicht gedreht, wäre die mit Bomben voll beladene Maschine direkt auf uns gefallen. Da sah ich meinen Regiments-Kommandeur einmal total die Nerven verlieren. »Sprengen Sie«, brüllte er mich an.

Wie sollte ich an den brennenden Koloß rankommen? Die Bordmunition detonierte. Es war ein Inferno. Ich kam bis auf 20 Meter an die Maschine heran. Näher kam man vor Hitze nicht. Nun, ich fand eine Lösung. Die Maschine war über die Hälfte in den Boden gedrungen. Alle Bomben waren noch im Schacht. Da warf ich, nachdem ich mich notdürftig eingebuddelt hatte, eine geballte Handgranatenladung dorthin, wo der Bombenschacht sein mußte. Dann hatte ich vier Sekunden Zeit. Ich preßte mich fast unter die Erde. (Man kann nicht beschreiben, zu was man fähig ist, wenn es ums Leben geht und man das weiß.) Nun, das Flugzeug löste sich in Tausende von Teilen auf. Der Segen ging über uns hinweg. Mein Regiments-Kommandeur war beruhigt, ich hatte einen Wahnsinnsbefehl ausgeführt. Dort hielten wir die Kanadier vier Wochen lang auf.

Willi Nolden (2)
Jahrgang 1914

Ich kam dann als Ausbilder in die Nähe von Aachen. Das war vor dem West-Wall. Dort war ja die Höckerlinie gegen die Panzer. Die amerikanischen Panzer konnten einfach nicht da drüber. Die Amis waren oben am Waldrand. Und gegen Mittag bis zwölf Uhr hatte ich am Waldrand zwölf Panzer ausmachen können. Amerikanische Sherman-Panzer. Aber noch fiel kein Schuß. Und genau zwölf Uhr lösten sich zwölf Panzer aus dem Wald heraus und kamen auf uns zugefahren. Allerdings nicht direkt auf mich zu, sondern auf die Straßensperre. Die war geschlossen. Ein Panzer, der hatte so eine Schaufel vorne. Der wollte vorher den Dreck heben und auf die Höcker werfen, damit die Panzer drüber konnten. Ja, die fünf Panzer kamen zuerst, eins, zwei, und dahinter die drei auf Lücke. Alle hatten die Kanone Richtung Straßensperre gerichtet und nicht auf mich. Man hatte mich nicht erkannt. Schön getarnt. Und neben der Geschützstelle war sogar ein Betonbunker, ein Mannschaftsbunker, und dadurch hatten wir etwas Mut. Leider hatte der Geschützbunker aber keine Schießscharten.

Ich ließ die Panzer jetzt bis auf 200 Meter herankommen. Aber ich mußte von oben runter schießen. Der erste Schuß ging hoch, ein oder zwei Meter vor dem Panzer in den Dreck, und sofort geladen und der zweite Schuß, bumms, Volltreffer. Der Panzer ging in Flammen auf, direkt rote Flammen. Explodiert. Der dritte Schuß, auch wieder Volltreffer. Also ich hätte sie alle abgeknallt, wenn die mir noch einen Augenblick Zeit gelassen hätten. Aber ich sah noch nach dem dritten Schuß, wo ich den zweiten Panzer abschoß, daß die übrigen zwei oder drei Panzer die Luken aufmachten und die Besatzung, die sprang aus dem Panzer raus und lief auf den Waldrand zurück, wo sie hergekommen waren. Hauten ab zu Fuß. Ließen ihre Panzer stehen. Also drei Schuß hatte ich abgegeben. Zu dem vierten Schuß kam ich nicht mehr, wir kriegten Volltreffer von denen, die Feuerschutz gaben vom Waldrand. Da standen ja noch einige Panzer.

Wir bekamen einen Volltreffer direkt vor den Bug. Wir wurden alle vier verwundet. Einer hatte die Schlagader auf. Und wir haben uns alle vier in den Bunker reingeschleppt, und dann gab es ein Trommelfeuer. Ganz furchtbar. Mit Artillerie und Granatwerfern und Panzern. Jedesmal, wenn eine Granate auf den Bunker kam, dachte ich, der Bunker wäre zehn Meter in die Erde gesackt. So ein Gefühl war das. Aber die Amis kamen nicht, die schossen nur. Bis abends um sechs Uhr.

Und wer kam, das waren deutsche Sanitäter. Die kamen uns abholen. »Kommt raus, wir hauen hier ab.« Ich habe die ganze Zeit neben dem einen Kameraden auf dem Boden gelegen und mit der Faust die Schlagader zugehalten. Ich war überall am bluten, aber es war nichts besonderes. Mehr Stein und Splitter und so was. Wir wurden wieder in einen Bunker gebracht. Ich war Unteroffizier, wollte rausgucken, da kam eine Granate genau dahin auf die Bunkerecke, und da kriegte ich die ganze Ladung ins Gesicht. Dabei wurde ich am Auge verletzt.

Ein paar Tage später sind wir losmarschiert. Wir wußten, daß der Krieg zu Ende war, aber wir wollten noch über den Rhein. Ich wurde morgens früh wach und hörte Knallerbsen. Der Ami ist schon da, dachte ich. Das waren Explosivgeschosse. Ich in das nächste Haus rein und hinter der Gardine gestanden und sah, wie die Panzer vorbeifuhren und Marschkolonnen, Infanteristen, alles Amerikaner. Eine riesige Macht ging da vorbei. Und machten Rast. Und plötzlich kommt dann ein Deutscher, ein älterer Mann, und sagt: »Ergebt Euch, nebenan durchsuchen sie schon die Häuser.«

Ich sag: »Komm, gehen wir mal raus.«

Da sind wir dann rausgegangen, Mantel aufgemacht und die Hände hoch. So bin ich dann auf den Offizier zugegangen, der im Kübelwagen saß, und der sprach sogar Deutsch und der sagte nur: »Gehen Sie hier die Kolonne entlang.«

Da kamen wir dann auf den Dorfplatz, wo die SS-Leute auch schon waren, so zehn bis zwölf SS-Leute, und die hielten auch die Hände über den Kopf und hockten so da, und wir mußten uns auch dazwischen hocken. Wir kriegten einen Tritt in den Hintern, auch einen Schlag in den Rücken, aber sonst ging es noch leidlich ab. Aber die SS-Leute, die wurden dann rausgeholt, einzeln, zwei, drei Amerikaner brachten die hinter eine Scheune. Die kamen wenige Minuten später mit blutigen Köpfen wieder zurück. Und dann haben sie den nächsten geholt und haben den windelweich geschlagen. Wir sind dann kurze Zeit später mit Lastwagen nach Trier gebracht und dann in Trier verladen worden nach Cherbourg.

Oskar Hummel
Jahrgang 1920

Ich wurde zur SS gemustert, angenommen und im Dezember dann eingezogen. Das war eine Elite-Truppe. Da waren nur Freiwillige. Nach dem Frankreichfeldzug habe ich in Holland gelegen. Ich war dort bei der Aufstellung der SS-Division »Wiking« dabei. Das war eine internationale Freiwilligentruppe. Nur freiwillige Ausländer, Holländer, Dänen, Finnen, Norweger und Letten. Bunt zusammengewürfelt. Die Sprache war Deutsch. Gleiche Rechte, aber auch gleiche Pflichten.

Dann wurde ich nach Norwegen versetzt. Dort wurde die Legion »Norge« aufgestellt. Das waren auch alles Freiwillige. Damals war noch sehr großer Andrang von Freiwilligen. Was die Skandinavier so getrieben hat, in die Waffen-SS einzutreten? Ich glaube nicht, daß das Abenteuerlust von denen war, sondern das war tatsächlich ein Traum von Europa. Ich glaube, sie waren guten Glaubens. Was wir selbst auch waren. Damals. Wie die aufgestellt waren, nach dem Westfeldzug, da hatten wir auch gedacht: ein vereinigtes Europa.

Dann sind wir nach Rußland verlegt worden und gerieten Ende Sommer 1944 in den Kessel von Tscherkassy. Die Kämpfe waren sehr hart. Große Teile der deutschen 8. Armee waren eingeschlossen. Aber es kam zu keinem zweiten Stalingrad. Die deutschen Truppen zogen sich geordnet zurück und brachen aus dem Kessel aus: Da wurde ich dann schwer verwundet. Durch Explosivgeschoß im rechten Bein bei einem Gegenstoß. Gleich nachdem ich verwundet war, wurde sofort der Gegenstoß abgebrochen, damit ich zurückkam. Die ganze Gruppe hat mich gedeckt, daß ich überhaupt zum Hauptverbandsplatz kam. Das war bei uns selbstverständlich. Wir hielten zusammen wie Stahl und Eisen. Es gingen eher zehn Mann drauf, als daß ein Mann verwundet liegen blieb, weil wir wußten, daß sämtliche Waffen-SS-Angehörige automatisch von den Russen erschossen wurden. Das haben wir auch gesehen bei manchem Gegenstoß, wie die Kameraden erschossen worden waren. Und so kam ich dann zurück. Die haben mich auf dem Hauptverbandsplatz abgeliefert, haben sich verabschiedet, und die Gruppe ging wieder zum Einsatz. Der Hauptverbandsplatz, der mußte dann Hals über Kopf wieder geräumt werden. Und jetzt, was machen? Da kam eine Artillerieeinheit bei uns vorbei, die haben Zugmaschinen gehabt, und die haben mich dann mitgenommen auf einen anderen Hauptverbandsplatz, und von da aus sollten wir ausgeflogen werden mit einer Ju 52. Wir kamen auf den Flugplatz, aber die konnten nicht mehr starten. Kamen nicht mehr hoch. Jeder guckte, wie er wegkam, und da kamen wieder Leute von der Division »Wiking« durch, die haben mich auf ein Panjefahrzeug gesetzt und haben mich mitgenommen.

Und dann, beim Ausbruch, wurde ich nochmal verwundet, und zwar am linken Oberarm. Wir waren schon wieder eingeschlossen. Da war ein Major von der SS-Division »Wiking«, der hat gesagt: »Jungens, hier gehen wir kaputt, wir brechen aus. Verwundete an erster Stelle, und dann wird durchgekämpft.« Dann haben sie mich auf ein Pferd gesetzt, ich hatte nur noch den rechten Arm, womit ich mich halten konnte, rechts und links ein Mann, damit ich nicht runterfiel. Dann ging zuerst ein Spähtrupp nach vorne, etliche Male Halt. Dann haben die Vorderen den Weg freigekämpft, daß wir durchkamen. Und dann wurde tief Luft geholt, bis es plötzlich hieß: »Halt, wer da?«

Das war dann die LAH, »SS-Panzer-Division Leibstandarte Adolf Hitler«. Dann haben sie mich in eine Bauernkate hinein getragen. Morgens wachten wir auf, da sahen wir, wie deutsche Panzer wieder zurückkamen. Ja, jetzt waren wir aus dem Kessel heraus, und jetzt kamen die Russen schon wieder. Ich kam wieder auf einen Panjewagen und nichts wie weg. Auf einmal hieß es wieder: »Halt, hier könnt ihr nicht durch, wir sind vorderste Front.«

Und da sahen wir zwei Ju 52. Die haben Sprit und Munition für die Spitzenkompanie abgeworfen, und da waren so zwei verwegene Flugzeugführer, die gelandet sind. Und jetzt natürlich mit dem Panje an das Flugzeug heran. Da stand ein Oberfeldwebel mit der MP: »Nur Verwundete.«

Ja, und dann ins Flugzeug rein und dann Angst. »Kommt ihr hoch?«

Der Flugzeugführer, es war ein Leutnant: »Ja, ja, keine Angst, ich komme hoch.«

Dann kam er raus. So kam ich aus dem Kessel von Tscherkassy. Da war ich neun oder zehn Tage unversorgt gewesen. Die Klamotten, die sind im Arm drin gehangen und am Fuß. Das ist alles eingefroren gewesen. Wundbrand. Und dann war es natürlich zu spät, um das Bein zu flicken. Dann wurde ich amputiert. Das rechte Bein weg, der linke Vorderfuß amputiert, das linke Bein voll von Splittern, und der linke Oberarm war auch stark beschädigt.

In Uman bin ich also aufgewacht und hatte keine Beine mehr. Aber ich war durchgekommen, ich lebte noch. Das war ja das Hauptprinzip an der Front, leben. Durchkommen. Dann mußte man sich natürlich damit abfinden, mit dem Verlust der Beine. Aber ich glaube, dieses Abfinden, das war damals noch ein bißchen einfacher. Ich meine, jeder hat es für sich selber abmachen müssen. Aber man wußte, daß Tausende, Hunderttausende da sind, denen es nicht besser geht oder vielleicht noch viel schlechter. Bei mir war dann noch ein Leutnant von der Wehrmacht, dem wurden beide Arme amputiert, und da habe ich gedacht, wie ich das gesehen habe, da habe ich gedacht, sei zufrieden mit dem, was du mitbekommen hast, deine Arme hast du noch. Ich meine, den linken Arm konnte ich ja damals nicht bewegen. Aber das wußte man, der wird wieder. Aber dann lieber noch die Beine als die Arme.

Schlimm habe ich gefunden die Diskriminierung dann nach dem Kriege. Gucken Sie mal, ich habe ja lange, viele Jahre keine Rente gekriegt. Ich glaube, bis 1948. Ja, so was, das habe ich ganz schlimm gefunden. Man unterhält sich ja auch öfter mit früheren Landsern der Wehrmacht. Ich habe die Erfahrung gemacht, daß sie alle froh waren, wenn die SS neben ihnen lag. Es ist ein himmelweiter Unterschied zwischen der Waffen-SS und der schwarzen SS. Ich meine die SS bei den Einsatzgruppen und als Bewacher in den KZs.

Hans-Ulrich Greffrath
Jahrgang 1923

Mein erster Kampfeinsatz war der Beginn der Sommeroffensive 1942. Ich war damals Gefreiter und Gruppenführer einer Maschinengewehrgruppe. Ich habe die Sommeroffensive zunächst bis zum Don mitgemacht. Wir sind dann als Division durch den großen Donbogen marschiert über Stalingrad hinweg. Ich muß sagen, daß uns das damals sehr tief beeindruckt und nachdenklich gemacht hat, denn bei uns gab es eine gewisse Arroganz in der Armee; man sagte uns, ein deutscher Infanterist wiegt zehn bis zwölf Russen auf. Wir waren jedoch der Meinung, daß zehn bis zwölf sowjetische Maschinenpistolen einen ganz erheblichen Feuerzauber machten, und wir konnten uns mit dieser theoretischen Parole niemals befreunden. Nach den schweren Kämpfen um Charkow haben wir ein paar Wochen in Ruhe gelegen, um uns für eine ganz große Offensive vorzubereiten. Es stellte sich dann im Lauf der Zeit heraus, daß es die in die Kriegsgeschichte eingegangene Operation »Zitadelle« war, für die wir einige Wochen lang sehr intensiv vorbereitet wurden.

Wenn ich die Verluste hier andeute, ist es vielleicht interessant, daß ich wenige Tage vor Beginn dieser »Offensive Zitadelle« meinen 20. Geburtstag gefeiert habe. An diesem 20. Geburtstag haben teilgenommen zwei Oberleutnants und zwölf Leutnants. Acht Tage nach Beginn der Offensive waren von diesen Offizieren meines Wissens noch zwei Leutnants am Leben, alle anderen waren gefallen. Vielleicht kennzeichnet das die Situation der Offiziere meiner Zeit im Rußlandfeldzug.

Ich habe dann im Jahre 1943 die schweren Rückzugskämpfe nach der Gegenoffensive der Sowjets, nach dem Scheitern des Unternehmens »Zitadelle«, mitgemacht. Ich war in dieser Zeit Kompanieführer, unsere Kompanien hatten etwa eine Stärke von fünfzehn, zwanzig bis fünfunddreißig Soldaten, mit denen wir jede Nacht Abschnitte zwischen zwei und vier Kilometern zu verteidigen hatten. Oft gab es bis zum nächsten Truppenteil noch Lücken von zwei bis vier Kilometern, wo gar kein Anschluß war.

Das also waren die schlimmsten Kämpfe, die man sich als Soldat überhaupt nur denken kann. Die Übermacht der Russen war gewaltig. Der Einsatz von Waffen und Munition war enorm. Wenn ich mich recht erinnere, war die Überlegenheit der sowjetischen Truppen siebenmal höher als unsere eigene.

Unser Bataillon wurde herausgezogen bis auf meine Kompanie. Ich hatte die Nachhut zu bilden. Wir lagen dann mehrere Stunden im Handgranatennahkampf am Flußufer des Dnjepr. Wir waren die letzte Kompanie der deutschen Wehrmacht, die auf dem östlichen Dnjepr-Ufer lag, und man hatte mir am Nachmittag etwa um zwei Uhr gesagt, daß ich um 20.00 Uhr von Sturmbooten abgeholt und über den mehr als 1 000 Meter breiten Dnjepr herübergeholt werden würde. Nun, die Sturmboote sind gekommen, aber sechs Stunden später, und was wir in diesen sechs Stunden erlebt haben, war sehr bitter. Die Brücke wurde gesprengt, und in meiner Stellung sind etwa wohnungsgroße Brocken hineingeflogen.

Ich erinnere mich jedenfalls noch, daß wir uns flach in diese Boote hineingelegt haben, weil die Russen bereits am Dnjepr-Ufer standen und mit ihren Kalaschnikows voll auf unsere Boote gehalten haben, aber wir haben es geschafft.

Wir wurden zurückgedrängt, und ich habe meine dritte Verwundung bekommen, einen Lungensteckspliter. Durch Splittereinwirkung wurden mir drei Rippen zerschlagen. Ich bin aber nicht ins Lazarett gekommen, sondern auf einen Lehrgang abkommandiert worden, nach Versailles. Ich habe diesen Lehrgang mit ambulanter Behandlung durchgestanden, konnte meinen rechten Arm vier Monate nicht bewegen.

Ich bin am 12. Januar 1944 wieder zur Truppe nach dem Osten gekommen. Ich habe dann weiterhin die Kämpfe mitgemacht in Bessarabien, ebenfalls als Kompanieführer, und habe dort meine vierte Verwundung im Panzernahkampf bekommen. Wir wurden an dem Morgen – so haben wir es später gehört – von 420 Panzern angegriffen, von denen 382 bis zum 5. Mai binnen drei Tagen in der Tiefe des Hauptkampffeldes abgeschossen worden sind. Meine eigene Kompanie hatte 48 Soldaten verloren. Das war mein 148. Sturmtag und gleichzeitig an diesem Morgen mein mir vom Regiment bestätigter 28. Nahkampftag. Ich war damals 20 Jahre und zehn Monate alt, nach der damaligen Gesetzgebung bin ich zwei Monate später volljährig geworden.

Ich bin dann mit sehr viel Glück nach einer Sofortamputation eines Beins auf dem Hauptverbandsplatz zunächst mit der Eisenbahn und dann im »Giganten«, einem großen Transportflugzeug, nach Krakau ins Reservelazarett geflogen worden und habe später mein Lazarett gewechselt.

Ich war in Karlsbad. Dort wurde ich noch mehrmals operiert, aber ich habe eben ein Bein verloren. Die Amerikaner verblieben zwölf Tage am Stadtrand von Karlsbad, und wir hatten in Karlsbad die Freude, den Einmarsch einer sowjetischen Infanteriedivision zu erleben. Was sich dort abgespielt hat im Zusammenhang mit der Zivilbevölkerung, das läßt sich nur begreifen, wenn man es mitgemacht hat. Ganze Familien sind aus den Fenstern gesprungen, um der Vergewaltigung zu entgehen. Was sich dort abgespielt hat, 300 Meter neben uns, war grauenvoll.

Rückblickend möchte ich folgendes feststellen: Dies ist die volle Wahrheit, die ich heute noch unter Eid wiederholen kann. Mir ist das fürchterliche Geschehen, von dem ich erstmals im Juli 1945 in sowjetischer Gefangenschaft in einem Transportzug aus der Tschechoslowakei, am Bahnhof, in Wort und in Bildern erfahren habe, nach wie vor unfaßbar und unbegreiflich. Damals, 1945, haben meine mitgefangenen Kameraden, und auch ich an das, was man uns gesagt hat, was man uns auf Bildern aus den KZs gezeigt hat, nicht geglaubt. Wir haben damals, noch im Juni 1945, die uns vor Augen geführten Tatsachen, und zwar ohne Ausnahme, als eine widerliche Greuelpropaganda und die Fotos als Fälschung angesehen. Für meine Person gilt, daß ich erst im Januar 1947, nachdem ich mir freiwillig einen Auschwitz-Dokumentarfilm angesehen habe, an diese ruchlosen Verbrechen des NS-Regimes habe glauben müssen.

Seitdem beherrscht mich bis heute eine lebenslange Scham ohnegleichen. Kollektiv schuldig fühle ich mich nicht, denn als Angehöriger ausschließlich der vordersten Fronttruppe haben wir nicht geahnt, daß Juden oder andere Menschengruppen von Sondereinheiten weit hinter der Front liquidiert worden sind. Oder im KZ umgebracht worden sind. Ich glaube, als deutscher Frontsoldat sagen zu dürfen: Hätten wir als vorderste Truppen von diesen Verbrechen gewußt, ich könnte es mir vorstellen, daß viele deutsche Truppenteile gegen diese Liquidationskommandos in ihrem Rükken mit der Waffe vorgegangen wären und ihren Taten ein sofortiges Ende gesetzt hätten. Dabei die Verbrecher selbst liquidiert hätten.

Ich erkläre, daß ich als Panzergrenadieroffizier, der ausnahmslos in der vordersten Linie dem sowjetischen Gegner gegenübergestanden hat, es nicht ein einziges Mal erlebt oder nur davon erfahren habe, daß es diese verbrecherischen Liquidationskommandos und ihre Verbrechen im Hinterland gegeben hat. Ich erkläre weiterhin, daß ich es niemals erlebt habe, daß Soldaten der deutschen Wehrmacht Juden, Kriegsgefangene oder Zivilisten liquidiert haben. Dagegen wußte die Fronttruppe, daß auf Vergewaltigungen oder Plünderung die Todesstrafe stand. Ich darf für meine Person präzise erklären, daß ich niemals für Hitler gekämpft habe, sondern als deutscher Soldat für Deutschland, für mein Vaterland und für meine Heimat. Ich möchte sagen, daß das von all meinen Kameraden genauso getan wurde. Wir haben, das mag vielleicht erstaunen, je länger der Krieg dauerte, um so hartnäckiger gekämpft und unsere Pflicht erfüllt. Wir haben mit wachsendem Trotz gekämpft, mit wachsender Verbissenheit, und das wiederum deswegen, weil man mit der Zeit in diesem vordersten Kampfgeschehen Dinge erlebt hat, die grauenvoll gewesen sind: Verstümmelung der von den Sowjets gefangenen deutschen Soldaten, wir fanden sie ohne Ohren, ohne Nase, ohne Augen, darunter auch einen sehr guten Freund von mir. Und wir ahnten, daß wir kämpfen mußten, wenn wir verhindern wollten, daß dasselbe unseren Familien zu Hause geschehen sollte.

Pater Basilius Streithofen
Jahrgang 1922

Ich habe mich mit 17 Jahren freiwillig zur Waffen-SS gemeldet. Ich hatte mich zur Waffen-SS gemeldet, weil wir Rabauken waren, wir wollten was erleben, es war Abenteuerlust. Dann hat ein Bekannter von uns, der war im Wehrbezirkskommando Reserveoffizier, mit meiner Mutter gesprochen. Er sagte, er werde dafür sorgen, daß ich sehr schnell zu der Luftwaffen-Division »Hermann Göring« eingezogen würde, um der SS zuvorzukommen. So kam ich zu dieser Division, und als ich dort schon Rekrut war, da mußte ich zu meinem Kompaniechef kommen. Das war ein Oberleutnant, ein evangelischer Pfarrer aus Berlin, der sagte: »Hören Sie mal, Sie werden ja von der Waffen-SS angefordert.«

Und da habe ich ihm das erzählt. Da sagte er: »Junge, du bleibst bei uns.«

Mit 17 Jahren war ich ja noch ein Kind. Wir wollten halt nicht zu einer gewöhnlichen Einheit gehören. So ist das nun mal bei jungen Leuten, da waren keine politischen Reflektionen dabei, sondern Abenteuerlust, und man übersah ja gar nicht, was da lief. Soldat werden mußten wir sowieso.

Im Frühjahr 1943 kam ich zur Ausbildung nach Amersfoort in Holland. Wir lagen dort in der Infanterie-Kaserne. Ich war Funker und Fernsprecher. In Amersfoort war ein großes KZ. Die Judentransporte, die dort hingeführt wurden, gingen immer an unserer Kaserne vorbei. Nachdem wir zwei Monate Soldat waren und Schießausbildung gehabt hatten, wurde gefragt, wer sich freiwillig zu Erschießungskommandos melde. Auf meiner Bude lagen wir zu 17 oder 18 aus dem ganzen Reich. Obwohl es Sonderverpflegung und Geld geben sollte, hat sich keiner gemeldet.

Dazu gehört ein anderes Erlebnis, das war in Ostpreußen auf dem Rückzug. Wir hatten schon gehört, daß die Alliierten am Niederrhein waren. Ein paar Russen waren übergelaufen zu uns, und da kommt unser Batteriechef und sagt, wir sollen die erschießen. Das war Januar/Februar 1945. Da haben wir gesagt: »Das machen wir nicht, warum sollen wir die erschießen? Herr Oberleutnant, die erschießen Sie bitte selber«, so sagten wir sinngemäß.

Er erwiderte: »Ich bestehe darauf« und ging.

Wir haben sie wieder laufenlassen, wir haben die nicht erschossen. Die Russen, der Bolschewismus war für uns schon bekämpfungswürdig. Wir haben auch im Osten gekämpft, weil wir die Russen nicht nach Deutschland kommen lassen wollten. Das war schon eine weltanschauliche Überzeugung, in der sich aber religiöse Erziehung, deutsche, nationale Erziehung bei anderen, mit der Ablehnung des Kommunismus trafen. Das war ein Komplex, den zu analysieren heute sehr schwierig ist. Aber da traf man sich mit den Nazis und sagte, der Kommunismus ist noch schlimmer als die Nazis.

Zum Russen überzulaufen, auf die Idee ist bei uns nie einer gekommen. Wir haben wohl schon mal überlegt, wie in Italien, ob wir zu den Amerikanern oder Engländern überlaufen sollten. Doch wie das so ist: man konnte doch die anderen nicht im Stich lassen. Aber wir haben nie davor Angst gehabt bei den Amerikanern, denen wir gegenübergelegen haben, und auch bei den Engländern, in Gefangenschaft zu kommen. Beim Russen ja.

Brunhilde Pomsel (1)
Jahrgang 1911

Zunächst habe ich bei Frohwein gearbeitet, dem persönlichen Referenten von Goebbels. Der hatte also jeden Tag seinen Vortrag beim Minister. Sämtliche Akten liefen über ihn, und außerdem hatte er noch den Sonderauftrag, dem Goebbels fast jeden Morgen einen konstruierten Lageplan, so möchte ich es mal nennen, vorzulegen, was sich alles entwickeln könnte, wenn ... Basierend auf Meldungen, die von überall her kamen, vor allem aus Radiosendungen der BBC und des Schweizerischen Rundfunks. Das alles hatte einen negativen Touch, etwa über die Stärke der Gegner und alles andere, und immer auch mit Schlußfolgerungen. Und der Tenor Frohweins war eigentlich immer: wenn das so weitergeht, haben wir den Krieg verloren.

Der Goebbels hat das direkt erwartet. Als ob er von irgend einer Seite – denn sonst kroch ihm ja alles in den Hintern – ein bißchen mehr Wahrheit hören wollte. Aber auch nur bis zu einem gewissen Grad. Nachher hat es ihm gereicht. Er hat also den Frohwein rausgeschmissen, und der Frohwein wollte mich mitnehmen. Aber das hat nicht geklappt. Der Staatssekretär Dr. Naumann hatte plötzlich einen Narren an mir gefressen und hat mich in sein Büro gesetzt. Dabei hatte er mich zunächst abgelehnt, weil er es als eine Zumutung empfand, daß man ihm da eine »kleine Jüdin« hinsetzte. Er fand mich jüdisch aussehend, weil er ein Faible für große Blonde hatte.

Da war ich also. Ich saß im Minister-Vorzimmer. Naumann war damals Staatssekretär von Goebbels, und das Vorzimmer des Staatssekretärs und das Vorzimmer des Ministers, das war *ein* großes Büro. Der Goebbels hatte sowieso noch einen Adjutanten und eine persönliche Sekretärin usw., aber sein Büro waren wir.

Goebbels habe ich fast täglich gesehen. Wenn er kam, ging er fast immer durchs Büro, grüßte kühl und höflich. Ich wurde auch sehr oft zu Sitzungen hereingerufen. Kleine Besprechungen, wenn mal was protokolliert werden sollte. Das habe ich dann aufgenommen. Goebbels war im persönlichen Umgang außerordentlich zurückhaltend, um nicht zu sagen arrogant. Aber er war ganz nett eigentlich. Da war nichts Diabolisches. Sicher – er hatte schon eine gewisse Ausstrahlung, aber ob er die nun persönlich hatte, oder ob das inzwischen so aufgebaut war, er galt ja als eine faszinierende Persönlichkeit. Natürlich hab ich als dummes, dreißigjähriges Ding ihn auch so gesehen. Man fühlte sich auch, daß man da in der Zentrale arbeitete. Ich habe da gern gearbeitet.

Natürlich gab es auch im Propagandaministerium Leute, die ihre dummen Witzchen gemacht haben und die das alles gar nicht so tierisch ernst nahmen. Also, ich möchte sagen, parteimäßig war da gar nicht so viel los. Da kamen zwar jeden Tag der stellvertretende Gauleiter von Berlin usw. und die Abteilungsleiter vom Promi zum Vortrag, aber die wenigsten machten den Eindruck von

150%igen Nazis. Das hätte mich auch wahnsinnig beklommen gemacht, schließlich kam ich vom Rundfunk. Also es war nicht dauernd mit Zack, Zack und Heil Hitler, gar nicht. Ich erinnere mich zwar, einmal habe ich auch mal einen Witz zum Besten gegeben. Der ging aber wahrscheinlich ein bißchen zu weit, und da sagte unser Gaupropagandaleiter Wächtler, der gerade da war: »Pomseline, so einen Witz erzählen Sie nicht noch mal, sonst geht das böse für Sie aus.«

Das war, als ob er gesagt hätte: »Sonst zeige ich Sie an.«

Da habe ich also gemerkt, daß doch alles nur bis zu einer gewissen Grenze ging. Und dann habe ich, wenn auch nur am Rande, ziemlich gut mitgekriegt, wie der Goebbels ganz große Schwierigkeiten hatte mit Hitler, oft nicht vorgelassen wurde. Wenn wir seine Reisen vorbereitet haben ins Führerhauptquartier, dann ist er dahin gefahren mit Sonderzug und allen Schikanen, und dann hat er drei Stunden oder auch drei Tage in der Wolfsschanze gewartet und wurde nicht vorgelassen, weil irgendwelche Hitler-Hofschranzen gegen ihn gearbeitet hatten, und dann kam er wieder zurück, unverrichteter Dinge.

Meine persönliche Meinung ist, daß der Goebbels bestimmt seit 1942 wußte, daß nichts zu retten war. Und daß alle die Artikel im ›Reich‹, die er geschrieben hat, und all die zündenden Reden, die er gehalten hat, daß dieses alles total gegen sein besseres Wissen war. Davon bin ich fest überzeugt. Er hat vielleicht noch an Hitler geglaubt, mag sein, und ans Dritte Reich. Aber nicht mehr an einen Sieg. Ganz bestimmt nicht mehr.

Der Goebbels, ich weiß gar nicht, ob ich ihn jemals in einer Uniform gesehen habe. Ins Haus kam er immer nur in sehr guten Anzügen. Auch um ihn herum war alles sehr gepflegt und dezent.

Klaus von Bismarck (3)
Jahrgang 1912

Das Eichenlaub zum Ritterkreuz habe ich von Himmler, der Hitler vertrat, verliehen bekommen. Himmler war damals, Weihnachten 1944, Oberbefehlshaber der Heeresgruppe Süd an der Westfront. Ich war Oberstleutnant. Bevor wir – wir waren ca. 15 Leute – zu Himmler geführt wurden, hat man uns gesagt, wir müßten alle Waffen ablegen. Das war nach dem 20. Juli 1944. Ich habe gesagt, das mache ich nicht. Da fahre ich wieder nach Hause. Ihr könnt nicht einen Soldaten dekorieren und ihn vorher gewissermaßen entmannen, und sagen, er soll die Waffen ablegen. Und von den 15 Leuten hat sich noch ein zweiter mit mir geweigert. Das löste eine furchtbare Unruhe aus. Himmlers Stabsoffiziere wußten nicht recht, was sie machen sollten. Ich habe ihnen gesagt: »Ich bitte um Verständnis, ich bin nun bald sechs Jahre im Krieg. Wenn ich mich für dieses Vaterland schlage, dann muß ich nicht bei einer Ordensverleihung meine Waffen ablegen.«

Dann haben sie uns beiden die Pistole gelassen. Wahrscheinlich haben sie ein paar Leute eingeteilt, die uns laufend beobachtet haben. Dann kam Himmler. Es war makaber. Sein Hauptquartier war in einer Villa in Villingen, glaube ich, einer großbürgerlichen Villa eines etwas neureichen Unternehmers. Dieser Hintergrund, wenn man so von der Front kam, war natürlich schon irgendwie ein bißchen makaber. Himmler selbst erzählte also in näselnder Sprache – sehr bayerischer Akzent – Geschichten vom Kräutersammeln und gesundem Leben. Er war oberlehrerhaft, jämmerlich eigentlich. Ich meine, ich wußte, daß dahinter eben auch Brutalität steckte. Aber das Äußere, das Schaufensterbild, war das eines spießigen Studienrats.

Die Männer, die das Eichenlaub bekamen, waren natürlich kein Durchschnitt. Das waren wirklich eindrucksvolle »Adler«: Diese Soldaten waren schon Leute, und ich war stolz, daß ich unter ihnen war. Auch noch im Herbst 44.

Aber der deutsche Soldat, der Landser, trägt keine Schuld. Nein, nein, einschließlich der »alten Adler«. Wir lebten nach dem

Grundsatz unserer preußischen Tradition des Pflichtbewußtseins, »wer auf die preußische Fahne schwört, hat nichts mehr, was ihm selbst gehört«. Dieses Ethos, das uns ja einen Zusatzantrieb verlieh, hatten die Landser nicht. Die wollten eigentlich viel lieber zu Hause sein, auf ihrem Hof. Und die Kölner wollten »zu Fuß nach Kölle jon«.

Es ist nie passiert, daß das Infanterie-Regiment 4 oder das Jägerbataillon ein gesetztes Angriffsziel nicht erreicht hat. Und da waren wir sehr stolz darauf. Aber auch ganz schön naiv.

Nun eine Bemerkung zu den Feldmarschällen: Meine Gefühle Manstein gegenüber sind sehr zwiespältig, und zwar deshalb, weil ich ihn schon in Berlin vor dem Kriege getroffen hatte. Ich hatte das Gefühl, das ist ein souveräner, kluger, unglaublich denkfähiger, leiser Mann bester alter Schule. So hatte er sich bei mir erst einmal eingetragen. Einfach vom IQ (Intelligenzquotient), wie man heute sagen würde, eine Klasse sensibler, souveräner als so ein sympathischer Mann wie Busch oder auch wie Bock. Die hatten meiner Meinung nach geistig und menschlich nicht dieselbe Klasse.

Aber ich will noch einmal ein anderes Beispiel für die Haltung der Feldmarschälle sagen, in diesem Fall war es Busch. Ich wurde aus dem Kessel von Demjansk ausgeflogen, ›Fieseler-Storch‹, auf irgendeinen Flugplatz. Und dann fuhr ich – im Winter – auf einer Rollbahn entlang, und da sehe ich so alle 100 bis 150 Meter rechts von der Straße, da sehe ich so zugeschneite Häuflein. Ich denke, was ist denn das? Sind das Säcke? Was ist das nur? Dann habe ich den Fahrer, der mich von der Heeresgruppe in Pleskau (Pskow) abholen sollte, gesagt, halten sie einmal an, bin hingegangen und habe mir zwei oder drei Häuflein angesehen. Das waren erschossene russische Kriegsgefangene. Und das nahm kein Ende. Also ich weiß nicht, wie lang die Strecke war, vielleicht 20 oder 30 Kilometer, aber es waren mindestens fünfundzwanzig Russen, die, immer so 50 Meter weg von der Straße, erschossen worden waren. Russische Kriegsgefangene, waffenlos.

Bin dann zu Feldmarschall Busch hingekommen und habe ihm gesagt: »Herr Feldmarschall, das hier ist eine Riesen-Schweinerei. Ich mache eine offizielle Anzeige.« Und der war ja nun ein väterlicher Mensch. Er sagte: »Das ist wirklich unglaublich, dafür ist der Reichsführer SS verantwortlich. Diese ganzen Geschichten im rückwärtigen Kriegsgebiet! Ich kriege zwar täglich eine Meldung, was da los ist, auch mit den Partisanen und so. Aber das ist ja ganz schrecklich.«

Ich war entsetzt. Wie kann eine deutsche Armee so mit Kriegsgefangenen umgehen? Für uns war das völlig unglaubhaft! Es war 43/44. Und Busch hatte gesagt: »Sie haben vollkommen recht, vollkommen recht. Ich werde prüfen, welche Möglichkeiten ich habe, und feststellen lassen, wer das verantwortet hat, ich werde der Sache nachgehen.« Ich habe dann eine offizielle Meldung hinterlassen. Aber deprimiert hat mich natürlich auch diese fast rührende Hilflosigkeit, weil in diesem Bereich, also im Hinterland, in dem unser eigener Stab lag, so etwas passieren konnte.

Oswald Lauer
Jahrgang 1913

Was ich damals alles gedacht habe auf der Fahrt zum Strafbataillon 500, war für mich nicht beruhigend. In der neuen Kompanie wurde ich mit Hallo begrüßt, was mir als Verbanntem wohltat. Hier trafen sich alle Waffengattungen, Infanteristen, U-Boot-Männer, Luftwaffe, Ritterkreuzträger, Deutsches Kreuz in Gold, ohne die anderen Auszeichnungen zu erwähnen. Rangabzeichen trug keiner, da alle degradiert waren. Alle waren Frontsoldaten und wegen schwerer Verfehlungen, Befehlsverweigerung usw. gegenüber ihren Vorgesetzten hierhin abgeschoben worden, um die Moral der Truppe an der Front nicht zu gefährden. Das Strafbataillon war das Sammelbecken für die Ungezogenen der Wehrmacht. Sie durften sich hier an der Front als Todeskandidaten bewähren. Ich faßte den Entschluß, so lange durchzuhalten, wie es ging. Denn nach allem, was mir bis jetzt passiert war, schien meine Uhr noch nicht abgelaufen zu sein. Das machte mir immer wieder Mut.

Die Landser nahmen ihr Schicksal teils von der humorvollen Seite mit dem Gedanken, heute oder morgen dem Verein Lebewohl zu sagen, wieder zu ihrer alten Truppe zurückversetzt zu werden. Aber das war eine Täuschung. Wer einmal im Strafbataillon 500 war, hatte mit seinem Leben abzuschließen, das Ende war nicht abzusehen.

Die Führung dieses Strafbataillons bestand aus SS-Offizieren. Wir wurden dort eingesetzt, wo Partisanen gesichtet waren, die den zurückweichenden deutschen Truppen schwer zu schaffen machten. Die SS-Verbände, die an sich hätten dafür eingesetzt werden sollen, kamen erst zum Einsatz, wenn wir alles geklärt hatten. Sie führten sich dann als die Abwehrsieger auf. Das gab bei den Landsern gegen die SS böses Blut. Aber wir mußten unser Maul halten, was einigen schwer fiel. Vor jedem Einsatz wurde für drei Mann eine Flasche Wein oder Sekt gespendet, damit sie den Soldatentod leichter ertragen könnten. Durch die tadellose Kameradschaft habe ich in jenen Tagen mein Selbstvertrauen und meine Selbstsicherheit wiedergefunden, besonders nach erfolgreichen Einsätzen, ohne Verluste.

Es mögen 12 bis 14 Tage gewesen sein, daß ich dem Strafbataillon angehörte. Mitten in der Nacht wurden wir auf Lkws in eine neue Stellung gefahren. Nach eineinhalb Stunden Fußmarsch hatten wir die Stellung im Walde erreicht. Dort sei ein kleines Dorf, Feodotovka, in eineinhalb Kilometern Entfernung, sechs Kilometer südlich von Novorossijsk am Schwarzen Meer.

Wir lagen in Vorderhangstellung ungünstig, rechts Rumänen als Flankenschutz. Doch diese hatten sich noch in derselben Nacht zurückgezogen. Wir waren auf uns allein angewiesen. Unser Haufen bestand aus 60 Mann. Hier sollten sich die Partisanen versteckt halten.

Beim Morgengrauen griffen die Partisanen plötzlich an. Wir lagen wie auf einem Präsentierteller da. Mir schwante so was, daß es heute hier auf Biegen oder Brechen ging. Mein Schußfeld war nicht besonders. Es gab zuviele Sträucher. Auf alles, was sich in meinem Blickfeld bewegte, gab ich Feuerstöße. Doch die Partisanen sah man wenig, sie waren gut getarnt. Man hatte mich aufs Korn genommen, obwohl ich in Deckung lag. Instinktiv setzte ich meinen

Stahlhelm auf, was ich sonst nie tat. Der Stahlhelm bot mir für meinen Kopf eine bessere Sicherung im Augenblick, als die ersten Geschosse mir um die Ohren flogen. Ein Scharfschütze hatte mich entdeckt und schoß sich auf mich ein. Ich sollte das MG übernehmen, weil ich am nächsten lag. Aber als ich nach vorne springen wollte, hatte ich schon einen Durchschuß durch den linken Oberschenkel. Ich drehte mich auf der Stelle auf dem Koppelschloß herum und sprang in den nächsten Hohlweg. Noch während des Sprunges erhielt ich einen zweiten Schuß von hinten durch das rechte Hüftgelenk.

Ich kroch, so gut ich konnte, Deckung suchend an die Hohlwegböschung heran. Plötzlich verspürte ich einen dumpfen Schlag gegen meinen Stahlhelm. Eine Eierhandgranate flog an meinen Kopf, detonierte nicht und rollte den Abhang seitlich hinunter. Der Stahlhelm hatte mir im Augenblick das Leben gerettet.

Dann verlor ich das Bewußtsein. Wie lange ich da gelegen habe, weiß ich nicht. Dann spürte ich einen Stoß in meine linke Wunde. Ich tat einen Seufzer und schlug die Augen auf. Auf dem Rücken liegend sah ich über mir in das Gesicht eines Partisanen, ich erkannte ihn an seiner Zivilkleidung, darunter trug er ein Matrosenhemd. Er gab mir zu verstehen: »Ich Partisan.« Der Russe befahl mir, aufzustehen. Ich deutete auf meine Verwundung. Er rief einige Russen herbei, nachdem er mir alle Wertsachen entwendet hatte, den Ehering hatte er übersehen. Ein Bild meiner Frau betrachtete er lange: »Du verheiratet, du Kinder?«

Aus seiner Steppjacke heraus zeigte er mir sein Familienbild. Zwei Russen faßten mich unter den Arm und schleppten mich stundenlang mit einigen Unterbrechungen durch das Waldgelände. Aus allen Durchschüssen strömte bei jeder Beinbewegung Blut an den Beinen herunter. Es muß Nachmittag gewesen sein, als wir vor einem Unterstand eintrafen, welcher in einer Felsenhöhle endete. Hier saß ich nun von aller Welt verlassen beim russischen Regimentsstab, wo auf einem Steintisch armdicke Kerzen brannten. Die Verhöre begannen. In der stinkenden Felsenluft überfiel mich durch die vorhergegangenen Strapazen eine große Müdigkeit. Es wurde mir jetzt bewußt, daß ich am 17. Februar 1943 schwerverwundet bei Feodotovka, sechs Kilometer südlich von Novorossijsk, in russische Gefangenschaft geraten war. Ehemaliger Oberjäger, 129. Jäger-Regiment, 101. Gebirgsjägerdivision (Divisionszeichen Pfeil und Bogen), letzte Einheit: Strafbataillon 500. Ein neuer Lebensabschnitt begann für mich, entronnen dem Kriegsgeschehen. Von der Nazidiktatur befreit, sollte ich nun die kommunistische kennenlernen.

»Endlösung«

Es ist eine der grotesken Ironien der Geschichte, daß der Österreicher Adolf Hitler den Antisemitismus in Deutschland in eine unvorstellbare, einzigartige Form von Massenmord verwandelt hat. Für die Ideologen des Nationalsozialismus war der Judenhaß eng verbunden mit ihrer Abneigung gegen die christlichen Konfessionen und ihrer Verachtung des Christentums gegenüber. Das »neue nordische Heldentum«, das Männer wie Heinrich Himmler vertraten und das von den meisten Deutschen als unsinnige »Spinnerei« abgetan wurde, erwies sich später als Vorbote des Endzieles des Nationalsozialismus: der Ausrottung grundlegender Werte der westlichen Zivilisation. Aber der arische Rassismus hatte seinen Ursprung nicht nur bei den Nazis. Schon vor dem Ersten Weltkrieg spielte überzogener Pangermanismus in der Kultur und der Kunst eine gewichtige Rolle. Die SS sah sich als die Verkörperung der nationalsozialistischen Ideologie in ihrer Vollendung. Ihre Führung hatte sich bereits weitgehend von den Beschränkungen und Bindungen westlicher Zivilisation gelöst.

Das bedeutete zunächst nicht, daß der systematische Holocaust bereits geplant gewesen wäre. Ideologisch gesehen waren die Juden in den Augen der Nazis Parasiten, die »ausgesondert« werden sollten.

Die »Aussonderung« war das Ziel der Nürnberger Gesetze, der Auswanderungspolitik, der systematischen Verfolgung. Gleichzeitig führte Hitlers Außenpolitik seine Judenpolitik aber selbst ad absurdum. Der »Anschluß« Österreichs und des Sudetenlandes gliederte Deutschland weit mehr Juden ein als es bei der Machtübernahme Hitlers gehabt hatte. Der Sieg über Polen gab den Nazis Macht über weitere Hunderttausende.

Nach der Niederlage Frankreichs wurde die Insel Madagaskar ernsthaft als jüdisches Reservat in Erwägung gezogen. Praktikabler aber für die Aussperrung schienen den Nazis »Judenghettos«. Im Oktober 1939 begannen die ersten Verladungen in Hamburg und Wien.

Für »Volljuden« gab es nun keine Alternative mehr. Schon bevor die Deportationen begannen, waren diese Männer und Frauen praktisch von jedem Aspekt normalen Alltagslebens ausgeschlossen worden. Ihre Führerscheine waren eingezogen. Sie durften keine Radios oder Telefone besitzen. In vielen Gemeinden durften Juden nur zu bestimmten Zeiten einkaufen, hatten keinen Zutritt zu Parks und Schwimmbädern, durften an bestimmten Tagen nicht auf den Straßen erscheinen. Alle trugen den Judenstern. Unter solchen Umständen hing ein Überleben von Klugheit, Voraussicht und vor allem von Glück ab. Aber auch der gute Wille mancher deutscher Nichtjuden spielte nicht selten eine rettende Rolle.

Der Antisemitismus in Deutschland war immer eher abstrakter Natur als persönlich gefärbt gewesen. Selbst die meisten Judenhetzer wollten die Juden aussondern, sie aber nicht »ausmerzen«.

Einzelne deutsche Juden nahmen das extreme Risiko auf sich, im Untergrund zu leben; eingesperrt wie in einem »U-Boot«, tauchten sie lieber illegal unter, als das Risiko einzugehen, im KZ umzukommen.

Hitler scheute zunächst davor zurück, die Ausrottung vor den Augen der Deutschen innerhalb der Reichsgrenzen durchführen zu lassen. Aber in Polen hatte die SS freie Hand, inmitten einer nicht-jüdischen Bevölkerung, die offenkundig weitgehend antisemitisch eingestellt war. Der Prozeß der physischen Isolierung war bis zum Jahr 1941 so weit wie möglich abgeschlossen.

Die Invasion in Rußland würde nun weitere Millionen Juden unter Nazi-Herrschaft zwingen. Hitlers Insistieren, daß der kommende Krieg ein Kampf auf Leben und Tod zwischen Ideologien sein werde, prägte die Szene. Himmlers Einsatzgruppen erhielten den Befehl, jeden Juden, den sie im rückwärtigen Heeresgebiet fanden, zu töten. Als Vorwand galt die Verhinderung von Sabotage und die Unterdrückung des Kommunismus. Das reichte als Entschuldigung für viele Armeeführer aus, daß sie wegsahen, als bis zu zwei Millionen Menschen hinter ihrem Rücken massakriert wurden.

Die Bereitschaft der Wehrmacht, diesen ideologisierten Rassenkrieg gegen Wehrlose zu tolerieren oder zu ignorieren, war ein maßgeblicher Faktor bei Hitlers Erwägungen, die »russische Lösung« auszudehnen und den Rest der europäischen Juden in die eroberten Territorien im Osten zu schaffen, um sie dort zu vernichten.

Am 20. Januar 1942 trafen sich hohe Beamte aus Partei und politischer Führung in Berlin-Wannsee. Sie wurden mit der »Endlösung« konfrontiert, dem Vorschlag zur Eliminierung von elf Millionen europäischen Juden, und sie stimmten zu. Im Februar 1942 begannen die ersten Deportationen aus den polnischen Ghettos in neuerbaute Vernichtungslager: Chelmno, Belzec, Treblinka, schließlich Auschwitz/Birkenau.

Angehörige der deutschen Kriegsgeneration, die ihr »Mitwissen« guten Glaubens verneinen, betonen häufig, daß das System seine schmutzigste Arbeit insgeheim verrichtet habe. Die Vernichtungslager wurden in Polen gebaut, und die Wächter zunächst auch aus antisemitischen Volksgruppen des Ostens rekrutiert: Ukrainer, Letten, Litauer. Dennoch stellt sich für diese Generation die entscheidende Frage: »Was wußtest Du über den Massenmord an den Juden?«

Die Antworten darauf, soweit sie ehrlich gegeben werden, sind individuell verschieden, sie rangieren nach dem jeweiligen Informationsstand. Das Regime war entschlossen, die »Endlösung« nach Möglichkeit geheimzuhalten. Viele Soldaten und Zivilisten aber sahen und hörten genug, um ihr Gewissen zu belasten. Wenn sie ihr Herz ausschütteten, so geschah das jedoch im Kreise enger Vertrauter oder gegenüber völlig Fremden im Zug.

In keiner Diktatur ist es opportun, Fragen zu stellen, die Zustände außerhalb des eigenen Verantwortungsbereiches betreffen. Beobachter der öffentlichen Meinung in Deutschland während der Kriegsjahre haben diese als gleichgültig gegenüber dem Schicksal der Juden beschrieben. Andere sprechen von einer Art passiver Mittäterschaft, einem konspirativen Schweigen.

Beide Urteile vereinfachen einen komplexen Tatbestand zu sehr.

Selbst die Opfer des Holocaust glaubten oft nicht, was ihnen bevorstand, wenn sie deportiert wurden. Vage Gerüchte von Hinrichtungen und anderen Greueltaten waren weitverbreitet. Aber für jene Mehrheit der Deutschen, die weder überzeugte Nazis waren noch aktive Regimegegner, war es psychologisch schwierig, solchen Gerüchten Glauben zu schenken.

Als der Krieg sich ausweitete, wurden die persönlichen Opfer, die er jedem abverlangte, so groß, daß sich Interessen und Überlegungen immer mehr einengten. Man schob alles weg, was einen nicht unmittelbar betraf. Emotional waren schließlich mehr oder minder alle überfordert.

Konzentrationslager? Ihre Existenz war natürlich bekannt – aber die meisten glaubten, daß die Insassen dort überleben konnten, trotz harten Frondienstes bei dürftigster Ernährung. Für den Durchschnittsdeutschen ließen die Luftangriffe, der generelle Mangel an Nahrungsmitteln, die Trauer um verlorene Verwandte und Sorge um jene an der Front, die Angst, den nächsten Einsatz nicht zu überleben, und der Gedanke, wie nahestehende Menschen die Bombardierungen zu Hause überstanden, all diese persönlichen Sorgen, wenig Raum, sich mit dem Schicksal anderer zu befassen. Das entschuldigt natürlich nicht, aber erklärt ein wenig die Indolenz der Nichts-sehen-Wollenden. Alles, was in den letzten zwei Jahren des Krieges geschah, floß mit ein in jenen Katarakt von Zerstörung und Untergang, in dem die letzte Vernunft und moralischen Skrupel mit fortgerissen wurden.

Und doch – eines bleibt bei der Lektüre der folgenden Berichte zu bedenken: Die Toten schweigen, und nur die Überlebenden sprechen, und von ihnen wiederum vornehmlich die aus dem kleinen Kreis der Nach-Deutschland-Zurückgekehrten. Das setzt dann doch mehr positive Akzente als im Gesamtbild gerechtfertigt wäre. Der Leser überschätze also die wiederholten Zeugnisse der so noblen Zeugen nicht, die überlebt haben. Sie exkulpieren nicht generell.

Lilo Clemens (2)
Jahrgang 1928

Im Juni 1942 wurden auch die jüdischen Schulen geschlossen. »Kein Unterricht, die Juden brauchen nichts zu lernen.« Und ich, damals 14 Jahre alt, hatte das unverschämte Glück, ich kam nicht in die Fabrik, ich kam als sogenannter »jugendlicher Helfer« auf den jüdischen Friedhof in Berlin-Weißensee. Wer diese Aktion eigentlich ins Leben gerufen hat, ist mir auch heute noch nicht richtig klar. Jedenfalls wurden die meisten Kinder aus den jüdischen Schulen sofort in die Fabriken geschickt.

Sehr viel ganz junge wie mich gab es sowieso nicht mehr. Die waren schon mit ihren Eltern zumeist eben in die Konzentrationslager gebracht worden. Für mich war es darum ein besonderer Glücksfall, auf den Friedhof geschickt zu werden, weil ich der Neigung nach immer mit blühenden, wachsenden Dingen zu tun haben wollte. Und mein Berufstraum war, mal Landschaftsgärtner oder Gartenbauarchitekt zu werden.

Der jüdische Friedhof in Weißensee war damals noch eine herrliche Parkanlage mit Gräbern darin. Nur so kann man das beschreiben. Wunderschöne alte Bäume und Sträucher, Taxus und Eiben und die großen Mausoleen, Anlagen, gepflegt, und Gärtner arbeiteten, und die Gärtnerei existierte. Es wurden noch Chrysanthemen gezogen im Jahre 1942. Ein Jahr später, also ich glaube zu Ende des Jahres 1943, wurde die Gärtnerei dann konfisziert und abgetrennt vom Friedhof, und zum Schluß mußten wir auch darauf schon Gemüse anbauen. Als ich anfing dort, gab es noch Gewächshäuser. Ich habe Blumen binden gelernt, Kränze binden, Werkschmuck binden, und fühlte mich wie im Paradies.

Ich bin auf dem Friedhof geblieben bis Ende 1944, es hat nie eine Razzia gegeben, die Gestapo oder sonstige Leute sind nicht gekommen. Wenn sie je dort waren, dann nicht weiter als bis zum

Bürogebäude, das direkt am Eingang war. Und wir hatten dort wirklich dieses ganze, große Gelände für uns. Es war richtig eine Oase für uns. Natürlich, abends mußte man nach Hause. Und als nachher die Fliegerangriffe anfingen, dann ist man manchmal mehr als den halben Weg gelaufen durch brennende Straßen, durch die brennende Stadt, von Weißensee nach Moabit ist der Weg nicht kurz gewesen, gute zehn Kilometer zu Fuß.

Und da ist auch der Moment gekommen, an einem dieser Tage, an dem ich den Judenstern abgelegt habe. Es war Pflicht, den Stern immer zu tragen. Aber wir hatten hundert Tricks dagegen. Zum Beispiel wurde der auf Druckknöpfe genäht oder mit Sicherheitsnadeln festgesteckt, so daß man ihn mit einem Ruck abnehmen und verstecken konnte. Ich hatte ein Plastikregencape in Himbeerfarbe, das werde ich nie vergessen, und darauf den Stern.

Nach so einem großen Tagesangriff fuhr fast alles nicht mehr – von Weißensee nach Moabit mußte ich dreimal mit der Straßenbahn umsteigen. Ich lief quer über den von brennenden Häusern umgebenen Lustgartenplatz in Berlin. Und irgendwie kam ich plötzlich in eine Rotte Menschen, die anfing: »Da looft doch eene, da ist so'ne Jüd'sche. Die sind schuld an allem.« Die Überschriften, die sie morgens in der Zeitung lasen, hatten gewirkt, und sie fingen an, Steine und Geröll hochzunehmen und zu werfen. Ich sehe mich nur auf diesem Platz, und ich sehe mich nur nach Hause kommen und zu meinem Vater sagen: »Jetzt ist es aus. Du kannst mit mir machen, was du willst, ich gehe nicht mehr mit dem Stern. Lieber ins Lager.«

Und von dem Tag an, erstaunlicherweise, hat mein Vater dasselbe gemacht. Es war sein erstes Zugeständnis an die wirklichen Verhältnisse. Nicht mehr der treue Deutsche, der das tut, was ihm gesagt wird. Das war also das Ende meines Sterntragens, na ja, das sind eben Glückszufälle, daß man nicht in eine Streife gekommen ist, bzw. man hat sie von weitem gesehen und dann das Ding, den Stern, angesteckt.

Ich meine, ich kann mich mit den Leuten aus den Konzentrationslagern nicht vergleichen. Wir haben zwar totalen Krieg gehabt, und wir hatten Verfolgung von morgens bis abends und von abends bis morgens.

Aber man lebt damit. Irgendwie lebt man damit. Zum Beispiel im Luftschutzkeller. Man mußte ja in den Luftschutzkeller. Wir hatten zwar keinen ausgebauten Keller, aber es wurden diese angeblich luftdruckgesicherten Türen eingebaut. Wir Juden durften natürlich nicht rein. Wir mußten davor sitzen, vor der Tür. Meistens war es in diesen Berliner Häusern so, daß der Hauswart dann auch der Luftschutzwart wurde.

In dem Moment, wo der Deutsche einen Titel kriegt, ist er wer, ob er nun der Portier ist oder nicht, er ist jedenfalls wer. So auch unser Luftschutzwart. Und dann, das war im Winter 1943, wurde auch einmal unser Dachstuhl durch Stabbrandbomben in Brand gesetzt. Auch wir haben natürlich Eimer geschleppt. Da hat man wirklich gemerkt, daß die Gefahr unwahrscheinliche Kräfte freisetzt. Das war eigentlich das erste Mal, daß ich so etwas wirklich erlebt habe. Was man da geschleppt hat, stundenlang schwere Wassereimer oder große Bottiche voll Wasser fünf Treppen hoch! Auf jeden Fall, wir konnten unseren Dachstuhl retten, wir haben das Haus gerettet, und am nächsten Abend sagte unser Herr Portier, der Luftschutzwart: »Also, ick sage hier, wenn die Juden haben jeholfen unser Haus retten, dann könn'n sie ooch in'nen Luftschutzkeller.«

Und es sagte niemand etwas dagegen. Und von Stund an saßen wir *hinter* und nicht vor der Luftdrucktür.

Dann kam im Februar 1943 die »Große Aktion«, Berlin sollte »judenfrei« gemacht werden; die in der Rüstungsindustrie arbeitenden Juden wurden am Arbeitsplatz verhaftet und deportiert, meist nach Auschwitz. Mein Vater – und das ist wieder einer jener Zufälle, die uns das Überleben ermöglicht haben – wurde zwar verhaftet, aber nach Hause entlassen, weil er mit einer »Arierin« verheiratet war. Mein Vater und einige andere wurden ausersehen, von Stund an in dem Gebäude der Jüdischen Gemeinde in der Oranienburger Straße sämtliche Akten der Gemeinde zu verpacken, die verlagert werden sollten. Es ist unglaublich, aber doch Tatsache. Die Menschen wollten die Nazis ausrotten. Aber sie wollten beweisen können: guck mal, wie viele Juden wir hier gehabt haben, und jetzt existieren sie nicht mehr. Statistik! Das Archiv der Jüdischen Gemeinde von Berlin, der größten in Deutschland, sollte

verlagert und gerettet werden, auf Befehl der Gestapo. Und bis Kriegsende hat mein Vater dort gearbeitet in der Jüdischen Gemeinde und hat noch die Gestapo-Leute kennengelernt und hat mich noch zum Mischling Ersten Grades erklären lassen*.
Aber das hat mir sehr geschadet, überhaupt nichts genützt, denn ich mußte meine Idylle verlassen, vom Friedhof weg. Ich wurde zu einer Straßenbaufirma vermittelt und habe auf dem Alex** gestanden und Steine geklopft und mir daher den Rheumatismus geholt. Das durfte ich als Mischling dann, ab Herbst 1944. Ich war eine der ersten Trümmerfrauen.

Klaus Scheurenberg (2)
Jahrgang 1928

1941, da war ich 16, wurde ich zur Zwangsarbeit in einer Holzpflasterfabrik verpflichtet. Holzpflaster wird überall dort verlegt, wo Erschütterungen abgefangen werden sollen, unter Flakstellungen, in Panzerfabriken usw. Und so hatte unsere Firma Hochkonjunktur und eine große Judenkolonne. Dorthin fuhr ich mit der S-Bahn. Morgens um 20 nach fünf Uhr fuhr mein Zug. Ich war immer im selben Wagen der S-Bahn und kannte schon alle Leute. Man sagte sich schon guten Morgen. Und neben mir saß ein Maurer, und da war ein Italiener, ein älterer Mann, der immer mit Schlips und Kragen kam, und eine pausbäckige blonde Frau, die nur fünf Stationen mitfuhr usw. Also man kannte sich.

Und dann kam dieser 18. September 1941. Ich mußte zum erstenmal den Stern tragen. Ich genierte mich entsetzlich. Plötzlich war man vogelfrei. Jeder konnte einen anspucken, totschlagen, man war nichts mehr. Ich schämte mich. Ich wollte meine Tasche

* Nach NS-Definition Halbjuden mit zwei jüdischen Großelternteilen
** Alexanderplatz

vorhalten mit den Frühstücksbroten, aber ich wußte, darauf steht die Deportation, das darfst du nicht.

Und so schlich ich dann zur S-Bahn, wollte in einen anderen Wagen einsteigen. Aber das ging ja so schnell, der Wagen kommt, man steigt ein und geht in sein Abteil. Ich stand an der Tür und sagte ganz leise: »Guten Morgen.«

Da guckten die alle hoch und dachten, was hat denn der heute. Und dann sahen sie, was ich da hatte: den Stern. Und jetzt geschah ein Wunder. Ganz laut, wie im Chor, tönte es mir entgegen: »Morgen.« Und dann sagte der Maurer: »Was setzte'n dir nich hin hier uff deinen Platz?«

Und ich sagte: »Ick darf doch nich. Ist doch for mir verboten.«

Und der sagte: »Ach, Quatsch, setz dir hin.«

Und alle nickten, und so setzte ich mich hin. Der von gegenüber kam und gab mir eine Zigarette, und der mit dem Schlips kam und gab mir Feuer, und alle lächelten sie mir aufmunternd zu für ein paar Sekunden – und dann sahen sie sich betroffen an. Ihnen wurde plötzlich klar, sie hatten ihr deutsches Volk verraten. Sie waren ja so erzogen worden in den letzten Jahren, und das war ja Verrat: der Jude war Volksfeind Nummer 1. Bloß weil sie den kannten, so einen kleinen, 16jährigen Jungen. Und nie mehr ist einer von ihnen in diesen Waggon gestiegen, und alle gingen sich aus dem Weg, weil sie eben Angst voreinander hatten, und das war das Typische, wie es typisch ist für alle Gewaltregime.

Am 1. Mai 1943 sah ich zwei Leute der Geheimen Staatspolizei unser Haus betreten, mit langen Mänteln und Schlapphüten. Die waren so geheim, daß man sie auf einen Kilometer Entfernung erkannte. Ich kam die Straße hinunter, die meisten Juden waren ja abtransportiert, und ich saß eine Viertelstunde im Seitenflügel auf der Treppe, ein kleiner 17jähriger Junge, und mußte eine Entscheidung treffen, haue ich ab aus Berlin oder gehe ich mit meinen Eltern und versuche etwas für sie zu tun. Und das war die schwerste Entscheidung meines Lebens.

Ich habe mich dann für meine Eltern entschieden und habe gedacht, weglaufen kannst du vielleicht immer noch. Ich konnte nicht mehr. Ich hatte später eine Chance, aber dann hätten sie meine Eltern gleich erschossen.

Am 8. Mai 1943 kamen wir weg. Und jetzt waren wir im Sammellager in der Großen Hamburger Straße, und da passierte ein merkwürdiger Zufall. Da geht mein Vater im Sammellager über den Flur und trifft Herrn Sasse, der früher Kriminalassistent in unserem Polizeirevier war, und mit dem mein Vater immer zu tun hatte als Hausverwalter des Judenhauses und mit dem er sich ein bißchen angefreundet hatte. Und der Herr Sasse war zur Geheimen Staatspolizei eingezogen worden und machte dort Dienst und sieht meinen Vater und sagt: »Scheurenberg, was machst du denn hier?« Da sagt mein Vater: »Na ja, wir sollen nun nach Auschwitz kommen.« Wir hatten schon die Auschwitz-Nummer. Da sagt der: »Kommt ja gar nicht in Frage, ach, komm mal mit.«

Er ging mit ihm zum Lagerleiter, einem SS-Obersturmführer, und wir durften die Auschwitz-Nummern abgeben und bekamen Nummern für Theresienstadt. Und wir wußten ganz genau, Theresienstadt, da wird noch nicht vergast, das ist zwar Warteraum für Auschwitz, aber wir hatten wieder Zeit gewonnen. Und so kamen wir eben zuerst nach Theresienstadt.

Dort blieb ich bis 1944 und kam dann in Eichmanns Hauptquartier in der Nähe vom KZ Sachsenhausen. Da baute sich die Berliner Gestapo in einem dichten Wald ein geheimes Hauptquartier wegen der Fliegerangriffe auf Berlin. Das haben jüdische Häftlinge gebaut. Die wollte man anschließend umbringen. Viele meiner Kameraden hat man auch umgebracht. Mich haben sie wieder vergessen. Wir hatten dort einen Kommandanten, das war ein kleiner Wiener Stritzi, und der war pervers. Der machte eben alles mit uns, was er konnte, aber er konnte uns nicht vernichten. Er brachte zwar immer welche nach Sachsenhausen oder erschoß mal welche, oder er schlug welche mit einer Kette tot und hatte dabei einen Höhepunkt, und seine Hose wurde feucht. Der Mann lebt noch.

Dort habe ich ein halbes Jahr Eichmann gesehen. Ich kam ganz in seine Nähe. Natürlich, er hat nie mit mir gesprochen, aber ich habe ihn oft erlebt. Er hatte übrigens ein Büro, das ich einmal betreten habe. Das war gespenstisch. Da war das berühmte Hitler-Bild an der einen Wand, Hitler in Feldherrenpose, ganz groß mit dem Mantel umgehängt, und gegenüber die Wand war voller Ölgemälde mit Rabbinern und Thorarollen aus jüdischem Besitz, die Eichmann sich dort hingehängt hatte.

Kurz vor Kriegsschluß, am 11. Februar 1945, kam ich dann zurück nach Theresienstadt. Acht Tage und acht Nächte fuhren wir, bis wir nach Theresienstadt kamen. Denn jetzt wurden wir in der jüdischen Selbstverwaltung in Theresienstadt von Leuten verwaltet, die gerade erst dorthin gekommen waren. Die arisch verheiratet waren, aus Mischehen, keine Ahnung hatten vom Judentum, keine Ahnung hatten, wie man sich im Lager benahm. Ich war ja mit achtzehn doch ein uralter, ausgebuffter Häftling. Ich kannte alle Tricks usw., das kannten die nicht.

Änne Scheurenberg
Jahrgang 1926

Die jüdische Gemeinde in Stettin – sie war ziemlich groß – wurde deportiert im Februar 1940. Meine Großeltern waren dabei und waren 80 Jahre alt. Schon beim Ausladen in Lublin mußte alles Dauerlauf laufen, und natürlich, meine 80jährige Großmutter konnte nicht mehr laufen, und da hat man sie so lange geschlagen, bis sie liegengeblieben ist. Das war schon die erste Tote.

Und mein Großvater ist noch normal gestorben, in der nächsten Nacht. Und dann, das muß so 1943 gewesen sein, kamen sie alle nach Maidanek und Treblinka, und von den ganzen pommerschen Juden haben nur drei Frauen überlebt, die durch irgend einen Glücksfall im KZ Ravensbrück gelandet sind.

Am 20. April war der Geburtstag von Hitler. An dem Tag im Jahr 1940 meldete der Gauleiter für Pommern, Schwede-Coburg: »Mein Führer, Pommern ist judenrein.« Das war sein Geschenk für Hitler.

Aber es blieben noch ein paar jüdische Familien, denn es war eine sehr unorganisierte Abholung, und man hat verschiedene übersehen, unter anderem auch uns. Und wir haben eigentlich immer damit gerechnet, daß sie noch eine Nacht später kämen oder zwei Nächte später, aber es ereignete sich nichts mehr.

Wir waren in Zwangsarbeit in einer Judenkolonne. Ich war damals 13 Jahre alt und bin in Stettin in die jüdische Schule gegangen. Da es aber 1943 in Stettin keine mehr gab, schickte man mich nach Berlin in die jüdische Schule. Ich wohnte in einem jüdischen Mädchenheim und ging noch ein Jahr, bis zum 14. Lebensjahr, in die Schule. Das muß man sich mal vorstellen, diese Schizophrenie. Ordnung muß sein!

1944 sollten dann auch die letzten Juden abtransportiert werden. Wir waren, glaube ich, noch fünf Familien in Stettin, die »Sternträger« waren. Und da rief der Leiter der Gestapo meine Mutter und sagte ihr, daß er unseren Abtransport schon ein paar Mal verhindert habe, aber jetzt nichts mehr tun könne. Dieser Gestapomann war ursprünglich ein wilder Nazi gewesen. Dann verlor er im Krieg seinen Sohn und wurde nachdenklicher, und dann hatte man ihn eingeladen, das KZ Auschwitz zu besuchen. Das hat bei ihm die ganz gegenteilige Reaktion bewirkt. Ich bin mal vorgeladen worden zur Gestapo, weil man mich angeblich ohne Stern gesehen hatte. Jeder andere hätte mich wahrscheinlich gleich dabehalten. Aber er sagte zu mir, ich könne wieder gehen. »Aber ich hoffe«, sagte er, »wir sehen uns hier nicht mehr wieder, denn Auschwitz verläßt man nur durch den Schornstein.«

Daraufhin sind wir untergetaucht. Wir hatten eine Möglichkeit, in einem Keller unter Trümmern leben oder vegetieren zu können. Vegetieren: wir hatten natürlich keine Lebensmittelkarten. Aber mein Vater hatte Gott sei Dank einen sehr guten »arischen« Freund, der hatte ein Lebensmittelgeschäft und hat uns mit Nahrungsmitteln versorgt. Und als er flüchtete, hinterließ er uns auch noch seine Reste. Wir sind dann durch die Russen befreit worden in Stettin.

Karl-Heinz Maier
Jahrgang 1923

Ich wurde Ende 1940 mit 17 Jahren zur Wehrmacht eingezogen und kam bald an die Ostfront. Und da hatte ich ein sehr schockierendes Erlebnis. Ich bin bei Smolensk verwundet worden und bin in das Lazarett in Bobruisk an der Beresina gekommen und habe dort in einem großen Saal gelegen mit etwa 150 bis 200 verwundeten Landsern.

Offenbar waren in der Nähe von Bobruisk Erschießungen von Juden durchgeführt worden. Man hörte auch Knallereien, aber man wußte nicht, was das war. Aber Genaueres erfuhr ich dann durch eine beobachtete Szene. Es ist ja so, daß Pistolen eigentlich ein Privileg der Offiziere waren, aber die Landser waren natürlich alle scharf auf Pistolen. Erbeutete sowjetische Pistolen, die wurden dann getauscht oder verkauft. So hörte ich zu, wie sich ein paar ältere Soldaten über den Preis einer solchen Pistole unterhielten, sich aber darüber nicht einig werden konnten. Der, der die Pistole verkaufen wollte, sagte: »Also, das ist ein ganz ausgezeichnetes Ding, ich habe das mal ausprobiert. Hier werden doch Juden erschossen. Ich war gestern mal draußen und habe so drei bis vier Juden umgelegt. Die liegt ganz phantastisch in der Hand, die Knarre.«

Das war natürlich für mich, der ich einen jüdischen Vater habe, ein außergewöhnlich schockierendes Erlebnis. Das waren keine SS-Leute, das waren einfache Landser, die entweder später gefallen oder in Rußland geblieben oder irgendwo in Deutschland jetzt alte Leute sind, zurückgekommen sind aus der Gefangenschaft, und wahrscheinlich waren sie weder in der NSDAP noch sonstwo drin. Dieses Mordgeständnis war ja nicht mal politisch bedingt, der war ja kein Überzeugungstäter, das war eben einer, der auf Menschen geschossen hat, um eine Pistole auszuprobieren, so wie Kinder mit einem Luftgewehr auf Spatzen schießen.

Das war natürlich sehr schlimm und hat meine spätere Handlungsweise beeinflußt. Als ich aus dem Lazarett entlassen war, bin ich zu meinem Kompaniechef gegangen, habe mich aufgebaut und habe gesagt: »Bitte eine Meldung machen zu dürfen. Ich bin gemäß den Nürnberger Gesetzen Halbjude, also für die Wehrmacht nicht tragbar.« Da hat der mich angeguckt und hat gesagt: »Sagen Sie mal, sind Sie verrückt, das interessiert mich doch überhaupt nicht. Sie sind ein guter Soldat, bringen Sie mich da nicht in Schwierigkeiten. Was soll ich damit anfangen?«

»Ja«, sagte ich, »es tut mir schrecklich leid, ich habe mir das überlegt, ich bin verpflichtet, Sie darüber zu informieren.«

Der hat nun wieder die nächste vorgesetzte Dienststelle angerufen. Die waren auch völlig überfordert. Jedenfalls hat er gesagt: »Gehen Sie erst noch mal in Urlaub, wir haben Ihre Adresse. Der Ersatztruppenteil liegt ganz in der Nähe von Berlin, Sie kriegen Bescheid.«

Also ging ich auf Urlaub. Innerhalb weniger Tage stand denn ein Krad mit Beiwagen vor der Tür und holte mich ab. Ich kam auf die Schreibstube, baute mich auf, machte Ehrenbezeigung, und er sagte: »Stehen Sie bequem, Sie brauchen auch keine Ehrenbezeigung zu machen, Sie sind kein Soldat mehr.« Ich gab ihm mein Soldbuch zurück, das wurde mit dem Wort »Wehrunwürdig« gestempelt. Er gab mir meine Papiere zurück. Ich bin dann nach Hause, bekam vorher die Weisung, mich beim Arbeitsamt zu melden. Das habe ich dann gemacht, und dann kriegte ich die Aufforderung, mich zu einem bestimmten Zeitpunkt am Bahnhof Berlin-Grunewald einzufinden und wurde in ein Mischlingslager in Thüringen verbracht. Da mußten wir alle möglichen Sachen machen, Bauarbeiten usw. Und bei einem Fliegerangriff konnte ich mich von dieser Truppe entfernen. Da meine Heimatstadt Kassel nicht so weit war, konnte ich mich durch den Thüringer Wald in Richtung Kassel absetzen.

In Kassel lebte ich praktisch im Untergrund. Ein Restaurant-Besitzer hat mich und meine Mutter unterstützt, obgleich er ein »alter Kämpfer« war. Aber er war kein Antisemit. Mein jüdischer Vater war vorher schon emigriert.

Kurz vor dem Kriegsende, nachdem ich aus einem »Mischlingslager« in Thüringen desertiert war, hat man mich dann in Berlin von der Straße weg gefaßt und hat mich zu einer Volkssturm-Einheit gesteckt. Wir zogen in Richtung Frankfurt an der Oder, und dann habe ich wieder das gleiche gemacht. Ich bin zu meinem

Kompanieführer gegangen und habe gesagt: »Wissen Sie, ich bin hier wirklich auf der falschen Beerdigung, ich habe mit Ihrem Krieg nichts am Hut. Ich bin jüdischer Mischling.«

Daraufhin hat man mich in ein Gefängnis gesperrt, und da saß ich mit noch einem Menschen in einer Zelle. Das war auch ein Halbjude. Wir haben uns überlegt, was wir machen sollen. Ich hatte aber einen Spieß, das war ein ganz irrer Bursche. Am Abend kam plötzlich der Spieß, sperrte uns in einen Kastenwagen, setzte sich vorne hin und fuhr los. Wir fuhren längere Zeit, dann hielt er an, kam raus, riß die Tür auf und sagte: »Haut ab.«

1947 bin ich nach Israel gegangen und habe gedacht, ich tue jetzt was für die jüdische Seite meiner Familie, und ich möchte das, bitteschön, tun als Deutscher. Ich möchte nicht israelischer Staatsbürger werden. Ich konvertiere auch nicht, ich bin katholisch.

So kam ich dann da an in Israel, und man riß mir als erstes den Arm hoch, ob ich vielleicht eine SS-Tätowierung hätte. Dann hat man mich erstmal bei der Haganah (jüdische Untergrund-Organisation) eingebuchtet. Ich kam dann aber sehr bald zur 7. Brigade der israelischen Armee und bin sehr schnell avanciert bis zum Major und Bataillonskommandeur. In dieser Stellung habe ich den Befreiungskrieg, also den ersten Krieg, mitgemacht. Die 7. Brigade, das waren vorwiegend Amerikaner, Kanadier; der Kommandeur der 7. Brigade war ein hochdekorierter kanadischer Offizier, der die Invasion in der Normandie mitgemacht hatte und der aus einer guten kanadischen Familie stammte. Den Eltern gehörte die Zigarettenfabrik Society. Er finanzierte die 7. Brigade aus eigener Tasche. Die 7. Brigade, die gibt es heute noch. Sie war im Sechs-Tage-Krieg sehr aktiv, auf den Golan-Höhen. Das bemerkenswerteste Gefecht, das zu meiner Zeit von der 7. Brigade geführt worden war, war der Versuch, nach Jerusalem durchzubrechen, da, wo jetzt der Ben Gurion-Flugplatz ist. Damals ist es der israelischen Armee trotz großer Verluste nicht gelungen, einen Durchbruch zu schaffen. Es ging hin und her, aber der Durchbruch gelang eigentlich erst im Sechs-Tage-Krieg.

Bei diesen Gefechten 1948, das war ganz schlimm. Das 72. Bataillon, ich hatte das 79., das ist dort völlig aufgerieben worden.

Obwohl ich so viel erlebt hatte, habe ich mich nach meiner

Rückkehr nach Deutschland nie als Fremdkörper gefühlt. Ich bin ja in dem Sinne nicht in einem jüdischen Haushalt großgeworden, ich bin in einer sozialdemokratischen Familie großgeworden. Ich bin nicht gegen Hitler gewesen, weil mein Vater Jude war, sondern ich bin gegen Hitler gewesen, weil ich so erzogen worden bin. Ob das die Brüder meiner Mutter waren, ob das der Vater meiner Mutter war, – es war eine sozialdemokratische Familie.

Ich fühle mich als Deutscher, habe mich immer als Deutscher gefühlt. Ich hatte auch nie einen anderen Paß. Ich hatte eine preußische Ausbildung bei der deutschen Wehrmacht, die mir dann in der israelischen Armee zugute kam. Deshalb steht auch ein ›Tiger‹ der deutschen Wehrmacht auf meinem Schreibtisch, dann ein alter Patton aus der israelischen Armee, und in der Mitte, das ist Bundeswehr, das ist Sentimentalität. Es stand immer fest, daß ich nach Deutschland zurückgehe.

Fritz Nast-Kolb
Jahrgang 1916

Ende 1943 hat Bosch gesagt, man müsse sehen, daß man mich irgendwie in Sicherheit brächte. Ich war als Angehöriger eines Rüstungsbetriebes UK gestellt, also unabkömmlich. Das war ich von 1940 an. Es hinderte aber schon damals die Gestapo nicht daran, Halbjuden zur Zwangsarbeit in der Organisation Todt zu verpflichten, aus den Betrieben heraus.

Bosch hat damals in Rußland sogenannte Bosch-Dienst-Kriegswerke unterhalten. Das waren Reparaturwerkstätten, die ziemlich nahe hinter der Front betrieben wurden, damit alle Geräte wie Lichtmaschinen, Einspritzpumpen usw. schnell repariert und der Truppe wieder zur Verfügung gestellt werden konnten.

Um mich dem Zugriff der Gestapo zu entziehen, hat Bosch mich Ende 1943 nach Minsk geschickt. Dort war ein großes Lager, das dem Heer unterstand. Die erste Nachricht, die ich nach meiner

Ankunft in Minsk von meiner Schwester, die in Stuttgart lebte, bekam, war, daß meine Mutter nach Theresienstadt deportiert worden war. Meine Mutter war der jüdische Teil. Mein Vater war im Jahr 1940 gestorben, und daher fiel der Schutz für meine Mutter weg.

Ich war dann in Minsk bis September 1944. Dann kam die Front näher. Wir wurden zurückgezogen, und ich blieb noch eine zeitlang in Polen, dort war auch ein Werk von Bosch. Aber auch das wurde dann aufgelöst, und ich kam im September 1944 nach Stuttgart zurück. Da wurde dann gleich eine Werkstatt eingerichtet für die Halbjuden bzw. sonstige aus politischen Gründen Entlassene oder generell gefährdete Personen. Wir waren ca. 30 bis 40 Leute in dieser Werkstatt, davon 14 oder 15 Halbjuden. Es kamen auch Leute von außen dahin, zum Beispiel ein Vikar, der verfolgt wurde, der auch Halbjude war. Es gab auch Mädchen, unter anderem die Schwester eines politisch Verfolgten, die auch übergeblieben war. Dahinter, hinter dieser Rettungsaktion, standen in erster Linie der Nachfolger des alten Robert Bosch, Hans Walz, der damalige Personalchef Debatin und ein Herr Kogowsky, der damals Prokurist war. Sicherlich hat Bosch der Gestapo gegenüber nicht angegeben, für wen die Firma diese Werkstatt einrichtete, denn es waren ja lauter politisch Betroffene. Auch russische Frauen wurden dort beschäftigt. Franzosen waren übrigens auch dabei, Zwangsarbeiter; sie wurden absolut einwandfrei behandelt. Kriegten genau dieselben Lebensmittelkarten wie die Deutschen.

Da war natürlich die Sorge um die Mutter in Theresienstadt, die alles überschattet hat. Ich meine, da schien einem dann das eigene Schicksal verhältnismäßig unwichtig, und man hat es wahrscheinlich auch verdrängt. Meine Mutter hat übrigens überlebt.

Was wohl den alten Robert Bosch, dann aber vor allen Dingen den Generaldirektor Walz und den Chef der Personalabteilung Debatin bewegt hat, uns rassisch und politisch Verfolgte zu schützen? Ich meine, der Grundsatz Robert Boschs: »Sei Mensch und ehre Menschenwürde«, das war keine bloße Floskel. Ich meine, das hat er noch vorgelebt, das war der sogenannte Bosch-Geist, der in der Firma geherrscht hat. Es war eine Firma, in der man in der Auswahl des Personals sehr behutsam vorging. Robert Bosch hat meiner Meinung nach diesen Weg einfach gehen müssen, wenn er nicht sich selbst untreu werden wollte. Das war meiner Meinung nach die Triebfeder. Und Hans Walz natürlich, der sicherlich vollkommen mit den Ideen und mit den Maximen von Robert Bosch einig war, der konnte gar nicht anders handeln. Es ist gar keine Frage, daß Walz ein Gegner des Regimes war. Das wußte man auch im Betrieb. Ich meine, darüber hat man natürlich nicht laut gesprochen, aber man hatte absolut das Gefühl.

Walz ist nach dem Krieg dann auch von den Israelis als »Gerechter der Völker« ausgezeichnet worden, die höchste Ehrung, die ein Nichtjude vom Staat Israel erhalten kann.

Hermann Rosenau
Jahrgang 1926

Mein Vater war der Abstammung nach, wie es damals so schön hieß, »Volljude«, und meine Mutter, wie es ebenso bürokratisch hieß, »rein arisch«.

Ich war bei Ausbruch des Dritten Reiches knapp sieben Jahre alt. Ich kam in eine Mittelschule. Für die Mischlinge ersten Grades gab es lauter »Kann-Bestimmungen«. Kein Schulleiter konnte gezwungen werden, so jemanden aufzunehmen. Da ich mit der Mittleren Reife aus der Schule gehen mußte und schon immer einen Hang zur Technik hatte, habe ich dann mit viel Mühe und Not eine Lehrstelle als Elektriker bekommen. Auch ein Lehrvertrag war damals nicht ganz weltanschauungsfrei. Der Meister, zu dem ich dann kam, war Gott sei Dank überhaupt kein Nazi.

Die Lehrzeit hat mir viel Spaß gemacht. Im Sommer 1943 wurde ich einberufen zum Wehrertüchtigungslager der HJ. Das Wehrertüchtigungslager war eine von der Wehrmacht und der Hitlerjugend gemeinsam betriebene Einrichtung, die in drei Wochen den ungefähr 17jährigen infanteristische oder sonstige militärische Grundkenntnisse vermitteln sollte. Ich bin sofort zum Bürgermeisteramt gegangen in der Stadt Bendorf am Rhein, wo wir wohnten, und habe gesagt: »Ihr habt Euch geirrt bei der Einberufung. Mein Vater ist Volljude. Er war in Bendorf der Leiter der letzten Jüdischen Heil- und Pflegeanstalt in Deutschland.«

Der Vater war zu diesem Zeitpunkt, im Jahre 1942, nachdem die letzten Pflegepersonen und Patienten dieser Anstalt deportiert worden waren, mit zwei anderen Familien noch in Deutschland geblieben. Er führte eine sogenannte privilegierte Mischehe. Das waren Ehen mit einem arischen und einem volljüdischen Partner, bei denen die Kinder christlich erzogen wurden. Wäre das nicht der Fall gewesen, wäre dieses schöne Wort »privilegiert« weggefallen. Wie wir später erfahren haben, war es nur ein Zeitaufschub für die Deportierung. Als ich es sagte, »Ihr habt Euch geirrt bei dieser Einberufung, ich bin Halbjude«, kam die Antwort: »Das ist eine militärische Sache, wenn Sie da nicht hingehen, ist es Fahnenflucht. Und machen Sie also hier bitte keine solchen Sperenzchen.«

In diesem Lager kannte mich keiner, ich hatte also alle Chancen, da zu avancieren. Ich war nach einer Woche der Stubenälteste von Stube 1. Nach weiteren drei Tagen war ich Lagerältester, als es darum ging, irgendein Kulturereignis zu organisieren. Außerdem habe ich dann alle Prüfungen bestanden. Dazu gehörten völlig routinemäßig erstens der Nachrichtengrundschein A, zweitens der sogenannte Reichsschwimmschein. Es hieß ja alles mit »Reichs«. Und dazu gehörte auch das HJ-Leistungsabzeichen. Dazu gab es einen Lichtbildausweis. Ich kam also aus diesem Lager als jüdischer Mischling ersten Grades wieder mit einem gültigen HJ-Ausweis, der sogar eine Stufe besser war als der normale HJ-Ausweis, weil er auch ein Lichtbild hatte. Außerdem wurden dort die besonders guten Absolventen zu »Kriegsübungsleitern« ernannt.

Im Herbst des gleichen Jahres wurde man dann über die Berufsschulen aufgefordert, sich zum Reichsberufswettkampf zu melden. Ich wurde als Elektriker aufgefordert, mich dazu zu melden, und nach der Überlebensdevise unserer Familie: bloß nicht auffallen! habe ich also dieses Formular ausgefüllt und in der Spalte »Sind Sie Mitglied der HJ?« völlig wahrheitsgemäß »Feuerwehr-HJ Bendorf am Rhein« eingetragen. Schließlich hatte ich ja sogar zwei HJ-Ehrenzeichen. Das eine war das Leistungsabzeichen in Silber, obwohl es natürlich aus Blech war. Der Reichswettkampf fand statt auf der Ortsstufe, wo ich mit anderen Lehrlingen zusammen praktische Dinge tun mußte. Ich erfuhr ziemlich bald, daß ich gut abgeschnitten hatte.

Dann wurde ich als Kreissieger eingeladen zum Gauwettkampf. Es kam aber auch ein sportlicher Wettkampf hinzu, weil ein deutscher Junge natürlich körperlich fit ist. Außerdem war über Weltanschauung ein Aufsatz zu schreiben. Ich kann mich erinnern, daß ein Thema, das man sich wählen konnte, lautete: »Was weißt du über Heinrich Himmler?« Und über Heinrich Himmler wußte ich, allerdings aus negativem Interesse, weitaus mehr als alle anderen, z. B. seine Jugend und seinen Werdegang und dergleichen. Offensichtlich habe ich auch in dieser Prüfung, in der ich überhaupt nichts von meiner wahren Gesinnung zu verraten brauchte, gut abgeschnitten. Im übrigen immer nach der Devise und als 17jähriger auch nicht allzu weit denkend: bloß nicht auffallen. Die Angst war damals permanent, da wir ja zusehen mußten, wie an einem Tag 1942 über dreihundert Menschen, Geisteskranke und Gesunde, in Güterwagen auf unserem Bahnhof zusammengepfercht wurden. Zu meinen Grundgefühlen während dieser ganzen Zeit gehörte das Gefühl: sind die anderen überhaupt noch da? wenn ich abends nach Hause kam.

Bei der Gausieger-Ehrung wurde ich nicht eingeladen. Irgend jemand hatte was gemerkt. Aber dann gings weiter. Ich wurde zum Reichswettkampf einberufen nach Ravensburg. Dort waren alle metallverarbeitenden Berufe versammelt, also auch Kupferschmiede und Ankerwickler und was es sonst gab. Ich war Elektroinstallateur. Von jedem Beruf wurde natürlich nur einer Reichssieger.

Diese Einberufung kam im April 1944. Wenn ich mich recht erinnere, war der Tag der Reichssiegerehrung am 28. April 1944, und zwar in Dresden im Dresdner Rathaus. Ich war Reichssieger geworden. Im ersten Stock des Rathauses war eine große Veranstaltung, wo die Jungen und Mädchen, insgesamt einhundertsiebzig, die jeweils in ihrem Beruf Reichssieger geworden waren, dann in Uniform standen.

Dann kam das Festkomitee in Gestalt des, wie er genannt wurde,

Reichsorganisationsleiters Dr. Ley, des Chefs der Arbeitsfront, also der Nazi-Gewerkschaft, des Reichsjugendführers Axmann, der die rechte Hand verloren hatte, des Nachfolgers von Schirach, der einen sehr ruhigen und besonnenen Eindruck machte und natürlich dadurch auffiel, daß er einem die linke Hand gab statt der rechten.

Mit jedem dritten wechselte das Komitee ein paar freundliche Worte, und ich war einer von diesen dritten und wurde gefragt, wo ich herkomme usw. Die üblichen Unverbindlichkeiten, wurde aber hinterher auch noch von einem Mikrofonträger des Reichsrundfunks interviewt, so daß unsere arischen Verwandten in Danzig, die ja den Vorzug genossen hatten, bis 1939 die Nazis nicht aus der Nähe, sondern nur in etwas gemilderter Form zu erleben, mit Erstaunen hörten, daß der verfolgte Teil der Familie es zu solchen Ehren gebracht hatte.

Diese selbe Nachricht hörten natürlich auch die Nazis in meinem Heimatort Bendorf und fuhren aus der Haut. Nach der Siegerehrung und den Interviews ging es dann runter in den Ratskeller, denn zu den Reichssiegern gesellten sich noch Ehrengäste. Dann erhoben sich alle, und ich weiß nicht, ob noch eine Kapelle gespielt hat, jedenfalls kamen dann die Oberen Zehntausend herein in Gestalt von wiederum Dr. Ley, Axmann und ein paar anderen und nahmen Platz an unserem Tisch, so daß also die für mich irgendwie doch triumphale Situation entstand, daß ich als bisheriger Untermensch nun mit diesen Größen mal zusammensaß, ohne daß die wußten, wer ich war, im Gegenteil, ich hatte ja gerade noch von denselben einen Blechorden empfangen.

Als ich wiederkam nach Bendorf, war zu Hause schon allerhand los. Der Berufsschuldirektor, der mich zum Wettkampf angemeldet hatte, war krank geworden vor Aufregung. Sechs Wochen lang wurde ich abwechselnd zur HJ, Gestapo und Polizei bestellt. Man befragte mich mehrmals.

Aber die Verhöre hörten irgendwann auf, und ich bekam Wochen später von der Reichswettkampfleitung in Berlin ein Schreiben, in dem stand, ich hätte durch meine Angabe, ich sei Mitglied der HJ, die Wettkampfleitung des Berufswettkampfes bewußt getäuscht. Deswegen würde mir der »Reichssieg« wieder aberkannt, und ich sollte die Urkunde und diesen Orden wieder zurückschikken. Das habe ich nicht getan, weil ich nun auch ein bißchen stolz darauf war, daß ich ja immerhin in einem solchen Wettbewerb der Reichsbeste gewesen war.

Inzwischen waren die meisten Städte zerbombt, so auch Koblenz. Die HJ-Zentrale mußte umziehen, die Gestapo-Zentrale auch. Sie alle verloren die Übersicht. Diesem Umstand verdankt die Familie Rosenau, daß sie nicht auch noch als »privilegierte Mischehe« gen Osten abtransportiert worden ist.

Rückblickend muß ich feststellen, daß zum Beispiel das Wehrertüchtigungslager mir großen Spaß gemacht hat. Ich war zum erstenmal nicht ausgeschlossen. Kein Mensch hat mich als ein sonderbares, verkrüppeltes Insekt betrachtet. Das Ausgeschlossensein, auch in der Schulzeit schon, wo alle guten Freunde, die ich hatte, dank ihrer Intelligenz und sonstigen Tüchtigkeit natürlich HJ-Führer waren, hat bei mir natürlich auch immer die Bedrückung ausgelöst, nicht dabeisein zu können und nicht mitmachen zu dürfen.

Hanns-Peter Herz (2)
Jahrgang 1927

1942 kamen für uns Gymnasiasten die Kriegseinsätze auf dem Lande und hier in der Stadt. Vorher war schon der Brief über den Rausschmiß aus der Schule aufgrund der Erweiterung der Nürnberger Gesetze beim Direktor eingetroffen, der wurde aber zurückgehalten, damit ich erst die Kriegseinsätze noch mitmachte.

In die Zeit fällt auch ein anderes Erlebnis. Unser Nachbar in Berlin war SS-Hauptsturmführer im Reichssicherheitshauptamt. Dieser SS-Hauptsturmführer war ein Nazi der ersten Stunde. Es war 1943, als die Aktionen gegen Mischehen in Berlin begannen, mit Verhaftungen und Überstellungen in ein Haus in der Rosenstraße. Kurz bevor das passierte, sagte unser Nachbar zu mir: »Wo ist dein Vater?« Ich sagte: »Der ist oben.« Wir hatten gemeinsame Kellerausgänge zum Garten, und da konnte man sich sehr unbeobachtet und ungestört unterhalten. Da sagte er: »Hol' doch mal deinen Vater runter.« Ich holte ihn. Da sagte er: »Herr Herz, ich möchte Ihnen sagen, Sie sollten jetzt besser für die nächsten Wochen verschwinden. Es passieren große Aktionen, und ich weiß nicht, inwieweit Sie davon erfaßt werden. Es ist besser, Sie tauchen irgendwo unter.«

Wir haben dann meinen Vater aufs Land gebracht zu den Verwandten meiner Mutter in Sachsen-Anhalt, in ein Dorf mit 300 Einwohnern, wo jeder jeden kannte. Dort hat er die erste Woche in einem winzigen Zimmer im Hause meiner Großtante Tag und Nacht zugebracht, und nachts, wenn es dunkel war, ging er mal auf den Hof.

Gegenüber wohnte der Ortsbauernführer, Mitglied der NSDAP, eine Familie, die wir seit Jahrzehnten kannten. Der kam zu meiner Großtante und sagte: »Du kannst mir nichts vormachen, bei dir ist der Hanns. Ich habe den husten hören, den Husten kenne ich. Der war doch schon oft hier und hat oft da oben geschlafen.« »Na ja, der ist hier und muß sich verstecken.« »Warum muß sich der denn verstecken? Der soll rauskommen, hier passiert ihm nichts.« Mein Vater kam dann, und dann haben sie sich unterhalten. Da kriegte er erstmal illegal Lebensmittelkarten. Und dann kam der Ortsbauernführer jeden Tag mit Milch, Butter und Wurst. Und dann brachte er noch zwei andere Mitglieder der NSDAP mit, und mein Vater spielte mit ihnen Skat. Das fand jeden zweiten Abend statt. Und wenn irgend etwas im Busch war, wenn irgendwelche Bonzen kamen, dann wurde gewarnt. Es vergingen drei Monate, dann konnte er wieder nach Hause zurück, das Dorf hielt dicht.

Ich kam einmal in den Ferien auf den Bahnhof Friedrichstraße, um dort in der Gepäckaufbewahrung als Gepäckträger meinen Kriegseinsatz zu machen. Da waren vier Reichsbahner, die in dieser Gepäckaufbewahrung tätig waren. Und die schlichen auch mindestens zwei bis drei Tage immer um mich herum. Dann kam die Frage, warum bist du nicht in der Hitlerjugend? Meine Antwort, nach einigem Zögern, war, ich darf da nicht rein und will da auch nicht rein. Das Eis war gebrochen. Von dem Tag an brachten sie mir aus ihrem Garten Obst mit, brachten mir auch einmal eine Stulle mit. Dann dauerte es ungefähr eine Woche, dann nahm mich der Chef beiseite und sagte: »Paß mal auf, wir, die wir hier sind, mögen die Nazis auch nicht. Ich bin zum Beispiel Zugführer, ich bin degradiert worden wegen einiger Äußerungen, die den Herrschaften nicht gefallen haben. Wir haben uns eine Praxis angewöhnt, wie wir diesen braunen Herrschaften ein Schnippchen schlagen. Und wir wollen dich da jetzt einweisen.«

Es kam also ein SS-Mann mit einem riesigen Blechkoffer. Mein Chef nahm den Koffer, einer wurde postiert als Wache, und ich mußte mit nach hinten gehen. Da stand ein riesiges, verstärktes Stahlregal. Da sagte er: »Und jetzt behandeln wir den Koffer spezial.« Er nahm den Koffer und warf ihn immer wieder rein in das Regal, und es dauerte nicht lange, dann tröpfelte an den Seiten etwas heraus. Es wurde identifiziert auf der einen Seite als Olivenöl, auf der anderen Seite als Parfüm, gemischt mit Likör. Da sagte er: »Nun paß mal auf, was sich hier abspielt.«

Nach ein paar Stunden kam dieser SS-Offizier wieder, holte seinen Koffer ab und erhob ein fürchterliches Geschrei. Da sagte unser Chef: »Ja, was ist denn?« Der SS-Offizier: »Sehen Sie denn nicht, was Sie hier angerichtet haben?« Da sagte der Chef: »Machen Sie doch mal auf, damit man feststellen kann, was passiert ist.« Er machte den Koffer auf, da war nur noch ein Gemisch aus Scherben und Damenwäsche, aus Öl, Parfüm und Likör drin usw. Der Koffer kam aus Frankreich. »Ich werde Sie anzeigen«, brüllte der SS-Offizier. »Sie müssen Strafe bezahlen!« »Gut«, sagte mein Chef, »kommen Sie mit zur Bahnhofskommandantur, aber ich glaube, so etwas darf man gar nicht mitbringen aus den Ländern, wo Sie herkommen.« Da machte der den Koffer zu und verschwand.

Da sagte der Chef: »Siehste, so machen wir das.« Und so haben die das jeden zweiten Tag da gemacht. Und das war ihre Art, Widerstand zu leisten. Eine Art, die mich doch sehr beeindruckt hat. Diese Leute und die Leute auf dem Dorf und der SS-Hauptsturmführer, der meinen Vater gewarnt hatte, die haben mich bestärkt darin, daß man doch hierher gehört. Daß man doch nicht so alleine stand.

Ich flog 1942 aus der Schule und bekam eine Lehrstelle bei einer Schrottfirma, beim Ostdeutschen Schrotthandel, einer Firma, die damals zum Friedrich-Flick-Konzern gehörte, also zu den Mitteldeutschen Stahlwerken. Ich wurde am zweiten Tag zum Altchef bestellt, der mich fragte: »Du willst Schrotthändler werden?« Ich sagte: »Ja.« Da sagte er: »Mein Junge, nimm dir ein Beispiel an mir, ein anständiger Schrotthändler muß mindestens einmal gesessen haben. Ich habe zweimal gesessen.« Und dann sagte er: »Der Generalbevollmächtigte hier in der Firma, der trägt das Parteiabzeichen. Da stör dich aber nicht dran, der ist genauso anständig wie alle hier.« Der Prokurist, den wir dort hatten, der ließ schon in der zweiten Woche alle Lehrlinge, es waren fünf an der Zahl, antreten, und dann sagte er: »So, jetzt will ich euch mal auf eine andere Weise miteinander bekannt machen. So seid ihr sicher noch nicht bekannt gemacht worden.« Da sagte er zu mir: »Den stelle ich als ersten vor, der ist rassisch verfolgt.« Und dann kam ein Mädchen, das war die Tochter eines Kommunisten, der im KZ saß usw. Alles Kinder von politisch verfolgten Leuten. »So, nun wißt ihr, wie ihr miteinander umgehen könnt.«

Dora Völkel
Jahrgang 1917

Der Teil Polens, in dem ich geboren bin, gehörte vor dem Ersten Weltkrieg zu Österreich. Meine Eltern, die haben beide deutsche Schulen besucht. Wir sprachen deutsch. Ich ging aufs Gymnasium und lernte Deutsch und Latein. In der Zeit von Pilsudski ging es den Juden relativ gut.

Wir waren auf dem Lande, als der Krieg ausgebrochen ist. Als »um 5.00 Uhr zurückgeschossen wurde*«, sind wir alle raus auf den Balkon und dachten, es wäre ein Fliegeralarm, bloß so von der

* Hitler am 1. September 1939, Ansprache an das deutsche Volk.

polnischen Wehrmacht, und da sagte meine Mutter, sie konnte sie sehr gut sehen, sie sagte: »Nein, meine Kinder, da ist ein Hakenkreuz an den Flugzeugen, das sind die Deutschen, es ist Krieg.«

Mein Vater war kein orthodoxer Jude. Er war ein sehr fortschrittlicher Mann.

Ich war die einzige Jüdin bei uns in der Klasse auf meiner Schule. Es gab in Polen Antisemitismus, bevor die Deutschen kamen. Die letzten zwei Jahre war der Antisemitismus so groß, daß die Kameraden, die mit mir zusammen in die gleiche Klasse gingen, mich jahrelang nicht mehr gegrüßt haben.

Als nun der Krieg kam, da hat der Vater meine Mutter und meine zwei Schwestern und mich auf ein Fuhrwerk verladen und uns aufs Land geschickt. Wir haben gewohnt bei einem jüdischen Bauern. Mit einem Mal haben wir gesehen, daß unsere Stadt brennt. Der Flughafen hat gebrannt, und da waren große Kämpfe.

Als die Deutschen kamen, wollte der erste, den ich kennengelernt hatte auf dem Lande, mich sofort heiraten. Da habe ich ihm gesagt, das ist ja Rassenschande. Da hat er zu mir gesagt: »Das interessiert mich gar nicht. Der Polenfeldzug ist zu Ende, ich fahre nach Hause und Weihnachten komme ich und hole dich und heirate dich.«

Das war meine erste Begegnung.

Wir kriegten von der jüdischen Gemeinde eine kleine Wohnung zugewiesen, am, wie es nachher hieß, »Hitlerplatz«. »Ringplatz« hieß es früher. Sie sind gegen die Polen kaum vorgegangen, nur sofort gegen die Juden. Da war es kalt, der erste Winter war sehr kalt. Wir trugen keinen gelben Stern. Wir trugen einen blauen Judenstern. Wir durften als Juden nicht abschließen die Tür, Haustür nicht, Wohnungstür stand immer offen.

Von dort mußten wir nachher wieder in ein Judenviertel. Da haben wir ein Zimmer gekriegt, es ging also immer mehr bergab. Die deutschen Soldaten waren nett zu uns, es ist oft auch passiert, wenn die den Judenstern gesehen haben, daß die Fliegersoldaten zu mir gesagt haben: »Fräulein, machen Sie das Ding ab, kommen Sie mit uns ins Kino.«

Für die Gestapo waren wir Freiwild, und die hat ohne Grund auch mal einfach auf der Straße Juden erschossen. Die polnische

Bevölkerung allgemein hat nicht gelitten. Zum Teil waren die Polen sehr froh, daß die Juden so gejagt wurden und daß man sie umgebracht hat. Zu meiner Freundin habe ich gesagt: »Weißt du, mit jedem Soldaten kannst du gehen, es ist Krieg, und im Krieg können die Leute nichts dafür, daß sie Soldaten werden. Das ist überall so auf der Welt. Und die sind nicht alle Nazis. Bloß einer bei der Gestapo, das ist ein Mörder.«

Als dann später der Rußlandkrieg begann, da mußten alle Juden abgeben ihre Pelzsachen. Und wer das nicht gemacht hat, oder man hat jemanden angetroffen mit Pelz, wurde erschossen. Und ich kenne eine junge, sehr hübsche Frau, die hatte Hausschuhe aus Kaninchenfell mit solchen Bommelchen drauf, und die hat so einen kleinen Kramladen gehabt. Die waren schon immer sehr arm. Und da hat man die vors Geschäft geholt und auf der Straße erschossen, weil sie diese Stückchen Pelzbommelchen auf den Hausschuhen hatte, von der Gestapo natürlich.

Sehr ernst wurde es 1942. Da habe ich auf dem Fliegerhorst, auf dem die Deutschen lagen, gearbeitet, ab und zu brauchte man ja jemanden, wenn ein Kameradschaftsabend war, oder um die Tische sauberzumachen. In der Küche mußte ich die Kessel saubermachen, und da ich so klein und zierlich war, bin ich in diesen Kessel reingekrochen, die Füße gewaschen vorher und dann von innen saubergemacht. Als ich in dem Kessel arbeitete, da ist mir mein Pullover beim Bücken so hoch gerutscht, und da kam Herr Neumerkel herein, ein sehr gut aussehender Mann, und sagte zu mir: »Na Fräulein, ziehen Sie sich immer gleich aus?«

Ich wurde puterrot. Und der hat mir das Leben gerettet. Im August mußten alle Juden mit Gepäck, 20 Kilogramm Gepäck glaube ich, auf einen Riesenviehplatz alle hin, und meine Mutter und meine älteste Schwester, die haben sich versteckt bei christlichen Bekannten im Schweinestall. Da kam Herr Neumerkel, und man hat ausgesucht Leute zur Arbeit. Und die, die zur Arbeit ausgesucht wurden, haben nachher eine Bescheinigung gekriegt, daß sie leben dürfen. Da kam der Herr Neumerkel, der hat gesagt: »Die muß ich haben«, und zeigte auf mich. Da fragt er: »Hast du hier noch Verwandte?«

Da sagte ich: »Hier, meine Cousine, meine Schwester.«

»Ist noch jemand da?«

Und da sage ich: »Mein Vater steht da.«

Und mein Vater hat so einen kleinen Schritt nach vorn gemacht. Die Deutschen hatten Ukrainer als eine Art Hilfspolizisten. Die Ukrainer waren schreckliche Antisemiten und Mörder. Und da hat man meinen Vater vor meinen Augen halb totgeschlagen. Dann sind die Leute, die keine Arbeit hatten, vor allen Dingen ältere Leute und Kinder, auf einen Lastwagen rauf und rein in den Wald, und da hat man sie ermordet und erschlagen. Da ist mein Vater umgekommen und damit auch alle meine jüdischen Freundinnen und Freunde.

Meine Mutter war versteckt und meine Schwester war versteckt und die kleine, die jüngste Schwester, die war noch da mit mir zusammen. Wir sind gleich abmarschiert zum Flughafen und haben da gearbeitet. Als ich auf dem Fliegerhorst arbeitete, als Putzmädchen, gelang es mir, meine Mutter und meine Schwester in den Flughafen hineinzuschmuggeln. Ich habe meine Mutter und meine Schwester in dem Keller, in dem Aufenthaltsraum, da, wo wir unsere Besen und die ganzen Geräte hatten, versteckt. Ich war natürlich sehr ängstlich und aufgeregt. Da fragt mich der Neumerkel: »Was hast du denn, ich habe doch alles gemacht, was ich konnte.«

Da habe ich gesagt: »Ich habe meine Mutter und meine Schwester versteckt.«

Und da sagte er: »Prima, Mädchen, wo hast du sie versteckt?«

Ich sage: »Hier auf dem Fliegerhorst.«

Da sagt er: »Was? Wie ist denn das möglich?«

Na ja, da habe ich das so erzählt, und da sagt er: »Na, ist gut, zum Abendappell sollen sie rauskommen. Und ich erledige das bei der Gestapo und besorge für sie die Arbeitsbescheinigungen.«

Ist das nicht ein wunderbarer Mensch? Da hat Herr Neumerkel uns das Leben gerettet, und meine Mutter hat dann gearbeitet, ein bißchen Staub gewischt. Und dann hat meine Mutter gearbeitet im Speiseraum, in dem die Soldaten gegessen haben. Es sind sehr viele herangekommen und haben zu ihr gesagt: »Da und da an diesem Tisch habe ich für Sie Essen gelassen.« Wir hatten ja keine Lebensmittelmarken.

Ich habe von August bis Januar in Krossno in Polen auf einem

Fliegerhorst gearbeitet. Vom Februar 1944 bis August in einem Lager bei Krakau. Das war ein schreckliches Lager. Und dann nach Auschwitz im August. Von November 1944 bis 3. Januar 1945 war ich in Bergen-Belsen, vom 3. Januar bis März in Aschersleben, von März bis 8. Mai in Theresienstadt, und dann bin ich befreit worden von den Russen.

Als die Russen immer näher kamen, da sind wir im Januar 1944 nach Plaszow bei Krakau gekommen. Das war ein reines Arbeitslager. Es war Winter, es war Schnee, und es war ein wunderschöner Tag, und wir kamen durch das Tor rein, und ich sah nur den Schnee und dann die Sonne und dann war Feuer, aber ich wußte nicht, was es war. Und ich sagte: »Mutter, guck mal, wie das schön aussieht.«

Sagte sie: »Mein Kind, sei ruhig, da brennen Menschen.« Da haben wir gearbeitet. Ich habe in der Stickerei an den Socken die Fersen angenäht, und meine ältere Schwester war zusammen auch mit meiner Mutter. Meine jüngste Schwester hatte die Schneiderei, mein Bruder auch.

Im Mai 1944 mußten wir alle auf den Appellplatz. Da haben sie schon ausgesucht zur Vergasung nach Auschwitz. Das war die Selektion. Und da haben sie meine Mutter mitgenommen. Da habe ich sie noch gewaschen und entlaust. Also die war ungefähr 42, aber sie sah aus wie 80. Eine wunderbare Frau, ein Engel. Und daß man die besten weggenommen hat, deshalb glaube ich nicht, daß es einen Gott gibt. Die SS hat zu mir gesagt: »Du kommst auch noch an die Reihe.«

Aber es hat nicht lange gedauert, es kamen die Russen immer näher, und da kamen wir nach Auschwitz. Da sind wir mit dem Zug gefahren nach Auschwitz. Da habe ich mir gesagt, na, vielleicht triffst du noch deine Mutter. Da hab ich sogar gefastet und habe gesagt, wenn ich noch eine Sekunde meine Mutter sehen kann, glaube ich, daß es einen Gott gibt. Aber sie war schon Asche.

Wir waren nach meiner Schätzung in Auschwitz vielleicht 20 000 Leute. Als wir nach Auschwitz ankamen, stand da: »Arbeit macht frei.«

Und da kam die erste Selektion.

Wir mußten uns ausziehen und nackt paradieren. Da stand ein hoher SS-Mann, es war Dr. Mengele. Er stand ganz alleine, nicht mit den Gruppen von anderen SS-Leuten, mit einem Hund da. Meine älteste Schwester hat sehr Angst gehabt vor dem Tod. Da habe ich zu ihr gesagt: »Brauchst keine Angst zu haben, geh als erste, und ich komme hinterher. Sollte man dich vergasen, ich komme mit. Du bleibst nicht allein. Aber eins: Steckt alle den Busen raus.«

Wir hatten sehr kräftigen Busen, und: »Da sehen wir gesund aus.« Und dann sind wir so vorbei, und da kam Dr. Mengele ran zu mir, faßt mich am Busen an. Nachher habe ich erfahren, er wollte sehen, ob ich schwanger bin. Weil die Schwangeren, die konnten gleich vergast werden. Vorher saßen wir draußen, und von Häftlingen wurden uns überall, wo es sie gibt, die Haare abgeschnitten. Und da hat mich einer am Busen gefaßt. Da habe ich dem eine reingeknallt. Da hätt er mich natürlich anzeigen können, war wahrscheinlich ein Kapo. Dann hätte man mich erschossen.

Später mußten wir in eine Halle. Wir wußten nicht, ob wir vergast werden sollten. Da kam Wasser aus den Hähnen. Da wußten wir, wir bleiben am Leben. Meine Schwester neben mir sah so komisch aus, die jüngste. Sie sah aus wie ein Junge, den wir kannten, und sie fing an zu lachen. Bei dem ganzen Unglück mußte auch ich lachen. Ich weiß, es war hysterisch. Und ich habe gerufen: »Mathilde, wo bist du denn?«

Sie sagte: »Was willst du, ich stehe doch neben dir.«

Und da fing ich wieder an zu lachen und sagte: »Du siehst aus wie der Wolf Sowieso.«

Dann kriegten wir nachher Lumpen zum Anziehen, und dann kamen wir nach Birkenau. Wir kamen in einen riesengroßen Schuppen. Mir wurde schlecht. Ich dachte, jetzt fällst du in Ohnmacht. Man konnte nicht hinfallen, weil, es stand ein Körper neben dem anderen. Man hat uns sehr viel geschlagen und kaum was zu essen gegeben, und da konnten Sie mal sehen, wie Menschen zu Tieren wurden. Viele Menschen haben die menschliche Würde verloren. Und wir waren drei Schwestern, da haben wir es immer so gemacht, daß wir eine Portion Brot uns behielten, falls wir mal nichts zu essen kriegen. Ich habe mir vorgenommen, wenn sie dich nicht vergasen, nicht zerschlagen, nicht erschießen, du schaffst es. Bloß aufpassen, nicht krank werden. Aber trotzdem habe ich die

Ruhr gekriegt und bin krank geworden. Und ich war bewußtlos. Und meine Schwester hat mich immer saubergemacht und so. Wenn die das erfahren hätten, hätten sie mich vergast.

Wir haben Steine getragen von hier bis da. Vielleicht einen Kilometer lang. Von da, hingelegt, anderen Stein genommen, zurückgetragen. Und auf der Latrine beispielsweise bei Tag haben wir uns gar nicht getraut, weil es ja vorgekommen ist, daß Frauen kamen und haben jemanden reingeschubst. Also ging es nur nachts.

Und da war das Feuer. Das hat man gesehen. Es war hell, das Feuer vom Kamin. Es hat Tag und Nacht gebrannt. Da waren Leute aus Ungarn gekommen. Heute brennen die Ungarn. Und wir haben immer noch gewartet, wann wir reinkommen. Ich wußte, daß man Menschen verbrennt. Aber ich wußte, ich schaff's. Ich war so wütend. Ich habe gesagt, ich schaffe es, wenn die mich nicht umbringen. Da war auch so ein bißchen jüdische Chuzpe.

Dann kamen die Russen immer näher. Es wurde immer mehr bombardiert, und November, also es war kalt, regnerisch, schlechtes Wetter, kam es wieder mit Verschickung. Sie konnten nicht so schnell vergasen, wir waren zu viele. Die Russen kamen sehr schnell immer näher, immer näher. Und wenn es Fliegeralarm war, da sind wir rausgegangen und haben uns natürlich gefreut. Und da habe ich noch zu meiner Schwester gesagt, jetzt laufen wir nicht weg, jetzt gehen wir mit. Ich habe die Kraft nicht mehr; wir kamen nach Bergen-Belsen. Das war November 1944. Und da hat es geregnet, ein wunderschöner Nieselregen. Nicht kalt eigentlich. Und da haben sie uns abgestellt irgendwo neben einem Wald. Da ist sehr viel Wald. Wir wußten nicht, daß es die Lüneburger Heide ist. Das habe ich erst hinterher alles erfahren. Und die Decken, die wir hatten, die durfte man nicht ablegen, die mußte man immer bei sich haben, und die wurden immer, immer schwerer, und wir kriegten drei Tage nichts zu essen, nichts zu trinken. Das war wieder eine ganz andere Art zu töten: Aushungern.

In Bergen-Belsen, das war eine andere Methode – verhungern lassen. Und dann eines Tages durften wir uns waschen, weil die Deutschen so Angst vor Krankheiten hatten.

Und eines Tages, da kamen drei Zivilherren mit braunen Hüten, und sie haben gesucht Leute zur Arbeit. »Guck mal, das sind drei

Herren in Zivil. Sie sehen aus wie Menschen. Es sind keine Tiere. Nicht so wie die SS. Es sind Menschen, bleib stehen.«

Da mußten wir zeigen die Hände. Da wir in den verschiedenen Lagern ziemlich schwer gearbeitet haben, hatten wir Schwielen drauf. Die Herren haben uns rausgeholt. Am 3. Januar 1945 kamen wir von da nach Aschersleben in die Junkers-Fabrik. Und da haben sie Flugzeuge gebaut. Da ging es eigentlich verhältnismäßig gut. Wir konnten uns waschen. Ich mußte an einer Flugzeugfläche nieten. Da hat man dann in die Hand genommen so eine volle Hand mit Nieten und mit einem Preßhammer hat man genietet. Vor Angst habe ich schnell kapiert, und da ging es, und da ich die Kraft nicht hatte, bin ich da immer mit dem ganzen Körper da rein. Auf der anderen Seite war ein deutscher Meister. Und der hat mir einen Apfel geschenkt. Und da hat er zu mir gesagt, wenn jetzt die Amerikaner kommen, soll ich sagen, daß er zu mir so gut war.

Von Aschersleben, da sollten wir nach Buchenwald zur Vergasung. Aber da waren schon die Amerikaner im Land. Dann hat man uns im März weitergeschickt. Und dann kamen wir nach Theresienstadt. Da sollten wir vergast werden. Aber die Gaskammer wurde nicht mehr fertig. Und am 8. Mai sind wir befreit worden von den Russen.

Für mich war das wichtig, als mein Mann kam. Ich dachte, plötzlich kommt ein Mensch nach so viel Jahren, der kümmert sich um dich, um deine Schwester, und nachher waren wir in Berlin. Da habe ich mein Kind gekriegt mit Mühe und Not, ein wunderbares Mädchen.

Wenn ich so zurückdenke, so sehe ich die SS-Bewacher vor mir. Ich weiß nicht, wie kann man so sein als Mensch? Also im Prinzip sind das primitive Leute. Das waren Tiere. Sagen wir, die SS-Männer, die waren gute Väter, gute Männer, aber wenn sie zu uns kamen, haben sie uns fertiggemacht. Sie haben uns geschlagen, sie haben uns gejagt, sie haben uns gemordet. Die Pistole saß locker. Und ich weiß nicht, wie ein Mensch so werden kann. Die Frauen waren schlimmer. Das war so viel Sadismus. Als wir da nackt standen in Auschwitz, und da haben sie sich unterhalten und über unsere nackten Körper gelacht. Und ich habe mir gedacht, mein Gott, was es nicht gibt. Ich habe mich so geschämt, so nackt zu stehen vor den Männern. Und ich verstehe nicht, warum die Erde öffnet sich nicht und uns alle verschlingt. Es war so grauenhaft dieses Gefühl, so nackt zu stehen vor den Männern. Ich war noch ein Lämmchen. Nun bin ich froh, und ich bin glücklich, daß ich erstmal habe einen anständigen Mann und daß ich keine Vorurteile habe.

Ines Lyss (2)
Jahrgang 1924

Daß es »Schutzhaftlager« gab, das wußten wir. Ich war ein junges Mädel und war auch beim BDM. Da wurde von Schutzhaftlagern gesprochen und nicht von Konzentrationslagern. Es hieß, sie würden geschlossen in einem Lager untergebracht zur eigenen Sicherheit; das wurde uns gesagt. Und zwar deshalb, damit die nicht von Leuten, die Juden nicht mochten, umgebracht würden. Und bei Kriegsende sollten sie auswandern können. Das war es. Ein einziges Mal habe ich mit einem SS-Soldaten gesprochen, der bei uns – ich war Lehrling in einer Im- und Exportfirma – beschäftigt war und auf Urlaub kam. Ich sagte einmal, was ist das mit den Schutzhaftlagern? Der war in Braunschweig auf der SS-Junkerschule. Und der sagte: »Nein, also ich habe ein Lager besucht, vielleicht Bergen-Belsen, ich weiß es nicht, ist ja nicht weit entfernt. Ich kann nur sagen, beste Behandlung, gutes Essen.«

So jung wie man ist, man glaubt es, man will es glauben. Noch nicht einmal von Neuengamme * habe ich gewußt. Obwohl ich ja nun häufiger in die Nähe nach Bergedorf fuhr, weil meine Schwiegereltern da wohnten. Die Leute mußten geschwiegen haben, die drum herum wohnten, vielleicht sind sie auch bedroht worden, ich weiß es nicht. Es haben noch nicht einmal Leute, die verhört worden sind, die in Gestapo-Kellern gewesen sind, ihren Familien ge-

* KZ bei Hamburg

sagt, was mit ihnen passiert ist. Die durften nichts erzählen. Man hat ihnen anscheinend gesagt: »Wenn du den Mund aufmachst, bringen wir dich und deine Familie um.«

Also wie sollten wir das denn erfahren, wenn selbst die still sind? Wir haben Juden gekannt. Meine Mutter hatte während des Ersten Weltkrieges bei Juden gearbeitet. Wir hatten einen jüdischen Arzt. Zu dem durften wir nicht mehr in Behandlung gehen, und zwar weil mein Vater Beamter war. Und der jüdische Arzt, Dr. Jakobsen in Altona, sagte damals zu meinem Vater, ich glaube, es war 1936: »Herr Lyss, ich weiß, Sie dürfen nicht mehr kommen. Wenn Sie mich brauchen, ich komme auch so. Sie brauchen nicht zu bezahlen, ich komme auch so.«

Und dann hörten wir, daß er wegen Rassenschande angeklagt wurde und ins Zuchthaus kam. Und dann haben wir Erkundigungen eingezogen: da war die ganze Familie nicht mehr da. Man hat sich natürlich Gedanken darüber gemacht, wie sind die, wo sind die? Aber wo wollte man sich informieren? Wo? Natürlich, das mit den Schutzhaftlagern, das wollte man auch gerne glauben. Man konnte doch nicht glauben, daß die Menschen so schlecht sind oder sein können, das hat wirklich niemand geglaubt. Also ich sage es aus vollem Herzen, wir auf jeden Fall hätten so etwas gar nicht geglaubt, weil wir solcher Sachen gar nicht fähig gewesen wären.

Dorothea Schlösser (2)
Jahrgang 1921

Ich wollte nach dem Abitur studieren, und zwar Musik. Das wollte ich schon immer. Ich durfte nicht auf die Hochschule. Ich hatte also Privatunterricht und wurde eigentlich eine gestandene Sängerin. Damals war die Gesetzgebung gegen Mischlinge schon so hart. Man mußte, um auf die Hochschule zu gehen, einen Ariernachweis haben. Da ich von mütterlicher Seite aus einer sehr musikalischen Familie stammte, war es mir schon sehr lieb, Gesang studieren zu dürfen. Aber alles ganz privat. Kein offizielles Diplom und nichts dergleichen.

Noch durfte ich singen; als es dann sehr kritisch wurde, brach schon der Krieg aus, und ich ging auf Wehrmachtstournee. Ich arbeitete für die Luftwaffe, die war nicht so streng, da wurden keine Papiere kontrolliert. Und ich tingelte sehr viel herum, war seinerzeit verlobt und suchte mir immer die Länder aus, wo der arme Mensch gerade im Krieg war. Also meistens Polen oder Rußland. Das flog eines Tages auf, weil ich ein Engagement nicht annehmen wollte, und da wollte mich die Agentur erpressen und sagte, wenn ich nicht dahin ginge, würde man mich als Halbjüdin anzeigen. Und dann zog ich es vor, mit dem Singen im Moment doch mal aufzuhören.

Ich mußte für alles einen Ariernachweis bringen, sogar für den Führerschein. Da habe ich die erste und einzige Urkundenfälschung meines Lebens begangen. Ich wurde gefragt, ob ich arisch sei, und ich sagte ja. Denn ich wollte doch schließlich Auto fahren. Vor allen Dingen wollte ich ja aber dafür sorgen, daß meiner Mutter nichts passierte. Wir haben sie immer wieder verstecken können, und sie bekam von meinem Stiefvater, von dem sie auch geschieden war, dann eine Einladung nach Südamerika, um auszuwandern, das war schon im Krieg. Alle Möbel wurden nach Amsterdam geschickt, sie hätte von dort aus nach Südamerika gehen können. Da ich aber nicht mit wollte, blieb sie dann doch in Berlin und holte die ganzen Möbel zurück. Die wurden dann auch prompt auf einem Speicher ausgebombt. Aber sie hat immerhin in 20 bis 30 Wohnungen gewohnt, immer wieder von einer in die andere. Von anderen Menschen versteckt.

Meine Mutter mußte nicht nur einen Stern tragen, sondern sie war ausgewiesen aus Deutschland. Denn sie hat für den jüdischen Kulturbund Konzerte gegeben. Und zu jedem dieser Konzerte erschien ein Mensch von der Gestapo, der so begeistert von den Konzerten war, daß er alles durchgehen ließ und sie begeistert mitanhörte. Ich wohnte dann zuletzt in der Kurfürstenstraße, und da hatten wir einen sehr guten Freund, das war ein Herr Schmidt. Herr Schmidt war Dolmetscher von Hitler. Schmidt hatte in der gleichen Etage, wo ich wohnte, eine Freundin. Nach jedem Bombenangriff kam er an, um zu sehen, ob sie noch lebte. Und konnte uns dabei immer warnen, wenn mal wieder eine »Evakuierung« der Juden geplant war, und dann konnte ich Mutti immer rechtzeitig verstecken. Das ging bis zum letzten Moment. Immerhin stand darauf die Todesstrafe, wenn man Juden versteckte. Meine Mutter hatte als »Untergetauchte« auch keine Lebensmittelkarten. Aber ich hatte eine Portiersfrau, und die Frau gab mir zwei Lebensmittelkarten. Die war Blockwartin und hat einfach eine Person mehr aufgeschrieben. Dafür mußte Mutti für sie die schriftlichen Dinge machen, weil sie das gar nicht konnte. Sie war kaum des Lesens und Schreibens kundig. Und von der hatten wir die Karten. Leider ist sie am letzten Kriegstag von einem Granatsplitter erschlagen worden.

Die Juden, die glaubten, sie seien willkommen in Deutschland und sie seien Deutsche, was sie ja auch waren, die konnten das gar nicht begreifen, was mit ihnen geschah. Die glaubten es nicht. Ein mit meiner Mutter befreundeter Arzt, der bekannteste Frauenarzt von Berlin, rief Mutti an und sagte, sie möchte kommen, sie wollten sich verabschieden. Und Mutti hat geglaubt, sie können ausreisen. Der Arzt und seine Frau verabschiedeten sich, und zwei Tage später waren sie tot. Denn sie hatten sich das Leben genommen. Und das gab es unendlich oft.

Von den Greueltaten an Juden habe ich in Polen gehört. Das wurde mir von den Soldaten erzählt, und jeder sprach darüber, daß lastwagenweise die Juden angekommen sind und umgebracht wurden. Das war während der Fronttournee in Warschau. Ich habe das von deutschen Soldaten gehört, die darüber geweint haben wie die kleinen Kinder.

Ich habe ein Erlebnis gehabt: Ich war auf der Wehrmachtstournee in Warschau und stand in der Kulisse und wartete auf meinen Auftritt, und da waren ein paar junge Soldaten. Und auf der Bühne wurde getanzt. Der eine Soldat fängt an zu lachen und sagt: »Heute nacht habe ich auch ein paar tanzen sehen, das waren Juden, die wir weggebracht haben.« Und dann fing er an zu weinen wie ein kleines Kind und sagte: »Warum wehren sie sich denn nicht?«

Als der Krieg zu Ende war, hörte ich vom Tod meiner ganzen Familie. Sämtliche Geschwister meiner Mutter waren vergast worden. Das war wirklich ein solcher Schock.

Erfahren haben wir es erst nach dem Krieg. Bis dahin hatte ich geglaubt, die Juden kämen in Arbeitslager oder so etwas; aber einfach Ermordungen, das konnte man nicht glauben. Man war doch selber Deutscher!! Ich bin selbstverständlich Deutsche und Berlinerin gewesen, ich habe mich als gar nichts anderes empfunden. Ich war ja auch religionsmäßig evangelisch erzogen. Ich hätte im Ausland studieren können, aber ich wollte nicht aus Berlin weg. Nicht weil ich die Bomben so liebte, die ja jede Nacht gefallen sind, sondern weil ich einfach dazugehörte. Ich würde auch jetzt nicht aus Berlin weggehen.

Arturo Leyser
Jahrgang 1919

Weil ich 1939 als Jude Deutschland noch verlassen wollte, gelang es mir, mit dem Gesandten von Albanien Verbindung aufzunehmen. Ich war 19 Jahre alt und wollte über Albanien auswandern. Die Gesandtschaft von Albanien lud mich dann offiziell in ihr Land ein. Die Einladung in das Land ist zwar schön, aber wie komme ich in das Land Albanien? Ich bekam den deutschen Paß mit dem Hakenkreuz drin, mit dem Zunamen »Israel«, es war ein großes Glück. Ich bekam auch ein Visum mit Transit durch Italien nach Tirana in Albanien. Da ging also meine Fahrt los mit zehn Mark in der Tasche nach Italien.

Noch war ich nicht 14 Tage im Lande, griffen die Italiener an. Das heißt, daß war die erste Besetzung, die Italien vornahm, bevor der Weltkrieg anfing, im März/April 1939. Das war natürlich weniger schön. Die Frau des Gesandten hat mich sehr nett aufgenommen. Aber inzwischen ging mein Geld zu Ende. Ich wohnte in einem Hotel. Sie haben mich in dem besten Hotel untergebracht. Dann kam die Invasion der Italiener, dann waren wir alle untergebracht in der französischen Botschaft im Keller, weil ja richtig bombardiert wurde. Jetzt wohin? Ich entschloß mich dann doch, nach Rom zurückzugehen. Ich kehrte also zurück und wohnte in Rom wieder bei guten Freunden. Mit Gelegenheitsarbeit verdiente ich mir ein paar Lire.

Dann kam der Moment, wo Mussolini in den Krieg eintrat. Da hatte die deutsche Botschaft bzw. die Gestapo dort den Auftrag, alle Mißliebigen oder nicht dem Nazi-Reich Zugetanen zu internieren.

Als ich in meine Pension kam, saß die Besitzerin da und heulte. »Sie werden bald abgeholt«, sagte sie. Sie hatte noch nicht ausgesprochen, da kamen italienische Beamte, allerdings sehr höflich. »Sie werden gebeten, mitzukommen.«

Sage ich: »Wohin? Wozu?«

»Wir können Ihnen leider keine Antwort geben, nehmen Sie sich bitte Zahnbürste und alles mit, Sie haben Zeit.«

Ich kam sofort ins Gefängnis in Rom. Es war für mich natürlich hochinteressant und gar nicht mal so dramatisch im römischen Gefängnis. Es waren also ungefähr, ich würde sagen, dreißig Leute, deutsche Emigranten, die mit mir im Gefängnis saßen.

Dann kam ein Tag, der wirklich zu den schlimmsten meines Lebens gehört, nämlich der Abtransport von dort. Wir wurden von einem Meuchelmörder rasiert. Der hatte lebenslänglich. Der kam dann mit dem großen Rasiermesser. Wir wurden in Ketten abgeführt, die Füße zusammengebunden, die Hände dann noch einmal an den anderen, zum Bahnhof Termini. Da habe ich wirklich die Italiener lieben gelernt, die waren mir immer schon sympathisch. Es waren vielleicht 150 bis 200 italienische Familien da, die uns alle abküßten, Freunde und Wildfremde. Der eine brachte uns Kirschen, aufgemacht und entsteint, weil uns die Hände gebunden waren, andere haben uns mit Schokolade gefüttert, waren nachher ganz beschmiert mit Schokolade, und haben uns über den Kopf gestreichelt. Wir hatten alle Angst, nach Deutschland geschickt zu werden. Aber wir wurden zu Zügen gebracht, die nach dem Süden Italiens fuhren. Es war die Strecke nach Kalabrien, dort kamen wir hin. Da waren wir gerettet.

Die Fahrt dauerte ewig. In der Nähe des Dörfchens Tarsia in Kalabrien kamen wir an. Ich muß sagen, die ganze Wachmannschaft war so rührend, ganz einfache Leute, zum Teil Analphabeten. Wir kamen in diesem Lager an, es war aber kein Lager, es war freies Feld. Dann kam auf einem Pferd der Kommandant geritten. Der Kommandant war ein Offizier aus Triest, ein recht gebildeter Mann, sehr gut aussehend, autoritär natürlich, ungefähr 45 Jahre alt, und guckte. Als er uns sah, sagte er natürlich sofort zu seinen Untergebenen: »Um Gottes Willen! Ihr seid uns als Volksfeinde, Kriminelle angekündigt worden. Sehen so Kriminelle aus? Muß doch ein Irrtum sein, sehen so Kriminelle aus?«

Dann fingen wir dort an, uns einzurichten. Unser Lager hieß Ferramonti. Innerhalb weniger Wochen war es ein halbwegs menschenwürdiges Dasein, was wir führen konnten. Ein ganz kleiner Kanal in der Nähe des Lagers, der war voller Malaria-Mücken. Den mußten wir damals sauber machen, das heißt also, bei 40 Grad Hitze mußten wir Sandsäcke schleppen und das machen. Da habe ich natürlich Malaria bekommen. Danach bekam ich eine Gelbsucht. Dann kamen immer neue Gefangene. Zum Beispiel eine Gruppe von Prostituierten aus Budapest, schöne Mädchen und Frauen. Nun können Sie sich ja vorstellen in Bezug auf Moral: Männer, die drei Monate allein sind, wo sowieso dann viel untereinander gemacht wurde, wo es aber sehr viele gab, denen das auf die Dauer doch nicht gefiel. Nun kamen also diese hübschen Mädchen, die zum Teil ja auch nicht ganz gesund waren. Es war so, der Gesundheitszustand war eine Zeitlang nicht gut; aber ich meine, er hätte viel schlimmer sein können. Es gab auch wunderbare Feste.

Ich war fast drei Jahre interniert. Wir hatten unsere eigenen Küchen. Ich war in der Post beschäftigt, ich habe die Briefe ausgetragen, ich habe Tanzunterricht gegeben. Es war eben eine ganz andere Form von KZ als bei den Deutschen. Unser Lager hatte mit KZ überhaupt nichts zu tun. Das war natürlich sehr angenehm. Es hat viele Ehen gegeben zwischen Italienern und den Mädchen da auf dem Lande, die sehr gut gingen.

Während ich in Ferramonti war, war es meinen Eltern gelungen, mit der letzten Möglichkeit von Deutschland nach Argentinien zu gelangen. Sie bemühten sich um eine Einreise-Erlaubnis für mich. Sie haben dort alles versucht, um mich nachkommen zu lassen. Es wurde eine Eingabe gemacht an den Präsidenten von Argentinien in Buenos Aires. Ich bekam damals die einzige legale Einreise nach

Argentinien. Das war also höchst selten. Nun, wie komme ich denn nach Argentinien?

Es war folgendermaßen. Jetzt werden Sie sehen, was für ulkige Zufälle es gibt. Ich bekam die Nachricht über den Vatikan, ein Telegramm nach Ferramonti in das Lager: »Mutter bewirkte Ausreise, Dokumente folgen.«

Eines schönen Tages bekomme ich also wirklich die Aufforderung, auf das argentinische Konsulat nach Genua zu kommen, um meine Dokumente abzuholen. Nur Geld hab ich nicht. Der Lagerleiter in Ferramonti hat gesagt: »Arturo Leyser, Sie bekommen von uns einen Paß.«

Der Paß war aus rosa Pappe, die gleiche rosa Pappe, die damals die Diplomaten-Pässe hatten, aber es war natürlich eine sehr geschickte Fälschung. Mit diesem Paß und zwei Bewachern wurde ich nach Rom geschickt.

Ich hatte also einen Paß, aber es gab eine Bestimmung, daß man nicht nach Genua reisen konnte. Die Bewacher brachten mich nach Rom, und zwei bis drei Tage später wollte ich nach Genua. Ich komme zu der Station, da sagt man, es geht wohl ein Zug, aber nur für ganz bestimmte Leute. Ich weiß nicht, wie mir der Einfall kam. Ich nahm diesen Paß heraus und zeigte ihn. Er fragte: »Wollen Sie Schlafwagen 1. oder 2. Klasse?«

Alle am Bahnhof grüßten. Mit einem Paß bekam ich endlich die Ausreise nach Spanien. Ich mußte sogar mein Alter mogeln, denn ich mußte 25 Jahre alt sein. Ich mußte ja in Spanien aufs Schiff. Die Spanier hatten damals eine Bestimmung herausgegeben, daß nur Leute über 25 Jahre das Land verlassen oder durchreisen können. Ich war da noch nicht 25.

Inzwischen war aber Frankreich ganz besetzt von den Deutschen.

Man konnte gar nicht mehr mit dem Schiff, man konnte nur noch mit dem Flugzeug fort. Aber es gab kein einziges Flugzeug von Italien direkt nach Spanien, das nicht von Deutschland besetztes Gebiet überflog.

Wir hatten herausgefunden, daß zu dieser Zeit ein Gastspiel der römischen Oper in Barcelona und Madrid stattfand, und daß ein Flugzeug mit dem Ensemble dorthin flog. Mein Freund hat mich einschreiben lassen, als irgendwas, als den letzten, der die Bühne saubermacht oder so was. Und ich flog dann mit.

Ich habe in einer Pension in Madrid gewohnt. Eines schönen Tages wurde mir mitgeteilt: »Die spanische Regierung gibt die Ausreiseerlaubnis nicht.« Nach enormen Schwierigkeiten in der deutschen Botschaft – man sagte mir auf den Kopf zu, daß mein Paß gefälscht sei – gelang es mir endlich, die Ausreise-Genehmigung zu erhalten.

Bis 1953 bin ich in Argentinien geblieben.

Jean Cuelle
Jahrgang 1923

Das Elsaß und Lothringen waren nun seit Mai 1940 von den Deutschen besetzt. Von Anfang Januar 1941 an haben wir, zusammen mit einigen jungen Leuten, die von einem älteren angeführt wurden, eine Gruppe gegründet, was man als eine Keimzelle der Résistance bezeichnen könnte. Wir haben versucht, so viel Informationen über die Deutschen zu liefern wie nur irgend möglich, sowohl was die militärischen Anlagen und Truppenbewegungen als auch was militärisches Gerät und die Ausrüstung betraf.

Ich wurde verhaftet, und zwar aufgrund einer Denunziation durch Franzosen, wie das bedauerlicherweise nicht nur hin und wieder, sondern sehr häufig der Fall war. Ich war der erste, der verhaftet wurde, und ich wurde acht Tage ununterbrochen verhört. Das waren die berühmten Verhöre, die am ersten Tag noch auf relativ freundliche Weise durchgeführt wurden, und später dann, als ich nicht aussagen wollte, weniger und weniger freundlich vor sich gingen. Eine Weile blieb ich noch im Gefängnis und wurde in Abständen von acht, zehn oder 14 Tagen immer wieder verhört.

Im Laufe des 27. Dezember wurden wir per Zug in das Sammellager von Compiègne gebracht, von dem aus diejenigen, die keine Juden waren, nach Deutschland deportiert wurden. Hier gab es sehr wenige von ihnen, denn die meisten französischen Juden kamen ins Lager von Rancy, und von dort aus brachte man sie in die Vernichtungslager, die ja bekannt sind: Auschwitz, Birkenau etc.

Am Abend des 22. Januar hat man uns in einer großen Halle zusammengerufen, gab uns einen Bissen Brot und ein Stück Wurst, und hat uns zu verstehen gegeben, daß wir am nächsten Morgen mit dem Zug nach Deutschland gebracht würden. Unser Transport umfaßte ungefähr 1 700 bis 1 800 Personen. Wir gingen in Fünferreihen, auf jeder Seite marschierte ein Soldat der Wehrmacht mit aufgepflanztem Seitengewehr. Wir haben Compiègne durchquert, um zum Bahnhof zu gelangen, wo wir den Zug besteigen sollten, und haben, fast ohne Unterbrechung, die Marseillaise, unsere Nationalhymne, gesungen.

Nachdem wir verladen waren, und solange wir noch auf französischem Boden waren, haben wir kleine Zettel aus den Waggons herausgeworfen, die an unsere Familien gerichtet waren. Wir hatten darauf gekritzelt: »Ich fahre in Richtung Deutschland, mit unbekanntem Ziel.« Später habe ich erfahren, daß meine Mutter diesen Zettel erhalten hat.

Nach mehreren Tagen sind wir im KZ Sachsenhausen angekommen. Es war nicht mehr die Wehrmacht, die sich um uns kümmerte, sondern wir wurden von der SS übernommen. Das war im tiefen Winter, es herrschte eine strenge Kälte, ein schreckliches Grau-in-Grau, es war eine Szene wie in einem Alptraum. Man hat behauptet, daß das deutsche Volk nichts von dem wußte, was passierte, aber ich glaube, daß in unserem Fall, wenn die Bevölkerung auch keine Details des Lebens in den Konzentrationslagern kannte, so mußte ihr doch klar sein, daß es hier Insassen oder Gefangene in diesem Lager gab, die ein sehr, sehr hartes Leben führten. Wir haben während unseres Marsches durch den Ort sogar erlebt, daß Eltern ihre Kinder dazu aufforderten, uns anzuspucken. Für sie waren wir Abschaum, der aus Frankreich kam, Terroristen, wenn Sie so wollen, Terroristen oder Kommunisten...

Wir legten also diesen Weg zwischen dem Bahnhof Oranienburg und dem Lager zurück, und als wir im Lager ankamen, wurde uns klar, an was für einem Ort wir uns befanden. Denn die ersten menschlichen Wesen, die uns begegneten, waren in einer derartigen körperlichen Verfassung, daß wir begriffen, daß wir uns in einem Lager befanden, in dem wir schrecklich würden schuften und leiden müssen.

Wir waren also immer noch in unserer Zivilkleidung. Wir zogen sofort dieses gestreift Hemd und die Unterhose an, darüber die gestreifte Weste, die Mütze und die gestreifte Hose und jene berühmten Holzpantinen.

Ich muß sagen, daß wir alle von dem ersten Appell im KZ Sachsenhausen die schrecklichste Erinnerung behalten haben. Wir waren ja so dünn angezogen, wir hatten nichts gegessen seit dem Morgen. Wir froren entsetzlich. Auf diesem Appellhof waren etwa 20 bis 25 Grad unter Null. Aus der Richtung von Berlin blies ein eisiger Wind. All dies spielte sich genau am 25. Januar 1943 ab. Wir blieben zuerst unter Franzosen, die am normalen Lagerleben teilnahmen, aber nicht arbeiteten.

Ich gehörte zu denjenigen, die 48 Stunden lang über die gepflasterte Straße des Lagers laufen mußten. Man befahl uns, die in einem Seitenblock gelagerten Schuhe anzuziehen, wir mußten diese Schuhe anprobieren, die im Lager hergestellt oder repariert worden waren. Wir hatten also den Auftrag, diesen Schuhen wieder die Form zurückzugeben, sie also wieder »einzulaufen«. Die Inschrift über dem Eingangstor des Lagers lautete: »Arbeit macht frei«.

In diesem Lager waren ungefähr 6 000 Häftlinge. Gegen vier Uhr morgens mußten wir aufstehen, wir konnten uns waschen, eine sehr rudimentäre Körperpflege. Wir waren in Etagenbetten untergebracht, je drei übereinander. Wir lebten in Blocks, in denen alle Nationalitäten vertreten waren, aus allen von Deutschland besetzten oder annektierten Ländern.

Natürlich gab es auch Deutsche, Deutsche verschiedener Kategorien, aber die Sorte, die wir am meisten fürchteten, waren die, die man als »die mit dem grünen Dreieck« – das waren die Kriminellen – bezeichnete. Im Januar 1943 bekam ich bei meiner Ankunft bereits die Nummer 58 238 im Lager Sachsenhausen. Sehen Sie, und am Ende war man bei ungefähr 118 000 oder 120 000 in Oranienburg registrierten Häftlingen angelangt.

Es gab auch politische Häftlinge mit rotem Winkel. Wir nannten sie »die deutschen Politischen«, es waren Regimegegner, Gewerkschaftler, deutsche Sozialdemokraten oder Kommunisten. In der Hauptsache handelte es sich aber um deutsche Sozialdemokraten oder deutsche Gewerkschaftler, die man sehr schnell als Feinde des Systems verhaftet hatte.

Die SS setzte Hunde ein, um die eiserne Disziplin innerhalb der Lager aufrechtzuerhalten. Ein alter Mann, ein Deutscher, kam in unsere Baracke, dessen Körper über und über mit Bißwunden, an den Beinen, an den Füßen, an den Armen bedeckt war. Zu jener Zeit wurden die Hunde unbarmherzig auf sie losgelassen. Ab 6.45 Uhr morgens arbeiteten wir an unserem Arbeitsplatz, bis mittags, dann hatten wir eine Pause von einer halben Stunde, in der wir in unsere Baracke gingen und eine Steckrüben- oder Kohlrübensuppe löffelten, je nachdem, was es noch gab. Was die Verpflegung angeht, so wurde es damit eher immer schlechter als besser, und dazu gab es zwei oder drei kleine Kartoffeln, die wir nicht abpellten, sondern mit der Schale aßen, damit wir ein bißchen mehr im Magen hatten.

Wir konnten indirekt miterleben, wie groß die Verluste der deutschen Bevölkerung sein mußten. Es wurde uns auch deshalb bewußt, weil immer mehr Zivilisten, die im Lager tätig gewesen waren, eingezogen wurden. Zuerst gingen die Jüngeren an die Front, dann sogar unsere SS-Bewacher. Zum Schluß nahm man jeden und schickte dafür viele ehemalige Soldaten als Bewacher ins Lager, die nur noch einen Arm oder ein Bein hatten. Wir sahen sie hinken, es waren Kriegsbeschädigte ... und all dies nur, weil es an Männern für die Front fehlte. Ich bin dann gegen Ende des Krieges nach dem Westen Deutschlands gebracht worden und kehrte 1945 nach Elsaß-Lothringen zurück.

Gertrud Staewen
Jahrgang 1894

Wie geht es nun in einer Gruppe zu, die aktiv Widerstand leistet, Juden helfen will? Sie muß, das bedingt der totale Terror, illegal mit allen Mitteln geheimer Verschwörung arbeiten. Keine geschriebene Notiz darf existieren, noch nicht einmal eine Adresse. Keine Adresse darf aufgeschrieben werden, kein Telefongespräch über eine Verabredung darf im Klartext geführt werden, kein Gespräch im Zimmer ohne abgedecktes Telefon, denn die Telefone wurden von der Gestapo abgehört. Niemals durfte etwa ein Judensternträger auf der Straße von uns angeredet werden. Nicht, weil uns etwas Böses geschehen konnte durch Spitzel, sondern mehr noch, weil mitleidlos jeder Jude, der in einem Gespräch mit Ariern gesehen wurde, sofort verloren war. Damals paßte ja auch die Gestapo nach den Gottesdiensten der Bekennenden Kirche immer auf, ob auch die »Sternträger« sofort unauffällig nach Hause gingen, oder ob sie in der Kirche noch mit uns sprachen.

Bald sprachen sich unsere Adressen in jüdischen Kreisen herum, und schon im Morgengrauen klingelten immer wieder andere Fremde an unseren Türen, angstvoll, jedem Portier, jedem Blockwartspitzel aus dem Weg gehend, um mit uns ihre Nöte zu besprechen, und immer standen wir vor ihnen unter dem entsetzlichen Alpdruck, nur verschwindend wenigen helfen zu können.

Ich erinnere mich jetzt gerade wieder an eine Begebenheit: Ein junger Mann, ein jüngerer Jude, wollte mit mir seine eventuelle Flucht beraten. Ich wußte aber, daß unser Portier, der gleichzeitig Blockwart der NSDAP war, irgendwann mal in die Wohnung käme. Da zog ich dem jüdischen Herrn gleich einen Schlosseranzug, den ich liegen hatte, an, und stellte eine hohe Leiter hin und ließ ihn raufkrabbeln, und als der Blockwart kam, sagte er: »Ach, haben Sie schon wieder Handwerker?«

Und ich sagte: »Ja, ich brauche jetzt nach den Fliegerangriffen öfter welche, und ich bin froh, wenn ich noch jemanden finde.«

Dann ging er wieder weg, und die Sache ging gut.

Es war also nicht schwierig, die Menschen zu finden, denen wir helfen wollten. Viel schwieriger war es, Obdach zu finden, denn in meiner Wohnung war gerade Platz für mich und meine Kinder, und damit hatte es sich. Und da haben wir was ganz Gerissenes gemacht. Ich bin bei allen Freunden rum. Nun, bei den Bekennenden Christen war es nicht zu schwer, bei anderen schwerer. Ich habe eigentlich immer gesagt, daß es sich um Juden handelt. Wir sind vornehmlich zu reichen Leuten gegangen, die die großen Wohnungen hatten. Und da haben uns die Dienstmädchen mehr als die Herrschaften geholfen, Verstecke im Haus für die Juden zu finden.

Eines Tages wurden meine beiden Mitarbeiterinnen verhaftet. Ich verließ Berlin fluchtartig und fuhr nach Sachsen. Ich dachte, geh in eine kleine sächsische Stadt, nach Crimmitschau, das klingt so vertrauensvoll, da sucht dich keiner. Und da kannte ich auch eine Arztfrau, deren Mann ein schwerer Nazi war.

Da war ich eine ganze Zeitlang sehr sicher versteckt. Und dann bin ich wieder zurückgefahren nach Berlin. Nichts passierte, die hatten mich wohl vergessen. Und dann haben wir weitergemacht, mit anderen Gemeindemitgliedern. Denn meine beiden Freundinnen, die waren im Gefängnis. Sie haben aber überlebt.

Schwierig war das mit der Ernährung, die von uns versteckten Juden hatten ja keine Lebensmittelkarten. Deshalb haben wir gestohlen. Wir haben, wo wir konnten, in Läden gestohlen, und sonst haben wir Leute animiert, für uns zu stehlen, und haben so auf diese Weise doch einige, wenn auch etwas kümmerlich, satt gekriegt, auch mit Fleisch. Und ich weiß, daß es eine Schlachtersfrau gab, die merkte, daß wir klauten oder klauen wollten, und sagte: »Ich geb es euch auch so.«

Die wußte, wofür. Das gab es auch.

Dann hatten wir einen jungen Mann, höchstens 15 Jahre alt, einen Juden. Der war ein hochbegabter Fälscher und konnte glänzend alles fälschen. Und da sagten wir, den nehmen wir zu uns. Es war ja so furchtbar nötig, Papiere zu fälschen. Zum Beispiel ist meine liebe jungfräuliche Cousine durch den Fälscher auf dem Papier mit acht Kindern gesegnet worden. Helena Jacobs, eine von uns dreien, hatte die größte Wohnung und hatte noch ein Loch auf dem Boden frei, obwohl da schon einer war. Da haben wir den Fälscher dazu gesteckt und dort untergebracht, und er hat ganz großartig gefälscht. Reisepässe, Geburtsurkunden, auch Lebensmittelmarken. Und er war eben hochbegabt. Aber eines schönen Tages hieß es, man sei ihm auf die Spur gekommen, er müsse weg. Und da war ich todunglücklich. Da haben wir ihn angezogen wie einen alten Mann, der auf sämtliche Beerdigungen fuhr mit Zylinder und schwarzem Anzug, und ein Rad beschafft und gesagt: »Nun fahr nach Süden, soweit du kommst.« Und dann ist er mit einem selbstgefälschten Paß schließlich in der Schweiz gelandet.

Ich muß noch etwas erzählen: Eines Abends sehr spät gingen meine Helferinnen und ich durch die Anlagen am U-Bahnhof Thielplatz in Berlin-Dahlem. Da gibt es dunkle Büsche, und dort sprachen wir miteinander. Wir dachten, da sind wir am sichersten. Plötzlich aber trat aus dem Gebüsch in voller schwarzer Kriegsbemalung ein SS-Mann hervor und sagte: »Denken Sie bloß nicht, wir hätten Sie nicht schon entdeckt.«

Wir dachten, so, nun ist es aus. Und er fuhr fort: »Aber Sie sind ganz schön gerissen. Und von Ihnen will ich deshalb was ganz Gerissenes. Ich brauche nämlich viel Geld. Ich will von Ihnen sehr viel Geld kriegen. Das müssen Sie beschaffen. Dann geschieht Ihnen nichts. Und dann können Sie meinetwegen auch noch ein paar Juden in Sicherheit bringen.«

So ein Schwein. Da standen wir also, drei junge Frauen, und haben gedacht, wo kriegen wir das Geld her? Und rannten herum. Ich habe den Leuten nicht gesagt, wofür ich es wollte. Ich habe nur gesagt, ich muß Geld haben. Und weil es eine verrückte Zeit war, gaben die Leute denn auch, und dann haben wir diesem Kerl zur verabredeten Zeit eine große Summe überreicht, und der hat uns tatsächlich nichts getan, und die Juden, die wir gerade hatten verstecken wollen, die hat er uns gelassen. Sowas gab es auch.

Hans Radziewski (2)
Jahrgang 1924

Ende Juni 1943 kamen wir auf Transport von Berlin aus und waren ungefähr zwei Tage und eine Nacht unterwegs bis Auschwitz. Geschlossene Güterwagen mit Stroh. Der Gestank in den Wagen war fürchterlich, und das hysterische Geschrei und anderes mehr. In Auschwitz-Birkenau angekommen, auf der Rampe, da war es das übliche: raus aus dem Wagen mit Geschrei. Ich schätze, daß von unseren 300 Personen, die wir waren, 50 bis 60 Frauen dabei, vielleicht 100 im Lager noch aufgenommen worden sind, der Rest wurde »sonderbehandelt«, d. h. vergast. Praktisch gesehen waren Menschen Material, und es gab so viel Material, daß man gar nicht wußte, wohin damit. Das war das Fürchterliche dabei.

Die in Auschwitz, die waren gezwungen, diese Vernichtungskapazität noch zu vergrößern, weil von überall her die Transporte ankamen. Und in Auschwitz-Birkenau haben wir die Nummern auf den Arm tätowiert bekommen, ich habe Nummer 127071.

Ich wurde als numeriertes Produktionsmittel vermietet ins Lager Buna-Monowitz. Das war mein Glück. Es hieß Monowitz deshalb, weil das Dorf, das weggeräumt wurde, Monowitz hieß. Buna deshalb, weil die IG-Farben künstliches Benzin und künstlichen Buna-Gummi herstellen wollten. Erstmal haben wir bis Ende des Jahres 1943 in Zelten gewohnt. Das bedeutete, daß wir eine Stunde eher aufstehen mußten. Wir mußten schon eine Stunde eher auf dem Appellplatz stehen bei Kälte, bei Regen und was weiß ich. Alles in Fünfer-Reihen; wir haben nicht richtig zu essen bekommen. Man hatte zu arbeiten, man wurde geschlagen von den Vorarbeitern. Das ging zwei, drei Wochen, da war man so fertig, daß man gesagt hat: »Ich mach es nicht mehr, aus, vorbei.« Und in so einer Situation, ich hatte Ödeme bis über beide Knie, es wurde auch nicht richtig verbunden, man hat gestunken, weil das ja wässert, das Zeug, man wurde dünn, dafür hat man wieder einen Wasserbauch gehabt, also man war ein Anblick, daß man nur sagen konnte: nichts wert. Es wird Zeit, daß wieder neues Menschenmaterial reinkommt.

Da wurde dann Flak aufgestellt, um das Buna-Lager zu schützen. Die Wehrmachtssoldaten, die da waren, die haben natürlich gefragt: »Was seid ihr denn für Schweinehunde?« Da haben wir denen erzählt, wir sind einfach Juden. Und da war es zum Schluß so, daß die uns von ihren Rationen abgegeben haben.

Der typische Tag im KZ war so: Ich spreche jetzt nur von Buna-Monowitz. Aufstehen mit Radau und Krach, waschen gehen und alles im Laufschritt, was man da also schnell machen mußte wegen der Plätze. Dann mußte der Bettenbau gemacht werden. Und die Strohsäcke mußten aufgeschüttelt werden, und was weiß ich alles, und dann kam man raus auf den Appellplatz. Das dauerte eine Stunde. Und dann sind wir zur Arbeit marschiert. Wenn dann einer gefehlt hat, weil er tot umgefallen ist, dann hat man den Toten hingeschleift, dann hat die Anzahl gestimmt.

Das Werksgelände der IG-Farben, das war ein großes Gelände von schätzungsweise fünf Kilometern im Quadrat. Die einzelnen Kommandos gingen zu ihren Bestimmungsorten. Es war ja unterteilt in Maurer, Kabelleger, Tischler, Transportarbeiter und und und. Und dann begann die Arbeit.

Die Kapos waren auch Häftlinge, aber meistenteils »Grüne«, also mit grünen Winkeln, Kriminelle. Wenn ich diese ganze Geschichte, anderthalb Jahre Auschwitz, überlebt habe, dann nur deshalb, weil ich immer wieder jemand getroffen habe, der mir geholfen hat.

Und dann darf man eins nicht vergessen: Nachdem also die deutschen Meister, die da waren, und die deutschen Arbeiter, das waren vielleicht 2 000 bis 3 000, erfahren mußten, daß die Häftlinge, die da rumkrochen oder rumschlichen und unterernährt waren, gar keine Verbrecher waren, sondern eben nur Juden, die man zusammengeschleppt hatte, und daß die Häftlinge, die gut aussahen und sportlich und gewandt waren, Gewohnheitsverbrecher waren, da gab es einen mächtigen Stimmungs-Umschwung.

Ich möchte nicht den Eindruck erwecken, Buna sei ein Sanatorium gewesen. Das war es nicht. Ich bin aber so ein Mensch, ich versuche das Schlechte nicht zu erzählen, sondern mich daran zu erinnern, welches Glück ich immer wieder gehabt habe, obwohl ich oft am Verzweifeln und Verhungern war.

Als dann die Evakuierung kam, ging es »Richtung Heimat«. Wer nicht mitkam, wurde erschossen. Und dabei soll man dann nicht vergessen, es war Schnee, es war eiskalt, es waren 17 Grad Kälte, und als dann das Tauwetter einsetzte, und die Polen auf den aufgetauten Straßen links und rechts die Häftlinge, die totgeschossenen Häftlinge sahen, hatten das die deutschen Flüchtlinge dann später auszubaden. Ich war ganz vorne, und mir wurde immer wieder gesagt, langsam gehen und stehenbleiben und warten. Ich habe auch versucht, langsam zu gehen schon deshalb, weil ich hoffte, daß die Russen uns überrollen würden, aber das war nicht der Fall. Das war der Todesmarsch.

Später wurden wir in offene Güterwagen geladen, 80 bis 90 Personen, und in Richtung Tschechoslowakei gefahren. Es war Ende Januar 1945. Da kamen wir nach Flossenbürg. Flossenbürg war ein sehr böses Lager. Mir ging es dann so schlecht, daß ich so krank wurde, daß ich nicht mehr gewußt habe, was mit mir geschieht.

Dann haben mich die Amerikaner da rausgeholt. Das war so ein baumlanger, dicker, starker Neger, und ich habe das gar nicht verstanden gehabt, daß ich nun befreit bin, und am nächsten Tag kam ich nach Straubing ins Krankenhaus der Barmherzigen Brüder. Und warum ich nach all diesen Erfahrungen in Deutschland geblieben bin? Die Frage kann ich ganz leicht und höhnisch beantworten. Wer wollte mich in dem Zustand haben, denn ich bin ja mit 47, zumindest seit 1952, als Schwerbeschädigter anerkannt. Und in dem Zustand kann man nicht auswandern.

Lothar Levy (2)
Jahrgang 1923

1942 kamen die Deutschen nach Lyon. Ich war 19 Jahre alt. Sie besetzten auch den Süden Frankreichs. Da habe ich gedacht, dies ist der Moment, daß ich handeln muß. So bin ich dann über die Pyrenäen nach Spanien geflüchtet.

In Spanien wurde ich ins Gefängnis gesperrt und war dort sechs Monate, weil ich unerlaubt über die Grenze gegangen bin. On m'a jamais jugé. (Man hat mich nie verurteilt). Aber in Spanien waren verschiedene Leute, die dafür sorgten, daß wir ausgetauscht wurden. So habe ich mich dann eingeschifft nach Casablanca. Dort bin ich zur Armee gegangen und habe mich in der Force Française Libre engagiert.

Ich war bei der Freien Französischen Armee, bei der General Leclerq nachher Marschall wurde. Von da aus sind wir mit dem Schiff nach England gefahren. Wir sind in Schottland gelandet. Denn wegen der deutschen U-Boot-Gefahr sind wir weit bis in den Norden von Schottland gekommen. In Glasgow wurden wir ausgeschifft. Dann blieben wir in England, bis wir in der Normandie gelandet sind nach der Invasion. Wir haben gekämpft in der Normandie, dann kam die Libération* von Paris, von Paris aus ging es in die Vogesen, von dort nach Straßburg, von dort bis nach Stuttgart. In Berchtesgaden kamen wir am Tage des Kriegsendes an.

Daß es KZs gab, das wußte ich schon, als ich ein Kind war, 1938. Damals sprach man darüber, daß deutsche Kommunisten nach Buchenwald und Dachau kämen. Persönlich kann ich nicht verstehen, daß in Deutschland keiner davon wußte, was in den KZs vor sich ging. Ich habe in den KZs viele Verwandte verloren.

Unglaublich ist es, daß die Welt diese Verbrechen ohne Reaktion hingenommen hat. Es ist unglaublich, trotz so vieler verschiedener Publikationen, ob in Spanien, in Frankreich, in Belgien, in den Niederlanden und in Dänemark. Kein Mensch hat einen Finger gerührt und gesagt: »Nein, das muß aufhören, das darf nicht sein, diese KZs. Man muß aufhören, die Leute zu schlagen und zu morden.«

Warum hat der Papst nichts gesagt? Er hatte Angst. Wenn der Papst 1938/39/40/41 gesagt hätte, alle die, die christliche Gedanken haben, müssen sich dagegenwenden, das wäre ja etwas Furchtbares gewesen für Hitler. Wenn in allen Kirchen auf einmal gesagt worden wäre: Nein! Dagegen hätte Hitler überhaupt nichts machen können.

* Befreiung

England hat gar nichts getan, anstatt der Welt zu sagen: »In Deutschland werden Juden ermordet.« Jeden Tag von morgens bis abends. Da hätte immer einer was gehört und das dem Freund gesagt, und so wäre es immer weiter gegangen. Ich kenne so viele Menschen, die so viel gelitten haben, es ist unglaublich, daß die noch leben. Was ich erlebt habe, das ist gar nichts dagegen.

Peter Pechel (2)
Jahrgang 1920

Ende Mai 1943, ich war gerade 23 Jahre alt geworden und Oberleutnant, wurde ich als Kurier des Oberkommandos des Heeres nach Bukarest geschickt. Ich war wegen einer Verwundung nicht frontdienstfähig geschrieben, als Ordonnanzoffizier zum OKH in der Berliner Bendlerstraße kommandiert worden und stand kurz davor, wieder an die Front zu gehen. Im D-Zug Berlin-Bukarest saß ich allein im Kurierabteil, umgeben von den Säcken mit Kurierpost, die ich in Bukarest abzuliefern hatte.

Es war schon Abend. Wir hielten in Breslau. Plötzlich öffnet sich die Tür meines Abteils, im Rahmen der Tür steht ein Oberst der Pioniere, schon etwas älter, etwa 40 bis 45 Jahre alt, mit einigen Kriegsauszeichnungen auf der Brust, und setzt sich zu mir.

Wir kamen langsam ins Gespräch. In jener Zeit im Dritten Reich war es nach ungefähr einer Stunde möglich, zu entdecken, wes Geistes Kind der andere war. Es war mir nach dieser ersten Stunde klar, daß dieser Oberst keineswegs ein Nazi war. Man konnte das heraushören aus einigen Sätzen, einigen Formulierungen, am Tonfall, mit dem gewisse Worte ausgesprochen wurden. Das Gespräch wurde offener. Der Zug ratterte durch die Nacht in die Tschechoslowakei hinein auf dem Weg nach Budapest, und wir näherten uns einander jedenfalls soweit, daß ich ihm erzählte, mein Vater sei von der Gestapo verhaftet und ins KZ Sachsenhausen verbracht worden.

Eine lange Weile des Schweigens folgte. Dann holte der Pionieroberst eine Flasche Cognac aus seinem Rucksack und sagte: »Wir sollten vielleicht mal ein bißchen auf das Wohl Ihres Vaters trinken.«

Nun, ich nahm das an, und wir redeten weiter. Und dann kam der entscheidende Moment. Der Oberst sagte: »Wissen Sie, Herr Kamerad, Sie haben sehr offen mit mir geredet. Sie sind im OKH, Sie gehen wieder an die Front. Ich will auch offen mit Ihnen reden, und ich muß Ihnen etwas erzählen, was Sie vermutlich nicht glauben werden, was ich aber loswerden muß. Wir sind vor kurzem eingesetzt gewesen in Polen, um rückwärtige Stellungen auszubauen.«

Er nahm einen Schluck Cognac und fuhr fort: »Beim Ausbau dieser rückwärtigen Stellungen – eines dieser Grabensysteme war in der Nähe eines kurzen Eisenbahntunnels – habe ich folgendes erlebt: Eines Tages kam eine Lokomotive mit offenen Güterwagen angefahren. Da waren Menschen drin, dicht gepfercht. Es waren anscheinend – wir waren ziemlich nahe dran – alles Juden. Und die Lokomotive schob die Waggons in den Tunnel und koppelte sich dann ab. Dann kamen einige schwere Diesel-Lkws, mit SS besetzt. Die stellten sich an beide Enden des Tunnels und ließen ihre Motoren laufen, Auspuffgase in den Tunnel. Alles andere war abgedeckt, so daß die Gase voll wirkten. Und sie ließen ihre Motoren so lange laufen, bis alle Menschen in diesem Tunnel tot waren. Das hat über 24 Stunden gedauert. Und die Menschen drin, das waren, wie gesagt, Juden. Sie müssen einen furchtbar qualvollen Tod gestorben sein. Das habe ich gesehen, und das haben auch meine Männer gesehen.«

Der Oberst hatte, soweit ich das in der Dunkelheit sehen konnte, Tränen in den Augen. Er hatte die letzten Sätze stockend herausgepreßt. Er setzte hinzu: »Ich möchte sehr, daß Sie, Herr Kamerad, das wissen, und daß Sie dieses Wissen weitergeben an die Leute, die vielleicht etwas ändern können.«

Ich hatte atemlos zugehört. Ich brauchte eine Weile, bis ich mich gefaßt hatte: »Herr Oberst, was Sie mir da erzählt haben, ist so ungeheuerlich, daß ich es nicht glauben kann. Ich weiß, daß diese Kerle, der Hitler, der Göring, der Goebbels und wie sie alle heißen,

Verbrecher sind. Aber auch eine verbrecherische *deutsche* Regierung kann nicht einen Massenmord befehlen. Das ist doch unmöglich. Das ist mit unserer Geschichte, mit unserer Kultur unvereinbar. Es tut mir leid, aber ich kann Ihnen nicht glauben.«

Eine lange Pause folgte. Keiner von uns sagte ein Wort. Der Zug schaukelte durch die weite Ebene. Es war sehr dunkel um uns herum, und die Notlampe im Abteil gab wenig Licht. Dann straffte sich der Oberst und beugte sich vor zu mir: »Gut, ich kann verstehen, daß Sie mir nicht glauben, dennoch habe ich Ihnen die Wahrheit erzählt. Aber wenn Sie mir nicht glauben, – sehen Sie Ihren Vater nochmal, bevor Sie wieder an die Front zurückgehen?«

Ich sagte: »Ja, ich sehe ihn noch. Ich habe das Recht, ihn noch einmal im KZ zu besuchen.«

Er meinte: »Das ist gut. In den Konzentrationslagern haben sie einen viel besseren Nachrichtendienst als Sie im OKH. Fragen Sie Ihren Vater, ob das, was ich Ihnen erzählt habe, stimmt.«

Ich erwiderte: »Jawohl, Herr Oberst, das werde ich in der Tat tun. Aber so sehr ich Sie schätzen gelernt habe während dieser relativ kurzen Zeit, ich kann, ich kann das einfach nicht glauben, was Sie mir erzählt haben. Deutsche tun so etwas nicht.«

Er lehnte sich zurück und sagte eiskalt, als ob er einen Befehl erteile: »Sie fragen Ihren Vater!«

Ich: »Jawohl Herr Oberst, das werde ich tun.«

In Budapest stieg er aus. Ich fuhr die nächsten Stunden bis Bukarest mit schweren Gedanken.

Ich sah meinen Vater im KZ Sachsenhausen zehn Tage, bevor ich wieder an die Front ging. Anwesend war wie immer ein junger SS-Mann von der Division Totenkopf, verwundet, Volksdeutscher. Ich schickte ihn raus zum Zigaretten holen, und er ließ uns für einige Minuten allein. Ich gab meinem Vater blitzschnell wieder, was mir der Pionieroberst im Zug Berlin-Bukarest erzählt hatte, und endete: »Vater, das kann doch nicht stimmen, das ist doch völlig unglaublich.«

Er sah mich sehr ernst an: »Mein Junge, du irrst dich. Wir wissen, daß es Vernichtungslager für Juden gibt, wir wissen, daß sie neuerdings nicht mehr erschossen, sondern vergast werden in dem Sinne, wie du es mir geschildert hast.«

Mein Vater setzte fast beschwörend hinzu: »Junge, glaube mir, es stimmt, was der Oberst erzählt hat. Es ist grauenhaft, man kann es nicht fassen, aber diese Verbrecher schrecken vor nichts zurück.«

Dann kam der SS-Mann wieder rein, und wir redeten über relativ Belangloses. Das Gespräch mit dem Oberst aber habe ich nie vergessen können.

Gaston Ruskin (2)
Jahrgang 1924

Ich habe mit meinem Vater vor seinem Tod in Auschwitz noch sprechen können. Man hat mir damals im Lager gesagt, man habe ihn zum Röntgen weggebracht. Ich hab' ihn noch morgens gesehen. Wie ich abends zurückkam, gab mir einer der Pfleger ein Stück Brot und eine Scheibe Wurst: »Dein Vater hat dir das gelassen.« Mein Vater war stärker als ich. Er hat mir oft den Mund gewaltsam geöffnet und hat mir sein Brot hineingesteckt. 45 Jahre ist er alt geworden.

Auschwitz, was ist dazu noch zu sagen? Auschwitz ist fürchterlich gewesen, speziell die erste Zeit. Wie wir kamen, waren 2 000 Häftlinge da, wie wir ausmarschierten am 18. Februar 1945, hatte das Lager nur noch 32. Es war eines der vielen Nebenlager von Auschwitz. Es muß betont werden, Auschwitz war nicht *ein* Lager, Auschwitz waren meiner Meinung nach 35 Lager. Ich war in Auschwitz 3, Buna, in Monowitz, das von IG-Farben, ich will nicht sagen verwaltet wurde. Aber die IG Farben hat die Zwangsarbeiter, die Zwangshäftlinge, angemietet von der SS. Für Facharbeiter gab es 1,80 Mark, und für andere gab es, glaube ich, 1,20 Mark täglich.

Wir kamen nach Auschwitz. Nachts kamen wir an, der Zug kam an der Rampe an im Hauptlager. »Raus ihr Juden, raus.« Und es hat geknallt, und die Hunde sind gekommen. Die Leute waren sehr verängstigt. Dann stand einer und hat gesagt, links, rechts, links, rechts, und ich hörte, wie er zu einem älteren Mann sagte: »Was bist du von Beruf?« Sagte der: »Arzt.« Und da hat er eine Ohrfeige bekommen: »Du mußt erstmal arbeiten lernen.«

Und wir wurden auf Lastwagen getrieben. Wir standen dort wie die Ölsardinen, links und rechts saßen zwei SS-Leute mit Gewehr, und da wurde ich von meinem Onkel getrennt. Wir kommen an, 14 Grad Kälte, man hat die Leute runter getrieben von den Lastwagen. Da haben die ersten gebrochene Glieder gehabt. Dann kamen wir in eine Baracke, dann sind die SS-Leute gekommen und haben uns gefilzt. »Was hast du? Hast du eine Uhr, gib die Uhr her.« Sagte ich: »Wollen Sie auch meinen Füllfederhalter haben?« Mein wunderschöner Parker, den mein Vater mir geschenkt hatte mit so einer dicken Goldfeder, hier, haben sie den auch noch genommen. Dann wurden wir geschickt in den Baderaum, ausziehen. Und ich hatte ein Bild von meinem Vater bei mir. Da hatte ich von einer Postkarte nur den Kopf ausgerissen und hielt ihn in der Hand. »Was hast du da in der Hand?« Da haben sie mir das Bild auch weggenommen und zerrissen. Dann haben sie uns reingetrieben in den Baderaum. Es war wirklich 'ne Dusche. Von Gaskammern wußte ich nichts. Und dann rausgetrieben, nackend, die Schuhe durften wir behalten. Ich hatte schwarze Halbschuhe, die haben genau 30 und 6 Tage gehalten. Mein Onkel hatte in seinen Schuhen einen Hundertmarkschein in der Sohle. Er wollte die Schuhe loswerden. Er hat Angst gehabt, das Geld rauszunehmen. Die haben gesagt, wer Gold oder wer irgend etwas hat und nicht abgibt, wird sofort erschossen. Dann wurden wir eingekleidet. Natürlich, es war Winter, wir bekamen Sommerkleidung, die Hose dreiviertel Schwenker, ein Hemd ohne Kragen, und 'ne Mütze. Und rausgetrieben. Nach zwei Tagen ging's dann zur Arbeit.

Ich hatte meinen Vater dann getroffen, und er erzählte mir am Abend, sie hätten Barackenteile von einem Waggon abgeladen, da rutschte eine Wand runter, und er konnte nicht zur Seite springen. Er hat das genau in den Bauch bekommen, und hinter ihm stand eine Winde. Also er war irgendwie angeschlagen. Aber er hat gesagt: »Das ist nicht so schlimm.« Er kam in den Krankenbau, und nach acht Tagen kam er in die Baracke zurück. Ich habe mit ihm in einer Baracke gelegen. In der Nacht bekam er Schüttelfrost. Ich habe meine Decke genommen, bin zu ihm gegangen und habe ihn festgehalten. Er konnte nicht mehr arbeiten.

Es hat noch vielleicht acht Tage gedauert, dann ist Herr Fischer durchgekommen, der Arzt, der in der DDR vor einigen Jahren in Frankfurt an der Oder gefunden wurde, und der in der DDR hingerichtet worden ist. Und der hat gesagt: »Raus.«

Hab' meinen Vater morgens gesehen, und abends war er sicherlich nicht mehr am Leben.

Da hat man bekannt gegeben: Wer nach Auschwitz ins Hauptlager will, soll sich freiwillig melden. Ich wollte mich melden. Da kam ein polnischer Junge, der schon länger im Lager war, der hat gesagt: »Du meldest dich nicht, sonst gehst du in die Gaskammer.« Sage ich: »Das kann doch nicht sein, ich will zu meinem Vater.« Sagte er: »Der lebt nicht mehr.« »Ich will aber trotzdem«, sagte ich. Da hat er mich mit Ohrfeigen eingedeckt, und immer zwischendurch hat er gesagt: »Bitte, du mußt überleben, bleib hier im Arbeitslager.«

Wir wollten das nicht glauben, das mit den Gaskammern, obwohl, wenn der Wind von Birkenau kam, war da der Geruch. Dann hat man mir von den Gaskammern erzählt, und der Blockälteste, das war ein politischer Häftling, hat gesagt, hör mal zu, du mußt überleben. In zwei Monaten ist der Spuk vorbei. Daran habe ich geglaubt, ich war damals 19 Jahre alt. Aus den zwei Monaten sind zwei Jahre und etwas geworden.

Wir haben schwer gearbeitet. Ich habe auch Zement geschleppt. Zweimal 50-kg-Säcke. Geschlagen wurden wir, und im Laufschritt mußten wir arbeiten. Da bin ich mal hingefallen: Was, du hast die Zementsäcke kaputtgemacht. Da habe ich noch mehr Prügel bekommen, und dann konnte ich nicht mehr. Aber irgendwie hat man dann Facharbeiter gesucht, und ich hab' gesagt, ich bin Schweißer, und habe als Schweißer gearbeitet. Ich bekam sogar nachher eine eigene Schweißmaschine und bin mit meiner Maschine herumgezogen und hab' die Arbeiten gemacht, die ich auszuführen hatte.

Ich habe einmal geschweißt, da kommt ein SS-Mann, sagte: »Du kannst ja nicht schweißen.« Ich sagte: »Aber natürlich, schauen Sie doch bitte zu.« Und der hat sich heruntergebeugt und zugeschaut, aber ohne Schutzbrille. Und ich habe die Elektrode genommen, und dann hat es geblitzt. Der ist nicht mehr wiedergekommen. Der war »verblitzt«, aber ich hatte die Elektrode extra lang gezogen. Er konnte ja nicht sehen, was ich schweißte. Er hatte gesagt, ja, ja, ja und ist abgehauen. Der hat bestimmt einen Augenschaden erlitten.

Im Januar 1945 hörten wir, daß die russische Offensive begann. Es war ein besonders kalter Winter. Wir waren noch am 18. Januar ausmarschiert zur Arbeit, um 12.00 Uhr kam der Befehl, ins Lager einzumarschieren. Nachmittags hieß es, wir marschieren. Dann kam der Gewaltmarsch von 63 Kilometern in 26 Stunden, mit einer Rastpause von etwa zwei Stunden. Wir kamen dann nach Gleiwitz 4, war ein Lager da. Da habe ich zum ersten Mal wieder jüdische Mädchen gesehen. Die Baracken waren voll.

Man hat 350 000 Menschen in Marsch gesetzt aus diesen verschiedenen Lagern. Und ich traf dort einen Kollegen, der mit mir gearbeitet hat. Ich legte mich hin, draußen in den vereisten Schnee. Nirgendwo in den Baracken war Platz. Ich merkte, es ging nicht, da bin ich aufgestanden. Der Kollege lag neben mir. Ich sagte: »Steh auf.« Er: »Ach, laß mich schlafen.« Ein Tritt in den Hintern: »Steh auf.« Er wurde wütend, wollte sich mit mir rumhauen, wir haben uns ein bißchen gekabbelt, dann habe ich gesagt: »So, die Zirkulation ist wieder da, wenn du willst, leg dich wieder hin, und morgen früh wachst du nicht mehr auf. – Komm mal mit.« Da lagen Leute, Decke über den Kopf, so lagen sie da, die Leichen, erfroren. Es soll der schönste Tod sein. Man merkt nichts, man schläft ein. Dann bin ich an eine Baracke herangegangen und habe ordentlich geschrien: »Wenn ihr nicht aufmacht, hier spricht der Oberscharführer Sowieso, wenn ihr nicht aufmacht, schieße ich durch die Tür.« Die Tür ging auf, und da waren wir drin. Das war vielleicht auch unsere Rettung. Zu essen haben wir nichts mehr bekommen.

Dann wurden wir zwei Tage oder auch nur einen Tag später in Waggons verladen: »Wer will nach Buchenwald?« Habe ich mich gemeldet und bin mitgegangen, wenn schon, denn schon. Wir kamen durch Prag.

Da hat die SS nach oben geschossen, wenn die Prager Bevölkerung Brot in die Waggons geschmissen hat. Wir wurden bei 18 Grad Kälte in offenen Kohlewaggons transportiert. Wir hatten drei Waggons mit Leichen. Vorher hatten wir die Leichen rausgeschmissen, denn die waren ja steif gefroren, und die Leute standen da wie die Ölsardinen. Dann hat die SS auch auf uns geschossen: man soll nichts rausschmeißen. Dann hat man die Leichen gesammelt in drei Waggons, da waren sie dann gestapelt wie Holz.

Ich komm' nach Buchenwald, das muß so Ende Januar/Anfang Februar 1945 gewesen sein. Ich geh durch das Tor, dann hat man uns zur Entlausung geschickt. Da war ich mir nicht sicher, ist das Entlausung oder ist das Vergasung? Wir wurden reingetrieben, erstmal ausziehen, reingetrieben in einen Tunnel, und es wurde immer dunkler. Dann habe ich gedacht: wenn ich sterben muß, dann schnell. Fing an zu laufen, nach links herum, sah Licht und sah wirklich Duschen. Ah, das ist nicht die Gaskammer! Da stand ich 15 Minuten unter einer heißen Brause. Dann kamen wir in die Baracken. Es gab keinen Strom, es fehlten Bretter, da wo man liegen sollte. Unsere Kleidung bekamen wir nicht wieder. Ich bekam eine andere Kleidung, ich bekam auch ein Paar Schuhe, die mir nach zwei Tagen gestohlen wurden. Ich stand dann beim Appell immer barfuß im Schneewasser. Und da war ein Russe. Ich sah, der wird nicht mehr. Da stand ich daneben, bis er starb, und habe mir seine Schuhe genommen. Dieses Gefühl, daß ich einem Verstorbenen die Schuhe ausgezogen habe, das bedrückt mich heute noch.

Während des Marsches nach dem Westen hörten wir unterwegs, Buchenwald sei gefallen. Dann hat man uns fünf Wochen in Marsch gesetzt. Wir marschierten, links und rechts SS, es gab nicht viel zu essen. Wenn einer nicht mehr konnte, haben sie ihn herausgerissen, erschossen. Der blieb liegen. Noch in der Tschechoslowakei hörten wir: Der Führer ist tot, der Krieg geht weiter. Wir marschierten, und vielleicht am 3. Mai waren wir in einer Scheune. Man ließ uns oben in der Scheune schlafen. Zu essen gab's nichts. Zwischen den Dielen waren aber noch die Körner, die hab' ich rausgepult und gegessen, und da hab' ich angefangen zu beten.

Nächsten Tag, am 7. früh, hat man gesagt, wir maschieren. Da waren wir noch 180 Personen von den 1400. Inzwischen waren wir bereits in amerikanischer Hand.

Willi Weisskirch (2)
Jahrgang 1923

Ich war Maschinengewehrschütze, am Ende des Krieges Obergefreiter. 19 Jahre alt. Im Oktober 1944, beim Rückzug von Griechenland, bin ich verwundet worden. Ich war also drei Jahre Soldat. Erzwungenermaßen! Politische Nachrichten bekamen wir nur sporadisch. In Griechenland waren wir im Partisaneneinsatz. Da sickerten dann Dinge durch, die mich eigentlich in der Ablehnung dessen, was ich leider Gottes tun mußte, bestärkt haben. Transporte von Zivilisten aus Griechenland nach Norden wurden beobachtet, und das hat uns doch verwundert. Wir haben uns gefragt, was fahren die eigentlich für Zivilisten, Frauen, Kinder, alte Leute ununterbrochen nach Norden? Von den Griechen haben wir es dann erfahren: Juden. Das sind alles Juden, die werden in irgendwelchen Lagern, nach Ungarn, Polen usw. verfrachtet, und wer weiß, was mit denen da gemacht wird. Ich war schon vorher, 1941, bevor ich eingezogen wurde, für diese Dinge sensibilisiert worden durch die Predigten des Bischofs von Münster, Ferdinand Graf Galen. Die haben wir hektografiert und verbreitet, und ich hatte mich damals selber bei der Verteilung dieser Flugblätter stark betätigt. Deshalb gehörte ich nicht zu denen, die solche Erzählungen nicht glauben mochten. Ich habe alles, was die Griechen erzählten, sofort geglaubt.

Helmut Schmidt (3)
Jahrgang 1918

Von der Tatsache, daß es KZs gab, habe ich im Heimatkriegsgebiet erfahren, ich habe mir aber darunter etwas Falsches vorgestellt. Ich habe mir vorgestellt, daß das so was war wie das ehemalige hamburgische Gefängnis Fuhlsbüttel. Ich habe gedacht, das sind notdürftig hergerichtete Gefängnisse für angeblich oder tatsächlich Verdächtige. Ich habe mir also praktisch eine Art Untersuchungsgefängnis vorgestellt. Daß es in Hamburg, in meiner Vaterstadt, das KZ Neuengamme gegeben hat, habe ich nicht gewußt.

Wohl aber weiß ich, daß Menschen verhaftet wurden, die nichts ausgefressen hatten. Ich sollte ja auch verhaftet werden. Alle meine jüdischen Mitschüler, fast alle, sind 1933/34 und 1935 mit ihren Eltern ausgewandert. Einige nach Ungarn, andere nach Rumänien, viele nach Frankreich, England und nach USA, weil ihnen Gefahr fürs Leben drohte. Daß sie entwürdigt wurden durch die Art der Behandlung, das war klar, aber daß sie umgebracht werden sollten, war mir nicht klar.

Sicherlich nicht nur Göring, sondern auch eine ganze Menge andere müssen es gewußt haben. Es hing ja nicht vom Rang ab, es hing von der Zufälligkeit der Dienststelle ab, die einem Informationen zuspielte. Jemand, der als Divisionskommandeur und Generalmajor die ganze Zeit draußen gewesen ist, der muß es nicht unbedingt gewußt haben, obwohl er einen hohen Rang hatte. Die Dienststelle ist wichtiger, glaube ich, um etwas zu erfahren oder nicht zu erfahren, als der Dienstrang. Daß man für sein Land kämpfte und auf der anderen Seite das verbrecherische System haßte, würde ich nachträglich als Dichotomie des Bewußtseins bezeichnen. Wenn sie einen psychopathologischen Ausdruck verwenden wollen, können sie auch sagen: Schizophrenie. Aber das hat einen negativen Beigeschmack. Ich würde sagen Dichotomie.

Hans-Günther Seraphin (2)
Jahrgang 1903

Da ich Historiker war und Russisch sprach, wurde ich von 1946 bis Ende 1948 in Nürnberg Hilfsverteidiger bei den Nürnberger Prozessen. Ich bin sehr unbedarft an die Aufgabe in Nürnberg herangegangen. Man wußte ja damals nichts. In den »Nachrichten für Kommandeure«, die verteilt wurden, haben wir in Italien 1944 eine Schilderung des Vorgehens der Deutschen gegen die Juden im Osten bekommen. Das wurde ganz offen dargestellt, und es wurde darauf verwiesen: das sei Feindpropaganda. Es wurde an die abgehackten Kinderhände erinnert in Belgien und genauso wäre dies, damit würde nur Propaganda gemacht. Die abgehackten Kinderhände in Belgien, das war ja Propaganda gegen die Deutschen im Ersten Weltkrieg gewesen.

Als ich nach Nürnberg kam und ex officio die ganzen Urkunden und Dokumente sah und las und von den Zeugen hörte, was passiert war, da war ich erstmal krank. Denn das war für mich unfaßbar. Zum Beispiel die Waffen-SS. Ich bin in etwa 150 Verfahren vor deutschen Gerichten Sachverständiger gewesen, auch in dem Prozeß gegen die Reiter-Brigade der Waffen-SS, die in Polen eingesetzt war. Nachher habe ich Dokumente gefunden, daß mir die Haare zu Berge standen. Auch von den Angehörigen der Waffen-SS wird ja hauptsächlich argumentiert, daß sie einen sauberen Schild hat. Ich bin da sehr skeptisch. Natürlich habe ich viele Kriegsverbrecher später kennengelernt. Darunter waren Milch und die Feldmarschälle und Generäle. Von der negativen Seite war da Herr Ohlendorf, den ich sehr unschön erlebt habe. Der seine eigenen Leute mit Wonne allein ließ und sie belastete. Die meisten der wegen Mordes Angeklagten waren sich der Schwere ihrer Verbrechen gar nicht bewußt. Da war zum Beispiel einer, der sich gar nicht belastet fühlte, weil er nur 5 000 umgebracht hatte. Der sagte: »Wofür werde ich eigentlich bestraft? Das waren doch nur 5. 000. Der Ohlendorf*, der hat 20 000 umgebracht, das ist doch ganz was anderes!« Ich antwortete ihm: »Wenn es einer mehr als keiner ist, dann sind Sie dran!«
Es gibt bei uns noch eine bestimmte – wahrscheinlich aussterbende – Gruppe von Leuten, die behaupteten, es seien ja nicht sechs Millionen Juden gewesen. Das ist doch völlig gleichgültig. Also persönlich halte ich sechs Millionen für etwas übertrieben, aber ich habe ja sehr viel mit diesen Dingen zu tun gehabt. Aber ob es nun

* Ohlendorf: Amtschef im Reichs-Sicherheitshauptamt, SS-Obergruppenführer.

fünf oder sechs Millionen sind, das ist doch völlig egal, der *eine* zählt. Von verschiedenen Leuten wird behauptet, es gäbe eine Auschwitz-Lüge, das ist völliger Quatsch. Wir haben die genauen Unterlagen da. Ich kenne diese Unterlagen. Es gibt ja auch eine Zusammenstellung der SS über die Juden, die bis zu einer gewissen Zeit getötet worden waren. Das allein reicht ja schon an drei Millionen heran. Das handelt sich um die Amtsstatistik der SS. Da finden Sie das alles. Und dann sind ja erhalten noch die ganzen Meldungen der Einsatzgruppen. Und da steht es genau drin. Es war eine große Belastung, in Nürnberg tätig zu sein, unendlich und furchtbar. Also es war so: ich bin im Herbst 1946 hingekommen. Nach eineinhalb Jahren war ich nicht mehr in der Lage, abends ins Gefängnis zu gehen.

Ich konnte nicht mehr. Was meine Tätigkeit im Kriege betrifft, so fühle ich mich nicht durch das Dritte Reich verführt noch halte ich mich für schuldig. Das lehne ich völlig ab. Ich bin meinen Weg gegangen, bewußt immer als Deutscher. Und jetzt will ich Ihnen etwas sagen, was Sie vielleicht staunen macht. Ich bin als Pessimist in den Krieg gegangen und bin als Optimist wiedergekommen, weil ich den ungeheuren Anstand unserer Leute kennengelernt habe. Ich meine damit die Landser.

Zivilcourage?

Der Widerstand setzte einen – allerdings sehr begrenzten – Kontrapunkt zum Massenrausch der dreißiger Jahre. Seine letzten Chancen vor dem Krieg gingen 1938 verloren, als die Westmächte in München Hitlers Forderungen erfüllten. Seit Kriegsausbruch, besonders seit Beginn des Rußlandfeldzugs, begannen jedoch mehr Deutsche, sich von den Zielen und Vorstellungen des Nationalsozialismus zu distanzieren.

Der Enthusiasmus der frühen dreißiger Jahre hatte der Hoffnung für die Zukunft entsprochen und der Erleichterung darüber, daß sich die Lebensbedingungen erheblich verbesserten. 1942 aber lasen Millionen Deutsche die Todesanzeigen, hörten beinahe täglich die Sirenen. Desillusionierte Idealisten – viele hatten an Hitler geglaubt, andere an Deutschland – verloren mit dem Fortgang des Krieges ihren Glauben; Skepsis und Verzweiflung breiteten sich aus.

Dieser Prozeß wurde besonders in der Wehrmacht deutlich. Von den Anfängen des Dritten Reichs an hatten die meisten Generäle Hitler unterstützt, wie abschätzig sie privat auch über ihn und seine Handlanger gesprochen hatten. Die zwei verschiedenen Maßstäbe, die sie anlegten, wurden umso fragwürdiger, als Truppenkommandeure Befehle gaben, die jeglicher überkommener Vorstellung von der Ehre des Soldaten Hohn sprachen. Der Kommissarbefehl und das Wirken der Einsatzgruppen sind eklatante Beispiele dafür, daß deutsche Offiziere in großem Umfang gegen die Tradition der Armee verstießen, daß Befehle, die im Widerspruch zum eigenen Gewissen stehen, nicht auszuführen sind.

Auch wenn nur wenige Offiziere das bestialische Vorgehen der Einsatzkommandos miterlebten, so konnten keinem von ihnen die Anzeichen für ein zunehmendes Versagen des Oberkommandos bei der Kriegsführung selbst entgehen: die nachlässige Planung, die eine Armee im erbarmungslosen russischen Winter ohne warme Kleidung ließ, das massenhafte Verhungern russischer Kriegsgefangener oder die unbekümmerte Sorglosigkeit, mit der Deutschlands militärische Spitze Hitlers Kriegserklärung an die Vereinigten Staaten deckte.

Seit den Tagen Friedrichs des Großen und des Feldmarschalls Graf Moltke war das Vermeiden eines Zweifrontenkrieges ein grundlegendes Prinzip deutscher Strategie gewesen. Aber die Heerführer im Dezember 1941 blieben stumm. Und sie duldeten den Zynismus Hitlers, die 6. Armee in Stalingrad untergehen zu lassen. Nun mußten sie mit ansehen, wie Männer in den höchsten Positionen nicht den moralischen Mut und die Zivilcourage besaßen, die die verzweifelte Situation erforderte.

Die jüngere Generation der Wehrmachtsoffiziere war relativ naiv, und sie war nicht so umfassend informiert, daß sie das Ausmaß der verderblichen Entwicklung hätte ermessen können. Nur einige von ihnen – meist in höheren Stäben mit entsprechendem Überblick – zogen die Konsequenzen aus der Desillusionierung und entschlossen sich zum Handeln, um das Regime zu stürzen.

Aktive Verschwörer leben im Schatten des Galgens. Die Männer und Frauen des zivilen Widerstandes repräsentierten eine Mischung aus Deutschlands alter und junger Elite, Intellektuelle und Beamte, Aristokraten und Arbeiterführer. Ihre politischen Ziele differierten im einzelnen erheblich, vereint waren sie in ihrer zentralen moralischen Zielsetzung: Freiheit und Recht in Deutschland wiederherzustellen. Ihr elementares Ziel war es: Anstand und Ehrenhaftigkeit in einem neu zu errichtenden Rechtsstaat wieder zu gewinnen und Deutschland in den Kreis honoriger Staaten zurückzuführen.

Obwohl die Rolle, die das Militär bei der Machtergreifung Hitlers gespielt hatte, offen lag, sah nun auch der zivile Widerstand in der Armee das einzige Machtinstrument, das den geplanten Umsturz durchführen konnte. Die Militärs ihrerseits erkannten wiederum die Notwendigkeit, den Widerstand gegen Hitler auf eine breitere Basis zu stellen, als sie die Wehrmacht allein hätte bieten können. Die schnelle Zerstörung des kommunistischen und sozialdemokratischen Widerstandes zwischen 1933 und 1935 hatte gezeigt, daß eine Revolution von unten aus dem Volk heraus keine Aussicht auf Erfolg haben würde. Für Gruppen wie die ›Weiße Rose‹, die zum direkten öffentlichen Handeln aufriefen, war der Opfertod vorgegeben.

Dabei spielte in den Diskussionen der Unterschied zwischen Hoch- und Landesverrat eine gewichtige Rolle. Einige waren gewillt, diese Linie als unvermeidlich zu überschreiten. Viele schreckten jedoch davor zurück, Landesverrat zu begehen, bejahten aber den Hochverrat.

Diese Diskussion wurde intensiviert durch die Existenz des ›Nationalkomitees Freies Deutschland‹ und des ›Bundes Deutscher Offiziere‹, die als russische Kriegsgefangene konspirierten. Die überwältigende Mehrheit der Wehrmachtsangehörigen betrachtete die Mitglieder beider Organisationen bestenfalls als fehlgeleitete Opportunisten oder als Verräter. Jede Gruppe, die sich gegen Hitler wandte, riskierte, ebenso abgestempelt zu werden.

Letztendlich, so argumentierten die Widerstandskämpfer, müsse Deutschland sein politisches Problem selbst lösen. Nur dann könne das Land mit einer neuen Regierung versuchen, die alliierte Forderung nach bedingungsloser Kapitulation zu mildern und einen halbwegs erträglichen Frieden auszuhandeln. Damit reduzierte sich das Schlüsselproblem für den Erfolg einer jeden Verschwörung darauf, Hitler zu entmachten. Daraus ergaben sich Gewissensfragen und Fragen des praktischen Vorgehens. Durfte ein neues, moralisch fundiertes Deutschland mit einem Mord beginnen? Bürgerliche Intellektuelle des Kreisauer Kreises, insbesondere dessen Anführer, Helmuth James von Moltke, verwarfen grundsätzlich die Anwendung von Gewalt, selbst gegen Hitler.

Auch praktische Erwägungen spielten eine Rolle. Rommel und andere betonten die Gefahr einer zweiten Dolchstoßlegende. Hitlers Sicherungssystem hatte sich zudem als wirkungsvoll und umfassend erwiesen. Sein intuitives Gefühl für eine bevorstehende Gefahr hatte ihn bei früheren Attentatsversuchen gerettet.

Wie weit die höchste militärische Führung von den moralischen Maximen preußischer Offiziersauffassung und dem selbstlosen

Dienen inzwischen entfernt war, war nur noch wenigen voll bewußt. Die Abhängigkeit von Hitler hatte in vielen Fällen erschreckende Formen angenommen, und die »Heiligkeit« des Befehls wurde letztlich vielfach zum bequemen Vorwand apathischer Selbsttäuschung.

Martin Koller (3)
Jahrgang 1923

Mit meinem Jahresurlaub 1943 hatte ich Glück: Eine Maschine war zur Grundüberholung ins Herstellerwerk zu fliegen, »ins Reich«, wie man damals Deutschland nannte. So war ich schon am zweiten Urlaubstag zu Hause bei meinen Eltern und Geschwistern.

Ich roch noch nach Sprit und nach Krieg, als ich meine alte Liebe traf. Sie studierte in München, aber sie nahm sich Zeit für mich, und die Liebe war groß. Es war ein schöner Urlaub.

Nach 21 Tagen aber, als ich mit dem Urlauberzug zurück an die Front fuhr, widerfuhr mir jene Sache, die mich bis heute verfolgt und mich beinahe in Teufels Küche gebracht hätte: die Begegnung mit dem Unrecht. Irgendwo stieg ein Neuer in unser Abteil zu. Der Neue, nett und höflich, stellte sich vor in gebrochenem Deutsch mit baltischem Akzent. Aus Lettland komme er, Leutnant sei er, sein Marschbefehl laute auf Dnjepropetrowsk. Man erzählte sich alles mögliche aus dem privaten oder aus dem kriegerischen Alltag. Und da geschah es, daß der Lette erzählte, er habe an Judenerschießungen teilgenommen. Es seien über dreitausend Juden gewesen. Irgendwo im Baltikum. Sie hätten sich vorher ihr Massengrab selbst ausschaufeln müssen, »so groß wie ein Fußballplatz«. Er erzählte das mit einem gewissen Stolz. Ich war allein mit diesem Menschen und wußte nicht ein noch aus. Ich stellte dümmliche Fragen: »Ist das wirklich wahr?« oder »Wie haben Sie das gemacht?« oder »Wer hatte die Leitung?«

Ich bekam auf jede Frage eine präzise Antwort: Es sei wahr, jeder könne das nachprüfen, man habe es mit 12 Schützen, ausgerüstet mit Maschinenpistolen und einem MG, gemacht, die Munitionsausgabe sei durch die Deutsche Wehrmacht sorgfältig abgebucht worden, die Oberaufsicht habe ein deutscher Untersturmführer der SS gehabt, an dessen Namen er sich aber nicht mehr erinnere.

Ich geriet ins Trudeln und fing an zu schwitzen. Das paßte nicht in mein Weltbild: von mir, von meinem Land, von der Welt, von diesem Krieg. Das war so ungeheuerlich, daß ich nicht mehr weiter wußte. »Darf ich Ihren Dienstausweis sehen?« fragte ich, und: »Haben Sie etwas dagegen, wenn ich mir das aufschreibe?« Er hatte nichts dagegen und war auf diese Sache genauso stolz wie ich auf meine Abschüsse. Und während ich seinen fremden Namen Buchstabe für Buchstabe auf eine Zigarettenpackung schrieb, spielten meine Gedanken Looping: entweder ist es wahr, was er erzählt hat, dann kann ich meine Uniform nicht mehr tragen. Oder er lügt, dann darf er seine Uniform nicht mehr tragen – was kann, was muß ich tun?

Bei der Staffel ging es gleich wieder rund: Ich flog und flog und kämpfte, so gut ich konnte. Irgendwann kam der Obergefreite, der die Wäsche einsammelte. Da fand ich auch das Uniformhemd von der Urlaubsreise. Ich räumte die Taschen aus, und da war jenes Stückchen Karton mit der Adresse... Jetzt mußte ich endlich etwas tun. Noch am selben Abend schrieb ich meine Meldung: »An Herrn Staffelkapitän ...«

Der Alte blieb hinter seinem Schreibtisch sitzen, als ich mich – noch in Kombination – meldete. Er deutete auf meine Meldung, die auf seinem Schreibtisch lag: »Was soll ich damit?« Ich zuckte die Schultern und sagte forsch: »Natürlich weitergeben, Herr Hauptmann.«

Eines Abends saßen wir verschwitzt und müde auf unseren Klappstühlen im Gefechtsstand, tranken Krimwein aus der Flasche von Mund zu Mund und schimpften auf »die da oben«. Der Fernschreiber tickte, und der Obergefreite Münch, der Schreiber, gab mir ein Fernschreiben, ich hätte mich in zwei Tagen bei Oberst Bauer beim Einsatzstab Krim in Simferopol zu melden.

Ich komme nach Simferopol und zu Oberst Bauer. Der Oberst nimmt meine Meldung, die mit vielen Stempeln und Vermerken versehen, also ein offizielles Papier geworden ist, in die Hand. »Ich wollte mit Ihnen sprechen«, sagt der Oberst, »bevor ich mich wegen Ihrer Meldung entscheide. Verstehen Sie das?« – »Nein, Herr Oberst«, sage ich dümmlich. Er lehnt sich zurück, holt tief Luft und sagt: »Mein lieber junger Freund ...« Mein lieber junger

Freund! Das hat noch kein Vorgesetzter zu mir gesagt. Ich fühle mich gut. »Was, meinen Sie, soll ich nun damit machen?«

Ich sitze steif auf dem Sofa und bin mit dieser Frage überfordert. Was macht ein Oberst mit Meldungen? Ich schlucke einmal und sage: »Weiß nicht, Herr Oberst, vielleicht weitergeben?« Der Oberst rutscht auf dem Sofa nahe an mich heran und legt mir den Arm über die Schulter. Ich rieche das gute Rasierwasser und bin wie erstarrt. »Mein Junge«, sagt der Oberst, und er hat Falten auf der Stirn. »Mein Junge!« Er redet wie mein Vater. Aber ich finde es gut. Dann bietet er mir Zigaretten an. Wir rauchen. Der Oberst sagt: »Wenn ich diese Meldung weitergebe, mein Junge, dann kommen Sie in Teufels Küche.«

Ich versuche, mir die Küche des Teufels vorzustellen. Aber der Oberst sagt: »... das heißt: Sie werden aus dem Verkehr gezogen, Sie werden abgelöst, werden nie wieder fliegen, werden in einem Lager verschwinden, vielleicht gefoltert werden, schließlich irgendwo verscharrt werden, wie ein Hund ...« – »Aber wieso denn, Herr Oberst«, frage ich naiv und bin mir meiner gerechten Sache ziemlich sicher. »Paß auf«, sagt der Oberst, und ich passe gut auf, »du hast Augen im Kopf, sonst wärst du kein so guter Aufklärer; du hast einen Kopf, mit dem du denken kannst, und ein gutes Herz in der Brust, sonst hättest du mir doch diese Meldung nicht geschrieben.« – »Jawohl, Herr Oberst«, sage ich unsicher. ›Du‹ hat er zu mir gesagt. Ich bin bereit, ihm zu vertrauen, wie meinem Vater. Ich fühle, daß er mein Bestes will. »Du und ich«, sagt der Oberst, »wir wissen, daß zu Hause im Reich manches nicht in Ordnung ist.« – »Jawoll, Herr Oberst«, sage ich. Er schlägt mir mit der Faust leicht auf den Oberarm und sagt: »Weißt du was, Junge?« Ich schüttele den Kopf und sehe ihn an, »wenn wir hier lebendig herauskommen, dann fahren wir nach Hause und räumen auf. Tausende, glaub' mir das, Tausende werden mit uns sein...«

Er drückte seine Zigarette im Aschenbecher aus. »Machst du mit?« fragte er und sah mir direkt in die Augen. »Aber ja, Herr Oberst«, sagte ich erleichtert. Das war die Lösung, erst einmal diesen Scheißkrieg hier durchstehen, so gut wie möglich, und dann »zusammen mit Tausenden zu Hause aufräumen«, das war's doch.

Und dann nahm der Oberst mit spitzen Fingern meine Meldung

vom Tisch, hielt sie über den Papierkorb und fragte: »Wollen Sie also in Teufels Küche – oder wollen Sie übrigbleiben? Zum großen Aufräumen? Darf ich die Meldung fallen lassen?« »Jawohl, Herr Oberst.« »Danke, Leutnant«, sagte der Oberst, und meine Meldung fiel in den Papierkorb.

Jenem Oberst Bauer, der offenbar zum Widerstand gehörte, und jenem Oberst Stauffenberg, den sie noch am Abend des 20. Juli 1944 erschossen haben, bin ich dankbar. Ohne sie und die anderen Tausende, von denen mein Oberst sprach, könnte ich meinen inzwischen erwachsenen Kindern nicht offen ins Auge sehen. Und auch nicht all den Europäern, denen ich im Urlaub in Frankreich oder Griechenland begegne. Ich bin Deutscher und muß mich nicht schämen. Nur soll keiner aus meiner Generation sagen, wir hätten nichts gewußt. Das Ausmaß und die Methode, das haben wir wohl nicht gewußt. Aber das Unrecht – davon haben wir alle gewußt. Können die jungen Leute, die heute so alt sind wie ich damals, den Unterschied zwischen jenem Staat und unserem Staat von heute erkennen? Wenn sie sich gegen großes oder kleines Unrecht wehren, müssen sie nicht fürchten, in Teufels Küche zu kommen. Oder?

Johannes Steinhoff (4)
Jahrgang 1913

In dieser Zeit reifte unter einer kleinen Gruppe von Geschwaderkommodores der Plan, Göring abzusetzen. Wir kamen an geheimem Ort zusammen und waren uns einig: »Der Kerl muß weg.« Ich hatte mit meinem Freund, Oberst Lützow, konspiriert. Er war bereit, als Sprecher der kleinen Gruppe zu fungieren. Unser Programm: »Wir nehmen es nicht mehr hin, daß Göring uns als Feiglinge beschimpft. Hitler muß seinen Entschluß revidieren, das Düsenjagdflugzeug – die ME 262 – den Jagdfliegern vorzuenthalten. Wir können nicht mit zusehen, daß unsere Städte beinahe wahllos dem Erdboden gleichgemacht werden, denn mit Hilfe dieses Düsenflugzeuges wird es möglich sein, die Bomberoffensive zu stoppen. Göring muß weg.« Aber was wir unternahmen kam zu spät.

Zusammen mit meinem Freund Lützow drang ich bis zum dienstältesten Offizier der Luftwaffe, dem General von Greim vor, der in Lodz in Polen sein Hauptquartier hatte. Am Tage unserer Ankunft hatte die große sowjetische Offensive gegen das Reich begonnen – 12. Januar 1945 – alles war verloren.

Unsere Konspiration war verraten worden, der Chef des Generalstabes hatte Göring in einem Brief unter anderem mitgeteilt, daß sich eine Vertrauenskrise abzeichne, die in die Katastrophe führen könne. Er rate dringend – so schrieb er – Göring müsse diese Offiziere anhören.

Das geschah dann endlich Ende Januar. Göring versammelte die »Meuterer« im Reichsluftfahrtministerium und einige andere Einheitsführer dazu, wohl um die Meuterei zu neutralisieren. Es war ein unerfreuliches Gespräch. Lützow, unser Sprecher, stand wie ein Mann. Aber dann verlor Göring die Geduld, ihm platzte der Kragen mit den Worten: »Lützow, was Ihr mir zumutet, ist Meuterei, ich lasse Sie erschießen«, und er verließ den Raum.

Aber konnte er seine Tapfersten erschießen? Es war peinlich genug, Hitler dies alles erklären zu müssen. Wir wurden amtsenthoben, strafversetzt, und ich fand mich sprichwörtlich auf der Straße wieder. Ende Februar zigeunerte ich immer noch herum, konnte das »Hetzen« nicht lassen. Als ich Lützow, der in Italien strafversetzt und isoliert Dienst tat, besuchen wollte, wurde ich am Brenner festgenommen und wieder nach Hause geschickt. Und dann rief mich Galland, der auch dienstenthoben war, an: »Macky, willst du wieder fliegen? Hitler hat erlaubt, daß ich eine Staffel, einen kleinen Verband von Düsenjagdflugzeugen aufstellen darf.« Das war eine große Herausforderung.

Wir trafen uns in Brandenburg bei Berlin, stellten unter enormen Schwierigkeiten den winzigen Verband einer Staffel aus Experten zusammen und brachten es fertig, ihn nach München verlegen zu dürfen, »um dort gegen die Bomberströme zu kämpfen«.

Es war Ende März. Die Sowjets standen vor Berlin, die Alliierten hatten den Rhein überschritten. Wir, der Rest der Luftwaffe, erlebten noch einmal den großen Luftkrieg. Wir schossen ab, wurden am Boden zerbombt, hatten Verluste, aber der Aktivismus verhinderte es, daß wir in unserer abgrundtiefen Depression auf dumme Gedanken kamen. Dieser Abgang aus dem Krieg erschien uns zuweilen wie eine Art Wiedergutmachung, vielleicht haben wir verhindert, daß noch mehr Städte zerstört wurden. Und wir brauchten uns nicht vor den Landsern zu schämen, die aufgehängt wurden, wenn sie davonliefen. Am 18. April 1945 stürzte ich mit überladener Maschine ab, die beim Aufschlag explodierte.

Die Tage bis zur Kapitulation erlebte ich unter dem Einfluß der schmerzstillenden Opiate im seelischen Zustand hoffnungsloser Depression. Mein Freund Lützow kam vom Feindflug nicht zurück. Die Amerikaner lieferten sich ein letztes Gefecht mit der SS in Höhe des Lazaretts am Tegernsee, in dem ich lag. Alles war verloren.

Rückblickend stelle ich fest, daß mir die Greueltaten, die während des Krieges im Namen des deutschen Volkes begangen worden sind, nicht bekannt waren. Ich habe gewußt, daß es KZs gab und daß Juden deportiert wurden. Aber über die Massenvernichtung der Juden im Osten habe ich erst unmittelbar nach dem Kriege erfahren. Ich habe das nicht bewerten können, denn ich bin 5 1/2 Jahre als Pilot eingesetzt worden im täglichen Einsatz. Unsere Jägermeuterei kam zu spät, wir hatten auch nicht den Überblick, den man nun einmal hat, wenn man in höheren Stäben oder gar in der Nähe des Zentrums der Macht sitzt.

Inge Aicher-Scholl
Jahrgang 1917

Im Herbst 1941, als Hans zufällig einige Tage zu Hause war, fanden wir Flugblätter im Briefkasten mit den Reden von Kardinal Graf Galen, dem Bischof von Münster, in denen er sich scharf gegen die Euthanasie wandte. Die haben wir natürlich mit großer Begeisterung gelesen. Die Tatsache, daß so etwas möglich war, daß man so etwas noch im Briefkasten finden konnte, das hat uns sehr beeindruckt, und ich sehe noch genau, wie mein Bruder Hans das vor sich liegen hatte, das Blatt, und sagte, man sollte einen Vervielfältigungsapparat haben.

Das war neben der Verhaftung meines Vaters das *eine* Schlüsselerlebnis für meinen Bruder. Das andere war im Dezember 1942, da kam er, wie so oft am Wochenende, vom Studium in München wieder nach Hause, nach Ulm, und wir beide haben einen Abendspaziergang gemacht. Die Donau war ganz nah bei unserer Wohnung. Es war sehr schön, da abends noch zu gehen. Und da hat Hans gesagt: »Hör mal her, in Mannheim sind jetzt so und so viele Sozialdemokraten und Kommunisten verurteilt und hingerichtet worden, und ich will dir jetzt was sagen. Wir müssen was tun. Jetzt müssen die Christen endlich was tun. Nicht, daß man am Ende des Dritten Reiches dann dasteht mit leeren Händen.«

So etwa hat er sich ausgedrückt. Und ich in meiner Angst und Not, ich habe gesagt: »Hans, wir sind politisch schon belastet. Wir haben schon, weiß Gott, unseren Kopf hergehalten, laßt doch eure Hände davon.«

Und da sagte er ganz gelassen: »Ja, du hast Recht. Für solche Widerstandstätigkeit braucht man kaltblütige Leute.«

Inzwischen hatte Hans mit einem kleinen Freundeskreis die Flugblattaktion begonnen. Die ersten vier Nummern der Flugblätter der ›Weißen Rose‹ waren entstanden und in Süddeutschland und Österreich verbreitet worden. Während der Semesterferien wurde Hans zum Fronteinsatz im Osten abkommandiert, mit ihm Alexander Schmorell und Willi Graf. Nach ihrer Rückkehr im Herbst 1942 trafen sich Hans und Alexander mit Falk Harnack, der bereit war, Kontakte zu Widerstandskreisen in Berlin herzustellen. Dabei entwickelte Hans den Plan, an allen deutschen Universitäten illegale studentische Zellen zu errichten, die schlagartig übereinstimmende Flugblattaktionen ausführen sollten.

Der Freundeskreis hatte seine Aktivität wieder aufgenommen, und in den ersten Wochen des Jahres 1943 entstanden zwei neue Flugblätter. Der Titel der Flugblätter wurde geändert. Das nächste trug die Überschrift: »Flugblätter der Widerstandsbewegung in

Deutschland – Aufruf an alle Deutschen«; das letzte, das ihnen zum Verhängnis wurde: »Kommilitoninnen! Kommilitonen!«

In dieser Zeit erhielt Hans eine Warnung, daß die Gestapo ihm auf der Spur sei, und daß er mit seiner Verhaftung rechnen müsse. Hans war geneigt, diese undurchsichtige Information abzuschütteln.

An einem sonnigen Donnerstag, es war der 18. Februar 1943, war die Arbeit so weit gediehen, daß Hans und Sophie, ehe sie zur Universität gingen, noch einen Koffer mit Flugblättern füllen konnten. Entschlossen machten sie sich auf den Weg, obwohl Sophie in der Nacht einen Traum gehabt hatte, den sie nicht verjagen konnte: Die Gestapo war erschienen und hatte sie beide verhaftet. Und ausgerechnet zu dieser Stunde hatte sie einer ihrer nächsten Freunde aufsuchen wollen, um eine verschlüsselte Warnung zu überbringen. Er kam zu spät. Mittlerweile hatten die beiden die Universität erreicht. Und da sich in wenigen Minuten die Hörsäle öffnen sollten, legten sie rasch die Flugblätter in den Gängen aus und leerten den Rest ihres Koffers vom zweiten Stock in den Lichthof der Universität hinab.

Aber die Augen des Hausmeisters hatten sie erspäht. Alle Türen der Universität wurden sofort geschlossen. Damit war das Schicksal der beiden besiegelt. Die rasch alarmierte Gestapo brachte meine Geschwister in ihr Gefängnis, das berüchtigte Wittelsbacher Palais. Und nun begannen die Verhöre. Tage und Nächte, Stunden um Stunden. Abgeschnitten von der Welt, ohne Verbindung mit den Freunden und im Ungewissen, ob einer von ihnen schon ihr Schicksal teilte.

Dieser Freundeskreis, der sich in München um sie zusammengefunden hatte, war mit ihnen den schweren und gefährlichen Weg des aktiven Widerstandes mit einer unbeschreiblichen Treue und Zuverlässigkeit gegangen: Alexander Schmorell, Christoph Probst, Willi Graf, dazu der ältere Freund Professor Kurt Huber.

Ich muß hier einfügen: Meine Eltern und ich, wir wußten nichts von diesen Aktionen. Zwar wußten wir, daß es diese Flugblätter gab. Sophie hat mal meinem Vater eins mitgebracht und sagte ihm, so was wird in der Universität verteilt. Ganz kühl und freudestrahlend. Und da sagte mein Vater: »Mensch, Sophie, das ist ja toll. Aber ihr werdet doch nichts damit zu tun haben?«

Entschieden sagte sie: »Wie kommst du denn auf diese Idee, so was würden wir nie machen. Mach dir keine Sorgen.«

Von der Verhaftung haben wir, soviel ich mich erinnere, schon am Tag darauf durch Freunde meiner Geschwister erfahren. Als wir hörten, daß es sich um Flugblätter handelte, haben wir alle sofort gedacht, das wird die schlimmsten Folgen haben. Aber wir hatten gehofft, daß sich so ein Prozeß sehr lange hinzieht und daß vielleicht der Krieg doch früher zu Ende gehen würde.

Alle, die in jenen Tagen noch mit ihnen in Berührung kamen, die Mitgefangenen, die Gefängnisgeistlichen, die Gefangenenwärter, ja selbst die Gestapobeamten waren von ihrer Tapferkeit und ihrer Haltung aufs stärkste betroffen. Ihre Gelassenheit und Ruhe standen in merkwürdigem Kontrast zu der hektischen Spannung, die das Gestapogebäude beherrschte. Ihre Aktion hatte bis in die höchsten Stellen von Partei und Regierung hinein große Beunruhigung hervorgerufen.

Am zweiten Tag nach ihrer Verhaftung war ihnen klar geworden, daß sie mit dem Todesurteil zu rechnen hatten. Zunächst, bis unter der Last des Beweismaterials alle ihre Verschleierungsversuche sinnlos geworden waren, hatten sie durchaus einen anderen Weg gesehen und gewollt: zu überleben und nach dem Ende der Gewaltherrschaft an einem neuen Leben mitzuwirken.

Nun hatte sich die Situation jäh geändert. Nun gab es kein Zurück mehr.

Schließlich kam der letzte Morgen. Hans trug seinem Zellengenossen noch Grüße an die Eltern auf. Dann gab er ihm die Hand, gütig und beinahe feierlich: »Wir wollen uns jetzt verabschieden, solange wir noch allein sind.«

Darauf drehte er sich stumm zur Wand und schrieb etwas an die weiße Gefängnismauer. Eine große Stille war in der Zelle. Kaum hatte er den Bleistift aus der Hand gelegt, rasselten die Schlüssel, und die Wachtmeister kamen, legten ihm Fesseln an und führten ihn zur Gerichtsverhandlung. Zurück blieben die Worte an der weißen Wand, Goetheworte, die sein Vater oft bei nachdenklichem Auf- und Abgehen vor sich hingemurmelt hatte, und über deren Pathos Hans manchmal hatte lächeln müssen: »Allen Gewalten zum Trutz sich erhalten.«

Die Möglichkeit, sich einen Anwalt zu wählen, gab es für sie nicht. Es wurde zwar ein Pflichtverteidiger herzitiert. Dieser war jedoch nicht viel mehr als eine ohnmächtige Marionettenfigur.

Sophie hatte in diesen letzten Nächten, sofern sie nicht vernommen wurde, den festen Schlaf eines Kindes. Ein einziges Mal ergriff sie eine tiefe Erregung: in dem Augenblick, als ihr die Anklageschrift ausgehändigt wurde. Davon hat uns ihre Zellengenossin Else Gebel berichtet. Sie schilderte, wie Sophies Erregung sich beim Lesen legte und sie am Ende völlig entspannt gewesen sei.

Sie streckte sich auf ihr Lager hin und stellte mit leiser, ruhiger Stimme Betrachtungen über ihren Tod an. »So ein herrlicher, sonniger Tag, und ich soll gehen. Aber wie viele müssen heutzutage auf den Schlachtfeldern sterben, wie viel junges, hoffnungsvolles Leben... Was liegt an meinem Tod, wenn durch unser Handeln Tausende von Menschen aufgerüttelt und geweckt werden.«

Nach kurzer Zeit war auch ihre Zelle leer, zurück blieb die Anklageschrift, auf deren Rückseite mit leichter Hand das Wort »Freiheit« geschrieben ist.

Da das Wochenende dazwischenlag, an dem im Gefängnis keine Besuche erlaubt waren, fuhren meine Eltern mit meinem jüngsten Bruder Werner, der unverhofft zwei Tage zuvor von der russischen Front auf Urlaub gekommen war, am Montag nach München. Dort wartete am Bahnsteig schon in höchster Erregung Jürgen Wittenstein, der Student, der sie von der Verhaftung telefonisch unterrichtet hatte, und sagte: »Es ist höchste Zeit. Der Volksgerichtshof tagt, und die Verhandlung ist bereits in vollem Gang. Wir müssen uns auf das Schlimmste gefaßt machen.«

Sie eilten zum Justizpalast und drangen in den Verhandlungssaal ein, der voller geladener Nazis war. In roter Robe saßen da die Richter, in ihrer Mitte Freisler, tobend vor Wut.

Still und aufrecht und sehr einsam saßen ihnen Hans und Sophie und ihr Freund Christoph Probst gegenüber. Frei und überlegen gaben sie ihre Antworten. Sophie sagte einmal (sie sagte sehr, sehr wenig sonst): »Was wir sagten und schrieben, denken ja so viele. Nur wagen sie nicht, es auszusprechen.«

Die Haltung und das Benehmen der drei Angeklagten war von einer solchen Noblesse, daß sie selbst die feindselige Zuschauermenge in ihren Bann schlugen.

Als meine Eltern eindrangen, war der Prozeß schon beinahe am Ende. Da der Anwalt meiner Geschwister völlig versagte, versuchte mein Vater vor die Richter zu treten und seine Kinder selbst zu verteidigen. Er wurde aus dem Saal verwiesen. Die Eltern konnten gerade noch die Todesurteile anhören. Meine Mutter verlor einen Augenblick die Kräfte, sie mußte hinausgeführt werden, und eine Unruhe entstand im Saal, als mein Vater rief: »Es gibt noch eine andere Gerechtigkeit!«

Aber dann hatte sich meine Mutter rasch wieder in der Gewalt, denn nachher war ihr ganzes Sinnen und Denken nur noch darauf gerichtet, ein Gnadengesuch aufzusetzen und ihre Kinder zu sehen. Sie war wunderbar gefaßt, geistesgegenwärtig und tapfer, ein Trost für alle anderen, die sie hätten trösten müssen. Mein jüngster Bruder drängte sich nach der Verhandlung rasch vor zu Hans und Sophie und drückte ihnen die Hand. Als ihm dabei die Tränen in die Augen traten, legte Hans ruhig die Hand auf seine Schulter und sagte: »Bleib stark – keine Zugeständnisse.«

Die drei wurden in das große Vollstreckungsgefängnis München-Stadelheim überführt, das neben dem Friedhof am Rande des Perlacher Forstes liegt. Dort schrieben sie ihre Abschiedsbriefe. Inzwischen war es meinen Eltern wie durch ein Wunder gelungen, ihre Kinder noch einmal zu besuchen. Eine solche Erlaubnis war fast unmöglich zu erhalten. Zwischen 16 und 17 Uhr eilten sie zum Gefängnis. Sie wußten noch nicht, daß dies endgültig die letzte Stunde ihrer Kinder war.

Zuerst wurde ihnen Hans zugeführt. Er trug Sträflingskleider. Aber sein Gang war leicht und aufrecht, und nichts Äußeres konnte seinem Wesen Abbruch tun. Sein Gesicht war schmal und abgezehrt wie nach einem schweren Kampf. Er neigte sich liebevoll über die trennende Schranke und gab jedem die Hand. »Ich habe keinen Haß, ich habe alles, alles hinter mir.«

Mein Vater schloß ihn in die Arme und sagte: »Ihr werdet in die Geschichte eingehen, es gibt noch eine Gerechtigkeit.«

Darauf trug Hans Grüße an alle seine Freunde auf. Dann ging er, ohne die leiseste Angst und von einem tiefen Enthusiasmus erfüllt.

Darauf wurde Sophie von einer Wachtmeisterin herbeigeführt. Sie trug ihre eigenen Kleider und ging langsam und gelassen und sehr aufrecht. Sie lächelte, als schaue sie in die Sonne. Bereitwillig und heiter nahm sie die Süßigkeiten, die Hans abgelehnt hatte: »Ach ja, gerne, ich habe ja noch gar nicht zu Mittag gegessen.«

Es war eine ungewöhnliche Lebensbejahung bis zum Schluß, bis zum letzten Augenblick. Auch sie war einen Schein schmaler geworden, aber ihre Haut war blühend und frisch – das fiel der Mutter auf wie noch nie –, und ihre Lippen waren tiefrot und leuchtend. »Nun wirst du also gar nie mehr zur Türe hereinkommen«, sagte die Mutter. »Ach, die paar Jährchen, Mutter«, gab sie zur Antwort. Dann betonte auch sie, wie Hans, fest und überzeugt: »Wir haben alles, alles auf uns genommen«, und sie fügte hinzu: »Das wird Wellen schlagen.«

Die Gefangenenwärter berichteten: »Sie haben sich so fabelhaft tapfer benommen. Deshalb haben wir das Risiko auf uns genommen – wäre es rausgekommen, hätte es schwere Folgen für uns gehabt –, die drei noch einmal zusammenzuführen, einen Augenblick vor der Hinrichtung. Wir wollten, daß sie noch eine Zigarette miteinander rauchen konnten. Es waren nur ein paar Minuten, aber, es hat viel für sie bedeutet. ›Ich wußte nicht, daß Sterben so leicht sein kann‹, sagte Christoph Probst. Und dann: ›In wenigen Minuten sehen wir uns in der Ewigkeit wieder.‹

Dann wurden sie abgeführt, zuerst das Mädchen. Sie ging ohne mit der Wimper zu zucken. Wir konnten alle nicht begreifen, daß so etwas möglich war. Der Scharfrichter sagte, so habe er noch niemanden sterben sehen.«

Der Gefängnisgeistliche hat uns berichtet, daß Hans vor der Hinrichtung laut gerufen habe: »Es lebe die Freiheit.«

Woher meine Geschwister die Kraft genommen haben? Sie haben in einer unmenschlichen Zeit nach dem Sinn des Daseins gefragt und sie entdeckten das Christentum auf eine neue, von Konventionen befreite Weise. Das war entscheidend. Die zweite Kraft, untrennbar mit der religiösen verbunden, war das Wissen, daß sie richtig handelten. Und daß es endlich mal ausgesprochen werden mußte. Und deshalb, glaube ich, ist von diesen Tagen und von ihren letzten Stunden ein solches Licht ausgegangen.

Philipp Freiherr von Boeselager
Jahrgang 1917

Bei Generalfeldmarschall von Kluge war ich ab Sommer 1941 in Rußland als Ordonnanzoffizier eingesetzt. Kluge war damals Befehlshaber der Heeresgruppe Mitte. Eine Weile nach meiner Ankunft beim Heeresgruppenstab zeichnete sich bereits die Unmöglichkeit ab, den Krieg im Osten siegreich zu beenden. Die Gelegenheit, dem Kriegsverlauf eine andere Richtung zu geben, schlug Hitler aus. Einige vaterlandsliebende Ukrainer der Heeresgruppe machten das Angebot, mit uns gemeinsam gegen Stalin in den Krieg einzutreten, wenn dafür der Ukraine eine partielle Selbstverwaltung und nach Kriegsende die territoriale Selbständigkeit zugesichert würde. Mit ihnen und einem Teil der Kriegsgefangenen, die sicherlich nach der Proklamation eines ukrainischen Staates mit uns gegen die Sowjet-Armee kämpfen würden, bestünde noch eine berechtigte Hoffnung, den Krieg im Osten als Sieger beenden zu können. Die Entscheidung mußte naturgemäß Hitler treffen, und die verständigungswilligen Ukrainer wurden deshalb ans OKH weitergeleitet.

Nach einer Weile hörten wir, Hitler hätte es abgelehnt, auf den Vorschlag der Heeresgruppe einzugehen, ja, die Ukrainer wären als mögliche russische Elite umgebracht worden.

Merkwürdig waren immer die Telefongespräche Kluges mit Hitler. Vor wichtigen Entscheidungen mußte Kluge Hitler – Hitler war der Oberbefehlshaber des Heeres – über seine Absicht orientieren und dessen Zustimmung einholen. Hitler lebte ja weitab von der Front und hatte keine Ahnung, wie es an der Front aussah. Wenn ein Telefongespräch geführt werden mußte, wurde dies längere Zeit vorher verabredet. Nach einer Weile meldete sich ›Wolfsschanze‹, so hieß die Vermittlung des Führerhauptquartiers in Ostpreußen, worauf unsere Vermittlung mich anrief und sagte: »Ich verbinde mit dem Führer. Bitte bleiben Sie am Apparat.«

Ich sagte dann: »Ich verbinde mit Feldmarschall von Kluge.«

Während ich die Verbindung herstellte, hörten wir am Mithörer schon den Atem Hitlers. Es lief dann fast immer gleichmäßig so ab: Kluge rief in den Hörer hinein: »Hier Feldmarschall von Kluge, ist da jemand?«

Hitler meldete sich aber auf der anderen Seite nicht, obwohl man genau hörte, daß er am Apparat war. Das dauerte, bis schließlich Hitler sich entschloß zu antworten und sagte: »Heil, Herr Feldmarschall.«

Kluge antwortete dann: »Heil, mein Führer!«

Und nun ging das eigentliche Gespräch los. Hitler zögerte wohl, weil er nicht wußte, wie er das Gespräch beginnen sollte. Etwa: »Hier Adolf Hitler« oder »Hier der Führer«.

Die Gespräche waren äußerst spannungsreich. Wir Offiziere hörten sie immer mit. Es war höchst interessant festzustellen, wie psychologisch geschickt Hitler diese Gespräche führte. Wenn er sich nämlich nicht entscheiden wollte oder seine Entscheidung anders ausfiel als von Kluge erwünscht, und es deshalb zu einer gereizten Stimmung kam – diese Gespräche wurden ja nur geführt, wenn es um wirklich wichtige Fragen ging –, dann lenkte Hitler im letzten Moment immer ab. Er sagte dann beispielsweise: »Herr Feldmarschall, ich habe mir übrigens erlaubt, Ihrer Frau ihre Lieblingsblumen zum Geburtstag zu schicken, und im übrigen müssen wir uns die Fragen, die wir besprochen haben, nochmals durch den Kopf gehen lassen. Ich rufe Sie nochmals an.«

So umging Hitler immer eine harte, sachliche Auseinandersetzung am Schluß eines Gesprächs. Mehrmals hatte ich schon geglaubt, das Telefongespräch würde mit der Entlassung Kluges enden. Aber kurz vor einem Eklat bog Hitler mit ein paar persönlichen Worten die letzten Spitzen wieder ab, so daß Kluge nichts sagen konnte, während Hitler die Entscheidung verschob. Hitler versicherte dann, daß er Kluge nochmals anrufen würde. Er rief selbstverständlich nicht wieder an und war für Kluge auch nicht mehr zu erreichen. Die Entscheidung wurde dann so gefällt, wie Hitler sie ursprünglich gewollt hatte. Das habe ich mehrmals erlebt, obgleich Kluge seine Meinung sehr bestimmt vertrat.

Ich bin mit Feldmarschall Kluge ein paarmal bei Hitler gewesen. Hitler war nicht sympathisch oder in irgendeiner Form anziehend. Er strahlte überhaupt nichts aus, aber er war hochintelligent. Ich habe nie verstanden, wieso beispielsweise Offiziere, die von uns aus zu Hitler flogen, um einen hohen Orden zu erhalten, von ihm so eingelullt wurden. Hitler hatte auch ein immenses technisches Wissen.

Wir hatten am eigenen Leib erfahren, daß Hitler das Schicksal des einzelnen Soldaten völlig gleichgültig war, wenn es darum ging, sein Prestige zu erhalten. Außerdem hatten wir eine zweite Erfahrung gemacht, und zwar die, daß Hitler sich in Details der Front verlor und Befehle gab, die mit den »Weisungen«, die ein Oberster Befehlshaber zu geben hatte, überhaupt nichts mehr zu tun hatten. So befahl Hitler beispielsweise den Einsatz einzelner Maschinengewehre, legte fest, wohin die Artillerie oder einzelne Panzer zu schießen hätten und dergleichen.

Ein trauriges Kapitel ist die Bereitschaft der führenden Soldaten und mancher Feldmarschälle, von Hitler Geschenke anzunehmen. Eine Episode ist mir unvergessen, weil der Vorgang mich tief erschüttert hat. Hitler führte mit Kluge an dessen 60. Geburtstag ein Glückwunsch-Telefongespräch. Hitler hatte erfahren, daß Kluge auf dem Gut seiner Frau einen neuen Kuhstall bauen wollte. Am Schluß seines Glückwunschgespräches mit Kluge sagte Hitler: »Herr Feldmarschall, ich habe gehört, daß Sie einen neuen Kuhstall bauen wollen. Ich freue mich, Ihnen mitteilen zu können, daß ich Ihnen als Geschenk für Ihre Verdienste um das deutsche Volk Baustoffe im Werte von 250 000 RM zur Verfügung stellen kann. Sie erhalten in Kürze eine Genehmigung zum Bezug der Baustoffe und auch einen entsprechenden Scheck. Ich habe bereits die Anweisungen dazu gegeben.«

Nach dem Gespräch rief Kluge mich herein, und ich merkte, wie unangenehm es ihm war, daß ich das Gespräch mitgehört hatte, und sagte: »Boeselager, Sie haben sicher mitgehört, was der Führer mir zu meinem Geburtstag geschenkt hat. Was sagen Sie dazu?«

Ich antwortete gleich: »Herr Feldmarschall, ich kann mich nicht erinnern, daß Preußische Könige früher ihren Generälen während des Krieges Dotationen gemacht haben, sondern, soweit ich weiß, geschah dies erst nach Abschluß eines siegreichen Krieges. Ich würde deshalb den Scheck an das Rote Kreuz weitergeben.«

Daraufhin sagte Kluge: »Das muß ich mir nochmals überlegen«, und entließ mich.

Ich fürchte, Kluge hat das Geschenk angenommen.

Generalfeldmarschall von Kluge war über die verschiedenen Attentatspläne gegen Hitler informiert: Kluge befürchtete damals einen Bürgerkrieg zwischen Himmler mit seiner SS und der Wehrmacht, wenn Hitler getötet worden wäre.

Kluge verachtete die Nazis, er haßte Himmler und Bormann, aber Hitler verachtete er nicht. Seine Gefährlichkeit und Unberechenbarkeit hatte er kennengelernt. Er lehnte Hitler ab. Er konnte sich aber nicht dazu durchringen, sich den Männern des 20. Juli, Tresckow und seinen Ideen, anzuschließen, nicht aus persönlicher Furcht, sondern aus Angst als Verräter in die Geschichte einzugehen. Vorkommnisse wie Judenerschießung, Tötung von Geisteskranken in der Heimat und dergleichen konnte man ihm, wenn man genaue Unterlagen hatte, darlegen. Er lehnte all das entschieden ab, doch konnte er sich nicht entschließen, daraus die Konsequenz zu ziehen. Die Charakterlosigkeit eines Teils seiner Kollegen durchschaute er. Er selbst blieb aber schwankend und wußte nicht, was er tun sollte. Über den Ausgang des Krieges hatte Kluge ab Winter 1942 keinen Zweifel. Im Frühjahr 1945 erschoß er sich, nachdem die Lage hoffnungslos geworden war.

Wenn man verstehen will, wieso Offiziere in hohen Stellungen »abhängig« wurden, so muß man folgendes bedenken: Es handelt sich hier um die Offiziere, die sich am Schluß des Ersten Weltkrieges nicht auf ihr Rittergut zurückziehen konnten – grollend, weil der Kaiser nach Doorn gegangen war, sondern die aus Existenzgründen, jung verheiratet, zwei Kinder im Schnitt, in der Reichswehr bleiben mußten. Das Handwerk hatten sie gelernt. Sie hatten gerade ihre Generalstabsprüfung gemacht. Sie waren schon in der Reichswehr, als der Kaiser sie noch nicht von ihrem Eid entbunden hatte. Und das scheint mir ein sehr wichtiger Punkt zu sein, weil sie anschließend zum großen Teil aus den Reserveoffiziersvereinigungen der feudalen ehemaligen Regimenter herausgeschmissen wurden als Eidbrüchige und nun mit krummem Kreuz in die Reichswehr eintraten, voller Groll gegen ihre reichen Freunde, die jetzt abseits standen und murrten.

Dann kam Hitler. Sie machten eine Bombenkarriere, und diejenigen, die ausgeschieden waren, kamen als E-Offiziere oder als Reserveoffiziere im Range eines Oberleutnants wieder zu ihnen und mußten ihnen auf die Schuhe schauen, da sie in der Zwischenzeit Majore, Oberstleutnants, Regimentskommandeure waren. Aber das Kreuz war angeknackst. Das war nicht mehr das alte Kreuz des preußischen Offiziers.

Wolf-Jobst Siedler (1)
Jahrgang 1926

Die Familie meines Vaters: eine alte Beamten- und Gelehrtenfamilie. Mein Vater selber: kaiserlicher Diplomat, vor 1914. Studierte in Oxford und an der Sorbonne. Voller Haß gegenüber dem Regime. Meine Mutter: alte Offiziersfamilie, preußische Offiziere. Beide in Brandenburg gebürtig. Der Vater meiner Mutter war als ganz junger Oberstleutnant in der ersten Woche des Ersten Weltkrieges gefallen an der Spitze seines Regiments. Mein Vater sagte zu meiner Mutter: »Dein Vater konnte es wohl gar nicht erwarten, für das Vaterland zu sterben. Drei Tage überleben in dem Krieg war wohl schon zu viel?«

Die Familie meines Vaters stand jedenfalls in tiefer Animosität gegenüber dem Regime, was später wohl auch zu meiner Entwicklung beigetragen hat.

Am Tage der improvisierten Siegesparade der Deutschen auf den Champs Elysées, 1940, hatten wir gerade ein großes Familienessen. Meine Mutter stand unter dem Eindruck des schnellen Sieges über Frankreich und sagte: »Es ist doch unglaublich, was diesen Leuten alles gelingt.«

Mein Vater saß am Kopf der Tafel und schwieg, dann sagte er: »Ja, ja, mit der Siegesparade der Deutschen auf den Champs Elysées fängt es an, und enden wird es mit der Siegesparade der Roten Armee Unter den Linden.«

Tiefes Schweigen. Er war schon ein alter Herr. Meine Mutter war eigentlich gar nicht gewohnt ihm zu widersprechen, so daß wir Kinder alle erstarrten, als sie plötzlich sagte: »Wolf, übertreibst du denn nicht mit Deinem Haß? Du vergißt, diesmal sind die Russen unsere Verbündeten und nicht unsere Gegner.«

Schweigen an der Tafel, mein Vater sagte nur: »Ja, mein Kind, es fragt sich nur, wie lange noch.«

Das war die Stimmungslage im Haus und in der Familie auch auf dem Höhepunkt der Siege. Es gab in der Familie diese Mischung von sehr konservativem, aber sehr kosmopolitischem, sehr urbanem Berliner Bürgertum, und eigentlich wurde auf dem Höhepunkt der Erfolge und der Siege der endliche Zusammenbruch und Untergang immer vorausgesetzt.

Das Wort »Finis Germaniae«, was ich als Junge nicht begriff, wurde damals zu Hause sehr oft gebraucht. Das läuft nicht auf ein neues Versailles hinaus, sondern auf das Ende des Reiches, den Untergang Deutschlands.

Mein Vater war bis zu seinem Tode, 1963, für mich eine respektierte und geliebte Gestalt. Sonst wäre ich wahrscheinlich auch nicht dazu gekommen, mich auf romantische und ein wenig jungenhafte Weise mit Widerstand zu beschäftigen.

Zu den besten Freunden meiner Eltern gehörte die Familie des späteren Nobelpreisträgers Otto Hahn, des Physikers, des Atomforschers. Frau Hahn hatte eine Organisation, oder besser eine Gruppe von Vertrauenspersonen zusammengebracht, die Lebensmittelkarten sammelten und an die in Berlin illegal lebenden Juden verteilten. Ich erinnere mich an ein Gespräch Hahns mit meinen Eltern. Wir Kinder waren dabei, der Sohn Hahn war der beste Freund meiner Schwester. Sie sagten: »Wir haben ja hunderte Juden in Kohlenkellern und Dachböden versteckt, aber die verhungern langsam. Wenn wir nicht die Lebensmittelkarten, die Butter-

und die Brotmarken sammeln, wissen wir nicht mehr, wie wir sie ernähren können.«

Und wenn man das mit sechzehn hört, ist der erste Impuls, da muß man doch etwas tun. Da sammelte ich dann auch mit einer Gruppe von Freunden zusammen Lebensmittelkarten.

Die Schule absolvierte ich inzwischen im Internat Schloß Ettersburg, dem Jagdschloß der Herzöge von Weimar, dem Lieblingsaufenthalt Goethes, wo man im Dorfumkreis sagt, die Bauern sind entweder die illegitimen Söhne vom Herzog oder von Goethe. Die haben wohl die ganzen Sommernächte durchgeschlafen im Gebüsch mit all den Mädchen.

Mein bester Freund und gleich mir schon auf der Internatsschule Marinehelfer war der Sohn von Ernst Jünger, dem legendären Pour-le-mérite-Träger des Ersten Weltkrieges, dem nationalistischen Schriftsteller, der dann etwa ab 1932/33 eine Wendung gegen den Nationalsozialismus vollzogen hatte und es ablehnte, Präsident der Reichsschrifttumskammer und der Dichterakademie zu werden.

Das war mein bester Freund, mit einer tiefen Verachtung für die vulgäre Pöbelherrschaft. Wir beide bildeten eine Gruppe gegen die HJ im Internat. Eine Gruppe, in der man sich damit beschäftigte, was denn sein würde, wenn der Krieg verloren war.

Wir waren 17 und wurden Ende 1943, Anfang 1944 verhaftet. Mein Freund Jünger hatte zum Beispiel in einem Aufsatz gesagt: »Dieser Krieg wird niemals beendet werden, es sei denn, es gelingt, Hitler zu ermorden. Solange Hitler lebt, wird es niemals Waffenstillstand geben.« Und er hatte dann als Abschluß geschrieben (wie eben so ein 17jähriger schreibt): »Wenn Hitler aufgehängt wird, dann laufe ich barfuß von Berlin nach Potsdam, um mit am Strick zu ziehen.«

Im Januar 1944 war der Prozeß. Die Frage war: Würden wir als Angehörige der Hitler-Jugend vor den Volksgerichtshof oder als Marine-Helfer vor ein Kriegsgericht oder als Gymnasiasten vor ein ordentliches Gericht gestellt werden? Im ersten Falle wäre das mit einem Todesurteil identisch gewesen. Ernst Jünger, der Vater meines Freundes, war zu diesem Zeitpunkt als Offizier beim deutschen Militärbefehlshaber in Paris. Er setzte alle Hebel in Bewegung, um Einfluß darauf zu nehmen, daß wir nicht vor den Volksgerichtshof kamen. Er hatte Verbindung zu den Mitgliedern des Widerstandes. Wir kamen dann schon als Marine-Helfer vor ein Marine-Kriegsgericht – klare Rechtsbeugung – und wurden als Siebzehnjährige nach dem Jugendstrafrecht zu neun Monaten Zuchthaus verurteilt. Durch ein Marinekriegsgericht. Reine Rechtsbeugung. Aber die sagten sich, wenn wir die Jungs ausliefern an den Volksgerichtshof, werden sie sofort aufgehängt.

Manfred Rommel
Jahrgang 1929

Ich war gerne beim Jungvolk, ich war auch gerne Hitlerjunge. Mein Vater hat eine gewisse Distanz zur Hitlerjugend gehabt. Er war nämlich einmal Verbindungsoffizier des Heeres zum Reichsjugendführer Baldur von Schirach gewesen. Und da hat er schlechte Erlebnisse gehabt, weil die dauernd vom Krieg geschwärmt haben, als ob das der größte, als ob das ein Hochgenuß wäre, an einem solchen teilzunehmen. Der Baldur von Schirach hatte auch selber nie gedient, und er hat dann Mordssprüche über den Ersten Weltkrieg gemacht.

Wenn man mich gefragt hätte: »Bist du Nationalsozialist?«, hätte ich diese Frage mit einem klaren Ja beantwortet. Es wäre mir allerdings schwergefallen zu erklären, warum. Da hat man uns was von den Germanen erzählt, Deutschland, Vaterland und so.

Ich glaube, daß gerade die junge Generation psychologisch außerordentlich geschickt von dem nationalsozialistischen Staat behandelt worden ist. Er hat den jungen Menschen, um es einfach zu formulieren, eingeredet, sie seien eigentlich schon ein paar Jahre älter. Hat ihnen auch die Minderwertigkeitsgefühle, die mit der Pubertät verbunden sind, gemildert durch Beförderungen, und indem man ihnen Uniformen und einen Dolch gab. Man hat uns gesagt, es sei besonders schön, sonntags früh an einer Kirche vorbeizumarschieren und dabei den Fanfarenzug schmettern zu lassen, und hat sich auch gefreut, daß die Bürger davon weniger begeistert waren.

Mir hat das sehr gut gefallen. Ich habe das auch meinem Vater manchmal, wenn der überhaupt da war während des Krieges, erzählt. Aber der wollte das nicht hören. Er hat gesagt: »Weißt du was, du kannst das überall erzählen, aber nicht, wenn ich am Tisch bin. Ich will das nämlich nicht hören.«

Einige jüngere Ordonnanzoffiziere meines Vaters, die haben mir Recht gegeben. Sie haben sich über diese aufrichtige Gesinnung gefreut, aber wenn ich Leute in diesem Alter heute sehen würde, da würde ich sie auch eher der Jugend zurechnen als den Erwachsenen. Sie waren so 21/22 Jahre alt. Ich bin dann zur Flak gekommen. Da war ich unglaublich stolz, daß man mich benötigte. Anfang 1944. Ich war gerade fünfzehn Jahre alt geworden.

Ich war einfach entzückt, daß man mich für voll nahm und mir eine Uniform gab. Natürlich haben wir uns manchmal in kindlicher Weise aufgeführt. Ich kann mich noch erinnern: An der Bahn, da stand ein Marineoffizier, und da haben wir dann ausgemacht, daß wir den fragen, wann der nächste Zug nach Blaubeuren geht. Er sollte glauben, daß wir ihn für einen Bahnbeamten hielten. Dieser Kapitänleutnant hat natürlich mit einem fürchterlichen Unmut gefragt, ob wir schon mal einen Bahnbeamten mit dem EK 1 gesehen haben. Da haben wir: »Jawohl, Herr Kapitänleutnant!« gerufen und gelacht.

Nun sieht man das heute anders. Es wird gefragt, wie konnte man sich so versklaven lassen von diesem Hitler? Aber wenn man selber da mitmachte, hatte man überhaupt kein Gefühl der Freiheitsbeschränkung. Im Gegenteil, es gab eigentlich niemand, der einem widersprach in grundsätzlichen Fragen. Während der Demokratie gibt es dauernd jemand, der nicht mit einem einverstanden ist. Und das kann man auch zum Ausdruck bringen. Daß man da eine Sklavenpsychologie gehabt hätte oder sich dieser bewußt gewesen wäre, davon konnte gar keine Rede sein. Man war als junger Mensch trotz aller Niederlagen immer hundertprozentig überzeugt.

Ich habe ein sehr enges Verhältnis zu meinem Vater gehabt, immer. Wenn er da war, hat er gerne seine freie Zeit mit mir verbracht. Ich bin ihm eigentlich erst näher gekommen, als er 1944 in

Frankreich verwundet worden war. Er konnte nicht mehr richtig lesen. Er hat nämlich zwei verschiedene Augen gehabt, ein kurzsichtiges und ein weitsichtiges. Er hatte ja auch einen vierfachen Schädelbruch gehabt und konnte keine Brille vertragen. Er hat mordsmäßige Kopfschmerzen bekommen. So habe ich ihm dauernd vorlesen müssen.

Nach dem Attentat auf Hitler, nach dem 20. Juli 1944, kam er. Am 17. Juli ist er in Frankreich abgeschossen worden, von britischen Tieffliegern, und ist erst Tage später aufgewacht. Ich besitze einen Brief von ihm an meine Mutter. Der ist mit der Schreibmaschine geschrieben, am 23. Juli. Da hat er noch nicht einmal seinen Namen schreiben können. Er hat nur einen Kringel gemacht. Dann hat er sich aus Frankreich nach Hause transportieren lassen und hat gebeten, daß ich zu ihm abkommandiert würde von der Flak, um vorzulesen. Sein Kriegstagebuch war etwas literarisch von einem Offizier abgefaßt worden. Das hat er sich vorlesen lassen. Er wollte, daß alles, was irgendwie belastend war, rausgestrichen wird. Da hat er alles, was ihm nicht gefallen hat, umdiktiert.

Er hat einen Sekretär gehabt, einen Feldwebel, und der hat die alten Originale vernichtet.

Er befürchtete eben, daß, wenn diese Tagebücher jemandem in die Hand kämen, man eine Äußerung, daß der Krieg verloren ist, finden könne. Das war alles gefährlich nach dem 20. Juli. Und so habe ich zu ihm ein sehr enges Verhältnis gehabt.

Er hat dann auch durch diese Schädelverletzung nachts nicht schlafen können, ist darum stundenlang unten gesessen im Dunkeln und hat erzählt. In diesen Nächten hat er seine Zweifel am Sieg deutlich gemacht. Er war der Überzeugung, daß der Krieg verloren war. Das war er nach el-Alamein in Afrika, nach Montgomerys Durchbruch.

Er hat im Jahre 1943 mal mit Hitler gesprochen und hat ihm gesagt, der Krieg sei verloren, man könne doch nicht mehr den Sieg erringen, und man müsse jetzt sehen, daß man aus dem Krieg möglichst günstig herauskomme. Und da hat Hitler gesagt: »Merken Sie sich, mit mir schließt niemand Frieden.«

Wie recht hat er gehabt. In dieser Zeit, ab 1941, hatte schon die Judenermordung stattgefunden. Und damit waren eigentlich alle

Schiffe verbrannt. Insbesondere hat sich mein Vater in dieser Zeit auch mit dem Attentat auseinandergesetzt. Er hat gesagt, er hätte immer von einem solchen Attentat abgeraten, weil er den toten Hitler für gefährlicher hielt als den lebendigen.

Er hat gesagt, er hätte in Frankreich kapitulieren wollen und er hätte auch sogar mit der Waffen-SS gesprochen, nämlich mit Sepp Dietrich. Der Dietrich hat meinem Vater zugegeben, daß man die Westfront nicht so lange halten sollte bis die Russen in Berlin sind, und dann hat mein Vater ihn gefragt: »Wenn wir uns hier zur Kapitulation entschließen, mit wem gehen Sie?«

Da hätte der Dietrich zu ihm gesagt: »Sie sind hier Oberbefehlshaber, wir gehen mit Ihnen.«

Solche Dinge hat er also erzählt.

Mein Vater hat nicht geglaubt, daß Hitler die Juden in Massen umbringt. In Afrika war er ja auch isoliert, und das, was in den britischen Sendern gekommen ist, was ihn am meisten beunruhigt hat, war, daß der Hitler nicht bereit war, selber die Konsequenzen zu ziehen und daß er offensichtlich bis zum bitteren Ende weitermachen wollte. Er hat mal gesagt, wenn man in Frankreich kapituliert hätte und die Front zum Einsturz gebracht hätte, dann solle man die Amerikaner und Engländer so weit wie irgend möglich nach dem Osten lassen. Man solle denen den Weg frei machen. Er hat auch gesagt, sie hätten natürlich vor der Kapitulation meine Mutter und mich nicht mehr in Sicherheit bringen können. Möglicherweise hätte Hitler sich dann an uns gerächt.

Er hat während der Wochen zu Hause stark damit gerechnet, daß er irgendwie zur Verantwortung gezogen wird. Dann stand dauernd die Gestapo vor dem Haus. Dann hat er eine Wache der Wehrmacht aus der Garnison Ulm kommen lassen, weil er gesagt hat, ich lasse mich doch nicht von denen bei Nacht und Nebel erschießen. Er hat sich mit großer innerer Ruhe mit diesen Dingen auseinandergesetzt, wie er auch, als er dann von den Generalen Burgdorf und Maysel abgeholt wurde, eigentlich ganz kühl geblieben ist.

Als dieser Besuch angemeldet wurde, ist er mit mir draußen im Garten rumgelaufen und hat gesagt, entweder bin ich heute abend tot, oder die bieten mir noch mal eine Frontverwendung an. Sein Traum war doch nochmal eine vernünftige, harte Verwendung.

Als die kamen, der Maysel und der Burgdorf, da haben die dann gleich gesagt, sie wollen mit meinem Vater alleine sprechen.

Es war ein schöner Herbsttag. Er hat nach dem Gespräch mit den Generälen meine Mutter unterrichtet und ihr gesagt, daß er das Gift nehmen würde, das ihm die Generäle gegeben hätten.

Meine Mutter wollte das nicht zulassen. Dann hat mein Vater mich und seinen Ordonnanzoffizier kommen lassen und hat gesagt: »Ich habe zehn Minuten Zeit, um mich zu verabschieden.«

Und hat gesagt, sie würden ihm ein Gift geben, das sie mitgebracht haben, das in drei Sekunden wirke. Sie würden ihn in ein Lazarett nach Ulm bringen. Dann bekämen wir einen Anruf in 20 bis 30 Minuten, daß er einem Hirnschlag erlegen sei. Das hat er gesagt.

Da hat sein Adjutant, der Alldinger, gesagt: »Ja, wollen Sie sich denn nicht zur Wehr setzen?« Da hat mein Vater gesagt: »Nein, ich habe mir überlegt, es hat gar keinen Wert. Völlig sinnlos. Die haben mir gesagt, die üblichen Maßnahmen gegen meine Familie (Sippenhaft) würden nicht ergriffen.«

Der Führer habe ihm sogar ein Staatsbegräbnis zugesichert im Blick auf seine Verdienste in Afrika. Und schließlich hat er gesagt, er bitte nur dringend, daß man kein Wort nach außen weitergebe und nicht darüber spreche. Da hat der Alldinger noch mal angefangen und gesagt: »Sie haben doch eine Waffe.« Da hat mein Vater zu ihm gesagt: »Alldinger, ich kann mir doch nicht mehr erlauben, einem einzigen Soldaten einen Befehl zu geben. Das ist doch erledigt. Da braucht man gar nicht mehr drüber reden. Und wenn man alles abwägt, ist das am vernünftigsten.«

Dann sind sie eingestiegen, die zwei Generäle und mein Vater, in einen Wagen mit einem SS-Mann am Steuer, und dann sind sie weggefahren. Dann kam der Anruf, mein Vater sei einem Hirnschlag erlegen.

Peter Pechel (3)
Jahrgang 1920

»... darf das Lager lebend nicht mehr verlassen.« Das stand auf der Karteikarte, die meinen Vater vom Gestapogefängnis in der Prinz-Albrecht-Straße in Berlin zum Konzentrationslager Sachsenhausen bei Oranienburg begleitet hatte. »Darf das Lager lebend nicht mehr verlassen« – eine etwas mühselige Umschreibung für das, was man gemeinhin ein Todesurteil nennt.

Es begann im April 1942. Mein Vater, Herausgeber der bekannten politischen Monatszeitschrift ›Deutsche Rundschau‹, wurde von der Gestapo verhaftet und nach einer langen Untersuchungshaft in das Konzentrationslager Sachsenhausen bei Oranienburg eingeliefert. Zur selben Zeit lag ich in einem Berliner Lazarett und heilte eine Verwundung aus, die ich in der Winterschlacht 1941 vor Moskau bekommen hatte. Unnötig zu sagen, daß meine Mutter und ich alle Hebel in Bewegung setzten, um meinen Vater wieder freizubekommen. Unnötig zu bemerken, daß wir keinen Erfolg hatten. Gewiß, wir wurden nicht unkorrekt behandelt. Im Gegenteil, die Gestapobeamten waren mir gegenüber, dem Verwundeten und, wie der schöne Titel damals lautete, »Ehrenbürger der Nation« sogar verlegen und ausgesprochen höflich. So lange ich noch im Lazarett lag, konnte ich meinen Vater einmal im Monat sehen, wir durften ihm einmal im Monat schreiben, einmal im Monat ein Päckchen schicken und einmal im Monat einen Brief von ihm empfangen – aber wenn ich auf das Thema Freilassung meines Vaters kam, war es, als ob ich in Watte griffe. Die Beamten wichen aus oder blieben stumm.

Die Zeit verging, ich ging wieder hinaus an die Front, zuerst nach Rußland, dann nach Frankreich, wo bald darauf die Invasion begann. Wenn ich auf Urlaub kam, führte mich mein erster Weg zum Reichssicherheitshauptamt, wo ich um eine Sprecherlaubnis nachsuchte, die mir meist gewährt wurde. Oh ja, das war alles geregelt, ging seinen ordnungsgemäßen Gang. Als Frontsoldat war ich berechtigt, meinen Vater im KZ zu besuchen, denn – ich verteidigte ja mit meinem Leben denselben Staat, der meinen Vater einsperrte, weil er in seiner Zeitschrift die Wahrheit über das System geschrieben hatte. Ich erspare mir die Schilderung der bitteren Gefühle, die mich in jener Zeit bewegten. Sie sind vielleicht vorstellbar. Nur so viel sei gesagt: Meine Vorgesetzten und Kameraden, alles Männer, die ihre Pflicht als Soldaten taten, aber wie die Mehrheit des deutschen Frontheeres keineswegs große Nationalsozialisten waren, halfen mir, wo sie konnten, weil sie über das Schicksal meines Vaters Bescheid wußten.

Eines Tages im Dezember 1944, kurz vor Beginn der Ardennenoffensive, erhielt ich die Nachricht, ich solle mich sofort in Berlin beim OKH melden. Dort angekommen fand ich einen General, bei dem ich einmal Ordonnanzoffizier gewesen war. Er hatte mich nach Berlin geholt und in seinen Stab kommandieren lassen, damit ich, wie er sagte, alles versuchen könne, um meinen Vater herauszuholen aus dem KZ, denn es sei nicht mehr viel Zeit, das Kriegsende werde nicht mehr lange auf sich warten lassen, und man könne nie wissen, welche Maßnahmen die Machthaber in der letzten Verzweiflung noch ergreifen würden. Diesem Mann verdanke ich es, daß mein Vater überlebt hat. (Er ist nach dem Krieg in einem amerikanischen Gefangenenlager verhungert.)

Ich trat meinen Dienst in Berlin an. Wieder versuchte ich, in den wenigen Stunden zwischen Dienst und Fliegeralarm meinen Vater freizubekommen, auf den verschiedensten Wegen – wieder und wieder vergeblich. Die Zeit drängte immer mehr, es wurde März, die ersten Tage des April 1945 gingen ins Land, die Russen standen an der Oder – und noch immer hatte ich nichts erreicht. Allerdings hatte ich bemerkt, daß die Gestapobeamten, mit denen ich zu tun hatte, höflicher und gesprächiger wurden. Sie fühlten sich nicht mehr sicher, sie begannen, über ihr Schicksal nach dem Kriege nachzudenken – und diese Gedanken waren anscheinend nicht sehr angenehm. Und diese offensichtliche Unsicherheit war es auch, die mich auf eine ganz neue Idee brachte. Ich mußte auf die Furcht der Gestapo spekulieren, auf ihre Angst vor dem Morgen – und ich durfte mich, wenn ich dabei alles auf eine Karte setzte, nicht mehr mit den kleinen und mittleren Beamten aufhalten – ich mußte zur Spitze vordringen.

Es war eine verzweifelte Idee, aber es war auch eine verzweifelte

Situation, und deshalb beschloß ich, sie durchzuführen. An einem der ersten Apriltage – ich glaube es war der 11. April, rief ich das Reichssicherheitshauptamt an und verlangte den Adjutanten des SS-Obergruppenführers Müller. Obergruppenführer Müller war der gefürchtete und gehaßte Chef der Geheimen Staatspolizei, der »Blut-Müller«, wie er genannt wurde, weil an seinen Händen das Blut unzähliger unschuldiger Menschen klebte. Als der Adjutant sich meldete, nannte ich meinen Namen, fügte hinzu, ich sei im Oberkommando des Heeres tätig, in dem und dem Stab, und hätte dem Obergruppenführer eine wichtige militärische Mitteilung zu machen. Ob er mich am nächsten Tage empfangen könne. Nach kurzer Rückfrage sagte mir der Adjutant, ich solle um elf Uhr vormittags kommen.

Die Nacht verbrachte ich damit, mir genau einzuprägen, was ich sagen wollte. Es war eine Nacht voll Ungewißheit und Zweifel. Aber nun, auch sie ging vorbei. Um elf Uhr stand ich im Zimmer des Adjutanten. Mein Herz klopfte wie wahnsinnig, drückte zum Halse hinauf. Unauffällig tastete ich nach der Pistole, die ich am Koppel trug. Nach kurzem Warten sagte der Adjutant: »Der Obergruppenführer läßt bitten.«

Ein paar Schritte, eine Tür schloß sich hinter mir, ein großes, sonnendurchflutetes Zimmer, an einem Schreibtisch ein untersetzter Mann mit auffallend gelber Gesichtsfarbe und undurchdringlichen, fast schwarzen Augen; ich stand dem »Blut-Müller« gegenüber.

Mein Herz war wieder ruhig, die Aufregung vorbei, ich war eiskalt. Ich wußte, das war der entscheidende Augenblick. Das Schicksal meiner Eltern und mein eigenes hingen davon ab, ob ich die Nerven in den nächsten fünf Minuten bewahrte oder ob ich versagte. Der Mann mir gegenüber besaß noch alle Macht des Polizeistaates – noch. Ich stand allein. Es war belanglos, daß ich Offizier des Heeres war. In jenen Tagen starb man schnell in Deutschland.

Müller fragte mich höflich, was ich wünschte. Ich sagte ebenso höflich, ich wünsche die Freilassung meines Vaters, früher Herausgeber der ›Deutschen Rundschau‹, seit 1942 inhaftiert im KZ Sachsenhausen. »Also deswegen sind Sie zu mir gekommen«, sagte Müller.

Seine Augen wurden schmal. »Ich kenne den Fall Ihres Vaters. Er ist ein Feind des Führers. Er hat sich auch im Konzentrationslager nicht geändert. Glauben Sie, wir würden einen Feind des Nationalsozialismus entlassen?«

Ich hatte diese Antwort erwartet. Jetzt mußte ich handeln. Die Sonne fiel schräg durch die großen Fenster. Ich dachte einen flüchtigen Moment, es müßte schön sein, weit weg zu sein, weit weg von dem allen, keinen Krieg zu haben, keinen Vater im KZ. Doch das war nur ein Augenblick. Ich wandte mich Müller zu: »Wir wollen uns doch nichts vormachen, Obergruppenführer«, hörte ich mich mit einer eisigen, unbeteiligten Stimme sagen, »wir wollen uns doch nichts vormachen. Sie wissen, wie die Lage ist. Ich weiß es. In drei Wochen, spätestens, sind die Russen in Berlin. Der Krieg ist zu Ende, und damit das Dritte Reich. Wollen Sie sich nicht ein paar Pluspunkte sichern für die Zeit nachher? Sie haben kein angenehmes Schicksal vor sich. Sie brauchen Pluspunkte nach allem, was mit Ihrem Namen verbunden ist. Wollen Sie nicht doch meinen Vater entlassen – und zwar sofort?«

Es war heraus. Mir war hundeelend zumute. Wenn er jetzt klingelte oder rief, dann gab es nur noch meine Pistole. Lebend sollten sie mich nicht bekommen. Ein langes Schweigen folgte. Vielleicht waren es eine, vielleicht auch zwei Minuten – ich weiß es nicht. Ich hatte alles auf eine Karte gesetzt, von der ich nicht wußte, ob sie stechen würde. Der kleine Mann mir gegenüber hatte noch immer die Macht, meinen Vater, meine Mutter und mich zu vernichten. Ein Ruf nach dem Adjutanten im Nebenzimmer genügte. Aber nichts dergleichen geschah. Müller sah plötzlich auf. Er erhob sich. Er sagte: »Ich will es mir überlegen. Rufen Sie mich morgen vormittag an.«

Ich war entlassen. Wie ich aus dem Haus und zu meiner Dienststelle nach Zehlendorf gekommen bin, weiß ich nicht mehr. Die Hochspannung des Gesprächs ebbte ab, wurde aber sofort durch neues fieberhaftes Denken ersetzt. Hatte ich nun gesiegt? Würde er meinen Vater freigeben? Hatte er nicht vielleicht inzwischen schon den Befehl gegeben, mir aufzulauern, wenn ich abends nach Hause kam und mich zu verhaften? Alles war möglich in jenen Apriltagen des Jahres 1945. Ich beschloß, auf jeden Fall die

Nacht bei Freunden zu verbringen, wo man mich kaum vermuten würde. Ich wollte es der Gestapo nicht zu leicht machen, wenn sie hinter mir her war.

Die Nacht war schlaflos, die Spannung zu groß. Am nächsten Vormittag hob ich wohl ein dutzendmal den Telefonhörer ab, ließ ihn wieder sinken. Das Gespräch mußte die Entscheidung bringen. Was sollte werden, wenn ich einen negativen Bescheid bekam? Ich wagte nicht, daran zu denken. Schließlich, um zwölf Uhr, rief ich an. Wieder meldete sich der Adjutant. Er sprach nur den einen Satz: »Sie können Ihren Vater morgen um dreizehn Uhr im Lager abholen.«

Ich sagte mechanisch: »Danke schön«, legte auf.

Es kann sogar sein, daß ich »Heil Hitler« gesagt habe. »Morgen um dreizehn Uhr.« Ich hatte gewonnen. Nachmittags kaufte ich ein, kaufte alle Marken ab, ergatterte eine Flasche Weinbrand und hatte ein Gefühl wie ein Kind, das sich auf Weihnachten freut, aber noch nicht recht daran glauben kann. Denn noch war mein Mißtrauen wach. Lassen sie dich nicht nur ins Lager kommen, um dich dort bequemer festzunehmen? Wenn du erst einmal innerhalb der Lagermauern bist, können sie ja doch machen mit dir, was sie wollen. Sie waren nicht angenehm, diese Gedanken, und ich versuchte sie zu unterdrücken. Es gelang nicht ganz. Wieder schlief ich die Nacht woanders.

Am Morgen nahm ich die S-Bahn und fuhr nach Oranienburg. Es war einer jener strahlenden Frühlingstage des Jahres 1945, einer jener Tage, an denen man sich nur schwer vorstellen konnte, daß noch immer Krieg war. Langsam wanderte ich den Weg vom Bahnhof zum Lager. Wie oft war ich hier schon gegangen, beladen mit Paketen, wenn ich meinen Vater besucht hatte. Sollte das heute wirklich das letzte Mal sein – der Tag der Freiheit, auf den ich seit drei Jahren gewartet und hingearbeitet hatte?

Es war schwer zu fassen. Als ich durch das Lagertor ging, auf die Verwaltungsbaracke zu, links vom Tor, überfiel mich noch einmal mit ganzer Wucht der Gedanke: Wenn das alles nur eine große Teufelei ist, wenn du jetzt dafür zu büßen hast, daß du versucht hast, den Chef der Geheimen Staatspolizei zu erpressen?

Es hatte keinen Zweck mehr darüber nachzudenken. Was einmal angefangen war, mußte durchgeführt werden. Ich ließ mich beim Lagerkommandanten melden, wurde sofort vorgelassen. Ein bleicher Mann mit unruhigen Augen. Plötzlich, als ich ihn sah, war ich sicher. Die Kerle hatten ja wirklich Angst. Sie ahnten, was ihnen bevorstand. Ich hatte richtig kalkuliert. »Ihr Herr Vater wird gleich kommen«, sagte der Kommandant.

»Herr Vater«, nicht »der Häftling Pechel«. Durch das Fenster klangen Gesangsfetzen. Ein Trupp Häftlinge kam von der Arbeit zurück. Auch sie würden nicht mehr lange im Lager bleiben müssen. Plötzlich ging die Tür auf, mein Vater stand im Raum, in einem alten Anzug, nicht mehr in der gestreiften Zebrakleidung mit dem roten Winkel der politischen Häftlinge, in der ich ihn die letzten drei Jahre gesehen hatte. Wir umarmten uns. Der Kommandant sagte noch etwas. Mein Vater war entlassen. Minuten später strebten wir durch das Lagertor dem Bahnhof zu. Mein Vater hatte das Lager doch lebend wieder verlassen...

Der 20. Juli

Der entscheidende Wendepunkt im Widerstand der Militärs kam im September 1943 mit der Ernennung von Oberst Claus Graf Stauffenberg zum Chef des Stabes beim Befehlshaber des Ersatzheeres in Berlin. Stauffenberg, aus altem schwäbischen Adel, hatte sich schon lange keine Illusion mehr über das Nazi-Regime gemacht. Nachdem er während seiner Frontverwendung im Afrikakorps schwer verwundet worden war, fand er in seiner neuen Position die Schlüsselstellung, von der aus er den Widerstand auf breiter Basis organisieren konnte. Er wurde zum Katalysator für die Idee, Hitler zu beseitigen.

Ob der Staatsstreich gelingen würde, hing im wesentlichen von der reibungslosen Übernahme der Staatsmaschinerie nach der Ermordung Hitlers ab. Stauffenberg nutzte seine Position im Stab, um die Bestimmungen für den Ausnahmezustand ›Walküre‹ derart zu ändern, daß die Armee Schlüsselstellungen in der Verwaltung und im Nachrichtendienst nach Hitlers Tod besetzen konnte. Sympathisanten in Truppenstäben innerhalb Deutschlands und des besetzten Europas waren bereit, auf Stauffenbergs Signal hin Ähnliches zu tun.

Aber wer sollte Hitler töten? Jene Offiziere, die regelmäßig Zugang zum Führer hatten, kamen für ein Attentat auf ihn nicht in Frage. Ihre Haltung zu Hitler reichte von totaler Abhängigkeit bis zur Indifferenz. Außerdem wird zu Recht vermutet, daß die meisten vor kaltblütigem Mord zurückschreckten. Die Fähigkeit, einen nicht bewaffneten Mann zu erschießen, ist selten, auch bei Berufssoldaten.

Letztendlich entschloß sich Stauffenberg, den Auftrag selbst auszuführen, was zwei entscheidende Probleme aufwarf. Es war ihm unmöglich, eine Pistole zu benutzen. Seine rechte Hand hatte er verloren, an seiner linken Hand hatte er nur noch drei Finger. Auch wegen der ihm zugedachten Schlüsselrolle nach dem Attentat durfte Stauffenberg sein Leben nicht riskieren.

Das Ergebnis ist bekannt: die Lage-Besprechung in einer Baracke anstatt im Betonbunker, wo die Explosion tödlich gewesen wäre; eine Aktentasche, die beiläufig unter den Tisch geschoben wurde; ein verlorener Nachmittag in Berlin, an dem die Verschwörer auf die Landung von Stauffenbergs Flugzeug warteten.

Als die Operation ›Walküre‹ schon angelaufen war, erreichte die Nachricht vom Überleben Hitlers Berlin. Offiziere, die sich nicht in der Lage gesehen hatten, sich von Hitler zu lösen, liefen schnell auf die Seite des Stärkeren über. Stauffenberg wurde gemeinsam mit General Olbricht und Oberst Mertz von Quirnheim von einem Exekutionskommando im Hof des OKH erschossen. Der frühere Generalstabschef Ludwig Beck wurde gezwungen, Selbstmord zu begehen. Sie zogen von den Verschwörern das bessere Los.

In den darauffolgenden Tagen begann eine wahre Orgie von Verhaftungen – Männer, Frauen und Kinder. Einige wurden an Fleischerhaken aufgehängt und starben einen qualvollen Tod durch Strangulierung. Andere wurden enthauptet. Wieder andere wurden in Gefängnisse und Konzentrationslager gesteckt, wo sie der Willkür der Gestapo ausgeliefert waren. Die Armee, die nur bedacht war, ihren »Ehrenschild« rein zu halten, schloß die Opfer in Uniform aus den Reihen des Offizierkorps aus, bevor sie dem Volksgerichtshof übergeben wurden.

Herbert Büchs (2)
Jahrgang 1913

In der Lagebesprechung am 20. Juli 1944 stand naturgemäß im Mittelpunkt die Entwicklung im Westen nach der Invasion. Der alliierte Brückenkopf war noch eingeschlossen. Der Ausbruch aus dem Landekopf bei Avranches erfolgte erst am 25. Juli. Und das zweite war dann die überaus kritische Entwicklung im Osten. Die Russen hatten im Verlauf ihrer Sommeroffensive 28 Divisionen der Heeresgruppe Mitte vernichtet und waren weit nach Polen vorgedrungen.

Die Lage war ungewöhnlich ernst. Das Wetter war sehr heiß, mit hoher Feuchtigkeit, eine Wetterlage, die Hitler überhaupt nicht lag. Es herrschte eine nervös gereizte Stimmung im Hauptquartier ›Wolfsschanze‹.

Auch am 20. Juli fand die Mittagslage, wie in den Tagen zuvor, schon nicht im Bunker, sondern in einer Baracke statt. Diese Lagebaracke war ein gesondertes Gebäude. Sie war gegen Brandbomben mit einer Schutzverkleidung versehen, die aber keine eindämmende Wirkung hatte.

Ich bin dann also mit dem General Korten * zusammen unmittelbar nach Lagebeginn hereingekommen, so daß ich weder Stauffenberg gesehen noch bemerkt habe, daß eine Tasche hereingebracht wurde. Ich stellte mich links von Hitler an der linken Außenseite des großen Lagetisches auf. Hitler hatte die Tür im Rücken. Es war 12.37 Uhr, um 12.30 Uhr fing die Lage an, wir müssen also nur um Minuten zu spät gekommen sein zum Lagebeginn. Stauffenberg muß schon wieder draußen gewesen sein.
Dann kam diese Detonation mit einem gelben Blitz. Sie drückte einen praktisch nur nach unten. Und ich sah nur, daß Oberstleut-

* Chef des Generalstabes der Luftwaffe

nant John von Freyend, der am Fenster stand, der sprang gleich aus dem Fenster raus, und da aber keiner wußte, was im Moment los war, bin ich dahinter aus dem Fenster rausgesprungen.

Im Moment war ein tolles Durcheinander. Ich bin dann um die Baracke herumgelaufen und sah andere Teilnehmer an der Lage herauskommen, ohne aber zunächst nachzusehen, wo Hitler war. Meine Reaktion war: nur weg, hier hat eine Explosion stattgefunden, ich muß sofort den Reichsmarschall verständigen. Bin runter zum Fernmeldebunker. Der Fernmeldebunker lag etwa 50 Meter weg von der Lagebaracke. Als ich die Verbindung zu Göring bekam, habe ich gesagt: »Herr Reichsmarschall, hier ist etwas passiert, hier hat es eine Detonation gegeben.«

Bald nach dem Attentat haben wir erfahren, daß wir alle verdächtig waren, daß wir alle durchleuchtet würden, alle, auch die, die mit drin in der Baracke waren. Fegelein* hat uns im Auftrag von Himmler mitgeteilt, daß nichts vorläge gegen uns. Das war damals die Phase der völligen Unsicherheit.

Die Lagebesprechungen sind weitergegangen, sie fanden dann in einer anderen Baracke statt. In etwas verkleinertem Raum mit etwas verkleinertem Kreis, aber sie fanden statt. Dann erst wurden die Auswirkungen auf Hitler selbst sichtbar. Er wurde krank, hatte so eine Art Gelbsucht, wurde bettlägerig.

Ich habe selbst an einer der Vorbesprechungen für die Ardennen-Offensive teilgenommen, bei der er im Bett lag. Hitler war ein gebrochener Mann. Ein gebrochener Mann, der aber die Fähigkeit hatte, sich plötzlich an irgendeinem Strohhalm völlig wieder aufzurichten, und dieser Strohhalm war für ihn die Planung der Ardennen-Offensive. Das war für ihn der Versuch, immer wieder die Initiative zu ergreifen und damit eine Wende herbeizuführen.

* Fegelein: SS-Obergruppenführer, Kommandeur einer SS-Reichsbrigade, Schwager von Hitler, der ihn 1945 im Führerbunker unter der Reichskanzlei erschießen ließ, als er sich absetzen wollte.

Friedrich Georgi (2)
Jahrgang 1917

1942 habe ich die Tochter von General Olbricht geheiratet. Nach meiner Eheschließung kam es zu einer Diskussion zwischen meinem Schwiegervater und mir. Ich habe damit angefangen und gesagt, es müsse ja nun irgend etwas geschehen, um dieses System zu beseitigen, und da sagte mein Schwiegervater: »Ja, das muß die Jugend machen, das können die alten Generäle nicht machen.«

»Nein«, habe ich gesagt, »das muß von den Männern ausgehen, die in Machtpositionen sind, die den Griff an den Hebeln der Macht haben. Dann gibt es sicherlich auch junge Offiziere, die bereit sind, da mitzumachen im Rahmen ihrer Möglichkeiten, aber von ihnen kann ein Umsturzversuch nicht ausgehen, denn es muß der ganze Machtapparat der Wehrmacht eingesetzt werden, um dieses System zu beseitigen.« Da hat er mich gefragt: »Ja, wärst du denn bereit, so etwas zu machen?« Ich habe gesagt: »Ja, dazu wäre ich allerdings bereit.«

Von diesem Tage an wußte mein Schwiegervater, daß er mit mir rechnen konnte und zog mich zu Hilfsdiensten für die Widerstandsbewegung heran, die er niemandem anders übertragen konnte, zum Beispiel dem Schreiben von Ergänzungsbefehlen zu ›Walküre‹, die ich auf meiner Schreibmaschine geschrieben habe, über die Maßnahmen zur Besetzung von KZs, Befreiung der Häftlinge, Festnahme der Lagerwachen, die Maßnahmen zur Festnahme der SS und der höheren Polizeiführer usw. Befehle, die in Ergänzung zum ›Walküre-Befehl‹, der ja an sich eine ganz offizielle Sache war, eben von irgend jemandem geschrieben werden mußte.

Daraus wurde im Laufe der Zeit immer mehr, ich war ja als unabhängiger Luftwaffenoffizier nicht so unter Kontrolle wie mein Schwiegervater. Die Planung der militärischen Widerstandsgruppe im Allgemeinen Heeresamt baute auf dem sogenannten ›Walküre-Befehl‹ auf. Dieser ›Walküre-Befehl‹ war eine Art Mobilmachungsplan für den Fall von Unruhen im Heimat-Kriegsgebiet, ausgelöst beispielsweise durch Aktionen von Fremdarbeitern oder durch größere Luftlandeaktionen britischer (später auch amerikanischer) Luftlandeeinheiten. Die militärische Widerstandsgruppe um General Olbricht hatte diese ›Walküre-Maßnahmen‹ von Anfang an nur als ein Mittel vorgeschlagen und schließlich bei Hitler und dem Führerhauptquartier durchgesetzt, um in Verbindung damit offiziell den Aufstandsversuch des Heeres gegen die nationalsozialistische Gewaltherrschaft vorbereiten zu können. Die Ausarbeitung der gesamten im Heimat-Kriegsgebiet für den ›Walküre-Fall‹ vorzubereitenden Maßnahmen wäre unter den Augen der Gestapo und hitlertreuer Militärkreise nicht möglich gewesen, ohne daß die Träger des NS-Staates irgendwann und irgendwie davon erfahren hätten. Ein erheblicher Teil der Vorbereitungen konnte so mit Wissen Hitlers und des Führerhauptquartiers durchgeführt werden. Absolut geheim mußten lediglich die Zusatzbefehle vorbereitet werden, die in Verbindung mit der ›Walküre-Aktion‹ den Aufstand gegen das NS-Regime auslösen sollten.

Nun zum 20. Juli selbst. Ich war zu dieser Zeit – seit dem Sommer 1942 – als Generalstabsoffizier im Oberkommando der Luftwaffe – General der Flakwaffe – in der Kaserne in Bernau bei Berlin tätig und zuständig für Organisation und Einsatz der Luftverteidigung. Ich wußte am 20. Juli nicht, daß an diesem Tage Graf Stauffenberg erneut die Möglichkeit für ein Attentat nutzen wollte. Die erste Information, die für mich darauf hindeutete, daß das Attentat stattgefunden haben könnte, bekam ich durch einen fernschriftlichen Befehl, daß eine Heinkel 111 mit bestimmtem Kennzeichen, die sich irgendwo über dem Heimat-Kriegsgebiet befinde, unter allen Umständen abzuschießen sei.

Ich verzögerte die Weitergabe dieses Befehls, weil ich vermutete, daß es sich um das Flugzeug des Grafen Stauffenberg handeln könne, um ihm Zeit zu lassen, in Berlin zu landen. Am Nachmittag ging auch bei unserer Dienststelle der erste ›Walküre-Befehl‹ ein. Die Kaserne wurde geschlossen, niemand durfte sie ohne ausdrücklichen Befehl verlassen.

Am frühen Abend rief mich mein Schwiegervater, General Olbricht, an und bat mich, sobald wie möglich zu ihm in die Bendlerstraße zu kommen. Ich fuhr sofort dorthin und ließ mich bei ihm melden.

Er unterrichtete mich über den Ablauf des Tages und ließ mich wissen, daß er nunmehr zu der Gewißheit gelangt sei, daß Hitler lebe, daß damit die entscheidende Voraussetzung für ein Gelingen des Aufstandsversuches entfalle, der Umsturzversuch also gescheitert sei, und es nur noch eine Frage von Stunden oder wenigen Tagen sei, bis er und seine Mitkämpfer durch SS-Einheiten überwältigt würden. Er werde dann als Soldat zu sterben wissen, wörtlich dann: »Es sind in diesem Krieg nun schon so viele anständige Soldaten an der Front und Männer und Frauen in der Heimat letztlich sinnlos gestorben, daß es höchste Zeit wurde, daß auch Menschen für eine gute Sache ihr Leben einsetzen und für ihr Vaterland opfern.« Er hatte zweifellos vor, sich in letzter Minute selbst das Leben zu nehmen.

Während ich im Zimmer meines Schwiegervaters war, wurde ich Zeuge, wie er noch einige Befehle unterschrieb – zum Beispiel einen Befehl an eine Sondereinheit zur Besetzung des Berliner Rundfunksenders in der Masurenallee in Charlottenburg, da die darauf angesetzte Einheit diesen Auftrag offensichtlich nicht richtig ausgeführt hatte. Er übergab mir dann seine Aktentasche mit dem Auftrag, das in ihr befindliche Material, unter allen Umständen, dem Zugriff der Gestapo zu entziehen und nunmehr den Versuch zu machen, den Bendler-Block, der möglicherweise in der Zwischenzeit schon umstellt sei, doch noch zu verlassen.

Bevor es dazu kam, wurde jedoch seine Zimmertür zum Vorzimmer aufgerissen, und eine Gruppe von fünf mit Maschinenpistolen bewaffneten Offizieren, von denen ich niemanden kannte, drang in das Zimmer ein und verlangte von meinem Schwiegervater Aufklärung, was hier im Allgemeinen Heeresamt vorgehe. Außerdem verlangten sie unverzüglich, den Oberst Graf Stauffenberg zu sprechen. Während des heftigen Wortwechsels hatte ich mich langsam an die Tür herangearbeitet, um jede Chance für einen Fluchtversuch zu nutzen. Die Tür wurde plötzlich erneut aufgerissen, und Oberst Stauffenberg kam in großer Erregung herein. Als er sah, was sich im Zimmer von General Olbricht abspielte, versuchte er sofort, zu fliehen. Ich konnte ihm durch Blockieren der Tür einige wenige Sekunden Zeitvorsprung verschaffen, bis ich überwältigt wurde. Stauffenberg floh. Einige der erstgenannten Offiziere stürzten hinterher, die anderen blockierten die

Zimmertür meines Schwiegervaters. In dieser Situation entwickelte sich eine kurze Schießerei und ein wüstes Durcheinander. Ständig riefen Offiziere andere an: »Bist du für den Führer oder gegen den Führer?«

Ich befand mich im Vorzimmer. Die Tür zum Korridor stand offen. In der gegenüberliegenden Türnische stand ebenfalls ein mir unbekannter Offizier mit der Pistole in der Hand und rief mir dieselbe Frage zu, auf die ich lediglich antwortete: »Wie komme ich hier raus – ich weiß hier nicht Bescheid.«

Antwort: »Den Korridor hier geradeaus und dann links ins Treppenhaus – aber machen Sie schnell – wir brauchen das Schußfeld!«

Dann verabschiedete ich mich mit einem langen, festen Händedruck von meinem Schwiegervater und ging mit der bewußten Aktentasche – ohne meinerseits die Pistole zu ziehen – eilig, aber nicht laufend, den Korridor entlang bis zum Treppenhaus und gelangte in den Innenhof des Bendler-Blocks. Die Tordurchfahrt war durch eine dichte Kette von bewaffneten Soldaten des Heeres abgeriegelt. Der Zivilpförtner sah mich und half mir, da er wußte, wer ich war, bei meiner weiteren Flucht. Er zeigte mir einen Weg, auf dem ich unter Umgehung der Absperrung nach draußen gelangen konnte. Gegenüber stand mein Wagen, ein Holzgas-Generator-Fahrzeug, das eine Viertelstunde benötigte, um wieder fahrbereit zu sein – eine Viertelstunde, die sich angesichts der Situation, in der ich mich befand, entsetzlich in die Länge zog.

In die Kaserne nach Bernau zurückgekehrt, sichtete ich die Aktentasche. Alle verfänglichen Schriftstücke, insbesondere die Namenslisten Beteiligter, verbrannte ich in meinem Wohn-/Schlafzimmer Stück für Stück in einem Eimer, vernichtete die Asche und beseitigte den Eimer.

Vier Tage danach, das war nun der 24. Juli, erschienen bei meiner Dienststelle zwei Offiziere des Heeres – angeblich, um mich zu einer Vernehmung abzuholen. Ich wurde von diesen beiden Offizieren sofort und direkt in das Reichssicherheitshauptamt in der Prinz-Albrecht-Straße gebracht und dort den bereits auf mich wartenden Gestapo-Beamten übergeben. Mir wurde alles abgenommen, meine Orden wurden mir mit dem Hinweis »Machen Sie das Zeug da ab!« weggenommen, und ich landete in einer Einzelzelle im Keller-Gefängnis der Prinz-Albrecht-Straße. Die Haft in der Prinz-Albrecht-Straße währte nur wenige Tage. Vernehmungen gab es zunächst nicht.

Nachts – bei Fliegeralarm – wurden immer zwei Häftlinge mit Handschellen aneinandergefesselt und in den Bunker gebracht. Trotz Überwachung gaben diese Fliegeralarme willkommene Gelegenheit zu bruchstückhaften Gesprächen und Informationsaustausch. Nach etwa zehn Tagen – genau weiß ich das nicht mehr – wurden die meisten von uns Häftlingen – um Platz für neu Inhaftierte zu schaffen – in das Sondergefängnis der Gestapo in der Lehrter Straße (Berlin-Moabit) umquartiert, wo man einen Flügel für die 20. Juli-Leute freigemacht hatte. Dort blieb ich bis zu meiner Entlassung aus der Haft Ende Oktober 1944. Wir waren alle in Einzelzellen untergebracht, durften die Zellen nur zu Vernehmungen verlassen, hatten keinen »Hofgang«, keinen Besuch, keine Verbindung zur Außenwelt, keine Schreiberlaubnis, durften keine Post erhalten, hatten die erste Zeit nicht einmal eine Leseerlaubnis. Nachts lag man angestrahlt von einem Scheinwerfer auf dem Bett, mußte die Hände auf der Bettdecke halten, manchmal – nicht immer – mit Handschellen gefesselt. Tag und Nacht wurden wir durch ein Guckloch ständig beobachtet.

Ich bin sehr oft von den verschiedensten Leuten vernommen worden, aber gefoltert wurde ich nicht. Dabei kam es entscheidend darauf an, bei Vernehmungen den Eindruck zu erwecken, daß man zur Aufklärung der Vorgänge ehrlich beitragen wolle und selbst überhaupt kein schlechtes Gewissen habe. Alles, was die Gestapo schon wußte oder jedenfalls herausbekommen würde, sagte man besser von sich aus. Belasten durfte man natürlich nur Menschen, von denen man mit Sicherheit wußte, daß sie nicht mehr lebten.

Meine Überlebensstrategie bestand darin, den Vernehmern das Gefühl zu geben, ich verfüge zwar über eine gewisse Intelligenz, der Vernehmende sei mir aber intellektuell in jeder Hinsicht überlegen.

Alles, was ich als Schwiegersohn des General Olbricht wissen mußte, mußte zugegeben werden. Im übrigen hat niemals ein Vernehmender von mir verlangt, daß ich mich abfällig über General

Olbricht äußere – ihm gegenüber empfand die Gestapo offensichtlich trotz allem einen besonderen Respekt. Natürlich verurteilten sie seine Handlungsweise, zogen aber die Lauterkeit seiner Motive – jedenfalls bei meinen Vernehmungen – nicht in Zweifel.

Mein Kommandierender General, General von Axthelm, hatte sich in der Zwischenzeit unablässig bemüht, mich aus den Fängen der Gestapo zu befreien.

Als ich dann schließlich aus der Haft entlassen wurde, sorgte er dafür, daß ich zur 5. Fallschirmjäger-Division, die in der Ardennen-Offensive eingesetzt wurde, versetzt wurde und bis zu Beginn dieser Offensive auf eine Erdkampfschule der Luftwaffe im Partisanengebiet in der Slowakei kommandiert wurde.

Ich sah meine Aufgabe als Einheitsführer in den letzten Kriegsmonaten in erster Linie darin, möglichst viele Soldaten vor einem völlig sinnlos gewordenen Heldentod durch geschickt geführte Rückzugskämpfe zu bewahren, zu verhindern, daß sie als Versprengte bei irgendwelchen Alarmeinheiten geopfert wurden, möglichst viele Kraftfahrzeuge, Verpflegung, Verbandszeug, Betriebsstoff, Bekleidung für den vor dem deutschen Volk liegenden schweren Wiederaufbau nach dem Kriege in Sicherheit zu bringen, im Rahmen des möglichen die sinnlose, von Hitler befohlene Zerstörung von Brücken, Straßen, Eisenbahnlinien, Ortschaften zu verhindern. Ich versuchte, den meiner Führung anvertrauten Soldaten bis zuletzt ein wirklicher Führer zu sein, dem sie vertrauen konnten.

All das waren Aufgaben, bei denen unsere damalige militärische Führung bekanntlich völlig versagt hat. Im übrigen hat mir diese meine Truppe ganz zum Schluß noch das Leben gerettet, als wenige Tage vor Kriegsende ein Liquidationskommando der Gestapo bei uns auftauchte, um die alte Rechnung zu begleichen. Meine Soldaten waren nicht bereit, mich der Gestapo auszuliefern. Das Gestapo-Kommando wurde gezwungen, seine Waffen abzuliefern und unverrichteter Dinge zu verschwinden.

Ludwig Freiherr von Hammerstein-Equord
Jahrgang 1919

Ich bin als nicht mehr frontdienstfähiger Offizier und Student an der TH Berlin im Januar 1943 von dem damaligen Oberleutnant der Reserve, Fritz Graf von der Schulenburg, angesprochen worden, ob ich bereit sei, mich an einer Aktion gegen Hitler zu beteiligen. Und für mich war das damals eine Selbstverständlichkeit, ja zu sagen. Das war Januar 1943. Es war die Zeit der Katastrophe von Stalingrad. Meine Division saß in dem Kessel. Da waren natürlich viele hellhörig geworden und dachten, jetzt muß gehandelt werden. Wir glaubten, wir hofften alle, der Feldmarschall Paulus würde handeln. Er handelte nicht. Auch Manstein, der Oberbefehlshaber der Heeresgruppe, handelte nicht, sondern die Leute wurden als Helden gefeiert. Und ich habe in meinem Kalender, ich glaube am 3. Februar 1943, notiert: »Volkstrauer für Stalingrad, man sollte den Kerl lieber erschießen.« Das war meine persönliche Meinung, und ich war leichtfertig genug, dieses in einem Kalender niederzulegen. Hitler war der verantwortliche Mann.

Hitler zu beseitigen wäre 1938 noch möglich gewesen. Aber 1943 hatte Hitler noch den Nimbus des großen Feldherrn. Handeln konnten deshalb nur die führenden Soldaten. Also die Generalität. Und bei der Generalität war es außer dem Feldmarschall von Witzleben, der aber schon nicht mehr im aktiven Dienst war, der Generaloberst Beck. Die Feldmarschälle und die anderen Oberbefehlshaber waren im Grunde nicht bereit zu handeln. Mit Ausnahme des Generals Olbricht im Allgemeinen Heeresamt, aber sein Chef, der Generaloberst Fromm, der wußte zwar vieles, aber handeln wollte er auch nicht. Der Feldmarschall von Kluge wußte, war eingeweiht, handeln wollte er nicht. Der Feldmarschall von Manstein genau dasselbe. Der Feldmarschall Rommel jedoch war bereit zu handeln. Was ihn besonders ehrt, denn er war das Idol der nationalsozialistischen Feldmarschälle, nur er wußte, was es bedeutet, und er hat ja Hitler seine Meinung sogar schriftlich gegeben, daß man handeln müsse.

Die deutsche Generalität hatte eben keinen Urgeist mehr. Das hat sich 1934 am 30. Juni zum ersten Mal gezeigt, und diese Generalität hat, wenn man es moralisch-politisch sieht, total versagt. Das kann man nicht bestreiten. Nur es hat auch seine Gründe. Die Generale waren in der Zeit des Kaiserreichs, der Zeit des Königs von Preußen, erzogen worden. Sie waren im Grunde unpolitisch. Sie waren dieser Situation nicht gewachsen. Die deutsche Generalität war überfordert. Sie hat sich von Hitler eben doch verwirren lassen, und sie hat geglaubt, sie müsse für Deutschland, für das Deutsche Reich, fechten, egal was passiert. Das war ihre Auffassung. Da war auch der Mythos vom Reich, und Hitler – das darf man nicht vergessen – verfügte über eine suggestive Kraft gegenüber seinen Gesprächspartnern. Er hat immer wieder Leute von der Richtigkeit seiner Auffassungen überzeugt, die ursprünglich ganz anderer Ansicht waren. Er hatte eine Ausstrahlung, die bemerkenswert war. Nur wenige der Generale haben sich dieser Ausstrahlung tatsächlich entziehen können.

Nun zu den Ereignissen am 20. Juli 1944. Mein Vater ist im April 1943 gestorben, er war voller Verachtung für die Nazis. Ich bin mit drei Kameraden als Ordonnanzoffizier am 20. Juli am Nachmittag in die Bendlerstraße gekommen. Wir sollten dort für Sonderaufgaben zur Verfügung stehen. Eine unserer ersten Aufgaben war es, einen SS-Oberführer Piffrader, der mit einem Begleiter in die Bendlerstraße gekommen war, um Stauffenberg zu sprechen, festzunehmen und zu entwaffnen. Dieses haben wir getan, und der SS-Oberführer ließ sich auch ohne weiteres entwaffnen. Er war etwas spöttisch wegen unserer Übermacht.

Danach habe ich mich dann im Vorzimmer des Generals Olbricht aufgehalten, für besondere Aufgaben. Und der General Olbricht holte mich dann in sein Zimmer, ich solle auf seinen Stellvertreter aufpassen, der mache nicht mit, der dürfe auch nicht die Bendlerstraße verlassen. Und dann habe ich dieses getan, und es war für mich eine insofern bemerkenswerte Aufgabe, als mir dieser General dann klipp und klar sagte, einem Putsch sei er nicht gewachsen, er sei Soldat. Das könne er nicht. Daraus sprach natürlich die Haltung vieler Generäle und führender Offiziere. Sie waren überfordert.

Ich habe dann an diesem Abend noch ganz kurz mit dem Generaloberst Beck gesprochen und merkte aber, daß die Sache nicht funktionierte. Ich sah auf einmal zwischen 21.00 und 22.00 Uhr in der Nacht bewaffnete Offiziere, die Maschinenpistolen und Handgranaten hatten. Und als ich wieder in mein Standquartier bei dem stellvertretenden General zurückgehen wollte, drängten auf einmal Offiziere, alle bewaffnet, in einen Raum. Ich ging nicht mit und fand mich dann wieder auf dem Gang.

Auf einmal schoß es. Als Soldat greift man, wenn es schießt, sofort zur eigenen Waffe. Das tat ich. Neben mir stand ein kleiner Generalstabsoffizier, der sagte mir: »Laß' sie stecken, es hat doch keinen Zweck.«

Ich ließ also meine Pistole stecken, wußte aber nicht, wohin gehört dieser Offizier? War er einer von uns oder gegen uns? Und wenige Augenblicke später öffnete sich die Tür mir gegenüber und der Adjutant des Generals Olbricht wollte seinen Dienstraum verlassen. Da gab dieser Generalstabsoffizier einem anderen Offizier, der auch auf dem Gang stand, einen Wink, und auf einmal hatte der die Pistole in der Hand, hielt sie in Richtung von Olbrichts Adjutanten. Da war mir klar, aha, das sind die Leute, die gegen uns tätig sind.

Ich kann mir nur erklären, daß er glaubte, bei der Schießerei, als ich nach meiner Pistole griff, hätte ich auch auf Stauffenberg schießen wollen. Er hielt mich also für einen der ihren. Und ich hatte mir vorher auf Rat meines Freundes Ewald von Kleist vom Schulterstück die Neun abgemacht, die Nummer des Infanterie-Regiments 9. Denn Kleist hatte mir gesagt: »Wenn du die Neun auf der Schulter hast, dann weiß jeder, wo du stehst. Mach die bloß runter.«

Daran hatte ich mich gehalten. Das hat mir das Leben wahrscheinlich gerettet. Ich habe mich dann vorsichtig entfernt. Ich habe den Entschluß zur Flucht gefaßt, weil mir klar war, daß Hitler lebt. Die eigenen Generalstabsoffiziere, die nicht eingeweiht waren, haben die Gegenaktion unternommen, und praktisch war der Staatsstreich verloren. Der konnte nur gelingen, wenn Hitler tot war. Ich habe mich dann vorsichtig, wie wir sagen, verdrückt. Das gelang mir, weil ich die Gegend genau kannte. Wir hatten ja in der Bendlerstraße gewohnt. Und bin dann auf Umwegen durch zerbombte Häuser gerannt. In den Kellern blieb ich beinahe stecken, weil ich den Ausgang nicht mehr fand. Dann fand ich aber doch raus. Und dann habe ich vorsichtig in der Bendlerstraße verharrt, um zu sehen, ob sie schon abgesperrt sei. Meine Ohren waren durch meine Verwundung lädiert, ich hörte nicht sehr gut. Dann bin ich über die Bendlerstraße, Bendlerbrücke, zur nächsten S-Bahn-Station gegangen, bin in den Zug gestiegen und bin nach Hause gefahren.

Während dieser Fahrt habe ich mir überlegt: Was machste? Ich habe zwei Dinge gemacht. Ich habe einmal meine Schwester angerufen und habe ihr gesagt: »Ich muß sofort untertauchen. Wir sind in einer sehr schwierigen Lage, damit ihr Bescheid wißt.« Dann bin ich nach Hause gefahren und habe meine Mutter geweckt. Ich habe ihr gesagt, dieser Staatsstreich ist schiefgegangen, ich mußte eine Aktentasche mit einer Armeepistole und meinen Ausweisen im Vorzimmer Olbrichts stehen lassen. Ich muß also sofort verschwinden, denn sie werden mich alsbald hier suchen.

Dann hatte ich mir überlegt, wo gehst du als erstes hin? Zu einer jungen Dame, von der ich wußte, daß sie nicht nazistisch war. Sie studierte Medizin.

Wir hatten mit meinem Freund Kleist einige Tage vorher mit ihr zu Abend gegessen und hatten ihr etwas spöttisch gesagt: »Paß mal auf, wenn du jetzt Leichen auseinandernimmst, als Medizinstudentin, dann guck dir mal an, ob du jemand Bekannten triffst.« Das war Galgenhumor. Die kapierte das auch nicht ganz. Ich habe einen Stein an ihr Fenster geworfen, weil ich nicht klingeln wollte, und habe ihr dann gesagt: »Kann ich ein, zwei Nächte hier unterkommen? Die Gestapo wird mich alsbald suchen.«

Sie hat sofort ja gesagt. Da hatte ich ein Unterkommen. Später hat mein Bruder mir ein Quartier verschafft, und zwar über einen aktiven Offizier, mit dem er auf der Kriegsschule war, Fritz Witte. Der wohnte in der Berliner Oranienstraße in Kreuzberg und hatte eine Frau aus Oberschlesien, die katholisch war und befreundet mit der katholischen Tochter aus der Drogerie, die unter der Wohnung lag. Und die wußten, daß beide nicht Nazis waren, und daß diese Tochter in der Drogerie ab und an eine jüdische Dame versteckte, wenn Deportationsaktionen waren.

Und die fragte Frau Witte: »Kannst du einen Kerl, der da mitgemacht hat, unterbringen?« Sie hat sofort ja gesagt. Dann hatte mich diese Frau Witte in der Nacht vom 22. zum 23. Juli in Dahlem abgeholt, und wir sind zusammen in Zivil mit der Straßenbahn nach Kreuzberg gefahren. Und ich hatte das erste feste Quartier.

Und von dort aus habe ich dann andere Quartiere gefunden. Auch durch einen Freund, mit dem ich studiert hatte, der auch aktiver Offizier war, und der auch sofort sagte: Dem müssen wir helfen.

Der hatte wiederum eine Cousine, deren Eltern nicht da waren, und in deren Wohnung ich untertauchen konnte. Das habe ich zeitweise gemacht. Diese hatte wiederum eine Freundin, die war, wie man damals sagte, halbarisch. Der Vater saß schon im KZ Theresienstadt. Sie selber war dienstverpflichtet. Sie hatte eine Laube in Köpenick. Dort habe ich auch einmal 14 Tage zugebracht. Und diese Eva Wittgenstein hatte wiederum einen Bekannten, der auch Anti-Nazi war, der in der Kantstraße in Charlottenburg wohnte. Da habe ich dann im Winter ein paar Tage zugebracht, in dessen Wohnung.

Mein älterer Bruder war auch untergetaucht. Mein jüngerer Bruder war verhaftet und hat bis zum Schluß des Krieges im Gefängnis gesessen. Und Ende November haben sie meine Mutter und meine jüngste Schwester noch verhaftet.

Ich bin bei den Luftangriffen zu Anfang nicht in den Keller gegangen, sondern bin oben geblieben. Aber bei den schweren Tagesangriffen der Amerikaner Anfang Februar 1945 habe ich dann doch Nerven gekriegt und bin runtergegangen. Allerdings nicht in den Keller, aber immerhin in das Erdgeschoß.

Und wir warteten also alle auf die Russen, die uns da erobern sollten. Mittags haben wir noch mal ein vorzügliches Essen gehabt, haben eine Flasche Wein getrunken, und am frühen Nachmittag hieß es, aha, jetzt kommen die Russen. Deutsche Soldaten haben wir schon nicht mehr gesehen, und die ganze Bevölkerung stand in der Oranienstraße in Hauseingängen, das waren so große Hauseingänge, in denen man auch Handkarren durchschieben konnte, und guckten auf die Straße runter, wo die Russen heran kamen. Alles freute sich und war froh, es bedeutete ja das Ende des Krieges.

Es hatte sich schon rumgesprochen, daß die Russen gern ein bißchen plünderten. Und zwar hatten sie Uhren gern, wußte man, und Schmuck. Und alle hatten sich irgendeinen alten Plunder angesteckt und angemacht und die besten Sachen versteckt.

Wolf-Dieter Zimmermann (2)
Jahrgang 1911

Irgendwann im Jahr 1942 war ich mit Bonhoeffer und von Haeften, dem Adjutanten des Grafen Stauffenberg, zusammen. Wir sprachen über ein mögliches Attentat auf Hitler. Haeften fragte mit einem Mal Bonhoeffer: »Soll ich schießen? Meinst du, soll ich schießen? Da ich Adjutant von Stauffenberg bin, weiß ich, wie ich eine Waffe ins Führerhauptquartier kriege. Ich kann schießen.«

Da war Bonhoeffer einen Moment ganz still. Dann sagte er: »Schießen ist ja gar nicht das Problem, das Problem ist, was kommt danach. Schießen hat gar keinen Zweck, wenn dann die nächsten zwei Hitlers da sind. Unser Problem ist nicht das Schießen, unser Problem ist, wie fangen wir die Zeit danach ab, daß es nicht schlimmer wird als vorher?«

Reinhard Goerdeler
Jahrgang 1922

Im Jahr 1937, ein Jahr nach dem Rücktritt, begann mein Vater zu reisen. Diese Reisen, vor allem die Auslandsreisen, haben ihm vielfache wirtschaftliche Aufschlüsse gegeben. Aber er hat diese Reisen auch dazu benutzt, um sich politisch zu orientieren und gleichzeitig seinen ausländischen Gesprächspartnern die Erkenntnis zu vermitteln, daß es in Deutschland auch Leute gäbe, die anders dächten als die Nationalsozialisten, und Gedankengänge zu entwickeln, wie man vernünftigerweise die Politik des Auslandes gegenüber Deutschland beeinflussen könnte.

Die Warnungen meines Vaters richteten sich spätestens bei den Besuchen in London im Jahre 1938 eindeutig und klar gegen das Regime. Er hat gefordert, Hitler nicht weiter nachzugeben, sondern sich zu einer klaren Haltung gegen das Dritte Reich durchzuringen. Wenn man das in einigen wenigen Worten sagen will, so war dank der reichen persönlichen Verbindungen, die mein Vater in Deutschland hatte, klar, daß Hitler einen Schritt nach dem anderen bei der Vergrößerung des Reichs vollziehen würde, wenn ihm kein Widerstand von London und Paris entgegengesetzt würde. Und es war ja seit der Besetzung des Rheinlandes im Jahre 1936 bereits klar, daß der Westen wenig Mut und Neigung zeigte, sich Hitler entgegenzustellen. Die Engländer hatten sich unter Chamberlain nicht abbringen lassen von ihrer Appeasement-Politik, so daß dann das Abkommen von München so unterschrieben wurde, wie wir es kennen. So sind es die Monate Oktober/November im Jahre 1938 gewesen, in denen die aktive Aktion meines Vaters zur Verhütung einer schlimmeren Weiterentwicklung des Nationalsozialismus eingesetzt hat.

Mein Vater hat sehr viele Kontakte zur Reichswehr, der späteren Wehrmacht, unterhalten. General Hoeppner ist mal bei uns zu Hause gewesen, und es war überhaupt so, wenn irgendein Name fiel, dann konnten wir schon annehmen, daß mein Vater den Betreffenden kannte. Im übrigen war mein Vater in der Nennung von Namen sehr vorsichtig und hat sich auch uns Kindern gegenüber eigentlich mehr zurückhaltend geäußert. Man muß doch die damalige Zeit der Diktatur in Rechnung stellen. Die völlige Beschränkung der Meinungsfreiheit, die Unmöglichkeit, kritische Äußerungen in die Presse zu bringen, geschweige denn ins Radio – Fernsehen gab es damals nicht – all das können Menschen heute schwer nachvollziehen, die Zeiten solcher Unterdrückung nie mitgemacht haben. Vor diesem Hintergrund wurde im Elternhaus von meinem Vater auch uns gegenüber eine gewisse Vorsicht geübt. Wir wußten jedoch seit dem Rücktritt von seinem Amt Ende 1936, daß mein Vater diesem Regime gegenüber nicht nur kritisch eingestellt war, sondern daß er alles tat, um zunächst einmal den Ausbruch des Krieges zu verhindern.

Als dann 1939 der Zweite Weltkrieg ausgebrochen war, wurde die Situation für jeden, der gegen das Regime war, noch schwieriger, weil ja ein Widerstand gegen eine Regierung, die sich im Kriege befand, gemeinhin auch die Gefahr der Bezichtigung des Landesverrats in sich trug. Mein Vater hat sich so vorsichtig verhalten, wie es die Umstände nur irgend zuließen. Ein Beispiel dafür ist, daß er sehr viele Telefonnummern auswendig gelernt hat und auch vermieden hat, diese Telefonnummern jemals niederzuschreiben.

Der letzte Brief meines Vaters an mich, den ich in Italien an der Front bekommen habe, enthielt den Satz: »Nach dem Tode von Christian, Deinem gefallenen Bruder, verdoppele ich meine Anstrengungen.«

Ich habe diesen Brief, als ich bereits verhaftet war und mich auf dem Transport nach Berlin befand, vernichtet. Aber er ist mir unvergeßlich in Erinnerung geblieben. Der Name des Grafen Stauffenberg ist einmal in meiner Gegenwart zu Hause gefallen. Daher wußte ich nach dem 20. Juli, als der Name genannt wurde, das müßte wohl der Personenkreis sein, dem mein Vater nahestand, und ich ahnte schon, was möglicherweise auf meinen Vater und auf uns zukommen würde.

Das Verhalten der hohen Generalität gegenüber den zivilen Verschwörern hat zwei Wirkungen gehabt. Psychologisch wurden die beteiligten politischen Widerständler einem ewigen Wechselbad zwischen warm und kalt ausgesetzt: einmal in Bereitschaft sein, und dann wurde dies wieder abgeblasen. Und zum zweiten haben gerade die Militärs nach meiner Erinnerung immer wieder vom zivilen Widerstand Pläne und Denkschriften etc. verlangt. So ist ein Teil der politischen Denkschriften meines Vaters, die auch erhalten geblieben sind, der Gestapo in die Hände gefallen. Ein Teil dieser Denkschriften wie auch einige Briefe waren dazu gedacht, die Generäle zu überzeugen, daß gehandelt werden müßte. Besonders in Erinnerung geblieben an das letzte Zusammensein mit meinem Vater – das letzte wohl im Februar 1944, bevor ich in Italien an die Front kam – ist mir diese Verzweiflung, daß man selbst nichts aktiv tun konnte, sondern eigentlich immer wieder auf die Militärs angewiesen war.

Meiner eigenen Erinnerung nach, aus den Unterhaltungen zu Hause in jener Zeit, hat die alliierte Forderung nach bedingungsloser Kapitulation alle Aktivitäten derjenigen, die den Krieg beenden und damit auch das nationalsozialistische System ablösen wollten, außerordentlich erschwert. Insbesondere die deutschen Generäle konnten in den Gesprächen mit den zivilen Oppositionellen darauf hinweisen, daß diese Forderung geradezu eine Aufforderung war, den Krieg, koste es was es wolle, weiterzuführen. Es ist wohl so gewesen, daß die Militärs dann zusammen mit den zivilen Führern des Widerstandes immer wieder darauf gedrungen haben, in Kontakten, die im Kriege nur im neutralen Ausland – Schweiz oder Schweden – möglich waren, zu klären, ob eine Milderung der Forderung nach bedingungsloser Kapitulation möglich war bzw. wie die feindlichen Mächte England und Amerika und die Sowjetunion darauf reagieren würden, wenn der Krieg durch eine Revolte von innen gegen Hitler beendet würde.

Diese Kontakte haben im wesentlichen zu den Amerikanern in der Schweiz über das Büro von Allen Dulles bestanden und großenteils in Schweden zu den Engländern und, wie man heute weiß, auch zu den Russen.

Die Kontakte meines Vaters liefen über die schwedische Bankiersfamilie Wallenberg in Stockholm. Ziel all dieser Bemühungen war es, dem feindlichen Ausland zu verstehen zu geben, daß in Deutschland entschlossene Leute willens waren, das System zu überwinden und den Krieg zu beenden. Naturgemäß spitzte sich diese Situation auch nach der Katastrophe von Stalingrad im Januar 1943 immer mehr zu. Die Verschwörer gerieten zunehmend unter Zeitdruck. Der Stand der Dinge am 20. Juli 1944 war der, daß die russischen Armeen ganz kurz vor der deutschen Grenze standen, daß die Westmächte einen starken Landekopf in der Normandie gebildet hatten, und die militärische Lage einschließlich der schweren Bombardements im Reich die Chancen, das System zu überwinden, immer mehr erschwerten. Es ist wohl so gewesen, daß diese sich gegen Mitte Juli 1944 abzeichnende hoffnungslose militärische Lage im Westen und Osten zu dem Beschluß geführt hat, das Attentat nunmehr, koste es was es wolle, durchzuführen. Einmal, um noch eine Verhandlungsmasse zu haben, andererseits aber, so die Worte von Tresckows, um noch zu versuchen, ein Stück deutscher Ehre wiederherzustellen.

Ich glaube, daß die Forderung nach bedingungsloser Kapitulation für alle Beteiligten, die ja alle ernsthaft und verantwortungsvoll denkende Männer waren, eine unglaubliche Belastung dargestellt hat. Denn es war ja nicht auszuschließen, daß die zweifellos nicht immer einigen Alliierten England, Amerika einerseits und Rußland andererseits doch Deutschland bis zum Rest völlig besetzt hätten, auch wenn der Putsch gelungen wäre. Aber immerhin war wohl doch noch ein Funke Hoffnung da. Aber, und das möchte ich nochmal unterstreichen, ich glaube, daß schon damals auch der Gedanke Tresckows Oberhand gewann, das System durch eine Tat zu überwinden, auch wenn die Chancen für ein Gelingen sehr gering waren, um dem deutschen Volk und der Welt gegenüber zu beweisen, daß Menschen den Mut gehabt hatten, den Tyrannen zu stürzen, der einen so fürchterlichen Krieg vom Zaun gebrochen hatte.

Daß mein Vater so im Mittelpunkt der Opposition stand, war mir nicht bewußt. Es wäre übertrieben, wenn ich in meiner Rückerinnerung meinen Vater im christlichen Sinne als einen tiefgläubigen Menschen betrachten würde, aber er war erfüllt von dem Gedanken der Gerechtigkeit, der Wahrheit. Er wollte Aufrichtigkeit und Wahrheit und Anstand, eine Demokratie der zehn Gebote.

Auch wenn darüber nicht ausdrücklich gesprochen wurde, war es wohl allen Verschwörern klar, daß hier die Gefahr des Entstehens einer neuen Dolchstoßlegende in Deutschland bestand. Aber ich meine, daß man aus der Situation und aus der moralisch-ethischen Grundeinstellung heraus zur Wiederherstellung oder zur Rettung der deutschen Ehre wohl auch dieses Risiko in Kauf genommen hat.

Man hat einem Teil der deutschen Oppositionellen nach dem Kriege entgegengehalten, sie wären erst zu Gegnern Hitlers geworden, als der Krieg militärisch verloren war. Diese Behauptung aufzustellen, daß sich die gesamte deutsche Opposition, Militärs, Zivilisten, von den sogenannten Konservativen über die Liberalen zu den Sozialdemokraten und Kommunisten hin alle von diesem Gesichtspunkt »Die Ratten verlassen das sinkende Schiff« hätten leiten lassen, halte ich für völlig unzulässig. Ich glaube auch, daß dieser Meinung nicht nur von den Angehörigen der toten Widerstandskämpfer, sondern auch von Historikern namhaften Ranges energisch und eindeutig widersprochen worden ist. Sicherlich kann man sowohl vielen Widerstandskämpfern, die mit ihrem Leben bezahlt haben in dem Widerstand gegen Hitler, wie auch anderen, die es überlebt haben, vorwerfen, daß sie nicht mit aller Klarheit vom 30. Januar 1933 an die mögliche Entwicklung übersehen haben, und sicherlich kann man auch heute bei einer rückwärtigen Betrachtung sagen, daß Karl Goerdeler nicht alles »richtig« gemacht hat, aber eins ist doch deutlich: Auch in der Rückerinnerung, solange ich ihn als Vater erlebt habe, daß er, je länger dieses Regime fortschritt, voller Entsetzen über die Ungerechtigkeit, die Willkür und die Unterdrückung der Meinungsfreiheit war. Und es ist, das möchte ich den neuen Historikern, auch den ausländischen, zugestehen, schwer, sich zurückzuversetzen in ein Leben, selbst in das normale Alltagsleben, das sich in einer Diktatur abgespielt hat, und daß es manchmal nur kleine Dinge waren, die schon Gefahr mit sich brachten.

Franz-Ludwig Schenk Graf von Stauffenberg
Jahrgang 1938

Ich war eines von vier Kindern. Bei Kriegsende war ich sieben Jahre alt; während des Krieges hatte ich keine Ahnung von der Widerstandstätigkeit meines Vaters. Meine Mutter wußte etwas, aber nicht, daß er die Schlüsselfigur bei den Plänen, die Regierung zu stürzen, war. Sie war nur andeutungsweise informiert, und von der Rolle, die er gespielt hatte, erfuhr sie erst über das Radio.

Unser Familienleben mit Vater war während des Krieges sehr sporadisch. Ich erinnere mich an Weihnachten 1943, als er nach

Hause kam, nachdem er in Afrika verwundet worden war. Er hatte ein Auge, die rechte Hand und zwei Finger seiner linken Hand verloren. Noch bevor er wieder genesen war, wurde er zum Chef des Stabes des Ersatzheeres ernannt.

Nach dem Attentatsversuch, nachdem mein Vater erschossen worden war, informierte Mutter uns, daß er tot sei. Ich kann mich nicht erinnern, daß sie lange Erklärungen abgegeben hat, aber ich war noch nicht alt genug, um dieses alles schon zu erfassen und zu beurteilen.

Zwei Tage später kam die Gestapo zu uns und ließ unser Haus von zwei Männern bewachen. Am nächsten Tag erzählte man uns, daß meine Mutter und mein Großonkel – ein Onkel väterlicherseits, der zu Besuch war – weggebracht worden waren. Ein paar Tage danach erfuhren wir, daß meine Großmutter und ihre Schwester ein ähnliches Schicksal erlitten hatten. Zwei Vettern wurden hingerichtet.

Einige Tage später wurden wir in ein Heim gebracht, in dem die Kinder der Widerstandskämpfer untergebracht wurden. Auch wenn ich noch nicht alt genug war, viele Fragen zu stellen, warum das alles passierte, so erinnere ich mich doch noch sehr gut an einen Vorfall, bei dem ich irgendwie nach einer Erklärung suchte. Ich erinnere mich an einen Dorfpfarrer, zu dem die Haushälterin meiner Großmutter uns mitnahm, nachdem wir ins Heim gebracht worden waren. Er erzählte uns, daß wir abtransportiert würden – niemand wüßte wohin. Vielleicht würden wir dort schlimmer als Schweine behandelt, aber was immer auch passieren sollte, wir sollten nie vergessen, daß unsere Eltern außergewöhnliche, wunderbare Menschen gewesen seien. Dieser Pfarrer riskierte Kopf und Kragen, denn das hätte ja jemand weitererzählen können.

Zweimal erzählte man uns, daß wir zu unseren Verwandten an einen Ort namens »Buchenwald« gebracht würden, was für uns damals nicht mehr als ein Name war, aber dazu kam es nicht. Einmal wurden wir tatsächlich in Richtung eines Konzentrationslagers gefahren, aber wir wurden zurückgebracht, bevor wir dort ankamen. Während dieses winterlichen Ausflugs sah ich, wie Bomben fielen und bemerkte die Zeitvergrößerung zwischen der visuellen Wahrnehmung der Explosion und dem Schall.

Warum wir so sorgfältig betreut wurden und welches Schicksal für uns bestimmt war, weiß ich nicht. Offenbar entsprach die Organisation bei den Offizieren, die Hitler direkt unterstanden, nicht der angeblich so typischen deutschen Gründlichkeit: Die Verantwortungskompetenzen waren nicht klar umrissen, und wahrscheinlich wurde, was uns anbetraf, nie eine endgültige Entscheidung gefällt.

Später gab es Gerüchte über Pläne, dieses »wertvolle Erbgut« – damit waren wir und andere Kinder in ähnlicher Lage gemeint – kinderlosen SS-Ehepaaren zu übergeben. Die Tatsache jedoch, daß wir beinahe nach Buchenwald geschickt worden wären, widerspricht dem. Wir hatten Glück; die Heimleiterin, die ein Verhältnis mit dem Bezirksvorsteher hatte, beschützte uns.

Ich fälle nicht gern ein Urteil über die hohen Generäle jener Zeit. An einige Generäle wurden sicher zu hohe Anforderungen gestellt, so daß sie selbst mit der Situation, in der sie sich befanden, nicht fertig wurden. Mein Vater zum Beispiel war enttäuscht; er stieß auf große Schwierigkeiten, als er Hilfe für die Verwirklichung seines Plans suchte.

Wir müssen dankbar sein, daß wir nicht vor eine solche Prüfung gestellt worden sind, und wir müssen Gott bitten, zukünftige Generationen davor zu bewahren. Jeder, der nicht bescheiden genug ist, zu erkennen, daß auch ihm das gleiche hätte passieren können, hat nichts aus der Geschichte gelernt.

Jeder, der eine öffentliche Stellung innehatte, diente ab 1933 nicht mehr dem Allgemeinwohl – er diente einem schlechten Staat und erfuhr diese Veränderung plötzlich.

Die Frage bleibt jedoch, ob wir tatsächlich aus der Geschichte gelernt haben. Wir erkennen politische Verwirrungen in der UDSSR und gewissen afrikanischen und südamerikanischen Staaten, aber es ist unklar, ob wir gelernt haben, alles Schlechte, soweit es von Bedeutung ist, zu erkennen. Es ist leicht, nach dem Übel des Rechtsextremismus zu suchen, aber eine solch ausschließliche Suche basiert auf einer weitverbreiteten, billigen Philosophie, die schon den Keim für eine Wiederholung in sich birgt.

Die Kombination aus Versailles und Demokratie war für Deutschland eine schwere Bürde, die uns schließlich die Wirtschaftskrise brachte, die Hitler ausnutzte. Aber ich kenne immer noch nicht alle Gründe dafür, warum ein Kulturvolk wie das unsere von den historischen Entwicklungen während der Nazi-Zeit so völlig mitgerissen werden konnte. Es interessiert mich, dies zu ergründen, weil es wichtig ist zu verhindern, daß diese Ereignisse sich wiederholen.

In den fünfziger Jahren, als ich Tonbandaufnahmen von Reden Goebbels' und Hitlers anhörte, dachte ich über etwas nach, was mir als Kind im Krieg nicht aufgefallen war: wie diese Stimmen, diese Sprache und diese Argumentation solch einen ungeheuerlichen Einfluß auf Menschen ausüben konnten. Ich empfand die Reden als abstoßend, fremd und unwirklich.

Heutzutage wird über die, die den Attentatsversuch des 20. Juli durchführten, oft abwertend gesprochen, weil sie angeblich nicht entschlossen genug handelten. Aber diesen Leuten ging es in der Hauptsache darum, *etwas zu tun* – es mußte etwas geschehen.

Michael Maass
Jahrgang 1926

Im August 1944 kam ich dann zu einem sogenannten Kulturkurzlehrgang mit der ganzen Kompanie nach Berlin und konnte nach Hause fahren. Ich erschien zu Hause, meine Mutter war da und ich fragte: »Was ist mit Vater, was ist los, ich höre seit zehn Tagen nichts von euch?«

Da war er bereits seit zehn Tagen verhaftet. Wo er war, das wußte meine Mutter, nämlich in der Prinz-Albrecht-Straße, also im berüchtigten Vernehmungsgebäude der Gestapo. Er wurde dann jedoch verlegt in ein Sonder-KZ in Mecklenburg. Das war natürlich ein Schock. Auf der anderen Seite sagte meine Mutter, sie sei im täglichen Kontakt sowohl mit einem Vertrauensmann, dem persönlichen Referenten des Reichsjustizministers Thierack, der sich vorbildlich für viele Familien eingesetzt hat (der übrigens überlebt hat), als auch in Kontakt mit anderen Frauen von verhafteten Freunden, sie täte also alles, was sie auch täten, um zu den Männern zu kommen und um zu erfahren, wie man helfen könnte.

Dann kamen die ersten Prozesse. Wir hatten verabredet – ich mußte natürlich wieder zurück zur Truppe –, daß meine Mutter in dem Augenblick, wo sie etwas Näheres erfuhr, sei es, daß sie ihn besuchen konnte, sei es, daß sie ihn besucht hat, mich in irgendeiner Form brieflich, oder, wenn es ging, in ganz dringenden Fällen telefonisch benachrichtigen und ich den Versuch unternehmen würde, nach Berlin zu kommen. Dies geschah, indem sie mir eine Genehmigung schicken konnte, meinen Vater im KZ zu besuchen. Das mußte ich, den Formalitäten entsprechend, bei der Schreibstube anmelden.

Der Erfolg war, daß ich wenige Stunden später verhaftet und in Dunkelhaft gesteckt wurde. Ich kann nicht mehr genau sagen, wie lange, bei Dunkelheit verliert man jegliches Zeitgefühl. Ich weiß auch die Daten nicht ganz genau, aber es war mindestens eine Woche, wenn nicht sogar länger als eine Woche.

Es war mir natürlich vollkommen klar, nun war genau der Zeitpunkt eingetreten, den mein Vater befürchtet hatte. Ab jetzt mußte ich ganz exakt folgendes im Kopf haben: Was mußte ich an Wissen zugeben, was konnte ich ableugnen? Es gab drei Gegenüberstellungen mit Verhafteten, denen ich vorgeführt wurde, und es gelang mir dreimal, auszusagen – das betraf Treffen meines Vaters mit Stauffenberg – daß ich zu diesem Zeitpunkt gar nicht in Berlin gewesen wäre.

Man glaubte mir offensichtlich, und ich wurde abgeführt. Ich habe später erfahren, daß meine Aussage als richtig betrachtet wurde, trotzdem hielt man mich eine Weile fest. Ich kam dann frei, mußte lediglich einen Revers unterschreiben, daß ich mit Diphtherieverdacht im Lazarett gelegen hätte. Und das tat ich.

Ich kam also auch mit dieser offiziellen Bekanntgabe zu meinen Kameraden zurück, und im Oktober begann unsere Offiziersprüfung, Theorie und Praxis, zuerst die Praxis, und dann begann, nach zwei Tagen Pause, am 19. Oktober die theoretische Prüfung. Sie lief gut für mich. Ich wunderte mich am 21. Oktober, daß ich, obwohl ich mich zu allen wichtigen Fragen meldete, überhaupt nicht rangenommen wurde, und zwar weder von dem abnehmenden, prüfenden Major, den ich überhaupt nicht kannte, noch von dem Kommandeur, noch von zwei anderen, mir ebenfalls unbekannten prüfenden Offizieren, geschweige denn von meinem Kompaniechef. Nachmittags wurde ich aus der Prüfung herausgeholt durch eine Ordonnanz, die sagte, ich sollte sofort zur Schreibstube gehen. Natürlich dachte ich, daß dies mit der Familie zu tun hätte.

Man händigte mir zunächst einen Marschbefehl nach Berlin aus mit der Mitteilung, nunmehr sei mein Besuch meines Vaters im KZ genehmigt, aber ich sollte zunächst einmal nach Berlin, nach Hause fahren. Der nächste Zug ging in einer Stunde. In Frankfurt/Oder war Fliegeralarm, Verzögerung, ich kam also spät nachts am Bahnhof Zoo an. Wieder Fliegeralarm, in den Zoo-Bunker hinein, mit einer der ersten S-Bahnen konnte ich also nach Hause fahren, überlegte noch: Rufe ich zu Hause an, daß ich komme? Ich sagte, nein, lieber schnell die erste S-Bahn.

Es war ein wunderschöner Herbsttag. Schon im Bunker, während des Fliegeralarms und natürlich auf dieser S-Bahn-Fahrt ging mir durch den Kopf, was ist los, jetzt haben sie dir plötzlich etwas genehmigt, was eigentlich schon sechs Wochen zurückliegt. Im September sollte ich ja schon die Genehmigung bekommen. Zweitens: Wie wird's dem Vater gehen und oder, oder, oder. Und nun machte ich den Marsch ganz allein. 20 Minuten vom Bahnhof Babelsberg-Ufastadt nach Hause, und zu meiner großen Verwunderung, es war so 6.00 Uhr, machte meine Mutter auf. Sie machte sonst um diese Zeit nie auf. Ich erfuhr dann später, sie sei benachrichtigt worden, daß ich käme, sie hatte wohl die halbe Nacht nicht richtig geschlafen. Dann machte sie mir Frühstück, und wir waren allein. Ich fragte als erstes: »Was ist mit Vater?«

Daraufhin sagte sie in einer unglaublichen, fast starren Fassung: »Er lebt seit zwei Tagen nicht mehr. Er ist hingerichtet worden.«

Meine Mutter hatte alles versucht, was überhaupt nur menschenmöglich war, um meinen Vater zu retten. Ich befürchtete, das könne ein Mensch, der physisch drei Monate lang zur Rettung des Mannes aufgerufen war, nicht durchstehen.

Ich kam zurück zur Truppe in der entsprechenden Verfassung, wie man sich denken kann, aber nach außen hin ziemlich beherrscht, mußte natürlich bekanntgeben, was passiert war. Ja, die Mutter hatte also bei der Kompanie angerufen und hatte gesagt, der Gerichtstag sei da, das Todesurteil sei da (aber sie wußte ja nicht, daß es schon vollstreckt war) und ob ich nicht nach Berlin kommen könnte. Der Kommandeur hatte zugestimmt, und deswegen wurde ich damals aus der Prüfung herausgeholt. Es wurde mir aber nicht gesagt.

Ich kam genau an dem Tag zurück, an dem abends die Ernennung zu Fahnenjunkern erfolgte, ich eingeschlossen, und dann saß man so ein bißchen zusammen und der Kommandeur kam auf mich zu und sagte: »Bitte kommen Sie in einer halben Stunde auf mein Zimmer.«

Ich dachte, was ist denn nun wieder los, und dieser Mann, ein Hauptmann, der jünger aussah als er war, mit goldenem HJ-Abzeichen, sagte mir: »Ich weiß, was geschehen ist. Ich muß Ihnen sagen, ich sage es in einem Satz: Vergessen Sie Ihren Vater nicht, er ist ein hochanständiger Mensch gewesen.«
Dieser Hauptmann hat sich also um Kopf und Kragen geredet, und er fügte dann nach einer gewissen Pause, wie ich schon dabei war, die Hacken zusammenzuschlagen, hinzu: »Und eines ist klar, machen Sie keinen Blödsinn.«

Ich kam wieder in die Nähe von Brandenburg und stieß dann auf einen Kommandeur, der für die dann folgende Zeit ein ungeheures Verständnis aufwies. Jeden Abend telefonierten meine Mutter und ich, und ich erkundigte mich jedes Mal ganz spontan nach ihrem Gesundheitszustand. Dann kam eines Abends die von mir in Gedanken schon befürchtete Mitteilung: »Also irgend etwas ist nicht in Ordnung, ich war heute schon das zweitemal beim Doktor, ich scheine eine Venenentzündung im rechten Arm zu haben. Ich kann den Telefonhörer nicht mehr richtig halten. Es wäre eigentlich ganz gut, wenn du kommen könntest.«

Ich reichte sofort Urlaub ein, kriegte ihn dann zwei Tage später, und da war meine Mutter bereits mit einer Nervenentzündung, die den ganzen Körper befallen hatte, im Bett, bewegungsunfähig. Ich habe sie dann bis zum Transport ins Krankenhaus soweit wie möglich versorgt. Dann kam eine einseitige und wenig später eine doppelseitige Lungenentzündung hinzu. Wir haben sie in ein

Krankenhaus gebracht, und ein paar Stunden später war sie tot. Dies war sechs Wochen nach dem gewaltsamen Tod meines Vaters. Ich war 19 Jahre alt und Vollwaise.

Nun zu den Kameraden des Fahnenjunker-Lehrgangs, die mit mir die Prüfung gemacht haben: Als ich nach dem Todesurteil und dessen Vollstreckung und dem Tod meiner Mutter, was die natürlich alle erfahren haben, zurückkam, trat eine merkliche Distanz zwischen der ganzen Stube und mir ein. Es war eine sehr schwierige Phase. Man schnitt mich nicht, aber ich gehörte eigentlich nicht dazu.

Ich war da so ein bißchen out... Aber als ich dann nach Brandenburg zurückkam zu meinem alten Truppenteil, wo man inzwischen auch erfahren hatte, daß meine Mutter tot sei, da war praktisch die Reaktion die, – sie haben es nicht genauso artikuliert: »das ist zuviel, das ist furchtbar, das darf es eigentlich nicht geben«.

Ich kriegte dann noch zweimal Sonderurlaub, um Familiendinge zu regeln, die nun weiß Gott schwierig zu regeln waren und feierte ein ganz schrecklich trauriges Weihnachten mit den, ja man muß es sagen, anderen Vollwaisen. Wir waren fünf jüngere Geschwister, drei Schwestern und zwei Brüder.

Im Dezember 1944, vor Weihnachten, war ich plötzlich zum Heerespersonalamt nach Wünsdorf bestellt worden zu einer direkten Konfrontation mit dem sehr berüchtigten Chef des Heerespersonalamtes, General Burgdorf. Den Grund dafür erfuhr ich allerdings erst dort, weil ich in einem Wartezimmer vier Soldaten, einer war ein junger Leutnant, andere waren Fähnriche wie ich, traf, und wir uns schnell durch Blicke verständigten. Das waren alles Söhne von hingerichteten Militärs, und die hatte man dahin bestellt wie mich, weil eine Namensänderung gewünscht wurde.

In einem brutalen Gespräch machte mir General Burgdorf klar, was für ein Schwein mein Vater gewesen wäre, ein Vaterlandsverräter, Landesverräter, Hochverräter, was im Grunde seine Frau auch gewesen sei. Dann stoppte er – ich hatte mich also bis Zumgeht-nicht-mehr in der Gewalt – und sagte: »Da es keine Sippenhaft gibt für Sie und Ihre Geschwister, verlangen wir, daß Sie Ihren Namen ändern. Sie sind immerhin in der Reserveoffizierslaufbahn.«

Daraufhin erwiderte ich: »Gut, ich bin bereit, den Namen zu ändern.« Worauf sich das Gesicht des Generals aufhellte. Man muß wissen, daß meine Großmuter eine geborene von Zolligkofer war. Dann kam die Rückfrage: »Wie wollen Sie heißen?« Daraufhin ich: »Michael Maass von Zolligkofer.«

Daraufhin kriegte der General einen derartigen Wutanfall und ein begleitender Major, Rechtsberater oder so was, wurde derartig blaß, daß ich dachte, jetzt fällt also alles zusammen. Und dann sagte ich den Satz noch dazu: »Glauben Sie denn, Herr General, ich würde mit meinem Namen meine Gesinnung ändern?«

Daraufhin brüllte er nur: »Raus!«

Und ich dachte, jetzt werde ich verhaftet. Es passierte aber überhaupt nichts. Und in meinem Wehrpaß stand weiterhin Michael Maass drin. Nur, was ich nicht wußte, was ich erst viel später erfahren habe, ist, daß ich ein ganz eindeutiges Schreiben des Generals Burgdorf zu meinem Wehrpaß bekam, in dem meine Weigerung verzeichnet war.

Hans-Peter Schober (2)
Jahrgang 1921

Im Juli 1944 war ich Leutnant im Infanterie-Lehrregiment in Döberitz bei Berlin. Am 20. Juli wurde ich als Zugführer einer Einheit zugeteilt unter dem Kommando eines Majors Friedrich Jakob, Ritterkreuzträger. Wir waren etwa 400 Soldaten, vollmotorisiert, und der Major stellte sich vor uns hin und sagte: »Die Partei und die SS haben gegen Hitler geputscht. Die Wehrmacht übernimmt die Vollzugsgewalt im Staate. Wir haben den Auftrag, die Reichsrundfunkzentrale in der Masurenallee zu besetzen.« Gegen 17.00 Uhr waren wir dann am Funkhaus.

Major Jakob hält mit seinem Kübelwagen vor dem Eingang. Er geht die Treppe hoch, alleine. Vor dem Eingang stehen zwei SS-Männer und halten Wache, vollkommen normal. Er geht auf sie zu, die beiden präsentieren das Gewehr, er legt die Hand an die Mütze und geht hinein. Rechts, wo heute die Pförtnerloge ist, sitzt ein SS-Offizier. Der Major geht vor, und schon kommen die ersten 30 Mann nach. Der SS-Mann springt auf, fragt: »Herr Major, was haben Sie für einen Auftrag?«

Der Major: »Ich übernehme den Schutz des Funkhauses.«

Der SS-Sturmführer: »Einen Moment, Herr Major«, und greift nach dem Telefon.

Der Major: »Unterlassen Sie das.«

Läßt der SS-Mann die Hand wieder sinken. In dem Moment gehen schon fünf von unseren Leuten rein in das Wachlokal. Dort sind ca. 15 SS-Leute, die zur Wache gehörten. Die machen gerade die Gewehre sauber. Es ist gegen 17.00 Uhr, 17.15 Uhr. Der Major geht rein und sagt: »Sie hören nur noch auf meinen Befehl.«

Dann kamen wieder zwei Gruppen von uns hinein. Im Funkhaus selbst keine Zivilisten, nichts zu sehen. Da waren wir mit 400 Mann innerhalb kürzester Zeit drin, hatten das Funkhaus genommen. Major Jakob stellte zwei Posten von unseren Soldaten neben die SS-Leute. Da standen also vier Posten, zwei von der SS und zwei von der Wehrmacht. Und wir hatten das Haus. Jetzt hatte der Major den Auftrag, das Funkhaus zunächst zur Rundumverteidigung einzurichten. Das heißt, jeder Kompaniechef hatte seine Aufgaben. Es war eine schwere Kompanie dabei, mit Granatwerfern usw., mit schweren Maschinengewehren, die gingen aufs Dach. In den Höfen haben sie Granatwerfer aufgestellt. Im Keller, da wurden Maschinengewehre in Stellung gebracht.

Das Haus war nach allen Seiten abgesichert. Der Major selbst hatte zwei Befehle: er sollte Verbindung aufnehmen zum Nachrichtenoffizier des OKH, und er sollte dafür sorgen, daß alle Sendungen des Reichsrundfunks eingestellt wurden. Er ging also zum Intendanten Glasmeier und sagte zu ihm: »Ich habe den Auftrag, Ihre Sendungen einzustellen.«

Sagt der Glasmeier: »Jawohl, Herr Major.«

Ruft einen Ingenieur, der im Nebenzimmer war, und sagt: »Bitte gehen Sie mit dem Major zum Hauptschaltraum und stellen Sie die Sendungen ein.«

Wenn ein Major mit dem Ritterkreuz zu einem Zivilisten, auch wenn er Intendant des Senders ist, kommt und hat Soldaten mit und sagt: »Stellen Sie die Sendungen ein«, dann sagt der: »Jawohl, Herr Major.«

Der kommt überhaupt nicht auf die Idee, sich zu weigern. Dann geht dieser Ingenieur hin und zieht da ein Kabel raus und dort ein Kabel raus und sagt: »Die Sendung ist eingestellt.«

Der Major war zufrieden. Er konnte ja nicht wissen, daß der Hauptschaltraum zu diesem Zeitpunkt gar nicht mehr dort war. Es war ja schließlich Krieg. Das Herz des Senders, die Sprecherräume und natürlich der Hauptschaltraum, waren alle in den Bunker neben dem Funkhaus verlegt worden wegen der Bombenangriffe. Das wußte der Major aber nicht, konnte er auch nicht wissen. Und wir waren alle Infanteristen, keiner hatte von der Technik eines Funkhauses auch nur die leiseste Ahnung.

Ich stehe zufällig neben ihm in der ersten Etage, als ein Melder kommt und sagt: »Herr Major, gegenüber dem Funkhaus steigen SS-Leute aus Fahrzeugen.«

Der Major runter die Treppe zum Haupteingang, und ich gehe mit. Er geht raus und unten, auf der untersten Stufe, steht ein SS-Sturmbannführer und will gerade die Treppe hinauf gehen. Da ruft unser Major: »Verhalten Sie!«

Der hat das auch verstanden und bleibt stehen. Drüben an den Ausstellungshallen sieht man mehrere Lkws, von denen SS-Leute abspringen und sich sammeln. Unser Major fragt: »Was wünschen Sie?«

Da sagt der SS-Major: »Ich habe den Befehl, das Funkhaus zu besetzen.«

Unser Major, Major Jakob, etwas süffisant: »In diesem Fall kommen Sie um eine Stunde zu spät. Wir haben es schon besetzt.«

Da sagt der SS-Major: »Ich habe den Befehl, notfalls mit Waffengewalt zu besetzen.«

Darauf unser Major sehr ernst: »Und ich habe Befehl, es notfalls mit Waffengewalt zu verteidigen.«

Pause. Dann der SS-Offizier: »Dann werden wir aufeinander schießen müssen.«

Sagt unser Major: »Tun Sie, was Sie nicht lassen können.«

Wieder eine Pause. Darauf fragt der SS-Mann den Major Jakob: »Sind Sie für den Führer?«

Und unser Major antwortete: »Ich bin für den Führer.«

»Und Sie?«, fragt Jakob.

Sagt der SS-Mann: »Ich auch.«

Jakob wieder: »Gut. Hier kann nur einer befehlen. Sie können mit Ihren Soldaten in das Funkhaus kommen, wenn Sie sich meinen Befehlen unterordnen. Dann besetzen wir das Funkhaus gemeinsam.« Also kamen 200 SS-Leute ins Funkhaus. Wir waren damit etwa 600 Mann im Funkhaus, 200 SS-Leute, 400 von der Infanterieschule. Es war fantastisch.

In der Zwischenzeit war aber folgendes passiert. Wie ist die SS dorthin gekommen? Der Intendant Glasmeier war mißtrauisch geworden und hatte den Staatssekretär Fritzsche angerufen. Der saß im Ministerium von Goebbels. Der hat wiederum beim Kommando der SS angerufen: »Da sind mehrere hundert Soldaten im Funkhaus in der Masurenallee.« Und da haben die dieses Kommando von 200 Mann da hingeschickt, das Funkhaus zu besetzen. Da war aber immer noch nicht klar, was wirklich los war, als sie drinnen waren. Es war auch immer noch nicht die Nachricht durchgekommen, daß ein Attentat auf Hitler verübt worden war.

Als die SS ins Funkhaus kam, war es inzwischen 18.30 bis 19.00 Uhr geworden. Das heißt, um 18.45 Uhr kam die erste Meldung durch über das Attentat auf Hitler. Da waren wir schon fast zwei Stunden im Funkhaus. In diesen zwei Stunden hätte schon irgend etwas passieren müssen. Denn wir, als Soldaten, konnten es nur besetzen. Offenbar geschah das auf Anordnung von Olbricht und den Männern um Stauffenberg. Was fehlte, war eine Einheit, die wußte, wie ein Funkhaus funktioniert, technisch, Hauptschaltraum usw. usw. Die fehlten, die Leute hätten von uns jede Unterstützung bekommen.

Ein paar Tage später haben sich die Herren noch einmal getroffen mit dem Intendanten Glasmeier zu einem Umtrunk. Immerhin, er hatte verhindert, daß die Sendungen eingestellt wurden, indem er Major Jakob in den falschen Schaltraum geschickt hatte. Und außerdem fehlte jemand, der dann über den Reichsrundfunk und den Deutschlandsender, die beide dort vereint waren, irgend etwas zum Volk gesagt hätte, was nun los sei. Damit war ein General Lindemann beauftragt. Der hatte einen Aufruf an die Bevölkerung zu verlesen, nach dem Attentat. Dieser Lindemann aber ging spazieren. Er war auch nicht auffindbar.

Inzwischen verging die Zeit, es kam niemand. Es war weder jemand da vom OKH, der den Sender technisch wirklich übernehmen konnte, es war auch niemand da, der zum Volk sprechen konnte. Ich will da gewiß nicht den Leuten vom 20. Juli zu nahe treten. Denn ich weiß um ihre Bedeutung, ich weiß auch genug über ihre Motive heute. Ich weiß, daß sie sogar in Kauf genommen haben, diesen Putsch scheitern zu sehen, nur um ein Zeichen zu setzen für die Nachwelt.

Ich weiß um alle diese Dinge und sage dennoch: Die Verschwörer haben ihre Absicht nicht preußisch-militärisch durchdacht. Daß nicht alle Kraft darauf konzentriert wurde, dieses Propagandamittel, dieses Medium in den Griff zu bekommen, obwohl die Zentrale besetzt war, ist mir bis heute unverständlich.

Es verstrich sehr viel Zeit. Da wird plötzlich Major Jakob an ein Telefon gerufen. Da ist ein Major Remer dran, der Kommandeur des Wach-Bataillons. Der war ja bei Goebbels gelandet und hatte im Büro von Goebbels den telefonischen Befehl von Hitler erhalten, den Aufstand niederzuschlagen. Dann rief Remer auch den Major Jakob im Funkhaus an und sagte: »Sie hören nur noch auf meine Befehle.«

Und da hat der gefragt: »Wer sind Sie?«

»Ich bin der Kommandeur des Wachbataillons.«

Sagte Jakob: »Hören Sie mal zu, mein Name ist Jakob, ich bin Major wie Sie, und ich erhalte meine Befehle von der Infanterieschule und sonst von niemandem.«

Darauf Remer: »Einen Moment.«

Und dann war Goebbels dran. Der Jakob war ein Berufsoffizier, der sich durch nichts einschüchtern ließ. Der hat den Goebbels ziemlich hart gefragt: »Auf welcher Seite stehen Sie?«

Denn für ihn hatte ja die Partei geputscht, die SS, und wer auch immer. Da hat Goebbels gesagt: »Ich bin für den Führer usw.« Das und das habe sich abgespielt. Eine Clique von Offizieren, wie die es nannten, habe ein Attentat auf den Führer verübt. Goebbels sagte: »Lassen Sie im Funkhaus alles so, wie es ist. Befehle bekommen Sie nur von der Infanterieschule, und gesendet wird nur auf meine persönliche Anordnung. Bitte wiederholen Sie das im Funkhaus.«

Da hat Jakob laut wiederholt: »Minister Goebbels sagt, gesendet wird nur nach seinen persönlichen Anordnungen.«

Dann war das Gespräch zu Ende. Erst dann haben alle angefangen zu überlegen, was nun? Etwas später kam ein Offizier von der Infanterieschule, der nun auch informiert war, und hat eine kleine Rede gehalten.

Wir hatten in der Zwischenzeit auch zwischen den Straßenbahnschienen Stellungen ausgehoben, Löcher gemacht, Maschinengewehre hineingestellt usw. Dann wurden Wachen eingeteilt. Wir, die nicht Wache hatten, schliefen im großen Sendesaal. Die SS im Saal 3. Um ein Uhr nachts sprach Hitler. Am nächsten Vormittag wurde die SS abgezogen aus dem Funkhaus, wir blieben drin. Am Nachmittag sind wir nach Döberitz zurückgefahren.

Kurt Meyer-Grell (2)
Jahrgang 1921

Ich habe den 20. Juli 1944 im Offizierskasino des Kampfgeschwaders 200 in Finsterwalde erlebt. Ich war vorübergehend dort stationiert, sitze mit einigen Offizieren zusammen im Kasino und höre mit einem Male durch den Lautsprecher, wie der damalige Reichsmarschall Göring eine Ansprache an seine Truppe hält und uns mitteilt, daß auf Adolf Hitler ein Attentat verübt worden sei. Ich erinnere mich, dieser Aufruf floß dann zusammen mit einem Appell an die Luftwaffe, zum Oberbefehlshaber zu stehen.

Der Reichsmarschall hatte noch nicht zu Ende gesprochen, da bin ich aufgesprungen, habe mein Koppel mit meiner Pistole umgeschnallt und wollte zu meiner Einheit, um die Einheit zu alarmieren, um sie zu belehren, was geschehen sei. Ich wollte auch scharfe Munition ausgeben lassen. Ich muß hinzufügen, daß im Kasino etwas getrunken worden war. Ich war also leicht benebelt, aber nur leicht, und um ins Freie zu gelangen, mußte ich in der Vorhalle des Kasinos an einer Hitler-Büste vorbei. Es war eine Bronze-Büste, gegenüber war eine Marmorbank, und ich gestehe freimütig, ich kam an dieser Hitler-Büste nicht vorbei, weil ich es mir überhaupt nicht vorstellen konnte, daß irgend jemand, geschweige denn ein Soldat oder ein Offizier, ein General, Hand anlegen konnte an den Oberbefehlshaber. Ich weiß noch, daß ich mich auf die Bank gegenüber dieser Hitler-Büste gesetzt habe und als immerhin 23jähriger Mann angefangen habe, bitterlich zu weinen.

Irgendwann habe ich mich dann aber zusammengenommen, weil ich mir sagte, das bringt dich nicht weiter, und ich bin zu meiner Einheit gerannt, habe sie alarmiert und habe in der Tat scharfe Munition ausgeben lassen. Kurze Zeit später kam ein anderer Offizier, der mich vor meiner Einheit, die schon angetreten war, im Namen des Kommandeurs abgesetzt hat, weil dem Kommandeur zu Ohren gekommen wäre, daß Oberleutnant Meyer betrunken vor der Hitler-Büste liegen würde. Dabei war ich, und das ist dann zurückgenommen worden, nachdem das klargestellt worden war, der einzige im ganzen Fliegerhorst, der sofort im Sinne des Reichsmarschalls gehandelt hat. Ich muß heute bekennen, ich wäre damals voller Überzeugung in der Lage gewesen, gegen einen heranrückenden, rebellierenden Heeresverband schießen zu lassen.

Clarita von Trott zu Solz
Jahrgang 1917

Als ich mich mit Adam anzufreunden begann, veränderte sich alles für mich. Adam vermittelte mir eine ganz neue Perspektive, und damit gewann ich den Mut, mich seiner Führung anzuvertrauen. Er war unbeugsam entschlossen, den Sturz der unheilvollen Regierung zu betreiben. Und er war nicht allein. Es bildete sich ein Freundeskreis junger Männer, die alle ausgeprägte, starke und anziehende Menschen waren. Allen war es selbstverständlich, die Eigeninteressen der gemeinsamen Sache unterzuordnen.

Wir Ehefrauen nahmen damals oft als eine Art Beobachterinnen an den Beratungen teil. Meine selbstverständliche Bereitschaft, Adam in allen Aktivitäten zum Sturz der Hitlerregierung zu unterstützen, war das Fundament, auf dem unsere Ehe gründete. Schon vorher, 1939, habe ich ihm einen Teil des Manuskripts getippt, mit dem er den Versuch machte, den Frieden zu retten. »Der Krieg löst kein Problem«, war seine tiefe Überzeugung. Später wußte ich immer das Nötigste über die Überlegungen im Freundeskreis, jedoch möglichst wenig Namen und Einzelheiten, um im Fall von Vernehmungen nicht andere gefährden zu können.

Wie soll man sich die Atmosphäre vorstellen, in der wir lebten? Ich habe es fast vergessen, wie es war, als wir jede Äußerung, natürlich auch die schriftlichen, unter Kontrolle halten mußten, als man alle Besuche bei Gleichgesinnten zu tarnen versuchte. Auch bei unseren Gesprächen zu Hause wurde das Telefon mit einer Kaffeemütze abgedeckt. Wir sprachen oft englisch miteinander, weil unsere Hausangestellte zwar persönlich zuverlässig war, aber ihr nationalsozialistischer Verlobter war es sicher nicht.

Ganz schwierig war es, wenn Adam ein gefährliches Schriftstück zu Hause bearbeiten mußte. Wir hatten kein gutes Versteck in der Wohnung. Deshalb nahm ich es nachts neben mich, zusammen mit Streichhölzern, und hoffte, ich könne die Blätter im Notfall gerade noch ansengen und im WC hinunterspülen. Aber nicht nur Feinden gegenüber mußte äußerste Vorsicht walten. Es war schmerzlich, daß man auch den Gleichgesinnten in der Familie keinen Namen nennen und keine Überlegung mitteilen durfte, die in irgendeiner Weise in illegalem Zusammenhang standen. Sie hätten beim nichtsahnenden Weitererzählen Schaden anrichten können.

So lebte ich zwischen dem 20. Juli und dem 11. August 1944 drei Wochen mit tödlicher Angst, ohne daß ein Mensch in meiner Umgebung etwas davon bemerken durfte, nicht einmal meine Schwiegermutter und meine Schwägerin. Der Druck von außen war schlimm. Aber auch der innere! Die Zeitungen waren an jedem Tag voll von Todesanzeigen. In zwei der Adam nächst verwandten Familien kehrten von vier Söhnen drei nicht zurück. Ich empfand eine Art Schuldgefühl, daß wir noch zusammen waren. Am bedrückendsten aber waren die Nachrichten über Greueltaten in den besetzten Gebieten, die den Freundeskreis erreichten.

In Berlin mußte man es hilflos geschehen lassen, daß die jüdischen Mitbürger einen gelben Stern tragen mußten und daß sie nacheinander verschwanden. Das ist ja jetzt alles bekannt. Aber wer kann sich heute vorstellen, daß man in eine Lage gerät, in der die selbstverständlichste Solidarität oder Hilfeleistung das Leben kosten würde?

Die quälendsten Schuldgefühle entstanden bei der Begegnung mit halbverhungerten Menschen mit einem gelben Stern oder zerlumpten Fremdarbeiterkolonnen. All das muß man sich vorstellen können, wenn man Ahnung haben will von den Konflikten, in die die Arbeit im Auswärtigen Amt Adam bringen mußte. Ständig galt es, herauszufinden, was man, um der Tarnung oder der illegalen Arbeit wegen, mitmachen oder initiieren mußte, und was man unter allen Umständen umgehen und vermeiden mußte.

Wäre Adam nicht so ungewöhnlich einfallsreich gewesen, er hätte sich in dieser Position nicht halten können. Aber er erfaßte die Mentalität seiner Chefs so genau und fand intuitiv für jeden die passende Umgangsform, so daß er sie in ihren Entscheidungen beeinflussen konnte. Und vor allem hatte er seinen Freund Alexander Werth zum Mitarbeiter, der mit großem Geschick alle seine Schritte im Auswärtigen Amt abdeckte.

Es war eine Gratwanderung. Mehrfach hätte sie schon vor dem 20. Juli fast zum Absturz geführt. Ich denke zum Beispiel an das stundenlange Verhör bei der Gestapo, nachdem ein Ehepaar, für das Adam sich aus Gefälligkeit verwendet hatte, spektakulär zu den Alliierten überlief. Die Familien kamen ins KZ, Adam in die schwierigste Lage. Nachträglich erschien es mir oft als eine gnädige Fügung, daß er, wenn er schon sein Leben in die Waagschale warf, es zumindest bis zu dem entscheidenden Tag behalten durfte.

Am 19. Juli 1944 schrieb Adam eine Art Abschiedsbrief: »Du wirst in den nächsten Wochen vielleicht lange nichts von mir hören ... Aber es bleibt das tiefe Vertrauen auf unser *gemeinsames* Leben, das an zwei so entfernten Polen doch als Teil eines einzigen und unter den gleichen Zeichen gelebt wird ... Verzage nie ... Es ermöglicht uns ja auch in einem Umfang den ganzen Ernst, die Weite und Kraft des Daseins und seines Schöpfers zu erleben, wie es vielen Generationen versagt war.« Ich mußte den Brief vernichten, schrieb mir aber die unverfänglichen Stellen ab.

Am 20. Juli habe ich etwas gemacht, was ich sonst nie machte: Ich habe meinen Mann ohne einen besonderen Grund angerufen. Sonst hab ich immer seine Initiative abgewartet. Und er hat das damals als einen Beweis für unsere wortlose Verständigung genommen (und soll sich sehr darüber gefreut haben).

Nach dem 20. Juli, ich war mit den Kindern nicht in Berlin, telefonierten wir noch einige Male miteinander, ohne daß wir Erklärungen hätten austauschen müssen. Wie konnte man anders als sich wortlos verstehen? Am 28. Juli wollte er auf Urlaub zu uns kommen. Am 25. schickte er die alte, treue Haushälterin voraus, um sie vor Verhören zu sichern. Am 26. morgens wollte ich ihm telefonisch ihre Ankunft berichten, aber es hieß: »Der Teilnehmer antwortet nicht.« Adam war verhaftet.

Das lähmende Gefühl in den folgenden drei Wochen kann ich nicht beschreiben. Noch lief ich anscheinend frei herum, aber ich konnte diese Freiheit nicht zu Adams Rettung einsetzen. Daß auch unsere kleinen Töchter direkt gefährdet waren – solche Ungeheuerlichkeit war außerhalb des mir Vorstellbaren.

Wieder in Berlin, traf ich am 15. August 1944, am Tag von Adams Verhandlung vor dem Volksgericht, unseren Freund Alexander Werth. Und als ich ihn traf, tat er etwas, wofür ich ihm immer dankbar geblieben bin, denn es war ein Wagnis: Er hat mir gesagt, daß meine Kinder verschleppt worden waren. Ich hab darüber bis vor kurzer Zeit überhaupt nicht sprechen können, denn ich glaube, das kann man nicht verarbeiten. Ich hab dann also abgeschaltet und bin, ich würde denken, innerlich halb erstorben, ins Kammergericht gegangen, wo die Verhandlungen vor dem Volksgerichtshof zu der Zeit stattfanden.

Ich hab versucht, den großen Saal zu finden, in dem mein Mann war. Es war offenbar ein großer Saal, und ein Rundgang führte zu zwei Türen, die beide von SS-Leuten bewacht wurden. Ich war noch dabei, mir einen Platz zu suchen in der Hoffnung, mich irgendwo aufhalten zu können, bis die Gefangenen wieder herausgeführt wurden; in der Hoffnung, auf irgendeine Art und Weise meinem Mann noch zu begegnen, ihm wenigstens durch einen Blick ein Zeichen unserer Liebe geben zu können und eine letzte Beruhigung über uns.

Aber in dem Rundgang vor den riesigen Türen zum Verhandlungssaal, aus dem man Freislers brüllende Stimme hörte, entging ich nur durch ein Wunder der Verhaftung. Nun hätte ich untertauchen können. Durch eine Reihe kaum glaublicher Zufälle hatte ich Pfarrer Poelchau, Gefängnispfarrer von Moabit, sprechen können und ihm einen Abschiedsbrief für Adam gegeben. Er riet mir dringend, unterzutauchen. Ich hab mir das kurz überlegt. Ich hab mich aber so stark gefühlt, daß das etwas war, wozu ich in mir überhaupt keine Voraussetzungen fand, daß ich ihm sagte: »Wissen Sie, ich glaube, ich kann vielleicht anständig sterben, aber untertauchen kann ich nicht.«

Ich bin dann am 17. August verhaftet worden, und ich muß Ihnen sagen, als die Tür meiner Zelle hinter mir ins Schloß fiel, war ich irgendwie erleichtert. Es war so furchtbar, sich dauernd aufs äußerste gedrängt zu fühlen und gleichzeitig gehemmter zu sein als je vorher im Leben. Ich war nun beinahe dankbar, daß ich nur noch damit zu tun hatte, mit meinem Schicksal irgendwie fertigzuwerden.

Die Zeit im Gefängnis war trotz allem eine gute Zeit. Die Luftangriffe ängstigten mich kaum, obwohl wir ihnen in geschlossenen Zellen der Obergeschosse ausgeliefert waren. Die Wanzen und die erbärmliche Ernährung waren vorerst nur unangenehm. Dafür hielt uns Schicksalsgenossinnen in Moabit die Gemeinsamkeit unseres Leidens aufrecht. Ich empfand auch stark die Gewissensentlastung dadurch, daß wir eine Art Opfer gebracht hatten. In diesem Zusammenhang waren auch die wöchentlichen Besuche Pfarrer Poelchaus, der Zugang zu uns gefunden hatte, eine Wohltat. Er half uns durch seine so seltene, gleichzeitig tiefe und lebenstüchtige Frömmigkeit und stellte die Brücke nach außen dar. Durch ihn konnte meine Familie die Verbindung zu mir aufnehmen.

Als ich entlassen worden war, man weiß ja immer noch nicht,

wieso wir (Barbara von Haeften, Annedore Leber und ich) plötzlich am 30. September entlassen wurden, bin ich ein Weilchen in Berlin geblieben. Ich mußte beweglich bleiben, um eventuell noch etwas zur Auffindung der Kinder beitragen zu können. Plötzlich bekam ich die Nachricht, sie seien schon in Imshausen (Familiengut der Trotts) abgeliefert worden. Ich habe später durch einen Zufall erfahren, daß die Kinder als Berta und Gretel Steinke in Bad Sachsa untergebracht waren.

Marion Gräfin York von Wartenburg
Jahrgang 1904

Mein Mann gehörte zu einem Freundeskreis, den Freisler später den Kreisauer Kreis genannt hat, die darüber nachdachten, wie dieses Deutsche Reich aussehen sollte, wenn der Krieg vorbei war. Es war ein Kreis von Freunden, ein innerer Kreis, und jeder dieser inneren Beteiligten hatte draußen noch mindestens vier bis fünf Menschen, die er informierte. Und mit denen er sich wiederum beriet. Ich habe für die Männer gekocht, damals war ich alleine in der Hortensienstraße, und dort wohnten noch Eugen Gerstenmaier und Helmut Moltke. Der einzige Moment, in dem ich Angst hatte, war, als Helmut Moltke verhaftet wurde. Das war Januar 1944. Es bestand eine strenge Abmachung zwischen den Freunden, zu sagen, wann sie wo sind, wann sie nach Hause kommen, und da hielten sie sich auch ganz genau dran. Damit man sicher sein konnte. Helmut hatte gesagt – er war abends bei Julius Leber: »Ich bin um 10.00 Uhr abends zu Hause.«

Aber Helmut kam und kam nicht, und um 23.00 Uhr guckte der Eugen Gerstenmaier oben aus seinem Zimmer, und da kamen zwei Autos, die etwas entfernt von unserem Haus hielten. Er rief nur runter: »Jetzt kommen sie.«

Sie hatten Schlüssel für das Haus. Sie taten, als seien sie zuhause, sie setzten sich in die Stühle und nahmen die Bücher raus. Das waren auch Momente, wo ich Sorge hatte, weil mein Mann sehr oft als Lesezeichen etwas hineinlegte, was verdächtig sein konnte.

Als sie das erstemal kamen, war das Haus in keinem schönen Zustand. Die Decken hingen runter von den Luftangriffen, und da sagten sie: »In diesem Haus, da haben zwei Grafen mit solchen Namen gewohnt?«

Ich sagte: »Warum nicht, kommen Sie mal nach Schlesien, da leben wir noch viel einfacher.«

Dann wollten sie wissen, was der Helmut Moltke so gemacht hatte. Und dann fragte ich dagegen: »Wo ist der denn eigentlich?«

Und die Gestapo-Leute sagten: »Der ist besser untergebracht als hier.«

Da war er in der Prinz-Albrecht-Straße. In dieser Nacht habe ich Angst gehabt, wir haben gar nicht geschlafen, wir haben das Haus »sturmsicher« gemacht, das heißt wir haben alle Bücher untersucht auf Zettel oder Notizen, im Keller Ordnung gemacht, damit die Gestapo nichts finden konnte.

Schon am nächsten Morgen bin ich sofort ins Büro vom Moltke gegangen, um zu erfahren, wann sie ihn das letzte Mal gesehen haben. Man konnte ja nicht mit Leber telefonieren. Da hörte ich dann, daß er schon auf der Dienststelle im Büro verhaftet worden war, aber nicht bei Leber. Das war für uns das Wichtigste. Leber ist ja nachher mit Reichwein zusammen verhaftet worden. Es war doch eben eine so starke, so enge Gemeinschaft gewesen.

Das Leben war so lebendig und so stark, man spürt es ja ganz anders, wenn die Gefahr um einen ist, wenn nicht alles auf einem silbernen Tablett geboten wird.

Jeden Abend kamen Menschen, und es war immer ein zentrales Thema vorgesehen, über das gesprochen werden sollte. Es wurde nichts am Telefon besprochen oder schriftlich festgehalten.

Ich bin zweimal bei Beck gewesen, um ihn zu informieren, und bei Julius Leber, der auf seinem Kohlenhof zwei Ausgänge hatte, um immer verschwinden zu können.

Wir waren ungemein vorsichtig mit schriftlichen Notizen. Ebenfalls waren wir sehr vorsichtig mit dem Telefon. Im Telefon hörte man immer so ein Knacken und wußte dann, daß abgehört wurde. Wenn zum Beispiel der Carlo Mierendorf, der zum engsten

Kreis gehörte (der hatte Aufenthaltsverbot für Berlin, nachdem er aus dem KZ entlassen war, und mußte in Leipzig leben, kam aber immer nach Berlin und wohnte hier bei einem Freund), nach Berlin kam, dann meldete er sich am Telefon und sagte: »Hier Hoffmann, ach Gräfin, wie schön, daß ich Sie kriege.« Oder er sagte: »Marion, bist du es? Wie schön, wann ist denn endlich mal dein Mann nicht da, damit ich dich alleine sehe?«

Im Kreisauer Kreis haben wir keine Verräter gehabt. Es war eben alles auf Vertrauen aufgebaut. Neue wurden vorsichtig eingeführt. In Gesprächen tastete man sich so allmählich heran. Ich finde ja, das, was die Männer den Frauen voraus haben, sind die Männerfreundschaften und dieses Vertrauen. Das war damals etwas sehr Schönes.

Mein Mann wurde sofort nach dem 20. Juli verhaftet. Am 8. August um 18.30 Uhr wurde das Todesurteil an ihm vollstreckt. Ein Grab gab es nicht. Seine Asche wurde in alle Winde verstreut. Ich selbst wurde am 10. August 1944 verhaftet, habe dann eine Nacht in der Prinz-Albrecht-Straße zugebracht und wurde am nächsten Tag ins Untersuchungsgefängnis Moabit verlegt. Da war ich dann fast drei Monate lang.

Ich fühlte mich damals selbst so berührt von all dem, was geschehen war, daß ich diese Zeit im Gefängnis wirklich wie eine Klausur, wie eine Erlösung, empfunden habe, dieses Abgeschlossensein. Ich war ja die ersten zwei Wochen alleine, habe mit keinem Menschen gesprochen, kam auch nicht zum Rundgang, hatte nichts zu tun, nichts zu lesen. Man konnte in sich selbst alles verschließen.

Da kam immer ein Gestapo-Mann, um zu sehen, wann ich meinen ersten Nervenzusammenbruch hätte (das war das Ziel der Einzelhaft). Er kam jede Woche. Da sah er einmal, daß meine Strümpfe ganz kaputt waren, weil ich die Treppe hinuntergefallen war. Da sagte er: »Jetzt haben Sie einen Nervenzusammenbruch gehabt.« Ich antwortete: »Nein. Warum soll ich einen Zusammenbruch haben?«

In dieser ersten Zeit war mein Mann noch ganz nah. Ich wußte nie, wenn ich wach wurde, ob ich träumte oder ob es Wirklichkeit war. Und seitdem weiß ich eben, daß ein Mensch, der kurz vorher erst gestorben ist, zunächst einmal sehr nahe ist. So, daß man einfach immer mit ihm lebt und leidet. Er hat mir auch genau beschrieben im Traum, wie er seinen Tod erlebt hat.

Die Menschen, die immer nur sagen, unser ganzes Volk war verbrecherisch, denen würde ich sagen, das ist nicht der Fall gewesen. Ich bin so oft Menschen begegnet, die hohe Stellungen im Dritten Reich innehatten, die alle bereit waren, mich anzuhören und Rat zu geben. Selbst im Gefängnis waren zwei SS-Leute, die die notwendigen Fotografien für das »Verbrecheralbum« machten, und der eine fragte: »Ihr Name!«

Ich sagte: »York.«

Dann guckte er mich an und sagte: »Wollen Sie bitte Platz nehmen, Frau Gräfin.«

Und durch solche Sachen konnten die Menschen einen Respekt für den Mann bezeugen, der sein Leben gerade verloren hatte. Und das habe ich immer wieder erlebt.

Nachher, als ich aus dem Gefängnis entlassen wurde, mußte ich in die Meinecke-Straße 10, in das Hauptquartier der Gestapo für die Vernehmungen. Ein unangenehmes Haus. In jedem Stockwerk schloß sich hinter einem ein Rattergitter.

Selbst da war eine Frau, die das oberste Stockwerk, wo die Hauptvernehmung stattfand, bewachte. Als ich da rauf ging, holte sie mich plötzlich in ihre Kabine rein und sagte: »Ich habe Ihren Mann immer gesehen, wenn er zu den Verhören geführt wurde. Er hat mich immer gegrüßt. Er hat so schöne Augen gehabt.«

Was das bedeutete damals, in so einem Raum! Ich habe oft diese Erfahrung gemacht: Wenn man den Menschen unbefangen gegenübertritt und genau sagt, was man denkt, daß sie einen dann auch nicht verraten. Nun hatte mir ein Gestapo-Mann erzählt, daß es einen langen Brief von Peter für mich gäbe. Mehrfach habe ich bei der Gestapo versucht, diesen Brief zu bekommen. Ich war deshalb bei vier verschiedenen Dienststellen in Berlin. Das vierte Mal kam ich von Schlesien nach Berlin, im April 1945, weil ich von einem SS-Gruppenführer in das Hotel Kaiserhof am Wilhelmplatz vorgeladen war. Er bot mir eine Pension an. Ich erwiderte, mein Mann sei nicht dafür gestorben, daß ich eine Witwen-Pension bekäme. Er überlegte eine Weile, dann sagte er: »Wollen Sie seinen Brief haben?«

Endlich bekam ich ihn, mit diesem Schatz bin ich nach Schlesien zurückgefahren. Ich habe ihn dann in ein Leinensäckchen genäht und bei allen Wanderungen nach und durch Schlesien auf mir getragen. Er ist auf Kriegspapier geschrieben, das jetzt fast ganz zerfallen ist; die Schrift ist kaum mehr zu entziffern.

IV. Katastrophe und Befreiung

Zusammenbruch
Frauen im totalen Krieg
Kinderkreuzzug
Hinter Stacheldraht

Zusammenbruch

Nach der Ardennenschlacht von 1944 drangen die westlichen Alliierten auf breiter Front in Deutschland ein. Am 8. Februar 1945 starteten die britischen und kanadischen Truppen eine Großoffensive durch den Reichswald bei Aachen. Weiter südlich erreichten amerikanische und französische Streitkräfte den Rhein, das letzte Hindernis im Westen. Am 7. März gelang es der 9. Panzerdivision der 1. US-Armee, die noch unzerstörte Ludendorff-Brücke bei Remagen im Handstreich zu nehmen.

Mit der Überquerung des Rheins begann der letzte Akt im Westen. Zwei US-Armeen umfaßten die Ruhr, während der Rest der alliierten Streitkräfte fächerförmig ausschwärmend Deutschland besetzte. Britische Truppen nahmen Bremen und Hamburg. Amerikanische Angriffsspitzen erreichten das Ufer der Elbe, besetzten Bayern und überquerten die Vorkriegsgrenze zur Tschechoslowakei. Tausende, dann Hunderttausende deutscher Soldaten ergaben sich bereitwillig den westlichen Alliierten, weil sie fürchteten, in russische Gefangenschaft zu geraten. Andere warfen Uniformen und Waffen weg, mischten sich unter die Flüchtlingstrecks, die vor der im Vormarsch befindlichen Roten Armee flohen, um so ihren Weg nach Hause anzutreten.

Am 8. Mai ergaben sich die deutschen Truppen in Norddeutschland, Holland und Dänemark. Drei Tage später wurde die bedingungslose Kapitulation in Reims unterzeichnet.

Drei Monate lang hatte Hitler das Drängen der Kurlandarmee ignoriert, ausbrechen zu dürfen. Statt dessen befahl der »Führer« eine Verteidigung Haus für Haus. Er erklärte Städte wie Königsberg und auch Breslau zu »Festungen«, die bis zum letzten »Blutstropfen« gehalten werden sollten. Am 12. Januar 1945 brach die Rote Armee aus ihren Brückenköpfen an der Weichsel aus und stieß in

Richtung Oder und Ostsee vor. Flüchtlingstrecks wälzten sich gen Westen. Himmler übernahm das Kommando über eine »Heeresgruppe Weichsel«, die größtenteils nur auf dem Papier bestand, während die deutsche Marine die letzte Möglichkeit nutzte, Flüchtlinge aus dem Baltikum zu evakuieren. Innerhalb von zwei Wochen fiel Oberschlesien in russische Hände. Die sowjetische Offensive machte erst an der Oder vorübergehend halt.

Nachdem die Sowjets die Balkanländer und Ungarn eingenommen hatte, sah sich Stalin vor einem triumphalen Sieg historischen Ausmaßes.

Am 16. April 1945 begann die letzte Offensive. Zweieinhalb Millionen Mann, 40.000 Geschütze, über 6000 Panzer umzingelten die Reichshauptstadt und begannen den konzentrischen Einmarsch. Als Gegner standen ihnen nur noch die Überreste einer Armee gegenüber: alte Männer und Kinder, die eilig in Uniformen gesteckt worden waren; SS-Männer aus halb Europa, die gewissermaßen mit dem Strick um den Hals kämpften; wenige Überlebende aus einst stolzen Divisionen.

Im Bunker unter der sterbenden Hauptstadt des Reiches ließ Adolf Hitler Phantasiegebilde von Geisterdivisionen auf einer Landkarte aufmarschieren. Am 30. April beging er Selbstmord. Am 2. Mai kapitulierte die Stadt. Sechs Tage später übergab Hitlers Nachfolger, Admiral Karl Dönitz, die Überreste des »Tausendjährigen« Reichs den Siegern.

Theo Hupfauer (2)
Jahrgang 1906

Der Bormann war ein Phänomen. Hitler hatte eine unregelmäßige Arbeitszeit, die er nur mit Medikamenten schaffte. Er hat also jetzt ein Aufputschmittel genommen, um aufzutreten, und dann mußte er, weil er aufgeputscht war, ein Schlafmittel nehmen. Das hat ihm alles der Gangster Morell* beigebracht.

Das alles hat der Bormann ohne Medikamente geschafft. Und wo immer Hitler war, da war auch Bormann. Er war immer, immer erreichbar. Aber es kam natürlich so, daß er dadurch letzten Endes alles an sich gezogen hat. Es gab keinen Minister mehr außer Speer und keinen Reichsleiter, der direkt zu Hitler gehen konnte. Das war vorbei. Mindestens das letzte Jahr schon oder vielleicht noch länger. Man ging zu Bormann.

Speer zum Beispiel hat sich geärgert, daß seine Minister-Kollegen, der Funck und der Schwerin-Krosigk und der Seldte und wie sie alle hießen, nie direkt zu Hitler gegangen sind. Bei ihm haben die immer davon geredet, daß der Krieg verloren sei, aber zu Hitler sind sie damit nie gegangen.

Speer hat also drei der Herren mal eingeladen zu einem Glas Wein, um sie unter Alkohol zu setzen. Da haben sie dann diskutiert mit ihm, wie prekär die Lage sei und daß es aus sei und daß man den Führer aber davon überzeugen müsse. Bis um ein Uhr ging das in der Frühe, und dann hat er seinen Minister-Kollegen das Wort abgenommen, direkt zu Hitler zu gehen, direkt zu ihm, denn sie seien ja schließlich Reichsminister. Also die verabschiedeten sich. Speer sagte zu mir: »Sie kennen ja die drei Herren. Rufen Sie doch in zwei oder drei Tagen mal an, ob sie schon einen Termin bei Hitler haben. Ich wette mit Ihnen, keiner geht hin.«

* Internist, Hitlers Leibarzt

Ich wartete drei oder vier Tage und rief dann reihum an. Der eine sagte: »Ja, ich habe bei Bormann schon um einen Termin nachgesucht.

«Und der nächste hat gesagt: »Nein, ich bin noch nicht so weit.«

Und der Dritte hat also auch so ähnlich geredet: »Ich habe mich gemeldet, und da ist mir gesagt worden, ich soll mit dem Bormann reden.«

Das bezeugt, welche Stellung der Bormann hatte. Daß aber der Hitler nun andererseits nie nach einem seiner Minister gefragt hat, das heißt, den hat die Innenpolitik oder überhaupt die allgemeine politische Lage überhaupt nicht mehr interessiert. Das war für ihn uninteressant. Nur die Kriegsführung.

Rolf Pauls
Jahrgang 1915

1934 machte ich das Abitur und ging in die Reichswehr, nicht weil ich mich für eine besondere militärische Hoffnung hielt, sondern das war ein Beruf wie andere auch, und ich bin in die Armee eingetreten damals mit der Vorstellung, daß ein europäischer Krieg völlig unmöglich sei, und mit dieser Vorstellung haben wir auch jahrelang gelebt. Jede Armee ist ja irgendwie konservativ, wobei konservativ nicht reaktionär bedeutet. Das wahre Konservative ist ein beständiger geistiger Prozeß der Auslese dessen, was wertvoll ist, weiter mit Leben erfüllt und überliefert werden soll.

In meinem Regiment war sehr bestimmend für Freunde von mir und mich Hans Speidel. Ich war Oberfähnrich und Leutnant bei ihm und bin von ihm stark beeinflußt worden. Natürlich war das Gewinnen des Frankreichfeldzuges so schnell, so relativ leicht, etwas völlig Revolutionäres, etwas Umstürzendes für uns, womit wir überhaupt nicht gerechnet hatten. Wir hatten mit einem jahrelangen Krieg gegen Frankreich gerechnet, ebenso wie es im Ersten Weltkrieg war, und das warf ja eigentlich alle Vorstellungen über den Haufen.

Ich hatte Speidel in Rußland gesehen, als er Chef des Generalstabs der 8. Armee war. Dann habe ich ihn, als er in den Westen kam, wiedergesehen, bei Beginn der Invasionsschlacht, als er Chef von Rommel war und mal bei der Division vorbei kam, da hat er eine halbe Stunde im Gelände irgendwo gesprochen, und er erzählte mir über das Zusammentreffen Rommels mit Hitler zu Beginn der Invasion, die Rolle, die Rundstedt dabei gespielt hatte und Rommels Entschlossenheit, diesen aussichtslosen Krieg zu beenden.

Dann fiel Rommel aus, dann kam der 20. Juli. In Paris hat Speidel mit mir gesprochen über den, wie er es formulierte, verbrecherischen Charakter des Regimes. Ich entsinne mich genau dieser Worte. Dann hörte man natürlich später, aber eigentlich erst wenn man nach Hause kam, von der Ostfront.

KZs, das waren Begriffe, die waren uns ja von den 30er Jahren her bekannt, da saßen zunächst politische Deutsche drin, aber niemand konnte Tatsachen erzählen. Ich habe auch keine Verbrechen an der Ostfront erlebt, ich war vorne entweder in der Truppe oder dann als Generalstabsoffizier einer Division. Im Kampfgebiet, da gab es sowas nicht. Was dahinter war, dafür hatten wir ja überhaupt keine Antenne, denn entweder saßen wir vor der Einkesselung oder waren drin oder waren wieder raus. Wenn man irgendwo lag, dann war man ja froh, wenn man überhaupt Anschluß zum Nachbarn hatte und die nächsten 24 Stunden nichts passierte.

Ich war beim Korps, als die Nachricht kam vom Scheitern des Putsches, des Attentats, und fuhr mit dem Wagen wieder zurück zur Division und komme da auf meinen Gefechtsstand, ich war ja 1b, Versorgung und Logistik usw. Da herrscht ein Riesendurcheinander, und ich komme da rein, und mit dröhnender Stimme ruft mir mein Freund Sascha Gengtendorf, der Kommandeur des Versorgungsregiments, zu: »Rolf, hast du schon gehört, sie haben das Schwein erschossen!«

Ich wußte nun vom Korps, daß der Putsch gescheitert war, und als einzigen Ausweg, den ich hatte, faßte ich ihn so fest ins Auge wie möglich und sagte: »Ja, Sascha, du hast recht, der Führer ist heil und gerettet, und die Attentäter sind erschossen.«

Da merkte er, auf welchem falschen Gleis er war, und das Phänomenale, obwohl wir schon das Jahr 1944 schrieben und das Heer kein homogener Haufen mehr war, ganz im Gegenteil: Es ist nicht ein Wort davon, von all diesen Soldaten, Unteroffizieren, Leutnants und Oberleutnants, kein Wort davon herausgekommen, denn das war etwas, was uns beide den Hals gekostet hätte, ihm, weil er es gesagt hat, und mir, weil er in meinem Stab war. Das war der 20. Juli.

In Rußland wurde ich verwundet – verlor den Arm. Ich war aus dem Schützenpanzer rausgesprungen, um einem Verwundeten zu helfen. Ich seh in den Wagen rein, der konnte ja da nicht liegenbleiben, ohne zu verbluten. Ich schnappte den also mit der rechten Hand an der Hose und mit der anderen am Kragen, in dem Moment kriegte ich einen durch den Arm. Seitdem habe ich das Gefühl, daß dieser linke Arm so angewinkelt und so gekrallt ist. Ein Phantomgefühl, denn der Arm wurde mir abgeschossen.

Wie es dem Ende zuging, war ich wieder an der Front, Aachener Schlacht, Jülich/Düren, kämpfte an der Ruhr. Wir waren bis Köln zurückgekehrt, saßen da in der Nähe vom Fiesen Kunibert in einem Keller. Wir hatten die Panzer und die Artillerie schon aufs rechte Rheinufer rübergebracht, über die Brücke.

Da kam der Gauleiter von Köln, Herr Grohé, und sagte dem Divisionskommandeur: »Ich führe Ihnen heute abend drei oder sogar vier Bataillone Volkssturm zu, dreieinhalbtausend Mann, der Volkssturm von Köln brennt darauf, für seine Heimatstadt zu kämpfen.«

Da platzte meinem Alten der Kragen, und er haute auf den Tisch, daß die Karten hochflogen, und schrie: »Ich will Ihnen was sagen, worauf der Volkssturm brennt, der brennt durch, das erlebe ich seit 24 Stunden hier in Köln, die verkrümeln sich, und recht haben sie, was sollen sie denn noch hier?«

Der Grohé, der verzog sich also ziemlich entsetzt über die Hohenzollernbrücke zurück und ließ sie sprengen und verpfiff uns sofort bei der Armee.

Als wir umgruppierten in einem Dorf, kam Feldmarschall Model. Ich meldete mich bei ihm und sagte, was da stattfand, und da zog also unsere Artillerie vorbei, auf den Rohren aufgesessen die Infanterie, weil die nicht mehr laufen konnten, die Transportwagen waren schon ausgefallen. Ein Bild, das früher jeden zu Wutausbrüchen hätte veranlassen müssen. Ich vergesse nie, wie Model mir sagte: »Kriegt die Division genügend Frontzeitungen?«

Ich antwortete: »Ich weiß nicht, Herr Feldmarschall, ich habe seit Tagen keine Zeitung gesehen.«

Da sagte er: »Das ist unerhört, die Division muß doch Zeitungen haben« und ließ aus seinem Wagen einen Packen Frontzeitungen holen, drückte mir den in die Hand, und darauf stand als Schlagzeile: »Erbitterter Widerstand statt weißer Fahnen«, und mein Blick fiel auf die Häuser an der Dorfstraße, wo die ersten weißen Fahnen herausgesteckt wurden.

Der Feldmarschall fuhr ab. Am Abend traf ich ihn auf unserem Gefechtsstand. Da fragte er: »Was sagen die Leute?«

»Ja«, antwortete ich, »die Leute sagen, nachdem wir so angeschissen worden sind, wollen wir es wenigstens noch mit Anstand zu Ende bringen.«

Er erging sich dann in einem langen Monolog, was hätte werden können, wenn man ihm die Flak, die irgendwo stationiert war, rechtzeitig zur Verfügung gestellt hätte, und derartigen Unsinn. Am nächsten Tag wurden wir von der 13. amerikanischen Panzerdivision überrollt.

Siegfried Kügler
Jahrgang 1926

Ich habe mich 1943 als Kriegsfreiwilliger gemeldet; damals ging ich noch zur Schule. Der Grund: Ich wollte zur Luftwaffe, ich wollte unbedingt Bordfunker werden. Ich hatte das Gefühl, ich müßte was tun. Natürlich kannten wir alle Hitler, und man hat immer obligatorisch sein »Sieg Heil« gebrüllt, wenn es notwendig war.

In der Hitlerjugend bin ich auch gewesen, natürlich, das war Zwang. Aber das war mehr ein Sport- und Spielverein, und immer, wenn es militärisch wurde, dann haben wir einen großen Bogen gemacht und haben gesagt, das ist nicht unser Fall. Natürlich gab es auch politischen Unterricht, aber da wurde meistens nur Blödsinn gemacht, weil das keinen interessierte. Man muß da schon unterscheiden zwischen Nationalsozialismus und, ich will nicht sagen, vernünftigem Nationalismus, sondern einfach dem Gefühl, etwas für's eigene Land zu tun. Das ist ja was ganz Normales, nicht typisch Deutsches.

Ich kam zum Arbeitsdienst. Da habe ich die Luftwaffe zum erstenmal gesehen, da war ich auf einem Flugplatz, da lag die Ju-88, der modernste Bomber der Luftwaffe, und da mußten wir immer Brandbomben packen. Da hab ich das erste Mal in einer Ju-88 gesessen und gesehen, wie eng das da drin ist. Mensch, habe ich gedacht, da sollst du als Bordfunker sitzen, da kannst du ja kaum die Tasten bewegen. Dann kam ich zur Luftnachrichtentruppe, und da war ich dann erst in Frankreich, und dann war ich auf der Luftnachrichten-Offiziersschule. Ich habe dann schon nach vier Wochen gemerkt, das ist nicht das Richtige für mich.

Dann kamen die Angriffe auf Berlin, im August 1944, dann war ganz offensichtlich, die Russen waren schon fast an der Weichsel. Daraufhin habe ich mich freiwillig zu den Fallschirmjägern der Luftwaffe gemeldet.

Es gab keinen Sprit mehr, wir sind nicht mehr gesprungen. Aber sonst war die Ausbildung typisch, der Fallschirmjäger-Kleinkrieg, also nicht in großen Verbänden, wir haben gesagt »Indianerkrieg«, sich nicht sehen lassen, tarnen, Nahkampf üben. Da, muß ich sagen, habe ich viel gelernt. Während der ganzen Zeit gab es da keine Politik, es gab nur das Überleben und die Aufgabe, zu versuchen, die anderen von unserer Heimat fernzuhalten. Ob der Mann da oben Hitler hieß oder so, das war uns ziemlich egal.

Das war eine tolle Truppe. Es war hart, sehr hart, aber ich habe bei den Fallschirmjägern nicht ein einziges Mal exerziert, nicht ein einziges Mal. Ich konnte meine Waffe nachts auseinandernehmen, zusammensetzen, saubermachen und konnte gut schießen. Maschinenpistole, MG, MG 42 aus der Hüfte.

Der Einsatz begann im Januar, und da waren wir in Holland, Januar 1945. Im Februar sind wir bis zum Niederrhein rüber. Hinter den amerikanischen Linien haben wir noch Feuerwerk gemacht, nachts. Wenn man nämlich einen Panzer mit einer Panzerfaust abschießt, dann wird ja Metall geschmolzen, und das habe ich zum ersten Mal gesehen. Das spritzte so hoch wie ein Kirchturm, das glühende Metall. Das sah man nur nachts, und es war ein unvergeßlicher Eindruck.

Dann haben wir ein paar Lkws kaputtgeschossen. Nahkampf haben wir nicht gehabt. Die Amerikaner sind nämlich alle in den Keller gegangen und haben gesagt, da ist irgend jemand draußen und der schießt auf dich. Tagsüber habe ich die Amerikaner gesehen, da haben die Scheibenschießen auf uns gemacht, weil wir da frei im Feld waren.

Wir waren vielleicht fünf Fallschirmer mit einem Leutnant, das war hoffnungslos. Aber es hat nicht lange gedauert, da sahen wir den ganzen Materialtransport, die Amerikaner marschierten dann zum Niederrhein Richtung Duisburg. Das war in der Nähe von Geldern, und als wir da die Materialmengen sahen, was da an Artillerie vorbeizog und Panzern und Lkws, da muß ich sagen, da hat es bei mir einen Knacks gegeben. Ich dachte, wie kann man so einem Land den Krieg erklären? Da haben wir uns gefragt, hat der Hitler keine Geographie gelernt, oder? Egal wie gut oder schlecht die Amerikaner waren als Truppe, aber ihre Materialüberlegenheit war fantastisch!

Wir haben eine Zeitlang den Amerikanern gegenübergelegen, die haben auf Einzelpersonen mit Artillerie geschossen. Die hatten einen Beobachter, und ich mußte mal Verpflegung holen, und zwar Gulasch, dabei mußte ich ständig durch Schützengräben laufen, und da haben die immer auf mich geschossen. Mit Artillerie. Hin und zurück. Hin war der Eimer noch leer, als ich ankam, ich hatte den Sand ausgekippt. Dann kam Gulasch rein, und hinterher war wieder Sand drauf, von dem dauernden Hinwerfen. Also, die haben eine Materialüberlegenheit gehabt, das war unglaublich.

Wir haben uns ergeben, weil es keinen Sinn hatte, weiterzukämpfen. Es gab ja überhaupt keine Front mehr. Hinterher habe ich in Berichten gelesen, daß die Amerikaner schon längst am Rhein waren, als wir Anfang März noch in Geldern rumtobten und den Krieg gewinnen wollten.

Wir hatten diese sogenannten »Knochensäcke« an, das war unsere Fallschirmjäger-Montur, und pro Mann mindestens zwei

Mann Bewachung. Die haben uns nicht aus den Augen gelassen. Vor den Knochensäcken haben sie Angst gehabt. Wir waren für sie die »Paratrouper«.

Die Frage ist ja, warum haben wir Amerika, einem solchen Land, den Krieg erklärt? Das war ja Wahnsinn. Da müssen einige von denen in der Schule gefehlt haben. Man kann erwarten, daß Amerika uns den Krieg erklärt, o. k. C'est la vie, nicht? Aber daß er – der Hitler – die Vermessenheit hatte, USA den Krieg zu erklären! Und er hat das im Dezember 1941 nach Pearl Harbour gemacht. *Er* hat den Amerikanern den Krieg erklärt. Er hat Roosevelt politisch einen großen Gefallen getan, und ich muß sagen, es war unglaublich.

Andreas Meyer-Landruth (2)
Jahrgang 1929

Im Juli 1944 begann die Front näher zu rücken, sie stand damals bei Warschau. Die Stimmung war mit einem Mal gereizt. Man lebte in einer unglaublichen Spannung, wir hörten natürlich von dem Warschauer Aufstand nichts. Das erfuhren wir so nach und nach im Laufe des Herbstes durch die Verwundeten.

Meine Mutter brachte dann entsprechende Informationen nach Hause. Ich war inzwischen fünfzehn Jahre alt. Der Herbst kam, in der ganzen Zeit hielt die Front, aber die Spannung blieb. Weihnachten war noch ein völlig friedliches Fest bei uns.

Am 12. Januar 1945 hatte die russische Offensive begonnen. Wir sind am 15. Januar abends mit der Bahn losgefahren, meine Mutter, meine Schwester und ich. Mein Bruder war an der Front. Mein Vater blieb noch da, weil er meinte, daß der Kapitän als letzter von Bord geht. Wir sollten in den westlichen Teil Polens, den sogenannten Warthegau, fahren und dort erst einmal abwarten, auf einem Gut von Bekannten. Wir mußten auch über viele Kilometer unsere Klamotten tragen, durch den Schnee. Man hörte immerzu

Kampflärm. Es entstand eine Fluchtwelle, so daß in Gnesen, wo wir zunächst aussteigen sollten, um dort in der Nähe aufs Land zu gehen, die Leute schon in den Zug hineinströmten. Es hatte gar keinen Sinn auszusteigen.

Wir sind dann in Posen ausgestiegen, um dort bei Bekannten zu übernachten und zu versuchen, mit meinem Vater Kontakt aufzunehmen. Das war unmöglich. In Posen übernachteten wir. Am nächsten Tage wurde bekannt, daß Posen geräumt werden müßte. Abends sind wir auf den Bahnhof gegangen, der war voller Menschen. Es waren auch große Gruppen von jungen Polen da, die polnische Lieder sangen und unter anderem auch diesen deutschen Schlager: »Es geht alles vorüber, es geht alles vorbei.«

Eine gespenstische Situation. Zum Teil hielten sie sich auf den Treppen, die zu den Bahnsteigen führten, an den Geländern fest und störten damit den Strom der Flüchtlinge. Wir haben bis in der Frühe, von abends um 19.00 Uhr an, auf einem Bahnsteig zugebracht, wo wir eingekeilt standen. Es gab gar keine Möglichkeit, vorwärts oder rückwärts zu treten. Dann kam ein Zug, und den haben wir gestürmt. Der stand dort noch lange Zeit und wurde im Laufe der Zeit immer voller. Ich selber stand auf dem Trittbrett. Meine Mutter und meine Schwester saßen irgendwo auf einer Bank. Wir sind dann zwei Tage und zwei Nächte lang über Pommern, Stolp und plötzlich wieder zurückgeleitet worden und nach Breslau gekommen.

Es spielten sich in diesem Zug und auf diesem Zug und um den Zug herum Szenen ab, die die ganze Tragödie menschlichen Verhaltens und menschlichen Seins widerspiegelten. Menschen, die versuchten, sich in diesen Zug hineinzuprügeln, Familien, die zerrissen wurden, andere, die mit Gewalt Leute herausrissen und dann sich und noch ihre Klamotten hineinpreßten, einfach weil sie physisch stärker waren.

Auf den Bahnhöfen, auf der Strecke, sah man aufgehängte deutsche Soldaten mit Schildern um den Hals: »Ich war feige und versuchte zu fliehen«. Man sah geschlachtetes Vieh, das aufgebrochen auf den Zugangswegen zum Bahnhof lag.

In unserem Abteil war eine alte, über 80jährige Frau, die im Verlauf dieser Reise wahnsinnig wurde. Sie war ganz vernünftig, als es begann. Aber in Breslau war sie völlig wahnsinnig, sie hatte überhaupt kein Koordinationsvermögen mehr. Man war so stark auf den Moment konzentriert, daß man ja an weiteres gar nicht dachte, es war eben nur der Augenblick, der durchlebt und durchstanden werden mußte. Und man paßt sich ja so ungemein schnell an die jeweilige Lage an.

Wir sind dann nach Berlin gekommen und wollten in Berlin abwarten, ob mein Vater herauskäme, ob wir Kontakt mit meinem Bruder bekämen. Dort erlebten wir nachts einen großen Fliegerangriff. Wir waren in einem Hotel, meine Mutter war außer sich am nächsten Morgen, weil im Nachbarzimmer russische Wlassow-Offiziere* gewesen waren, die die ganze Nacht über geredet hatten, wie sie gegen Hitler putschen könnten. Eine Situation, in der alles auseinanderzubrechen schien. Wir sind dann, weil das in Berlin eben auch für uns nicht mehr haltbar war (das war Ende Januar 1945), nach Lübeck weitergefahren, wo wir Verwandte hatten. Wir dachten, daß das doch eben am besten sein würde, wo sich die Familie zusammenfinden konnte. Alles war so überstürzt gegangen. Wir sind aus dem Hause herausgegangen in Polen, ohne irgendwelche Vorbereitungen zu treffen, mit drei Koffern, jeder, was er tragen konnte.

Dann kamen wir in Lübeck an. Lübeck war zwar schwer zerstört, aber die ganze Administration, das Leben, funktionierte fabelhaft. Einige Tage darauf hat mein Vater aus Berlin angerufen. Er war durchgekommen.

Erwin Lösch
Jahrgang 1924

März 1945 – ich bin vorgeschobener Beobachter im Artillerieregiment einer Luftwaffen-Felddivision – werden wir aus dem Kur-

* Wlassow: russischer General, Anti-Stalinist, Kommandeur einer russischen, auf deutscher Seite kämpfenden Freiwilligenarmee.

landkessel herausgelöst und in Libau verladen. »Es geht nach Deutschland zurück«, lauten die Parolen. Aber warum haben wir eigentlich von Kurland aus Granaten für unsere Geschütze mitgenommen, wenn es doch nach Deutschland geht? 300 Granaten wurden mit auf das Schiff genommen, das macht uns stutzig. Wo wird es hingehen – wo werden wir ausgeladen?

Wir fragen einige Matrosen, und ihre Antwort nimmt uns den größten Teil der Freude: Danzig-Gotenhafen! Diese Städte sind ja auch von Russen eingeschlossen, das wissen wir. Kommen wir vom Regen in die Traufe? Als es hell geworden ist, sehen wir es dann: Gotenhafen. Im Hafen liegen zahlreiche Kriegsschiffe, auch ein U-Boot ist dabei. Die Sonne scheint wunderbar. Viele Zivilisten laufen umher, es sind Flüchtlinge, die auf den Abtransport mit Schiffen warten. Sofort werden wir ausgeladen. Landser stehen da und geben uns Zeitungen in die Hand. Es ist eine dünne Armeezeitung mit einem Aufruf des dortigen Befehlshabers auf der ersten Seite: »Vor uns der Feind – hinter uns das Meer – es gibt kein Zurück!« Das ist die dicke Schlagzeile.

Bald – nur zu bald – erkennen dann aber auch wir, daß alles wirklich sinnlos ist. Bunt zusammengeraffte Haufen von Soldaten verschiedener Waffengattungen ziehen umher, Männer der OT, Polizisten, auch Hitlerjungen mit Panzerfäusten auf den Schultern. So kann man den Sowjets nun wirklich nicht ernsthaft entgegentreten. Flugzeuge in Massen – nur mit dem roten Stern – kreisen über uns, schießen und werfen Bomben. In der Nacht kann man das Abwehrfeuer der Schiffsflak über den brennenden Hafenanlagen und der Stadt sehen. Noch nie sah ich so viele Feindflugzeuge auf einmal am Himmel.

Wieder bin ich als VB-Funker auf einer Anhöhe vor Danzig. Die Stadt im Hintergrund ist von Feuerbränden erhellt, und ununterbrochen ziehen Feindflugzeuge über uns hinweg in Richtung Danzig. Das Geschützfeuer dröhnt, an allen Seiten, Abschüsse und Einschläge – es ist kein Unterschied festzustellen. Unsere Artillerie wird wohl kaum hier mitwirken, woher soll die Munition kommen? Es ist Nacht geworden. Da läßt das Feindfeuer nach, und es ertönt aus Lautsprechern laute Musik. Dann geht laut und deutlich die Aufforderung an uns: »Deutsche Soldaten – Kameraden – gebt den Widerstand auf – werft eure Waffen weg – euer Kampf ist sinnlos – in wenigen Tagen jagen wir euch ins Meer – der Tod ist euch sicher – ergebt euch, und ihr seht die Heimat wieder!«

Danach wieder Musik, dann donnern die Geschütze wieder los, die MGs ballern. Danach wieder dasselbe – Musik – der Aufruf – dann wieder Feuer. Es ist eine unheimliche Nacht auf den Höhen vor Danzig ... im Angesicht der drohenden Vernichtung. Was wird aus den vielen Flüchtlingen, die hier umherirren? Und dann immer wieder – Musik – Aufruf – Musik – Granaten. Diese überlaute, schrille Musik im Angesicht des Todes!

Ein paar Tage später ziehen wir uns durch das mit Menschen und Fahrzeugen vollgestopfte Danzig zurück. Ein schauriges Bild: An den Bäumen längs der Straße hängen deutsche Soldaten – einen Strick um den Hals. Einige sind barfuß, und fast alle haben ein Schild auf der Brust, auf dem etwas von »Feigheit« steht. Nicht wenige haben Auszeichnungen auf der Feldbluse – uns stockt der Atem! Es waren wohl versprengte, umherirrende Soldaten gewesen, die von Streifen der Feldgendarmerie aufgegriffen wurden. Wer da keinen schriftlichen Befehl vorweisen konnte oder eine bekannte Truppeneinheit zum Ziel hatte, galt ab hier als »fahnenflüchtig«.

Jedem Optimisten unter uns war es bei diesem Anblick nun wohl auch klar, daß das das Ende ist. Doch keine Zeit bleibt zum Nachdenken. MG-Geschosse klatschen schon an die Häuser. Immer wieder kommen wir an zerschossenen Fahrzeugen und Pferden vorbei. Tote Landser liegen dazwischen, von Fahrzeugen zum Teil zerfahren. Wer wird jemals etwas von ihnen erfahren? An einigen brennenden Häusern, die wir soeben passieren, sind Zivilisten mit Löscharbeiten beschäftigt. Es ist sinnlos, hier noch etwas retten zu wollen. Immer weiter geht unser Marsch – der Marsch durch Danzig.

Plötzlich eine Detonation in einem Haus an der rechten Straßenseite. Ehe ich überlegen kann, ein zweiter Knall – ein Aufblitzen knappe zwei Meter rechts vor mir – ein stechender Schmerz am linken Knie – ein harter Schlag am Kinn – ein lauter Aufschrei meines Vordermannes. Ich falle auf das Straßenpflaster, fasse mich aber sofort wieder und wälze mich einige Meter nach links in einen etwas tiefer gelegenen Garten.

Ein Kamerad leuchtet mich mit der Taschenlampe ab. Knapp oberhalb des linken Kniegelenks ist ein Splitter eingedrungen, das Kinn hat nur eine Prellung. An der Uniform sind Löcher von Splittern zu sehen, die mich jedoch nicht weiter verletzt haben.

Mein Kamerad verbindet mein Bein, und gestützt auf zwei Kameraden geht es weiter. Das russische Artilleriefeuer steigert sich nun zu einem wahren Vernichtungsfeuer. Heute wird wohl die Todesstunde der einst so schönen Stadt Danzig schlagen. Was wird heute wieder für Blut fließen! Was wird mit den vielen Frauen und Kindern im stürzenden Trümmerfeld? Muß so das Ende aussehen? Wo werden wir morgen sein? Wenn man doch nur nicht mehr denken könnte, oder zumindest schlafen dürfte – einmal richtig in Ruhe schlafen – wann haben wir eigentlich zuletzt geschlafen?

Nach wenigen Minuten ruft jemand umher, daß kleinere Trupps von Leichtverwundeten versuchen können, bis zur Weichsel zu gehen, dort wäre die Möglichkeit, mit dem Schiff abtransportiert zu werden. Der Kamerad neben mir stößt mich an und sagt nur kurz: »Das ist die letzte Rettung.« Nach einigem Für und Wider entschließen wir uns, den Gang zu wagen... Der Weg ist voll von zerschossenen und brennenden Fahrzeugen und Flüchtlingswagen, dazwischen tote Zivilisten und Soldaten. Immer wieder neu ansetzende Angriffe feindlicher Schlachtflieger setzen das Werk der Vernichtung fort. Hier ist das Massengrab der Armee – und nicht nur einer Armee –, auch das Massengrab von Frauen und Kindern. Aufgefahrene Fahrzeuge zu dritt und viert nebeneinander – ausgebrannt und noch rauchend – zerfetzte und verkohlte Leichen und Pferde – ein furchtbarer Gestank. Ich habe schon manches im Laufe des Krieges gesehen, doch dies übertrifft bei weitem alles.

Es ist kurz nach 18.00 Uhr, als wir vor uns die Weichsel erblikken. Eine große Menschenmenge, in der Hauptsache Flüchtlinge, drängen sich zur Anlegestelle einer großen Fähre. Ein Offizier erkennt uns an unseren roten Zetteln als Verwundete und bahnt uns einen Weg durch die Menge. Verwundete stehen und liegen bereits auf der Fähre, als wir sie betreten. Die Pioniere stoßen ab, und immer schneller geht es dem anderen Ufer zu. Nun legt die Fähre am anderen Ufer an, und wir betreten wieder Land. Landser weisen uns in ein ca. 100 Meter entfernt liegendes Steingebäude ein, vor dem ein Rotes Kreuz angebracht ist. Noch einmal müssen wir vor angreifenden Tieffliegern in Deckung gehen, dann betreten wir das niedrige Gebäude. Ein deutscher und ein russischer Arzt der Wlassow-Armee sind bereits mit der Betreuung einiger Verwundeter beschäftigt, und viele Frauen und Kinder sitzen umher. Wir lassen uns in einer Ecke nieder, und sofort wird uns Suppe gereicht. »Eßt, soviel ihr könnt, denn auf dem Schiff wird die Verpflegung knapp sein«, erklärt uns der Arzt. Im Morgengrauen sehen wir vor uns die Halbinsel Hela.

Mehrere große und kleine Transportschiffe liegen dort, während einige Kriegsschiffe die Anlegestelle umfahren. Unser Boot legt an einem der großen Schiffe an – »Ubena« heißt das Schiff. Es mögen wohl 5 000 bis 6 000 Menschen sein, die sich auf dem 9 555 BRT-Schiff befinden, als es zusammen mit anderen Transportschiffen und im Geleit von Kriegsschiffen am Abend des 28. März 1945 von Hela abfährt.

Bei Einbruch der Dunkelheit setzt sich der große Geleitzug in Bewegung, und dichter Nebel schützt uns in der Gefahrenzone. Die Verpflegung auf dem mit Menschen vollgepfropften Schiff ist knapp, aber gut. Ich hole mir zusätzlich manchmal einige große Mohrrüben, die ich in einem Sack auf dem Oberdeck entdeckt habe. Schwimmwesten hat außer der Besatzung niemand. Ich selbst finde zwei Teile von Schwimmwesten, binde sie zusammen und benutze sie als Kopf-Unterlage. Am Karfreitag stoppt plötzlich unser Schiff und bleibt einen ganzen Tag still liegen, von dichtem Nebel eingehüllt. Es heißt, daß die anderen Transportschiffe, die nur Flüchtlinge an Bord haben, nach Swinemünde abbiegen. Am Abend hört man wieder Sirenen von Schiffen, und weiter geht die Fahrt. Am Sonnabend vor Ostern, dem 31. März früh um 9.00 Uhr, läuft unser Schiff in den sicheren Hafen von Kopenhagen ein – wir sind gerettet!

Gottfried Fährmann (2)
Jahrgang 1923

Nach der Jagdflieger-Ausbildung meldete ich mich im Frühjahr 1944 in Udine/Italien bei dem Stab des Jagdgeschwaders 77. Der erste Feindflug war wenige Tage nachdem wir dort eingetroffen waren. Wir trafen über Jugoslawien, das damals ein besonders ungeliebter Luftraum war, 20 Lightnings, die glücklicherweise offensichtlich auf dem Rückflug waren und aus diesem Grunde sich nicht auf lange Luftkämpfe einlassen konnten. Es reichte aber, daß Oberstleutnant Steinhoff eine Lightning abschoß, auch wir anderen schossen. Ob wir getroffen haben, weiß man nicht. Aber der Oberstleutnant Steinhoff hatte selbst Treffer abbekommen, die Maschine ölte, und da kam gleich die Bewährungsprobe, weil ich meinen Chef sicher zu Boden bringen mußte, dort wo die Partisanen darauf warteten, einen gleich aufzuhängen. Es ist mir auch mit mehr Glück als Verstand gelungen, denn es stellte sich heraus, daß wir auf dem Flugplatz in Zagreb landeten, und ich war so stolz, daß ich nicht bemerkte, daß ich Treffer abbekommen habe.

Wichtig scheint mir zu sein für die Jagdflieger unserer Generation, daß wir praktisch nie das Gefühl der Überlegenheit haben konnten. Eigentlich war es ein Wunder, daß junge Flieger den Krieg überhaupt überlebt haben. Es war schon ein hartes Geschäft, gegen die Viermotorigen zu kämpfen, weil sowohl die »Liberator« als auch die »Fortress« im Gegensatz zu unseren deutschen Flugzeugen eine ungeheure Feuerkraft nach hinten entwickelten und aus den Pulks heraus praktisch so viel an Abwehrkraft auf uns zukam, daß das Durchfliegen ohne irgendwelche Treffer eigentlich absolut unwahrscheinlich war. Es war jedesmal das sichere Risiko, mindestens einen Treffer abzukriegen.

Dann kam das Attentat vom 20. Juli 1944 auf Hitler. Ich muß sagen, wir waren eigentlich alle überrascht, weil niemand mit einer solchen Aktion gerechnet hatte. Ganz allgemein hielt uns das Pflichtgefühl aufrecht, für Deutschland Dienst zu tun. Es war und ist, so sehe ich das, überhaupt niemals einem Soldaten möglich, von sich aus aus dem Krieg auszusteigen. Das Überlaufen ist ganz sicher keine Alternative gewesen, weil die Kriegsziele der Alliierten, die uns ja bekannt waren, so lauteten, daß Deutschland hätte aufhören sollen zu existieren.

Nach dem 20. Juli hat sich, außer der Einführung des sogenannten »Deutschen Grußes«, bei uns nichts geändert. Das NSFO-Problem* haben wir dadurch elegant gelöst, daß ein absolut nicht doktrinärer Hauptmann der Reserve dazu bestimmt wurde, die sonst üblichen Kasinoabende (Zeltabende) unter dem Stichwort NS-Führungsoffiziersveranstaltung laufen zu lassen. Mir ist erinnerlich, daß es damals üblich war, den ersten Schluck auf den Führer zu trinken, und ich guckte immer in die Reihe und sah die Adamsäpfel wackeln, aber ich will deshalb nicht behaupten, ich sei Widerstandskämpfer gewesen, ich konnte einfach nicht trinken, weil ich sonst vor Lachen keinen Schluck hätte trinken können, weil jeder wußte, daß wir uns betrinken würden.

Unser Informationsstand während dieser Zeit war minimal. Die Ereignisse überstürzten sich. Von Italien wurden wir nach Südfrankreich geschickt, während der Invasion der Alliierten. Dann, kurz nach dem Umfall der Rumänen, ging es nach Ungarn, dort wurden wir konfrontiert mit rumänischen Flugzeugen deutscher Bauart, mit deutschen Hoheitszeichen, von denen ich die Ehre hatte, abgeschossen zu werden.

Wir kamen dann in die Reichsverteidigung, da war es für uns fast wie ein Segen, daß wir ein Jagdgeschwader mit dem neuen Düsenjäger (Jet) ME 262 aufstellen durften. Im Juli 1944, als der Oberst Steinhoff das Eichenlaub vom sogenannten Führer in Empfang nahm, berichtete er, daß ihm dort das Wort verboten worden sei. Als er nämlich Hitler zu überzeugen versuchte, daß die ME 262 ein überlegenes Jagdflugzeug sei, verbot Hitler jede Diskussion über das Flugzeug.

Als wir dann mit dem Jet flogen, war es praktisch so, daß wir Jungen zum ersten Mal im ganzen Krieg das Gefühl hatten, in einer *überlegenen* Maschine zu sitzen. Das wollte man natürlich ausprobieren. Das zweite war, daß wir gar keinen anderen Ausweg sahen, als bis zuletzt unsere Pflicht zu tun. Ich kann es nicht anders sagen.

* Nationalsozialistischer Führungsoffizier

Zum Einsatz gegen Kriegsende ist noch zu sagen, daß wir unter erheblichen Nachschubproblemen gelitten haben. Turbinen waren schwer zu bekommen. Die Techniker haben hervorragend Tag und Nacht gearbeitet, bis zuletzt. Unser kleiner Verband litt darunter, daß sowohl der General Galland als auch der Oberst Steinhoff verwundet waren. Der Oberst Lützow war gefallen.

Als die Amerikaner sich unserem Flugplatz bei Salzburg näherten, haben wir alle Flugzeuge in die Luft gesprengt. Hitlers Selbstmord haben wir zuerst für eine Falschmeldung gehalten.

Nach einem herrlichen Frühling verschwand das gesamte bayerische und österreichische Gebiet unter einer Schneedecke. Dies hieß praktisch: Jetzt ist es vorbei.

Herbert Büchs (2)
Jahrgang 1913

Ich bin bis zum 22. April 1945 im Führerhauptquartier in Berlin gewesen. Am 12. April begann der sowjetische Großangriff auf Berlin. Seit Jahresanfang, besonders aber in den März/April-Wochen, litt Berlin unter permanenten Nachtoffensiven der englischen »Moskitos«. Nacht für Nacht kamen regelmäßig etwa 20 bis 30 »Moskitos« und warfen schwere Bomben und Minen. Gegen sie gab es praktisch keine Abwehr außer einigen wenigen in der Erprobung befindlichen ME 262 Nachtjägern.

Nachdem der sowjetische Angriff am 12. April begonnen hatte, führten die Sowjets offensichtlich zur Unterstützung des zentralen Angriffs einen Flankenangriff aus der Lausitz heraus in Richtung Jüterbog, der die Front der 9. Armee von Süden her ins Wanken bringen sollte.

In dieser Situation, die zu einem allmählichen Zurückweichen der 9. Armee auf das Stadtgebiet von Berlin führte, beschäftigte sich Hitler mit dem Gedanken, die Abwehr durch zusätzliche unkonventionelle Maßnahmen zu unterstützen. Er war der Auffassung, daß die Angriffsspitzen der sowjetischen Panzerverbände so dünn seien, daß man in der Lage sein müßte, durch systematische Bekämpfung der vorpreschenden kleinen Panzereinheiten sozusagen dem Angriff immer wieder die Finger abzuschlagen. Man müsse hierzu Kräfte einsetzen jenseits der eigentlichen Verteidigungskräfte, d. h. man müsse auf bewaffnete Zivilisten, also Volkssturm, Hitlerjugend, ausgerüstet vor allem mit den Panzerfäusten, zurückgreifen.

Ich erinnere mich, daß er sich vor allem in den Waldgebieten südlich Berlins einen wirksamen Einsatz solcher kleiner Trupps mit zwei, drei Panzerfäusten gegen einzelne sowjetische Panzer vorstellte.

Als die Rote Armee dann von Osten und Süden das Stadtgebiet erreicht hatte, gab er sich Überlegungen hin, was zusätzlich an militärischen Kräften noch zur Entlastung der Stadt eingesetzt werden könne. Er sah zwei Möglichkeiten: einmal einen Gegenangriff von Norden her unter der Führung von SS-Obergruppenführer Steiner und zum anderen einen Entlastungsangriff aus dem Raum südwestlich Potsdam durch eine Armeegruppe Wenck, die, soweit ich mich erinnere, in erster Linie aus Arbeitsdienstverbänden zusammengestellt worden ist. Dies zur militärischen Situation.

Ich selbst habe Hitler das letzte Mal am 20. April gesehen, wo es wie üblich zu einer mehr oder minder stummen Geburtstagsgratulation kam. Die Teilnehmer an der Lagebesprechung standen aufgereiht und drückten dem vorbeigehenden Hitler mehr oder minder wortlos die Hand.

Hitler selbst wirkte schlaff, abwesend. Er schaute im Grunde genommen niemanden an, sondern er schaute durch einen hindurch. Soweit das Stimmungsbild aus der letzten Lage, das natürlich gekennzeichnet war durch die Frage nach einzelnen Operationen, die eine Entlastung im Kampf um Berlin hätten bringen können. Es wurde diskutiert, wie das weitergehen sollte. An gedanklicher Vorbereitung erinnere ich mich vor allem an die Idee, eine Alpenfestung* einzurichten, sie zu bevorraten, auch mit Lebensmit-

* Plan eines letzten Verteidigungsareals in den deutschen Alpen – etwa bei Berchtesgaden

teln. Hier hat es, erinnere ich mich, Auseinandersetzungen mit dem Reichskommissar in der Tschechoslowakei gegeben, wegen der Bevorratung der Alpenfestung mit Nahrungsmitteln aus der Tschechoslowakei. Frank hat sich geweigert und darauf hingewiesen, daß in der Tschechoslowakei die arbeitende Bevölkerung sehr stark in Rüstungsbetrieben eingesetzt sei. Er könnte nicht zustimmen, daß für die Bevorratung der Alpenfestung Nahrungsmittel abgezogen würden.

Aber es gab keinerlei Überlegungen, wie der Krieg etwa im Norden weitergeführt werden sollte. Man hatte das Gefühl, daß Hitler letztlich doch der Auffassung war, daß die Entscheidung des Krieges in Berlin herbeigeführt werden würde.

Damit begannen die letzten Tage im Bunker der Reichskanzlei. Der Raum war sehr beschränkt. Der eigentliche Lageraum war sehr klein, und wenn etwa 15 Leute drin waren, dann war der Raum gut gefüllt. Und es gab keine Klimaanlage, es gab nur eine Entlüftung, und wenn man, so habe ich es als kleiner Major gemacht, wenn man nicht an der Reihe war, sei es zum Vortrag oder so was, ging man raus, hielt sich außerhalb auf, weil die Stimmung extrem düster und gereizt war. Wenn irgendetwas aufkam bei den verschiedenen Vorträgen, was ihm wider den Strich ging, dann explodierte Hitler. Und das führte natürlich zu sehr einseitigen Tiraden und einem Redeschwall, der wenig angenehm war für uns. Und im Grunde genommen standen die Betroffenen stumm herum.

Brunhilde Pomsel (2)
Jahrgang 1911

Als dann die letzten Tage begannen, ich, blöd wie ich war, anstatt zu Hause zu bleiben, bin ich nach Berlin rein, ich mußte ja arbeiten. Ohne mich ging es ja nicht! Ich bin also mit der letzten Stadtbahn noch nach Berlin reingefahren, wo inzwischen schon am

Bahnhof Friedrichstraße und Unter den Linden die ersten Schießspuren zu sehen waren, und dann noch ins Propagandaministerium, und dann fing das Haus an zu brennen.

Jedenfalls zogen wir um in den Luftschutzkeller im Propagandaministerium am Wilhelmplatz. Ja, da fühlte ich mich nun sehr geborgen. Ich mußte ja arbeiten. Ich mußte ja noch Aufrufe schreiben, gläubig, der Armee Wenck vertrauend, die angeblich kurz vor Berlin stand und den Russen in den Hintern treten würde. Ich persönlich habe wohl nicht mehr daran geglaubt, aber andererseits habe ich irgendwie nicht geglaubt, daß jetzt alles zu Ende wäre, weil ich mir das einfach gar nicht vorstellen konnte. Ich hatte einen so gesunden Lebenswillen, daß ich mir überhaupt nicht vorstellen konnte, daß ich aus diesem Scheißkeller nicht mehr rauskäme. Ich saß wie eine Maus in der Falle und dachte, irgendwie muß das ja ein Ende finden. Natürlich haben wir Angst gehabt, denn es hat ja überall um uns herum eingeschlagen.

Wir fühlten uns in diesem Keller sehr sicher. Der war aber gar nicht so sicher. Natürlich, wir hörten dauernd die Stalinorgeln. Dann brachte man Verwundete herein, und wir hatten so eine Art Verbindung durch Melder vom Propagandaministerium über die Wilhelmstraße – 100 Meter – zur Reichskanzlei. Und das war schon sehr gefährlich. Die haben uns ja dann auch unterrichtet, was sich da draußen tat. Da saßen schon die russischen Scharfschützen auf den Gebäuden am Wilhelmplatz, und ab und zu kam einer von den Meldern nicht zurück.

Das war also schon eine ganz fürchterlich brenzlige Geschichte, und wir sind immer mehr zusammengekrochen und haben eigentlich gar nichts gedacht. Wir waren so ein Häuflein. Und inzwischen gab es auch fürchterliche Gerüchte, die erzählt wurden, die zum Teil sicher auch stimmten, was inzwischen alles passiert war. Beispielsweise: Irgendein Gaupropagandaleiter oder irgend so eine hohe Parteifigur, der hätte seine drei Sekretärinnen erschossen und so was alles, und wenn der Staatssekretär Naumann im Reichs-Propagandaministerium aus der Reichskanzlei kam, dann habe ich immer Angst gehabt, daß der uns auch erschießt. Aber der hat gar nicht daran gedacht. Jedenfalls, als es dann mit Goebbels passiert war, der Selbstmord der ganzen Familie, da kam der Adjutant von Goebbels, ein Oberleutnant Schwägermann, der uns die ganze Geschichte auch noch erzählte. Das hat uns natürlich furchtbar umgehauen, denn wir kannten ja die Kinder. Und dann kam der Fritzsche* und hat mir persönlich den Übergabebefehl der Gauleitung Berlin an den russischen Marschall Schukow diktiert. Und außerdem haben wir stundenlang weiße Fahnen genäht. Das weiß ich auch noch. Aus irgendwelchen Mehlsäcken mußten wir weiße Fahnen nähen. Und dann haben wir diese Übergabeerklärung geschrieben.

Wir hatten auch eine Russin bei uns, die das ganze in Russisch übersetzt hat. Und dann ist der Fritzsche und noch ein paar Leute mit solch einer riesigen weißen Fahne und mit diesem Schreiben aus dem Keller raus – das war inzwischen der 1. Mai – sie sind Richtung Bendlerstraße** marschiert, um die Kapitulation der Stadt Berlin zu überbringen.

Also trat Fritzsche jetzt als Stellvertreter für den inzwischen gestorbenen Gauleiter Goebbels auf. Ich weiß nicht, ob sich die Russen in dieser Parteihierarchie nachher so auskannten. Ja, und dann warteten wir darauf, daß diese Parlamentäre, die wir weggeschickt hatten zur Bendlerstraße, nun zurückkommen würden, und daß dann der Krieg für uns vorbei sei. Statt dessen kam eine Horde mongolisch aussehender Russen, etwa 20 Russen. Das war natürlich grauenvoll. Wir verstanden sie nicht, sie verstanden uns nicht. Die nahmen nur ihre Gewehre und haben uns zusammengetrieben und auf die Straße raus getrieben. Wir wußten nun gar nicht mehr, was war. Und als wir dann auf der Straße waren, da kamen unsere Parlamentäre mit der weißen Fahne zurück.

Wir wurden wieder in den Keller gedrängt, und dort blieben wir noch ein paar Stunden, und schließlich wurden wir aber doch abtransportiert, zu Fuß, von der Wilhelmstraße bis nach Tempelhof. Ich glaube, wir waren ein Häuflein von ungefähr 20 Leuten.

Der Krieg war also gerade zu Ende, der Weg durch Berlin war grauenvoll. Über tote Pferde und Menschen. Aber da gab es schon

* Chefkommentator des Großdeutschen Rundfunks
** Sitz des OKH, heute Stauffenbergstraße

Russinnen, die den Verkehr regelten. In Tempelhof wurden wir in eine Wohnung gesperrt. Alles nur Propagandaministerium-Angehörige.

Ja, na ja, und dann begann die Zeit meiner Gefangenschaft. In dieser Wohnung in Tempelhof, wo wir zwei bis drei Tage blieben, da wurden wir nun einzeln vernommen, und da habe ich allerdings gesagt, ja, ich war Stenotypistin, ja, im Propagandaministerium. Ich mußte da arbeiten. Ich habe mich nicht besonders groß gemacht. Wenn die mich gefragt haben, ob ich Herrn Goebbels gekannt habe, habe ich gesagt, nein, ich war nur ein kleines Würstchen. Aber ich habe gesagt, ich habe im Promi gearbeitet. Und in dem Moment, wo sie dich bei einem Widerspruch erwischen, bist du dumm dran. Denn ich wußte: Durch unser Büro gingen auch diese sehr frisierten und aufgeputschten Meldungen über Greueltaten der Russen. Einige trafen bestimmt zu. Aber die meisten wurden nochmal durch die Mühle gedreht und noch multipliziert und übertrieben. Und sowenig, wie ich daran geglaubt habe, habe ich geglaubt, daß die Russen so wären. Es hat uns auch kein Russe ein Haar gekrümmt. Ich bin auch nicht vergewaltigt worden.

Wir hatten Glück. Diese Soldaten, die uns da zuerst kassiert hatten, das war die Garde vom Schukow, der die Stadt Berlin übernommen hatte. Das waren schon sehr disziplinierte Soldaten. Später wurde ich dann abgesondert. Nach welchen Gesichtspunkten – da dahinter kommt man nie.

Du weißt nie, wieso und warum. Ich jedenfalls kam zusammen mit einer sehr feinen alten Dame. 60 war sie, eine Weißrussin, die mit einem Weißrussen* verheiratet war, der als Dolmetscher beim DNB** gearbeitet hatte. Na, den hatten die Nazis wahrscheinlich auch zwangsrekrutiert. Und sie wußte, ihr Mann war auch verhaftet worden, aber sie war nicht mit ihm zusammen. Eine ganz wunderbare, feine, gebildete Frau. Und mit der saß ich da in der kleinen, bescheidenen 2-Zimmer-Wohnung in Tempelhof, und unentwegt kamen junge Russen zu uns, es waren wohl so unsere Wachmannschaften.

* In Berlin gab es nach der russischen Revolution eine starke weißrussische Emigrantenkolonie, die sogar eine eigene Kirche hatte.

** Deutsches Nachrichtenbüro (Presseagentur)

Ich habe zuerst immer gedacht, immerhin war ich noch ein einigermaßen junges Mädchen, die hätten es auf mich abgesehen. Aber die waren überhaupt nicht an mir interessiert. Die kamen nur zur Frau Junius. Sie kamen mit einer Flasche Wodka und mit Händen voller Zwiebeln. Das haben sie auf den Tisch getan. Wassergläser, dann mußte ich eingießen und mußte trinken. Sie waren sehr böse, wenn ich nur so tat, als ob. Dann haben sie stundenlang mit der Frau Junius gesprochen. Und wenn die wieder weg waren, dann habe ich gefragt: »Worüber haben Sie sich denn mit denen unterhalten?«

Dann sagte sie: »Ach, das sind so nette Jungens, die wollen nur wissen, wie es früher in Rußland war unterm Zaren.«

Die hat denen von früher erzählt. Sie wurde aber sehr oft zu irgendwelchen Verhören geholt. Sie kam jedesmal sehr deprimiert zurück, weil sie sagte, man wolle ihr und ihrem Mann einen Prozeß wegen Landesverrats machen, weil sie für die Deutschen gearbeitet hatten, obwohl ihnen wahrscheinlich gar nichts anderes übriggeblieben war. Sie waren ja Weißrussen, lebten schon lange in Deutschland, und er war vom damaligen Deutschen Nachrichtenbüro verpflichtet worden. Na ja, das sind so Schicksale, wo die Leute reingeraten, ohne daß sie wissen, wie sie dazu kommen.

Leo Welt
Jahrgang 1934

Als der Krieg begann, ging es uns recht gut. Aber als die Bombenangriffe anfingen, entschlossen wir uns, aus Berlin wegzugehen, weil schon viele die Stadt verlassen hatten und die Schulen geschlossen wurden. Meine Mutter entschied, daß wir – also sie, meine Geschwister und ich, denn Vater war 1942 in Italien ums Leben gekommen – nach Schlesien gehen würden. Nun waren wir also unterwegs zu einem Bauernhof und einer Getreidemühle, die dem Vetter meiner Mutter in Schlesien gehörten.

Ich mußte auf dem Bauernhof helfen. Dort arbeiteten auch eine

Reihe Strafgefangener aus der Ukraine und aus Polen; sie waren meine Freunde.

Als der Krieg sich dann wendete und die Truppen aus dem Osten näher kamen, gingen wir zurück nach Berlin. Zu diesem Zeitpunkt hatten die Luftangriffe zugenommen. Nun waren es drei Luftangriffe pro Tag, und zwar in der Regel zwei am Tag und einer in der Nacht. Wir wohnten während der Angriffe im Haus, aber unsere Betten standen im Kellergeschoß. Wir hatten einen festgebauten Bunker mit einem Spezialholzträger und einer Stahltüre, die einer Panzertür ähnlich war. Für die Nacht hatten wir auch Etagenbetten im Kellergeschoß, so daß meine ganze Familie, manchmal auch meine Großmutter, bei uns übernachten konnten. Damals waren wir vier Kinder, unser Dienstmädchen, meine Mutter, und manchmal wohnten meine Großmutter oder auch meine Tante und mein Onkel mit bei uns. Insgesamt waren wir meist sechs Personen.

Die Luftangriffe nahmen an Heftigkeit zu. Wenn du aus dem Haus gingst, mußtest du dein Gesicht mit einem feuchten Tuch bedeckt halten, weil so viel Staub und Schmutz in der Luft lagen, daß es unmöglich war, zu atmen.

Das Haus wurde einige Male getroffen, aber nie ernsthaft beschädigt. Einmal fiel eine Brandbombe in unser Haus, glücklicherweise zu einem Zeitpunkt, als mein Onkel bei uns war, der viel Erfahrung im Umgang mit Brand- und Phosphorbomben hatte. Wir hatten in der Tat alle gelernt, wie solche Typen von Bomben zu behandeln sind. Diesmal fiel sie einfach ins Haus, und es dauerte lange, bis diese Bombe entschärft war. Wenn man wußte, wie man damit umzugehen hatte, konnte man sie einfach aufheben und aus dem Fenster werfen. Das galt nicht für Phosphorbomben, weil sie gefährlicher waren, aber Brandbomben, die fielen jeden Tag zu Tausenden. Manchmal standen wir sogar vorm Haus und konnten von weitem sehen, wie bei Tag am Himmel die Brandbomben glitzerten. Man konnte beobachten, wie die Granaten explodierten, besonders bei Nacht, wenn wir aus dem Fenster schauten und Leuchtfeuer und Bombenexplosionen sahen.

Bevor wir in den Bunker gingen, öffneten wir immer zuerst die Fenster wegen des Knalls, des Drucks. Ich hatte die Aufgabe, zu überprüfen, ob alle Fenster offen waren. Wenn große Bomben fielen, bebte alles. Es war eigentlich nicht nur das Haus, das durchgerüttelt wurde, sondern die Erde bebte. Und man konnte ziemlich genau sagen, wie nah die Bomben um uns herum fielen. Wir hatten Glück, aber die meisten Häuser in unserer Gegend wurden total zerstört. Es war ein Viertel mit vielen Regierungsgebäuden, nicht weit entfernt von der Friedrichstraße und dem Potsdamer Platz, der Reichskanzlei, und der Tiergarten hatte eine besondere Tarnung, weil dort Bäume die Straße überrankten. Als Kinder streiften wir nach den Luftangriffen herum und suchten nach Bombensplittern oder anderen Dingen, selbst Flugzeuge stürzten ab, und wir suchten nach Andenken. Ich erinnere mich noch gut an die Nacht, in der der Berliner Zoo getroffen wurde. Am nächsten Morgen konnte man Alligatoren und Schlangen über die Straße kriechen sehen. Und einige Schimpansen saßen auf den Bäumen.

Wir spürten, daß der Krieg eine Wende nehmen würde, und eines der schlechten Zeichen war, daß wir das Kanonenfeuer zu hören begannen. Das Artilleriefeuer zu hören ist ein schreckliches Gefühl. Wenn ein Luftangriff erfolgt, kommt er und hört dann wieder auf. Aber das Artilleriefeuer geht die ganze Zeit weiter, und man konnte das Schießen Tag und Nacht hören. Es ist viel schlimmer als ein Luftangriff. Er vermittelte ein viel stärkeres Gefühl von Unsicherheit und großer Verwirrung zu jener Zeit.

Der Artillerielärm kam näher und wurde stärker. Da entschied meine Mutter, daß ich mich von all meinen Habseligkeiten trennen müsse. So besaß ich zum Beispiel eine Sammlung Helme, Gasmasken und Schulterstücke, die ich von Familienmitgliedern und Freunden erhalten hatte. Und meine Mutter entschied nun, daß alles, was mit Krieg zu tun hatte, weggeworfen werden sollte. Ich war sehr unglücklich über ihre Entscheidung, aber sie wollte es nun mal. So besaß ich ein paar Pistolen, bei denen der Abzug entfernt war, und etwas Munition aus den verschiedensten Armeen. Ich hatte auch Helme aus Großbritannien, Frankreich, der Sowjetunion – und all das mußte nun weg.

Die Menschen verließen Berlin. Wir wollten Berlin auch verlassen, aber dann überlegte meine Mutter, wohin wir gehen sollten. Wir hatten nirgendwo anders Familienangehörige, nur in Gebieten, die bereits besetzt und verloren waren. Daher entschlossen wir uns zu bleiben. Nun verschärfte sich der Kampf, und wir konnten stündlich Maschinengewehrfeuer, die Artillerie und Bomben fallen hören. Überall wurden Gräben ausgeworfen. Die Straßen waren leer, und der Kampf wurde so heftig, daß wir unser Kellergeschoß nicht mehr verlassen konnten. Manchmal gab es eine kleine Ruhepause. Während solch einer Pause gingen wir hinauf und sahen, wie Soldaten marschierten, ihre Waffen mittrugen, und wie endlose Schlangen von Pferdewagen über jene Hauptstraßen der Stadt wegzogen, die noch intakt waren.

Lebensmittel waren nicht knapp. Die Leute hatten viel gelagert. Man konnte kaum mehr die Straße entlanggehen, weil dort tote Pferde, Leichen oder Schweine lagen. Eines Morgens hörten wir einen fürchterlichen Lärm auf unseren Stahltüren, richtige Schläge. Meine Großmutter öffnete die Tür, und vor uns standen zwei bewaffnete russische Soldaten. Wir blieben bei meiner Mutter im Kellergeschoß. Sie durchsuchten das Haus nach – ich weiß nicht was, vielleicht nach Soldaten. Und als nächstes nahmen sie den Schmuck meiner Mutter und ihre Uhr an sich. Dann traten sie auf unsere Sachen im Keller und verschwanden.

Natürlich hatten wir große Angst. Im Laufe des Tages kamen noch mehr Truppen. Was sich dann abspielte – die Frauen begannen wegzulaufen, denn – ich wußte nicht, was Sex war, bis ich ihn auf der Straße sah – Vergewaltigung. Es gab viele Vergewaltigungen, Plünderungen, und Leute wurden erschossen.

Tatsächlich erschoß die SS viele deutsche Soldaten, weil sie nicht mehr kämpfen wollten. Es war damals, schon vor Kriegszusammenbruch, eine schlimme Zeit, in der viele Soldaten an Laternenpfählen als Landesverräter erhängt wurden. Ich erinnere mich noch gut daran, als mein Bruder und seine Freunde in den Keller eines Hauses gingen, das bombardiert worden war, und im Keller – das Haus war auf einer Seite offen – saßen fünf deutsche Soldaten, alle erschossen. Das war schrecklich, furchterregend.

Niemand wollte mehr kämpfen; jeder suchte nach einer zivilen Beschäftigung. Dann hausten die Russen noch viel schlimmer; die Frauen hatten fürchterliche Angst und liefen weg wie meine Mutter, die nach oben ins Haus rannte und sich an Laken aus dem Fenster herabließ, um sich in ihr Versteck im Garten zu flüchten. Wir hatten eine gute Eisentür, die wir verschlossen hielten. Es dauerte immer lange, bis wir die Tür geöffnet hatten, so daß meine Mutter entkommen konnte. Aber vielen unserer Nachbarinnen erging es schlimmer, wie einer Dame, mit der wir befreundet waren, sie wurde sogar in den Rücken geschossen, nachdem sie mehrfach vergewaltigt worden war.

Ich sollte etwas Wasser besorgen – wir hatten kein fließendes Wasser, das einzige Wasser, das wir hatten, kam aus den Pumpen auf den Straßen. Glücklicherweise besaßen wir diese Pumpen, die zum Tränken der Pferde benutzt wurden. Aber wir hatten kein Licht oder Gas, und ich wurde geschickt, Wasser zu holen, weil der Doktor die verwundete Frau operieren wollte. Auf meinem Weg zurück von den Pumpen trug ich zwei Eimer, als ein russischer Soldat mich anhielt und mir das Wasser wegnehmen wollte, aber ich brauchte es doch dringend. Er wollte, daß ich ein Schwein nahm und ihm die Eimer Wasser geben sollte. Ich brauchte das Wasser und rannte, so schnell ich konnte. Ich habe mich schon manches Mal gefragt, wie ich in meinem Alter überhaupt in der Lage war, diese Eimer Wasser zu tragen. Und ich schaue mir heute immer noch an, wie Jungen mit elf oder elfeinhalb Jahren aussehen, denn ich war mit elf Jahren schon ein Mann.

Herrmann Blocksdorff (2)
Jahrgang 1919

Mitte Dezember 1944 hatten wir uns in der Eifel eingerichtet. An der Front war es sehr ruhig. Wir hatten wieder einmal Schießverbot. Unsere Truppen lagen hinter den Panzersperren des Westwalls. Unsere Leute konnten zusehen, wie die Amerikaner Hunderte von Tonnen Munition vor unseren Augen abluden. Das hätten wir wegblasen können. Aber nein, absolutes Schießverbot. Täglich flogen die Bombergeschwader über uns hinweg in das Heimatgebiet. Pausenlos. Wir saßen am Radio und hörten welche Städte gemeint waren. Keiner wußte, ob die Angehörigen noch lebten oder nicht. Der Gegner warf Flugblätter ab, in denen er aus erbeuteter Feldpost Grüße ausrichtete oder von Todesfällen von Angehörigen berichtete. Was war Wahrheit?

Ende Februar 1945 trat nun der Amerikaner zum Angriff an. Bei Kommerscheid und Schmidt waren die härtesten Kämpfe. Hier hatte der Amerikaner Einruhr angegriffen mit schweren Bombern. Auf der Urfttalsperre lag eine Fünf-Zentner-Bombe. Die mußte ich entschärfen. Allmählich hatte auch ich Nerven. Der Oberst schenkte mir einen Feldbecher Schnaps ein und sagte: »Ex.«

Es ging, die Hände wurden ruhig. Und da braucht man ruhige Hände. Fünf Zünder hatte ich zu entfernen, dann konnte das Ding weggerollt werden und an einem ungefährlichen Platz gesprengt werden. Das war die letzte, die ich anfaßte. Von da an ließ ich das Zeug liegen. Nun ging es täglich zurück im hinhaltenden Widerstand. Unser Haufen wurde immer kleiner. Aber noch kämpften wir.

Gertrude Löhr (2)
Jahrgang 1919

In den letzten Monaten des Krieges wurde immer von einer Wunderwaffe gesprochen. Da war ich schon in Hamburg, und bei uns zogen Soldaten der Wehrmacht auf dem Rückzug nach Schleswig-Holstein durch. Das waren zum Teil übrigens sehr gebildete, gut aussehende Mäner, Offiziere, und wenn sie vor unserem Fenster hielten, dann sprach ich mit denen: »Ja, wie ist denn das mit der Wunderwaffe, die kommt doch noch, oder?«

Und die haben das alle immer bestätigt. Und ich habe fest an diese Wunderwaffe geglaubt. Ich habe immer gedacht, wenn der Krieg zu Ende ist – gesetzt den Fall, wir gewinnen den Krieg mit dieser Wunderwaffe –, dann wird alles, was schlecht ist, vom Führer ausgemerzt, er wird es wegtun, und es wird alles wieder besser. Denn es war für mich undenkbar, daß ein Staatsoberhaupt – er war für mich ja nicht ein Parteiführer, sondern ein Staatsoberhaupt – daß ein Staatsoberhaupt lügen kann, das war nicht drin. Ich habe Nazis als Freunde gehabt. Und die fanden, ich war für sie *der* Typ der deutschen Frau. Also, die waren so ritterlich zu mir, und sie haben mich eigentlich immer verwöhnt. Ich habe aber auch Umgang gehabt und ganz besonders in den letzten Monaten mit Antinazis. Und die haben mir auch vertraut, und ich habe seit jeher gut schweigen können. Ich habe weder der einen noch der anderen Seite jemals irgend etwas gesagt. Da war jemand, der war bei dem Abwehrchef, er war bei Canaris. Und der hat mir erzählt, wie sie alle dagegen waren und so. Und ich habe gedacht, er soll das um Gottes Willen nicht laut sagen, und der darf sich nicht in Gefahr bringen, das ist ja viel zu gefährlich, wenn er so was erzählt. Das waren meine Gedanken. Und ich habe immer gedacht, die irren sich. Ich habe gedacht, ich glaube das nicht. Die gucken in ’nen goldenen Topf. Die denken, man kann das alles, das ganze Dritte Reich, umschmeißen und was die alles erzählen, das sind ja zum Teil auch Märchen. Also, ich war da nicht kritisch, aber ich dachte immer, ach Gott, die sind auch verrannt. Und bei den Nazis wußte ich eh, daß viele verrannt waren. Und dazwischen schwebte ich.

Irmgard Burmeister (2)
Jahrgang 1931

Mein Bruder und ich haben in den letzten Monaten immer im Atlas die Städte angestrichen, in denen gekämpft wurde, die Meldungen kamen ja im Radio. Wir haben dann mit einem gewissen Masochismus festgestellt, daß sich der Ring sehr schnell immer enger zog um Deutschland, das haben wir sehr sachlich gesehen. Natürlich hat keiner mehr geglaubt, daß der Krieg gewonnen werden könnte, es war nur die Frage, wer kommt zuerst nach Hamburg, die Russen oder die Engländer.

Es gab dann ja leider wahre Greuelmeldungen von den Taten der Roten Armee im Osten, so daß wir als junge Mädchen, die wir nun schon waren, wirklich Angst hatten. Wir überlegten uns, ob wir uns als alte Frauen verkleiden sollten oder verstecken sollten. Als dann die Engländer die ersten waren, fühlten wir uns schon ein wenig befreit. Obwohl die Engländer Hamburg zerstört hatten. Dann hat ein sehr tapferer deutscher General die Stadt kampflos übergeben, und zwar im Auftrag des Gauleiters Kaufmann, der auch ein vernünftiger Mann war. Da kamen dann die Engländer mit ihren Panzern an, und wir waren glücklich und selig. Es war keine Spur von Haß auf die Engländer. Es war für uns Kinder auch noch eine Befreiung, als wir im Militärsender die erste Jazz-Musik hörten. Das war die Musik der Freiheit.

Meine Mutter ist heute 83. Sie war bei Kriegsende Anfang 40, sie hat zwar ihr Haus nicht verloren, sie hat auch ihren Mann nicht verloren, aber sie hat natürlich die schwere Zeit mit ihren Kindern durchgestanden, und es ist vielleicht typisch für sie, für ihre ganze Generation, daß diese Frauen heute nicht mehr viel über diese Zeit nachdenken und auch nicht darüber diskutieren mögen. Wenn wir sie fragen, wie sie denn damals zu der Regierung gestanden habe, wehrt sie ab, meistens mit der Bemerkung, man konnte nichts machen, man mußte das glauben, was die einem sagten. Und man hatte auch viel zu viel mit dem Alltag zu tun, man mußte sehen, daß die Kinder etwas zu essen hatten usw.

Was sie vor allem immer wieder sagt, ist, daß sie Angst gehabt hat vor dem Regime. Ich erinnere mich, daß ich als Kind wußte, wenn man einen Hitlerwitz erzählte, würde man ins KZ kommen.

Das KZ war für mich ein Begriff, aber ich hatte das Gefühl, das war eine Art Gefängnis. Ich dachte nicht, daß das Leben bedroht sein könnte. Wir wußten auch, daß Juden mit dem Stern herumliefen. Das habe ich auch gesehen, ohne mir irgendwelche Gedanken zu machen. Ich wußte allerdings, daß meine Mutter Angst hatte um uns, weil auf unserer Geburtsurkunde stand, bei meinem Zwillingsbruder und mir, geboren im ›Israelitischen Krankenhaus‹* in Hamburg.

* berühmtes, allen Konfessionen zugängliches Krankenhaus.

Peter Petersen (2)
Jahrgang 1926

Ich wurde eingezogen zur Division »Großdeutschland« nach Guben in der Lausitz. Im Sommer 1944 passierte etwas. Wir waren draußen im Gelände, und da sahen wir einen Güterzug vorbeifahren. Der fuhr dann auch wieder weg, und es kam ein Güterzug von der anderen Seite. Es wurden Leute in einem schrecklichen Zustand von einem Güterwagen in einen anderen umgeladen, umringt von einem Haufen SS. Es waren Leute dabei, die konnten kaum laufen. Wir fragten, was das für Leute seien. Uns wurde von den SS-Leuten gesagt: Erstens geht euch das überhaupt nichts an, und zweitens, das sind bloß Polen und Juden. Das ist mir aber erst 1947 aufgegangen, daß im Grunde genommen diese moralische Indifferenz genauso in mir war wie bei den SS-Soldaten. Ich hätte wahrscheinlich genauso gehandelt wie sie.

Wir kamen auf einen Scharfschützenlehrgang in Rendsburg und dann, nach dem Schlamassel dieser Luftlandeoperation in Arnheim, wurde der ganze Verein da reingeworfen. Wir waren überzeugt, immer überzeugt, daß wir gewinnen würden. Denn schließlich hatte der Führer ja gesagt, daß er hoffe, daß die Vorsehung ihm die letzten fünf Meter des Weges zeigen würde. Eine Geheimwaffe oder so was würde doch sicher noch kommen. Wir mußten eben nur Zeit gewinnen, damit der Führer die Möglichkeit haben würde, diese Waffe zu entwickeln.

Ich war Zugführer, hatte vier Granatwerfer unter meinem Befehl, 40 Mann oder so was, wir wurden dann schließlich zum Schluß im Rundbogen von Friesoyte bei Cloppenburg/Oldenburg eingesetzt, und es gab den schlichten Führerbefehl, daß der Vorgesetzte, der Befehl zum Rückzug geben würde, erschossen würde. Dann kamen also die Kanadier und haben uns im Süden und im Norden umgangen, und dann saßen wir in Cloppenburg in einer Falle. Dort hatten wir enorme Verluste.

Nach 24 Stunden war ich plötzlich der ranghöchste Mann in diesem Kessel, und ich hatte das reife Alter von 18 Jahren. Wir waren vielleicht so 100 Mann. Ja, was machst du nun? Es waren also Kanadier rundum. Und der Führerbefehl? Mein eigener Zug war schon dezimiert, das waren vielleicht noch 20 Mann. Es waren zum Teil Kinder, Volkssturmjungens, die dann noch eingerückt waren, auch alte Männer waren dabei, die noch nie im Leben eine Uniform getragen oder ein Gewehr in der Hand gehabt haben. Wir haben gemeinsam beschlossen, einstimmig, wir hauen ab.

Als wir da rausgingen, da war ein dicker Shermanpanzer. Ich herum, wollte ihn gerade mit meiner Panzerfaust abschießen, da kippte ich aber um, weil er mich zuerst getroffen hatte, Schulterschuß, keine tragische Geschichte. Ich konnte noch laufen, bin auch gelaufen, und wurde dann außerhalb dieses Platzes versorgt. Sie haben mich abtransportiert, in ein Schulhaus getragen. Dann kam ich nach Oldenburg in ein Behelfslazarett. Die Wunde tat langsam ein bißchen weh und wurde dann dort noch einmal mit einem Druckverband versorgt. Die Kugel blieb dann im Arm. Als ich wieder laufen konnte, bin ich per Anhalter nach Schleswig gefahren. Da kamen wir noch in eine scheußliche Situation, weil Tieffliegerangriff war. Dann wurde ich eingeteilt in eine Ersatzbrigade. Ich wurde wieder Zugführer. Dann kam die Kapitulation im Mai. Da brach die ganze Welt zusammen.

Ich weiß noch, daß wir uns darüber wunderten, daß am nächsten Morgen die Sonne aufging. Der Führer war tot, er war gefallen im heldenhaften Kampf gegen Panzer, mit der Panzerfaust in der Hand. Dönitz war jetzt sein Nachfolger geworden. Der regierte in Flensburg, ganz in der Nähe. Auf dem Hof der Kaserne mußten wir antreten. Dann kamen die Engländer und nahmen uns gefangen.

Die meisten Soldaten, die vom Westen und Osten hereingekommen waren nach Schleswig-Holstein, haben natürlich ihre Klamotten weggeworfen und sind nach Hause getürmt. Es hieß, wir seien noch die einzige Truppe, die diszipliniert sei, und wir seien deshalb jetzt ab sofort Ordnungstruppe. Wir behielten unsere Waffen, erhielten einen englischen Ausweis mit der Aufgabe, SS-Leute einzufangen und abzuliefern an die Engländer. Und da haben wir alle gedacht, das kommt überhaupt nicht in Frage. Dann wurden wir eingeteilt. Ich wurde Ortskommandant von Idstedt, das ist so ein kleines Nest zwischen Schleswig und Flensburg, mit acht Mann, mit dem Auftrag, SS-Leute einzufangen. Wir verstanden die Welt nicht mehr. Dann kam nachts der Kommandeur mit einem Lkw, brachte mir Heeresuniformen und Soldbücher und sagte: »Das ist natürlich alles Quatsch, daß wir die SS-Leute einfangen, das kommt ja gar nicht in die Tüte.«

Aber diese armen SS-Leute, die haben diese Tätowierung am Arm, und die kommen nicht über den Kaiser-Wilhelm-Kanal rüber. Da sind nur zwei oder drei Brücken, die kann man leicht kontrollieren. Deshalb mein Befehl: »Sie fangen die SS-Leute ein, kleiden sie um, hier haben Sie einen ganzen Lastwagen voll Uniformen und eine Kiste voll Soldbücher.« Und da habe ich sechs Wochen lang ständig SS-Leute eingestellt.

Meine Truppe wuchs also ständig, und die kriegten alle einen anderen Dienstgrad. Da saß ich da an einem Tisch in der Wirtschaft, und ich sagte: »Dienstrang?« Und der sagte, obwohl er Major der Waffen-SS war: »Obergefreiter.« Und da habe ich dann ins Soldbuch reingeschrieben: Obergefreiter, Name usw., Unterschrift gefälscht. Und da habe ich dann gesagt: »Bitte gehen Sie nach nebenan und ziehen Sie sich um.« Die haben dann ihre Kameraden darauf aufmerksam gemacht, daß es einen Punkt gibt, wo diese SS-Leute andere Uniformen kriegen können.

Wir sind dann mit einer Lastwagen-Kolonne durch die holsteinische Schweiz transportiert worden, und wenn die Kolonne anhielt, sind wir von den Wagen gesprungen und haben uns verkrümelt. So kam ich nach Hause.

Über all das, was über Auschwitz veröffentlicht wurde, haben wir zunächst gedacht, das ist alles englische Propaganda. Schließlich wurde bei uns auch gelogen, das wußten die natürlich auch, und warum sollen die nicht lügen? Um unser moralisches Rückgrat zu brechen? Dieser Rechtfertigungsdrang bei uns, der war ungeheuer. Wir waren verbittert darüber, daß die Kreisleiter sich jetzt gegenseitig vor der Entnazifizierungskammer bewiesen, daß sie immer gegen Hitler waren. Nur drin in der Partei waren, um Schlimmeres zu verhüten.

Wir haben dann am 25. Oktober 1945 uns zufällig getroffen, haben auf den Tisch gehauen. »Wir bleiben treu«, und das hatte ein lieber Landsmann gehört, und dann kamen wir ins Gefängnis. Einzelhaft, weil die Engländer, das habe ich hinterher erfahren, gedacht hatten, wir wären sieben, und Hitler hätte auch mit sieben angefangen. Die Nervosität der Engländer verstehe ich heute, weil ja über Nacht plötzlich die Nazis verschwunden waren. Kein Mensch war dabei gewesen, keiner war es gewesen, alle waren schon immer Widerstandskämpfer. Das muß ja für die Alliierten, die Engländer, die Amerikaner, merkwürdig gewesen sein. Klar, daß sie das nicht glaubten.

Frauen im totalen Krieg

Der Zweite Weltkrieg spielte eine bedeutende und unerwartete Rolle bei der Frauenemanzipation in Deutschland. Der Nationalsozialismus hatte verlangt, die Rolle der Frau solle grundsätzlich auf »Haus, Herd und Familie« begrenzt sein. Aber das Gerede von der Rückkehr zur Häuslichkeit kollidierte mit dem wachsenden Bedarf an Arbeitskräften. Stärker noch als im Ersten Weltkrieg mußten immer mehr Frauen für die im Feld stehenden Männer einspringen. Der »Platz der Frau« war nun überall da, wo es Arbeit gab. Als Zugpersonal und Straßenbahnschaffnerin, hinter den Schaltern der Behörden, in der Landwirtschaft und in der Rüstungsindustrie, Frauen sorgten dafür, daß Deutschland während des Krieges weiterhin »funktionierte«. Bald waren es die Frauen im blauen Overall an den Drehbänken und in den Werkstätten, die im Reich die Produktion militärischer und ziviler Güter trotz Kriegseinwirkung steigern konnten. Ähnlich lagen die Verhältnisse nur noch in der Sowjetunion.

Frauen trugen die Last der Versorgungsknappheit und die Folgen des Bombenkrieges. Sie standen stundenlang Schlange, fuhren kilometerweit mit Fahrrad oder Straßenbahn, um Lebensmittel zu kaufen oder Behördengänge zu machen. Sie ernährten eine Generation von Kindern, deren Väter an der Front standen, und hielten zumindest die Illusion von Normalität aufrecht, auch als das Reich zerfiel. Und die Frauen führten das Familienleben als Alternative zu den Phrasen der Nazis von der »verschworenen Volksgemeinschaft« fort. Wieviel Zeit und Energie es auch kostete, die deutschen Frauen unterhielten buchstäblich das Herdfeuer zu Hause in der Erwartung des Tages, an dem der Krieg, wie auch immer, zu Ende gehen würde.

Als die Ostfront zusammenbrach, bestanden die Flüchtlingskolonnen aus Frauen, Kindern und den paar Männern, die selbst für den Volkssturm zu alt oder zu gebrechlich waren. Es waren Frauen, die die Trecks führten; sie zogen Karren aus Schneewehen und verarzteten erschöpfte Pferde, sie wurden Opfer einer Soldateska im Siegesrausch.

Es waren dann wiederum die sogenannten Trümmerfrauen, die die zerbombten Städte des Reichs aufzuräumen begannen – Stein für Stein. Es waren Frauen, die den Preis für Hitlers Angriffskrieg in erschütterndem Maße bezahlen mußten. Wer weiß denn noch, daß es die Frauen waren, die im totalen Krieg ihren »Mann« an der Heimatfront standen? Sie waren Mutter und Vater zugleich, sie versorgten und erzogen die Kinder, sie hielten den Verkehr und die Produktion aufrecht, und sie bewahrten den Kreislauf des todkranken Reichs vor dem Zusammenbruch.

Renate Hoffmann (1)
Jahrgang 1916

Als der Krieg begann, wohnte ich auf dem Flugplatz Greifswald, nicht weit von Peenemünde. Mein Mann flog zu diesem Zeitpunkt als Kapitän einer Nachtjagdstaffel im Rheinland bei Köln. Weil ich einsam war, besuchte ich meine Mutter für ein paar Wochen. Diese war seit Ende des Ersten Weltkrieges Witwe. Es war ein Frauenhaushalt, in dem ich aufgewachsen bin. Ich habe den Vater sehr vermißt, der im Ersten Weltkrieg gefallen war. Ich hatte noch einen Onkel gehabt, der auch im Ersten Weltkrieg gefallen war, und mein Großvater war gestorben.

Es wurde viel Radio bei uns gehört. Aber wir hörten die deutschen Sender. Meine Tante sagte zu mir: »Wenn du wirklich wissen willst, was draußen vor sich geht, dann mußt du den englischen Sender hören.«

Sie hörte den englischen Sender. Es war klar, daß man ins KZ kam, wenn man dies tat. Tante hörte ihn aber trotzdem. Darauf sagte meine Großmutter zu ihrer Tochter: »Stell bitte das Radio und den englischen Sender ab, das Kind – sie meinte damit mich – hat ihren Mann im Feld, und ich finde es nicht richtig, daß du diesen Sender anstellst. Außerdem ist sie schwanger, und sie fühlt sich nicht wohl.«

Ich hatte das Gefühl, daß ich meinen Mann verrate, der ja an der Front war. Ich bin nach dem ersten Kriegswinter zurückgegangen nach Greifswald, habe dort dreieinhalb Jahre gelebt, dort sind meine beiden Kinder geboren. In dieser Zeit wurde das Leben in unserem Hause langsam sehr schwierig. Es gab den ersten Todesfall. Der erste Ehemann fiel, es war wohl 1941/42, dann fiel der zweite, es fiel der dritte Ehemann. Von den vier jungen Ehepaaren, die eingezogen waren, waren also drei Männer tot, und ich war die einzige, die ihren Mann noch hatte. Das war eine große Belastung. Die

Frauen waren jung, hatten gerade ihre Kinder bekommen, so wie ich. In einem Fall wurde das Kind sogar erst geboren, nachdem der Mann schon ein halbes Jahr tot war. Das Leid war groß.

Ich bin im letzten Kriegsjahr weggezogen, weil wir die Befürchtung hatten, daß der Fliegerhorst gebombt werden könnte. Er lag nicht weit von Peenemünde. Wir hatten auch mehrfach schon Alarm gehabt. Ich bin fortgezogen auf ein Gut, das in der Nähe lag. Es gehörte einem Verwandten, der sowieso Flüchtlinge aufnehmen mußte. Ich konnte dort zwei Zimmer haben, nahm einige Möbel aus meiner Wohnung mit, die Dinge, die ich am meisten brauchte und um mich haben wollte. Wichtige Dokumente, Bücher usw., und das letzte Kriegsjahr verbrachte ich auf diesem Gut.

Die Gesamtlage verschlimmerte sich sehr im Winter 1944/45, als etwa ab Januar jede Nacht Flüchtlingstrecks aus dem Osten, aus Ostpreußen und den deutschen Ostgebieten über dieses Gut kamen. Sie übernachteten dort und wurden verpflegt, und meistens zogen sie am nächsten Morgen weiter. Sie kamen mit Pferd und Wagen. Ich erinnere mich an einen Wagen, das war entsetzlich anzusehen. Hinter dem großen Planwagen, auf dem die Familie saß, war ein kleiner Wagen angehängt, festgezurrt, und auf Stroh lag dort ein alter Mann, der im Sterben lag. Und so ratterte dieser Wagen am nächsten Morgen weiter nach Westen. Es wurde uns allen natürlich klar, daß wir auf eine ganz ernste, schlimme Situation zusteuerten, aber wir glaubten immer noch, daß die Front an der Oder halten würde. Wir haben geglaubt, wir haben eine deutsche Front, und die verteidigt uns und unser Land an der Oder.

Im März 1945 tauchte plötzlich mein Mann auf dem Gut auf. Eines Tages kam er mit einem Motorrad angefahren. Er war nach Greifswald geflogen und hatte in seiner Maschine ein kleines Motorrad, um auf das Gut kommen zu können. Es war Mitte März, und er wußte natürlich weit mehr als wir. Er kam, um uns zu sagen, daß wir Fluchtgepäck vorbereiten sollten. Die Front im Osten sei total zusammengebrochen, und der Krieg sei verloren. Es war sehr schwer für uns, das so plötzlich und so direkt zu hören. Wir hatten so Schlimmes nicht befürchtet. Mein Mann machte uns aber klar, daß er nicht glaubte, die Front werde halten. Es war für ihn gefährlich, uns dieses zu sagen, denn wer so etwas zu dieser Zeit sagte, war ein Defaitist und konnte festgenommen werden. Er konnte nur einen Tag bleiben, um uns dieses mitzuteilen. Er flog wieder weg, und wir saßen, meine Cousine, ihr Mann und ich, beieinander und überlegten, was wir jetzt tun sollten. Wir sahen täglich die Flüchtlingsströme. Jeder versuchte noch bis zur Elbe zu kommen und möglichst darüber hinaus, denn allen wurde plötzlich klar: Die Engländer bleiben an der Elbe stehen, und die Russen kommen über die Oder. Und dazwischen saßen wir. Es hatte keinen Sinn, jetzt noch einen Wagen zu nehmen und sich in diese große Reihe von Flüchtlingen einzureihen. Wir überlegten, es wäre wohl das Vernünftigste, auf dem Gut zu bleiben und abzuwarten, was geschehen würde. Das Gebiet zwischen Oder und Elbe war total verstopft. Im Radio wurde gesagt, es muß der 29. April gewesen sein, wir müßten damit rechnen, daß am Tag darauf die russischen Truppen in Greifswald stünden. Zwischen Anklam und Greifswald lag dieses Gut, und wir mußten damit rechnen, daß sie über uns hinwegrollten. Wir wußten bereits per Telefon von allen Gutsbesitzern der Nachbarschaft, daß die Russen sämtliche Gutsbesitzer erschossen, daß sie unglaublich hausten, daß man keinen Alkohol im Hause haben sollte, daß man allen Alkohol vernichten sollte, daß sie die Frauen überfielen und vergewaltigten. Es gab keine deutsche Front mehr.

In der Nacht vom 29. auf den 30. April haben wir, meine Cousine und ich, ihren Mann überzeugt, uns zu verlassen. Er hat sein Fahrrad genommen, einen Rucksack und hat sein großes Gut verlassen, seine Frau und seine Kinder, er war todunglücklich. Aber er wäre ja von den Russen als Kulak* erschossen worden. Meine Cousine hatte drei, ich hatte zwei Kinder. Neben dem Gutshaus wohnte die Stellmachersfrau mit noch zwei Kindern, es waren sieben Kinder auf dem Hof. In dieser Nacht, dachten wir, käme die deutsche Front durch. Es haben aber nur zwei junge Männer übernachtet, und die hatten zivile Kleidung an. Das war die ganze deutsche Front. Soldaten, die offensichtlich ihre Uniform weggeworfen hatten. Wir haben in der Nacht überlegt, was wir vernichten sollten. Ich sagte zu meiner Cousine, wir müssen sämtliche Gewehre ver-

* Großbauer im zaristischen Rußland

nichten. Ihr Mann hatte einen großen Schrank mit Jagdgewehren. Natürlich ging er auf die Jagd als Gutsbesitzer. Ich sagte: »Hier ist der Teich vor dem Gutshaus, wir werfen alle Gewehre da hinein.«

Wir haben sämtliche Waffen, die im Hause waren, dort hineingeworfen. Dann habe ich gesagt: »Es ist auch sehr ratsam, daß wir sämtlichen Alkohol vernichten.« Wir haben dann den gesamten Weinvorrat meines Vetters in den Teich hineingeworfen. Am Gartenzaun vergrub ich ein paar Flaschen. Wir haben uns dann, nachdem wir alles vernichtet hatten, es war spät in der Nacht, auf unsere Betten gelegt, angezogen, und haben auf den Morgen gewartet. Ich dachte manchmal, ach Gott, das Gut liegt drei Kilometer von der Hauptstraße entfernt. Vielleicht findet uns überhaupt niemand. Aber wir haben uns entsetzlich getäuscht.

Es war gegen 10.00 Uhr am nächsten Morgen, wir standen am Fenster und sahen, wie auf einem Pferd ein Russe durch das Tor auf den Hof kam. Er muß betrunken gewesen sein, er fiel vom Pferd. Es folgte ein zweiter, es folgte ein dritter. Sie kamen an die Haustür, torkelten, taumelten, kamen ins Haus. Es war schlimmer als alles, was wir befürchtet hatten. Einer von ihnen riß sofort das Telefon aus der Wand und warf es zu Boden. Somit waren wir von aller Welt abgeschnitten. Der nächste nahm das Radio und warf es auf den Boden. Wir hatten keinerlei Nachrichten mehr.

Dann kamen weitere Männer. Sie tobten durch das ganze Haus. Sie gingen in die Küche, die Köchin mußte pausenlos für sie Essen zubereiten. Wir dachten, die Hölle bräche los. Sie griffen uns noch nicht an. Sie wollten erst mal etwas zu essen haben. Ich nahm die Kinder und versteckte sie im Garten in einem großen Gebüsch. Wir liefen aufgescheucht im Haus herum von einer Ecke zur anderen und wußten nicht, was wir tun sollten. Wir versuchten immer wieder, uns zu verstecken. Es kamen Männer aus dem Dorf zu uns und sagten, sie hausten bereits fürchterlich. Sie meinten natürlich die Vergewaltigungen. So sind wir also hin und her zwischen Park und Haus und Küche gelaufen, und wir dachten, was soll nur aus uns werden. Wie können wir diesem Ganzen entgehen.

Nachdem das stundenlang so hin und her gewogt hatte, erschien nachmittags gegen fünf ein russischer Offizier mit einem Dolmetscher. Er kam in einer gut geschnittenen Uniform, groß und fabelhaft angezogen, und ich dachte, ich sehe nicht recht, weiße Handschuhe! Diese Truppen, die wir bisher gesehen hatten, betrunken und verschmutzt, die waren das totale Gegenteil. Dieser Offizier erklärte durch seinen Dolmetscher, daß er das Haus konfiszieren würde, und er gebe uns fünf Minuten Zeit, das Haus zu verlassen. Wir könnten allerdings auch bleiben und im Pferde- oder im Kuhstall übernachten. Er würde uns auch einen Planwagen mit einem Pferd lassen, wenn wir das Gut verlassen wollten. Wir haben in den fünf Minuten unser Fluchtgepäck auf diesen Wagen geladen. Wir spannten ein Pferd vor einen Planwagen und stiegen alle auf. Den Wagen fuhr ein achtzigjähriger Mann. Wir waren drei Mütter mit zusammen sieben Kindern, die Köchin und ihre Nichte. Es waren kleine Kinder. Meine waren fünf und drei Jahre alt. Wir sind zum Tor herausgefahren und dachten, wir fahren mit diesem Wagen jetzt nach Greifswald in die Stadt. Aber an der Kreuzung stand eine Militärpolizistin, die die deutschen Flüchtlinge nach Osten lenkte.

Uns kam der ganze russische Vormarsch entgegen. Kaum zu glauben, welche Unmengen von Militär sich da heranwälzte. Es waren zunächst Panzer den ganzen Tag, und zwar Panzer an Panzer, danach folgte Nachschub in kleinen Panjewagen mit Pferden, und dieses ging Wagen an Wagen. Sieben Tage und sieben Nächte, ohne abzubrechen. Wir wurden also in die entgegengesetzte Richtung mit dem Wagen gerissen als wie wir vorhatten, zu fahren.

Es war der 30. April, und es war noch immer Krieg. Und diese Vormarschsäule der Russen wurde plötzlich von deutschen Jagdflugzeugen angegriffen. Ich saß vorne auf dem Bock neben dem alten Mann. Die anderen saßen unter der Plane auf dem Wagen. Sie konnten es nicht sehen, daß die Geschosse der Jagdflugzeuge, die auf die Straße prallten, wie Funken auseinanderstoben. Ich hatte so etwas noch nie gesehen, und es konnte durchaus sein, daß nicht ein Russe von diesen Geschossen getroffen wurde, sondern wir. Ich sagte zu dem alten Mann, er solle anhalten. Und wir haben die Kinder in den Graben geworfen, und sind hinterher gesprungen.

Als die Attacke vorbei war, sind wir wieder aufgestiegen. Nachdem das gleiche dann ein paar Minuten später nochmal passierte, habe ich überlegt, wie wir von der Straße wegkommen könnten.

Die Flugzeuge griffen noch ein drittes Mal an. Wir zogen weiter, aber alles kam zum Stillstand dadurch, daß diese Geschoßsalven ein russisches Pferd verletzten.

Der Russe, der dieses Pferd am Zügel führte, steuerte auf uns zu, und im selben Augenblick wußte ich, was er wollte. Er wollte unser Pferd, das unverletzt war. Er war ein älterer Mann. Er kam auf uns zu mit seinem verwundeten Pferd. Er guckte uns an, spannte in aller Seelenruhe unser Pferd aus, aber er war so freundlich, sein Pferd uns wieder einzuspannen. So konnten wir mit dem verletzten russischen Pferd weiterziehen. Rechts und links von uns war dichter Wald. Der nächste Weg, der rechts abgeht, den nehmen wir, entschied ich. Wir haben das gemacht, wir sind in den Wald hineingefahren. Wir fuhren zwischen Bäumen durch über den Grasboden, den festen Waldboden, und versuchten, irgendein Unterholz zu finden, wo wir uns verstecken konnten. Durch vieles Hin- und Herfahren waren wir urplötzlich zwischen drei Bäumen so festgefahren, daß wir weder rückwärts noch vorwärts aus den drei Bäumen wieder rauskamen. Und das Pferd war ja verletzt, und wir durften es nicht überfordern.

Es war der Moment gekommen, wo wir ganz allein auf uns gestellt waren. Wir hörten von der Straße her die russischen Truppen, aber es war plötzlich um uns eine totale Stille. Es wurde dann bald dunkel, wir sind alle unter die Plane gekrochen. Wir hatten warme Mäntel mit, und wir saßen auf dem Gepäck. Wir haben natürlich nicht geschlafen, aber wir haben so vor uns hingedämmert, es wurde sehr kalt in der Nacht. Alle waren müde und erschöpft. Wir waren mucksmäuschenstill, um nicht irgendwelche russischen Streifen auf uns zu lenken. Und am nächsten Morgen hatten wir alle steife Glieder von der Kälte, und der alte Mann war besonders schlimm dran. Da fiel mir ein, daß ich oben auf dem Fluchtgepäck eine Flasche Cognac hatte. Jeder nahm einen Schluck aus dieser Cognacflasche. Wir wußten nicht, wie lange wir dort sitzen würden. Es waren im ganzen sieben Tage und sieben Nächte.

Wer hatte eigentlich den Mut gehabt, von der Bevölkerung zu verlangen, daß sie dieses über sich ergehen lassen sollte? Wir waren total überrannt von einer riesigen Masse von Soldaten.

Am dritten Tag ging unsere Verpflegung zu Ende. Wir hatten

auch nichts mehr zu trinken. Und wir fragten uns, wie sollen wir aus diesen drei Bäumen überhaupt wieder herauskommen. Wir brauchen eine Axt, um einen dieser Bäume umlegen zu können. Am vierten Tag entschloß ich mich, mit der jungen Krankenschwester herumzulaufen und zu suchen, ob wir nicht irgendwo ein Haus entdecken könnten, wo wir fragen könnten nach dem, was wir brauchten. Wir haben uns ein ganzes Stück wegbewegt von dem Wagen, urplötzlich sahen wir ein Haus zwischen den Bäumen. Wir sind auf das Haus zugegangen. Wir hörten das Vieh schon brüllen in den Ställen. Es waren wahrscheinlich die Kühe nicht gemolken und gefüttert, nicht getränkt worden, ein wahnsinniges Brüllen aus den Stallungen lockte uns in diese Richtung. Wir sahen das Haus, und wir dachten, wir schleichen uns heran, wir waren auch schon nahe an dem Haus, da kamen plötzlich drei russische Soldaten um die Ecke mit Gewehren und Pistolen und drängten uns in das Haus hinein.

Wir wußten sofort, daß wir in eine Falle gegangen waren. Offenbar hausten sie dort, und wir wußten, was uns blühte. Was dann passierte, kann ich nicht erzählen. Sie haben mir die Pistole an den Kopf gesetzt. Sich zu wehren, das bedeutete den sicheren Tod. Man konnte nur eines tun, einfach sich so verhalten, als wäre man ein Stein oder als wäre man tot, scheintot, ich weiß es nicht mehr.

Irgendwann verließen die drei Männer das Haus. Ich ging an die Tür, irgendwo am Gang ging eine andere Tür. Die Krankenschwester kam heraus. Wir sahen uns an. Wir sagten nichts wie »Wasser«, uns war so übel, wir fühlten uns so miserabel. Gott sei Dank gab es Wasser in dem Haus, und während wir wieder zu uns kamen, fragten wir uns, weswegen sind wir hergekommen? Weswegen haben wir das alles durchgestanden? Jetzt müssen wir auch das mitbringen, was wir gesucht hatten. Die Leute, die in dem Haus gewohnt hatten, hatten es offenbar in aller Eile verlassen. Man sah es der Küche an. Es stand ein großer Eimer mit Schmalz auf dem Tisch. Den haben wir genommen, und wir haben Wasser geholt und Kartoffeln. Dann haben wir nach einer Axt gesucht und haben eine gefunden.

Wir haben das alles zurückgebracht zu dem Wagen, und ich habe die Axt genommen. Ich hatte einen unheimlichen Zorn in mir.

Ich habe diesen Baum umgelegt. Ich hatte noch nie in meinem Leben einen Baum gefällt. Ich hatte Glück, er fiel nicht auf den Wagen, er fiel richtig. Aber es war niederschmetternd, was über uns hereingebrochen war. Die Kinder merkten natürlich nichts. Wir haben es meiner Cousine und den beiden anderen Frauen erzählt. Wir mußten, obwohl nun der Baum gefällt war, trotzdem dort noch bleiben. Wir hörten noch immer zu viel Lärm von der Straße her. Jeden Morgen haben wir für das kranke Pferd das Gras gerupft. Wir alle schwärmten aus, Gras zu rupfen, und legten riesige Haufen von Gras vor das Pferd, und es fraß auch, und es erholte sich sogar. Die Wunde heilte. Es magerte ziemlich ab, blieb aber am Leben.

Dann plötzlich, ich weiß nicht, es war wohl der siebte oder achte Tag, da hörten wir von der Straße her ein unheimliches Jubeln, Schreien, Toben. Es war einfach wie ein Taumel. Wir verstanden die russischen Laute nicht, aber ich sagte zu meiner Cousine, das kann nur das Ende des Krieges sein. Sie haben gesiegt, dies ist das Ende. Jeder für sich hat gedacht, oh Gott, wir haben überlebt. Das war der erste Gedanke. Wir haben überlebt! Die Sonne stand am Himmel, es war ein freundlicher Tag. Wir waren nicht umgekommen, wir waren am Ende der Flutwelle wieder aufgetaucht! Wir liefen Richtung Straße, und ich sah, daß nur noch vereinzelte Wagen fuhren. Ich kam zurück, und wir beschlossen, loszufahren. Das Pferd hatte tatsächlich so viel Kraft, den Wagen aus dem Wald herauszuziehen. Wir kamen auf die Straße und konnten Richtung Greifswald fahren. Niemand hinderte uns.

Es waren wohl drei Stunden vergangen, bis wir den Stadtrand erreichten. Dort stand wieder eine russische Verkehrspolizistin, die uns nicht durch das Tor lassen wollte. Aber schließlich fuhren wir durch und kamen zu dem Haus von Freunden. Es war ein Professor von der Universität Greifswald. Wir klingelten an der Haustür. Sie öffneten die Tür und erkannten uns nicht. Wir hatten uns ja sieben Tage und sieben Nächte lang nicht gewaschen, wir hatten uns in scheußliche Kopftücher gehüllt, um so abstoßend wie möglich auszusehen. Es brauchte eine Weile, dann sagten sie: »Oh Gott, das sind Sie. Kommen Sie sofort herein!«

Sie sagten: »Sie können alle hierbleiben in diesem Haus. Wir haben oben drei Zimmer, die nicht besetzt sind. Sie können alle hierbleiben.«

Aber wir wollten keine drei Zimmer. Wir waren wie verängstigte Tiere. Wir wollten alle zusammen in einem Zimmer übernachten, und wir fragten auch, ob die Russen nicht nachts durch das Fenster die Wand raufsteigen würden. Und sie lachten uns aus und sagten: »Aber hier in der Stadt ist doch alles jetzt vorbei. Es war fürchterlich, viele Menschen haben Selbstmord begangen. Es ist alles jetzt vorbei. Sie brauchen sich nicht mehr zu fürchten.« Aber wir waren so verschreckt, wir haben diese Nacht uns irgendwelche Lager in diesem einen Zimmer gebaut, der alte Mann, wir Frauen und die sieben Kinder. Wir hatten die Erfahrung gemacht, daß der Mensch wie das Tier nur im Rudel sicher ist. Allein ist er verloren.

Am Morgen fragte uns der Professor sofort die ganz eindeutige Frage: »Ist Ihnen etwas zugestoßen?«

Wir wußten, was er mit der Frage meinte, und wir sagten: »Ja.«

Darauf sagte er: »Sie müssen sofort mit mir in die Klinik kommen. Wir haben in der Universitätsklinik nur noch Medikamente für wenige Tage.«

Ich wußte gar nicht, was er meinte. Aber das war bisher noch nicht zu uns gedrungen, daß so unendlich viele von diesen Soldaten geschlechtskrank waren und eine ganze Bevölkerung verseucht hatten. Wir gingen mit ihm in die Klinik. Auch wir waren angesteckt. Wir waren wohl die letzten, die noch Medikamente bekamen. Wir konnten geheilt werden. Zur Zeit, als wir ankamen, wurden 500 Frauen behandelt. Es müssen natürlich zehntausende Frauen gewesen sein. Ich hatte gedacht, wir wären womöglich schwanger. Aber das war nicht der Fall.

Der alte Mann kehrte in das Dorf zurück. Nach einiger Zeit brachte jemand eine Nachricht. Es muß wohl vier Wochen später gewesen sein, das Wetter war sehr warm gewesen und der Teich vor dem Gutshaus war halbwegs ausgetrocknet und die Gewehre, die wir hineingeworfen hatten in der Nacht vor unserer Flucht, die kamen ans Tageslicht.

Ich erhielt eine Vorladung von den Russen, die auf dem Hof saßen. Ich sollte über die Gewehre vernommen werden. Zu Fuß machte ich mich auf den Weg.

Vor dem Gutshaus bot sich eine seltsame Szene. Es war ein schöner Sommertag, vor dem Haus standen Ledersessel aus dem Haus. Dort saßen die russischen Offiziere, ein Grammophon spielte, zwei russische Mädchen tanzten miteinander vor der Haustür. Sie trugen breite, silberne Gürtel um die Hüfte. Das waren Gürtel, die meinem Mann gehörten. Er trug sie zur Gesellschafts-Uniform bei besonderen Anlässen. Nach der Grammophon-Musik führten sie irgendeinen Tanz auf. Sie tranken und amüsierten sich. Es war eine geradezu bukolische Szene! Die Sonne, die auf das Gutshaus mit den dunkelgrünen Fensterläden schien, alles war wie totaler Frieden!

Ich wurde ins Haus geholt und sollte nun aussagen, wie diese Gewehre in den Teich gekommen wären. Der Russe, der mich vernahm, saß in dem Raum, der mein Wohnzimmer gewesen war. Er saß hinter dem Schreibtisch meines Mannes. Hinter ihm an der Wand hing ein Bild von Stalin. Ich mußte vor dem Schreibtisch Platz nehmen. Ein riesiger lila Tintenfleck oben auf der Platte! Dann fing er an, mich zu fragen. Er sprach Deutsch und fragte, warum ich diese Gewehre hätte beiseite schaffen wollen. Er wollte mir anhängen, ich hätte die Gewehre in den Teich geworfen, um sie später wiederzuholen, um damit einen Aufstand gegen die Russen zu machen oder sowas ähnlich Irres. Ich habe ihm immer wieder gesagt: »Ich habe die Gewehre da hineingeworfen, um sie zu vernichten.« Ich fand, das sei richtig gewesen. Und es ging hin und her, und schließlich schloß er sich wohl meiner Ansicht an, daß ich sie vernichten wollte. Er ließ mich laufen.

Es war für mich natürlich eigenartig, noch einmal unter diesen Umständen in mein eigenes Wohnzimmer zurückzukommen. Die Tür von dem Zimmer führte direkt in die Diele. Ich hatte damals ein kleines Päckchen mit Schmuck in die große Standuhr gesteckt, die in der Diele stand, denn von den Russen, die in das Haus kamen, war mir sofort meine Handtasche weggenommen worden mit allen Ausweisen, allen Papieren und allem Geld drin. Den Schmuck sollten sie nicht auch noch erwischen. Als ich aus der Tür trat und sah, daß niemand in dieser Halle stand, faßte ich blitzschnell hinein in diese Uhr, und da war tatsächlich noch das Päckchen! Ich fühlte mich wie ein König und so, als hätte ich einen Sieg über die Russen errungen. Mit dem Schmuck konnte ich ja wer weiß was anfangen. Damit konnte ich Lebensmittel eintauschen und vieles andere.

Ich war plötzlich mutig! Ich dachte, jetzt gehst du noch mal um das Grundstück rum. Du hattest doch am Gartenzaun ein Loch gemacht, und da hattest du doch ein paar Flaschen reingeworfen. Und eine Flasche Alkohol war ja Gold wert. Dafür konnte man, ich weiß nicht wieviel Schinken oder Butter oder Speck oder sonstwas kriegen. Ich pirschte mich da ran an die Stelle und buddelte mit der Hand in der Erde. Tatsächlich, die Flaschen waren noch da. Die Russen hatten nämlich mit Stangen um das Haus herum überall in der Erde gestochert. Sie suchten nach Silber und Wertsachen und wußten, daß die Leute das vergruben. Am nächsten oder übernächsten Tag in Begleitung meiner Cousine und mit einem Rucksack haben wir uns über die Felder an das Gut herangepirscht und an den Zaun, haben die Flaschen ausgebuddelt, alles klappte wunderbar.

Erst nach fünf Wochen, glaube ich, ging von Greifswald die erste Eisenbahn nach Rostock, und ich sagte sofort, ich muß wissen, ob meine Mutter noch lebt, ob das Haus noch steht, mein Elternhaus noch steht. Ich hatte die große Hoffnung, daß mein Mann lebte und daß ihm nichts zugestoßen war. Jedenfalls im März 1945, als er kam, flog er noch immer und versuchte, mit seinem Jagdflugzeug sich den Bomberströmen entgegenzustellen, die über Deutschland hinwegrasten. Die Wahrscheinlichkeit, er hatte über fünfeinhalb Jahre den Krieg lebend überstanden, daß jetzt noch in den letzten zwei Monaten etwas passiert wäre – ich hatte die stille Hoffnung, daß auch diese zwei Monate gutgegangen wären. Aber Verbindung zu ihm hatte ich seit fünf Wochen, bevor die Russen kamen, nicht mehr.

Ich stieg in den Zug und ließ die Kinder in der Obhut meiner Cousine. Der Zug fuhr nicht weiter als Rostock. Meine Heimatstadt Warnemünde war von Rostock noch 14 Kilometer entfernt, aber ich fragte herum auf dem ganzen Bahnhof, der voller Flüchtlinge war, die alle auf dem Steinfußboden sich irgendwie ein Lager gemacht hatten. Entsetzliche Elendszenen. Es war unbeschreiblich, wie die Menschen dort zusammengepfercht überall auf dem Boden saßen und irgendwohin transportiert werden wollten. In der einen Stunde habe ich mehrere Menschen sterben sehen.

Es ging kein Zug nach Warnemünde, wo meine Mutter lebte. Ich bin dann allein losgegangen, es blieb mir ja nichts anderes übrig. Es fuhren an mir Wagen mit Russen vorbei, niemand belästigte mich. Als ich so etwa die Hälfte des Weges zurückgelegt hatte, sah ich in der Ferne die roten Ziegeldächer und den schmalen, spitzen Kirchturm von der einzigen Kirche, die Warnemünde hat, und in der ich getraut worden war, am Horizont auftauchen. Ich freute mich, denn ich dachte mir, wenn ich noch diese roten Ziegeldächer sehe, dann kann doch die Stadt nicht kaputt sein. Und ich kam näher, und alles sah eigentlich sehr gut aus. Und ich kam dem Stadtrand näher, und plötzlich lief eine Frau mir über den Weg, sie sah mir ins Gesicht und sagte: »Oh Gott, Sie sind es.«

Sie erkannte mich. Sie lebte in unserer Nachbarschaft. Und ich sagte zu ihr: »Lebt meine Mutter noch?«

Sie antwortete: »Ja, die lebt, auch Ihre Tante.«

Ich sagte: »Steht das Haus noch?«

»Ja, alles ist in Ordnung.«

Ich kam um eine Straßenecke herum, und das Haus lag vor mir.

Wir hatten vor unserem Haus eine Allee von Lindenbäumen, und links und rechts von der Haustür standen zwei Bänke. Meine Mutter und meine Tante saßen vor dem Haus und sahen mich um die Ecke kommen. Sie hatten schon beinahe die Hoffnung aufgegeben, daß ich und die Kinder noch am Leben waren, und sie fragten mich: »Wo hast du die Kinder?«

Ich sagte: »Die Kinder sind in Sicherheit in Greifswald.«

Natürlich war auch ihr Haus von Russen durchstöbert worden, und sowohl meine Mutter als auch meine Tante, die beide über 50 Jahre alt waren, sind vergewaltigt worden von jungen russischen Soldaten. Ich kann so etwas überhaupt nicht begreifen.

Nachdem ich die Kinder nachgeholt hatte, mußte ich nun organisieren, wie ich meinen Mann finden konnte. Ich konnte nicht ins Blaue marschieren, ich wußte gar nicht, wo er war. Nach einigen Tagen erreichte mich eine Notiz, nur ein Zettel, den jemand in unserem Haus abgab. Auf dem Zettel stand: »Ihr Mann ist am Leben, er ist verwundet, er hat Verbrennungen und liegt in einem Krankenhaus am Tegernsee.« Es stand kein Name drunter, aber es war die richtige Adresse. Also war mein Mann am Leben.

Ich habe wieder meinen Rucksack gepackt. Ich mußte also nach Bayern in die amerikanische Besatzungszone. Ich bin von irgendwelchen Leuten über die Grenze geschleust worden. Wir mußten durch den Saale-Fluß waten, auf einem Wehr sind wir entlanggelaufen durchs Wasser. In der Ferne hörten wir Schüsse. Es waren Grenzposten, die uns aber gar nicht mehr erreichen konnten. Wir sind heil hinüber gekommen. Auf der anderen Seite habe ich wieder einen Zug bekommen und bin weitergefahren zum Tegernsee. Im Zug bekam ich eigentlich nie einen Platz. Meistens habe ich draußen auf dem Trittbrett gestanden. Die Züge hingen voller Trauben von Menschen.

Ich kam an den Tegernsee in das Haus, und die Freunde sagten: »Ja, um Gottes Willen, komm rein. Natürlich, er lebt, und er ist oft schon bei uns gewesen, aber er ist nicht mehr hier am Tegernsee, er liegt jetzt in München in der Augenklinik. Du brauchst dir keine Sorgen machen, die Kinder haben keine Angst vor ihm.«

Da konnte ich nichts mehr sagen, weil ich nicht verstand, was sie meinten. Am nächsten Tag habe ich dann meinen Mann im Krankenhaus gesehen. Alles war natürlich etwas ungeschickt: dieses Krankenhaus, und der Freund meines Mannes brachte mich an die Tür seines Zimmers und sagte zu mir: »In diesem Zimmer liegt er. Aber ich bleibe draußen, ich laß dich jetzt allein, und du kommst heute abend wieder zu uns.«

Es war kein Arzt in der Nähe, und niemand bereitete mich vor auf meinen Mann und seine Verbrennungen. Ich kam zur Tür herein, blickte geradeaus, dort stand ein Bett und jemand saß darin. Ich habe nicht erkannt, daß es mein Mann war. Ich guckte nach rechts und sah, daß das Bett leer war, ich guckte nach links, da stand noch ein Bett, das war auch leer, also mußte es mein Mann sein. Aber in diesem kurzen Moment hat mein Mann natürlich gemerkt, daß ich ihn nicht erkannt habe. Auf diese Situation hätte uns doch irgendein Arzt vorbereiten sollen, damit er das nicht merkt. Aber es gab so viele Verwundete und so wenig Ärzte. Auf solche psychischen Reaktionen konnte niemand Rücksicht nehmen. Man konnte einfach nicht alles bewältigen.

Wir sind uns in die Arme gefallen, und wir haben miteinander gesprochen, und dann merkte ich sofort, es ist ja die alte Stimme, es hat sich ja gar nichts geändert. Und mein Mann ist aufgestanden, zog sich an, derselbe Gang, dieselbe Figur, aber es war natürlich ein Schreck, ein Erschrecken, weil dieses Gesicht nicht mehr vorhanden war. Wir sind uns dann sehr schnell einig geworden, daß ich wieder zurückgehe, die Kinder nach München bringe. Wir haben das sofort in Angriff genommen. Ich bin zurück in die sowjetisch besetzte Zone gereist und habe die Kinder geholt. Im Herbst 1945 waren wir wieder vereint.

Teresa Gräfin Solms
Jahrgang 1932

Die Ernährung der Bevölkerung im Krieg war sichergestellt. Das war eine Organisationsfrage. Wir haben bei uns auf den Höfen nie Hunger gelitten. Jedem Landwirt war zugeteilt, wieviel Stück Vieh im Monat zu schlachten waren. Es war der Kreisbauernführer, der das überwachte. Also in unserem Falle mein Vater. Aber das war strengstens verboten, das sogenannte »Schwarzschlachten«.

Wir hatten ja 1945 einen unendlichen Flüchtlingsstrom. Von beiden Seiten. Erst die Flüchtlinge von Aachen her kommend, von der holländisch-belgischen Grenze, und dann nachher der Flüchtlingsstrom aus den Osten.

Wir lebten zum Beispiel bei uns auf dem Hof mit zwölf, vierzehn Personen. Kurz vor und nach dem Zusammenbruch lebten wir mit 26 Personen. Und da war kein Fleckchen mehr frei. Da hatten wir kein Wohnzimmer mehr. Im Wohnzimmer wurde geschlafen. Das waren Lehrer, das waren Offiziere, die zurückkamen usw. Aber das war alles phantastisch organisiert. Die Organisation während des Krieges war natürlich straffer als nach dem Krieg. Einer war für den anderen da. Das war ganz, ganz großartig.

Es waren ja kaum noch Männer im Reich. Höchstens Alte und Verwundete. In den Bombennächten zum Beispiel machte mein Vater nach jedem Angriff mit den Polen eine Runde nicht nur durch unseren Hof, denn diese Brandbomben, die geworfen wurden, die waren ja wirklich vertrackt. Die steckten irgendwo drin und erst dann, wenn ein Luftzug kam, gingen die hoch.

Es war bei uns eine großartige Symbiose. Auf den verschiedenen Höfen waren Gefangene verschiedener Nationen. In unserer Umgebung waren es meistens Polen. Die Polen wurden nach dem 8. März, als die Amerikaner hier bei uns einmarschiert waren, interniert, sie kamen in ein Internierungslager, und unsere Polen haben sich geweigert, den Hof zu verlassen, weil auch die Versorgung weitergehen mußte.

Es hat andere Fälle gegeben, das weiß ich ganz genau, wo ein Landwirt von seinen Polen an einen Baum gekettet und gelyncht worden ist, weil er sie schlecht behandelt hatte.

Was die Versorgung betrifft, die funktionierte. Ich erinnere mich, wenn wir manchmal so zu zehn Personen in Kirschbäumen saßen und pflückten, dann kamen die Tiefflieger sehr tief und schossen auf uns in diesen Bäumen. Da hatte unser Vater Löcher ausgraben lassen. Wir ließen uns von der Leiter runterfallen und legten uns in die Löcher. Das gehörte auch zum Alltag. Und da wurde auch nicht groß gemeutert. Obst wurde teilweise durch ganze Schulklassen gepflückt. Kartoffeln wurden mit Schulklassen gelesen. Die bekamen dafür ihr Frühstück, ihren Kaffee oder nachmittags ein Butterbrot mit Kaffee und dergleichen. Was heißt Kaffee? Kaffee gab es nicht. Das war der sogenannte Muckefuck.

Was die Kriegsgefangenen betrifft, so hatten die Höfe Auflagen. Es durfte zum Beispiel kein enger Kontakt gepflegt werden. Es durfte nur eine gewisse Essensration ausgegeben werden. Es gab eine Sperrstunde, das heißt die Gefangenen durften nach einer gewissen Uhrzeit nicht mehr raus. Das ist bei uns aber großzügig gehandhabt worden.

Mein Vater hat sich jeden Morgen von dem überzeugt, was unsere Polen auf dem Tisch hatten. Und das war sicherlich nicht anders als das, was wir auf dem Tisch hatten. In den letzten Tagen des Krieges, bevor die Amerikaner kamen, da gab es Anordnungen, das Vieh zurückzutreiben. Das Vieh sollte vor den Amerikanern weggetrieben und die landwirtschaftlichen Maschinen sollten weggebracht werden. Die Anordnung war so etwas wie »verbrannte Erde«. Dagegen hat sich mein Vater als Kreisbauernführer sehr gewehrt und ist dann tatsächlich mit meiner Schwester und mir zeitweise nachts zu den einzelnen Höfen gefahren, und dann wurde mit den verbliebenen Landwirten oder auch mit den Landfrauen geredet. Er hat sie immer wieder gebeten, diesem Befehl nicht nachzukommen. Sie sollten an das Danach denken und möglichst das Vieh in die Arme der Amerikaner treiben.

Irmela Freiin von Fölkersamb
Jahrgang 1921

Ich wurde zum Arbeitsdienst eingezogen. Das war im Kriege, da bin ich nach Ostfriesland gekommen, mitten im Moor, und in dieser Moorgegend haben wir in der Landwirtschaft gearbeitet. Wir hatten dann immer das große Vergnügen, in der Nacht rauszumüssen, wenn Fliegeralarm war, in den Splittergräben zu sitzen, wo wir mit Zuchthäuslern zusammentrafen, die da ausgelagert waren, aus irgendwelchen Gefängnissen. Die saßen da im Moor und machten Moorarbeit. Das waren keine KZler, das waren echte Kriminelle.

Wir haben geholfen, Rüben zu pflanzen und so was. Die allernettesten Mädchen im Lager waren die Asozialen aus Bremen und Hamburg, aus den Hafengegenden, die konnten weder schreiben noch lesen. Und die waren furchtbar lieb und nett, und denen haben wir dann immer die Briefe von ihren Freunden von der Front vorgelesen. Wir haben auch Briefe für die geschrieben.

Danach haben sie mich nach Vorarlberg geschickt, in ein großes Kinderheim, wo die Ärmsten der Armen untergebracht waren, verlaust und verdreckt, Kinder von 6 bis 14 Jahren aus Hamburg und dem Ruhrgebiet, aus zerbombten Städten. Die mußten sich dort sechs Wochen erholen, da waren immer einmal Jungens, einmal Mädchen und – na ja, die waren also wirklich arm dran.

Am nettesten waren die Jungens. Die waren am unkompliziertesten. Die Mädchen hatten ständig irgendwelche Leiden, es war auch ganz schlimm, sie kamen zum Teil krank an. Da erlebte man das Elend von den Armen, wirklich armen Kindern, heruntergekommenen Kindern, die wahrscheinlich auch keine Nacht mehr richtig geschlafen hatten, weil sie immer in irgendeinem Keller lagen. Das waren meist etwa 100 Kinder. Sie waren eigentlich in dem Kinderheim sehr nett untergebracht, und es ist ihnen dort drin auch gut gegangen.

Ende 1943 kam ich wieder nach Hause, und da war auch gleich schon ein Brief da: »Sie werden kriegsdienstverpflichtet ins Lazarett nach Ahrweiler.«

Als junge Frau wurde man entweder in eine Munitionsfabrik geschickt oder ins Lazarett. Da habe ich mich fürs Lazarett entschieden. Es war sehr anstrengend, und ich habe dort meine ersten Kriegsverletzten und Toten gesehen. Alle, die Verwundeten von der Westfront kamen mit Lazarettzügen an, sie wurden bei uns ausgeladen. Später kamen auch sehr viele Zivilisten hinzu, die bei Fliegerangriffen verwundet worden waren. Da waren immer so 200 bis 300 Patienten, alles chirurgische Fälle. Mehr oder weniger war das eine große Metzgerei. Besonders schlimm waren immer die Tage, wenn die Lazarettzüge ankamen und man dort oft zehn Stunden hintereinander im Operationssaal saß, zwischen den Verwundeten, die stöhnten: es waren Amputierte und auch viele mit Splitterverletzungen und mit schrecklichen Gipsen, die verdreckt waren.

Zuerst hatte ich Mitleid, wenn diese armen, jungen Leute dort ankamen, schwer verwundet und nach den Eltern jammernd, und dann waren sie nach zwei Stunden tot. Und dann bricht dir ja pausenlos das Herz. Du kannst aber nicht ein Jahr oder 1 1/2 Jahre im Lazarett ständig mitweinen. Du mußt hart werden. Und das ging eigentlich doch ganz schnell. Es war zu viel Elend. Die waren doch alle noch so jung.

Was mich damals auch sehr, sehr berührt hat in den letzten Kriegsjahren, das waren die vielen, die sich selbst verstümmelten. Die hatten zum Beispiel eine Verwundung, die heilte und heilte nicht. Und dann stellte sich heraus, daß sie irgendeine Sonde oder irgendeinen Gegenstand unter der Bettdecke hatten und dann immer in der Wunde herumwühlten, nur aus Angst, wieder an die Front zu müssen. Das waren für meine Begriffe die Ärmsten. Immer wenn ich nach Hause gekommen bin, habe ich gesagt: »Ich habe kein Herz mehr, ich kann kein Mitleid mehr haben.«

Dann sagte mein Vater: »Sei doch froh, daß du das nicht mehr hast, sonst würdest du es ja gar nicht durchstehen.«

Wir hatten gegen Ende des Krieges oft Fliegerangriffe in Ahrweiler. Bei einem dieser Angriffe – wir luden gerade einen Lazarettzug aus – sah mich der verantwortliche Offizier und rief mir zu: »Schmeißen Sie sich hin, schmeißen Sie sich hin, wir werden angegriffen!«

Und da hat er sich auf mich geworfen und ist da tödlich verwundet worden. Er hat mir das Leben gerettet, aber dabei einen Lungensteckschuß bekommen und war ein paar Tage später tot. Das war eines der schlimmsten Erlebnisse, die ich gehabt habe, als ich merkte, wie der Mann da über mir zusammensackte und selbst noch mal schwer verwundet wurde, weil er mich retten wollte.

Juliane Hartmann
Jahrgang 1925

Das war im Herbst 1944. Mein Vater war im Krieg, meine Stiefmutter und die kleineren Geschwister waren inzwischen von Berlin nach Bayern auf einen Hof gezogen. Ich fand, ich müßte in Berlin bleiben. Mein Zuhause war Berlin. Ich wurde zum Kriegsdienst in eine Munitionsfabrik dienstverpflichtet mit 64 Arbeitsstunden pro Woche. Gottlob landete ich nicht in der großen Fabrikhalle, sondern mit zwei verwundeten Soldaten in einem kleinen Raum. Angeblich Lötarbeiten an einer Geheimwaffe, aber ich erinnere mich, meist Kochtöpfe gelötet zu haben. Für mich bedeutete das, um 5.00 Uhr aufstehen, zur Fabrik radeln und 64 Stunden für den Führer arbeiten. Das waren zehn Stunden am Tag.

Zu Hause war die Lebensmittelknappheit sehr spürbar geworden. Wir hamsterten nicht, hatten keinerlei Reserven und lebten von den offiziellen Rationen auf Marken. Aber das Essen bestand mittags aus Kohlrüben mit Kartoffeln und abends aus Kartoffeln mit Mohrrüben. Inzwischen hatten wir bis zu 35 Flüchtlinge im Haus. Ich erinnere mich, daß es ein winziges Stück Butter gab, das wir mit einem Messer in »Montag bis Freitag« einteilten, im Grunde nicht genug, um, wie wir in Berlin sagen würden, eine Stulle zu schmieren. Das waren 62,5 Gramm. Die letzten Monate des Krieges bedeuteten vermehrt Flüchtlinge im Haus aus den Ostgebieten. Das Haus mußte entsprechend hergerichtet werden. Ab Mitte März 1945 habe ich mich entschlossen, nicht mehr in die Rüstungsfabrik zu gehen und bin einfach weggeblieben. Wir hörten den britischen Sender. Die Russen kamen immer näher. Wir überlegten natürlich in den letzten Tagen, ob man nicht doch flüchten, Berlin verlassen sollte, hofften immer auf die Amerikaner, aber die blieben ja an der Elbe stehen.

Wir waren Front geworden. Diese Überlegungen endeten immer damit, daß man sich sagte, man wolle nicht noch freiwillig den Flüchtlingsstrom vergrößern. Wo würde man landen? Sollte man einen Bollerwagen nehmen? Man wäre ja nur irgendwo kläglich steckengeblieben. Am 14. April 1945, erinnere ich mich noch, war ein großer Angriff auf Potsdam, und von dem Tag an hatten wir kein Wasser mehr und keine Elektrizität. Kurz danach waren die Russen da. Wir hatten auch kein Telefon mehr. Wegen der Angriffe hatten wir zuletzt freiwillig im Keller kampiert.

Und nun rollte die erste Russenwelle. Wir haben als erste weiße Laken herausgehangen. Es folgte eine üble, böse Zeit. Heute kann ich es ja sagen, ich war das erste »Opfer der Straße«. Als großbürgerliches Kind noch nicht einmal aufgeklärt! Das war so: Im Nachbarhaus wohnte ein in Berlin ausgebombter Mann. Bei dem brach in der Nacht eine Horde von Kirgisen ein, die ihn mit vorgehaltener Pistole fragten: »Wo sind Frauen?«

Ihm blieb nun nichts anderes übrig als zu sagen: »In meinem Hause nicht.«

Und so gingen sie ins nächste. Das waren halt wir. Sie drängten nachts durch die Haustür herein, ich kann die Zahl schon gar nicht mehr nennen. Das große Haus wurde mit Taschenlampen durchleuchtet, vom Keller bis zum Boden durchsucht. Die anderen Mitbewohner hatten sich zum Teil versteckt. Was mit denen passierte, weiß ich nicht mehr; ich blieb mit einem Kirgisen übrig.

Aber die erste »Begegnung« mit einem Russen hatte schon vorher, am hellichten Tage stattgefunden. Ich sagte ja, ich war das erste »Opfer der Straße«. Ein Russe ging in die Garagen, wo sich noch einige Autos befanden. Ein anderer Russe ging ins Haus. Ich folgte ihm, nicht ahnend, was passieren würde. Er nahm erstmal alle Türschlüssel an sich, schloß immer erst eine Tür hinter sich zu, steckte die Schlüssel dann in die Tasche. Und als wir in einen Schlafraum kamen, wurde mir mulmig zumute. Ich wollte auf die Terrasse. Daraufhin legte er das Gewehr an, und es folgte der berühmte Satz: »Frau komm.«

Nachdem wir bereits von Greueltaten gehört hatten, wußte ich nur eines: man darf sich nicht wehren. Dies war die erste Erfahrung, der dann die recht üble Nacht mit dem Kirgisen folgte. Die Russenformationen rollten weiter durch den Ort. Ich erinnere mich an Haus-Anschläge, daß Plündern verboten sei. Ich war naiv genug zu glauben, daß man Hilfestellung bekommen könnte. Als wieder einmal bei uns geplündert worden war, bin ich mit dem noch vorhandenen Fahrrad zur Kommandantur geradelt. Dort wurde ich auch vorgelassen und konnte mich verständlich machen. Zwei Russen fuhren auf Motorrädern hinter meinem Fahrrad her nach Hause. Als sie dann das schöne Haus sahen und merkten, daß es auch sowjetische Offiziere waren, die plünderten, machten sie mit. Diesen Weg habe ich nicht nochmal gemacht.

Aber zurück zu den Vergewaltigungen. Ich war 19, nicht gerade jung für heutige Begriffe. Im Krieg ab 1945 war das Denken abhanden gekommen. Man überlegte nicht viel. Man hatte eine unbändige Freude darüber, daß der Krieg vorbei war. Daß man lebte, daß man überlebt hatte, daß keine Bomben mehr fielen. Nun kamen erste Gedanken, wie es weitergehen sollte. Ich hatte persönlich großes Glück gehabt. Ich war nicht krank geworden. Ich war untersucht worden. Wußte durch den Arzt also, daß ich in Ordnung war. Um es auf schnoddrig berlinisch zu sagen: »Ich hatte Nachhilfeunterricht bekommen, auf den ich gern verzichtet hätte in dieser Form.«

Allerdings muß ich zugeben, ich träumte noch lange schlecht. Wenn ich jetzt daran denke, weiß ich, daß, während diese Dinge mit mir passierten, ich eigentlich nicht selber das Opfer war, sondern daß ich neben mir stand und alles ganz kühl und klar beobachtete, und daß ich mit mir selber sprach. Durch eine glückliche Fügung haben diese Begebenheiten mich auch späterhin nicht so sehr belastet.

Es kamen immer neue Sowjetrussen. Es wurde ruhiger. Wir hatten gerüchteweise gehört, daß eine Konferenz anberaumt werden würde und man große Häuser, große Räume suchte. Uns war klar, daß unser Haus über kurz oder lang beschlagnahmt würde. Eines Nachts, es war, glaube ich, von einem Freitag auf Sonnabend, fuhren gegen 12.00 Uhr viele Autos vor. Wir hatten noch immer kein Licht. Mit Taschenlampen wurde das Innere des Hauses ausgeleuchtet. Wie sich herausstellte, war es Marschall Schukow* persönlich mit großem Gefolge und einem Dolmetscher, der uns verkündete, am folgenden Montag früh würde die ganze Gegend beschlagnahmt.

Herr Schukow bedauerte, daß wir unser schönes Haus verlassen müßten. Er gebe uns das Ehrenwort, daß wir es wieder zurückerhalten würden. Die Frage »wann?« stellten wir selbstverständlich nicht, aber es war uns klar, daß es sich um einen längeren Zeitraum handeln würde. Nachdem uns die Beschlagnahme mitgeteilt worden war, hatten wir immerhin 48 Stunden Zeit. Wie sich später herausstellte, haben wir sie etwas sinnlos genutzt, indem wir wertvolle Dinge aus dem großen Haus in unser Gärtnerhaus auf der anderen Straßenseite verbrachten. Eine ganze KPM-Porzellansammlung in Kisten, eine der schönsten Privatsammlungen, versteckten wir in den Gewächshäusern, nicht ahnend, daß ja die gesamte Gegend beschlagnahmt werden würde.

Wir packten für uns das Notwendigste, wobei ich schon an den Winter dachte. Alles, was wir mitnehmen konnten, wurde uns später noch auf andere Art und Weise abgeknöpft. An jenem Montag Morgen stand ein Lastwagen mit Russen vor der Tür, der uns in ein Lager bringen sollte. Wir hatten aber selbst Vorkehrung getroffen,

* Marschall der Sowjetunion, Militärischer Oberbefehlshaber 1945.

und uns in einem uns bekannten, nahe gelegenen Sanatorium angemeldet. Das Sanatorium – eine psychiatrische Klinik –, also »Klapskiste«, war während des Krieges zur Hälfte Lazarett geworden, in dem meine Tante gearbeitet hatte. Ein berühmtes Sanatorium, dessen Chefarzt wir kannten, der uns eine Aufnahme zugesagt hatte.

In diesem Sanatorium waren viele jüdische Menschen untergekommen während des Krieges und haben somit, praktisch nach außen als Irre deklariert, überlebt. Den russischen Soldaten bestachen wir mit einer Flasche Wodka, damit er uns in das Sanatorium fuhr. Er hatte natürlich den Auftrag, uns irgendwo in einem Lager abzugeben. Zunächst empfanden wir die Sanatoriumsatmosphäre als heile Welt.

Wir gingen im Park spazieren. Einige Tage später erfuhren wir, daß unsere Straße englisch werden würde, die nächste Straße am Seeufer amerikanisch. Für die Potsdamer Konferenz, die sich abzeichnete, war Cäcilienhof als Wohnsitz für Stalin vorgesehen. Einen früheren Gärtner von uns hatte man beauftragt, Arbeitskräfte zu rekrutieren, die in den beschlagnahmten Häusern Räumungsarbeiten und Säuberungsarbeiten durchführen sollten. Ehefrauen von Nazis oder Frauen, die selbst Parteimitglieder gewesen waren, mußten sich morgens um sechs Uhr in einem Waldstück außerhalb des beschlagnahmten Gebietes versammeln und wurden dann in die verschiedenen Häuser zum arbeiten eingeteilt. Wir ließen uns zu zweit für unser eigenes Haus einteilen und konnten feststellen, daß alle Möbel entfernt worden waren.

Auch die versteckten Porzellankisten im Gärtnerhaus waren verschwunden. Während die Russen im Garten mit langen Stöcken nach irgendwelchen Schätzen suchten, konnte ich in den Gewächshäusern hinter Reihen von leeren Blumentöpfen vergrabenen Schmuck von Freunden rausholen. Vor allem war uns daran gelegen, etwas Gemüse aus den Gewächshäusern zu retten. Und so haben wir unser eigenes Gemüse geklaut.

Und dann kam die Potsdamer Konferenz. In unserem Haus hat Churchill gewohnt. Und da gibt es das berühmte Foto, was ja immer noch zu jedem Jahrestag gewählt wird: das efeubewachsene Haus, Churchill, Truman und Stalin sich die Hand reichend. Das war das Haus meiner Großeltern. Schukow hatte uns damals versprochen wir könnten wieder in das Haus. Das ist nicht geschehen. Dieses Gebiet ist bis heute nicht freigegeben worden. Späterhin hatte Ulbricht ein Gästehaus drin oder seine Rechtsakademie. Heute wird es als Gästehaus geführt. Es ist nicht mehr Sperrgebiet, aber Grenzgebiet. Die ganze Gegend ist nie wieder den ursprünglichen Besitzern, auch wenn sie heute Bürger der DDR sind, zurückgegeben worden.

Gertrude Löhr (3)
Jahrgang 1919

Ich habe nicht gehungert und nicht nur von Marken gelebt, weil ich ja Zucker hatte zum Tauschen. Meine Mutter hatte mit ihrem Ehemann, also meinem Stiefvater, eine Fabrik in Hamburg für Schädlingsbekämpfung und Rattenvertilgung. Und das war immer wichtig, zum Beispiel zur Seuchenbekämpfung nach Fliegerangriffen. Damals war das noch so, das Rattengift wurde in eine Art kleiner Kekse hineingebacken, die waren hauptsächlich aus Mehl und Zucker. Und meine Mutter kriegte daher Mehl und Zucker in großen Mengen. Der Zucker war nicht vergällt, aber er war schmutzig. Ich kriegte diesen Zucker von meiner Mutter geschickt und habe ihn durch ein Sieb oder ein Tuch durchgesiebt, auch flüssig gemacht und so, und dann konnte ich ihn benutzen. Und das Mehl konnte ich sowieso benutzen. Und damit konnte ich wieder Butter und Fleisch eintauschen. So sind wir über die Runden gekommen.

Ich hatte am Kriegsende 27 Hüte, obgleich ich vor dem Krieg nie einen Hut getragen habe und nach dem Krieg auch nicht. Und das nur aus dem einfachen Grunde, weil Hüte bis zuletzt markenfrei waren. Denn Mäntel und Kleider und sowas alles, was viel Material erforderte, das gab es ja fast nicht mehr, und ich brauchte keinen Bezugsschein dafür. Und als Frau will man doch irgend etwas kaufen, man möchte so gern was zum Anziehen kaufen. Und dann hatte ich also insgesamt 27 Hüte. Den 27. habe ich bei einer beruflichen Reise nach Prag gekauft. Da war nämlich einer in einer Glasvitrine in einem wunderschönen alten Prager Hotel. Und da habe ich zu dem Portier gesagt: »Können Sie mir mal diesen Hut rausnehmen?«

Und dann hat der davorgestanden, hat geguckt und hat gesagt: »Ach, das ist also ein Hut?«

Das war also eine schwarze Platte, und darauf war ein Gekräusel von schwarzem Tüll. Und das zog man sich in die Stirn, und hinten hatte man ein Band, ein Filzband, und oben war die Filzplatte, die hing in die Stirn, und da drauf war so ein kleines Gekräusel, es war ein unbeschreiblich schöner Hut, und der kostete auch wahnsinnig viel, ich glaube 120 Reichsmark. Das war sehr viel Geld. Und das war der 27. Hut.

Anna Hummel
Jahrgang 1921

Ich war Stabshelferin beim Befehlshaber der Sicherheitspolizei in Oslo. In Deutschland hieß das Gestapo. Und da hatte ich eigentlich zum erstenmal Kontakt mit politischen Leuten, also Häftlingen, die dem norwegischen Widerstand angehören. Da bin ich dann einmal mit der »Monte Rosa«, einem Truppentransporter, mit 5 000 Soldaten durchs Skagerrak runter nach Hamburg. Wir waren drei Mädchen, um Gefangene zu bewachen, die auf dem Schiff nach Deutschland gebracht wurden. Da habe ich das erste Mal mit Gefangenen, auch Geiseln waren dabei, zu tun gehabt, und da habe ich mal angefangen, zu überlegen, wieso und weshalb. Aber wissen Sie, dann habe ich geheiratet, und da wurde das wieder verdrängt.

Trotzdem, bei der Arbeit in der Kripoleitstelle Oslo sind mir manchmal Zweifel gekommen. Ich hatte mit norwegischen Widerständlern zu tun. Natürlich wußte ich, daß die gegen uns waren. Die haben nach Schweden irgendwelche Leute weggeschafft, ihre eigenen Widerstandsleute. Das haben wir natürlich gehört und wußten das. Wir wußten ja auch, wenn nachts irgendeine Razzia angesetzt war. Aber ich bin nicht auf die Idee gekommen, daß das ganze von uns nicht in Ordnung ist. Daß wir eigentlich in Norwegen überhaupt nichts zu suchen hatten. Ich hatte keinerlei Bewußtsein, daß das Unrecht ist, was wir da taten oder Unrecht war. Aber was wollen Sie von Menschen verlangen, die 20 oder 21 Jahre alt sind und nichts anderes gesehen und gehört haben? Ich habe alles, was von oben kam, kritiklos hingenommen.

Ich muß dazu sagen: Ich bin katholisch aufgezogen, wie es halt auf dem Land so war. Sonntags zur Kirche. Und ich habe das auch immer gemacht, das war alles ganz klar für mich. Daß langsam durch die NSDAP die Religion durch diese Ideologie ersetzt wurde, ich habe das gar nicht so bewußt gemerkt. Das kam so spielend eigentlich. Heimabende usw., und die Kirche, die Kirche hat ja auch gar nichts dagegen getan, oder wenig. Wenigstens habe ich nichts davon gemerkt. Und wenn die es akzeptiert hat, die Kirche, dann mußten wir es doch eigentlich auch. So kam es denn auch, daß ich bis zum bitteren Ende an den Führer geglaubt habe.

Erst nach Stalingrad begannen die Zweifel richtig. Ein Cousin von mir, nach einem halben Jahr Ausbildung kam er nach Rußland und ist sofort gefallen. Nicht einmal mehr geschrieben, wissen Sie. Und dann kam irgendein Kamerad und hat dann behauptet, sie hätten ihn verletzt liegen lassen müssen und hätten ihn nicht mehr holen können. Und er war 19 Jahre alt. Also das hat mich dermaßen erregt, und da habe ich dann auch überlegt und dachte, mein Gott, muß denn so etwas sein. Was tut der Junge eigentlich jetzt da so tief in Rußland drin. Aber es hat noch nicht gelangt, der Zweifel ist immer noch nicht zum Durchbruch gekommen. Und ich konnte ja auch mit niemand darüber sprechen. Ich hatte ja keine Familie, nicht. Und weiter hat man niemandem getraut außer der Familie.

Elisabeth Barth
Jahrgang 1914

Ich war Soldat-Flakhelferin. In einer mausgrauen Uniform mit Schiffchen auf dem Kopf. Ich mußte am Funkmast arbeiten und Kabel einstecken. Wir waren von 1944 an im Einsatz. Bis auf unsere zwei Feldwebel bestand die Flak-Batterie nur aus Frauen. In Berlin bin ich, nachdem die Russen kamen, als »Trümmerfrau« dienstverpflichtet worden. Es waren ja keine Männer da. Wir haben gegen einen Stundenlohn von ein paar Pfennig riesige Schuttberge beiseitegeräumt.

Hedwig Sass
Jahrgang 1909

Ende April 1945 wurde es still. Die Russen kamen. Natürlich hatten wir Frauen viel Angst. Wir flüchteten in einen Keller und verschanzten uns hinter einer Tür. Wir waren mucksmäuschenstill. Die Russen haben uns am Tage nicht gefunden. Als ich in der Dämmerung aus dem Hauseingang heraussprang, um zu meiner Wohnung auf der anderen Seite der Straße zu kommen, stolperte ich über einen Toten. Sein Kopf war durch Panzerketten ganz breit gefahren.

Anna Mittelstaedt
Jahrgang 1900

Zuletzt arbeitete ich in einer Fabrik, die Tellerminen für das deutsche Heer machte. Ich mußte die Zündnadeln einsetzen. Ich war »dienstverpflichtet« worden. Meine Söhne waren im Krieg. Später, nachdem die Russen kamen, wurden Frauen bei zivilen Firmen eingestellt, um den Schutt wegzuräumen. Wir haben wie die Pferde gearbeitet. Es gab ja keine Männer, die waren in Kriegsgefangenschaft, wenn sie überlebt hatten. Um zur Arbeit zu kommen, mußten wir große Strecken zu Fuß gehen, – manche konnten die S-Bahn nehmen. Die fuhr ja trotz der Bombenschäden immer noch. Ich habe die »Trümmerfrauen-Brigade« organisiert und geführt. Bei uns in Berlin war einmal ein Angriff, da waren wir im Keller. Gegenüber, das Eckhaus, wurde getroffen. Vor Angst sind wir dann alle rausgerannt auf die Straße. Da war Phosphor, da riefen sie hinter mir: »Frau Mittelstaedt, Ihre Füße brennen!«

Da bin ich dauernd in Phosphor getreten, in die Flammen. Das war uns aber egal, wir rannten, rannten, wir wußten gar nicht wohin. Hauptsache nur weg ...

Hanna Gerlitz
Jahrgang 1907

Am 22. April 1945 eroberten die Russen unseren Teil von Berlin. Sie marschierten in Reih und Glied, mit langen Stangen. Mit denen haben sie erstmal unsere ganzen Gärten abgestochen nach Wertsachen. Und mein Mann hatte Gott sei Dank ein Safe von der Bank mitgenommen, und das hat er eingegraben. Das habe ich dann später ausgraben können. Und den Schmuck, den ich so alltäglich trug, den hatte ich in der Hosentasche. Ich hatte einen Skianzug an.

Es war ihnen auch erlaubt zu plündern. Wir saßen dann im Keller. Und da kamen die Russen dann und fanden da auch Alkohol und betranken sich. Und dann sangen sie, und mein Mann sang immer tapfer mit, und der sang immer: »Versteck dich, versteck dich in der Ecke.«

Der merkte schon die Absichten. Dann haben sie, um zu zeigen, daß ihre Pistolen geladen waren, auf Einmachgläser geschossen. Die liefen aus, und das war alles ein fürchterlicher Dreck. Und mein Mann sagte dann mal: »So ein Schwein.« Ein Russe darauf: »Was du haben gesagt, Schwein du haben gesagt?«

Einer setzte meinem Mann dann einen Revolver an die Stirn, und mein Mann hat ihn ganz scharf fixiert und gesagt: »Ja, du Schwein.« Und dann kamen sie und holten mich. Mein Mann war nun außer sich. Ich sagte: »Sei ganz ruhig, sonst erschießen sie uns alle«.

Es fand Gott sei Dank nicht im selben Raum statt. Zwei Kerle. Na ja, das war für meinen Mann natürlich schrecklich. Ich bin nur dieses eine Mal vergewaltigt worden, aber eben gleich von zweien zu gleicher Zeit, und das tolle dabei war, ich hatte den Schmuck in der Hosentasche. Den haben sie nicht gesucht und nicht gefunden. Das andere war ihnen wichtiger. Ich habe mir gesagt, wenn ich jetzt nicht mitgehe, dann knallen die uns hier alle ab. Und so kann ich vielleicht damit was retten. Und wenn du dich jetzt opferst, das kannst du nachher abstreichen. Aber dann hast du einen Dienst erwiesen, und wir kommen noch mal davon. Es waren junge Leute. Sie hatten sich betrunken. Das waren sogar sehr gut aussehende junge Offiziere, und sie hatten dann auch auf dem Weg durch Dahlem Parfum und Eau de Cologne erbeutet und benutzt in rauhen Mengen, also daß sie nicht so abstoßend wirkten. Das erleichterte die Sache. Wenn man dann so ne gräßlichen Kerle erwischt!

Also das war für mich insofern, ich will mal sagen, nicht so unästhetisch. Gefreut habe ich mich nicht, das können Sie sich denken. Nein, weiß Gott nicht. Ohne jegliche Folgen, Gott sei Dank. Und zum Abschied knallten sie in die Luft, und nun dachten die anderen, die Russen hätten mich erschossen, bis ich dann rief: »Alles vorbei.« Na ja, und dann habe ich also meinem Mann Mut zugesprochen. Er weinte wie ein Kind, er war schockiert.

Thula Timmermann
Jahrgang 1910

Im Jahre 1943 ging im Virchow-Krankenhaus unser Haus kaputt, Totalschaden nannte man das. Es war eigentlich nur noch der Flügel da, der im Erker hing, und ich hatte immer Angst, daß er jemandem auf den Kopf fallen könnte. Es war alles eine einzige Ruine. Und da bekam ich eine Einladung von dem Grafen Dubski aus Chadlowitz in der Tschechei, das lag in der Nähe von Olmütz, ein Gut, das seit 1376 im Besitz dieser Familie Dubski war. Während wir bei den Dubskis waren, fielen die vier Söhne im Krieg. Sie hatten in Deutschland gedient und haben dann für Deutschland gekämpft. Die einzige Tochter, Nora Dubski, starb in Wien während dieser Zeit an einer Milzoperation, so daß ich erlebte, wie diese Familie nun plötzlich alle fünf Kinder verloren hatte. Unsere Gastgeberin, die Gräfin Irene Dubski, war wie ich eine leidenschaftliche Pianistin. Sie hatte zwei Flügel, und ketzerischerweise spielten wir jeden Morgen zwei Stunden Klavier. Und dieses Verhalten wurde uns dann als »kriegswidrig« vorgeworfen. Von dem Bezirkshauptmann von Olmütz. Die Dienerschaft hatte uns angezeigt, daß wir ein »kriegswidriges« Verhalten an den Tag legten.

Wir spielten Klavier, und wir hörten Richard von Sahlis*. Sie hatten dann Leute gedungen, die vor der Tür lauschten, wenn ich zum Beispiel den schweizerischen Rundfunk hörte. Dieser Bezirkshauptmann (deutsches Äquivalent: Landrat), Österreicher, kein Tscheche, der war natürlich Parteigenosse. Und als er uns dann die Anklage vorlas, da sagte er: »Ich will Ihnen sagen, daß ich Ihre Denunzianten alle hierher zitiert habe. Da habe ich denen erklärt: Was sollen die Menschen denn machen? Sie haben in Berlin ihr Haus durch Bomben verloren, sie haben also keine Heimat mehr und sind jetzt hier, und eine Arbeit gibt es ja in dem Sinne für sie nicht, weil hier in der Nähe keine Munitionsfabrik ist. Und die

* Bekannter Kommentator des Schweizerischen Rundfunks. Hören seiner Kommentare war ebenso verboten wie das Hören der BBC, nur stand nicht die Todesstrafe darauf.

Brüder der Frau Timmermann sind im Felde, die Eltern der Frau Timmermann haben ihr Haus verloren in Hamburg. Was haben Sie sich vorgestellt, was diese Familie machen soll? Frau Gräfin hat ihre Söhne verloren, sie mußten für Deutschland kämpfen, weil sie dort auch gedient hatten.«

Und dann hat der Bezirkshauptmann mit spitzen Fingern diese Anklage zerrissen und hat gesagt: »Also, noch kommen Sie nicht ins KZ.«

Das hat uns natürlich sehr bewegt. Nun, und dann haben wir eben weitergelebt. Ein Jahr nach Kriegsende, über Nacht, teilten die tschechischen Behörden uns mit, daß wir das Schloß zu verlassen hätten – ohne alle Habe.

Mit meinen drei kleinen Kindern, alle unter zehn Jahren, bin ich dann weitergewandert, und mal übernachtete ich in einer Scheune, mal übernachtete ich beim Bauern und hatte mir inzwischen einen Rucksack zugelegt, in dem ich komischerweise Altarkerzen hatte. Und mit diesen Altarkerzen habe ich mir dann mitunter etwas eingetauscht, und dann hatte ich noch ein ganz kleines Radio aufgetrieben und alle Menschen, die auch auf der Flucht waren, wollten mir dieses Radio abjagen. Aber ich habe immer mit dem Kopf auf diesem Rucksack geschlafen, und weil ich einen sehr leichten Schlaf habe, konnten sie mir dieses kleine Radio nicht wegnehmen. Ich wachte sofort auf, wenn einer kam, um es zu stehlen.

In Mecklenburg bin ich nicht mehr weitergekommen, weil die Russen mich nicht rausließen. In Mecklenburg hatte ich Freunde, Hamburger Reeder, die dort einen Apfelhof hatten, bei Boizenburg an der Elbe, ganz nahe an der Demarkationslinie zwischen Ost und West. Und weil ich diese Einladung von ihnen hatte, daß ich also auf ihrem Gut wohnen dürfte, konnte ich mit meinen Kindern auf diesen landwirtschaftlichen Betrieb zurückgreifen und dort sein. Und dann habe ich ein Jahr dieses Gut verwaltet. Meine Arbeit bestand darin, jeden Tag 56 Menschen etwas zu essen zu geben. Und das ist mir gelungen. Aber wenn ich fragte, wann kann ich nach Hamburg, dann sagte der sowjetische Dolmetscher: »Kleene Zeit warten. Wenn Stalin Hamburg, du Hamburg. Warum bist du hier? Warum du nicht weg?«

Und dann waren die Russen wieder sehr nett zu mir, und so

kriegte ich also zu essen für meine Leute. Eines Tages aber wurde ich von den Russen verhaftet. Meine Tochter war damals sechs Jahre alt, und der Russe sagte, in gebrochenem Deutsch: »Mutter wird jetzt auf dem Marktplatz von Boizenburg erschossen.«

Ich wurde abgeführt und kam ins Gefängnis in Boizenburg. Und da habe ich gesagt, ich könne nicht im Gefängnis bleiben, so leid es mir täte, es wäre so schön ruhig da usw., aber ich müßte für 56 Menschen was zu essen beschaffen. Und deshalb ginge das nicht, daß sie mich da festhielten. Und das sahen die Russen auch ein. Dann kam ich nach zwei Tagen Gefängnis wieder frei. Inzwischen war zu Hause Besuch gewesen, der hatte nach mir gefragt, und da hatte meine kleine Tochter gesagt: »Mutti ist nicht da, die wird gerade erschossen.« Na ja, und dann saßen wir dort trocken, wir hatten zu essen und mußten dankbar sein, daß wir dieses Ziel erreicht hatten.

Käthe Schlechter-Bonnessen
Jahrgang 1909

Wir waren kaum 14 Tage in Köln – die Koffer waren noch nicht ausgepackt, weil wir ja wieder wegfahren wollten –, da begannen in Köln die Tagesangriffe. Am 27. September 1944 wollte ich morgens mit den beiden kleinen Kindern, drei und sechs Jahre waren sie alt, nach Köln zur Makkabäerstraße zur Krankenkasse gehen und die Waisenrente beantragen, denn mein Mann war gefallen. Dabei kamen wir in der Nibelungenstraße in Mauenheim am Kindergarten vorbei. Dort stand die Kindergärtnerin, die mich und die Kinder kannte, und meinte: »Gehen Sie doch nicht mit den Kindern in die Stadt. Wenn Fliegeralarm kommt, ist das nicht gut.«

Und mein sechsjähriger Sohn bettelte: »Ja, laß uns hier. Wir spielen dann mit der Puppenküche.«

Ich ließ mich überreden, die Kinder dazulassen, und fuhr nach Köln. Kaum war ich mit der Straßenbahn in Nippes, da gab es Fliegeralarm, und ich mußte aus der Straßenbahn heraus und in einen Bunker. Verzweifelt dachte ich an die Kinder. Sofort nach Schlußalarm lief ich zurück nach Mauenheim und suchte die Kinder. Zuerst im Bunker, wo die Kinder sonst immer sofort bei Alarm hingingen.

Aber ich fand sie nicht, wohl andere Kinder, aber meine beiden nicht. Auch meine Mutter, die im Bunker war, wußte nichts von ihnen. Dann hörte ich am Nachmittag, daß eine Menge Menschen in einem Haus in der Nibelungenstraße verschüttet seien, auch die Kinder vom Kindergarten. Und tatsächlich, am Spätnachmittag holte man immer mehr Menschen aus dem Keller des letzten Hauses in der Nibelungenstraße, nahe an der Merheimer Straße. Hier war eine schwere Bombe schräg hineingerast und in den Keller eingeschlagen. Weil hinter dem Haus auf den Bunker zu eine freie Strecke war, waren viele Leute schnell in das Haus geflüchtet, denn die Bomben waren schon sofort nach dem Alarm gefallen.

Nicht alle in dem Keller waren sofort tot, einige lebten noch, aber kaum waren sie in der frischen Luft, fielen sie um und waren tot. Meine beiden Kinder wurden tot herausgeholt. Man sah ihnen nichts an. Sie hatten nur ein kleines Tröpfchen Blut an der Nase und am Hinterkopf eine große blutige Schramme.

Jutta Rüdiger (3)
Jahrgang 1910

Der Reichsjugendführer Axmann sagte mir etwa Anfang 1945: »Ich soll dir von Bormann bestellen, daß du BDM-Mädel zur Verfügung stellen sollst. Er will ein Frauenbataillon aufstellen.« Da habe ich spontan gesagt: »Das kommt überhaupt nicht in Frage, ich denke nicht daran. Denn, erstens, wenn wir so weit mit dem Krieg sind, daß nur noch Frauen uns retten können, dann hat es sowieso keinen Sinn mehr, und der zweite Grund ist, daß ich der Ansicht bin, daß Frauen rein biologisch nicht einsetzbar sind, offensiv mit der Waffe zu kämpfen. Denn es widerspricht dem Wesen der Frau, die Leben in die Welt setzt, nun Leben zu vernichten. Ich bin bereit, die Mädels bis in die vordersten Linien, auch wo es gefährlich ist, Versorgungsdienste übernehmen zu lassen, Sanitätsdienst, Verpflegung oder was immer für unsere HJ-Kameraden, aber ein Frauenbataillon kommt nicht in Frage.« Daraufhin hat Axmann nur mit den Schultern gezuckt und gesagt: »Auf deine Verantwortung.« Die habe ich übernommen. Bormann hat sich dann nicht mehr gemeldet. Ich habe also jeglichen Einsatz von Mädeln mit der Waffe abgelehnt. Ich habe ganz zum Schluß zwar noch eine Anordnung in Berlin durchgegeben, daß die Führerinnen Pistolenschießen lernen sollten zur Selbstverteidigung, wenn sie in letzter Bedrängnis wären. Denn wir hatten ja inzwischen gehört, wie die Bolschewisten mit deutschen Frauen umgegangen sind.

Die Forderung, »dem Führer ein Kind zu schenken«, ist, glaube ich, im ganzen nur von einigen Verrückten im Anfang gestellt worden. Ich bekam von Frontsoldaten Briefe, wie ich dazu käme, die Mädel aufzufordern, Kinder in die Welt zu setzen. Da habe ich gesagt, das ist mir ganz neu. Und da habe ich also nachfragen lassen über Partei oder entsprechende Stellen, wie die dazu kämen. Und da hieß es, die Briefschreiber hätten Feindsender gehört, über die Feindsender wären diese Gerüchte verbreitet worden. Freilich hat Himmler als Reichsführer der SS auch einmal von den BDM-Führerinnen gesprochen und hat gesagt, es fallen jetzt so und so viele Soldaten im Krieg und man sollte, wenn ein unverheirateter Mann mit einem Mädel ein Kind zeuge und dann an die Front gehe (später wollten sie wahrscheinlich heiraten), dann sollte man da großzügig sein. Man sollte nicht, wie es bis dato war, eine uneheliche Mutter in den Selbstmord treiben. Das ist früher sehr oft so gewesen. Und auch als Himmler sprach, der ist nie so weit gegangen zu sagen, also ihr müßt dem Führer ein Kind schenken, oder jede soll ein Kind bekommen, aber irgendwo hatte er trotzdem eine Abwehrfront vor sich. Die ganzen BDM-Führerinnen, die haben so ein bißchen mit gesträubten Haaren vor ihm gesessen. Das hat er wohl gemerkt. Und daraufhin hat er auch nur gesagt: »Also wenn ein SS-Mann ein unmündiges Mädel verführt, der soll hart bestraft werden. Das könnte ja auch seiner Schwester passieren!«

Kinderkreuzzug

»Wer die Jugend hat, hat die Zukunft«, war eine Grundthese der Nazis. Dementsprechend faßten sie rigoros Deutschlands junge Männer und Frauen in Massenorganisationen zusammen, disziplinierten und indoktrinierten sie. Die Hitlerjugend (HJ) und ihr weibliches Gegenstück, der Bund Deutscher Mädel (BDM), nahm in steigendem Maße Zeit und Energie der jungen Menschen in Anspruch. Nach 1938 wurde die Hitlerjugend Teil des Machtapparates.

Die meisten deutschen Jugendlichen der Hitler-Ära waren überzeugte Patrioten. In Fortsetzung eines unentwegt propagierten Heldenkults konzentrierte sich die Nazi-Regierung im Kriege ganz auf die Verherrlichung junger Helden. Wochenschauen, Zeitschriften, Skulpturen, Gemälde und sogar Postkarten zeigten Jünglinge, Idealgestalten, die ihre Tapferkeit unter Beweis gestellt und ihre Ritterkreuze usw. vom Führer persönlich erhalten hatten.

Die Begeisterungsfähigkeit der Jugend, sich für das Deutsche Reich bis zum letzten einzusetzen, wurde vom Regime rücksichtslos mißbraucht. Dieser oft fanatische Einsatzwillen der jungen Menschen hielt an – teils bis zum letzten Atemzug des Dritten Reichs.

Jugendliche wurden in den Städten als Melder eingesetzt, als Erste Hilfe und zum Wegräumen von Schutt. Die SS stellte eine Division von Freiwilligen aus der Hitlerjugend auf. Gymnasiasten wurden Flakhelfer. Im Oktober 1944 rief dann Hitler den Volkssturm auf.

Alle nur halbwegs gesunden Männer zwischen sechzehn und sechzig Jahren waren nun für den Militärdienst verwendbar. Jungen, die vom Ritterkreuz geträumt hatten, fanden sich plötzlich in

Schützenlöchern oder an Straßenecken wieder, wo sie feindliche Panzer mit »Panzerfäusten« bekämpfen sollten. Es gab ein böses Erwachen. Das »letzte Aufgebot« ging an die Front, die schon überall war.

Der Kinderkreuzzug begann und endete sehr bald als sinnloser Opfergang.

Lothar Loewe
Jahrgang 1929

Ich erinnere mich noch sehr gut, daß Weihnachten 1944 in Landsberg an der Warthe eigentlich ein friedliches Weihnachten war. Da ist nie eine Bombe gefallen. Es war Verdunkelung, die Lebensmittelversorgung auf Karten klappte gut. Ich hatte eine Großmutter in Pommern, die schickte immer noch Freßpakete. Und ich hatte Klassenkameraden aus den Gänsemästereien des Warthelandes, die nicht nur dem Klassenlehrer, sondern auch ihren Klassenkameraden allen eine dicke Weihnachtsgans schickten. Weihnachten 1944 war in Landsberg wie die Ruhe vor dem Sturm, also ein ganz beschauliches Familienweihnachtsfest, das letzte Weihnachten meiner Kindheit mit meinen Eltern, ich war 15 Jahre alt.

Der erste große Schreck kam im Januar 1945, in diesem kalten Winter. Die Schule fing nach den Weihnachtsferien plötzlich nicht mehr an, denn unsere Schule in Landsberg/Warthe wurde Evakuierungslager. Und das begann unmittelbar nach dem 12. Januar, nach dem Beginn der Weichseloffensive, da kamen die Trecks aus Westpreußen und aus Posen und Thorn und Bromberg, es kamen die Trecks der Bauern aus dem Warthegau. Wir machten Bahnhofsdienst. Landsberg liegt ja an der Schnellzugstrecke Berlin-Königsberg. Und die Züge, die aus dem Osten kamen, die Leute, die da drin saßen, die waren in einem erschreckenden Zustand. Es war 20 Grad minus, und die Züge waren überfüllt. Und die ersten erfrorenen Kinder wurden ausgeladen, Babies, die da erfroren waren, Verwundete, Versprengte, Marodeure, Wehrmachtsleute in Uniform, abgerissen, zerfetzt, zerlumpt. Soldaten, wie ich sie eigentlich in meinem Leben noch nie gesehen hatte. Und mit fürchterlichen Hiobsnachrichten. Dennoch war die Vorstellung, daß die Russen in Landsberg an der Warthe, 135 Kilometer östlich von Berlin, einrücken könnten, für uns alle unvorstellbar. Wie der

Weltuntergang, obwohl man das Elend auf den Straßen sah und die Leute flüchteten. Manche hatten auch schon Russen gesehen oder waren schon einmal überrollt von irgendwelchen Spitzenkolonnen, die dann wieder abrückten. Dann hörte man, so gegen Ende Januar, ein bißchen Gegrummel. Das war Artilleriedonner. Nach ein paar Tagen begann ein langsamer, erst langsamer, dann immer schnellerer Transport von Militärkolonnen, die nach Westen rollten, unsere Wehrmacht.

Und dann ging das alles eigentlich sehr schnell. Es kam dieser 30. Januar, den werde ich nie vergessen. Mein Vater, der beim Telegrafendienst der Post war, Oberinspektor, rief in der Nacht an und sagte, die Russen seien 20 Kilometer vor Landsberg mit Panzerspitzen. Und das gesamte Telegrafenbauamt würde evakuiert nach Westen, und wir hätten die Chance, da mitzufahren. Auf dem Bahnhof war inzwischen die Hölle los. Es gab nie einen formellen Evakuierungsbefehl. Partei und staatliche Stellen hatten ja geraten, zur Ruhe geraten, alle sollten hierbleiben. Keiner hatte etwas vorbereitet.

Meine Mutter packte zwei Koffer. Einen für meinen Vater, einen für sich und einen kleineren für mich, mit irgendwelchen Teilen des Familiensilbers. Das hielt sie für wichtig. Wir verließen die Wohnung, meine Mutter schloß zweimal rum, schloß ab, wie es sich für einen ordentlichen Haushalt gehörte.

Kurzum, das war das Ende meiner Kindheit, und wir fanden uns im Handumdrehen in Frankfurt an der Oder, am Abend des 30. Januar. Hitler hat damals eine Rede gehalten am Abend des 30. Januar, wo er den Endsieg beschwor. Mann, Kind und Frau und jeder müsse mit Zähnen und Klauen kämpfen, das sei das letzte Aufgebot, und die bolschewistische Flut müsse also gestoppt werden. Und beschwor die Gewalt der neuen Waffen. Ich hörte ihn mit meiner Mutter im Wartesaal von Frankfurt/Oder abends um 10.00 Uhr, und hörte, wie Soldaten ganz offen abfällige Bemerkungen machten. Das war für mich eine sehr verwirrende Erfahrung. Denn diese Rede stand in einem merkwürdigen Kontrast zum Tagesverlauf. Plötzlich wurde auch mir als 15jährigem bewußt, daß ich mit meiner Mutter in einem Wartesaal in Frankfurt/Oder hockte, wo die Russen noch nicht waren. Aber in 24 Stunden, am 31. Januar, erreichten sie Frankfurt/Oder. Dort, wo wir herkamen, wo wir morgens um acht Uhr aufgebrochen waren, waren nunmehr, wie sich später herausstellte, in der Tat die Russen. Und dorthin würde man vermutlich nie mehr zurückkehren. Oder man würde es auf jeden Fall nie mehr so vorfinden, wie wir es verlassen hatten. Meiner Mutter wurde das sehr bewußt. Die weinte bitterlich, und mir war das ungeheuer unbehaglich. Im Grunde habe ich mich dagegen gewehrt.

Wir flüchteten dann, oder wir fuhren dann mit der Bahn nachts nach Berlin. Es wurde zur Verteidigung Berlins ein Verband zusammengestellt, ein sogenannter Heereshitlerjugendkampfverband III. Bestehend aus einer Kompanie Jagdpanzer. Bemannt mit Leuten aus Genesungs- und Ersatzeinheiten, verwundeten Frontoffizieren. Da waren Heeresoffiziere, Unteroffiziere der Heeresflak, die bildeten Hitlerjungen, also meine Kameraden, 15jährige, aus, als Richtschützen, Ladeschützen usw. Dann hatte der Verein deutsche Panzer, die beschädigt waren, sie wurden eingegraben. An der Straßenkreuzung der Wilmersdorfer Straße, Ecke Kurfürstendamm, stand so ein Ding. Kommandiert von einem Heereskommandanten, auch vermutlich aus den hiesigen Lazaretten, vom »Heldenklau« zusammengekratzt. Auch da wurden Hitlerjungen ausgebildet. Wir wurden alle in Döberitz ausgebildet, an diesen Geschützen. Ich war ja auch noch sehr jung mit 15, im Februar war ich schon 16, kam dann zum Stab. Und der Kommandeur dieses Unternehmens war ein evangelischer Pfarrer von Zivilberuf, der kommandierte diesen ganzen Verein.

Dann gab es ein Schlüsselerlebnis. Die Amerikaner erreichten die Elbe Anfang April. So um den 10. April, und hatten bei Burg einen Brückenkopf auf dem östlichen Elbeufer. Und bevor wir überhaupt in Berlin eingesetzt werden konnten, wurden wir in Döberitz eines Tages alarmiert, mit Panzerfäusten Position zu beziehen. Da bezogen wir Stellung, weil es hieß, amerikanische Panzer seien durchgebrochen, Panzerspitzen schon bei Brandenburg. Und dies war das erste Mal, daß ich am Endsieg, an den ich natürlich immer noch glaubte, an diese Wunderwaffen, daß ich zu zweifeln begann. Das weiß ich noch, daß ich zu meinen Kumpeln sagte, was soll dieser Quatsch eigentlich, auf diese Amerikaner zu schießen? Bevor hier der Rest einkassiert wird von diesem Reich, bevor die Russen nach Berlin kommen. Ist es nicht gescheiter, wenn sie hier wirklich auftauchen, die Knarre beiseitezulegen und sie durchfahren zu lassen? Aber die tauchten nie auf. Heute wissen wir warum.

14. April 1945. Die letzten Tage, in denen ich mit meiner Mutter zusammen war. Ich werde nie vergessen, wie Potsdam innerhalb von 40 Minuten eingeäschert wurde, diese Stadt, die das Asyl vieler Berliner war, die ein möbliertes Zimmer hatten und die Nacht durchschliefen. Keiner ging in Potsdam in den Keller. Einen richtigen Luftschutzkeller gab es da auch nicht, auch einen Bunker nicht. Es hieß immer, wegen der Aristokraten würden die Engländer Potsdam aussparen, als Lazarettstadt und wegen der Schlösser. Nichts dergleichen, sie pflügten Potsdam um. Das Potsdam, eine Stadt, die damals voll war mit Ostflüchtlingen. Und interessanterweise war Potsdam der Sammelpunkt für alle Feuerwehren aus dem Osten, die aus den Ostgebieten kamen. Es gab ein Riesenaufgebot an Feuerlöschfahrzeugen und freiwilligen Feuerwehren. Überall kamen die her, die Landsberger Feuerwehr war, glaube ich, auch in Potsdam.

In der zweiten Aprilhälfte wurden wir dann zur Verteidigung Berlins eingesetzt am Kurfürstendamm. Und die Hauptkampflinie verlief rings um den S-Bahn-Ring. Vom S-Bahnhof Wilmersdorf über den S-Bahnhof Hohenzollerndamm, vom Hohenzollerndamm nach Halensee. Westlich der Halenseebrücke im Grunewald war auch noch Arbeitsdienst, dann machte die Front einen großen Bogen zur Stössenseebrücke, Heerstraße, Olympiastadion. Wo wiederum Hitlerjugend war mit dem Reichsportführer Tschammer und Osten und Arthur Axmann, die verteidigten das Reichs-Sportfeld. Die Russen kamen also von Siemensstadt.

Und da machte die Front wieder einen Knick, lief dann irgendwo über Charlottenburg, Jungfernheide, schlängelte sich an die Kantstraße ran und pendelte so zwischen Kantstraße und Stadtbahn, S-Bahnhof Charlottenburg und Kurfürstendamm und also diese Ecke, die von der Gedächtniskirche, da hatten die Russen schon Beobachtungsposten. Im Zoo wurde gekämpft. Der Zoobunker war eine große Bastion. Also in diesem von mir umrissenen

Kampfgebiet fand der Endkampf um Berlin für mich statt. Ich mußte als 16jähriger dann immer irgendwelche Meldegänge machen. Und war mit einem Leutnant zusammen, der ein Holzbein hatte und das Deutsche Kreuz in Gold, der immer übernachtete bei seiner Freundin in der Wielandstraße. Nachts stellte er die Kriegshandlungen ein und sagte, komm morgen früh um acht Uhr, dann machen wir weiter. Um acht Uhr kamen er und ich wieder und gingen an die Front in irgendeine Straße. Wir hatten Panzerfäuste, eine belgische Pistole hatte ich, italienische Handgranaten, Eierhandgranaten mit so einem Schraubverschluß, eine italienische Maschinenpistole, die keine richtige Sicherung hatte. Damit hätte ich beinahe einen totgeschossen. Plötzlich lief ein Unteroffizier vor mir her, die Maschinenpistole ratterte los, aber sie ging Gott sei Dank gleich nach oben. Das hätte auch mein letztes Stündlein sein können. Der tobte schrecklich mit mir.

Schlimm waren die Nächte, wenn die Frauen von den Russen, die schon in den anliegenden Straßenzügen waren, vergewaltigt wurden. Da war ein schreckliches Geschrei natürlich. Da spielten sich schreckliche Szenen ab. Das wiederum stachelte uns nur an, weil wir alle befürchteten, die Russen metzeln uns nieder. Gefangene machen die nicht. In der Nähe des Kurfürstendamms, in der Sophie-Charlotten-Straße, da waren drei Panzer durchgebrochen. Ich schoß da aus dem Keller einen ab, aus dem Kellerloch.

Der Panzer, der flog buchstäblich in die Luft, das war ein formidabler Anblick. Die Russen zogen sich zurück. Dann hatte ich ein grausiges Erlebnis. Also es war in einer der Seitenstraßen, dort hatten Leute die weiße Fahne gehißt als Zeichen der Übergabe. Nun waren die Russen schon dran, wir hatten die Panzer geknackt, die Russen hatten wir rausgeworfen, der Einbruch war beseitigt. Das machten wir ein paarmal am Tag. Aber da war das Mietshaus mit weißen Bettüchern an den Fenstern. Das werde ich nie vergessen, da kam die SS, und die sind dann in dieses Haus rein, haben da die Männer rausgeholt. Sie holten die raus und erschossen die da mitten auf der Straße. Das war schrecklich.

Die Wut darüber war bei uns sehr groß. Wir wagten nichts dagegen zu unternehmen. Aber wer immer unterwegs war, sah natürlich diese »Kettenhunde«. Wer da nicht das richtige Papier, den richtigen Passierschein hatte, den knüpften die als Deserteur auf. Mit den Pappschildern: »Ich bin feige« oder »Ich bin ein Verräter«. Und am 1. Mai wurde ich also am Kurfürstendamm, Ecke Albrecht-/Achilles-Straße vor dem Bönicke-Zigarrengeschäft verwundet, vormittags um zehn Uhr. Aber ich konnte noch laufen. Eine Granatsplitterverletzung, ein Splitter in der Lunge. Nach einer Verwundung hat man immer Angst, noch einmal etwas abzukriegen, immer wenn es schoß. Vorher hatte ich nie Angst, aber nun hatte ich schreckliche Angst.

Wir saßen im Bunker und hörten vom Ende Hitlers, das werde ich nie vergessen. Da brach eigentlich eine Welt zusammen. Die Nachricht: angeblich an der Spitze seiner Truppen im Kampf, im heldenhaften Kampf um Berlin, vor dem Bunker der Reichskanzlei, der Führer gefallen. Also das hinterließ ein Gefühl der Leere, Adolf Hitlers Tod. Es fiel mir dann allerdings ein, daß nunmehr kein Eid mehr galt, denn der Eid war ja auf Hitler geschworen. Komischerweise fiel mir das ein. Wir haben auf den Führer den Eid geschworen, auf Dönitz haben wir doch hier nichts geschworen. Eid also war nicht mehr. Deshalb – weg aus Berlin, nicht den Russen in die Hände fallen.

Also gut, gegen Morgen setzte sich alles in Bewegung. Ich zog dann wieder auf die Straße. Berlin brannte, ein Flammenmeer, fürchterliche Rauchschwaden. Russen waren da noch nicht da. Die ganze Völkerwanderung setzte sich in Marsch. Und da war eine SS-Tiger-Abteilung, mit denen ich redete, die machten einen sehr guten Eindruck. Und in so einem Panzer war also Platz, und einer von ihnen, irgend so ein Oberscharführer, nahm mich dann mit in seinem Panzer. Ich hielt das für eine sehr sichere Sache, weil das ein dicker Panzer war. Die machten einen entschlossenen, zielstrebigen Eindruck, die wollten ganz sicher nicht den Russen in die Hände fallen, ich auch nicht. Und da dachte ich, die Chance, die Armee Wenck, die bei Nauen stehen sollte, nur wenige Kilometer entfernt, die Wenck-Armee zu erreichen, diese Chance sei eigentlich gut. So rasselten wir über die Reichsstraße nach Ruhleben. Und irgendwo guckte ich aus der Luke und sah am Straßenrand die Reste meines Vereins, meiner Einheit, die ich verloren hatte, stehen, und da sagte ich der Panzerbesatzung: »Haltet mal an.«

Und ich sprang also von diesem Panzer und ging zu meinem Pfarrer, zu meinem Major zurück. Dann sind wir über Spandau ausgebrochen. Nauen war das Ziel. Lazarettzüge stünden in Nauen bereit. Und die Vorstellung weißer Betten und eines Lazarettzuges, der vielleicht nach Hamburg rollt, war für mich sehr faszinierend. Nachdem man zehn Tage sich nicht mehr gewaschen hatte, verwundet war, verdreckt und blutig und was weiß ich. Kurzum, wir schlugen uns durch, quer über den Truppenübungsplatz von Döbritz.

Ich habe da ein Feuergefecht erlebt zwischen Arbeitsdienstleuten und Luftwaffensoldaten. Die Luftwaffensoldaten hatten die Arbeitsdienstleute für Russen gehalten, wegen der braunen Uniform. Arbeitsdienstleute ihrerseits hielten, weil sie beschossen wurden, die Luftwaffensoldaten für Seydlitzsoldaten*. Und die konnten sich auf Deutsch so viel zurufen wie sie wollten, die glaubten sich gegenseitig nicht, und schossen eine halbe Stunde lang und machten ein Feuerwerk aufeinander. Es sind ein paar dabei umgekommen. Ich habe nur gelegen und habe gesagt, es ist ja entsetzlich, hier wirst du im Kreuzfeuer von Deutschen umgebracht. Bis irgendein erfahrener Offizier plötzlich aufstand und sagte: »Seid ihr alle verrückt geworden«, und befahl: »Feuer einstellen! Aufstehen, Antreten, Abmarsch!«

Und dann traten sie an, als sei nichts geschehen, sagten: »Tut mir leid, Kamerad«, und zogen weiter, als sei nichts geschehen. Eine gespenstische Szene. Ich glaube, am 5. Mai endete das alles in Etzin, einem Dorf im Havelland, südlich von Nauen. Da sammelten sich Tausende von Soldaten, ein paar Generäle, unser Verein und viele Verwundete. Und dort haben wir kapituliert. Die Russen hatten uns umstellt, feuerten auf uns. Aber es trat auch eine Feuerpause ein, die Russen schickten ein paar Parlamentäre, forderten zur Übergabe auf. Diese Generäle waren also entschlossen; Verwundete sollten zuerst nach Potsdam in Lazarette abtransportiert werden auf Lkws. Und dann sollten die anderen die Waffen

* ehemalige deutsche Kriegsgefangene, die von den Sowjets als »Frontbeauftragte« eingesetzt wurden, um die deutschen Truppen zur Übergabe aufzufordern (siehe Einsiedel).

niederlegen, und die Russen sollten dann die Truppe einsammeln.

Wer das aber nicht wollte, war mein Kommandeur. Der hatte große Ostfronterfahrung. Wir waren noch zu 20 Leuten, und denen sagte er: »Ich entlasse Sie aus der Wehrmacht, ich entlasse Sie aus dem Dienst. Soldbücher her, ich entlasse jeden. Ich persönlich habe nicht vor, zu kapitulieren, der Adjutant auch nicht. Wir werden eine Zugmaschine«, die war betankt, »ein Halbkettenfahrzeug nehmen, wir werden bei Dunkelheit hier aus diesem Kaff ausbrechen. Unsere einzige Chance ist, wirklich mit dieser Zugmaschine als Einzelfahrzeug im Karacho diese 60 Kilometer zu fahren, hier querfeldein, in der Nacht. Dazu zwinge ich niemand, und wer mit mir mit will, der soll kommen.«

Da waren so zehn bis zwölf Leute drauf mit Panzerfäusten, mit Maschinenpistolen und Handgranaten und MG 42. Ein paar Luftwaffenhelferinnen waren auch noch mit. Es war eine gemischte Gesellschaft. Ein Teil mit Stahlhelm, teils ohne. Dann sind wir aus dem Kaff raus. Die Russen schossen nicht. Die Russen, glaube ich, die wollten sich auf nichts mehr einlassen. Und es bog eine Kolonne von einer Seitenstraße ein, eine russische Kolonne. Der Fahrer meines Kommandeurs sprach Russisch, erinnere ich mich, der war wohl Wolhyniendeutscher. Also der identifizierte die als Russen, und wir machten folgendes: wir hängten uns an die Kolonne. Wir fuhren als Schlußfahrzeug. Die Kolonne rollte gen Westen, das war das Entscheidende, also wir fuhren mit. Wohlgemut mit dieser Russenkolonne. Viele Russen fuhren ja deutsche Fahrzeuge und insofern fiel das zunächst einmal gar nicht auf. Irgendwann bog die Kolonne ab und wir fuhren alleine geradeaus. Dann wollten uns die Russen anhalten und brüllten Stoj, schwenkten rote Taschenlampen, und mein Kommandeur sagte, durch, und nur schießen, wenn wir beschossen werden. Und die feuerten eine ganze Breitseite in diese Zugmaschine von der Seite rein, und wir hatten mehrere Tote und Schwerverletzte. Wir fuhren mit dem Ding noch so drei bis vier Kilometer. Aber der Kühler war getroffen und war ausgelaufen. Der Motor lief heiß, die Zugmaschine fuhr nicht mehr. Sie bildeten eine Schützenkette und kamen auf uns zu. So daß hier die Frage war, ob hier das letzte Gefecht gekämpft werden sollte oder nicht. Das war die Stunde der Wahrheit, und unser Kommandeur sagte dann, das hat wohl alles keinen Sinn, wir heben die Hände.

Die Truppe, die uns gefangennahm, – wir waren ca. sechs Leute –, stellte uns an die Wand. Eine Scheunenwand, wo schon zwei tote Zivilisten lagen. Ich hatte den Eindruck, sie wollten uns erschießen. Dann gab es eine große Diskussion mit irgendeinem Offizier, dann kamen sie plötzlich und nahmen uns nur die Uhren ab, die Ringe und Uhren. Aber ich fand mich plötzlich wieder mit zwei Schachteln Zigaretten, die ich vorher nicht hatte. Deutsche Zigaretten hatte mir der Russe in die Hand gedrückt. Dann luden sie uns auf einen Lkw und fuhren uns in die Nähe von Brandenburg und übergaben uns einer ukrainischen Artillerieeinheit. Das Bild vom »sowjetischen Untermenschen«, das mich beherrscht hatte, brach zusammen. Die Einheit hatte eine Ärztin dabei, die erstmal alle Verwundeten versorgte. Zweitens kriegten wir etwas zu essen von diesen »bolschewistischen Untermenschen«. So ein Muschik hatte sicher Mitleid mit so einem Jungen wie mir, der hatte schon eine Menge gesehen auf seinem Feldzug, solche wie mich. Ich hatte weder Kochgeschirr noch Löffel, ich hatte nichts, außer meiner Pistole, und die hatte ich weggeworfen. Da gab der mir sein Kochgeschirr und seinen Löffel. Der »bolschewistische Untermensch«, der mich, den »Herrenmenschen«, den nordischen Germanen, aus seinem Kochgeschirr und mit seinem Löffel essen ließ!

Ich hatte während des Krieges sowjetische Gefangene gesehen. Und hatte auch gesehen, wie sowjetische Gefangene in Deutschland behandelt worden sind, in Landsberg an der Warthe. Also: alle anderen Kriegsgefangenen, die wir eingesammelt hatten, wurden besser behandelt als die sowjetischen. Sowjetische Gefangene wurden wirklich immer geprügelt, bekamen nichts zu fressen, sahen aus, wie man sich »bolschewistische Untermenschen« vorstellte. Allein schon durch den Hunger. Die Idee, daß ein deutscher Soldat einem Russen ein Kochgeschirr und einen Löffel geben würde, war für mich unvorstellbar. Und daß er mir das gab, freundlich, aus Mitleid, das ließ bei mir das Weltbild vom »sowjetischen Untermenschen schwanken«. Und da sagte ich, vielleicht verbringst du doch nicht den Rest deines Lebens in Sibirien. Vielleicht ist das doch alles etwas anders, als wir das geglaubt hatten. Dies war meine erste Begegnung mit einem Sowjetmenschen. Das habe ich mein Leben lang nicht vergessen. Und das hat auch immer mein Verhältnis, bei allen politischen Differenzen, beherrscht.

Carl Damm
Jahrgang 1927

Am 15. Februar 1943, fünf Tage vor meinem 16. Geburtstag, meldete ich mich wie fast alle meine Mitschüler aus den beiden Parallelklassen in Garstedt bei der 2. Batterie der schweren Flakabteilung 267 zum Dienst als Luftwaffenhelfer. Bis Ochsenzoll, der damaligen Endstation, waren wir mit der U-Bahn gefahren. Zwei Jahre später sollte ich wieder mit einer S-Bahn an die Front fahren. Die englischen und amerikanischen Bomberpulks flogen von Norden an, als sie in drei Nächten und drei Tagen unsere Stadt zerstörten. Sie flogen über uns hinweg, um ihre Bombenlast auf die dichtbesiedelten Wohngebiete zu werfen.

Der Dienst als Flakhelfer hatte für uns manche faszinierende Seite. Einmal imponierte uns, daß wir jetzt »Soldaten« waren. Dann waren da unsere Kanonen, die schweren 8,8- und die leichten 2-cm-Geschütze, und schließlich fesselte uns die Technik der Zielerfassung und der Zielverfolgung mit dem Kommandogerät.

Als aber doch einmal – ich meine, es war an dem Sonntag im Sommer 1943, als Hamburg unterging – eine B 17 (»Fliegende Festung«), bereits wundgeschossen, nur wenige hundert Meter hoch langsam von Nordwesten über unsere Stellung hinwegflog, um im Kiwitzmoor abzustürzen, und als wir »Pimpfe« an den 2-cm-Geschützen mit hochroten Gesichtern und laut schreiend auf das »gefundene Fressen« hinwiesen und ich das Ziel natürlich längst im Visier hatte, waren wir enttäuscht und empört, daß der Batteriechef ausdrücklich jedes Feuer auf dieses Flugzeug verbot. Uns schien es für den Augenblick, als hätte er den Sieg verschenkt. Unseren Dienst verrichteten wir in abgetragenen Uniformen der Flak, also Luftwaffenjacke mit roten Spiegeln, aber ohne Rangabzeichen, Hosen, Stiefeln und dem besonders wichtigen Luftwaffenkäppi, dem »Schiffchen«. Natürlich faszinierte uns am Anfang der Pubertätsphase auch, wenn unser »Fähnlein« singend durch die Straßen unseres Viertels marschierte, begleitet vom dumpfen Marschtakt der Landsknechttrommeln und den hellen Fanfaren. Auch mancher »Heimabend«, wo wir zur »Klampfe« die Lieder der Jugendbewegung und nicht nur das »Horst-Wessel-Lied« sangen, traf unsere Gemütslage.

Dann bin ich zum Wehrdienst eingezogen worden. Niemand von uns Rekruten wäre auf die Idee gekommen, daß Deutschland sich am Beginn des sechsten Kriegsjahres befand und daß die Wehrmacht auf allen Fronten auf dem Rückzug war. Mir ist nicht in Erinnerung, daß wir irgendwelche Informationen über die Kriegslage erhalten haben. Unser Bataillon sollte in aller Eile die Kriegsschule feldmarschmäßig verlassen. Wir packten unsere bewegliche Habe in die Rucksäcke, empfingen jeder ein Gewehr, französische Gewehre aus dem Ersten Weltkrieg –, dazu Munition und für jede Kompanie einige Panzerfäuste. Das Bataillon bestand aus vier Kompanien, und jede Kompanie hatte einen »Panzervernichtungstrupp« zu bilden. Für den waren die Panzerfäuste. Ausgebildet worden waren wir an ihnen nicht. Es könnte der 14. April gewesen sein, als unser Bataillon zur S-Bahnstation nach Spandau marschierte, um an die Front zu fahren.

Nach mehrmaligem Umsteigen erreichten wir Strausberg im Osten Berlins, die Endstation. Hier warfen wir die Rucksäcke auf Pferdewagen und marschierten, die alten französischen Gewehre geschultert, nach Karlsdorf, eine Strecke von rund dreißig Kilometern. Nach meiner Erinnerung haben wir drei Nächte in Karlsdorf zugebracht. Das stimmt mit der Tatsache überein, daß die Russen am 16. April an der Oder zum Angriff angetreten sind. Ganz fest ist in meiner Erinnerung verankert, daß wir Achtzehnjährigen aus Anlaß des bevorstehenden Geburtstages des Führers und Oberbefehlshabers der Wehrmacht eine Sonderzuteilung von drei Zigarren je Mann bekommen haben.

Zwei Tage lang haben wir Schützengräben ausgehoben. Zunächst jedoch passierte außer der Buddelei nichts. Am zweiten Tag veränderte sich dann die Szene so gegen Mittag. Einzeln oder in kleinen, ungeordneten Gruppen erschienen bei uns Landser, die von der Oder kamen. Meine Erinnerung an diese verdreckten und verschreckten Gestalten ist dreifach: Sie gehörten zur Heeresdivision »Groß-Deutschland«, erzählten, den Russen sei der Durchbruch gelungen, weil Soldaten in deutschen Uniformen im Morgengrauen angegriffen und gerufen hätten: »Kameraden, nicht schießen, wir sind Deutsche!«

Ich hatte zusammen mit einem Kameraden die Wache von Mitternacht bis zwei Uhr morgens. Als unsere Wachablösung ihrerseits abgelöst werden sollte, also gegen vier Uhr, war bereits schwaches Gewehrfeuer zu hören. Und als der Tag seine ersten Lichtzeichen über den Horizont schickte, waren auf der Reichsstraße 167 Richtung Südosten sowjetische Panzer zu erkennen.

Der Orlog begann. Es waren etwa fünfzig Kampfwagen, die auf der in einer leichten Kurve verlaufenden Chaussee zu sehen waren. Später erfuhren wir, daß viele unserer Kameraden dort verschüttet wurden. In diese Kanonade auf Karlsdorf und unsere Bataillonsstellungen müssen aber auch noch andere sowjetische Waffen eingegriffen haben. Wir zehn Hanseln vom »Panzervernichtungstrupp« duckten uns in die Gräben, die wir um unseren Unterstand herum gegraben hatten und sahen, wenn wir uns doch einmal trauten, über die Brüstung zu schauen, mit ungläubigem Staunen, weniger zunächst mit Entsetzen, auf die Mündungsblitze der Panzerkanonen. Wir sahen und hörten und spürten das Feuer, das sich rasch über das ganze Gehöft ausbreitete, und konnten bald in dem Getöse kaum noch etwas unterscheiden.

Das einzige, womit wir den Russenpanzern beikommen konnten, waren unsere Panzerfäuste. Klar, daß jetzt unser Oberfeldwebel erschien und die ersten beiden Kameraden mitgehen hieß, um Panzer zu »knacken«. »Ihr wartet hier.«

Wie lange wir gewartet hatten, weiß ich nicht. Es muß aber wohl gegen Mittag gewesen sein, als unser Oberfeldwebel mit den beiden Jungen wieder auftauchte und uns zurief: »Wir hauen ab!«

Einer der Jungs sagte: »Einen haben wir abgeschossen!«

Der schnurgerade Verbindungsgraben war voller toter Kameraden, gewissermaßen zur Hälfte mit ihren Leibern gefüllt. Wir zögerten, als wir die ersten Leiber erreicht hatten. Das waren die ersten Toten in meinem Leben! Aber dann gab es nach dem Entsetzen nur noch die nackte Angst. Wir stolperten über die niedergemähten Kameraden, mit denen wir die letzten sechs Monate verbracht hatten, wir hatten Angst, auf sie zu treten, aber noch mehr Angst, ihnen beigesellt zu werden.

Die sowjetischen Panzer verharrten noch immer am Dorfrand, sowjetische Infanteriebewegungen waren nicht zu erkennen. Wir standen in unserem Graben wie Zielscheiben. Unsere Gewehre hatten keine Ziele. Gegen die Panzer hatten wir keine Waffen, und das Sturmgeschütz war ausgefallen. Neben mir im Graben stand ein Soldat der Waffen-SS. Aber ich bemerkte ihn erst, als er in sich zusammensackte. Er war tot – Kopfschuß. Ich reagierte ohne jedes Gefühl. Zu unserer größten Verblüffung sahen wir vor dem Waldrand zahlreiche deutsche Panzer stehen. Und bei ihnen waren, teils abgesessen, viele Soldaten. Es waren Angehörige der Waffen-SS. Hier begegnete ich zum erstenmal der Waffen-SS. Meine Erinnerung an diese Begegnung ist zwiespältig, aber überwiegend negativ. Ein Offizier, die Pistole in der Hand, forderte uns unmißverständlich auf anzuhalten. Es gab einen kurzen Wortwechsel, in welchem wir klarzustellen versuchten, daß wir keine Deserteure seien. Er schnitt unsere Erklärungsversuche kurzerhand ab und befahl: »Ihr bleibt hier! Wir machen einen Gegenangriff!«

Da war ein besonderes großes Ungetüm, von dem ich auch heute noch überzeugt bin, daß es ein »Königstiger« war, und zahlreiche »Tiger« und »Panther«.

Der Knall des Abschusses kam dem Urknall nahe, wenn man bedenkt, daß wir nicht weit von dem schießenden Panzer entfernt auf dem Boden lagen. Wieder schoß der große Panzer und wieder und wieder. Bei jedem Schuß wurde ich ein Stück vom Erdboden hochgedrückt. Bald standen alle sowjetischen Panzer in Flammen. Der Panzerkampf mag vielleicht eine Viertelstunde gedauert haben. Die sowjetischen Panzer waren brennende, bewegungslose und kampfunfähige Ungetüme, und mir schien, als hätte allein die Riesenkanone des »Königstigers« sie erledigt. Jetzt war es plötzlich wieder still.

Unser Häuflein setzte sich in Bewegung. Die Parole hieß: »Schnell weg von der SS.«

Am Ortseingang von Buch auf der Reichsstraße 109 wurde eine Panzersperre errichtet. Der »Befehlshaber« über die Kinder und die alten Männer vom »Volkssturm« war offensichtlich ein höherer HJ-Führer, der zum Zeichen seiner »Autorität« ein Motorrad benutzte. Jetzt sollte wohl die Panzersperre mit Baumstämmen geschlossen werden. Es näherte sich ein Motorrad mit Beiwagen dem Ortsrand. Wir beobachteten das Fahrzeug vor allem deshalb, weil es seit langem die erste Bewegung auf der Straße war, die aus Feindrichtung kam. Von unserem seitlichen Standpunkt konnten wir aus knapp einhundert Metern Entfernung alles gut erkennen. Das Motorrad war mit drei Mann besetzt. Die Männer waren Soldaten, ihre Uniformen sahen nach Waffen-SS aus; und der auf dem Soziussitz schien ein Offizier zu sein. Dieses Motorrad stoppte etwa fünfzehn Meter vor der »Panzersperre«. Die Männer riefen offensichtlich dem HJ-Führer etwas zu. Dieser legte sein Motorrad auf den Boden, vielleicht, weil er zu beflissen war, um dem »SS-Befehl« zu folgen, und deshalb sein Krad nicht schnell genug auf den Ständer ziehen konnte. Der »Führer-Junge« eilte auf das SS-Motorrad zu und hatte gerade zwei, drei Schritte gemacht, als der »Offizier« auf dem Soziussitz mit seiner Pistole auf ihn schoß. Der HJ-Führer fiel zu Boden, der SS-Mann jedoch schoß noch mindestens zweimal auf ihn. Dann wendete er das Motorrad und brauste nach Norden davon.

Inzwischen griffen die Russen wieder an. Und los ging die schnelle Fahrt von Berlin-Buch bis zum Schlesischen Bahnhof im Zentrum der Stadt. Die Operationsachse des Bataillons war die Frankfurter und die Landsberger Allee, die später viele Jahre lang »Stalin-Allee« geheißen hat, also die unendlich lange Ausfallstraße Richtung Osten. Für meinen Bericht sollte ich jedoch besser von Einfallstraße sprechen, denn die Sowjets drangen entlang dieser und anderer Achsen Schritt für Schritt und unaufhaltsam in die Reichshauptstadt ein.

Das Ende des grausamen Spiels lag fest! Wir Akteure im inneren Ring hatten nur noch beschränkte Bewegungs- und Abwehrmöglichkeiten. Nadelstichen gleich, konnten wir hier oder dort das russische Eindringen verzögern und das Leiden der Stadt und ihrer Menschen vergrößern. Jedem Beteiligten war klar, daß es kein Entrinnen geben würde. Nach Nahkampf in den Straßen Berlins, nach vergeblichem Versuch, einen russischen Panzer abzuschießen, wurde ich verwundet. Das Lazarett wurde von den Russen überrollt, ich war Kriegsgefangener.

Welche Rolle spielte eigentlich die ideologische Erziehung, der wir zwölf Jahre ausgesetzt gewesen waren? Mancher wird mir nicht glauben, wenn ich rückschauend sage: keine. Aber sofern wir nicht von unterbewußten Regungen sprechen, sondern nach Überlegungen fragen, die sich bei uns zu bewußten Reflexionen, zu kritischer Betrachtung unserer Situation verdichteten, so spielte eine Rolle, was ich oben über den begrenzten »Erfolg« unserer Aktionen gesagt habe. In der konkreten Kampfsituation war das ausschlaggebende Motiv sowieso nur: zu überleben; Gedanken an »Führer, Volk und Vaterland« bewegten mich nicht. Volk und Vaterland ja; wir waren Deutsche, uns gegenüber standen Russen, »Bolschewiken«. Vielleicht wäre die Zähigkeit unserer Abwehr geringer gewesen, wenn wir gegen die Amerikaner oder Engländer gekämpft hätten. Ich weiß es nicht. Von den Sowjets erwartete ich nichts Gutes. Insofern war ich ein Opfer der Goebbelsschen Propaganda. Aber wie die Ereignisse in Berlin und schon vorher gelehrt haben, muß man die Sache mit dem »Opfer der Propaganda« wieder relativieren. Und übrigens: Wer hatte den mit Goebbelsschem Pathos hinausgeschrieenen Satz »Führer, befiehl! Wir folgen Dir!« nicht schon längst in der ironisch, verzweifelt oder zynisch abgewandelten Form des »Führer, befiel, die Folgen tragen wir« billigend gehört oder selbst ausgesprochen?

Hans-Rudolf Vilter
Jahrgang 1929

Mein Vater war Diakon, er lebt nicht mehr, er gehörte zur Bekennenden Kirche und hat uns Kindern Dinge gesagt und von Dingen erzählt, von denen der Normalverbraucher wenig erfahren hat.

Ich war im Jungvolk, ich war sogar begeisterter Pimpf, ich habe auch im Jungvolk Karriere gemacht, ich habe es bis zum Hauptjungzugführer gebracht, muß allerdings sagen, daß es auch da schon vor Kriegsende einen Bruch gegeben hat. Wir wurden im Sommer 1944, ich war damals Oberschüler, zu einem Schippeinsatz an die frühere polnische Grenze geholt. In der Gegend von Meseritz mußten wir Panzergräben bauen. Es hat damals schreckliche Konflikte zwischen meinem Vater und mir gegeben. Mein Vater war natürlich mit meiner Aktivität im Jungvolk überhaupt nicht einverstanden und hat es auch nicht begriffen, daß ich da als Führer Karriere machte. Das Jungvolk machte Spaß, wie auch die ganzen Kriegshilfsdienste, zu denen wir herangezogen wurden. Dafür gab es zusätzliche Lebensmittel. Die Organisation hat zum Funktionieren des Staates beigetragen. Dann wurden wir nach 1943, als die schweren Bombenangriffe auf Berlin losgingen, sehr häufig nach Berlin gebracht, um beim Löschen und Evakuieren usw. zu helfen.

Im Januar 1945 bin ich 16 geworden und wenige Tage nach dem Beginn der russischen Offensive wurde ich eingezogen. Wir waren zuerst Volkssturmsoldaten, kamen uns daher als Soldaten zweiter Güte vor, wurden dann aber auch »richtige« Soldaten. Was hat uns damals bewegt? Vielleicht ein klein bißchen Stolz. Wir sind nicht mit fliegenden Fahnen zur Truppe geeilt, so wie das 1914 angeblich unsere Väter getan haben, kurz: Begeisterung, Patriotismus war auch nicht vorhanden. Das Gefühl, nur noch durch uns und mit uns den Endsieg zu erringen, nein. Ich glaube, was uns damals ausgezeichnet hat, war Skepsis und Furcht. Die Ausbildung, die wir erfahren haben als Soldaten, die war miserabel, was sicher daran gelegen hat, daß es einmal an Bewaffnung fehlte, ja es fehlte schon an Munition; mit der Panzerfaust mußten wir sehr sparsam umgehen, wir haben auf ausrangierte Panzer geschossen, aber das ist was anderes, als wenn ein Panzer auf einen zurollt.

Dann gingen am 16. April die Russen über die Oder, der Angriff auf Berlin begann, wir wurden alarmiert und hockten dann noch ein paar Tage in Bereitschaft, mehr oder weniger vor uns hingammelnd, und wurden schließlich um den 20. April herum nördlich von Berlin eingesetzt. Ich weiß, daß uns damals nach der ersten Begegnung mit der Roten Armee eigentlich nur eins beherrschte und das war Angst.

Nicht vergessen werde ich den ersten T-34. Ich hatte das Gefühl, der rollt auf mich zu. Ich hatte damals panische Angst und hätte mich am liebsten zehn Meter tief vergraben. Am 24. April kam dann der Befehl, durchschlagen Richtung Westen.

Es war ein Strom, der sich da aus Berlin ergoß, Frauen, Kinder, Verwundete, Kriegsgefangene, Fremdarbeiter, es war ein Bild des Grauens. Am Straßenrand stand ein Major, zwei Offiziere bei ihm und ein paar Feldgendarme, Leute, die man wirklich fürchtete damals, auch das ist ein Grund dafür, daß man damals nicht abgehauen ist. Wir haben die desertierten und gefaßten Soldaten, die man dann an Laternenpfählen und Bäumen aufhing, gesehen mit dem Schild: »Ich hänge hier, weil ich zu feige bin, mein Vaterland zu verteidigen.«

Dabei hatte ich ein ganz schreckliches Erlebnis: In diesem Haufen, der diesen Ort zu erobern versuchte, war ein Unterscharführer der Waffen-SS. Und der, das Bild werde ich nicht vergessen, hat einen der verwundeten Russen auf den Bauch gerollt und ihn dann mit seiner MP erschossen. Wir sind danach weiter durch diesen Ort gezogen, ich glaube, wir haben mehr in die Luft geschossen als auf die Russen, wir haben uns mit dem Schießen Mut gemacht, man sah ja auch nichts vom Gegner.

Es knallte und zischte, dann kriegte ich plötzlich einen heftigen Schlag, so, als ob mir einer auf die Schulter und das Bein geschlagen hätte. Das waren Granatwerfersplitter, die ins Schlüsselbein eingeschlagen waren und in der Lunge und in den Rippen steckenblieben. Ich muß eine gewisse Zeit ohnmächtig gewesen sein, denn ich kann mich nur erinnern an einen Blitz, dann kam ich wieder zu mir, war aber furchtbar verdöst. Ich lag da, blutete aus der Schulter heraus, ich konnte den rechten Arm nicht mehr bewegen.

Damit war ich nun kampfunfähig, und da bin ich in das nächste Haus gekrochen. Das war zu, aber das zweite oder dritte war offen. Ich bin dann da in den Keller runtergekrochen, und da lagen schon ein paar Verwundete. Mein Glück war, daß ein Klassenkamerad auch als leicht Verwundeter in diesen Keller kam und mich fand und mich dann versorgte. Er hat mir jedenfalls die Jacke vom Leib geschnitten und hat mich verbunden, Kopf hochgelegt, und mehr noch.

Wir hatten natürlich auch in diesem Keller Angst vor den Russen. Was machen sie nun mit uns, erschießen die uns? Die Russen haben es nicht getan, sie waren sehr oft im Keller, sie kamen sehr schnell. Jedenfalls lagen wir in dem Keller ohne Hilfe, die Leichtverwundeten versuchten in den umliegenden Häusern Handtücher usw. zu finden, um uns zu verbinden, auch Wasser, es war ein schreckliches Gewimmer in diesem Keller. Nach drei Tagen, als die Lebenszeichen bei mir dann immer weniger wurden, kriegte es mein Freund mit der Angst.

Der Zufall hatte es gewollt, daß ich in einem Ort verwundet wurde, der nicht allzu weit von unserem Heimatort entfernt lag. Da ist dieser Klassenkamerad bis zu meinem Heimatort, bis zu unserem Haus gelaufen. Er hat bei uns zu Hause geklopft und hat gesagt, der liegt da und da und hat einen Schuß in der Schulter. Daraufhin hat mein Vater sich beim Hauswirt einen Handwagen geliehen, ist zum Nachbarn gegangen, hat ihn gefragt: »Kommen Sie mit?«

Der Nachbar hatte fünf Kinder, hat aber ja gesagt. Sie haben sich dann mit dem Handwagen auf den Weg gemacht und haben mich ausfindig gemacht, auf den Handwagen gelegt und nach Hause gefahren. Von dieser Fahrt weiß ich nichts.

Für mich hat das im Nachhinein etwas Gleichnishaftes oder Symbolhaftes gewonnen. Der Krieg war zu Ende, das Dritte Reich war zusammengebrochen, es existierte nichts mehr. Wenn man etwas brauchte, mußte man es sich selber beschaffen, egal wie. Es muß kurz nach der Kapitulation von Berlin gewesen sein, da brachen SS-Einheiten durch unseren Ort durch, jedenfalls gerieten wir, mein Vater, der Nachbar und ich, in eine Schießerei. Das war am Bahnhof. Auf unsere Gruppe stürzte eine Gruppe von russischen Soldaten, und die rissen mir die Decke herunter, und als sie dann sahen, daß ich eine alte Wunde hatte, waren sie beruhigt. Die beiden Erwachsenen schafften mich dann in den Bahnhofstunnel, und als die Schießerei vorbei war, gingen wir zum Arzt und der punktierte.

Der arme Doktor kriegte meine Blutung nicht zum Stillstand. Das nächste Lazarett war in Spandau, dann wurde ein Bauer gewonnen, der Pferd und Wagen hatte. Der Wagen wurde mit weißen Fahnen gespickt, und dann wurde ich ins Lazarett gebracht. Im Mai 1946 wurde ich entlassen.

Der Grund, weshalb wir nicht desertiert sind, war die Angst vor den eigenen Feldgendarmen, die ja damals ungeheuer rigoros vorgingen. Man wurde vor ein Standgericht gezerrt, da gab es keine langen Verhandlungen und keine langen Verteidigungen, man war Deserteur und wurde gehängt. Das zweite war die Angst vor der sowjetischen Kriegsgefangenschaft, die auch in den düstersten Farben gemalt worden war. Das dritte war die Hoffnung, entweder auf die Armee Wendt zu stoßen bei dem Ausbruch, oder aber auf die Amerikaner, nach deren Kriegsgefangenschaft man sich fast sehnte.

Eines muß man berücksichtigen: Ich war 16, ich war ein Kind, ich hatte keinerlei Einsicht, Überblick und auch keinen Verstand und keine Erfahrung, ich war ein verängstigtes Kind, als all das passierte und in dieser Situation und in dieser Rolle fühlt man sich am wohlsten in der Herde, in seinem Haufen. Da machen alle dasselbe. Man kriegt gesagt, was man machen soll, es war von all den Möglichkeiten, die sich da boten, so schien es uns, damals die beste.

Wolfgang Kasack
Jahrgang 1927

Mein Vater ist der Schriftsteller Hermann Kasack, und ich bin in Potsdam groß geworden, habe bis 1943 zu Hause gewohnt. Dann wurde ich Luftwaffenhelfer und konnte, da wir in der Nähe von zu Hause eingesetzt wurden, bis 1945 regelmäßig zu Hause sein. Ich hatte ein sehr gutes Verhältnis zu meinem Vater und seinem Haus des Geistes, der Literatur und der religiösen Philosophie. Ich bin in einer politisch gesunden Familie groß geworden. Das ist ein Geschenk gewesen. Ich war 1933 sechs Jahre alt.

Plötzlich wurde ich als Flakhelfer eingezogen. Die Verzweiflung meiner Mutter war groß, die klare Erkenntnis, damit ist diese Kindheit beendet.

Ich wurde Flakhelfer, als ich gerade 16 Jahre alt geworden bin. Wir konnten in der Regel die Schule besuchen, so daß ich zum Mittagessen dreimal in der Woche zu Hause war. Dort ist innerhalb der Klassengemeinschaft und Flakhelfergemeinschaft ein sehr positives Gruppenempfinden entstanden. Zum Teil haben wir diesen Kontakt bis heute. Es war Anfang 1943. Wir leisteten Dienst an den Scheinwerfern und Horchgeräten.

Als die Front näherrückte, wurde ich zum Sanitäter ausgebildet. Ich kam in die Ausbildungseinheit für Sanitäts-Offiziere. Das war von Januar 1945 bis Mitte März 1945 in Zossen.

Dort kam eines Tages der Befehl, ich glaube, es war am 24. April 1945, daß wir nach Berlin verlegt würden, um an die Front zu kommen. Ich kam in Berlin an, wollte meine Mutter anrufen, und in der Nacht, es muß der 13./14. April gewesen sein, war Potsdam eingeäschert worden. Und ich konnte nicht mehr die Eltern erreichen. Auf dem Wege von der Kaserne zur Front traf ich zufällig meine Mutter. Diese Schicksalsfügung werde ich nie vergessen. Potsdam war zerstört, aber wir durften uns noch einmal sehen. Diese Begegnung mit meiner Mutter blieb mir eine bleibende Kraft in der gesamten Zeit der Gefangenschaft.

Ein paar Tage später waren wir an der Front. Das war östlich von Berlin. Wir wußten nicht ganz, in welcher Richtung nun der Feind war. Hinter uns oder vor uns. Unsere Gegner waren Polen.

Als Sanitäter mußte ich einige Verletzte versorgen. Da sah ich auch die ersten Toten. Man vergaß, mich zu wecken in der Nacht, als der Befehl kam, sich zurückzuziehen. Und dadurch war ich alleine in meinem Schützenloch. Sie hatten einfach vergessen, mich zu wecken. Wie ich aus meinem Loch herauskam, wurde ich als erstes beschossen. Ich merkte, daß der Schuß nicht so sehr genau getroffen hatte. Ich hatte nur etwas Schmerzen am Kopf. Es war ein Streifschuß, und ich bat den polnischen Soldaten, der auf mich geschossen hatte, mich zu versorgen, wie wir Sanitäter das nannten. Es standen so sechs, sieben um mich herum. Ich gab ihm meinen Jodstift, ließ ihn meine Wunde betupfen, ging ab in die Gefangenschaft. Ich wurde alleine abgeführt von einem sehr lieben polnischen Soldaten. Er machte mir klar: »Als nächstes kommst du jetzt zum Verhör. Die nehmen dir alles ab. Schenk mir doch deine Uhr.«

Dann kam der Weg in die Massenlager. Ich erinnere mich, wie ein sowjetischer Offizier mit der Pistole mich innerhalb einer Gruppe von 5 000 Menschen suchte, um mich zu erledigen. Der Grund war der, ich hatte zwei Offizieren, älteren Herren, etwas Wasser gebracht. Es waren sogenannte Kriegsgerichtsräte in Uniform. Die machten auf mich einen besonders erschöpften Eindruck. Dieser Hilfsakt gegenüber den sowjetischerseits besonders gehaßten Juristen in Uniform war der Grund, daß man mich suchte. Da erlebte ich die kameradschaftliche Hilfe der Unbekannten. Der eine zog seinen Mantel aus, warf ihn mir um, der nächste riß die Mütze vom Kopf, so daß ich sofort etwas anders aussah, und als der Zorn verflogen war, geschah mir nichts.

Der Weg in die Gefangenschaft wurde geprägt durch die Erschießung eines 15jährigen Jungen vor meinen Augen, der eben nicht mehr weiterlaufen konnte, und dann schoß irgend so ein russischer Soldat an ihm rum, und der Junge lebte weiter, bis dann ein Offizier kam und ihn ins Ohr schoß. Das ständige Sich-bemühen, mit der letzten Kraft noch in diesen ungeheuren langsamen Herden, die gen Osten getrieben wurden, immer in der Mitte zu bleiben. Man hörte eben immer wieder die Maschinenpistole; Zurückbleibende wurden erschossen.

Da sind auch die ersten Begegnungen mit den helfenden russischen Menschen, die ja in der Sowjetunion auch jahrzehntelange Erfahrung hatten. Schließlich sind die sowjetischen KZs erheblich älter als die deutschen KZs. An irgendeiner Station durften wir aussteigen, und eine Frau brachte dieser Masse von aussteigenden Soldaten Wasser. Die Wachmannschaften hatten den Befehl, für Ordnung zu sorgen. Wenn verdurstende Menschen an Wasser kommen, entsteht eine gewisse Unruhe, also vertrieb er sie. Selbstverständlich schleppte die Frau weiter, Eimer um Eimer, und trug ihn immer an die Stelle, wo gerade kein russischer Soldat war. Und was ich heute weiß, ist, daß die Soldaten, die das verhindern sollten, mindestens ein geschlossenes Auge hatten und bestimmt ungeheuer langsam ihrem Befehl nachkamen, die Frau daran zu hindern, uns etwas zu trinken zu geben.

Wir sind dann an die Wolga gekommen, haben uns dort unser Lager aufbauen müssen. Wer nicht zur Arbeit ging, der kam in den Bunker, 14 Tage Bunker waren im allgemeinen direkt der Tod oder eine Lungenentzündung.

Dann sollten wir in ein anderes Lager. Wir kamen auf ein Schiff. Es war eine sehr schöne Fahrt auf der Wolga. Selbst der Kriegsgefangene, auch der verhungernde, kann nicht umhin, eine schöne Landschaft in sich aufzunehmen. Wir kamen dann wieder in ein sowjetisches KZ, und dann mit dem Zug irgendwohin. Man erfährt ja nicht, wo so ein Zug hingeht, und nachdem etwa ein Drittel der Menschen in dem Zug innerhalb von zwei bis drei Tagen gestorben war, kamen wir in einen kleinen Ort, wurden dort ausgeladen und kamen in eine Schule, und da bin ich dann ein Jahr lang in einem Lazarett gewesen.

Wir bekamen etwa ein Drittel von dem zu essen, was der Mensch zum Überleben braucht. Ich versuchte daher, mir irgendwelche Posten zu verschaffen. Ich sagte mir, du machst es eben mit dem Kopf und lernst Russisch, denn ich merkte, daß die Küchendolmetscher durchaus nicht hungerten. Ich besorgte mir ein Unterrichtsbüchlein für russische Soldaten und ein kleines Lexikon. Ich habe fünf Bände eines Lexikons auf Zigarettenpapier abgeschrieben. Gesamtumfang eines Bandes: 50 Blatt Zigarettenpapier. Nach sechs Wochen war ich Küchendolmetscher.

Ich erkrankte. Ich war in der Zeit so krank, daß ich mich noch daran erinnere, wie die Freunde im Lager von mir Abschied nahmen, der Besuch bei einem Sterbenden. Ich bekam eine große Furunkolose im Knie, und dann wurden viele Liter Eiter herausgeholt.

Ich bin dann auch dadurch, daß ich Russisch lernte, in das Beobachtungsfeld des sowjetischen Nachrichtendienstes geraten. Und wurde vorgeladen zu einem Verhör und begriff eigentlich die Gefahr nur dadurch, daß die russische Krankenschwester, die mich dahin begleitete, so eine entsetzliche Angst hatte. Und diese Angst übertrug sich auf mich.

An dieses Verhör erinnere ich mich sehr genau. Es war für mich nämlich nicht von Angst geprägt, sondern von der Bestätigung des gestrigen Gymnasialschülers, sich selbst zu erproben und den Beweis zu bekommen, daß er sich nach sechs oder acht Wochen auf Russisch mit einem Russen unterhalten hat. Er fragte mich nach meiner nationalsozialistischen Vergangenheit, und ich konnte auf mein Elternhaus, ich konnte auf meinen Vater, ich konnte auf unsere politische Haltung sehr ehrlich hinweisen. Es geschah dann so, daß ich jede Frage dieses Russen in meinem Negerrussisch oder meinem Jägerlatein, wie Sie es nennen wollen, wiederholte und es wirklich begriffen hatte, was er wollte, und ihm dann eine Antwort geben konnte. So blieb dieses Verhör ergebnislos. Nicht lange danach wurde ich aus der Gefangenschaft entlassen.

Klaus Bölling
Jahrgang 1928

1933 mußte mein Vater aus dem Staatsdienst ausscheiden, weil meine Mutter, seine Frau, jüdischer Herkunft war. Dann begann eine jener vielen Existenzen von eigentlich konsequent nationalgesinnten bürgerlichen Akademikern, die aber nicht mehr in das Raster paßten, und sich dann irgendwie mit Hilfe von Leuten, die uns schätzten, und die nun dem neuen Regime in prominenten Positionen dienten, eben so durchgeschlängelt haben, ohne daß mein Vater sich deshalb einem Widerstandszirkel angeschlossen hätte. Er war dazu auch ein viel zu gelehrtenhafter Typ, der wohl Zeit seines Lebens ein Mann der Studierstube gewesen ist und kein Mann der Aktion. Ich selber bin so aufgewachsen, wie viele Beamtensöhne. Von 1939 an war ich mit Feuer und Flamme im Jungvolk. Für mich war das eine Welt, in der ich gerne lebte. Wir sind ja auch auf dem Gymnasium im Sinne der Ideen von Flex erzogen worden, ohne daß das Gymnasium einen NS-Touch gehabt hätte. Die meisten Lehrer waren eher deutsch-national im Sinne der Wilhelminischen Zeit. Patrioten, geradlinig, Ranke- und auch Treitschke-Verehrer.

Wir wurden zur Flak geholt, auch das empfanden wir damals eigentlich als die erste Männlichkeitsprobe, wir fühlten uns erlöst aus einem Zustand der Untätigkeit. Alle die Größeren aus den Primen waren schon bei der Wehrmacht. Bei den meisten von uns war da ein großer Tatendrang, wir wollten uns »einreihen in die graue Front« oder was immer die Phrasen dieser Welt gewesen sind.

Es war 1944 im Sommer, als ich zum erstenmal hörte, daß meine Mutter Jüdin sei. Ich habe das erst erfahren durch meinen Vater, als der mich, als ich Flakhelfer war, besuchte und mir sagte: »Wir haben das vor dir immer verschwiegen, aber die Mutter ist verhaftet worden, sie hat eine leichtsinnige Bemerkung gemacht, sie ist denunziert worden, und ich werde nichts mehr tun können. Ich selber bin davon überzeugt, daß die Mutter ein uneheliches Kind, also nicht-jüdisch ist. Ich will versuchen, sie dadurch zu retten, daß ich den Nachweis führe, aber das wird sehr schwer werden. Du kannst sie in dieser Woche noch in Berlin in einem Sammellager besuchen, das habe ich verabredet. Du kannst dahin gehen, denn von dort aus wird die Mutter in ein Lager kommen.«

Ich habe das damals gar nicht richtig begriffen, ich habe mir unter einem Lager überhaupt nichts vorstellen können, was auch nur annähernd mit der Wirklichkeit des Holocaust zu tun hatte. Ich habe das alles eher für ein Versehen gehalten. Der Begriff Judentum hatte für mich überhaupt keine Relevanz. Ich kannte keine Juden, und die jüdischen Bekannten meiner Eltern, – es gab einige wenige –, waren nicht mehr in Berlin. Es war kein Thema für mich, denn mein Leben hatte sich bis zum 16./17. Lebensjahr so vollzogen wie das aller anderen. Meine Mutter war, was viele Leute, die nicht mit der Geschichte des Dritten Reiches vertraut sind, kaum zu glauben bereit sind, eine jener Deutschen jüdischer Herkunft, die keinerlei Beziehungen zum Judentum als Religion mehr hatten, die als junge Frau mit Begeisterung in die Versammlung des deutsch-nationalen Grafen Westarp gegangen ist. Insofern gab es zwischen meinem Vater und meiner Mutter keinerlei politische Differenzen wie in manchen anderen Ehen, wo die Frauen gedrängt haben, daß der Mann in die Emigration geht. Sie hatte sich freiwillig im Ersten Weltkrieg gemeldet, an die Front gemeldet, und hat in Lazaretten an der Westfront als junge Schwester gearbeitet.

Für mich war, was man so ein Schlüsselerlebnis nennt, eine Vorladung meines Vaters. Einige Wochen vor dem 20. Juli 44 war der Graf Schulenburg zu meinem Vater gekommen und hatte für einige Tage Unterschlupf erbeten für eine jüdische Verwandte. Und das hatte mein Vater abgelehnt aus Angst. Wahrscheinlich wurde das Gespräch abgehört. Bei diesem Verhör, ich weiß nicht mehr, wie lange es gedauert hat, ist mein Vater dann geschlagen worden, und das hat mich völlig durcheinandergebracht. Ich machte zum allerersten mal Bekanntschaft mit einem Staat von Leuten, die meinen Vater schlugen. Von da an war ich ganz furchtbar unsicher, es wäre absurd zu sagen, daß ich mit 16 Jahren zu einem jungen Antifaschisten wurde, aber da ist irgend eine Saite zerrissen.

Ich hatte überhaupt keine Vorstellungen davon, was mit meiner Mutter geschehen würde, wenn es mir auch wohl klar war, daß dies eine Verhaftung war. Man hatte eine Vorstellung wie zum Beispiel Schutzhaft, andererseits wußte mein Vater natürlich, darüber war ja zwischen ihm und anderen diskutiert worden, daß die Nazis entschlossen waren, »die Judenfrage zu lösen«. Das war ja in der Literatur alles bekannt, und es war ja auch von den Intellektuellen gelesen worden. So ahnungslos waren ja nur wenige, daß sie an dem Ernst der Drohung gezweifelt hätten, auch wenn sie von den Dimensionen des Holocaust nichts gewußt haben mögen. Dann durfte ich sie im Durchgangslager besuchen. Als ich in dieses Lager kam, in Berlin im Stadtteil Wedding, da kam dann ein Mann auf mich zu, in Zivil, das war ein Gestapo-Beamter, der wohl einfach nicht fassen konnte, daß in dieses Lager, in dem ja nur Juden zusammengepfercht worden waren, die wie meine Mutter Judensterne trugen, daß da plötzlich einer in Uniform stand, mit der Hakenkreuzarmbinde. Das paßte nun gar nicht in dessen Bild. Als der mich dann identifiziert hatte, riß er mir die Binde von der Uniform, und das war nun wirklich ein tiefer Knacks, denn ich fühlte mich bis dahin doch schon als eine Art von Soldat, und wie kam dieser Zivilist dazu, mich als Uniformierten auf diese Weise zu degradieren? Und da ich den Ernst der Drohung gegen meine Mutter gar nicht erkennen konnte, war das vielleicht sogar noch schlimmer für mich, weil es mich unmittelbar betraf, denn ich konnte ja noch gar keine richtige Angst um meine Mutter haben, weil ich nicht wußte, was ihr bevorstand.

Diese Szene ist mir, so profan es sich in der Schilderung anhört, tatsächlich unvergeßlich geblieben. Es war für mich eine Zäsur, und es erklärt auch, daß ich unmittelbar nach dem Krieg mit großer Emotion, 17 Jahre alt, in die KPD in Berlin eingetreten bin. Aber da wußte ich nun eben mehr, und das fand ich damals einen ganz logischen Schritt, weil ich sagte, das sind diejenigen, die wirklich den NS-Staat mit Stumpf und Stiel ausrotten werden.

Meine Mutter hat überlebt, aber eben nur dadurch, daß sie als ausgebildete Krankenschwester in Auschwitz im Kranken-Revier beschäftigt worden ist. Dieser Besuch bei meiner Mutter kurz vor dem Abtransport nach Auschwitz hat meine Haltung zum Regime verändert. Da hatte ich das Gefühl, daß der Nationalsozialismus mein persönlicher Widersacher ist, das Prinzip des Unrechts. Ich dachte, ich habe doch auch meine Pflicht getan als Flakhelfer, und es war der reine Zufall, daß wir mit dem Leben davongekommen sind, denn da hat es einige Angriffe gegeben, wo links und rechts Bomben runtergingen und wo viele Jungen meines Alters getötet worden sind. Also dieser Akt, der ließ mich erkennen, das sind Leute, die das, was du bisher getan hast, nicht nur nicht würdigen, offenbar bist du für die ein Nichts, denn sie behandeln dich ja so.

Dann überschlugen sich die Ereignisse. Das war ja nur eine Phase von wenigen Monaten, zwischen der Mitteilung, daß ich ein Mischling sei bis zum Untergang des Dritten Reiches, den ich dann hier in Berlin erlebt habe, und zwar den Einmarsch der Roten Armee. Dieser Einmarsch war von ungeheurer Härte. Ich habe auch die Vergewaltigungen erlebt, ich habe auch erlebt, daß sich in unserer Nachbarschaft Suizide ereigneten und dieses und jenes, aber ich habe auch eine Menge spontaner Menschlichkeit bei den Russen erlebt.

Bei dem Einmarsch der Amerikaner war das anders. Ich kann mich sehr genau erinnern, wie dort die Indoktrination zu einer ganz anderen Art der Selbstdarstellung führte. Meine Mutter war da gerade aus Auschwitz zurückgekommen und sprach, weil sie als junges Mädchen bei einem englischen Offizier als Dolmetscherin auch bei den Amerikanern tätig gewesen war, und zeigte ihnen an ihren Papieren, daß sie in Auschwitz gewesen sei. Darüber haben die nur gelacht und haben gesagt: »All Germans have been Nazis« und haben dann unsere Sachen beschlagnahmt. Dieser angelernte, injizierte Haß gegen die Deutschen überhaupt, der ist mir in Erinnerung geblieben.

Walter Knappe (2)
Jahrgang 1916

Der Austausch der schwerverwundeten deutschen Gefangenen gegen Kanadier und Engländer begann nach 1941. Da kam das Rote Kreuz zu uns und sonderte Soldaten aus, zum Beispiel die Doppelamputierten. Doppelamputiert ohne Beine, doppelamputiert ohne Arme. Ein Mensch, ein Rumpf. Und wir wurden im Januar 1944 ausgetauscht.

Wir kamen bis nach New York mit der Bahn. Mit dem Schiff verließen wir New York. An der Freiheitsstatue vorbei über den Atlantik bis zum Mittelmeer durch Gibraltar und nach Algier. Nahmen dort noch Gefangene auf, die auch aus Deutschland kamen, dann ging es nach Barcelona, dort wurde dann Mann gegen Mann ausgetauscht. In Marseille, mit allen Ehren empfangen, betraten wir den europäischen Kontinent.

Bald merkte ich mit Erschütterung, welche Änderung in Deutschland eingetreten war, welche Zersetzung. Mein Vertrauen in mein Land war erschüttert.

Ich kam im Januar 1945 auf die Kriegsschule. Es war eine Ausbildung zum Offizier. Wir lernten segeln, wir lernten tanzen, wir lernten auch kommandieren, Geschichte und Kriegsführung. Das Abschlußessen gehörte auch dazu. Es gab Pellkartoffeln mit Hering oder Bückling. Wir lernten mit Gabel und Messer gut umgehen, ohne Gräten zu verschlucken.

Ich kam als Leutnant in eine Jägerleitstelle nach Küstrin an der Oder. Das war Ende März 1945! Bald erlebten wir den Rückstrom verwahrloster Soldaten, wirklich verwahrlost. Ich sah damals keinen intakten Tank, keinen materiellen Schutz, Haubitzen wurden gerade noch von lahmen Lkws gezogen. Wir durchquerten die kleinen Dörfer, nur noch ältere Frauen waren auf den Höfen. Sie halfen uns mit Tränen, blieben zurück und sagten: »Geht weiter, wir wissen nicht, was auf uns zukommt, aber ihr könnt uns auch nicht mehr helfen.«

Ich hatte mich dann mit meinen Mannen in Berlin bei dem Stadtkommandanten zu melden und wurde im Osten eingesetzt. Bekam Hitlerjungen als Soldaten zugewiesen. Wir kämpften mit Panzerfäusten. Die größte Gefahr sah ich darin, daß meine Hitlerjungen voller Eifer ins Feuer liefen, ohne die Panzerfäuste richtig bedient zu haben.

Ich war froh, als der Einsatz abberufen wurde und ich meine Hitlerjungen entlassen konnte. Die hatten eine irrsinnige Begeisterung, sie sprangen ins Verderben im vollen Glauben, jetzt noch für Deutschland zu kämpfen. Die Opferbereitschaft der Soldaten war grenzenlos. Als wir von dem letzten Einsatz zurückfluteten, muß ich sagen, daß wir auch Karten hatten über das unterirdische Berlin, wir konnten uns von Keller zu Keller unterhalb Berlins bewegen. Wir hatten auch in U-Bahnschächten Kämpfe auszustehen, und das ist das Furchtbarste, man sieht nur Feuerstrahlen auf sich zukommen. Flammenwerfer und Leuchtmunition. Der Kampf in Berlin war hoffnungslos. Nach abenteuerlichem Kampf wurde ich gefangengenommen. Diesmal von den Russen. Am 5. August 1945, nach meiner Entlassung als Schwerverwundeter, kehrte ich heim. Über England, Kanada, Amerika, Spanien kam ich über Rußland letzten Endes zurück. Dankbar, das muß auch einmal gesagt werden, als Christ danke ich meinem Schöpfer, daß ich diese Prüfung überstanden habe.

Helmut Kohl
Jahrgang 1930

Ich habe eine Menge Erinnerungen an den Zweiten Weltkrieg. Aber sie stammen fast alle aus dem Umkreis meiner Familie.

Ich hatte das Glück, wunderbare Eltern zu haben. Mein Vater war ein guter, freundlicher Mann, der sein Leben lang ein treuer Regierungsangestellter und Soldat gewesen ist. Er war als eines von 13 Kindern in einer Bauernfamilie in Unterfranken in entsetzlicher Armut groß geworden. Mein Vater ist nie zur Schule gegangen, außer in eine Dorfschule, die aus einem Klassenraum bestand.

Im Alter von 18 Jahren schloß mein Vater sich der damaligen Bayerischen Armee an. Er ging in den Ersten Weltkrieg als Feldwebelleutnant, dem höchsten Unteroffiziersrang der damaligen Zeit. Der Dienstgrad existiert heute nicht mehr. Nach der Schlacht von Verdun wurde er mit einem Orden ausgezeichnet, kam zurück als Oberleutnant und wurde entlassen.

Meine Mutter war eine wundervolle Frau. Unser Zuhause war streng katholisch und von Liberalismus geprägt – im *guten* Sinne des Wortes, das heißt in der Bedeutung von Toleranz gegenüber dem Glauben anderer. Meine Mutter war eine fromme Katholikin, die jeden Tag des Jahres genau nach dem liturgischen Kalender lebte. Sie wurde 88 Jahre alt. Niemand in unserer Familie hat je ein unfreundliches Wort über den Protestantismus gesagt. Diese Zurückhaltung war ganz natürlich, weil unsere Heimat die Pfalz war, in der ja die härtesten Kämpfe der Reformation stattgefunden hatten. Folglich war die Gegend streng protestantisch.

Mein Vater wurde im Zweiten Weltkrieg wieder Soldat, er diente als Hauptmann in der Reserve. 1943 wurde er entlassen, weil er da schon Mitte 50 war und seine Gesundheit nachließ.

Und kurz vor Kriegsende kam mein Bruder, der Fallschirmjäger war, ums Leben. Niemand in meiner Familie unterstützte die Nazis. Wir waren alle einfach nur patriotische Deutsche.

Mein erstes einprägsames Erlebnis im Krieg hatte ich mit neun Jahren. Ich erinnere mich an den 1. September 1939, denn am Abend zuvor hatte mein Vater erfahren, daß er wieder zum Militär einberufen würde. Ein Mann auf einem Motorrad kam vorbei und brachte ihm Anordnungen. Am nächsten Tag waren wir zufällig in der Stadt – meine Mutter und ich und mein Bruder, der später im Krieg starb – und wir standen auf der Rheinbrücke zwischen Ludwigshafen und Mannheim. Wir sahen, wie die ersten Flüchtlinge des Zweiten Weltkrieges an uns vorbeizogen. Es waren Bauern aus der Südpfalz, die evakuiert worden waren. Die Brücke, die sie normalerweise genommen hätten, war für Militärzwecke gesperrt, und so waren sie gezwungenn, einen Umweg zu machen durch Ludwigshafen. Sie hatten ihre erbärmlichen alten Pferde dabei – Bauern besaßen damals keine Traktoren – und ein paar Kühe. Ein kleines Kalb hinkte hinterher. Auf einem kleinen Wagen hatten sie Bettlaken gestapelt. Diese Menschen waren alle so ernst, – viele Frauen weinten. Das war mein erster, unvergeßlicher Eindruck vom Zweiten Weltkrieg.

Meine zweite Erinnerung betrifft das Mannheimer Regiment, in dem General Rommel einst diente, als die Soldaten vom Einsatz in Frankreich zurückkehrten. Es war im Juni 1940. Die Soldaten waren in guter Stimmung und sehr freundlich. Ich sah immer, wie das Kampfgeschwader der Luftwaffe, dessen Basis nicht weit von uns entfernt in Sandhofen war, über uns hinwegflog – da waren dann die Messerschmitt 109 der Jagdwaffe, die landeten und abhoben. Heute benutze ich diesen Flugplatz selbst – er gehört nun den Amerikanern – ein- bis zweimal die Woche.

Eine Kriegserinnerung ist für mich jedoch besonders unvergeßlich. Ich habe sie in meinem Kopf dutzendemal durchgespielt und kann sie nicht auslöschen, weil sie wie in mein Hirn eingebrannt ist. Die Gegend um Ludwigshafen/Mannheim war eines der am stärksten bombardierten Gebiete der letzten Kriegsjahre.

Ab 1943 nahmen die Luftangriffe gegen Ludwigshafen ein derartiges Ausmaß an, daß Feuerwehren unter den Schülern gebildet wurden. Mitglieder der Wehren übernachteten abwechselnd in unserer Schule, und wenn sie Dienst hatten, waren sie ununterbrochen damit beschäftigt, Feuer zu löschen.

Als ich etwa 13 Jahre alt war, kann ich mich daran erinnern, den anderen dabei geholfen zu haben, die Trümmer eines zerstörten Hauses wegzuschaffen, um die Leute zu retten, die im Keller eingeschlossen waren. Als wir diese Menschen endlich erreichten, waren sie tot. Aber nicht durch die Bomben, sondern weil sie nicht genug Sauerstoff bekommen hatten. Bis heute sehe ich sie noch dort liegen, ihre Gesichter blau vom Ersticken. Ein anderes Haus steht nun dort, aber immer, wenn ich an der Stelle vorbeikomme, muß ich an dieses Bild denken.

In der Nacht vom 19. zum 20. März 1945 wurde Ludwigshafen von den Amerikanern eingenommen. Am Mittag des folgenden Tages wurde die Rheinbrücke, von der ich sprach, von den Deutschen in die Luft gesprengt.

Die Amerikaner kamen früh im Mai nach Berchtesgaden, wo ich in einem Jugendlager war, aber wir hatten das Lager ein paar Tage zuvor verlassen. Weil wir immer noch nur die Uniformen der Hitlerjugend hatten und die Amerikaner die Straßen kontrollierten, mußten wir entlang der Eisenbahngleise laufen. Wir gelangten nach Fürstenfeldbruck, wo wir im Stroh schliefen in einem kleinen Eisenbahnsignalhäuschen. Dort gab es ein Radio: Am nächsten Morgen erfuhren wir, daß der Krieg vorüber war. Aber für mich fand das wahre Kriegsende einige Wochen zuvor statt, als die Verbindung zu meinen Eltern abriß.

Dann wurden wir gefangengenommen und vier oder fünf Tage auf einem Flugplatz bei Arnsberg festgehalten, wo wir uns nach Lebensmitteln umgesehen hatten. Polnische Gefangene, die aus einem nahegelegenen Strafgefangenenlager befreit worden waren, faßten uns, schlugen uns blutig und sperrten uns ein. Aber dann kamen amerikanische Truppen, die uns befreiten und auf einem Bauernhof in Sicherheit brachen. Von dort aus ging ich schließlich zu Fuß den Weg zurück nach Ludwigshafen. Eine Entfernung von vielleicht 260 Kilometern. Es war der längste Gang meines Lebens.

Als erster deutscher Bundeskanzler der Nachkriegsgeneration trage ich bei meinen Reisen um die Welt unwillkürlich die Ungeheuerlichkeit dessen, was im deutschen Namen passiert ist, »in meinem Gepäck«. Und das darf nicht vergessen werden – denn sonst werden wir nicht aus der Vergangenheit lernen und können die Zukunft nicht beeinflussen.

Die Schuldfrage kann nicht in erster Linie einer Generation zugeordnet werden. Zugegeben, die Schuld der Deutschen läßt sich nicht leugnen: Ich sage dies, obgleich ich denke, daß die Vorstellung von der Kollektivschuld weder philosophisch noch theologisch haltbar ist. Sie läßt sich im Zusammenhang mit dem christlichen Glauben nicht aufrechterhalten. Es gibt also keine Kollektivschuld, sondern höchstens eine Kollektivschande. Meine Generation ist die Brücke zwischen den alten Deutschen und denen unter 40 Jahren, Leuten, die die Geschichte des Zweiten Weltkrieges nie erfahren haben, weil sie in deutschen Schulen nicht unterrichtet wurde. Aber Menschen, die unsere Geschichte nicht verstehen, werden unsere Zukunft nie begreifen können. Und deshalb können wir keine Zukunft aufbauen, solange wir die Bitterkeit und die Schwere dieses Fehlers mit uns herumtragen.

Ich kann nicht automatisch – und zu diesem Punkt habe ich ab hier bis zum Schluß lebhafte Debatten in Israel geführt – alle Mitglieder der SS mit jenen gleichsetzen, die die abscheulichen Taten in den Konzentrationslagern begangen haben. Es ist nicht sehr bekannt, aber dennoch eine Tatsache, daß viele tausend Männer, die sich der Waffen-SS (d. h. den SS-Mitgliedern, die an der Front kämpften) nicht anschließen wollten, gezwungen wurden, dieser Gruppe beizutreten. Das gilt für viele Gruppen von Volksdeutschen, wie zum Beispiel jene aus Rumänien oder Südtirol. Diese Gruppen wurden oft einfach unterschiedslos von der SS vereinnahmt.

Es gab auch noch eine andere Gruppe, die zur Waffen-SS eingezogen wurde, ohne dies ausdrücklich zu wollen: Männer, die über 1,80 m groß waren und gut aussahen. Wie kann man von einem 17 Jahre alten Jugendlichen erwarten, daß er Befehle verweigert? Einige Dummköpfe meinen das immer noch, 40 Jahre danach. Die Leute, die jene verurteilen, die in der SS landeten, sollten ihren eigenen Mut prüfen und dann entscheiden, was sie unter solchen Bedingungen gemacht hätten.

Und schließlich gab es viele Leute, deren Idealismus für Deutschland mißbraucht wurde. Es waren Leute, die keinen Einblick in die Verbrechen des Nazi-Regimes hatten. Ihnen war nichts anderes beigebracht worden – weder von ihren Eltern, noch von ihrer Schule, noch von ihrer Kirche. Es fällt mir auch bei dieser Gruppe schwer, eine umfassende Verurteilung vorzunehmen.

Eines ist sicher: Wenn all die Millionen Mitglieder der Nazi-Partei böswillig geblieben wären, wäre die Bundesrepublik Deutschland nie entstanden.

Herbert Mittelstaedt (2)
Jahrgang 1927

Am 15. Februar 1943 wurde ich 16jährig zu den Luftwaffenhelfern eingezogen.

Ich habe damals 1943 noch ohne Einschränkung an den Endsieg geglaubt, auch nach Stalingrad, das als eine Art Kunstfehler empfunden wurde. Man sah natürlich auch in den Wehrmachtsberichten, daß es mit dem Vormarsch nun nicht mehr so doll war, sondern daß der planmäßige Rückzug schon an verschiedenen Fronten begann. Es kam dann ja auch das Debakel des Afrika-Korps hinzu. Dieses Korps war unter uns Jungen absolut heroisiert worden. Wir haben uns vorgestellt, auch einmal unter Rommel in Afrika zu kämpfen, da war es ja auch warm. Wir fanden es phantastisch, wenn wir Aufnahmen sahen, wie die dort auf den heißen Panzerplatten ihre Spiegeleier gebraten hatten und solche Sachen. Ich habe damals an den Endsieg geglaubt, stimuliert unter anderem auch dadurch, daß wir bei uns eine ganze Anzahl von Mitschülern hatten, deren Eltern in der Nazihierarchie relativ hohe Stellungen einnahmen. Wir hatten damals auch politische Schulung, die wurde zwar nicht allzu ernst genommen, der Batteriechef mußte die leiten, der sagte dann auch manchmal, wir gehen lieber ins Kino oder so, aber am Endsieg prinzipiell hat zumindest damals noch keiner Zweifel gehabt.

Wir haben damals aber unter dem Einfluß der Goebbelsschen Propaganda immer noch in gewisser Form an die Wunderwaffen geglaubt. Als die erste V1-Rakete gegen England flog, da schwenkte dann die Skepsis wieder um, dann haben wir gesagt, das ist jetzt der Beginn der Offensive mit Wunderwaffen, nun wird sich auch das Kriegsglück wieder auf unsere Seite neigen.

Ich bin am 6. Januar 1945 eingezogen worden zum Heer und kam in eine Einheit, die als sogenannte Führerreserve eingestuft war. Wir lagen im Aufmarschgebiet von französischen Truppen. Uns wurden Geschichten erzählt, daß dort die ersten Angriffswellen der französischen Einheiten ausschließlich aus dem Senegal kämen, Neger mit Messern zwischen den Zähnen, die keine Kriegsgefangenen machen würden, weil sie jedem Deutschen, den sie packen würden, die Kehle durchschnitten. Die Angehörigen dieser Führerreserve, es war eine kleinere Einheit von etwa 25 jungen Menschen meines Alters, 18 Jahre alt, wurden auf den systematischen Rückzug gedrillt, weil wir ja nicht im Kampf verschlissen werden sollten, sondern dazu ausersehen waren, später mal den Führungskern einer künftigen deutschen Wehrmacht nach dem »Endsieg« zu bilden. Das war damals immer noch die Theorie, die uns eingepaukt wurde, die allerdings keiner von uns mehr geglaubt hat.

So zogen wir uns also systematisch zurück und landeten dann kurz vor Ende April 1945 auf dem Gebiet des heutigen Österreich, in Vorarlberg. Am 1. Mai 1945 trat dann der Fähnrichvater auf uns zu, machte ein ernstes Gesicht, versammelte die 25 Mann und sagte: »Nun gibt es auch für mich keinen Zweifel mehr, der Krieg ist nicht mehr zu gewinnen. Ich entlasse Sie hiermit, und wer will, kann mit mir als Werwolf weiterkämpfen.«

Es meldete sich ein einziger, der hatte seine Eltern in Ostpreußen, der hatte sowieso keine Chance, jemals dort wieder hinzukommen, und als der Fähnrichvater nur einen einzigen als Verbündeten hatte, sagte er: »Na, dann lohnt es sich für mich auch nicht mehr. Dann entlasse ich mich selbst auch.«

Hugo Stehkämper (2)
Jahrgang 1929

Im Januar 1945 wurde ich nach Bad Driburg bei Paderborn evakuiert. Das war eine heile Stadt. Ich ging dort weiter zum Gymnasium. Dort lief die Schule noch völlig normal. Das dauerte einen Monat, und dann legte die Hitlerjugend Hand auf die Klasse, so wie sie damals war, und requirierte die Jungens als HJ-Sondereinheit. Es hieß, wir würden dem Volkssturm an- und eingegliedert. Vom Volkssturm haben wir aber nichts gemerkt. Wir haben uns nur gewundert, daß man uns in die alten schwarzen SS-Uniformen steckte, die man ja während des Krieges gar nicht mehr gesehen hatte, dazu bekamen wir einen braunen Mantel von der Organisation Todt (OT) und eine blaue Luftwaffenhelfermütze. Wir kamen uns vor wie bunte Kühe. Geschämt haben wir uns wegen der französischen Stahlhelme, die wir verpaßt bekamen. Das paßte ja nun einfach nicht in das Kriegsbild, das man vom deutschen Soldaten damals hatte, und als Junge von nun 15 Jahren wollte man ja, wenn man nun schon drauf und dran war, Soldat zu werden, dann auch ein richtiger deutscher Soldat sein und kein französischer.

Anfang April 1945 geriet ich in amerikanische Gefangenschaft. Weil man keine Waffen, aber Landkarten bei mir fand, wurde ich beschuldigt, ein »Werwolf« zu sein. Ich wurde verhört. Es verhörte ein Offizier, der gut Deutsch sprach, und hinter mir, schräg hinter mir, saß ein Soldat, besonders kräftig, er hatte einen starken, schwarzen Bart. Ob der sich nun lange nicht rasiert hatte oder ob das zum Verhör gehörte oder emotional war, dieser Soldat sprang auf, hielt mir seine Pistole vor die Stirn und schrie mich an: »Du Werwolf!«

Er hatte bisher nichts gesagt in dem ganzen Verhör. Das hatte nur der Offizier geführt, und man kann sich denken, daß ich glaubte, das ist nun bald aus mit mir. Aber ich muß dann auch sagen, ich war mehr oder weniger apathisch wie in all diesen Wochen und Monaten. Daß ich eine solche Todesangst gehabt hätte wie während der Bombenangriffe, kann ich nicht sagen. Wäre ich da abgeknallt worden, dann wäre ich umgefallen. Ich war damals 15 Jahre alt. Ich kann mich nicht rühmen, das Verhör besonders raffiniert durchgestanden zu haben. Wir wurden dann zu den Soldaten, die auch gefangengenommen worden waren, gesteckt. So gelangten wir mit in den allgemeinen Strom der Gefangenen auf die Rheinwiese zwischen Andernach und Remagen. Im Pullover bei ständigem Regen, Kälte, ohne irgendein Dach überm Kopf. Man stand da, durchnäßt, von Wiesen keine Spur mehr. Die waren zertreten. Man hatte schließlich Mühe, wenn man lief, überhaupt noch den Schuh aus dem Schlamm herauszuziehen, ohne daß er drin stekkenblieb. Es ist mir bis heute unverständlich, wie man viele, viele Tage, stehend, ohne daß man gegessen hat, ohne daß man gelegen hat, durchhalten kann, völlig durchnäßt. Wir sind eng marschiert, um uns ein bißchen gegenseitig zu wärmen, und nachts stand man eng beieinander, weil man ja dann nicht marschieren konnte, und hielt sich wach durch Singen, es wurden Lieder gesummt.

Es passierte dann immer wieder, daß jemand vor Müdigkeit weiche Knie bekam und zusammensackte. Dann fiel der ganze Trupp um, und dann begann lautes Schimpfen, weil man ja in den Matsch gefallen war, den man nicht weg von den Kleidern kriegte. Man konnte sich ja nicht helfen. Es waren unbeschreibliche Strapazen. Die Verpflegung war höchst mangelhaft. Ich kann mich noch erinnern, ein Eßlöffel Erbsen, ein Eßlöffel Bohnen, ein halber Teelöffel Milchpulver, ein halber Teelöffel Eipulver und drei Kekse, das war die Tagesverpflegung.

Klaus Messmer
Jahrgang 1929

Gegen Ende des Krieges war ich 14 Jahre alt. Da waren all die Rückschläge gewesen. All die Niederlagen. Mein Vater war in Rußland, das Ende war absehbar. Irgendwie haben wir Jungens damals gefühlt, daß hier mehr passiert, als daß ein Krieg verloren wird. Wir haben gespürt, daß eine Epoche zu Ende ging. Bis dahin haben wir nichts anderes gekannt als die Worte Ehre, Vaterland, Gemeinschaft usw. Und daß dieses wohl zu Ende geht und daß es nachhaltig, vielleicht für immer sein wird, das haben wir alle gespürt. Wir haben nur gewußt, es geht was unter. Und zwar etwas, mit dem wir eng verbunden waren. Mit den Menschen, mit unserer Umgebung, mit dem, was man gelernt hat.

Der »Führer« hat in unserem Denken überhaupt keine Rolle gespielt. Er war zwar da, aber wir hatten ihn ja nie gesehen und konnten uns ihn nicht vorstellen, er war eher ein Phantom für uns. Aber die Wehrmacht, die haben wir jeden Tag gesehen.

Als die Wehrmacht zurückkam, nach dem siegreichen Frankreichfeldzug, gab es damals in der Schule Feiern, wir haben im Kino den Film, »Sieg im Westen« hieß er, gesehen. Was mich noch mehr beeindruckt hat, waren die Fahrzeuge, die Zugmaschinen und die Geschütze und das Gerät, das aus Frankreich zurückkam, zum Teil noch beschädigt vom Feldzug, die Soldaten, begeistert über ihren Sieg, den so unerwartet schnellen Sieg. Wie anders war der Eindruck, als gegen Kriegsende ein Teil der Wlassow-Armee zu Fuß und mit Panjewagen und Pferden nach dem Westen verlegt wurde. Das muß so Anfang 1945 gewesen sein. Man hat sie dem Zugriff der Sowjets entziehen wollen, es war ja eine russische Freiwilligen-Armee! Das weiß ich noch, wie das uns furchtbar deprimiert hat. Man sah denen an, daß sie an den Sieg und an die Zukunft nicht mehr glaubten. Ein totaler Kontrast zu dem Bild, daß die Wehrmacht bot, als sie aus Frankreich zurückkam.

Wir haben gespürt, daß da ein Untergang kam. Den haben wir aber nicht tatenlos akzeptieren wollen, sondern wir haben gesagt, irgend etwas müssen wir tun. Es mochte alles keinen Sinn mehr machen. Sicher haben wir nicht geglaubt, daß wir jetzt den Untergang abwenden. Es war noch keine Besatzungsarmee da. Man hörte schon den Kanonendonner, ab und zu von der rückgehenden Wehrmacht, es kamen Truppen vorbei, Artillerie kam. Eines Morgens war die deutsche Wehrmacht plötzlich da, die Brücken waren nachts gesprengt worden, dann kamen die Franzosen. Meine Mutter hat sich geweigert, eine weiße Fahne rauszuhängen. Die Nachbarn haben gedrängt und sogar gedroht, weil man Repressalien befürchtet hat. »Nein«, hat sie gesagt, »unser Vater ist Soldat, und wir kapitulieren nicht.« Mein Vater war nicht mehr in Rußland, er war inzwischen 60 geworden. Er ist Ende 1944 von der Front zurückgenommen worden.

Es war eine sehr deprimierte Stimmung in unserer Familie, als die ersten Franzosenfahrzeuge ankamen. Für uns Jungen war es selbstverständlich, Widerstand zu leisten. Die Überlegung, die wir vorher schon angestellt hatten, wurde jetzt in die Tat umgesetzt. Wir haben sinnlose Dinge getan: Wir haben Fahrzeuge der Besatzungsarmee zerstört. Wir taten dies auf sehr primitive Weise, wir haben die Armaturenbretter zerschlagen. Nach abends 7 Uhr durften wir nicht mehr aus dem Haus. Wir haben uns dann rausgeschlichen und haben die Fahrzeuge zerstört, haben haufenweise Sand ins Getriebeöl der Fahrzeuge geschüttet, sind dann nach einiger Zeit dazu übergegangen, die Fahrzeuge zu sprengen. Und zwar haben wir das so gemacht: Wir sind an den Westwall gefahren, der war 20 Kilometer weit weg, dort waren von den Pionieren in den letzten Tagen Tretminen verlegt worden. Da waren inzwischen auch Unfälle passiert, es waren Menschen draufgelaufen. Bei Tretminen geht ja nicht nur eine los, der Mann fällt um und dann geht meist noch eine zweite oder dritte los, so daß Lücken drin waren. Man sah also, wie die verlegt waren. Da haben wir die Tretminen angehoben, nahmen sie vorsichtig raus und haben den Deckel aufgemacht, den Stift gehalten mit zwei Fingern, und dann war sie entschärft. Dann nahmen wir die Sprengkapsel raus. Die Minen haben wir mitgenommen zu Hunderten. Mit den Dingern haben wir französische Fahrzeuge gesprengt.

Die Franzosen haben Kriegsmaterial rumstehen gehabt, Panzer, Schützenpanzer. Auch die haben wir gesprengt. Sie fingen gleich nach dem Krieg an, den Wald abzuroden. Da haben sie die Panzer als Schleppfahrzeuge verwendet. Die standen am Wochenende dann unbewacht im Wald rum. Die haben wir in die Luft gejagt. Das ging dann so weit, daß die Besatzungsarmee Maßnahmen ergriffen hat. Sie haben Anschläge an den Rathäusern der ganzen Gegend gemacht, man forderte dazu auf, diese Leute anzuzeigen. Wir selbst haben uns als Werwölfe bezeichnet, wir fühlten uns auch als Werwölfe. Wenn wir erwischt worden wären, wären wir erschossen worden. So stand es auf der Mitteilung.

Wir haben uns dann gefragt, ändern wir nun was? Und wenn die Franzosen weiter ihren Druck verstärken? Bewirken wir eigentlich irgend etwas? Es ist aber keiner von uns geschnappt worden. Wir kannten die Gegend zu genau. Einen von uns haben sie später geschnappt. Sie haben ihn nach Frankreich in Gefangenschaft gebracht: Der ist in Kolmar beim Minenräumen ums Leben gekommen. Die Deutschen wurden damals zum Räumen der Minen auf beiden Seiten des Rheins eingesetzt.

Unsere religiöse Jugendgruppe hatte eine Hütte oben in den Bergen. Da war unser Hauptquartier. Da hatten wir die Waffen, Handgranaten, Karabiner, Tretminen – alle Arten von Waffen. Und von dort haben wir die Aktionen gestartet. Wir haben schließlich gemerkt, wir ändern da mit unseren kleinen Aktionen gar nichts mehr. Es ist jetzt eine andere Epoche eingetreten. Die Erkenntnis und die Fähigkeit, das zu werten, was wir da gemacht haben, die kam erst viel später. Ich denke nicht negativ daran zurück. Diese Haltung, die wir damals hatten, war, glaube ich, sehr folgerichtig, wenn man berücksichtigt, was vorher war. Nämlich wie wir erzogen worden sind, wie unsere Umwelt war und was uns an Idealen mitgegeben worden ist.

Theo M. Loch (2)
Jahrgang 1919

Ich kam zur Waffen-SS. Ich wurde im August 1940 zum Ausbildungsbataillon der Leibstandarte in Berlin-Lichterfelde eingezogen. Im März 1941 kam ich in das Feldregiment der Leibstandarte, habe dort die Einsätze als Soldat mitgemacht in Griechenland, bin dann zurück über Ungarn in die Nähe von Brünn gekommen.

Zu meiner großen Überraschung ist dann der Einsatzbefehl am 21. Juni nach Rußland gekommen. Als Soldat habe ich den Einsatz bis zur Ukraine mitgemacht und bin dort schwer verwundet worden in einem Nahkampfgefecht, kam zurück nach Wien ins Reservelazarett, war dort aufgrund meiner Verwundung einige Monate, bin dann nach kurzem Aufenthalt im Ersatzbataillon der Leibstandarte auf die Junkerschule nach Tölz versetzt worden, habe dort den Offizierslehrgang mitgemacht von vier Monaten. Anschließend wurde ich versetzt an die SS-Unterführerschule nach Lauenburg in Pommern.

In der Waffen-SS wurden schon große Fragezeichen sichtbar, wobei ich auch offen zugebe, daß viele oppositionelle Gespräche gerade in der Waffen-SS leichter geführt wurden als woanders. Weil wir uns sagten, die können uns ja nicht.

In der Waffen-SS waren idealistische Abiturienten, Zwangsgezogene, da waren später dann die vielen Ausländer oder Volksdeutschen, dann die Legionen, die Niederländer, die Wallonen, die Franzosen usw. Das Entscheidende war natürlich, daß man immer wieder auf den Fronteinsatz blickte. Das war der Punkt: Wo ist unser nächster Fronteinsatz, wo ist die nächste Bewährung?

Es war unvorstellbar, daß das Element des elitären Denkens in einer Kampftruppe irgendwo angeknackst worden wäre. Dies war undenkbar, wobei ich nochmal betone, es hat dort sehr unterschiedliche Charaktere gegeben.

Ich darf hier ein Wort aus Eugen Kogons Buch ›Der SS-Staat‹ zitieren, das ich hundertprozentig unterschreibe. Zitat Kogon: »Wieviel naiver deutscher Idealismus – kindlicher und männlicher – zusammen freilich mit einem wilden Landsknechtstum in den Reihen der Waffen-SS …«

Hinzu kam, daß sich die Waffen-SS in dem Maße, in dem sie wuchs, immer mehr als 4. Wehrmachtsteil fühlte. Sie war bevorzugt in der Bewaffnung, sie war die erste, die die Tarnjacken bekam, sie hat hervorragende Ausrüstung bekommen, und dafür wußte sie auch, daß sie die Ehre hatte, überall dort eingesetzt zu werden, wo es brandnötig war.

»Geboren um zu sterben.«

Ich bin dann im Sommer 1944 wieder an die Front versetzt worden und kam zum 12. SS-Korps, das hat der General des Heeres Blumentritt geführt. Als ich dort ankam und mich meldete, waren einige Offiziere in Waffen-SS-Uniform. Sie fragten mich: »Sagen Sie mal, welchen Titel haben wir denn jetzt?« Sie waren ohne eigene Entscheidung von einem Tag zum anderen in die Waffen-SS versetzt worden. Es war ein völlig »durchsetztes Korps«. Ich selbst bekam eine sogenannte Sturmkompanie zum militärischen Einsatz. Zu dieser Sturmkompanie gehörten ungefähr ein fünftel Waffen-SS-Leute, ein fünftel U-Boot-Leute, der Rest waren Flieger und Infanteristen. Das war alles eine einzige kämpfende Einheit.

Ich selbst bin dann noch mal schwer verwundet worden, bei Heinsberg, beim Angriff der Amerikaner und Engländer, und damit war der Krieg dann für mich zu Ende. Ich habe mich freiwillig nach einem Fußmarsch von vier Tagen durch die Wälder am 6. Mai 1945 den Amerikanern in Günzburg gestellt.

Die Waffen-SS wurde später ausgesondert, zunächst aber war in den Internierungslagern alles zusammen. Ich habe den vernehmenden US-Offizieren immer erklärt: »Ich habe geglaubt, daß der Nationalsozialismus Deutschland helfen würde, ich war ein junger Idealist.« Ich muß sagen, das haben alle amerikanischen Offiziere voll anerkannt. Ich hatte nie Probleme. Als wir in das Internierungslager 71 eingeliefert wurden, war da eine Durchschleusungsbaracke. Dort wurde man ziemlich hart rangenommen.

Ich selbst hatte einen »Wettbewerbsvorteil«, weil ich Englisch sprach, und konnte mich sofort auch sprachlich zur Wehr setzen. Und am Ende dieser Baracke waren Bilder von Leichenbergen. Da stieß mich ein amerikanischer Sergeant hin und schrie: »Und das habt ihr verbrochen!« Da erfolgte einer meiner inneren Zusammenbrüche. Ich habe zurückgebrüllt, aus innerer Verzweiflung: »Dies habe ich nicht gewußt!« – Ich habe gewußt, daß es KZs gab. Ich wußte auch, daß Juden verlegt wurden, aber ich erinnere mich eines Gespräches mit meinem Kommandeur, der mit einem anderen höheren Offizier gesprochen hatte. Mein Kommandeur sagte zu mir: »Adjutant, die KZs sind heute unser wichtigstes Arbeitsmaterial.« Ich war immer davon ausgegangen – aus der verständlichen Konsequenz, die wir alle erlebten, jeder an seinem Platz –, daß dort die Menschen als Arbeitskräfte eingesetzt würden.

Man hörte immer wieder mal von Erschießungen von Partisanen, sicherlich. In meiner Einheit ist dies nie geschehen. Wichtig ist für mich von meiner Einstellung heute zum Nationalsozialismus: Erstens die Tatsache, daß von meinen 32 Freunden nur 13 zurückgekehrt sind und die anderen gnadenlos, zynisch »verheizt« worden sind. Das zweite, was mich noch mehr erschüttert, ist die Tatsache, daß die Gauleiter, Kreisleiter, was alles an Parteibonzen im Internierungslager zusammen war, daß die uns begegneten, uns, den 22jährigen, die von der Front kamen, und ungefähr so sagten: »Ja, Hitler, wer war das eigentlich? Wir waren nie Nazis, wir waren immer dagegen. Wenn ihr nicht so gut gekämpft hättet, dann wäre das alles gar nicht passiert.« Und ich stand vor ihnen und sagte mir: Das also sind die Leute, die als Funktionäre, als Parteifunktionäre das Volk zum Durchhalten angehalten haben. Jetzt hinter Stacheldraht sagen sie, sie hätten nie was gewußt, sie wären nie Nazis gewesen.

Das war mein großer Bruch, tiefster Bruch mit allem, was da geschehen war. Da hatte ich wirklich erkannt, wie wir verkauft und verraten worden sind.

Eine »Generation zum Sterben« erzogen, eine Generation »zur Bewährung erzogen«, sie wurde ohne Gewissen verraten. Malraux hat einmal geschrieben: »Nichts ist schwerer, als heute zu wissen, was man damals gewußt hat.« Aber damals habe ich eines gewußt: Dies darf nie mehr geschehen.

Lothar Rühl
Jahrgang 1927

1937 kam ich in das Jungvolk, meine Mutter wollte das verhindern. Meine Mutter war immer dagegen, daß ich in das Jungvolk ging, aber ich mußte halt zweimal in der Woche hingehen, es hat auch großen Spaß gemacht. Das muß ich ganz offen sagen, denn wir haben getrommelt und gepfiffen und Fanfare geblasen. Außerdem haben wir Geländedienst gemacht und sehr viel Sport.

Ich war Jungvolkführer, und ich habe auch den entsetzlichen »Mythos des 20. Jahrhunderts« von Rosenberg gelesen und andere Dinge. Aber ich blieb davon eigentlich als 15-, 16-, 17jähriger innerlich unberührt. Ich wollte nur Offizier werden. Dann machte ich 1943 in Breslau eine Aufnahmeprüfung und wurde angenommen und wurde dann 1944 erst zum Arbeitsdienst in der Tschechoslowakei und später zur Luftwaffe nach Pommern, nach Stolp, einberufen. Nachdem ich aus dem Arbeitsdienst entlassen war, bin ich im Herbst 1944 zum 3. Luftwaffenausbildungsregiment nach Stolpmünde gekommen.

Nach kurzem Aufenthalt in Dänemark kamen wir an die Oder-Front. Dort hatte ja am 12. Januar 1945 die große russische Offensive begonnen. Wir waren so 140 Mann gewesen, an der alten Oder, hatten den Angriff der russischen Truppen abzuwehren; von uns haben, glaube ich, zwölf oder fünfzehn überlebt. Wir gingen nun von da langsam zurück. Der Druck der russischen Truppen erschien uns gar nicht so unwiderstehlich stark, örtlich. Aber er wurde eben auf breiter Front vorgetragen und kontinuierlich, so daß es irgendwie kein Halten gab. Wir sahen auch fast keine Panzer mehr oder Artillerie, und von der Luftwaffe wurde auch nichts mehr gesehen. Dann wurden wir aufgelöst. Unser Offizier sagte: »Ihr geht in kleinen Gruppen auf Berlin zurück, Sammelpunkt ist das Reichsluftfahrtministerium. Da will ich euch alle wiedersehen.«

Dann haben wir uns in der Tat in Berlin im Reichsluftfahrtministerium wiedergefunden. Da wurden wir zu einer Kampftruppe zusammengefaßt und verteidigten eine alte Apotheke an der Frankfurter Allee. Wir hatten eine Eckfestung mit furchtbar vielen Panzerfäusten und Maschinengewehren. Ich erhielt das Eiserne Kreuz, weil ich einen Wein- und Schnapskeller entdeckt hatte als Meldegänger. Aber auch weil ich eine andere Einheit, eine Volkssturmeinheit, in eine bestimmte Stellung geführt hatte, die die beziehen sollten zu einem völlig unsinnigen Gegenangriff. Den haben sie aber auch gar nicht mehr gemacht. Jedenfalls, wir hatten dort ständig Kontakt mit den Russen, die auf uns schossen.

Wir kämpften also sehr wacker, aber der eigentliche Kampf war nur gegen Panzer, von der russischen Infanterie sahen wir sehr wenig. Wir schossen noch einige Panzer ab und machten auch ein paar russische Gefangene, die ziemlich niedergeschlagen waren, so spät noch in deutsche Gefangenschaft zu fallen, wahrscheinlich weil sie wußten, was ihnen zu Hause blühte.

Schließlich war ich dann noch einmal in einer schlimmen Lage. Ich wurde nämlich von der SS aufgegriffen. Das muß so gewesen sein am 29. oder 30. April. Eine SS-Streife griff mich auf: »Was machst du hier, bist wohl davongelaufen, komm mal mit. Diese ganzen Feiglinge und Verräter stellen wir direkt an die Wand.«

Ich habe auf dem Weg gesehen, bei einer S-Bahn-Unterführung, da hing ein Offizier, dem hatte man die Uniform ausgezogen und ein großes Schild um den Hals gehängt: »Ich hänge hier, weil ich zu feige war, mein Sturmgeschütz aufzumunitionieren und mich dem Feind entgegenzustellen.«

Sie sagten zu mir: »Siehste, da hängt schon ein Deserteur.«

Ich sagte: »Ich bin kein Deserteur, ich bin Meldegänger.«

Sie sagten: »Das sagen sie alle.«

Also jedenfalls kam ich zu einem Sammelpunkt. Es waren lauter SS-Leute. Da saß einer unserer Zugführer. Und da sagte der: »Was macht ihr denn hier mit unserem Soldaten?«

»Ja, den haben wir aufgegriffen.«

»Wie, aufgegriffen? Das ist unser Meldegänger. Den kenne ich genau. Laßt ihn bloß wieder frei, damit er seine Aufgaben hier ausführen kann.«

Dann ließen sie mich wieder frei. Ich war als Melder in den Kreis der Offiziere aufgenommen worden. Das waren ganz großartige Herren. Die saßen zusammen, der Chef war ein Hauptmann mit dem Deutschen Kreuz in Gold, ehemaliger Aufklärungsflieger. Ich war immer etwas neugierig und habe gesagt: »Herr Hauptmann, was machen Sie hier eigentlich?« Da sagte er: »Ich war Aufklärungsflieger, aber hier gibt es ja nichts mehr aufzuklären. Wir sind ja schon alle aufgeklärt.« Im allgemeinen großen Gelächter, an dem auch der Obersturmführer der Waffen-SS teilnahm, da war eine vollkommene Kameraderie. Da gab's auch kein Mißtrauen oder Rivalität.

Unser Zugführer zum Beispiel war ein Oberleutnant von der Luftnachrichtentruppe, der hatte ein großes Problem. Er sagte: »Jetzt geht der Krieg zu Ende. Ich bin nie richtig an der Front gewesen. Jetzt zum ersten Mal haben wir Feindberührung, und es ist niemand da, um mir einen Orden zu verleihen. Ich muß also unbedingt noch etwas kriegen.«

Die letzten Tage in Berlin im engeren Verteidigungsring um die Reichskanzlei waren grotesk. Die Absurdität war so groß, daß, als ich später darüber bei Canaris gelesen habe, mir das eigentlich erst klar geworden ist. Es hätte auch von Kafka sein können. Die Absurdität der Situation zwischen gestern und morgen. Der Krieg war zu Ende. Das wußten wir, seit wir Soldat geworden waren. Wir waren ja nicht umsonst durch zerbombte Bahnhöfe gefahren und in allen Teilen Deutschlands rumgefahren, und nirgendwo hat man uns wirklich gebraucht, weil man eigentlich mit uns nichts mehr anfangen konnte und mit den anderen auch nicht. Fliegerische Ausbildung gab es sowieso seit 1944 praktisch nicht mehr. Fallschirmspringerausbildung auch nicht mehr. Wir brauchten keine, brauchten nicht nur keine Aufklärer mehr, weil wir aufgeklärt waren. Wir brauchten auch keine Fallschirmjäger mehr, wir wußten ja nicht mehr, wo wir noch hinspringen sollten. Am Himmel halten konnten wir uns auch nicht mehr mit der JU 52. Es war wirklich eine absurde Situation.

Ich habe oft daran gedacht, als ich später Filme darüber gesehen habe, über das Führerhauptquartier, den 20. Juli, das Ende in Berlin. Ich habe das Ende in Berlin im Reichskanzleibezirk miterlebt und habe dort an einem letzten Angriff teilgenommen, mit einem Teil unseres Verbandes. Das war ein Versuch, den Kessel noch einmal zu öffnen in Richtung Pankow. Dazu hatten wir so 30 Panzer- und Sturmgeschütze, haben da noch einmal richtig mitgemacht. Es ging nicht sehr weit, die Russen sind einfach zurückgewichen. Wir haben die Illusion des Sieges gehabt, aber sie haben uns ausfahren lassen und haben uns dann mit Artillerie und Kampfflugzeugen zusammengeschlagen.

Am 2. Mai 1945 morgens wurde uns mitgeteilt, die Berliner Garnison habe kapituliert. Daß Hitler tot war, wußten wir, hatten wir erfahren am Tag vorher. Dann hieß es: »Alle, die gehen können, in die Schultheiss-Brauerei.«

Und dort passierte wieder eine Sache, die ich nicht für möglich gehalten hätte. Dort waren vollkommen apathische SS-Leute, die gaben Rationen aus: Schokolade, Zigaretten, Kaffee und alles, was wir schon lange Zeit nicht mehr gehabt hatten. Und da hörte man von Zeit zu Zeit einen Schuß. Die Russen waren nicht da, die Russen waren weit weg. Da fragte ich: »Wer schießt denn hier immer?« Und da sagte mir einer: »Komm mal mit, da hinten erschießt sich die SS.« Und da sind wir dahin gegangen. Ich habe gesagt: »Eigentlich will ich das nicht sehen.« »Doch, das mußt du sehen.« Da standen da Leute und erschossen einander. Das waren meistens keine deutschen SS-Männer, sondern das waren Ausländer, und zwar teils osteuropäische, teils westeuropäische. Da war eine ganze Menge Franzosen, Wallonen und andere dabei.

Es war am 2. Mai. Da war eine junge Frau und sagte: »Willst du dich denn gefangennehmen lassen?«

Da sagte ich: »Nein.«

Ich wußte aber auch nicht weiter, wo ich hin soll. Was sollte ich denn machen? Sie sagte: »Komm mal mit. Da kannste erst einmal die Uniform ausziehen.«

Na ja, gut, ich bin mitgegangen. Sie hatte eine schöne Wohnung, hat mir den Verband gewechselt. Ich habe gedacht, wenn sie dich hier aufgreifen, ist es schlimmer, man hat ja immer die Psychose, Deserteur zu sein, unerlaubte Entfernung von der Truppe. Ich hab gesagt: »Vielen Dank.« Sie hatte mir noch einen Kaffee gemacht. »Ich kann nicht bleiben.«

Sie sagte: »Da biste aber schön dumm.«

Ich hab gesagt: »Ja.«

Aber es hatte sich herausgestellt, daß ich recht gehabt habe. Denn die Russen sind in jede Wohnung hineingegangen und haben die Leute rausgeholt. Sehr oft haben sie sie schwer mißhandelt oder auch einfach umgelegt.

Am nächsten Morgen wurden wir dann formiert und marschierten gegen Osten. Die einzigen, die fahren durften, das hat uns sehr erbittert, waren die SS-Leute. Die SS war auf Lkws verladen. Die wollten sie so schnell wie möglich aus Deutschland heraus haben, weil sie sich gedacht haben, wer weiß, was die noch alles machen werden. Die haben sie besonders untersucht, die kamen auch in besondere Lager, die meisten sind ja auch nicht zurückgekommen. Dann sind wir durch Berlin-Lichterberg durch. Überall waren weiße und rote Fahnen in den Fenstern. Die Leute beschimpften uns, als wir da als deutsche Kriegsgefangene durchmarschierten. Sie warfen mit Flaschen und Steinen auf uns, so daß die Russen dann in die Luft schossen, um uns zu schützen vor unseren eigenen Berliner Landsleuten. Und seither habe ich ein sehr distanziertes Verhältnis zu Berlin. Und habe das auch immer behalten, weil das wirklich nun das Letzte war, die Russen haben das auch nicht verstanden.

In Werneuchen auf dem alten großen Truppenübungsplatz, da sind wir alle erstmal eingeteilt worden in verschiedene Marschkolonnen. Die Russen haben niemanden selektiert, sondern es hieß immer nur: 100 Mann da hin, 100 Mann dort hin, und diese 100 Mann mußten sich im Karree hinsetzen und mußten nachts auch im Karree schlafen. Es durfte niemand aufstehen. Die Russen schossen sofort in Kopfhöhe scharf, um uns unter Kontrolle zu halten. Nächsten Morgen, als alles so langsam in Bewegung kam, ein Stück Brot und einen Löffel Zucker kriegten wir, sagte mein Hauptmann: »Paßt mal auf, jetzt wird es ernst. So wie ich das sehe, schaffen die uns zur nächsten Bahnstation, auf der sie uns einwaggonieren können, und dann geht es ab nach Polen oder Rußland.«

Bei einer Mittagsrast, die Russen bekamen zum ersten Mal wieder warme Verpflegung und hatten nur noch Augen für die Gulaschkanone bzw. für den Lkw, wo dieses Zeug ausgeteilt wurde, durften wir austreten gehen. Da haben wir uns niedergelassen in dem Keller eines zerstörten Hauses. Ich weiß noch genau, da unten waren Rüben, in die haben wir uns dann reingewühlt. Da sind wir dann den ganzen Tag liegengeblieben.

Am nächsten Tag sind wir bei Wriezen über die alte Oder. Da war so ein russischer Wachtposten an der Brücke, der hatte aber so viel Wodka getrunken, daß er schlief und schnarchte. Da sind wir einfach über die Brücke gegangen. Dann sind wir die alte Oder aufwärts und, kurz und gut: Dann haben wir eine Wanderung durch die Mark Brandenburg gemacht, zu zweit bis in das Dorf Bismarck an der Elbe bei Stendal. Wir sind über die Elbe geschwommen und sind dann auf der anderen Seite in amerikanische Kriegsgefangenschaft gekommen. Und sind da am nächsten Tag auch wieder ausgerissen.

In einem anderen Dorf haben wir dann Kühe gehütet, aber dann kamen die Russen wieder und haben mich mitgenommen. Sie hatten an der Ostseeküste angefangen, hatten eine ganze Armee aufgestellt, so mit 100 Meter Abstand von Mann zu Mann, und hatten bis nach Böhmen alles durchgekämmt. Sie hatten zu viele Kriegsgefangene verloren, und da sie sehr viel mehr nach Moskau gemeldet hatten, als sie nun abliefern konnten, mußten sie das Defizit abdecken. Da war ich zum zweitenmal bei den Russen. Am nächsten Tag kam ich zum Verhör. Da saß ein russischer Offizier hinter dem Schreibtisch, ziemlich gelangweilt, und er sagte in gebrochenem Deutsch: »Zieh mal dein Hemd aus.«

Da habe ich mein Hemd ausgezogen. Ich wußte ja schon: Arme hochgehoben, war keine Tätowierung*. Sagte er: »Du Soldat?« Ich sagte: »Ich nicht Soldat, ich Tuberkulose, ich aus Ruhrgebiet.« Sagte er: »Zeig mal deine Hände her.«

Nun waren sie von der Landwirtschaft etwas gezeichnet. Also schließlich nahm er einen Zettel heraus, schrieb was drauf. Und da sag ich: »Was ist das?«

»Propusk.«

Und sag ich: »Propusk, wofür?«

Da sagt er zu mir auf deutsch: »Für die Freiheit!«

Paul Tasser
Jahrgang 1927

Ich bin ein Ladiner, das ist eine ethnische Minorität. Davon gibt es heute nicht mehr als 30 000 hier in Südtirol am Fuße der Dolomiten. Ich bin ein »Dableiber«, d. h., als Mussolini und Hitler sich 1939 einigten, daß die Südtiroler für Italien oder für das Reich, für Deutschland optieren könnten, habe ich für meine Familie, für Italien optiert.

Die für Deutschland optierten, sind nämlich zum Teil ins Reich umgesiedelt worden. Wir aber wollten unsere Höfe, auf denen wir Hunderte von Jahren saßen, auf keinen Fall verlassen.

* Blutgruppentätowierung bei der SS

Gottlob kam der Krieg, sonst wären die Südtiroler alle nach Deutschland gebracht worden.

Ich war zu jung, um eingezogen zu werden. Aber nachdem im Sommer 1943 der italienische König mit Marschall Badoglio zu den Alliierten überlief, wurde Südtirol ein Gau* des Dritten Reiches. Der Gauleiter hieß Hofer.

Hofer als Oberster Kommissar des Alpenvorlandes erließ eine Verordnung, in der das Alter derer heraufgesetzt wurde, die zum Militär mußten, und das traf auch mich, der ich erst 17 Jahre alt war.

Ich wurde also in das sogenannte Brixner SS-Polizeiregiment eingezogen. Dann kamen drei Monate Ausbildung mit italienischen Waffen. Bestimmt waren wir zur Partisanenbekämpfung. In meinem Soldbuch hat gestanden »freiwillig«, um das Gesicht zu wahren. Wenn du nicht freiwillig gegangen bist, haben sie Mutter, Schwester und andere in Sippenhaft mitgenommen. Oder sie haben sie erschossen oder ins KZ gebracht.

Nach kurzer Ausbildung ging der Eiltransport nach Schlesien, eilig war es zwar weniger, wir haben gute zehn Tage gebraucht. Dann sind wir zum Einsatz gekommen, und mitten in der Nacht haben sie uns ausgeladen. Da haben wir das erste Mal Kugelpfeifen gehört, haben aber nicht gewußt, wo sie herkommen, von links oder rechts. Da sind wir draufgekommen, daß wir so ungefähr 200 Meter von den Russen entfernt waren. Da war vor uns ein Bach, und drüben waren die Russen.

Ein Teil von diesem Regiment ist gegen Striegau eingesetzt worden. Striegau wurde damals ja noch einmal zurückerobert. Und ich habe so mit den Kameraden gesprochen, die haben gesagt, sie hätten Furchtbares gesehen. Die Russen haben dort die Bevölkerung barbarisch umgebracht. Also ein Greuel, das man sich gar nicht vorstellen kann. Zerfleischte Frauen und alles mögliche. Und da haben sie das Regiment aufgelöst, noch am Tag, und wir sind auf einmal SS-Grenadiere geworden. Ich glaube, es war die Division »Prinz Eugen«. Das war ein Sammelsurium von Balkanvölkern, Ungarn und Volksdeutschen, halt »Beutegermanen.« Unteroffiziere und Offiziere waren SS-Offiziere.

* Als neuer Gau ins Reich eingegliedert.

Von dort sind wir wieder an die Front gekommen bis zum 2. Mai oder 1. Mai. Ich mußte plötzlich einen Kurs für den Gas-Krieg mitmachen. Das war im Hinterland, so 20-30 Kilometer von der Front. Ich habe mich bei dem Regiments-Gefechtsstand oder wie das heißt, gemeldet. Dort sind wir eingetreten in einen Raum, dort war der Adjutant, da habe ich Radio gehört. Die erwischten zufällig einen italienischen Sender. Sie wußten ja nicht, daß ich italienisch sprach. Da habe ich erst gehört, daß die Südfront kapituliert hat, die Westfront kapituliert hat. Da hörte ich also, wie katastrophal die Lage war. Und ich habe mir gedacht, jetzt Bursch', jetzt ist's höchste Zeit, daß ich abhaue.

Ich bin also so ca. 10 Kilometer weitermarschiert in ein Dorf. Am Dorfeingang waren zwei Landser aufgehängt, und darüber hing ein Schild, darauf stand: »Ich bin ein Verräter, ein Deserteur.« Da habe ich natürlich die Idee wieder geändert, ich bin brav zum Gas-Kurs zurückmarschiert. Habe mir gedacht, wenn du jetzt abhaust, dann passiert es dir auch. Sie hängen dich auf.

Mich haben dann die Russen gefangengenommen. Das war am 7. Mai. Dann haben sie uns nach Rumänien hinunter, nach Bessarabien, gebracht. Und Anfang September oder Mitte September haben die mich entlassen.

Dann bin ich zurück nach Wien und dort den Engländern übergeben worden und heimgekommen. Ich habe ja Glück gehabt. Warum ist das alles so gekommen? Meine Meinung ist eine halbe philosophische Meinung; gewisse Sachen müssen kommen. Es ist immer einer, der einen lenkt. Ich sag, es ist jemand außerhalb des Menschen, der die Geschicke der Menschheit lenkt. Die Menschen müssen ihre Sünden büßen. Die Völker sind auch Personen. Ich finde, es war einfach eine Fügung der Geschichte, oder es war einmal notwendig, daß der Deutsche bis zum bittersten Ende ging. Wenn das Attentat vom 20. Juli 1944 gelungen wäre, dann wäre bestimmt eine Dolchstoß-Legende entstanden.

Jürgen Graf
Jahrgang 1927

Am 24. April 1945 – es kann auch der 25. gewesen sein – kamen die ersten Russen. Ich war 17 1/2 Jahre alt und hatte ein paar Lederhosen an, Lederhosen und, heute würde man sagen ein T-Shirt, so ein Polohemd. Und ich hatte einen Autounfall gehabt, ein sichtbar beschädigtes rechtes Bein, wo Transplantationen aus dem linken Bein vorgenommen worden waren.

Die ersten Russen sagten, du SS, weil sie dieses Bein mit den nackten Lederhosen sahen. Aber dann ließen die sich überzeugen, und das ging eigentlich ganz gut mit denen. Die waren ganz freundlich und brachten auch was zu essen, und dann requirierten sie unser Haus. Das war ziemlich groß, unten in der ersten Etage keine Schlafräume, sondern eine sehr hübsche Mahagoni-Bibliothek mit ein paar guten Bildern, eine große Halle, ein großer Speiseraum und noch zwei Salons.

Das paßte wunderbar für ein Kasino. Und wir sind dann für einige Zeit Offizierskasino gewesen. Das hatte den großen Vorteil, daß wir immer etwas zu essen hatten. Denn unten in den Kellerräumen war natürlich ein Riesenlager von Erbsen, Tonnen mit Fett und Fleisch. In unserem Weinkeller waren Tausende von Büchsen Sardinen gelagert, und wir griffen uns gelegentlich ein paar. Und es blühte auch schon der erste schwunghafte Handel mit diesen ersten Truppen, die alle gerne entweder Schmuck oder Kameras gehabt hätten. Und da wir also noch zwei oder drei Kameras hatten, tauschten wir diese wiederum gegen Butter. Das ging gut genau 48 Stunden, und dann zogen die nächsten russischen Truppen ein, die sich dann für längere Zeit einnisteten, und die waren schlimm. Bei denen war eben hauptsächlich der Alkohol im Spiel.

Mit den zweiten Truppen begann die Zeit der Vergewaltigungen, es begann die Zeit der Zerstörungen. Mein Vater hatte die guten Bilder ausgelagert, aber einige behalten, weil er ganz ohne Bilder nicht leben konnte. Diese wurden also nun als Zielscheibe benutzt oder wurden mit Messern aufgeschlitzt.

Mein Vater hatte ein etwa 500teiliges KPM-Service ersteigert, das dem Reichspräsidenten von Hindenburg zu seinem 80. Geburtstag geschenkt worden war. Das war in einer Garage gelagert, und das fanden die Russen. Und wenn die genügend getrunken hatten, dann machten sie die Schränke auf und nahmen also dieses traumhafte Geschirr aus dem Jahr 1847 und schleuderten es gegen die Garagenwand und fanden es sehr lustig, wenn das alles zersplitterte. Für meine Mutter war das natürlich eine entsetzliche Geschichte, und von rund 500 Teilen sind vielleicht etwa 100 übriggeblieben.

Und dann kam die Zerstörung der noch übriggebliebenen Antiquitäten meines Vaters. Ja, es gab eine Reihe von Skulpturen, Bronze und Madonnen aus Holz. Und diese haben sie dann zunächst einmal massakriert mit Messern, und dann später haben sie gesehen, ob so ein Holz auch noch brennt. Da haben sie ein Feuer gemacht auf dem Rasen, und dann haben sie darauf gewartet und fanden es sehr komisch, daß eine Madonna da verbrannte. So war's eben mit den Russen in jenen Tagen. Die ersten gaben uns etwas zu essen, waren freundlich. Bei denen gab es übrigens sehr gut deutschsprechende Offiziere. Die sagten: »Seid ruhig, es passiert euch nichts. Erstmal müssen wir ganz Berlin einnehmen, und dann kommt eine demokratische Organisation, eine Selbstverwaltung für diese Stadt, und dann hört also dieser Nazispuk auf.« Das alles gab uns einen ungeheuren Auftrieb. Und 48 Stunden später wird gebrannt, wird vergewaltigt, werden Leute, die jahrelang untergetaucht gelebt hatten, die jahrelang antifaschistisch gearbeitet haben, mitgenommen, irgendwohin, wahllos, und erschossen. Da bricht dann in einem eine Menge zusammen. Und man fängt dann natürlich auch als 18jähriger schon an zu denken.

Hilda Rubin
Jahrgang 1920

Wir hatten oft Fliegeralarm in Minden. Große Angriffe hatten wir nicht. Minden war damals eine kleine Stadt mit 25 000 Einwohnern, allerdings hatten wir eine Flugzeugfertigungsfabrik da. Außerdem ging der Mittellandkanal über die Weser, also das Wasserkreuz, und das waren doch irgendwie geeignete Ziele. Und wir hatten recht oft Alarm. Aber um auf meinen Bruder zu kommen: Ich muß sagen, wir hatten uns sehr gefreut, als er eines Abends plötzlich vor der Tür stand. Das war Anfang 1945, also kurz vor Kriegsende. Ich lebte mit meiner Mutter in Minden. Mein Bruder war Soldat an der Ostfront. Wir haben dann sehr schnell mitbekommen, daß das nicht legal war. Mein jüngerer Bruder hatte nämlich keinen Marschbefehl. Sein Marschbefehl reichte nur bis Berlin, und er kam nach Hause, um uns zu besuchen. Ja, damals war er 16 1/2 Jahre alt. Er war schon über eineinhalb Jahre weg an der Front, ohne daß wir ihn inzwischen gesehen hatten. Er hatte einfach Heimweh.

Aber wie das so bei uns damals in Deutschland war, durfte man natürlich nicht einfach nach Hause fahren, ohne die Genehmigung zu haben. Und meine Mutter hatte wahnsinnige Angst, und auch wir hatten Angst, daß da irgendwas passierte. Daß er festgenommen würde. Unmittelbar in der Nachbarschaft gab es einen jungen Mann, der sich zu Hause versteckt gehalten hatte. Wir haben das später erfahren, der ist dann abgeholt worden und wurde erschossen als Fahnenflüchtiger.

Wir hatten Angst, daß unserem Bruder auch so etwas geschehen könnte. Deshalb haben wir ihn dann, meine Schwester und ich, mit Fahrrädern, hinten auf dem Gepäckträger, bei Dunkelheit zu einer kleinen Bahnstation, ca. sieben Kilometer von Minden entfernt, gebracht. Nicht zum Hauptbahnhof Minden, weil dort die Gefahr bestand, daß er den »Kettenhunden« der Feldgendarmerie in die Hände fiel. Wir sind über holprige Feldwege gefahren. Das war gar nicht so einfach. Wir durften auch nicht mit Licht fahren, weil ja alles verdunkelt war. Fliegeralarm hatten wir auch zwischendurch, wir sind aber tapfer weitergefahren. Und waren dann froh, als wir am Bahnhof ankamen und meinen Bruder dann dort abgesetzt hatten. Im Wartesaal sah es traurig aus. Da war viel Betrieb, alle diese jungen Menschen zwischen 16 und 17 Jahren, die sehr wahrscheinlich auch Minden umgehen wollten und einen Abstecher nach Hause gemacht hatten, nehme ich an. Und im Nachhinein war meine Mutter froh, als er weg war.

Wir haben dann überhaupt nichts mehr gehört. Er war praktisch verschollen. Keine Post kam mehr. Und da hat meine Mutter sich immer Vorwürfe gemacht und hat gesagt, hätten wir ihn doch versteckt. Und man wußte ja auch nicht, was man richtig und was man falsch machte. Das Gefühl bei den Eltern war, diese Kinder darf man doch nicht wieder in dieses Chaos rauslassen. Die Niederlage war doch schon sichtbar. Am 31. Juli 1945 wurde mein Bruder dann von den Engländern entlassen und kam heim. Bis dahin hatten wir seit seinem Besuch damals nichts mehr von ihm gehört.

Horst Wegner
Jahrgang 1929

Als ich 14 Jahre alt war, wurde ich in einem Jugendwohnheim untergebracht, wo Marine-HJ wohnte. Ich war auf einer Werft in Ostpreußen in der Lehre. Ich wollte Technischer Zeichner werden und bin im Zeichenlehrsaal gewesen.

Eines Morgens im Februar war wie immer die traditionelle Fahnenhissung. Wir mußten antreten und die Fahnen hissen. Das war im Februar 1945. Wir hatten die Fahnenhissung hinter uns und wollten dann in den Speisesaal zum Frühstücken, da rührte sich nichts. Da war kein Kommando mehr, kein Vorgesetzter. Da standen wir da, die Vorgesetzten waren abgehauen. Wir waren so an die 500 bis 600 Jungens. Dann haben wir das Artilleriefeuer schon gehört. Die Russen kamen. Jetzt »rette sich wer kann« Richtung Westen. Ich habe dann auch noch miterlebt, wie die russischen

Panzerspitzen durch Elbing fuhren mit aufgesessener Infanterie. Ich konnte noch auf einen Zug aufspringen. Mit einem Güterzug, halb auf dem Puffer, halb am Bremserhäuschen festgehalten, ging es los.

Der Zug war voll, voll von Flüchtlingen, war vollgestopft, auf die Dächer haben sie sich gelegt. Dann gings Richtung Belgard, das meine Geburtsstadt war, da haben meine Eltern gelebt. So kam ich nach Hause. Halb erfroren, Finger, Hände, Füße, waren alle gefroren. Da hatte meine Mutter mich dann noch so gut wie es ging behandelt mit Sälbchen und mit Schnee alles abgerieben.

Dann war ich so ungefähr acht Tage zu Hause, dann gings eben schon wieder weiter. Dann kam der Russe, wir mußten weiter. Meine Mutter war gehbehindert. Da habe ich sie auf einem Fahrrad mit einem Gepäckträger vorne drauf vor mir hergeschoben. Na ja, ich als 14jähriger meine Mutter vorne drauf, die war auch so 1,70/1,75/1,80 m groß. Nun können Sie sich vorstellen, wie ich dann da so durchgeschaukelt bin. Mit meiner Mutter bin ich dann gestrampelt bis nach Kolberg. Mein Vater, der im Ersten Weltkrieg verwundet war, ist mit uns marschiert. Ich schätze, das waren so an die 50 Kilometer.

Vor Kolberg hatten uns noch einmal die russischen Panzer überholt. Die Infanteristen auf den Panzern, die schossen blindlings durch die Gegend. Da kriegt mein Vater einen Oberschenkeldurchschuß. Dann sind wir in einen Bauernhof, in eine große Scheune zum Ausruhen. Ich war natürlich kaputt durch diese Radelei und hundemüde. Und da haben uns diese ersten russischen Kampftruppen rausgeholt aus der Scheune. Das waren Mongolen. Die hatten diese großen Narben, große Pocken im Gesicht. Alle waren behangen mit Lametta, Uhren usw. Uhren bis zum Ellbogen. Die kamen dann rein und haben auch jede männliche Person herausgeholt, die irgendwie militärische Sachen anhatte. Also, wollen mal sagen, die einen Militärmantel trugen. Die wurden hinter die Scheune gebracht, da hat ein Brett gelegen, da kamen die da drauf und wurden erschossen. Das waren noch nicht einmal alles Deutsche.

Es war bitter kalt, es war Februar und hoher Schnee lag. Dann sind wir nach Kolberg. Immer weiter, immer weiter. Und dann haben wir wieder Sperrfeuer bekommen von den Russen. Artilleriefeuer. Mein Vater ist von einem Landser notdürftig verbunden worden, und diesen Landser, den haben sie auch erschossen, der meinem Vater den Notverband umgelegt hat.

Dann kamen wir nach Swinemünde. Wir haben dann gedacht, so, jetzt haben wir es endlich geschafft. Wir waren ja über die Oder gekommen und dachten, wir sind in Sicherheit. Wir fanden für meine Eltern in einer Schule Platz. Jedoch nur in den Gängen, an die Räume war sowieso nicht zu denken, da war schon alles voll. In diesen Gängen haben wir dann einen Platz angewiesen bekommen. Nach den Strapazen habe ich nur noch geschlafen.

Am 12. März mittags, da hatte meine Mutter noch gesagt: »So, jetzt gehen wir runter und holen Essen.«

Da standen unten zwei Gulaschkanonen, wo wir dann die Suppe empfangen konnten. Und da hatte ich mich dann angestellt. Da waren lange Reihen, aber bevor ich dann dran war, waren die ersten Bomben gefallen. Diese Panik! Der erste Angriff der Bomber erfolgte ohne jede Warnung. Die erste Bombe, die haben wir fallen hören. Eine unheimliche Detonation. Ich habe keinen Alarm gehört. Die Leute, die alle draußen waren auf dem Schulhof, wollten in den Keller, die in den Schulen waren, die wollten runter in den Keller.

Es war klar, da kommt ein großer Angriff. Diese Schlangen von Menschen, die spritzten natürlich alle auseinander. Die wollten auch noch in den Keller rein. Da waren jetzt Hunderte von Leuten vor den kleinen Eingängen, und wollten alle in den Keller, auch die, die von oben runter kamen.

Da bin ich in eine Aschengrube reingesprungen. Das war ein Kasten mit so drei oder vier Meter Steinwänden in der Länge, hinten etwas höher, oben etwas schräg und dann wieder runter, und oben so Metallklappen. Also ein Aschen-Behälter. Und da bin ich reingesprungen. Bis zum Hals in der Asche. Und habe dann von innen den Deckel zugehalten, denn durch die Detonation sprang der immer hoch, das war ja wie ein Trommelfeuer. Ich habe gedacht, gegen Splitter bist du sicher. Und wenn du Pech haben solltest und eine Bombe fällt drauf, dann bist du auch gleich weg. So habe ich gedacht.

Dieser Angriff dauerte eine Stunde. Und dann den Deckel auf. Ich hatte schon zehn Minuten oder eine Viertelstunde ein Stoßgebet zum Himmel hochgeschickt, damit das aufhört. Und dann immer wieder eine Welle, immer wieder. Dann müssen Sie sich vorstellen, in dieser Angst, in dieser Todesangst, die man da hat, ist man ganz allein, man weiß nicht, ob die Eltern nun in den Keller reingekommen sind. Diese Ungewißheit und das alles, und man sitzt da, und da ist eine Stunde wirklich lang.

Na, dann bin ich nachher raus aus dieser Aschengrube. Es wurde langsam ruhig, es wurde stille, allerdings hörte ich Schreie und Gebrüll. Einer rief nach der Mutter, der andere rief nach Verwandten. Das waren die Verwundeten, die da auf dem Hof waren, die haben rumgebrüllt. Da war eine Frau, die hatte in den Kopf Splitter bekommen, die hatte mit beiden Händen den Kopf zusammengedrückt und ist da noch rumgelaufen. Kinder, alte Leute, die sowieso überhaupt keine Möglichkeit mehr hatten, in den Keller reinzukommen. Alles flach gelegen auf dem Schulhof. Dann bin ich da raus aus der Aschengrube und wollte nach den Eltern gucken.

Die Schule war dem Erdboden gleich. Die war abrasiert bis zur Kellerdecke. Und die Kellerdecke hatte auch keinen Halt mehr gehabt, und die ist dann auch noch runtergebrochen. Nach Stunden hat man meine Mutter herausgeholt aus einem Loch, was sie freigemacht haben. Als die sich da in den Keller runtergewühlt haben, hat man noch Schreie gehört. Aber meine Mutter, die war blau angelaufen, die war tot. Ich habe so das Gefühl, als wenn das ein Erstickungstod war. Und meinen Vater, den habe ich überhaupt nicht mehr gesehen. Ich nehme an, daß der unter so einer riesigen Kellerdecke begraben worden ist. Meine Mutter hatten sie schon zu den anderen Hunderten von Toten gelegt.

Vor der Schule war ein Rasenstreifen, so ein kleiner Vorgarten. Da lagen alte Männer, Kinder, Säuglinge, Kleinkinder, Greise. In allen Altersklassen habe ich da die Toten gesehen. Da hat man meine Mutter dazu gelegt. Ich hatte immer noch Hoffnung, daß mein Vater noch lebend auftauchen könnte.

Zwei Tage habe ich dann noch ausgeharrt. Wir haben gelauscht, wo da irgendwo noch Klopfzeichen oder sonst was war. Von dem Augenblick an war ich alleine.

Mein älterer Bruder war in Rußland, der andere Bruder war in Rußland, und meine Schwester war auf einem Flughafen als Blitzmädchen. Und keiner hätte gewußt, wo die Eltern waren, wenn ich nicht dabei gewesen wäre. Die wußten nie, wo die Eltern waren, die waren eben verschwunden.

Natürlich habe ich dann erst einmal meine Schwester aufgesucht in Mecklenburg. Immer nach dem Westen ging es. Mit Pferdefuhrwerk, aber immer nur kilometerweise. Mal zu Fuß wieder ein Stück und dann wieder so durchgeschlagen, eben wie ein Handwerksbursche bin ich nach dem Westen gewandert. Ich hatte einen Rucksack, den ich danach noch gefunden hatte, da hatte ich einen Klumpen Schmalz drin gehabt, das war so, als wenn Sie einen Klumpen Gold hätten. Da habe ich mich so ein bißchen über Wasser gehalten damit. Von dort ging es weiter nach Bayern, da bin ich nach langem Marsch bei Verwandten untergekrochen.

Heinz Schwarz
Jahrgang 1928

An meinem Geburtstag, als ich 16 Jahre alt wurde, bekam ich die Einberufung als Luftwaffenhelfer nach Koblenz. Nach der Grundausbildung in Engers bin ich dann abkommandiert worden zu einer Flakeinheit der 2-cm-Flak in Remagen. In den Märztagen 1945 war ich auf dem Hauptgefechtsstand, das war ein Brükkenturm auf der Remagen gegenüber liegenden rechten Rheinseite, dem nördlichen Brückenturm, eingesetzt und hatte dort die Telefonverbindungen herzustellen. Für das Ende oder den Anfang vom Ende des Hitler-Reiches war dann ein Telefongespräch, das ich zu vermitteln hatte, von Bedeutung. Es meldete sich der Kampfkommandant Remagen, Hauptmann Prattke, und wollte den Brückenkommandant Remagen, das war Hauptmann Friesenhahn, sprechen.

Man durfte nicht mithören, aber natürlich hat man mitgehört, weil ja die Gerüchte gingen, daß die Amerikaner sehr schnell auf den Rhein zustoßen, und dann bleibt ein solches Gespräch in Erinnerung. Das lautete: »Hier Friesenhahn.« »Hier Prattke. Amerikaner bei Rheinbach durchgebrochen, mit Vorstoß auf Bonn und Remagen ist zu rechnen. Brücke ist mit Zündung zur Sprengung vorzubereiten. Heil Hitler.«

Das war für mich eigentlich der kritische Punkt meiner ganzen Zeit als Luftwaffenhelfer, obwohl man im Bombenhagel gelegen hatte. Jetzt wußte man, jetzt kommt der Krieg unmittelbar zu dir.

Acht bis neun Kilometer von diesem Brückenturm entfernt war ich zu Hause, ich wohnte bei meinen Eltern. Das war eigentlich doch ein Erlebnis, dieses Telefongespräch, das bleibt so sitzen, genauso wie man heute noch weiß, die 2-cm-Flak ist eine vollautomatische Waffe. Das war der 7. März 1945, denn am nächsten Tag kamen ja die Amerikaner schon auf die Brücke. Davor war die Remagener Brücke immer wieder zerstört worden von Bombentreffern und wurde dann mit Eisenbahnschwellen wieder fahrbar gemacht. Und dann kamen also in diesen Tagen Anfang März deutsche Einheiten zurück mit Pferdefuhrwerken, mit von Pferden gezogenen Kanonen, mit von Menschenkraft gezogenen Kanonen, mit von Motorkraft gezogenen Kanonen, das heißt, der Rückmarsch der Armee, die links des Rheins stand, ging über 24 Stunden, Tag und Nacht. Da war für mich endgültig klar, dieser Krieg kann nicht mehr gewonnen werden.

Wir waren ja Kinder mit 16 Jahren. Wir waren ja vorwitzig und guckten, wie da die zurückkamen, und es waren auch nicht ununterbrochene Kampfhandlungen, sondern es gab Pausen, wo militärisch nichts geschah. Nur war es schon erschütternd zu sehen, wie die da alle zurückkamen, übernächtigt, übermüdet.

Dann kamen am 8. März die ersten Amerikaner auf der linken Rheinseite an und einem meiner Luftwaffenhelferkameraden, dem gab sein Einheitsführer den Befehl: »Du sprengst die Munition, und dann siehst du zu, daß du nach Hause kommst«, denn das waren dann nur noch zwei Kilometer.

Der Einheitsführer hatte schon bedacht, das er doch noch ein Kind war. Wenn der nach Hause kann, ist alles in Ordnung. Und wie Kinder so sind, ich sagte zu ihm: »Warte ein bißchen mit dem

Sprengen, ich gehe da oben auf den Brückenturm, weil ich das Feuerwerk sehen will, wie die Munition in die Luft geht.«

Danach bin ich runter, nicht ohne vorher noch schnell den Telefon-Vermittlungsschrank mit einer Axt kaputtzuschlagen. Bin dann auf die Brücke, da wurde ich beschossen, und dann in den Eingang des Tunnels. Und dachte, so, jetzt ist der Krieg fürs erste vorbei, denn der Brückentunnel war ja bombensicher. Und da kam der Befehl: »Alles hinlegen, die Brücke wird gesprengt.«

Es gab einen dumpfen Knall, und wir dachten, die Brücke ist kaputt, also jetzt sind wir gerettet. Für den nächsten Augenblick wurde nur gedacht. Und dann hieß es, die Brücke steht noch, der Ami ist auf der Brücke, der Ami ist in Erpel (rechtes Rheinufer). Warum die Sprengung nicht funktioniert hat, wußte ich damals nicht. Für mich zählte die Tatsache, daß der Ami in Erpel ist, und ich wußte, jetzt mußt du sehen, daß du nach hinten rauskommst und möglichst schnell nach Hause zur Mama.

Ich bin dann auf mir aus meiner Kindheit noch bekannten Schleichpfaden nach Hause gekommen. Immer gefragt, wo sind die Amis. Ja, da war ich zu Hause und hab meine Uniform ausgezogen. Eine Kiste gemacht, den schweren Wachmantel versteckt, aus dem meine Schwester dann später einen schönen Wintermantel bekommen hat. Da war doch bei aller Ernsthaftigkeit und aller Sorge und Angst immer ein Stückchen Spiel mit dabei. Eigentlich so eine Art Geländespiel, wie wir es früher im Jungvolk gemacht hatten.

15 Jahre danach, also 1960, war es für mich ein Erlebnis, den Oberfeldwebel De Lisio zu treffen, das heißt den ersten amerikanischen Soldaten, der auf die rechte Rheinseite gekommen ist. Und da ist mir eigentlich so richtig deutlich geworden, wie sehr sich die Welt von 1945 bis 1960 schon verändert hatte. Meine Kinder stellen u. a. auch die Frage: »Wie konnte es dazu kommen, wie konntet ihr da mitmachen?«

Wie war überhaupt dieses Ganze möglich? Ich gehe so weit zu sagen, daß noch nicht einmal ein Schriftsteller wie Heinrich Böll, den ich in seiner schriftstellerischen Leistung sehr schätze, das zutreffend beschreibt. Es gibt noch keinen Schriftsteller in der Bundesrepublik, der in der Lage gewesen wäre, die psychologische und tatsächliche Lage so zu beschreiben, daß ich mich damit identifizieren könnte. Es gibt noch niemand, dem es möglich gewesen wäre, wenigstens literarisch das zu erfassen, was damals geschehen ist.

Carola Heldt
Jahrgang 1923

Meine Mutter und ich haben das Kriegsende in Potsdam erlebt. Sie war körperbehindert, hatte ein steifes Bein, und war dadurch etwas unbeweglich. Mein Vater war nach Süden verlegt worden. Und als die Russen in unser Riesen-Haus kamen, haben sie uns zusammengetrommelt, so gegen sechs Uhr, glaube ich, es war schon dunkel. Wir wußten gar nicht, wie viele Frauen in diesem Haus wohnten. Wie sich herausstellte, eine ganze Menge. Ich war wirklich noch ein unbeschriebenes Blatt, 22 Jahre alt, ich ahnte aber trotzdem irgendwas. Ich klammerte mich an Mutter und sagte immer: »Mami, das geht nicht gut aus, da passiert etwas.«

Alle wiegelten ab: »Nein, nein, die suchen nur nach Männern, da ist nichts weiter.«

Ich aber klammerte mich trotzdem an meine viel langsamer gehende Mutter. Auf einmal wurden wir in eine Tür geschoben, von irgendeinem Russen. Und wir dachten, jetzt wird es ganz schlimm. Statt dessen machte er die Tür hinter uns zu und stellte sich offenbar davor. Jedenfalls wußten wir, daß dies der Hintereingang war, und ich konnte mich verstecken. Ich versteckte mich hinter einem Schrank, und so nach zwei bis drei Stunden etwa hörten wir: »Die Russen sind raus, die Russen sind raus.«

Danach trafen wir alle wieder, und es war in der Tat so, daß alle anderen Frauen vergewaltigt worden waren, daß nur ich noch einmal davongekommen war. Ich wurde dann von Freunden versteckt. Und zwar im Haus des infolge des 20. Juli hingerichteten Hermann Maass. Der älteste Sohn war etwa in meinem Alter, etwas jünger, und mit dem freundete ich mich an. Der versteckte mich im Keller hinter einem Schrank vor den Russen. So habe ich die nächsten acht Tage heil überstanden.

In diesem Haus wohnten die vier Geschwister Maass und eine junge Haushälterin. Eine tüchtige, reelle Person, die eigentlich sehr dafür sorgte, daß wir alle etwas zu essen hatten. Unter anderem kamen natürlich auch manchmal tagsüber ein paar Russen rein. Die ging immer fabelhaft mit denen um. Eines Tages erklärte sie uns, wieso sie so gut für unser Essen sorgen konnte: sie hatte mit einem der Russen ein Verhältnis angefangen. Ich war in meiner Naivität ganz entsetzt, daß man so etwas tun konnte. Daraufhin sagte sie nur kühl zu mir, nein, eigentlich nicht kühl, sondern eher menschlich imponierend: »Was soll's, mir macht's nichts aus, und ihr werdet satt.«

Und ich war von dem Augenblick an irgendwie hin- und hergerissen zwischen Bewunderung und Verachtung. Aber das ist mir in Erinnerung geblieben, und heute ziehe ich den Hut vor ihr.

Jobst Siedler (2)
Jahrgang 1926

Jünger kam früher aus dem Zuchthaus raus als ich. Wir erreichten, daß wir noch zur selben Einheit kamen, zur 6. Panzergrenadierdivision Salzwedel in Uelzen. Und kamen dann nach Italien. Wir hatten in unseren Papieren stehen: »Darf niemals Beamter werden und darf in der Armee niemals befördert werden.« Der Krieg hätte also 30 Jahre dauern können, ich wäre immer Schütze geblieben. Wir kamen als Ersatz an die Südfront, da wurde der Zug bei Franzensfeste-Fortezza zerbomt. Wir sprangen raus, das war im September 1944, wir sprangen also in die Büsche rauf und sahen von oben zu, wie der Zug sich auflöste.

Jünger kam an die Front bei Carrara und fiel dort in der ersten Nacht bei einem Stoßtruppunternehmen, »auf den Marmorklippen.« Der Sohn, der den Vater noch heute nicht losläßt: daß sein Sohn genau dort gefallen ist. Das Buch* ist vorher geschrieben worden, fünf Jahre vorher. Und ich kam an die Ostfront hinter Forli und wurde auch gleich in der ersten Nacht eingesetzt mit dem damals noch relativ neuen »Ofenrohr«, nicht mit der Panzerfaust, eine englische Verteidigungsstellung zu beschießen. Ich wurde hinter die Linien gebracht und sollte dort ein Übungsschießen machen. Ich mußte mich hinwerfen, anschleichen, dann aufstehen und dieses riesige Rohr, das war ja fünf Meter lang, abschießen. Es gab einen gewaltigen Knall, ich hielt das für selbstverständlich, dann zischte es, es war alles rauchig, aber es war nur die Treibladung in meiner Hand losgegangen. Ich kann noch heute die Hand nicht gut bewegen.

Der Arzt im Feldlazarett sagte: »Junge, Sie wollen ja weder Pianist noch Sekretärin werden, alles was wichtig ist im Leben: ein Glas halten und ein Mädchen streicheln, beides können Sie.«

Ich wurde also wieder zusammengeflickt. Das war eine sehr schöne Zeit im Lazarett in Padua und Venedig. Venedig war ja freie Stadt, da durften nur verwundete, kranke Soldaten hin. War schon so in der Hand der Partisanen, daß man nach Einbruch der Dunkelheit nur zu dritt gehen durfte durch die Straßen in Venedig. Einer davon mußte eine Maschinenwaffe haben. Sehr häufig verschwand einer plötzlich im Kanal mit einem Messer im Rücken.

Dann kam ich noch einmal an die Front, die letzte große Durchbruchsschlacht südlich des Po. Es gab nur noch die Trümmer der Armeen, aber es gab keine Einheiten. Da kamen Leute mit Karabiner und Pistole, ohne schwere Waffen. Bei uns gab es nichts mehr. In dieses Rudel kam ich rein und hatte dann Glück, daß ich Malaria bekam und im entscheidenden Moment 40 Grad Fieber hatte. Und mein Kompaniechef war ein »Volksoffizier«. Der war ein reizender Mann, er war Handwerksmeister und hatte den ganzen Krieg vom ersten bis zum letzten Tag mitgemacht und war dann wegen besonderer Tapferkeit und Tüchtigkeit zum Offizier befördert worden. Er sagte: »Junge, du wirst hier jetzt rausgezogen. Die Sache dauert noch ein paar Tage, kriegst einen Marschbefehl, gehst in das nächste Lazarett mit deinem Fieber.«

* Ernst Jünger, ›Auf den Marmorklippen‹

Aber ich wollte noch bei der Einheit bleiben, man fühlt sich dann so verloren, fast das ganze Land war ja schon in der Hand der Partisanen. Aber er gab mir den Marschbefehl mit, und dann habe ich mich aufgemacht, alleine durch Oberitalien, erstens ein Krankenhaus suchend, und zweitens hoffend, mich noch nach Deutschland durchschlagen zu können. Ich bin aber doch in Gefangenschaft gekommen, indem das Fieber bis auf 41 stieg, und in einem Lazarett bei Padua brach ich dann zusammen, und außerdem war auch die Front völlig zusammengebrochen.

In der Nacht wurden wir nämlich gefangengenommen von königstreuen Partisanen, die diese Lazarettstadt stürmten, sich völlig korrekt verhielten, in jedes Bett guckten, die Matratzen hochhoben, ob da Waffen oder Munition drinlag, nach SS-Leuten fragten. Ich weiß nicht, was sie mit denen gemacht haben; dann Korbflaschen voller Wein verteilten und sagten: »La guerra è finita, Kameraden feiert!« Und dann wurden wir nach ein paar Tagen aber an die Engländer übergeben.

Wenn ich zurückdenke, so habe ich als Soldat trotz aller Ablehnung dieses Regimes nie daran gedacht, überzulaufen. Individuell hat sich mir diese Frage einfach nicht gestellt. Denn ich kam an die Front und wurde in der ersten Nacht schwer verwundet, war dann monatelang im Lazarett, und als ich wieder an die Front kam, brach alles schon zusammen. Aber wenn ich zurückdenke, so vermute ich, ich hätte es auch nicht getan, wenn ich es hätte tun können. Da sind archaische Ehrenprinzipien im Spiel; man tut das nicht. Und ich vermute, ich hätte zwar nicht auf einen Kameraden, der überläuft, geschossen, wie es so viele getan haben, aber ich hätte es doch für mich selber als undenkbar angesehen, daß man überläuft. Auch ein Begriff der Feigheit wäre ins Spiel gekommen.

Und zu der Frage, ob wir denn nicht alles gewußt haben, ob uns als Soldaten und Deutsche dies nicht bedrückte, sollte ich noch aus der Zeit im Zuchthaus folgendes erzählen: Wir kamen bei Luftangriffen in den Bunker. Und da jede Nacht Luftangriff in Wilhelmshaven war, waren wir jede Nacht im Bunker die Politischen, wo es sich um Minimaldelikte handelte, waren mit Ketten aneinandergefesselt und in der Sträflingskleidung. Wir wurden dann durch die ganze Stadt geführt bis zu dem berühmten Hochbunker, es war

Sonntag morgen um elf oder so was. Alle Zivilisten rasten auch schon in ihre Keller und standen teilnahmslos verängstigt, staunend distanziert diesem Zug gegenüber, der da durch die Stadt geführt wurde, rechts und links die Leute mit aufgepflanztem Seitengewehr und Stahlhelm. Und das war der einzige Moment, in dem wir uns unterhalten konnten. Sonst waren wir immer in Einzelzellen. Wir suchten natürlich immer die Nachbarschaft der Politischen und redeten während der Stunden des Bombenangriffs, auch wenn die Bomber nur über Wilhelmshaven rüberflogen nach Kiel, nach Hamburg, nach Bremen oder nach Berlin, konnten wir stundenlang reden, bis Entwarnung kam. Und da berichtete ein zum Tode verurteilter Hauptmann des Heeres, der 14 Tage später hingerichtet wurde, davon, daß im Osten ja massenhaft Liquidationen von Polen, Russen und Juden stattfinden sollten. In dieser Reihenfolge. Alle politischen Häftlinge waren sich darüber einig: da wird ermordet, erschossen, geköpft, gehängt, gefoltert. Aber das Vergasen, das ist alles englische Kriegspropaganda, das kennen wir aus dem Ersten Weltkrieg und von den abgeschlagenen Kinderhänden in Belgien. Die dort zum Tode Verurteilten im Januar 1944 hielten dies alles für Greuelpropaganda von der BBC. Und sie sagten, so etwas gibt es ja gar nicht. Das ist ganz undenkbar. Die werden Zehntausende erschießen. Da hatten sie auch Erfahrungen gemacht im Rußlandfeldzug, hatten das erlebt, die Erschießungen, aber daß wirklich maschinell vergiftet und vergast wird, das hielt keiner der Politischen und zum Tode Verurteilten für möglich.

Man brachte uns nach Tarent. Millionen von Gefangenen. Also keine Verpflegung, nur Stacheldraht, zuerst nicht mal Zelte. Nun war es inzwischen Juni geworden, glutheiß natürlich, an der südlichsten Spitze Italiens. Dort wurde uns mitgeteilt, es gäbe ja vorbereitete, gut ausgestattete Kriegsgefangenenlager in Nordafrika aus der Zeit des Afrika-Korps. Wer sich melde, könne rüber. Es werde am dritten Tag ein Transporter rübergehen. Und es gingen Legenden, da gäbe es Tennisplätze, man könne baden, es seien Schulen, Bibliotheken und alles da, denn der Krieg sei ja in Nordafrika so ritterlich gewesen zwischen Montgomery und Rommel. Man brachte mich nach Afrika. Es war ein Lager mitten in der Wüste, riesige Zeltlager, El Dhaba, Benghasi, Derna. Meine Papiere erwiesen sich da als sehr hilfreich. Ich wurde plötzlich zu einem englischen Major gerufen, einem deutschen Emigranten, der nach Palästina emigriert und später in die englische Armee eingetreten war, und der hatte meine Papiere beurteilt. Und nun gerade der Punkt: Hilfe für illegal lebende Juden, was mich ihm besonders sympathisch machte, noch mehr als der Widerstand als solcher, und ich wurde eingestellt als »Instructor« des »British Intelligence Department for the Reeducation of German Prisoners of War«. Ich sollte Vorlesungen halten.

Ich hatte ab dann ein außergewöhnlich angenehmes Leben, ich hatte ein Auto, ich hatte ein eigenes Haus, das des Lotsenkommandanten des Kriegshafens von Benghasi, direkt am Wasser.

Ich hielt also meine Vorlesungen, inspizierte die Kriegsgefangenenlager mit englischen Offizieren, die sich natürlich unendlich langweilten, noch Jahre nach dem Kriege da in der Wüste zu liegen mit Gurkhas und allen möglichen farbigen Einheiten. Sagten natürlich, das wäre eigentlich unsere Welt, wo wir herkommen, selbe Ausbildung, selbes Schulsystem, und die hatten die alten Segelyachten der englischen Kolonialarmee. Ich habe da monatelang im Sommer 1946 eigentlich nur gesegelt, die ganze nordafrikanische Küste entlang, mit den jungen Offizieren der englischen Armee. Ich blieb da bis Ende 1947, und auch dann kam ich nicht nach Deutschland, sondern sie hielten mich für zukünftiges Führungspersonal – die Engländer –, und ich kam nach Wilton Park. Ich wurde nach London geschickt in dieses Kriegsgefangenencollege und kam erst Ende 1947 nach Deutschland zurück.

Bernhard Schmitt (2)
Jahrgang 1923

Als ich im August 1944 bei der französischen Armee ankam, da war es ziemlich schlecht um mich bestellt. Ich wog noch 38 kg, für einen Mann mit 1,74 m war das nicht eben viel. Sie haben mich dann auch sehr rasch rausgefüttert, hochgepäppelt. Ich hatte schon nach zwei Monaten wieder 56 kg. Da ging es mir entschieden besser.

Ich wurde bei der Befreiung von Straßburg das erstemal verwundet. Da bekam ich einen Beindurchschuß. Anfang April 1945 gingen wir über den Rhein und waren in Deutschland. Dort begegneten wir keinen regulären Soldaten mehr, nur noch Hitlerjungen, die, 13, 14 und 15 Jahre alt, zum Volkssturm eingezogen worden waren. Einer von diesen Jungen wurde gefangengenommen, er hatte Verletzungen von Granatsplittern. Er wurde zu mir ins Zelt geführt, und ich habe mich über ihn gebeugt, das sehe ich noch heute vor mir, und sage zu ihm: »Du dummer Kerl, siehst du, das hast du jetzt davon.« Und da spuckte mir der Junge ins Gesicht und richtete sich auf, der war etwa 14 Jahre alt, und der sah wie in Trance aus, und brüllte: »Es lebe der Führer!!«

Einen Tag später wurde ich verwundet, und zwar schoß ein anderer Hitlerjunge mit einer Panzerfaust auf meinen Jeep. Mein Fahrer wurde getötet, und ich selbst erhielt 14 Granatsplitter in die rechte Lunge. Die Verwundung heilte sehr rasch. Ich war bloß 14 Tage frontunfähig. Nach 14 Tagen konnte ich wieder ausrücken und zu meiner Einheit zurückkehren. Aber die Auswirkungen machten sich erst sehr viel später bemerkbar. 1947 fing ich an, Blut zu spucken, 1948 mußte man mir einen Pneumothorax machen, ich hatte vier Löcher in der Lunge. Einseitig auf der rechten Seite. Jetzt ist meine rechte Lunge eingeschrumpft auf die Größe einer Handfläche, ist unbenutzbar, aber ich habe keine Störungen, keine Blutungen mehr.

Die erste deutsche Stadt, in die ich als französischer Unterfeldarzt einzog, war Lörrach. Da wurde ich bei einem braven Mann untergebracht. Meine Ordonnanz war ein Marokkaner, und zwar ein ziemlich dunkelhäutiger, etwas negroid aussehender Mann aus Südmarokko. Der war mehr Mohr als Marokkaner. Als wir einquartiert wurden, gab mir der gute Mann etwas zitternd ein Zimmer und sagte: »Das ist das Zimmer für Sie, Herr Offizier.« Als ich mich ins Bett legen wollte, sah ich, daß über meinem Bett ein riesiges Portrait von Adolf Hitler hing. Da bin ich runtergegangen und habe gesagt: »Wissen Sie, Ihre Gefühle gehen mich nichts an, aber ich würde lieber unter was anderem schlafen. Unter dem Hitler möchte ich tatsächlich nicht schlafen. Hängen Sie es mir ab.« Da ging der Mann rauf und holte das Bild runter, seufzend, wirklich seufzend, man sah, es tat ihm leid, daß er das tun mußte. Dann sagte er: »Bitte, Herr Offizier, sagen Sie dem Schwarzen, er solle meine Kinder schonen.« Und ich habe erwidert: »Der frißt keine Kinder, das ist ein guter Kerl, und der greift niemanden an, da können Sie ganz ruhig sein.« »Ach«, sagte er, »das glauben Sie, Herr Offizier. Darf ich Ihnen eine Frage stellen?« Ich sagte: »Bitte.« »Sie sprechen ein so ausgezeichnetes Deutsch, Sie sind wahrscheinlich deutscher Jude?« »Nein«, sagte ich, »ich bin kein deutscher Jude, ich bin Elsässer, ich bin in der französischen Armee, und das ist alles.« Da stieß er einen Seufzer aus. »Um so besser«, sagte er.

Das war die Reaktion des ersten Deutschen. Dann marschierten wir weiter. In der Gegend von Ulm, auf dem Vormarsch nach Berchtesgaden, kam ich eines Morgens in eine Wirtschaft und sah einen Mann, dem der linke Arm fehlte. Der saß in einer Ecke, und ich dachte, das ist wahrscheinlich ein Kriegsverwundeter. Wir bestellten uns etwas zu trinken, und ich stand auf und sagte: »Gestatten Sie mir, auf das Wohl eines früheren Feindes, aber eines Kriegskameraden zu trinken.« Da stand der Mann auf, klappte die Hakken zusammen und sagte: »Entschuldigen Sie, mein Herr, aber ich trinke nicht mit meinen Feinden.« Ich meinte: »Ich bin nicht Ihr Feind, der Krieg ist zu Ende.« Er: »Der Krieg ist noch nicht zu Ende. Für mich ist er zu Ende, für das deutsche Volk nicht.« Dann klappte er nochmal die Hacken zusammen und sagte: »Entschuldigen Sie, ich kann nicht länger bleiben« und ging raus.

Auch in der Gegend von Ulm, in einem kleinen schwäbischen Dorf, kamen so 15- bis 16jährige Mädchen auf uns zugerannt und schrien: »Chocolate.« Sie dachten, wir wären Amerikaner. Und da haben wir ihnen Schokolade gegeben. Plötzlich kam eine etwas ältere Frau raus und riß eines der Mädchen beiseite und sagte: »Schämst du dich denn nicht, du Sauhur? Dein Vater steht an der Front, und du gehst mit den Franzosen?« Das war Ende März/Anfang April 1945.

Was die Deutschen angeht, so glaube ich nicht an Kollektivschuld. Ich fühle mich dem napoleonischen Wort über die Elsässer sehr nahe: »Sie sprechen deutsch, sie denken deutsch, sie beten deutsch, aber sie sterben als Franzosen.« Das gilt so ungefähr für meine Jugend. Und das illustriert der Tod meines Ur-Urgroßvaters und auch meinen Lebensweg. Ich glaube nicht an Kollektivschuld. Meine ersten Worte habe ich auf deutsch gesprochen.

Albert Bastian (2)
Jahrgang 1927

Zur Untersuchung und Musterung mußten wir 16jährigen uns in Pirmasens in einem Lokal einfinden. Die dort anwesenden Ärzte waren alle SS-Ärzte. Die Untersuchung bestand aus Blutdruck messen, Puls fühlen; Zähne und Rachen wurden angeschaut, Plattfüße ja, nein, Lunge und Herz abhören, Kniebeugen machen, dann nochmals Herz abhören usw. usw. Nach der Untersuchung wurde jedem das Ergebnis in einem persönlichen Gespräch mitgeteilt.

Mir sagte man, ich sei kerngesund, und so ein großer und starker Junge wie ich gehöre eigentlich zur Waffen-SS. Ob ich nicht Lust dazu hätte. Mir wurde ganz warm ums Herz. Ich zur Waffen-SS. Zur Elite-Truppe. Das waren eben die besten von Deutschlands Jugend. Und dieser Gattung sollte ich angehören dürfen. Ich habe daher nicht lange gezögert und mein Einverständnis erklärt. Noch heute erinnere ich mich, wie ich dabei die Absätze zusammenschlug und die Hände an die Hosennaht anlegte. Freudestrahlend nahm ich den Annahmeschein entgegen, stürzte hinaus, schwang mich auf mein Fahrrad.

Außer Atem noch, legte ich der Mutter, die sich gerade in der Küche aufhielt, den Annahmeschein vor. Mutter las den Text, schaute mich mit großen Augen an, die immer größer und immer größer wurden. Ich hatte noch nie einen Menschen so weinen sehen. Dann wurde sie plötzlich böse auf mich, schrie mich an: »Das hast du nun davon, du mit deinem Hitler, das mußte ja so kommen. Nie, nie hast du auf deinen Vater, auf deinen Großvater, auf Onkel Michel gehört. Immer bist du den anderen nachgelaufen. Das sind doch alles Verbrecher. Bub«, schrie sie, »wenn das dein Vater hört.« Dann ging sie wortlos hinaus.

Plötzlich hörte ich Stimmen im Hof, hörte, wie die Mutter ganz laut, mit fester gehobener Stimme, fast schreiend sagte: »Das sind doch noch Kinder. Ist denen überhaupt nichts mehr heilig?« Schon war ich hellwach. Das geht gegen mich. Bei allem, was war und ist. Ein Kind bin ich aber schon lange nicht mehr, dachte ich. Ich und ein Kind?

Jeden Abend trafen meine Freunde und ich zusammen, hörten den Wehrmachtsbericht und steckten dann mit Stecknadeln und Wollfäden den Verlauf der Fronten ab, kennzeichneten mit einem Hakenkreuzfähnchen die Stellen auf den Weltmeeren, wo mal wieder ein feindliches Schiff versenkt worden war. Die Zahl der versenkten Bruttoregistertonnen vermerkten wir an gleicher Stelle. Die Zahl der abgeschossenen Flugzeuge wurde selbstverständlich auch aufgezeichnet. Ich, noch ein Kind. Was verstand Mutter schon vom Krieg.

14 Tage nach der Entlassung vom Reichsarbeitsdienst kam der Gestellungsbefehl zur Luftwaffe. Also nicht zur SS – ich war enttäuscht. Am 22. Dezember 1944 feierte ich meinen 17. Geburtstag in einem Schützenloch bei Venlo, den Engländern gegenüber. Als wir einmal einige Gefangene machten, konnten wir feststellen, die waren auch erst 18 und 19 Jahre alt. Das »Wetterleuchten« der Front war schon sehr deutlich zu sehen. Das Rumsen der Abschüsse der Artillerie hörte man, ab und zu schlug nicht weit von uns eine Granate ein. Wir fuhren dann durchs Elsaß.

Irgendwo in der Mitte eines Dorfes bekam unser Fahrzeug einen Volltreffer. Ich kam wieder zu mir im Straßengraben. Sah unser Fahrzeug, d. h. das, was noch von ihm übrig war, in hellen Flammen stehen. Unser Fahrer war verbrannt, zwei Kameraden lagen in der Nähe und waren tot. Weitere drei und ich lagen da und waren verwundet. Sanitäter brachten mich, da der Beschuß der Amerikaner noch anhielt, in einen Keller. Morgens um 8.00 Uhr war ich in Landau, im Feldlazarett. Als mir der Arzt eröffnete: »Sei froh, für dich ist der Krieg aus, dein Bein wird nicht mehr, die Nerven sind durch«, da weinte ich die ersten Tränen in meinem Soldatenleben. Für mich war eine Welt zusammengebrochen.

Später kam ich in ein Gefangenenlager. Das Leben im Lager war schwer, aber es wurde fast unerträglich für mich. Was mich in jenen Wochen erschüttert hat, war die Verhaltensweise vieler ehemaliger deutscher Soldaten. Ich mußte erkennen, daß ich bisher an einen deutschen Mann, an einen deutschen Soldaten geglaubt hatte, den es gar nicht gab. Man hatte uns gelehrt: »Treue, Opferwilligkeit, Tapferkeit sind die wertvollsten Charaktereigenschaften eines deutschen Soldaten. Die letzte Vollendung hat die Erziehung der deutschen Jugend – auch unter dem Gesichtspunkt der Rasse – im Wehrdienst zu erhalten.« Ich mußte erleben, wie sich erwachsene Männer die Köpfe blutig schlugen, um an ein Stückchen Brot zu kommen.

Die Heimkehr war nicht allzu beglückend für mich. Ich schämte mich vor meiner Mutter. Vater war noch in Gefangenschaft. »Der Nationalsozialismus zielte planmäßig auf die Entfremdung zwischen Eltern und Kindern.« Diese Worte eines amerikanischen Majors im »Umerziehungsunterricht« hämmerten in meinem Kopf. Trafen sie nicht auf mich zu? War ich nicht ein williges Werkzeug des Nationalsozialismus gewesen? Ich, gerade ich, habe doch den Nationalsozialisten mehr geglaubt als meinen Eltern.

Willi Weisskirch (3)
Jahrgang 1923

Ich sage immer: »Ohne Kameraden wäre ich heute gar nicht mehr am Leben.«

Aus einer ganz prekären Situation bin ich von Kameraden, die dabei Kopf und Kragen riskiert haben, herausgeholt worden. Ich bin des Morgens um acht Uhr verwundet worden, in einem Augenblick, als wir uns abgesetzt haben. Einen Meter neben mir ist eine Panzergranate krepiert. Ich habe den ganzen Segen abbekommen. Ich war der letzte im Graben, und alle anderen waren weg. Ich habe nur noch gerufen: »Ich bin verwundet, ich kann hier nicht raus.«

Und dann habe ich da gelegen bis nach Mitternacht. In einem sich immer mehr mit Wasser füllenden, ausgetrockneten Flußtal lag ich mit zwei Kameraden. Die beiden Soldaten sind dann des nachts mit einer Trage vorgegangen, um einmal zu schauen, ob sie mich noch lebend antreffen. Sie fanden mich in einem Dämmerzustand zwischen Leben und Tod. Ich war ausgeblutet. Sie haben mich zurückgeschleppt. Sie haben mir einen Knebel in den Mund gesteckt.

Um acht Uhr am anderen Morgen, 24 Stunden nach der Verwundung, haben sie mich neben den Sanitäts-Unteroffizier hingestellt. Ich werde das nie vergessen. Der hat dann kurz gedonnert: »Den hättet ihr vorne liegen lassen können.«

Er hat dann gesagt: »Gebt dem mal vorsichtshalber eine Tetanusspritze.«

Die hat er mir dann gegeben.

Wir hatten ein ausgeprägtes Kameradschaftsgefühl. Wir fühlten uns alle wie in einem Boot, und wir wollten auch alle überleben, auf irgendeine Weise. In dem mir bekannten Kameradenkreis waren wir alle 20-, 21- und 19jährige Jungen.

Gustav Schütz
Jahrgang 1921

Vom Lazarett Kassel weg, in dem ich im Februar 1942 die Amputation des linken Armes auskuriert hatte, verpflichtete man mich, samt etwa 30 anderen verwundeten Wehrmachtssoldaten zum Dienst in der HJ.

In den Dörfern im Kreis Hofgeismar gab es die Landdienstlager für jeweils ungefähr 30 Jungen im Alter von 14 bis 15 Jahren. Ich sollte ein Landdienstlager führen. Das ging gut bis 1945. Die im

Lager zurückgebliebenen Jungen hatte ich allesamt sehr ins Herz geschlossen und wollte, so gut es ging, sie vor Schaden an Leib und Seele bewahren. Deshalb hatte ich den Plan gefaßt, mit ihnen und mit meiner Frau zur Braunkohlezeche Gahrenberg zu ziehen, in deren Stollen wir das Ende der Kämpfe abwarten wollten.

Es war am Karfreitag, dem 30. März 1945, als wir gegen fünf Uhr in der Frühe durch Stiefelschritte und Gehämmer an den Türen aus dem Schlaf geschreckt wurden. Im Schein einer Taschenlampe sah ich im Lagerfeuer einen Leutnant der Wehrmacht, der mich barsch anbrüllte, warum ich nicht befehlsgemäß das Lager geräumt hätte. Ich antwortete ihm wahrheitsgemäß, daß mir von keiner Stelle ein solcher Befehl zugegangen sei. Wenn ich nicht binnen einer Stunde das Lager geräumt und mich mit der Gruppe nach Veckershagen an der Weser, wo ich weitere Befehle erhielte, in Marsch gesetzt hätte, müßte ich mich wegen Befehlsverweigerung vor einem Standgericht verantworten.

Was Standgericht bedeutete, war mir klar. Ich wußte, daß man nicht viel Federlesen machen würde. Also wies ich die Jungen an, sich anzuziehen, sich bei den Bauern zu verabschieden und sich für einen Tag Verpflegung geben zu lassen. Meine Frau bat ich, alles wichtige und wertvolle einzupacken und sich mit den Sachen von einem Bauern zu meinen Eltern nach Holzhausen bringen zu lassen. Sie packte zwar zwei Koffer mit Kleidung, wollte mich und die Jungen aber keinesfalls verlassen, sondern mit uns gehen.

Während ich die zusätzliche Kleidung geholt, den Handwagen besorgt und noch einmal mit dem Bürgermeister gesprochen hatte – wobei der mir erzählte, im Reinhardswald und an der Weser werde eine Widerstandslinie aufgebaut, bis stärkere deutsche Truppenverbände aus Thüringen einträfen –, hatten sich die Jungen abmarschbereit gemacht. Ich fand sie in regelrecht kriegerischer Stimmung vor: Viele hatten von den Bäuerinnen Waffen erhalten, die diese gern aus dem Haus haben wollten, sei es, weil man schon an die möglichen Schwierigkeiten mit den Amerikanern dachte, sei es, um sie nicht in die Hände der Fremdarbeiter geraten zu lassen. Stolz hatten die Jungen sich Teschings, Flobert- und Kleinkalibergewehre umgehängt. Kriegswaffen waren allerdings keine dabei. Einer der Jungen hatte eine Parabellumpistole aus dem Ersten

Weltkrieg aufgetan. Die nahm ich ihm ab und behielt sie selbst (ich hatte einen Waffenschein für Faustwaffen).

Nach zwei Tagesmärschen erreichten wir den Landdienstlerhof Gut Eddinghausen. Dort hatte man Unterkunft und Verpflegung für uns. Auf dem Gut befanden sich zu der Zeit außer uns etwa 60 Jungen aus dem Raum Trier und etwa 50 Mädchen aus Aachen, alle im Alter von 15 und 16 Jahren. Sie waren schon seit Wochen unterwegs gewesen. Außerdem waren dort höhere HJ-Führer und BDM-Führerinnen, teils mit Familien, und eine ungefähr 100 Mann starke Gendarmerieeinheit, auch eine Wehrmachtseinheit mit einigen Sturmgeschützen. Ein Offizier eröffnete uns, daß die US-Armee mit einer Panzerspitze durchgebrochen sei, daß man aber versuche, den Durchbruch abzuriegeln und bei Hannoversch-Münden heftig und erfolgreich kämpfe.

Mit diesen über 100 Jugendlichen zogen meine Frau und ich dem Harz zu. Mehrere Flieger beschossen unsere Straße. Als der Lärm vorüber war, rief ich alle Landdienstjungen mit Namen und erhielt von allen Antwort. Wir sahen, wie sich vor uns der Himmel zunehmend erhellte. Am Waldrand angekommen, sahen wir die Konturen der Häuser vor einem großen Feuer, das die Stadt Herzberg in ein gespenstisches Licht tauchte. Als die Sirenen Entwarnung heulten, marschierten wir auf die Stadt zu. Alle Jugendlichen marschierten bald die Straße in Richtung St. Andreasberg, weiter hinein in den Harz, immer bergauf. Mehrmals mußten wir uns unterwegs dicht an die Felswände pressen, weil feindliche Jagdbomber die Straßen absuchten und auf jede Bewegung schossen.

In der Bahnhofsgaststätte von Hattendorf, kurz vor unserem Abmarsch nach Herzberg, hatten wir einen »Reichssender« gehört, der von siegreichen Abwehrschlachten berichtete, wobei die Rede davon war, daß die schweren amerikanischen Panzer auf den deutschen Straßen den vorgepreschten leichten Verbänden nicht schnell genug folgen könnten und die geringen vorgedrungenen Panzerspitzen leicht zu vernichten seien. Man redete so, als stünden der deutschen Wehrmacht noch intakte Armeen und fürchterliche »Vergeltungswaffen« zur Verfügung! Als ich das hörte, schämte ich mich zutiefst, daß man uns für so dumm hielt, solchen

Nachrichten Glauben zu schenken. Ich fühlte mich betrogen und belogen, meine Vaterlandsliebe schamlos mißbraucht.

Die Jungen waren begeistert, als »Soldaten« für den Endsieg zu kämpfen, und wir konnten nur die Hoffnung haben, sie wohlbehalten zurückzubringen, falls der Krieg möglichst bald zu Ende war.

Die Jungen wurden nun in Wehrmachtsuniformen gesteckt, die meist zu groß waren, Hosen und Jacken zudem durchweg geflickt, oft waren Wehrmachts- und Luftwaffenuniformen gemischt. Nur Stahlhelme waren nicht vorhanden... Nicht einmal alle hatten ein Koppel, jedoch fast alle ein Gewehr. Die Gewehre wiederum waren ein Sammelsurium unterschiedlichster Herkunft. Offiziere und Unteroffiziere waren mit Pistolen und Maschinenpistolen ausgerüstet. Zur Gepäckbeförderung erhielt unsere Kompanie, wie unsere Gruppe jetzt hieß, zwei pferdebespannte Leiterwagen.

Es war schon dämmrig, als der Gebietsführer in einer Ansprache das Ganze als neugebildete »Panzervernichtungsbrigade Kurhessen« und als Teil des »Volkssturms« erklärte. Der Gebietsführer, in einer Majorsuniform der Wehrmacht, erklärte in seiner kurzen Ansprache, die er von einem Podest aus hielt, es sei unsere Aufgabe, unter allen Umständen zu verhindern, daß feindliche Panzer in den Harz vordrängen. Obwohl wir das Unternehmen »Panzervernichtungsbrigade« für unsinnig hielten und voraussahen, daß ein Einsatz der gänzlich unausgebildeten Jungen zu sinnlos hohen Verlusten führen mußte, wagten wir nicht, uns der Eingliederung in den »Volkssturm« zu widersetzen. Nachmittags gab es Panzerfaust-Unterricht. Es folgte die Belehrung über das Verhalten bei Jabo-Angriffen. Ich stand als Luftbeobachter und suchte mit dem Fernglas den Himmel nach Jabos ab. Und dann kamen sie tatsächlich – gleich von zwei Seiten. Drei doppelrumpfige »Lightnings« und sechs »Mosquitos.« Bei meinem Schrei »Fliegerdeckung« sprang alles in Deckung oder preßte sich an die Erde. Die drei »Lightnings« rasten direkt auf uns zu. Hinter der Buche in Deckung gegangen sah ich, wie drei der Jungen ihre Gewehre über den Trichterrand schoben und auf die Flugzeuge schossen. In den Lärm von deren Motoren brüllte und gestikulierte ich »Köpfe runter«, bis sie sich endlich in die Deckung zurückbeugten.

Dann stand plötzlich der Oberleutnant vor uns, befahl dem anderen Gefreiten, gut achtzugeben, daß niemand hinter dem Zugschluß zurückbleibe und wartete mit mir, bis wir hinreichend Abstand zur Kolonne hatten. Dann sagte er etwa folgendes zu mir: »Kamerad Schütz, du bist der einzige, den ich etwas länger kenne, von dem ich glaube, daß ich ihm vertrauen kann. Es gab schon einmal einen Kinderkreuzzug, von dem die Kinder nicht mehr nach Hause gekommen sind. Ich kann es nicht verantworten, bei diesem hier mitzumachen. Wir müssen ein Blutbad im Feuer der amerikanischen Panzer verhindern. Was meinst du?«

Ich antwortete ihm, daß ich es für Selbstmord hielte, mit diesen unerfahrenen Jungen in ein Gefecht mit gutausgebildeten Truppen zu geraten. Außerdem sei es meine Absicht gewesen, die Jungen aus der Kampflinie zu bringen, nicht aber, sie nun in einen sinn- und nutzlosen Kampf zu führen.

Im Morgengrauen des 13. April kam die auseinandergezogene Kompanie müden Schrittes durch Mansfeld und schließlich auch nach Klostermansfeld in eine Schule, die als Militärlager eingerichtet war. Die völlig übermüdeten Jungen fielen auf das Stroh, das in den Klassenräumen ausgebreitet war, und schliefen auf der Stelle ein. In dem Moment knallte es. Reflexartig lagen wir am Boden, während die Jungen aus dem Schlaf hochfuhren. Es knallte wieder. Die Fensterscheiben kamen vom Luftdruck hereingeflogen. Alles sprang auf, rannte erschreckt durcheinander und dann auf die Straße, wo die Kompanie, dicht an die Häuser gepreßt, stadtauswärts eilte. Nach einer weiteren halben Stunde Marschs entdeckten wir am Himmel ein kleines, langsames Flugzeug, das die Jungen zunächst für einen Fieseler Storch hielten. Mit dem Fernglas erkannte ich jedoch statt des Balkenkreuzes den weißen Stern. Die Jungen winkten noch in dem Glauben, es handele sich um ein deutsches Flugzeug, diesem zu, da schlugen schon, kaum 100 Meter hinter uns, drei Granaten neben der Straße ein. In Abständen von ungefähr fünf Minuten schlugen nun immer wieder Granaten ein, ohne uns zu nahe zu kommen.

Aus dem Nachbargarten kam ein Unteroffizier, den ich nicht kannte, und unser Zugführer, einen Karabiner 98 in der Hand. Der Zugführer schrie: »Die Panzer sind im Dorf. Lauft!«

Sehen konnten wir die Panzer nicht, rannten aber hinter dem Zugführer her auf die Plantage zu. Als Geschosse an uns vorbeizwitscherten, riß ich meine Frau zu Boden, wo wir uns keuchend und mit klopfendem Herzen an die Erde preßten. Die beiden Zugführer sprangen auf und rannten wieder los. Um sie herum spritzten Staubfahnen. Ich riß meine Frau hoch, und auch wir rannten, bis wir beschossen wurden. Warfen uns wieder hin, rannten wieder los. So, abwechselnd springend und uns niederwerfend, erreichten wir die Senke, die uns Deckung bot. MG-Garben ließen Zweige des Gebüschs auf uns niederregnen.

Wir schauten über das Dorf, das für uns unsichtbar im Tale lag, hinweg aufs jenseitige Gelände. Was wir dort sahen, konnten wir nicht fassen. Auf den großen Wiesen- und Ackerflächen waren mehr als 100 Panzer sauber ausgerichtet in zwei Gassen aufgefahren. In den Gassen befanden sich Tankfahrzeuge, die die Panzer mit Sprit auftankten. Bei Beginn der Dunkelheit kamen wir in Polleben an. Vor dem Gutshof winkte uns ein Mann heran und sagte, wir möchten nicht erschrecken, denn auf dem Gut seien ca. 400 russische Kriegsgefangene und 40 gefangene russische Offiziere. Es gebe keinen Grund zur Furcht.

Alle waren gerade zu Bett gegangen, und ich hatte mich als letzter gewaschen, als es klopfte. Herein kamen vier Russen. Ich erschrak. Sie wünschten guten Abend und sagten: »Wir wollen uns nur mit euch unterhalten.«

Wir hockten auf dem Bettrand, die Russen saßen auf Stühlen. Zunächst wollten sie wissen, ob wir Soldaten oder Volkssturm seien. Wir antworteten: »Kinderlandverschickung von der Hitler-Jugend.«

Derjenige von ihnen, der am besten deutsch konnte, sagte daraufhin: »Gut, gut. Deutscher Sozialismus besser als amerikanischer Kapitalismus.«

Wir spürten, daß sie uns gegenüber nicht unfreundlich gesonnen waren, aber von den Amerikanern und Engländern wenig Gutes erwarteten. Als ich ihm sagte, daß wir auf unserem Heimweg uns weniger vor den Amerikanern fürchteten, als vor betrunkenen und rachsüchtigen Russen und Polen, antwortete er, da dächte ich völlig falsch. Wohl seien die Polen oft sehr hinterlistige Menschen, denen man besser aus dem Weg gehe, aber die Russen seien allesamt gut. Der Gutshof wimmelte von Russen, und in einem Gut in der Nachbarschaft hätten sie die Schnapsbrennerei geplündert, die Menschen mißhandelt und teils erschlagen und das Gut angezündet. Im Gutshaus habe man deshalb die ganze Nacht keine Auge zugetan.

Beim Weitermarsch erfuhren wir von einem Verbot der Amerikaner, sich in Gruppen von mehr als drei Personen zu bewegen. Wir sammelten uns am Waldrand und besprachen die Lage. Nach Einsicht in die mitgeführte Karte kamen wir zu der Überzeugung, daß der kürzeste Weg, durch den Südharz nicht zu wagen sei, weil dort offensichtlicht noch gekämpft würde. Wir waren noch nicht weit gegangen, als sich uns ein erschütterndes Bild bot: Zerfetzte Zelte, überall verstreute Ausrüstungsgegenstände und dazwischen tote Arbeitsmänner mit aufgedunsenen Bäuchen und dem widerlichen süßen Geruch von Verwesung. Sie trugen die braunen Uniformen des Arbeitsdienstes mit gelben Armbinden: Deutsche Wehrmacht. Waffen lagen keine herum. Wir rührten nichts an, sondern strebten eilig vom zerfetzten Zeltlager des Arbeitsdienstes einer leichten Anhöhe zu, um querfeldein wieder auf die Reichsstraße 86 zu kommen, weil die uns doch sicherer erschien. Genau kann ich mich an die Zahl der Toten nicht erinnern, aber es werden gewiß über 30 gewesen sein. Auf der Höhe angekommen, sahen wir, daß das Dorf voller weißer Fahnen in einem sanft geneigten Talkessel vor uns lag, inmitten eines Waldes, der von der Straße durchschnitten wurde. Wir sahen aber auch, daß die Felder von vielen kreisrunden Flecken überzogen waren – Einschläge von Sprenggranaten. Beiderseits der Straße, etwa 800 bis 1000 Meter entfernt, standen im Felde je drei 8,8-Flak-Geschütze, je durch ein Holzgerüst, umschichtet mit Preßstrohballen, als Strohmieten getarnt. Die Geschütze waren auf die Straße gerichtet gewesen.

Im Feld sah man Spuren von Panzerketten, und einige abgeschossene US-Panzer standen herum. Hier war also gekämpft worden. Bei den Geschützen und Panzern auf unserer Seite waren keine Toten zu sehen, auf der anderen Straßenseite jedoch, an der Böschung, lagen in langen Reihen über 100 tote Arbeitsmänner, allesamt mit aufgedunsenen Bäuchen und bläulichweißen Gesichtern.

Uns wurde schlecht – und obwohl wir lange nichts mehr gegessen hatten, mußten wir uns übergeben. Wir liefen so schnell wir nur konnten von diesem grausigen Ort fort.

Eine Arbeitsdienst-Flakbatterie hatte sich getarnt aufgestellt, um erst die Panzerspitzen durchfahren zu lassen und dann die nachfolgende Fahrzeugkolonne anzugreifen. Ein Mann aus dem Ort hatte das Unternehmen aber den Amerikanern verraten. So waren die Panzer durchs Dorf gefahren, gleich hinterm Dorf aber umgeschwenkt, während schon die nächsten Panzer aus der Dekkung und vom Waldrand auf die Flak gefeuert hatten. Obwohl sie die Arbeitsmänner umstellt hatten, erlitten die Amerikaner beträchtliche Verluste. Sie erschossen dann die gefangengenommenen Arbeitsdienstmänner als Partisanen. Ihre Leichen wurden zur Abschreckung an die Straße gelegt.

Hinter Wallhausen fanden wir das große Barackenlager. Wir meldeten uns beim Roten Kreuz am Eingang, und eine Schwester begleitete uns zu einer leerstehenden Baracke, in der wir doppelstöckige Betten und Wolldecken vorfanden. Trotz der großen Müdigkeit schliefen wir äußerst unruhig. Tief in der Nacht wurde wieder geklopft. Diesmal war es die DRK-Schwester. Sie war von den Polen vergewaltigt worden und hatte sich schließlich aus der Verwaltungsbaracke flüchten können. Sie beruhigte mich: »Hier suchen die Polen nicht. Sie glauben, die Baracke ist leer.«

Um sieben Uhr verließen wir eilends das Lager und folgten weiter der Reichsstraße 80 in Richtung Roßla.

Die Jungen trennten sich von uns. Stundenlang marschierten wir dann mit knurrendem Magen weiter. Wir sahen abgerissen wie Landstreicher aus. Die Menschen auf den Feldern, die Kartoffeln pflanzten, ebenso die Leute in den Ortschaften, waren mißtrauisch und unfreundlich. Wir trauten uns nicht mehr, um Essen zu betteln. Hier auf der Landstraße fuhren die US-Militärfahrzeuge seltener als zuvor auf der Reichsstraße. Von einem der Militärtrucks wurde uns schließlich ein Weißbrot zugeworfen. Wir ließen es liegen, weil wir glaubten, unseren Stolz zeigen zu müssen. Aber dann, wir waren vielleicht 50 Meter weitergegangen, bin ich doch zurückgegangen und habe das halbe Brot aufgehoben. »Laßt uns nicht albern sein«, habe ich gesagt.

Unterwegs warfen uns immer wieder US-Soldaten kleine Päckchen mit Keks oder Käse zu. Davon ernährten wir uns. Auch an diesem Tag marschierten wir wieder gut 40 Kilometer. Hinter Schlotheim wies man uns auf einem Gutshof eine Scheune als Nachtquartier zu. Es mag gegen sechs Uhr gewesen sein, als ich durch den Spalt des Scheunentors hinaussah und glaubte, meinen Augen nicht mehr trauen zu können: Da zog in etwa 50 Metern Entfernung im Gänsemarsch eine Einheit der Waffen-SS vorbei, allesamt mit MG und Maschinenpistolen schwer bewaffnet, etwa 60 Mann! Sich an einem niederen Hang mit Gebüsch in Deckung haltend, verschwanden sie allmählich. Hinter Mühlhausen, es waren nur noch 22 Kilometer nach Wanfried, warf uns ein US-Soldat wieder einmal ein Päckchen zu. Neben Schokolade, Keks und Bonbons fanden sich darin auch Zigaretten und Streichhölzer. Ich steckte mir eine Zigarette an, doch nach den allerersten Zügen wurde mir schwindelig, grün und blau vor Augen.

Es war warm, und seit Tagen schon blühte an unseren Wegen der Schwarzdorn, sogar blühende Kirschbäume hatten wir hin und wieder gesehen. Der Weg nach Hause war mühsam. Im Elternhaus war alles heil und wohlauf. Die Sorge um das karge tägliche Brot beherrschte die Menschen. Nach einem Tag Ruhepause ging ich nach Udenhausen, um nach den Jungen und unserer Habe zu sehen. Die Jungen waren inzwischen wohlbehalten zurückgekehrt.

Hinter Stacheldraht

Die Soldaten im Osten begriffen bald, daß es gefährlich war, sich zu ergeben. Sie hatten auch das erbarmungswürdige Schicksal russischer Kriegsgefangener in deutscher Hand vor Augen. In Nordafrika dagegen entwickelte sich eine Art Ritterlichkeit zwischen den Gegnern – eine Ritterlichkeit, die sich positiv auswirkte, als in Tunesien, Italien und Nordfrankreich Hunderttausende von Deutschen Kriegsgefangene der Alliierten wurden.

Bis Mitte des Jahres 1944 wurden die meisten dieser Gefangenen in die USA oder nach Kanada gebracht, weil sie dort leichter verpflegt werden konnten. Zunächst waren viele von ihnen geschockt, als sie dort ankamen. Sie stellten sich die Frage, aus welchen Erwägungen es Hitler angesichts des Reichtums und der Ressourcen Amerikas und Kanadas überhaupt hatte wagen können, einen solchen Gegner herauszufordern. Aber zunächst glaubten die meisten auch weiterhin, die Perfektion der Wehrmacht würde irgendwie doch den Endsieg erzwingen.

Als der Sieg der Alliierten im Sommer 1944 in Sicht war, wurden immer mehr Gefangene auf dem europäischen Festland belassen. Als ihre Zahl drastisch stieg, entstanden Massenlager, die zuweilen Hungerlager waren.

An der Ostfront waren die Umstände von Anfang an anders. Bis Stalingrad fürchtete jeder deutsche Soldat, der in russische Hände fiel, dies könnte sein Todesurteil sein. Ein System, das um das nackte Überleben kämpfte, unter Stalin Millionen Menschen des eigenen Volkes ermordet hatten, dessen Kriegsgefangene in deutschen Händen zu Millionen verhungerten, sah wenig Veranlassung, sich in dieser Notsituation besonders um deutsche Kriegsgefangene zu bemühen. Entsprechend waren die Männer, die sich an der Ostfront ergeben mußten, erleichtert, wenn sie nicht kurzerhand liquidiert wurden. Sie waren dankbar für eine Scheibe Brot, für medizinische Grundversorgung und für Gesten des Mitgefühls von ihren neuen Herren, die selbst über wenig oder nichts verfügten. Nur wenige deutsche Soldaten, die in russische Kriegsgefangenschaft geraten waren, wurden unmittelbar nach dem Kriegsende entlassen. Die große Mehrheit wurde ins russische Binnenland oder nach Sibirien verbracht, um dort, wie viele deportierte Männer aus der russischen Zivilbevölkerung, als Arbeitssklaven im Gulagsystem eingesetzt zu werden, ähnlich wie auch russische Männer und Frauen als Arbeitssklaven ins Reich deportiert worden waren. Sie wurden unsystematisch freigelassen. Erst 1956 handelte die damalige Bundesregierung unter Konrad Adenauer ein Abkommen aus, das den überlebenden Kriegsgefangenen die Rückkehr ermöglichte. Tausende andere, Zivilisten wie auch Soldaten, waren hüben und drüben für immer in namenlosen Gräbern verschwunden.

Erhard Heckmann
Jahrgang 1921

Im August 1944 wurde ich in Frankreich von den Amerikanern gefangengenommen. Wir wurden nach Cherbourg gebracht und auf Schiffe verladen. Wegen der U-Boot-Gefahr ging es im Geleitzug nach Amerika. Wir landeten in New York 52nd Street Quai, bestiegen eines von diesen Aussichtsbooten und wurden auf die Seite von New Jersey rübergefahren über den Hudson. Ein vollkommenes Glasboot, so etwas hatten wir noch nie gesehen. Dann auf der anderen Seite stand ein Zug mit weiß gekleideten Obern drin, wo wir reingeführt wurden und dann drei Tage nach Camp Forest, Tennessee, fuhren.

Die Verpflegung war den Umständen nach hervorragend, aber noch nicht so gut. Es sollte noch besser kommen. In Camp Forest kamen wir in ein normales amerikanisches Barackenlager und warteten darauf, was mit uns geschehen würde. Als wir dann in unsere Baracken reinkamen, gingen wir erst in die Küche, und da gingen uns die Augen über. Was dort in den Kühlschränken drin lag, das war absolut unvorstellbar für uns. Kistenweise gefrorene Hähnchen, Fleisch und was sonst alles. Das kannten wir überhaupt nicht. Natürlich wurde zunächst einmal gekocht. Erst dann kam man in den sogenannten Lagertrott hinein.

Das Kriegsende war eine echte Katastrophe. Man hatte gewisse Nachrichten gehört, man hatte die »Stars and Stripes« gelesen, wir waren schon etwas vorgewarnt. Aber ich meine, den Vormarsch der Alliierten, den hatte man eigentlich gar nicht so richtig mitbekommen. Denn man wußte nicht, ist das gelogen, ist es reine Kriegspropaganda, ist es die Wahrheit, man war eigentlich etwas entrückt. Die Stimmung, die fiel im Grunde genommen, graduell. Und dann war plötzlich der 8. Mai 1945 da.

Der Tod von Hitler, das war in dieser ganzen Katastrophe so

eine Nebensache. Aber das Kriegsende, das war ein totaler Zusammenbruch. Man wußte überhaupt nicht mehr, was kommt jetzt eigentlich. Und wir hatten natürlich gehofft, daß irgendwann doch mal irgendwie eine Nachricht von zu Hause käme, aber es kam keine.

Auch meine Briefe sind letztlich nie zu Hause angekommen, die sind vernichtet worden. Das ist also auch von der amerikanischen Seite nach dem Kriege zugegeben worden, daß man aus Gründen der psychologischen Kriegsführung die Briefe vernichtet hatte. Wir wurden wieder aufgeteilt und kamen zu amerikanischen Farmern. Wurden da ausgeladen. Ich glaube, die Farmer, die mußten acht Dollar pro Kriegsgefangenem und Tag bezahlen. Das war in Alabama.

Dann ist plötzlich ein Ausleseprozeß vor sich gegangen, von technisch Vorgebildeten, die Englisch sprachen. Das war im Grunde genommen zur Auswertung deutscher technischer Dokumente. Da wurden wir im German Document Evaluation Centre zusammengefaßt. Und da ging es ausschließlich um Peenemünde. Es ging also um das sogenannte Waffenarsenal, das Peenemünde damals entwickelt hatte. Von diesen Dokumenten wurden Zusammenfassungen geschrieben und ins Englische übersetzt. Der Leiter dieser Gruppe war ein amerikanischer Major. Dazu gehörten allerdings auch noch Zivilangestellte des Heeres, und schließlich kam auch noch als industrieller Auftraggeber die Firma General Electric. Die Amerikaner haben gestaunt. Die Raketentechnik in Amerika war ja an sich in den 20er Jahren auch schon mal existent gewesen. Aber an militärische Anwendung hatte man nicht gedacht.

Diese übersetzten Dokumente wurden dann angeboten, und zwar ging das über einen Verteiler in Washington. Da ging beispielsweise jedes Dokument an die sowjetische Botschaft. Und die Russen haben zugegriffen. Die Zeit in Amerika, muß ich sagen, war für mich eine äußerst fruchtbare Zeit. Ich habe in dieser Zeit, sagen wir mal auf technisch-wissenschaftlichem Gebiet, mehr gelernt, als ich in derselben Zeit bei irgendeinem Studium hätte lernen können. Und die Behandlung war korrekt.

Hermann Blocksdorf (3)
Jahrgang 1919

Am 24. April 1945 wurde ich von den Amerikanern gefangengenommen und ins Lager Sinzig gebracht. Tausend Mann waren ein Camp. Die wurden in Hundertschaften aufgeteilt und die wieder in Zehnerschaften. Man hatte ungefähr so viel Platz wie in einem mittleren Wohnzimmer. So mußten wir drei Monate unter freiem Himmel ausharren. Selbst die schwer Verwundeten bekamen nur einen Bund Stroh. Und es regnete am Rhein. Tagelang. Und immer im Freien. Die Leute starben wie Fliegen. Dann kam die erste Verpflegung: Das sage ich unter Eid: zehn Mann bekamen eine Schnitte Brot, der Mann einen kleinen Streifen von einer Scheibe. Dazu zehn Mann einen Eßlöffel Milchpulver und einen Eßlöffel Zucker. Das war pro Mann eine Schnitte Brot von zehn Gramm und ein Teelöffel voll von den angegebenen Pulvern. Das alles roh und das drei Monate lang. Ich wog noch 95 Pfund. Jeden Tag wurden die Toten rausgeschafft. Dann gingen die Lautsprecher: »Deutsche Soldaten, eßt langsam. Ihr habt schon lange nichts mehr gegessen. Wenn ihr heute eure Verpflegung bekommt von der bestverpflegten Armee der Welt, dann müßt ihr sterben, wenn ihr nicht langsam eßt.«

Und noch immer flogen die Pulks von Bombern über uns hinweg. Die Leute waren nur noch Jammergestalten. Wir sahen so aus wie die KZ-Häftlinge, die man uns später in Filmen zeigte. Am 21. Juni 1945 wurden wir mit Viehwagen nach Hause zur Entlassung gebracht. Ich hatte ein eigenes Häuslein. Wie freute ich mich, daß das da noch stand. Aber als ich läutete, kamen Amerikaner raus, die neuen Freunde meiner Frau. Gefragt wurde ich: »Was willst du denn hier?«

Karl Baur
Jahrgang 1919

Ich habe Hela im Frühjahr 1945 mitverteidigt, ja, zu einem Zeitpunkt, als noch über 100 000 Flüchtlinge auf Hela saßen. Ich habe damals eine Sturmkompanie beim 20. Armeekorps geführt und war eingesetzt, um einen Einbruch abzuriegeln. Dann kam die Kapitulation. Am 8. Mai geriet ich in sowjetische Gefangenschaft, aus der ich erst am 16. Juni 1948 wieder entlassen wurde. Ich bin als letzter von Hela abgezogen worden, und zwar am 16. Mai, und habe in Gefangenschaft geführt alle noch anwesenden Korps- und Armee-Truppen. Und habe beim Marsch in Gefangenschaft, nämlich nach Graudenz, mit meiner sowjetischen Begleitung hervorragende Erfahrungen gemacht. Ich hatte einen VW-Schwimmwagen, in dem saß der Hauptmann Kuno Bajev, ein Usbeke, der mich begleitete, und am Abschluß der Kolonne fuhr ein Panjewagen mit einem Feldwebel und zwei Rotarmisten, wir konnten gar nicht bewacht werden, wir waren 1 600 Mann. Sie haben uns vorwiegend gegen Übergriffe der sowjetischen Truppen im Raume Danzig geschützt und auf vorbildliche Art und Weise, sehr kameradschaftlich, sehr zuvorkommend, sehr höflich, bis in das Gefangenenlager nach Graudenz gebracht.

Das war also meine erste Erfahrung, die ich unmittelbar mit einem sowjetischen Frontoffizier gemacht habe. Er war während des ganzen Krieges, so etwas gibt es in der Sowjetunion, Chef der Stabsbatterie in einem Artillerieregiment. Der hat in den 4 1/2 Kriegsjahren keinen Tag Urlaub gehabt.

Das Verrückte an der ganzen Geschichte war: ich war im Danziger Regiment. Als ich, von Langfuhr kommend, die berühmte »Halbe Allee« nach Danzig hineinmarschierte, von Lenne angelegt, auf der mein Regiment nach dem Frankreichfeldzug die Siegesparade absolviert hatte, Ironie des Schicksals, säumte die gesamte Bevölkerung Danzigs, soweit sie überhaupt noch da war, die »Halbe Allee«, und wir marschierten, von den Sowjets dazu geradezu aufgefordert, mit Gesang, ich in meinem VW-Schwimmwagen stehend, in Danzig ein. So bin ich in Gefangenschaft marschiert. Die Bevölkerung bestand nur noch aus Frauen und Kindern. Alle Männer zwischen 16 und 60 saßen damals in dem berühmten Narvik-Lager in der Schichau-Werft eingesperrt.

Nun kommt meine Geschichte der Anklage und mein Kampf mit der NKWD*. Ich bin Ende November 1945 an einem späten Nachmittag zu einer Vernehmung geholt worden. Bis dahin hatten wir schon genug Erfahrungen, um zu wissen, wenn die NKWD gegen Abend einen ehemaligen Soldaten der Wehrmacht zur Vernehmung holt, wird es meistens sehr dramatisch. Ich hatte keine Ahnung warum, hatte ein völlig reines Gewissen, hatte nichts, was ich hätte verbergen müssen. Und bin dann vernommen worden, von einem NKWD-Offizier, der mich dann monatelang in meinen Vernehmungen begleitet hat, ein Oberleutnant Uschakov. Und gefragt worden nach einer Einheit, einem Verband, nach Offizieren und Soldaten und nach Orten im Mittelabschnitt der Ostfront, die ich nie gekannt habe, auch nach Einheiten und Verbänden, in denen ich nie war. Ich bin überhaupt nie im Mittelabschnitt eingesetzt gewesen, so daß ich eigentlich etwas verwirrt war, zumal mein Soldbuch noch vorlag und anhand des Soldbuches genau festzustellen war, erstens, wo bin ich gewesen, zweitens war meine ganze Einheit im Lager, und man hätte also jeden Soldaten fragen können. Und zum Schluß dieser Vernehmung bin ich nach einem Gefreiten Eiring gefragt worden, und dann habe ich gesagt, den kenne ich nicht. Und dann, wie ich in meine Baracke entlassen wurde, sah ich im dunklen Flur einen deutschen Gefreiten stehen. Und sah ihn an und wußte sofort, das ist der Gefreite Eiring, von dem du doch gerade behauptet hast, den kennst du nicht.

Der Gefreite Eiring war acht Tage vor der Kapitulation zu mir versetzt worden, weil ich bei meinem letzten Einsatz auch viele Verluste hatte und auf dem Ersatz dieser Verluste bestanden habe. Damit fing eigentlich die Geschichte meines Prozesses in der Sowjetunion an. Denn damals haben die Sowjets systematisch, was wir nicht wußten, nach Einheiten und Verbänden der SS-Einsatzgruppen geforscht.

Das war eine ganz einfache Methode. Bloß wir waren so dumm

* Abkürzung von »Narodny Komissariat Wnutrennich Djel«, Geheimdienst der UDSSR.

und naiv, wir haben das nie begriffen. Wir sind alle am Anfang der Gefangenschaft einfach nach unserem militärischen Lebenslauf gefragt worden. Wo waren Sie im Kriege? Bei welchem Verband, bei welcher Einheit?

Die Sowjets hatten, so war bei einem Prozeß herauszuhören, eine Liste vorbereitet von allen Einheiten, Verbänden, die ihrer Meinung nach Kriegsverbrechen begangen hatten, und jeder von uns hat völlig wahrheitsgemäß gesagt, wo er war. Und der Gefreite Eiring auch, das habe ich später dann bei seinen Vernehmungen, die ich mitangehört habe, herausbekommen. Der Gefreite Eiring war in einem Feldersatzbataillon gewesen und hat im Mittelabschnitt tatsächlich die Erschießungen gemacht, die nachher Gegenstand des Prozesses waren. Eine ganz einfache NKWD-Methode. Sie haben zu dem Gefreiten Eiring gesagt, du warst bloß Gefreiter, wenn du uns sagst, wer dein Kommandeur war, passiert dir nichts. Denn du hast bloß einen Befehl ausgeführt. Und der Gefreite Eiring war vielleicht nicht so intelligent zu begreifen, daß das eine Falle war und hat, was ich heute verstehe, in seiner unmenschlichen Not einfach den genannt, den er kannte. Und das war ich. Einen anderen kannte er nicht.

Die NKWD hat erst einmal versucht, einfach durch physischen Druck ein Geständnis zu erzwingen. Physischer Druck heißt: Hunger, Schlagen, Kaltzelle bis zu minus sieben Grad, sitzen lassen tagelang, nichts hören, niemanden sehen. Man wird eigentlich, das habe ich mir später klar gemacht, mit dieser Methode an den Rand dessen getrieben, was für Westeuropäer menschliche Existenz bedeutet. Und wenn sie erst an den Rand getrieben ist, neigt man vielleicht dazu, umzufallen und zu sagen: was soll das Ganze noch?

Für mich war das sowjetische System NKWD und KGB, nachdem ich nachher mit bis zu 60 Russen in einer Zelle gesessen habe, eigentlich ein System, das geschichtlich gewachsen war. Mit ideologischen Varianten. Eigentlich hatte sich nichts geändert. Denn ich erinnere mich genau. Ich habe mit einem sowjetischen Lehrer in einer Zelle gesessen. Er sprach gut Deutsch und sagte, im Grunde genommen wiederholt sich an uns das, was unsere Väter und Großväter erlebt haben, Verbannung, Gefängnis, Straflager. Das ist ein russisches Schicksal seit Jahrhunderten.

Meine Haftzeit endete, als mein Prozeß abgeschlossen war, der nie mit einem Freispruch geendet hat, ich bin ja nie freigesprochen worden. Ich bin dann nach ein paar Monaten sang- und klanglos in mein Lager entlassen worden. Einen Freispruch gibt es also nicht. Man hatte überhaupt nur Chancen zu überleben, wenn man etwas von der Mentalität dieses Vielvölkerstaates und vor allen Dingen des Führungsvolks der Russen versteht. Und da ist ganz wichtig zu wissen, daß jede Schwäche, die man zeigt, brutal ausgenutzt wird. Die Frage, wie ich das überstanden habe, kann ich nur so beantworten: Ich hatte verhältnismäßig schnell begriffen, a) wie das System funktioniert, b) daß ich immer zum Schluß tot sein würde, denn damals gab es ja noch die Todesstrafe. Hätte ich etwas zugegeben, was ich nicht getan habe, wäre die Todesstrafe völlig selbstverständlich gewesen. Und nach meinem damaligen Kenntnisstand auch noch vollstreckt worden, siehe Minsker Prozesse, mit Vollzug der Todesstrafe an elf deutschen Soldaten vom General bis zum Gefreiten im Februar 1946. Und andererseits wußte ich, wenn du es nicht zugibst, bist du zum Schluß tot, weil man im Grunde genommen das nicht durchhält. Wobei ich einflechten muß, daß ja der Deutsche im Gefängnis in einer völlig anderen Lage war als der Sowjetbürger. Ich bekam nichts an zusätzlicher Verpflegung. Das war mein Problem. Ich war so völlig angewiesen auf die Gefängnisverpflegung, und die bestand aus: Morgens einem halben Liter heißes Wasser, 400 Gramm Brot pro Tag und zweimal einem halben Liter Wassersuppe. Und das hält man normalerweise ein Vierteljahr durch, physisch. Ich hatte sieben Monate keine Unterhose, keine Socken, kein Hemd und nichts gewechselt, ich kann mir heute gar nicht mehr vorstellen, wie das gewesen ist.

Als ich in diesem berühmten Betonbunker am Flughafen Minsk saß, hatte ich Erfrierungen ersten und zweiten Grades, das war nach der ersten Vernehmung und vor der großen Vernehmung, in der ich so furchtbar geschlagen worden bin. Und vor allen Dingen war es im Bunker immer so um minus sieben Grad, keine Decke, kein Bett, kein gar nichts. Ich hatte, Gott sei Dank, noch einen Mantel. Ein Gefreiter, der mit mir saß, hatte nichts mehr außer seiner Panzergrenadierjacke, die auch noch offen war im Schnitt. Und Läuse waren da ein ungeheures Problem. Denn die Läuse hatten uns. Mit den entsprechenden Erscheinungen, Vereiterungen etc. Als ich soweit war, daß die Gefahr bestand, ich könne sterben, kam ich ins Lazarett. Das Lazarett war ausgestattet mit deutschen Feldbetten, in einem riesigen Saal lagen etwa 300 bis 350 Schwerkranke. Und, das hört sich völlig unglaubwürdig an, aber man muß es mir wirklich glauben, wir lagen zwischen fünf und sieben Mann in zwei Betten. Man kann sich das überhaupt nicht vorstellen. Und da ich auf der linken Seite die Rippen und die Mittelfußknochen gebrochen hatte, konnte ich nur rechts liegen. Es war ganz rührend, daß meine Kameraden das organisierten, indem also nur auf Kommando möglich war, sich im Bett zu bewegen. Und dann ist typisch, daß nie einer fragt, keiner, der mit im Bett liegt, kein deutscher Arzt, der mich behandelt, kein deutscher Sanitäter, der mich versorgt, keiner fragt, warum ich so zugerichtet bin. Jeder weiß, NKWD, jeder weiß, was gespielt wird, kein Wort, kein Wimpernzucken, nichts, tabu. Sobald das Wort NKWD auftauchte, das ist vielleicht das Problem überhaupt, ist man eigentlich abgeschrieben. Völlig abgeschrieben. Man ist eine Unperson geworden. Das ist das Erschreckende an der ganzen Sache.

Ich glaube, Gefangenschaft ist gar nicht das Entscheidende. Entscheidend ist der Hunger. Das Entscheidende in sowjetischer Gefangenschaft war die uns völlig fremde Umwelt, da kommt ein Gefühl der Isolation auf. Und der Hunger. Ich habe also tragische Fälle des Zusammenbruchs – ich könnte ein Beispiel erzählen – erlebt bei Leuten, von denen man das nie erwartet hätte, würdelos bis zur Schamlosigkeit nur aus Gründen des Hungers.

Ich bin nach meinem Urteil sicher ein sehr mangelhafter Christ. Aber ich habe für meinen Fall festgestellt, – ich kann jetzt nur von mir sprechen –, und das beschäftigt mich bis heute, weil ich es eigentlich ein bißchen erbärmlich finde, daß ich in dieser Lage, in der ich mich damals befand, mir eine Bibel besorgt habe. Die Bibel gelesen habe, wieder angefangen habe zu beten. Wenn es ging, behelfsmäßig das Abendmahl zu mir genommen habe, auch das wäre eine Geschichte für sich. Und mich beschäftigt bis heute die Frage, warum ein Mensch, wenn er in existentieller Not ist, plötzlich sich so zurückbesinnt auf seinen Glauben. Und mich beschäftigt auch die Frage, warum das nachläßt, wenn es einem wieder gutgeht.

Ich habe zwei Krisen erlebt, wo ich nahe daran war, das Spiel zu verlieren. Das erste Mal war es die Einlieferung in den Betonbunker unten, in einen absolut dunklen Raum, alleine, bis zum nächsten Morgen, das zweite Mal bin ich an einen ähnlichen Tiefpunkt geraten, als mir offiziell der Haftbefehl der Staatsanwaltschaft Minsk vorgelesen wurde, weil ich in diesem Augenblick aus dem Verband der Kriegsgefangenen ausschied. Ich war damit völlig rechtlos. Ich geriet dann in die Maschinerie des NKWD, habe dann ja fast nur noch mit Sowjetrussen zusammengesessen. Und in dem Augenblick hat mir ein katholischer Pater ungeheuer geholfen. Er hat sich gar nicht mal so als Seelsorger auf Glaube, Bibel und Gott berufen, sondern er war einfach ein Mensch, dem das völlig wurscht war, was der NKWD dachte, was die Ärztinnen dachten, die sowjetischen, die ich übrigens nur loben kann, da war ein Mensch, der mich dann eigentlich so ein bißchen aufgefangen hat. Als ich in das tiefe, dunkle Loch fiel, weil ich dann doch dachte, jetzt hast du das Spiel verloren.

Josef Lücking
Jahrgang 1925

Wir bekamen 1944 Leute zum Minenräumen zugeteilt, die Angehörige eines Strafbataillons waren. Und ich bekam es da mit einem Mann zu tun namens Erich Wilk, der stammte aus Stettin, war Kaminmaurer von Beruf gewesen, und ich fragte ihn: »Mein Gott, du kommst hier an ohne Schulterklappen, ohne Hoheitsadler, ohne Seitengewehr. Was hast du ausgefressen?«

»Ja«, sagte er, »wenn ich dir das erzähle, das glaubst du nicht. Ich war Kommunist. 1933, am 1. Mai, da bin ich mit einem Bekannten, wir hatten gezecht, aus einer Kneipe gekommen, und da haben wir in Stettin am Rathaus die Hakenkreuzfahne heruntergeholt, ohne etwas dabei zu denken. Wir haben das weiße Feld mit dem Hakenkreuz dann ausgeschnitten und haben den Rest, den roten Lappen, wieder hochgezogen. Nach einem Jahr ist das erst rausgekommen, dann hat man uns geholt.«

Wilk und sein Bekannter wurden daraufhin ins KZ eingewiesen und sind bis 1942 im KZ gewesen. Dann hat man sie vor folgende Wahl gestellt: Entweder ihr bleibt im Lager oder ihr könnt eure Wehrwürdigkeit wieder erwerben, wenn ihr euch freiwillig zum Fronteinsatz meldet. Dieser gute Mann war also als Sträfling zum Strafbataillon gekommen und wurde uns dann zugeteilt zum Minenräumen. Der Mann hatte jetzt sechs oder sieben Jahre KZ hinter sich, führte sich als Soldat so gut, daß er nach ganz kurzer Zeit auf Fürsprache seines Kompaniechefs seine Wehrwürdigkeit wiedererlangte und nach einem halben Jahr Unteroffizier wurde, und zum Schluß des Krieges war er Feldwebel. Mit diesem Mann bin ich dann in die sowjetische Gefangenschaft marschiert.

Ende 1947 bekamen wir zum erstenmal Rote-Kreuz-Karten, um nach Hause zu schreiben. Auch Erich Wilk hat an seine Angehörigen die erste Karte geschrieben. »Ich befinde mich in russischer Kriegsgefangenschaft, aber sollte ich gesund zurückkommen und sollte erfahren, daß Ihr mit der KPD sympathisiert habt oder noch sympathisiert, dann hacke ich Euch die Rübe ab.«

So hatte er also einige Jahre Gefangenschaft hinter sich gebracht. Das hatte ihm so gereicht, daß er die neun Jahre KZ-Haft vollkommen vergessen haben muß, sonst hätte er doch so etwas nicht schreiben können!

Job von Witzleben
Jahrgang 1916

Am 9. April 1945 habe ich die Front gewechselt. Da mir in Zusammenhang mit dem 20. Juli – ich war am Rande an der Verschwörung beteiligt – ein Kriegsgerichtsverfahren drohte, bin ich mit Wissen meiner Vorgesetzten im eingeschlossenen Königsberg zur Roten Armee übergegangen – ein Entschluß, der mir nicht leicht gefallen ist. Ich wurde nach Moskau gebracht. Nach langen Verhören in der Ljubjanka, die hauptsächlich dem Thema 20. Juli gewidmet waren, wurde ich Anfang Juni 1945 in das Lager 27/I (Krassnogorsk) versetzt.

Mit voller innerer Überzeugung und nach Gewissensprüfung war für mich der Beitritt zum »Bund Deutscher Offiziere« eine unumgängliche und ehrenhafte politische Konsequenz. Das Lager Krassnogorsk war ein sowjetisches Gefangenenlager für solche Gefangene, die für die sowjetische Führung wegen ihres Wissens besonders interessant waren. Das Lager war zusammengesetzt einmal aus Offizieren, vor allem Generalstabsoffizieren, und Ic-Personal, dazu kamen 1945 etwa 150 Generäle aller Couleur, Luftwaffe, Heer und ein paar Admirale, dann eine Reihe von Technikern und Ingenieuren, prominente Ausländer fremder Nationalität, die in Berlin gefangengenommen worden waren, zum Beispiel Helge Rossvänge, Olga Tschechowa, außerdem verschiedene internationale Spione.

Eines Tages erschien auch der berüchtigte Generalfeldmarschall Schörner, nachdem die Amerikaner ihn an die Sowjets ausgeliefert hatten. Das war ein dramatisches Ereignis. Es hat sich sofort im Lager herumgesprochen. Da war eine ganze Reihe von Soldaten aus Schörners Heeresgruppe, die hörten also, Schörner kommt. Jetzt kam er an im Räuberzivil, in Seppelhosen mit Janker. Im Nu waren etwa 200 Kriegsgefangene auf der Lagerstraße, mit einem Riesenstrick, und wollten Schörner auf der Straße aufhängen. Da schritten aber die sowjetischen Soldaten ein mit gefälltem Bajonett, trieben uns in die Baracken zurück, hauten uns furchtbar zusammen, daß wir so was wagten: erstens stehe Schörner unter sowjetischer Obhut und wir hätten kein Recht, ihn ohne Gerichtsverfahren zu verurteilen – das könne man später machen in Deutschland – und zweitens sei ihnen ein lebendiger Schörner lieber als ein toter.

Überhaupt, die Generäle! Im Lager gab es für sie eine große Baracke, vom Generaloberst bis zum Generalmajor, und die Generäle waren unter sich. Politisch gesehen waren sie, mit Ausnahme von wenigen vernünftigen Leuten, noch völlig den Katagorien des vergangenen Krieges verhaftet. Es war wirklich schon eine Karikatur, wenn die abends auf der Lagerstraße spazierengingen, sich miteinander darüber unterhielten, warum bei Stalingrad rechts und nicht links der Hauptstoß geführt worden wäre usw. Die schlugen also dort verlorene Siege und vergangene Schlachten. Ich hatte vor der Generalität sowieso nicht mehr viel Achtung, aber das hat mich endgültig geheilt und zu der Erkenntnis gebracht, daß sie als militärische Führungsschicht wirklich verspielt hatten.

Aber es gab auch andere, zum Beispiel den General Giese. Der gerierte sich sofort als Superkommunist, hatte sich die Schulterstücke und Orden selbst abgenommen. Er kam zu mir: »Witzleben, wir kennen uns doch, und wir müssen jetzt umlernen, neu anfangen usw.« Der machte dann also auf Superkommunist, was ich nicht ganz glaubwürdig fand. Ich glaube, es war Anpassung. Der Versuch, möglichst schnell nach Hause zu kommen.

Dann gab es auch eine Reihe von Offizieren, die sehr sachlich waren, ohne im Nationalkomitee zu sein. Das waren Offiziere, die sich politisch zwar nicht betätigten, aber sozusagen innerlich bereit waren, mit dem Nationalsozialismus zu brechen. Oder der Wangenheim, das war der Ia (Erster Generalstabsoffizier) einer Division. Sein Divisionskommandeur hatte irgendwann Todesurteile fällen wollen gegen Partisanen. Da hat Wangenheim gesagt: »Ohne mich, ich unterschreibe nicht.« Er hat danach mit seinem Kommandeur nur noch schriftlich verkehrt. Der Kommandeur ist später aufgehängt worden. Die Dokumente des Stabes wurden an der Ostfront gefunden. Da stand drin, daß Wangenheim sich von allen Kriegsverbrechen distanziert hat. Dazu gehörte großer Mut. Deshalb genoß er bei den Sowjets ein ungeheures Ansehen. Dabei war er den Sowjets gegenüber gar nicht freundlich. Aber die haben eben gesagt: »Das ist ein anständiger Mann, das ist ein deutscher Offizier.« Und er ist dann im Lager gestorben.

Es gab auch ausgesprochen faschistische Offiziere, die zum Beispiel auch 1946 noch Hitlers Geburtstag gefeiert haben. Für mich war Hitler identisch mit dem Nationalsozialismus, mit Verbrechen, mit einem militärisch verlorenen Krieg, er war für mich ein Feind, und damit war für mich meines Feindes Feind mein Freund. Die Russen waren zwar nicht meine Freunde, aber sie waren Gegner Hitlers, und das war für mich entscheidend. Deswegen bin ich ja auch bei Königsberg auf die andere Seite gegangen, nolens volens.

Dann wurde das »Nationalkomitee Freies Deutschland« aufgelöst. Das kam über Nacht. Auch im Lager merkte man, es geht mit dem Nationalkomitee, mit den ganzen Strukturen, zu Ende. Es wurde umstrukturiert in »Antifaschistisches Lagerkomitee«, aber nicht mehr »Freies Deutschland«. Das war vorbei. Dabei hatte die sowjetische Führung das Nationalkomitee ursprünglich längerfristig angelegt. Doch nach dem Sieg mußten andere Organisationsformen gefunden werden. Und da war das Nationalkomitee dann gewissermaßen, ich möchte mal sagen, historisch überholt. So schlimm das ist für die Leute, die sich Illusionen gemacht haben.

Wolfgang Schöler (3)
Jahrgang 1921

Ich kam zu Ende des Krieges mit meiner Kompanie in russische Gefangenschaft. Ich muß sagen, daß auch im Gefangenenlager die Behandlung den Umständen entsprechend korrekt war. Im Gefangenenlager selbst war ein Kommandant, ein Oberstleutnant. Für ihn spricht, daß er als alter Soldat uns gegenüber immer noch eine gewisse Achtung bewies. Die Österreicher hatten sich von uns Reichsdeutschen etwas abgesondert oder versuchten es jedenfalls. Ein österreichischer Major hatte eine Gruppe Offiziere um sich geschart und auch Landser, die versuchten, eine Sonderbehandlung von eben diesem Kommandanten zu erreichen. Daraufhin erklärte ihnen der Oberstleutnant: Ihr habt genauso gegen uns gekämpft wie alle Reichsdeutschen, und wenn ihr nicht zufrieden seid, dann werde ich euch behandeln wie der Koch die rohen Kartoffeln.

Von der Tschechei aus in einem langen Bahntransport sind wir nach Tarsani in Rumänien gebracht worden. Im Lager dort war das Essen miserabel. Wir kriegten Suppen aus Rotkraut, und da dieses Rotkraut arg verschimmelt war und dementsprechend auch stank, ging eine Kommission zum Lagerkommandanten, um sich darüber zu beschweren, worauf der Lagerkommandant diese Abordnung hinführte und sagte: »Hier, schaut euch die Kisten an, da steht in deutsch drauf, nur für russische Kriegsgefangene. Und das seid ihr doch.« Also mußten wir damals ausbaden, was mancher aus der Heimat gepfuscht hat, und mußten die Verpflegung essen, die für die russischen Gefangenen in deutscher Hand gedacht war. Von Rumänien aus wurden wir dann in einem großen Transport von über 1 000 Leuten nach Rußland mit unbekanntem Ziel gebracht. Ich habe erkannt, daß wir in Richtung Rostow fuhren. In Rostow, am ersten Weihnachtstag, durften wir dann unsere Dekken ausschütteln, und danach ging es wieder in langer Fahrt am Kaukasus lang über Baku nach Aserbeidschan. Dort ist ein subtropisches Klima. Das Lager war nicht weit von Eriwan. In der Ferne sahen wir den Berg Ararat. Wir wußten ja, der Berg steht in der Türkei. An klaren Tagen läuteten die Glocken herüber, und wir haben da immer sehnsüchtig hingeschaut. Wir mußten dort schwer arbeiten.

Einmal kam ein kleiner Mann im Ledermantel, ein Kommissar. Der schrie uns Gefangene an. Er wollte uns zeigen, wie man arbeitet. Er riß einem meiner Mitgefangenen den Spaten aus der Hand und machte uns vor, wie wir arbeiten sollten. Als der weg war, da sagte mein Kosake: »Weißt du, was für einer das war?« Da sagte ich: »Das kann ich mir denken!« »Ja«, sagte er, »diese Juden.« Da habe ich nur mit den Ohren geschlackert, daß er so als Russe seinen Antisemitismus äußerte.

In der Gefangenschaft sind wir nie mit dem Problem der KZs konfrontiert worden. Und ich bin der Meinung, daß man uns so etwas unter Lebensbedingungen wie in einem KZ gar nicht zu erzählen brauchte. Ich kann nur Zahlen nennen. Wir waren in unserem Lager etwa 8 000 bis 9 000 Mann. Von denen sind 1 700 bis 1 800 in der ersten Zeit verreckt. Ich habe diese Elendsgestalten gesehen, ich war ja später selber sehr krank. Als ich aus der Gefangenschaft heimkehrte, war es ein großartiges Gefühl, überlebt zu haben. Ich gehöre zu denen, die einen hohen Preis dafür gezahlt haben, daß sie für Hitler gekämpft haben. Ich tat es, weil ich glaubte, es sei meine Pflicht, mich für mein Vaterland einzusetzen. Ich bin auch in die

Bundeswehr eingetreten, weil ich es für notwendig halte, unsere freie, demokratische Lebensform zu verteidigen.

Bruno Weick
Jahrgang 1925

In Gefangenschaft geriet ich am 25. März 1945. Meine Einheit war nach Litauen verlegt worden, und wir wurden von den Russen, die ja am 12. Januar 1945 die große Offensive gestartet haben, südlich Königsberg eingekesselt. Als die Russen weiter vordrangen, lag ich am Frischen Haff, nicht weit vom Wasser entfernt. Als sie angriffen, war der Feuerüberfall ungeheuer. Stalinorgel und Artillerie: Sie hatten auch künstlichen Nebel eingesetzt, so daß wir uns täuschten und nicht an einen Angriff dachten. Da wurde ich verwundet. Man brachte mich zu einem Hauptverbandsplatz. Als die Russen, – wir hörten ja das Artilleriefeuer –, sich dem Hauptverbandsplatz näherten, zogen wir Rote-Kreuz-Fahnen auf und weiße Fahnen, um uns zu ergeben.

Der Russe hat daraufhin direkt das Feuer eingestellt und ist reingekommen, ohne daß ein Schuß gefallen ist. Und hat uns nicht, wie man sagt, schlecht behandelt, nicht mißhandelt. Sie haben uns gut behandelt mit Spritzen und verbunden. Es war kein, wie man sagt, Haß gegeneinander, daß sie uns irgendwie bedrohten. Da waren russische Ärzte. Da war noch ein sehr junger Arzt, der uns behandelt hat, sehr gut war er. Da kamen sie nachher an und sagten am nächsten Tag, ja, Doktor ist krank, zu viel gearbeitet. Sie haben mit uns Getränke geteilt. Französischen Cognac, jeden ließen sie trinken, dann tranken sie selbst einen Schluck davon. Aber wehe, es kam nun ein Offizier, Politoffizier, wie man sagt, da gingen sie raus. Wenn sie Durst hatten, kamen sie wieder. »Nicht gut, Kommissar.«

Sie gaben uns auch Fleisch von den gefallenen Pferden. Das wurde gekocht, da bekamen wir etwas zu essen. Die haben versucht, was sie konnten. Unser Lager war später im Raum von Moskau.

Man sollte nicht sagen, daß sie Menschen dritter Klasse oder gar minderwertig sind. So was kann man nicht sagen. Es sind Intelligente dabei, als Unteroffiziere und Offiziere. Die haben zum Teil auch studiert. Sie können Deutsch. Und ich bin in der Gefangenschaft auch in russische Schulen gekommen, da lernten sie Deutsch. Später mußte ich in einer Fabrik saubermachen. Korridor, Treppen und Toiletten. Und in dem dritten Stock war eine Schule, ein Technikum, die lernten da auch Deutsch. Die kamen zu mir, und ich mußte denen aufschreiben, wie das und das genau in deutsch heißt. Sie haben mich mit Brot versorgt, auch mit Machorka und Zigaretten. Ich meine, sie hatten auch nicht viel. Und dann war unser Vorteil, daß wir bei den russischen Frauen mehr Chancen hatten als die Russen selbst. Sie sagten: »Der russische Mann ist ein Schwein, weil er geht erst zu einer Frau, dann zu zweiter Frau, hier Kinder, da Kinder.«

Albert Schoeb (2)
Jahrgang 1924

Am 11. Mai 1945 ging ich ahnungslos in Gefangenschaft und glaubte, von den Russen als Franzose entlassen zu werden, denn am 22. November 1944 war meine Heimat wieder französisch geworden. Ich war nicht in Rußland in Gefangenschaft, ich kam nach Stettin. Von August 1945 bis zum 17. Januar 1947 war ich in Stettin und habe Schiffe beladen. Rußland hat Deutschland ausgebeutet, hat die Fabriken leer gemacht, hat Eisenbahnlinien abgebaut, hat Lokomotiven verladen und hat Getreide und Zucker ausgeführt nach Rußland, und das war unsere Tätigkeit in der Gefangenschaft in Stettin. 1 1/2 Jahre. Ich hatte den deutschen Lagerkommandanten angesprochen, hatte gesagt, ich bin französischer Nationalität. (Ich wußte, daß in diesem Moment die Ausländer rausgezogen wurden.) Der hat mich gar nicht richtig angehört. Er sagte: »Elsaß-Lothringer sind genauso Deutsche wie wir.«

Ganz genau das hat er gesagt, und das war einer vom »Nationalkomitee Freies Deutschland«. Von 132 000 Elsaß-Lothringern sind 40 000 nicht zurückgekommen. 40 000 sind gefallen. 30 000 sind mehr oder weniger schwer verwundet worden, und andere sind unversehrt zurückgekommen. Der letzte, der aus russischer Gefangenschaft heimkam, war ein Straßburger, der kam 1954. Und der war in Sibirien gewesen und hatte dort manches erlebt.

Brunhilde Pomsel (3)
Jahrgang 1911

Mitten in der Nacht wurden wir auf Panjewägelchen verladen, das werde ich nie vergessen. Und da oben thronten wir und rutschten hin und her und sind durch das damals noch brennende Berlin rausgezogen bis nach Golzen. Und da kamen wir zuerst in einen Pferdestall zusammen mit Wlassow-Soldaten. Na, das war schlimm. Da habe ich übrigens was Süßes erlebt. Es war ein riesiger Pferdestall und ganz mit Stroh ausgelegt, und wir lagen da so in einer Reihe, und uns gegenüber, vielleicht mit zwei Metern Abstand, lag eine ganze Kompanie Wlassow-Soldaten. Und dort saß auf einem Schemel ein sowjetischer Soldat mit einer Taschenlampe, und der hat nun aufgepaßt. Jetzt wird es dunkel, und wir sollten schlafen. Und ich fing auch an zu schlafen, und mit einem Mal, ich war schon so im Halbschlaf, merkte ich, wie irgend jemand an meinen Beinen fummelte. Jedenfalls schreie ich auf, und da war so ein glattrasierter Wlassow-Soldat, der lag schon halb auf mir drauf. Der hatte also versucht, die Gelegenheit auszunützen, sich mir zu nähern. Nachher tat es mir fast leid, daß ich so geschrien hatte. Denn der Wachsoldat, der hat den Wlassow-Soldaten mit Füßen getreten, der hat den windelweich geschlagen, es war ganz schrecklich. Und nun kommt aber was Süßes. Dann ist der Wachsoldat mit seiner großen Laterne die ganze deutsche Reihe abgegangen, unsere Reihe, und dann hat er mir einen ganz lieben jungen, 20jährigen deutschen Soldaten ausgesucht, den hat er mir an die Seite gelegt, und der hat mir erzählt, daß er unbedingt abhauen wird. Und ich habe noch gesagt: »Machen Sie das ja nicht.«

Dann kamen wir mit Güterwagen nach Posen. Dort blieb ich ein halbes Jahr, ja, bis November 1945. Das war echte Kriegsgefangenschaft. Da starben die Leute wirklich wie die Fliegen täglich. Es gab kaum etwas zu essen. Es war ein unsäglicher Dreck. Es gab Ungeziefer, ich bekam Typhus, es hat kein Mensch mehr einen Pfennig für mich gegeben, ich hatte eine Glatze, sämtliche Haare sind mir ausgegangen. Aber ich bin ein zäher Brocken, ich habe alles überstanden. Und dann kamen wir im Januar 1946 nach Buchenwald. Das war dann das erste richtig organisierte Lager, das ja von den Deutschen eingerichtet war, und dort haben wir Frauen, das muß ich immer wieder hervorheben, eigentlich eine recht gute Zeit verbracht. Wir waren ungefähr 150 Frauen. Wir hatten es natürlich gut, denn für schwere Arbeiten wurden wir nicht herangezogen, nur Nähen und Saubermachen und Kartoffeln schälen und so was alles. Aber warum ich festgehalten wurde, das ist mir in den ganzen fünf Jahren nicht gesagt worden. Es ist mir niemals etwas gesagt worden. Manchmal kam ein russischer Offizier, der fragte der Form halber, ob wir irgendwelche Beschwerden hätten oder irgendwelche Wünsche. Wenn wir dann sagten, wir wollen nach Hause oder wir möchten schreiben oder so, dann sagte er: »Die Zeit kommt, und dann kommen Sie nach Hause.«

Im Lager gab es einen tollen russischen Kulturoffizier. Ein wunderbarer und verständnisvoller Mensch, der uns alles ermöglicht hat und der auch sehr viel Verständnis hatte für junge Leute, die da eingesperrt waren, Hitler-Jungen und so 17-18jährige usw. Es war ja in Thüringen, und was weiß ich, wieso die da ins Lager gekommen waren. Und der hat sich so für sie eingesetzt und eine Kulturgruppe eingerichtet, und da konnten sie Volkstänze tanzen. Die Russen hatten ja selber Spaß an solchen Clownerien und Theater. Es waren ja tolle Leute da unter den Gefangenen, zum Beispiel Mitglieder des Philharmonischen Orchesters aus Berlin. Denen hat er Instrumente verschafft. Dann hatten wir auch einen Intendanten. Der ist so ins Lager gekommen: er wohnte in Berlin-Grunewald. Da kamen Russen zu ihm und haben gesagt, sie hätten irgend jemanden verhaftet, der würde sich auf ihn berufen, und er solle eine Zeugenaussage machen. Da ist er mitgegangen, und da hatten sie ihn und sperrten ihn ein. Der ist übrigens im Lager gestorben. Und dieser russische Offizier, der ist übrigens auch später nach Rußland zurück – mit Schwierigkeiten. Er mußte zurück. Da haben wir eine richtige kleine Theatergruppe aufgebaut und dann hieß es: »Sie waren doch beim Rundfunk, Sie können doch Theater spielen.«

»Ja klar, kann ich.«

Und ich habe dann also in einer kleinen Komödie die Hauptrolle gespielt und war bekannt im ganzen Lager. Auch bei den Russen.

Die Verpflegung war die gesündeste, die man sich vorstellen kann: morgens, mittags, abends Graupensuppe. Es war grauenvoll, aber mir hat mal ein Arzt gesagt: »Seien Sie froh, etwas Gesünderes können Sie überhaupt nicht essen. Wenn schon eine einseitige Ernährung, dann sind Graupen das allerbeste. Da ist nämlich alles drin, was der Mensch braucht.«

Aber über die Ernährung kann man sich schon deswegen nicht beklagen, weil die Leute draußen ja auch nicht sehr viel mehr bekamen. Und wir kriegten es serviert. Die draußen, die mußten sich auch noch dafür abrackern. Also ich habe eigentlich über das Essen nie geschimpft. Die Buchenwaldzeit, heute sagt man, ich habe sie in guter Erinnerung, weil ich alles gut überstanden habe. Sie war von diesen fünf Jahren Gefangenschaft noch mit das Beste.

Aber dann, im November 1947. Plötzlich steht da irgend so ein Bote und sagt: Brunhilde Pomsel zum Tor. Und das hieß, daß ich in fünf Minuten mit allem, was ich hatte, ich hatte ja nicht viel, am Tor erscheinen mußte und verschwinden würde. Aus dem Gesichtskreis, der jetzt zwei Jahre der meine war. Dann war ich ein halbes Jahr in einer Fabrik in Ost-Berlin, einer ehemaligen Fleischmaschinenfabrik, die für die Russen gearbeitet hat, Radioapparate habe ich gebaut und wieder Anzüge und Kostüme genäht. Und genauso unvermutet wie ich da rein kam, kam ich eines morgens wieder weg und kam nach Sachsenhausen. Das war dann meine Endstation. Und das war eigentlich mit das Schlimmste für mich. Da waren inzwischen nun diese Gefangenenlager schon sehr durchorganisiert, und die Russen hatten ja diese Lager von den

Deutschen und inzwischen auch deren Perfektion übernommen. Und es war nicht mehr dieser russische Schlendrian. Alles funktionierte besser. Aber es war alles so perfekt und hart geworden. Es war eine schreckliche Zeit. Dazu kam natürlich, daß inzwischen über drei Jahre seit Kriegsende vergangen waren. Man war natürlich total fertig mit den Nerven, weil man nicht erfuhr, wieso und warum man festgehalten wurde. Aber darüber sagte man uns nichts. Man war glücklich, wenn man arbeiten konnte.

Wir waren sehr viele Frauen und es war beinahe eine Gnade, wenn man einen Job hatte. Kartoffeln schälen, Zwiebeln schälen, Waschkommando. Einige haben in Krankenhäusern gearbeitet, in Lazaretten. Aber die meisten haben nur untätig da herumgehockt. Und Sachsenhausen war besonders deprimierend. Eines Tages passierte irgendwas mit unserer Barackenführerin. Jede Baracke hatte eine Barackenführerin, die war dafür zuständig, daß das Essen richtig verteilt, daß die Arbeitsplätze verteilt wurden, daß die Baracke sauber war, wenn die Russen kamen. Wir mußten uns alle versammeln, und die Russin steht da und sagt: »Du Barackenführerin.«

Und zeigt auf mich. Ich sagte: »Ich kann nicht, ich bin kurzsichtig und meine Brille ist kaputt.«

»Du morgen, du sofort gute Brille.«

Nachdem ich einige Male vorher um eine Brille gebeten und sie nie bekommen hatte, hatte ich sie plötzlich in einer Stunde. Und ich war Barackenführerin. Für manche vielleicht ein begehrter Posten; für mich aber nicht, ich war dafür ja so ungeeignet. Ich konnte mich nicht durchsetzen. Und dies besonders nicht in dem labilen Zustand, in dem ich mich damals schon befand. Ich wurde mit diesen Weibern nicht fertig. Mindestens ein Drittel Nutten. Und nicht die feinsten. Berliner. Das waren nun schon Mädchen, die von den Russen kassiert worden waren, weil sie mal ein Stück Seife geklaut hatten. Und die waren ja sehr kameradschaftlich untereinander. Aber wenn es mit denen durchging, und die konnten ja noch so hungrig sein, dann haben die dir ihre Suppe über den Kopf geschüttet und lieber gehungert, ehe sie ihrem Temperament Zügel angelegt hätten. Was ich da für Szenen erlebt habe, das war so grauenvoll! Also wirklich, ich habe gedacht, womit könnte man sich denn bloß das Leben nehmen? Ich hatte ja auch nicht den Mut dazu. Aber wenn, womit denn überhaupt? Man hatte ja nichts. Ich konnte mich ja nicht aufhängen. Soweit habe ich überhaupt nie gedacht, denn für mich gibt es keine Situation, aus der man nicht herauskommt. Aber da war ich wirklich am Ende. Und plötzlich war es dann auch soweit. Solange ich in der Gefangenschaft war, also fast die fünf Jahre vom ersten Tag an, habe ich diese, wie man so schön sagt, »Scheißhausparolen« gehört: »Morgen geht es nach Haus.« »Wir wissen es, nächste Woche geht es nach Haus, ganz bestimmt.« Davon lebten wir fünf Jahre lang.

Und jetzt ging das wieder los. Da hat doch kein Mensch mehr dran geglaubt. Aber es ging wirklich los, und ich war dabei. Und da hätte ich beinahe noch eine ganz große Dämlichkeit gemacht. In Sachsenhausen gab es so eine große Baracke, wo die Russen saßen, und da kriegte man ein Entlassungspapier. Nun hatte man mir ja alles abgenommen, als ich verhaftet wurde, Uhr und Armband und Ringe und was weiß ich. Und da sollte ich einen Revers unterschreiben, daß ich meine Schmucksachen wiedererhalten hätte. Und da habe ich gesagt: »Und wo sind sie?«

»Ja, schreib Name.«

Ich: »Kann ich nicht, denn ich habe ja nichts bekommen.«

»Schreib Name.«

»Wie kann ich das unterschreiben, wenn ich das ja nicht bekomme?«

Aber dann dachte ich, ja, bin ich denn wahnsinnig, jetzt feilsche ich hier um eine lächerliche goldene Uhr oder was, ich verdien' es ja nicht anders, wenn die mich da behalten. Also hab ich unterschrieben, und weg war ich. Ich wurde von einem Tag auf den anderen entlassen. Dann bekam ich ausgehändigt ungefähr 13 Mark, ich kriegte eine Abrechnung. Fünf Jahre »Gastfreundschaft«, gearbeitet in der Zeit abzüglich Unterbringung, Kost und Verpflegung. Also es blieben 13 Mark oder so was übrig. Die kriegte ich in die Hand gedrückt. Und davon kaufte ich mir auf dem Bahnhof Oranienburg eine Fahrkarte nach Berlin-Charlottenburg. Und als ich nach Hause kam, sagte ich: »Mama, das habe ich in fünf Jahren verdient.« Da sagte sie: »Ja Mädel, das ist ja gar nichts wert, das ist ja bloß Ostgeld, das Ganze ist ja nur drei Mark West.«

Epilog

Finis Germaniae?

Dieses Buch zeigt die Spitze eines Eisbergs; es ist das Ergebnis von Befragungen und Reflexionen, die sich über die Jahre 1986/87 hinzogen.

Opfer aus Konzentrationslagern und SS-Männer, Männer und Frauen des Widerstands und Hitler-Jungen, Emigranten und überzeugte Nazis berichteten Seite an Seite, insbesondere sind es die Geschichten einfacher Menschen – der Männer, Frauen und Kinder, die der Kriegsgeneration des Dritten Reiches angehörten. Ohne daß die Herausgeber sie unterbrachen oder zu beeinflussen suchten, haben sie frei für sich selbst gesprochen. Sie waren von 1933–1945 Deutsche und erlebten 1945 das Ende ihrer Welt als Zusammenbruch oder als Befreiung.

»Genießt den Krieg, der Friede wird fürchterlich.« Wer kannte in den letzten Tagen des Reichs nicht dieses makabre Wort? Am Ende der zwölfjährigen Nazi-Herrschaft waren die Städte dem Erdboden gleichgemacht, und die Bevölkerung war in alle Winde zerstreut. In den Straßen bestimmten die ehemaligen Gegner das Bild, während Millionen von Flüchtlingen vor den Soldaten aus dem Osten und der erbitterten Bevölkerung der Oststaaten Schutz suchten.

Wie würde es weitergehen? Würden die Deutschen als Zwangsarbeiter deportiert werden? Und wie würden sie leben, wie konnte das Schlimmste verhütet werden?

1945 war auch moralisch ein Jahr der Unsicherheit. Die ehemaligen Führer des Reichs, soweit sie überlebt hatten, standen Schlange, um sich von dem System zu distanzieren, dem sie so treu gedient hatten.

Gleich vielen jungen Männern, die an Hitler geglaubt hatten, bemerkt Peter Petersen zu diesem charakterlosen Verhalten: »Wir waren verbittert über die Partei-Bonzen, die jetzt, als der Krieg vorüber war, sich gegenseitig und der Entnazifizierungs-Kommission beteuerten, sie seien gegen Hitler gewesen. Sie sagten, sie seien nur, um das Schlimmste zu verhindern, der Partei beigetreten. Alle Nazis waren über Nacht verschwunden. Jeder zweite wollte jetzt ein Widerstandskämpfer gewesen sein.«

Aber diese Verdammung des Nationalsozialismus war nicht auf jene beschränkt, die Mitschuld zu verbergen hatten. Anna Hummel, die an Hitler geglaubt hatte, erinnert sich: »Es war ein großes Aufatmen, daß nun alles vorüber war. Endlich kein Sterben mehr und keine Bombenangriffe. Aber sofort setzte die Angst ein, was nun geschehen würde. Wir waren ja geistig und seelisch ausgedörrt. Hitlers Doktrin hatte versagt. Aber das hatte Verzweiflung zur Folge. Als ich erkannte, daß alles umsonst gewesen war – das war das Schlimmste. Überlebt zu haben, ich meine genug zu essen und trinken zu haben, das war nicht das Entscheidende. Es war einfach nicht zu fassen, daß all dies nun vorüber sein sollte, und daß dies alles umsonst gewesen war.«

Was war aus der jubelnden Menge im Massenrausch von 1933 und 1938 geworden?

Waren die Kriegsteilnehmer nichts anderes als eine Generation von Opportunisten gewesen, die erst dann die Nazi-Politik verdammten, als es darum ging, die Rechnung zu begleichen? Diese Frage betrifft auch Eigenarten des nationalsozialistischen Regimes. Denn das war kein Staat wie jeder andere, sondern ein Staat, der angetreten war mit dem Ziel, eine Weltmacht zu werden, der einen Hegemonialkrieg führte und verlor. Die Antwort auf die Frage nach Recht oder Unrecht liegt nie so offen wie im späteren Rückblick mit umfassender Information, das gilt besonders für das Regime unter Adolf Hitler. Zudem hatten sich bis 1938 ausländische Staatshäupter von Hitler ebenso täuschen lassen wie seine Landsleute.

Das Dritte Reich hat weltgeschichtliche Veränderungen gebracht, obgleich es nur eine welthistorische Sekunde existiert hat – zwölf Jahre. Die Ereignisse überstürzten sich immer schneller, so daß ihr Strom Millionen von Menschen mitriß. Besonders für junge Menschen gab es keine Atempause, keine Zeit zur Besinnung, kaum ein Entrinnen vom Zwang, mitzumachen.

Für den Nationalsozialismus Hitlers war Krieg die Norm, und Deutschland erntete den Sturm. Siebeneinhalb Millionen Deutsche starben – ein Viertel davon Zivilisten. Jeder, älter als fünf oder sechs Jahre, war in irgendeiner Form beteiligt.

Die Geschichte kennt nichts, was diesem Krieg vergleichbar wäre. Er wurde ohne – ja gegen – international anerkannte Regeln und ohne Gnade geführt, und er entwickelte seine eigenen Gesetzmäßigkeiten, als ob er ewig weiterginge. Er war der zweite Dreißigjährige Krieg auf deutschem Boden, der im Grunde schon 1914 begonnen hatte, der, vor allem im Osten, mit allen Folgen eines fanatischen Glaubens- oder Doktrinenkrieges geführt wurde. Aber gleichzeitig mit den hochtechnisch-perfektionierten Mitteln der Mitte des 20. Jahrhunderts. Davon zeugt Auschwitz. Davon zeugt auch, auf ganz andere Weise, die Todesstrafe für das Abhören von »Feindsendern«, das totale Abschotten des perfekt durchorganisierten Informations- und Indoktrinationsraums. So wurde dieser Krieg auch mit infernalischer Intelligenz geführt. Keinem Land in Europa gelang es, seinen Klauen zu entkommen. Der Zweite Weltkrieg mobilisierte Kinder für den Fronteinsatz, Frauen wurden die Beute von Siegern, ganze Völker wurden dezimiert. Schließlich wurden Alpträume Realität. Auschwitz, Stalingrad, Hamburg und Dresden – alle nicht miteinander vergleichbar – haben doch eines gemeinsam: das Anomale wurde zum Alltag.

Stalingrad und die Bomber-Offensive der Alliierten ließen aus dem Chaos Verzweiflung wachsen. Die Millionen, die zum Wehrdienst eingezogen wurden, gingen an die Front und kämpften gemeinhin schließlich nur noch für ihre Familien und die Heimat, und nicht mehr für das Dritte Reich.

Die Masse der Landser und der jungen Offiziere, die sich in besetzten Gebieten zunehmend überlegenen Gegnern gegenüber sah, hatte weder die Kenntnisse noch umfassendes, moralisches Urteilsvermögen, um die Verbrechen des Regimes beurteilen zu können, dem sie dienten. Die massiven Luftangriffe im Reich, die die Moral der Zivilbevölkerung durch Massenbombardierung brechen sollten, beruhten auf einem fundamentalen politischen und strategischen Irrtum. Das Gegenteil war die Folge, die Angriffe lenkten die Aufmerksamkeit der Menschen von allem ab, was nicht unmittelbar ihre eigene Situation betraf. Bücher, Zeitungen und Radio unterlagen strenger Kontrolle und täglicher Direktiven. Selbst private Unterhaltungen waren oft risikoreich. Die Soldaten an der Front, die Masse der Bevölkerung, lebte in einem präzise gesteuerten Informationsumfeld. Tausende Männer in Wehrmachts-Uniform wurden wegen »Defaitismus« oder »Schädigung des Wehrwillens« hingerichtet oder festgenommen. Mutmaßungen auszusprechen, war riskant. Aber noch gefährlicher war es, zuviel zu wissen. Wer zufällig einen Blick in den Abgrund warf, sah prompt weg. Sie spielten es in einer Welt voller Greuel herunter, sprachen von »Ausnahmen« oder »Exzessen« hüben und drüben. Sie sahen weg.

Dies alles belastete die Deutschen, die den wachsenden kriminellen Hintergrund des Nationalsozialismus im Untergang zu verstehen und zu beurteilen begannen. Die höchste militärische Führung trägt in dieser Beziehung eine besondere Verantwortung. Hitler konnte nicht mittels öffentlicher Anklage wegen Amtsmißbrauchs abgesetzt werden. Letztlich reagierte die Führung des Reichs nur auf Gewalt und in einem modernen Staat im Krieg ist das Militär das Zentrum effektiver Macht. Der Soldat ist außerdem ein Mann, dessen Beruf ihn verpflichtet, Risiken auf sich zu nehmen, die sich von denen der anderen unterscheiden. Zu viele hohe Offiziere des Dritten Reichs waren der Verantwortung, die mit ihrem Dienstgrad und ihrem Berufsethos verbunden war, nicht gewachsen. Die Generäle beriefen sich auf die »traditionelle preußische Ehre«. Diese schließt Selbstdisziplin und Selbstbeherrschung ein, besonders aber die Bereitschaft, die Konsequenzen vor Gott und den Menschen für seine Taten zu tragen, koste es was es wolle. Was von dieser altpreußischen Ethik, die sich übrigens bereits seit Schlieffen im Niedergang befand, 1945 noch übrig war, war allenfalls eine Leerformel. Die Substanz war durch zwölf Jahre Kompromisse und rücksichtlosen persönlichen Ehrgeiz erstickt worden.

Das moralische Versagen dieser Militärs ließ den Widerstand gegen die Nazi-Führung in den Händen einer kleinen Gruppe von Helden und Märtyrern. Oft genug waren sie beides, wie die dem Untergang geweihten jungen Menschen der ›Weißen Rose‹.

Susanne Ritters äußert bittere Kritik: »... Wir haben an Hitler geglaubt. Wir haben an das ganze System und die ganze Führerschaft geglaubt. Da waren wir nun, schon halbtot, und immer noch glaubten wir an den Sieg. Uns blieb ja nichts übrig. Das war so in unserer Generation, und es war unser Ziel. Das kam aus unserem Inneren, wir saugten es ein mit der Muttermilch.«

Aber diese Seiten strafen auch den Mythos der Kollektivschuld Lügen.

Richard Löwenthal, der als Jude zur Emigration gezwungen war und Sozialdemokrat ist: »... Natürlich gab es in Deutschland schon immer Antisemitismus, aber der beschränkte sich auf eine kleine Minderheit, bevor Hitler kam. Wenn ich einmal Deutschland mit anderen Ländern vor der Hitler-Zeit vergleiche, möchte ich sagen, daß in Deutschland der Antisemitismus bedeutend schwächer war als in Frankreich, Polen, und Österreich möchte ich gar nicht erwähnen.

Was viele Menschen, die über diese Zeit urteilen, gar nicht wissen, ist die Tatsache, daß Hitler nicht wegen seines Antisemitismus an die Macht kam oder weil in Deutschland eine starke antisemitische Grundstimmung herrschte. Vielmehr waren eine Woge von Nationalismus und die miserable Wirtschaftslage die Wegbereiter.«

Die positive Selbstdarstellung des Nationalsozialismus zog Millionen von Deutschen an. Die Familie, die Gemeinde, die Heimat – diese Werte wurden den Menschen mit Nachdruck vor Augen gestellt. Hitler reagierte auf die Sehnsucht, die Dinge sollten »besser gemacht werden«.

Unsere Interviewpartner stellen einen weiteren Mythos in Frage, – den Mythos der Vergeßlichkeit: Lebe nur lange genug, und du vergißt bestimmt, daß du an Hitler geglaubt hast.

Die Geschichte Deutschlands hat weder 1948 begonnen noch endete sie 1945. In der Bundesrepublik Deutschland spricht man gelegentlich von der »Stunde Null«, dem Zeitpunkt, in dem alles irgendwie neu begonnen habe. Die DDR rühmt sich einer Revolution, die alles, was vorher war, hinweggefegt habe.

Die Generation, die Hitlers Reich und Hitlers Krieg überlebte, erinnerte sich sehr genau ihrer Rolle in dieser Zeit – und das ist nicht leicht. Der Krieg war keine Gemeinschaftserfahrung. Er war ein Mosaik von Begebenheiten und persönlichen Entscheidungen, von zufälligen Ereignissen und von Glück vor dem Hintergrund von Chaos und Untergang. Die Menschen bemühten sich, mit der Geschichte ihres Landes persönlich ins reine zu kommen, nicht zuletzt indem sie bereit waren, an diesem Buch mitzuwirken. Wenn in der Erinnerung auch positive Elemente auftauchen – Mut, Kameradschaft, Einsatzwille – so sollte das weder überraschen noch alarmieren. Solche Erinnerungen sind keinesfalls Vorboten eines Vierten Reichs. Sie sind lediglich Teil des Prozesses, mit einer schmerzlichen Vergangenheit fertig zu werden. Eine bevorzugte Frage, soweit sie die Erfahrung mit dem Nationalsozialismus betrifft, ist seine Einmaligkeit. War er nichts anderes als ein tragischer Unfall der Geschichte? War er das Resultat der besonderen historischen Erfahrung der Deutschen – das tragische Ergebnis einer Mißbildung der sozialen Struktur, die Folge eines krankhaften exzessiven Nationalismus? Oder war der Nationalsozialismus auch das monströse Produkt einer industrialisierten, anti-christlichen westlichen Industriegesellschaft im Übergang in einem bestimmten Land?

Dieses Buch unterstreicht die Erkenntnis, daß deutsche Probleme fundamentalen Ausmaßes und deutsche Sehnsüchte der Nährboden des Nationalsozialismus waren. Dessen Erfolg zeigt ein Phänomen, das wohl nicht auf ein Volk beschränkt werden kann – vielleicht eher auf eine Zeitspanne des Übergangs.

Die Erfahrungen unserer Zeitzeugen dokumentieren, daß die Deutschen zwischen 1933 und 1945 kein Volk von Verbrechern waren. Noch weniger jedoch waren sie ein Volk von Märtyrern und Duldern. Als Einzelpersonen haben sie sich insgesamt angepaßt. Diese Fähigkeit, sich anpassen zu können, zeichnet ja auch den homo sapiens vor dem Tierreich aus. Es ist diese Anpassungsfähigkeit, die auch die Aussicht auf Wandel mit sich bringt.

In beiden Deutschland sagt heute die junge Generation selbstbewußt: »Uns wäre das nicht passiert.« Sie halten sich einfach für zu »clever«, zu »sophisticated«, als daß sie jemals Werkzeug von Hitlers Reich hätten werden können. Nun ja – auch unsere Interviewpartner zählen mehrheitlich zu jenen bürgerlichen Schichten, denen es weder an Distanz noch an reflektiver Skepsis fehlt, wenn auch die jungen Menschen damals ungleich naiver und weniger reflektierend waren als heute. Sie kommen durchweg von den »Fronten« des Geschehens, haben also etwas zu erzählen – haben Überblick im eigenen Bereich – und der enorme zeitliche Abstand – mehr als ein Menschenleben – rückt auch die Emotionen von Schuld, Scham und Trauma in eine größere Distanz, die vielfach überhaupt erst ein Berichten ermöglicht.

Die Erfahrung unserer Interviewpartner übermittelt jedoch eine andere wichtige Lehre: die Fähigkeit, aus Fehlern und Irrtümern, die meist gutgläubig begangen wurden, zu lernen. Sie haben Bescheidenheit gelernt, und sie haben für die Lehren einen hohen Preis zahlen müssen. *Groß-Deutschland* starb mit Hitler. *Deutschland* bleibt auf beiden Seiten der jetzigen Grenze ein lebendes Konzept.

Die Herausgeber bedauern, daß die Zeitzeugen jenseits der deutsch-deutschen Grenze, die mit uns dieselbe Nacht zu bestehen hatten, hier nicht Zeugnis geben können. Das Erleben war dasselbe. Die Folgen mögen dort schmerzlicher sein, die Akzente ein wenig anders gesetzt werden, die Wurzeln aber sind beiderseits der Mauer dieselben – zwei Staaten, aber eine ethnische und kulturelle Einheit, *eine Nation*.

Interviewpartner

Interviewpartner

Aicher-Scholl, Inge (1917)
Schwester und Biographin von Hans und Sophie Scholl (Die Weiße Rose), die am 18. Februar 1943 verhaftet und vom Volksgerichtshof zum Tode verurteilt und hingerichtet wurden. Nach 45: Gründung der Ulmer Hochschule für Gestaltung, lebt im Allgäu. Inge Scholl nahm im Gespräch Bezug auf ihr Buch ›Die Weiße Rose‹, das im Verlag S. Fischer erschienen ist.
Seite 466–473

Allmayer-Beck, Johann Freiherr von (1919)
Österreicher, Wehrmachtsoffizier. Nach 45: Historiker. Wien.
Seite 157f.

Andres, Erich (1905)
Kriegsberichter. Nach 45: Pressefotograf. Hamburg.
Seite 294–302

Andres, Hildegard (1915)
Sie ist verheiratet mit Erich Andres, erlebte die Vernichtung Dresdens. Nach 45: Hausfrau. Hamburg.
Seite 320f.

Bahr, Egon (1922)
Flak-Offiziersanwärter, wegen »jüdischer Versippung« 1944 entlassen. Dienstverpflichtet, Rüstungsindustrie. Nach 45: Journalist, Bundesminister, Mitglied des Deutschen Bundestages, Sicherheits- und Abrüstungsbeauftragter der SPD.
Seite 50f.

Bartels, Werner (1902)
Freiwilliger im Ersten Weltkrieg. Flugzeugkapitän in Südamerika, später Chef eines Flugzeugwerks, während der Luftschlacht um England abgeschossen, später ausgetauscht. Nach 45: Bonn.
Seite 27–29, 136–138

Barth, Elisabeth (1914)
»Trümmerfrau«. Nach 45: Berlin.
Seite 600

Bastian, Albert (1927)
Hitlerjunge, Kriegsfreiwilliger. Nach 45: Postoberamtsrat. Pirmasens.
Seite 53–55, 679–681

Baur, Karl (1919)
Kommandeur eines Infanterie-Bataillons, Kriegsgefangener in Rußland, vom KGB des Mordes angeklagt. Nach 45: Geschäftsmann. Württemberg.
Seite 696–701

Beck, Gerhard (1920)
Heckschütze eines Stuka-Flugzeuges in Afrika, schwerverwundet. Nach 45: Staatsanwalt. Konstanz.
Seite 341–345

Bergander, Götz (1927)
Flakhelfer, Dresden, Augenzeuge der Zerstörung Dresdens. Nach 45: Journalist. Berlin.
Seite 324–329

Bernd, Dr. Helmut (1914)
Kriegsberichter auf einem U-Boot, Atlantikeinsatz. Nach 45: Journalist. Rheinbreitbach.
Seite 278–281

Biegeleisen, Arnold (1915)
Kaufmännischer Angestellter, Jude, Emigration nach Argentinien. Nach 45: Rückkehr nach Berlin.
Seite 94f.

Bismarck, D. Klaus von (1912)
Großneffe Otto von Bismarcks. Landwirt, Infanterist, Regimentskommandeur, Eichenlaub zum Ritterkreuz. Nach 45: u. a. Präsident des Deutschen Evangelischen Kirchentages, Intendant des Westdeutschen Rundfunks, Präsident des Goethe-Instituts. München.
Seite 31f., 125–128, 387–389

Blinzig, Richard (1908)
Frontdienst als Artillerist. Nach 45: Frankfurt/Main.
Seite 256–258, 359f.

Blocksdorf, Hermann (1919)
Feuerwerker-Offizier in einem Infanterieregiment in der Normandie, amerikanische Kriegsgefangenschaft. Nach 45: Feinmechaniker im Meßinstrumentebau. Erlangen.
Seite 372f., 565f., 695f.

Bölling, Klaus (1928)
Hitlerjunge, Flakhelfer, »Mischling ersten Grades«. Nach 45: Journalist, Chefredakteur des Norddeutschen Rundfunks, Sprecher der Bundesregierung unter Helmut Schmidt, Ständiger Vertreter der Bundesrepublik bei der DDR, Staatssekretär i. e. R. Berlin.
Seite 633–637

Boeselager, Philipp Freiherr von (1917)
Kavallerist, Abteilungskommandeur, Generalstabsoffizier Heeresgruppe Mitte, Rußland. Nach 45: Land- und Forstwirt. Kreuzberg/Ahr.
Seite 473–477

Brandt, Professor Dr. med., Hans-Jürgen (1919)
Militärarzt in Afrika und Frankreich. Nach 45: Berlin.
Seite 352f.

Breyer, Anne (1919)
Arbeitsdienst, sie erlebte Bombardierung von Köln. Nach 45: Hausfrau. Köln.
Seite 313f.

Büchs, Herbert (1913)
Generalstabsoffizier der Luftwaffe, am 20. Juli 1944 im Führerhauptquartier. Nach 45: Generalleutnant in der Bundeswehr (Luftwaffe). Meckenheim.
Seite 322, 493f., 555–557

Burmeister, Irmgard (1931)
Sie erlebte Bombardierung Hamburgs als Kind. Nach 45: Redakteurin. Hamburg.
Seite 302–305, 567f.

Carlowitz, Hans-C. von (1917)
Berufsoffizier, Panzertruppe, Generalstabsoffizier. Nach 45: Handelsvertreter. Wien.
Seite 163–165

Clemens, Lilo (1928)
Ursprünglich als Jüdin eingestuft, wurde sie 1943 zum »Mischling ersten Grades« in Berlin »befördert«, um sie vor der Deportation zu schützen. Nach 45: Emigration nach Israel, Rückkehr 1974 nach Berlin.
Seite 107f., 397–400

Cuelle, Jean (1923)
Franzose. Schloß sich dem Widerstand gegen Deutschland an. Wurde verraten und ins KZ Sachsenhausen deportiert. Nach 45: Präsident des Französischen Veteranenverbandes. Metz.
Seite 433–436

Damm, Karl (1927)
Hitlerjunge, Flakhelfer, als 17jähriger zur Verteidigung Berlins an der Front eingesetzt. Nach 45: Mitglied des Deutschen Bundestages. Hamburg.
Seite 620–625

Eichinger, Hans (1920)
Österreicher. 1938 zur deutschen Wehrmacht eingezogen, zuletzt Kompanieführer in einer Panzerdivision. 1944 verwundet. Bis 1947 Gefangener in Amerika. Nach 47: Vertreter. Langenzersdorf bei Wien.
Seite 370f.

Einsiedel, Heinrich Graf von (1921)
Urenkel von Kanzler von Bismarck. Jagdflieger, bei Stalingrad in russische Gefangenschaft geraten. Aktiv im »Nationalkomitee Freies Deutschland«. Nach 45: Schriftsteller. München.
Seite 236–241

Elfe, Horst (1917)
U-Boot-Kommandant, britische Gefangenschaft. Nach 45: Unternehmer, Präsident der Industrie- und Handelskammer Berlin. Berlin.
Seite 275–277

Fährmann, Gottfried (1923)
Jagdflieger im einzigen Düsenjäger-Verband der Luftwaffe. Nach 45: Regierungsdirektor. München.
Seite 30f., 553–555

Fischer, Siegfried (1918)
Sudetendeutscher. Stuka-Pilot, Ritterkreuz, schwerverwundet. Nach 45: Meckenheim.
Seite 32–34, 213f.

Fischer, Wilhelm (1916)
Sohn eines sozialdemokratischen Stadtverordneten, Soldat in Rußland. Nach 45: Köln.
Seite 32–34

Fölkersamb, Irma Freiin von (1921)
Weiblicher Arbeitsdienst und Hilfsschwester in Schwerverwundeten-Lazarett. Nach 45: Bad Godesberg.
Seite 590–592

Georgi, Dr. med. vet. h. c. Friedrich (1917)
Luftwaffenoffizier, u. a. im Generalstab, aktiv im Widerstand zusammen mit General Friedrich Olbricht, seinem Schwiegervater, Gestapohaft, bei Kriegsende Bataillonskommandeur. Nach 45: Verlagsbuchhändler. Berlin.
Seite 88–90, 495–500

Gerlitz, Hanna (1907)
Hausfrau, erlebte den Einmarsch der Roten Armee in Berlin. Nach 45: Hausfrau. München.
Seite 601f.

Goerdeler, Dr. Reinhard (1922)
Sohn Carl Goerdelers, des herausragenden Führers des Aufstands gegen Hitler. Sein Vater, der ehemalige Bürgermeister von Leipzig, wäre bei Gelingen des Putschversuchs vom 20. Juli Reichskanzler geworden. Reinhard Goerdeler, im Kriege Offizier, wurde von der Gestapo verhaftet (Sippenhaft). Nach 45: Geschäftsführer der Deutschen Treuhand. Frankfurt/Main.
Seite 506–511

Graf, Jürgen (1927)
Setzte sich als Flakhelfer ab und versteckte sich bis zum Einmarsch der Russen in Berlin. Nach 45: Rundfunk- und Fernsehjournalist. Berlin.
Seite 661f.

Greffrath, Hans-Ulrich (1923)
Offizier in einer Elite-Division, in Rußland viermal verwundet, beinamputiert. Nach 45: Vizepräsident des VDK. Bonn.
Seite 379–382

Hachmann, Gesa (1935)
Erlebte die schweren Bombenangriffe auf Hamburg als Kind. Nach 45: Hausfrau. Kanada.
Seite 314f.

Hammerstein-Equord, Ludwig Freiherr von (1919)
Sohn des früheren Chefs der Heeresleitung der Reichswehr. Aktiver Offizier, Infanterist, am Putschversuch vom 20. Juli 44 beteiligt, ging bis zum Einmarsch der Russen in den Untergrund. Nach 45: Sprecher Gesamtdeutsches Ministerium, Stellvertretender Intendant des Norddeutschen Rundfunks, Intendant des RIAS. Berlin.
Seite 501–506

Hartmann, Juliane (1925)
Zwangsverpflichtet zur Rüstungsproduktion, Kriegsende in Berlin. Nach 45: Beamtin. Bonn.
Seite 592–597

Heckmann, Erhardt (1921)
Er geriet 1944 in Italien in amerikanische Gefangenschaft. Nach 45: Fach-Journalist. Köln.
Seite 693f.

Heldt, Carola (1923)
Jurastudentin, Arbeits- und Kriegshilfsdienst. Nach 45: Journalistin. Hamburg.
Seite 671f.

Herwarth von Bittenfeld, Hans-Heinrich (1904)
Diplomat, u. a. von 1931-1939 Botschaft Moskau zur Zeit Stalins und des deutsch-sowjetischen Pakts. Kavallerist, Rittmeister u. a. im Stab des Generals der Osttruppen. Nach 45: Erster Botschafter der Bundesrepublik in London, Staatssekretär, Präsident des Goethe-Instituts. Küps/Oberfranken.
Seite 37f., 79–85, 201–205

Herz, Hanns Peter (1927)
Als »Mischling ersten Grades«, Kriegsdienst als Schüler, später zwangsarbeitsverpflichtet (Organisation Todt). Nach 45: Journalist, Chef der Senatskanzlei Berlin, Staatssekretär a. D. Berlin.
Seite 96–98, 414–417

Herz, Peter (1930)
Sohn aus einer Kölner Arbeiterfamilie. Sozialdemokrat. Nach 45: Köln.
Seite 37

Hoffmann, Renate (1916)
Frau eines Jagdfliegeroffiziers. Geriet 45 mit den Kindern in den Vormarsch der Russen. Nach 45: Hausfrau. Rheinland.
Seite 575–588

Hofmann, Willi (1908)
Leitender Angestellter der Firma Bosch. War für die Auslagerung von Produktionsstätten aus Stuttgart zuständig. Nach 45: Direktor. Stuttgart.
Seite 311–313

Hoppe, Marianne (1911)
Schauspielerin am Preußischen Staatstheater, Berlin, Frau von Gustav Gründgens. Nach 45: Film- und Fernsehstar. Oberbayern.
Seite 74–77, 140f.

Hühnerbach, Josef (1913)
Infanterie-Unteroffizier in Rußland und Italien. Kriegsgefangener in Amerika. Nach 45: Liessem.
Seite 209f.

Hummel, Anna (1921)
Sie arbeitete als Sekretärin in Norwegen bei der Gestapo. Nach 45: Hausfrau. Bei Aachen.
Seite 598f.

Hummel, Oskar (1921)
Freiwilliger bei der Waffen-SS. Schwerverwundet in Rußland, beide Beine amputiert. Nach 45: Bei Aachen.
Seite 376–378

Hupfauer, Dr. Theo (1906)
Jurist, NSDAP-Mitglied ab 1930, leitender Funktionär in der Deutschen Arbeitsfront, Chef des Zentralamtes und Vertreter von Minister Speer (Reichsministerium für Rüstung und Kriegsproduktion). Nach 45: Zeuge der Verteidigung in den Nürnberger Prozessen. Industriekaufmann. München.
Seite 23, 165f., 539f.

Johannesson, Rolf (1902)
Erlebt Meuterei der Marine im Ersten Weltkrieg, Chef einer Zerstörer-Flottille. Nach 45: In der Bundesmarine Chef der Flotte. Leiter des Seeamtes Hamburg. Hamburg
Seite 25–27, 57–62, 267–269

Kasack, Wolfgang (1927)
Flakhelfer, im Kampf um Berlin verwundet, russische Kriegsgefangenschaft. Nach 45: Direktor des Slavischen Instituts der Universität Köln. Köln.
Seite 630–633

Kayser, Monsignore Josef (1895)
Kriegsteilnehmer im Ersten Weltkrieg, danach katholischer Priester. Wurde in Stalingrad gefangen genommen. Mitglied des »Nationalkomitee Freies Deutschland.« Nach 45: Priester einer Heilanstalt. Bei Soest.
Seite 241–244

Kellner, Gerald (1920)
Fallschirmjäger, geriet 1944 in der Normandie in amerikanische Kriegsgefangenschaft. Nach 45: Kaufmann. München.
Seite 365–367

Kern, Erich (1919)
Österreicher. Oberfeldwebel beim Heer, Panzerjäger. Nach 45: Kaufmann. Bad Godesberg.
Seite 161–163

Kerscher, Gerhard (1916)
Transportflieger, Generalstabsoffizier. Mit der Planung der Luftversorgung Stalingrads befaßt. Nach 45: Generalmajor der Bundes-Luftwaffe. Siegburg.
Seite 244–247

Klausener, Prälat Erich (1917–1988)
Sohn des Kabinettchefs des Reichsministers für Post und Verkehr und Vorsitzenden der Katholischen Aktion, Dr. Erich Klausener, der am 30. Juni 34 von der SS ermordet wurde. Theologiestudium, Infanterie. Nach 45: Priesterweihe, Ordinariatsrat Bistum Berlin. Berlin.
Seite 72–74

Klemich, Lieselotte (1916)
Erlebte mit ihren zwei Kindern die Bombardierung Dresdens. Nach 45: Hausfrau. Northeim.
Seite 316–319

Knappe, Walter (1916)
Als Bordschütze eines Bomberflugzeugs zweimal abgeschossen. Wurde aus Kanada gegen Kanadier ausgetauscht, geriet bei Kriegsende in russische Gefangenschaft. Nach 45: Ingenieur. Bonn.
Seite 132–135, 637–639

Kohl, Helmut (1930)
Erlebte die Bombardierung von Ludwigshafen. Nach 45: Politiker, Ministerpräsident von Rheinland-Pfalz, Bundeskanzler seit 1982. Oggersheim.
Seite 639–643

Koller, Martin (1923)
Sohn eines Pfarrers, Aufklärungspilot, in Rußland abgeschossen und schwerverwundet (beinamputiert). Nach 45: Ziviler Angestellter der Bundeswehr. Bei Köln.
Seite 34–36, 222–224, 461–464

Krones, Ferdinand (1918)
Österreicher. 1938 zur Panzertruppe eingezogen. Nach 45: Gymnasial-Professor, Historiker. Wien.
Seite 159–161

Kuckertz, Barthel (1922)
Fallschirmspringer im Einsatz bei Monte Cassino. Nach 45: Stabsfeldwebel der Bundeswehr. Kerpen.
Seite 356–359

Kügler, Siegfried (1926)
Bei den Fallschirmspringern der Luftwaffe, kämpfte am Niederrhein. Nach 45: Direktor eines Konzerns. Bei München.
Seite 543–546

Kühn, Klaus (1928)
Hitlerjunge und Flakhelfer während der Bombardierung Hamburgs. Nach 45: Bergedorf.
Seite 307f.

Kumm, Otto (1909)
Schriftsetzer, 1931 Eintritt in die SS. 1934 SS-Verfügungstruppe (später Waffen-SS), letzter Kommandeur der SS-Panzerdivision »Leibstandarte Adolf Hitler«, Generalmajor der Waffen-SS, Eichenlaub zum Ritterkreuz. Nach 45: Internierung, Schriftsetzer. Offenburg.
Seite 24f., 141–143, 187

Lauer, Oswald (1913)
Unteroffizier in einem Infanterie-Bataillon, wurde verurteilt, in einer Strafeinheit zu dienen, russische Gefangenschaft. Nach 45: Tiefdruck-Spezialist. Darmstadt.
Seite 389–392

Levy, Lothar (1923)
Elsaß-Lothringer. Erlebte als Junge den Einmarsch der Deutschen, mußte als Jude fliehen und kämpfte am Kriegsende bei den Französischen Streitkräften. Nach 45: Kaufmann. Metz.
Seite 102f., 442–444

Leyser, Arturo (1919)
Flieht als Jude über Albanien nach Italien. Italienisches KZ, kann nach Argentinien emigrieren. Nach 45: Angestellter. Berlin.
Seite 429–433

Loch, Dr. Theo M. (1919–1987)
1938 Austauschschüler in den USA. Freiwillig zur Waffen-SS, Obersturmführer, schwerverwundet. Nach 45: Internierung, Fernsehchefredakteur des Westdeutschen Rundfunks. Bornheim.
Seite 46–48, 649–652

Löhr, Gertrude (1919)
Erlebte Bombenkrieg als Hausfrau mit Kleinkind in Berlin und Hamburg. Nach 45: Journalistin. Bei Lübeck.
Seite 308f., 566f., 597f.

Lösch, Erwin (1924)
Kämpfte drei Jahre in Rußland, erlebte Zusammenbruch bei Danzig. Nach 45: Würzburg.
Seite 548–552

Loewe, Lothar (1929)
Als Hitlerjunge im Endkampf um Berlin eingesetzt. Nach 45: ARD-Korrespondent in Moskau, Ost-Berlin und Washington. Intendant des Sender Freies Berlin. Berlin.
Seite 611–620

Löwenthal, Dr. Richard (1908)
Im sozialdemokratischen Widerstand bis 1935, Emigration nach Prag, Paris, dann London. Nach 45: Journalist, Rückkehr nach Deutschland, Universitätsprofessor, Verfasser zahlreicher wissenschaftlicher Schriften. Berlin.
Seite 117f.

Lücking, Josef (1925)
Partisanenkampf auf dem Balkan, russische Gefangenschaft. Nach 45: Landwirt. Bei Paderborn.
Seite 701f.

Lyss, Ines (1924)
Erlebt Bombardierung Hamburgs. Nach 45: Fernsehtechnikerin. Hamburg.
Seite 305–307, 425f.

Maass, Michael (1926–1988)
Der Vater wurde im Zusammenhang mit dem 20. Juli 1944 hingerichtet, die Mutter starb kurz darauf. Offiziersanwärter des Heeres. Nach 45: Redakteur beim RIAS Berlin, Schriftsteller. Berlin.
Seite 514–519

Maier, Karl-Heinz (1923)
Frontdienst, Entlassung als »wehrunwürdiger Halbjude«, Zwangsarbeit in einer »Mischlingsbrigade«, am Kriegsende Einziehung zum Volkssturm. Nach 45: Dienst in der israelischen Armee, zuletzt als Major, Kommandeur eines Panzer-Bataillons, Journalist, Studioleiter. Berlin.
Seite 405–408

Mayer, Max (1913)
Ingenieurstudium, Flugzeugbauer, Testpilot in Peenemünde. Nach 45: Ministerialdirektor. Bad Godesberg.
Seite 128–131

Messmer, Klaus (1929)
Kämpfte gegen einziehende Franzosen. Nach 45: Leitender Ingenieur. Am Bodensee.
Seite 646–649

Meyer-Grell, Kurt (1921)
Luftwaffen-Offizier und Pilot einer Spezialeinheit, die Agenten hinter der Front absetzte. Nach 45: Leitender Verwaltungsangestellter. Erftstadt.
Seite 215–217, 524

Meyer-Landruth, Andreas (1932)
Wurde aus Reval/Estland als Opfer des Hitler-Stalin-Pakts nach Polen umgesiedelt, mußte 45 vor den Russen fliehen. Nach 45: Diplomat, Staatssekretär, Botschafter in Moskau.
Seite 167–169, 546–548

Meyn-Kommeyer, Inge (1925)
Erlebte als Teenager Bombardierung Hamburgs. Nach 45: Hausfrau. Hamburg.
Seite 311

Mittelstädt, Anna (1900)
Erlebte Bombennächte in Berlin. Nach 45: Eine der ersten »Trümmerfrauen«. Berlin.
Seite 601

Mittelstädt, Herbert (1927)
Flakhelfer, später Offiziersanwärter. Nach 45: Reporter und Redakteur. Berlin.
Seite 86–88, 643f.

Nast-Kolb, Fritz (1916)
Wurde als »Mischling ersten Grades« von der Firma Bosch vor dem Zugriff der Gestapo geschützt, seine jüdische Mutter überlebte Theresienstadt. Nach 45: Leitende Stellung bei Bosch. Stuttgart.
Seite 408–410

Nolden, Willi (1914)
Panzerabwehrkanonier in Rußland und Westfront. Nach 45: Friseur. Bad Godesberg.
Seite 219–221, 373–375

Pauls, Dr. Rolf (1915)
Als aktiver Offizier des Heeres schwerverwundet (verlor einen Arm). Nach 45: Diplomat, erster Botschafter in Israel und der VR China. Holzlar.
Seite 540–543

Pechel, Dr. Peter (1920)
Panzerartillerist, Polen, Griechenland, Sowjetunion, Normandie. Bataillonsführer, Ordonnanzoffizier OKH, Hauptmann. Nach 45: Journalist, ARD-Korrespondent London und Washington, Chefredakteur Sender Freies Berlin. Berlin/Wachtberg.
Seite 206–209, 444–447, 485–490

Petersen, Peter (1926)
Schüler der Nationalpolitischen Erziehungsanstalt, Frontdienst, Infanterie, britische Kriegsgefangenschaft. Nach 45: Marktforscher, Mitglied des Deutschen Bundestages. Gäufelden.
Seite 48f., 569–572

Pfennig, Heinz (1921)
Offizier bei den Eisenbahn-Pionieren, geriet in Stalingrad in Gefangenschaft. Nach 45: Oberstleutnant a. D. Bad Oeynhausen.
Seite 229–235

Pomsel, Brunhilde (1911)
Sekretärin der Reichsrundfunkgesellschaft, dienstverpflichtet ins Reichsministerium für Volksaufklärung und Propaganda, im Vorzimmer Goebbels. Nach 45: Vier Jahre sowjetische Lagerhaft. Büroleiterin ARD-Programmdirektion. München.
Seite 384–386, 557–561, 709

Preiss, Wolfgang (1910)
Theater- und Filmschauspieler, Flaksoldat. Nach dem Krieg: Theater- und Filmschauspieler u. a. in ›Der längste Tag‹, ›Der Wüstenfuchs‹. Baden Baden.
Seite 144–147

Puttkamer, Jesco von (1919–1987)
Aktiver Kavallerie-, später Panzer-Offizier, in Stalingrad gefangengenommen, Mitglied des »Bundes Deutscher Offiziere«. Nach 45: 1947 aus sowjetischer Gefangenschaft entlassen, Chefredakteur des ›Vorwärts‹, Botschafter der Bundesrepublik in Israel, Jugoslawien, Portugal und Schweden.
Seite 250–255

Radziewski, Hans (1924)
Gelernter Gärtner, lebte als Jude ein halbes Jahr im Untergrund, wurde verraten und nach Auschwitz deportiert. Nach 45: Sozialhelfer. Berlin.
Seite 112–116, 440–442

Rampold, Josef (1925)
Südtiroler. Zur Wehrmacht eingezogen, Partisanenkampf in Italien, Jugoslawien. Nach 45: Journalist. Kämpft für die Autonomie Tirols. Bozen.
Seite 174–176

Regensburger, Marianne (1921)
Emigrierte als Jüdin mit ihren Eltern nach England und in die USA. Nach 45: Rückkehr nach Deutschland, Hörfunk- und Fernsehjournalistin. Berlin.
Seite 109–111

Reintgen, Karl-Heinz (1916)
Hörfunkreporter, Leiter des ›Soldatensenders Belgrad‹, durch dessen Sendungen der Schlager ›Lili-Marleen‹ populär wurde. Nach 45: Chefredakteur Saarländischer Rundfunk. Saarbrücken.
Seite 148–150

Rödel, Gustav (1915)
Jagdflieger, Geschwaderkommodore, Ritterkreuz und Eichenlaub, Oberst. Nach 45: Brigadegeneral, Geschäftsführer. Bad Godesberg.
Seite 287–290

Rommel, Manfred (1929)
Sohn des Feldmarschalls. Begeisterter Hitlerjunge, hat den erzwungenen Selbstmord des Vaters miterlebt. Nach 45: Oberbürgermeister von Stuttgart. Stuttgart.
Seite 480–484

Rosenau, Hermann (1926)
Als »Mischling ersten Grades« gewann er den Reichspreis des deutschen Handwerks und traf Robert Ley. Nach 45: Werbechef, Politiker. Offenbach.
Seite 410–414

Rubin, Hilda (1908)
Wollte die Festnahme des Bruders verhindern, der sich unerlaubt von der Truppe entfernt hatte. Nach 45: Hausfrau. Memmingen.
Seite 663f.

Rüdiger, Dr. Jutta (1910)
Sozialpsychologiestudium Universität Würzburg, Eintritt in den Nationalsozialistischen Deutschen Studentenbund 1931, in den Bund Deutscher Mädel 1933, Reichsreferentin (oberste Führerin) des BDM 1937. Nach 45: Verschiedene Internierungslager, Entlassung 1948, freiberufliche Psychologin. Bad Reichenhall.
Seite 24, 63–65, 606f.

Rühl, Dr. Lothar (1927)
Hitlerjunge, Flakhelfer im Endkampf um Berlin. Nach 45: Journalist, Stellvertretender Sprecher der Bundesregierung, Staatssekretär im Bundesministerium der Verteidigung. Bonn.
Seite 652–658

Rupp, Karl (1908)
Im Kriege bei den Panzern vor Moskau. Nach 45: Kaufmann. Ulm.
Seite 199–201, 652–658

Ruskin, Gaston (1924)
Kaufmännischer Angestellter. Deportiert nach Auschwitz, später Buchenwald. Nach 45: Emigration nach Chile, Rückkehr nach Deutschland 1969. Berlin.
Seite 93f., 447–451

Sass, Hedwig (1903)
Erlebte die Bombardierung Berlins durch die Russen. Nach 45: »Trümmerfrau«. Berlin.
Seite 600

Scheurenberg, Anne (1926)
Gehörte zu den wenigen jüdischen Familien, die den Krieg im Untergrund in Stettin überlebten. Nach 45: Hausfrau. Berlin.
Seite 403f.

Scheurenberg, Dr. Klaus (1925)
Stammt aus einer seit 700 Jahren in Deutschland ansässigen jüdischen Familie. Zwangsarbeit. Deportiert 1943 nach Theresienstadt, baute geheimes Gestapo-Ausweichquartier nahe dem KZ Sachsenhausen. Nach 45: Schriftsteller. Berlin.
Seite 103–105, 400–403

Schilling, Mady Freiin von (1920)
Als Sekretärin im Abwicklungsstab Stalingrad im OKH tätig. Nach 45: Köln.
Seite 259–261

Schilzer, Inge (1921)
Kaufmännischer Lehrling. Emigrierte 1940 nach Palästina. Nach 45: Rückkehr aus Israel 1960. Berlin.
Seite 98–101

Schlechter-Bonnessen, Käthe (1909)
Erlebte die Bombardierung Kölns. Nach 45: Hausfrau. Berlin.
Seite 605f.

Schlösser, Dorothea (1921)
Als »Mischling ersten Grades« sang sie in Fronttheatergruppen für die Wehrmacht, während ihre jüdische Mutter im Untergrund lebte. Nach 45: Inhaberin einer Konzertagentur. Berlin.
Seite 95f., 426–429

Schmidt, Helmut (1918)
Flakoffizier, Rußlandeinsatz vor Moskau, danach im Stab des Kommandeurs der Flugabwehrtruppen, Luftwaffenministerium in Berlin. Nach 45: Politiker, Innensenator Hamburg, Bundesminister der Finanzen, Bundesminister der Verteidigung, Bundeskanzler 1974–1982. Hamburg.
Seite 67–69, 217f., 452f.

Schmitt, Bernhard (1923)
Elsaß-Lothringer. Studierte nach Frankreichfeldzug in Deutschland, floh und schloß sich den französischen Streitkräften an. Nach 45: Arzt, Leiter eines Krankenhauses. Metz.
Seite 181–184, 676–679

Schmoeckel, Helmut (1917)
Wurde als jüdischer »Mischling« aus der Reichsmarine ausgeschlossen. Nach Reaktivierung Einsatz auf Schlachtschiff, U-Boot-Kommandant. Nach 45: Kapitän zur See bei Bundesmarine. Bei Bonn.
Seite 106f.

Schober, Hans-Peter (1921)
Sudetendeutscher. Infanterieoffizier, besetzte am 20. Juli 44 das Zentralstudio des Großdeutschen Rundfunks. Nach 45: Redakteur des Sender Freies Berlin. Berlin.
Seite 169–171, 519–524

Schoeb, Albert (1924)
Elsaß-Lothringer. Wird bei der Wehrmacht eingezogen, russische Gefangenschaft. Nach 45: Metz.
Seite 184–187, 708f.

Scholl-Latour, Dr. Peter (1924)
Nach 45: Journalist, Schriftsteller. ARD-Korrespondent in Afrika und Paris, Fernsehdirektor des Westdeutschen Rundfunks, Leiter des ZDF-Studio Paris, Herausgeber des ›stern‹. Paris/Bonn.
Seite 323

Schöler, Wolfgang (1921)
Offizier bei den Eisenbahn-Pionieren, Einsatz in der Ukraine, russische Kriegsgefangenschaft in Aserbaidschan. Nach 45: Offizier der Bundeswehr. Paderborn.
Seite 55f., 210–213, 705–707

Schulz, Friedrich (1913)
Unteroffizier, Kavallerieeinsatz in Frankreich und Rußland, mehrfach verwundet. Nach 45: Reitlehrer. Bonn.
Seite 197f.

Schulze, Karl (1914)
Hauptmann bei den Fallschirmjägern. Kreta- und Italieneinsatz. Bei der Befreiung Mussolinis auf dem Grand Sasso aktiv beteiligt. Nach 45: Offizier in der Bundeswehr. Bei Bonn.
Seite 147f. 353–356

Schütz, Gustav (1921)
Schwerverwundeter Heeresoffizier, sollte bei dem Zusammenbruch eine Hitlerjugend-Antitankbrigade aufstellen. Nach 45: Fulda.
Seite 682–690

Schumacher, Ferdinand (1930)
Erlebte als Schüler den Bombenterror in Köln. Nach 45: Köln.
Seite 310

Schwarz, Heinz (1928)
Hitlerjunge, verließ als letzter Deutscher die Brücke von Remagen. Nach 45: Mitglied des Deutschen Bundestages. Koblenz.
Seite 668–671

Seraphin, Hans-Günther (1903)
Kriegsfreiwilliger, führte als russisch sprechender Offizier ein Bataillon muslemischer Turk-Verbände (ehemalige Kriegsgefangene). Nach 45: Sachverständiger bei den Nürnberger Prozessen. Göttingen.
Seite 188–190, 453–455

Siedler, Wolf-Jobst (1926)
Wurde als Achtzehnjähriger wegen defaitistischer Äußerungen vor ein Marine-Kriegsgericht gestellt und zu neun Monaten Zuchthaus verurteilt, nach Strafverbüßung zur »Frontbewährung«

begnadigt, britische Gefangenschaft. Nach 45: Journalist, Schriftsteller, Verleger. Berlin.
Seite 477–480, 672–676

Sohège, Dr. med. Wolf (1926)
Erlebte Bombardierung Hamburgs als Jugendlicher. Nach 45: Praktizierender Arzt. Hamburg.
Seite 309f.

Solms, Friedrich Ernst Graf von (1911)
Kavallerist, später Panzeroffizier, geriet in Stalingrad in russische Kriegsgefangenschaft. Nach 45: Kaufmann. Rodenkirchen.
Seite 247–250

Solms, Teresa Gräfin von (1932)
Erlebte Kriegsende auf dem väterlichen Bauernhof. Rodenkirchen.
Seite 588–590

Staewen, Gertrud (1894)
Mitglied der Berlin-Dahlemer Gemeinde der Bekennenden Kirche, rettete jüdische Mitbürger unter Lebensgefahr. Nach 45: Sozialhelferin. Berlin.
Seite 437–439

Stauffenberg, Schenk Graf von, Franz-Ludwig (1938)
Sohn des Oberst Claus Graf Stauffenberg. Wurde mit seinen Geschwistern von der Gestapo verschleppt. Nach 45: Rechtsanwalt, Mitglied des Deutschen Bundestages 1972–1984, seit 1984 Mitglied des Europäischen Parlaments. Kirchlauter.
Seite 511–514

Stehkämpfer, Dr. Hugo (1929)
Schüler, Hitlerjunge, Kriegsgefangenschaft. Nach 45: Leiter des Archivs der Stadt Köln. Köln.
Seite 330–332, 645f.

Steinberger, Eduard (1919)
Südtiroler. Optierte 1939 für Deutschland, später von der Wehrmacht eingezogen. Nach 45: Pustertal.
Seite 176–180

Steinhoff, Johannes (1913)
Jagdflieger, Marine, Luftwaffe, Westfeldzug, Luftschlacht um England, Rußlandfeldzug, Afrika, Sizilien, Italien, Reichsverteidigung, Kommodore des ersten Düsen-Jagdgeschwaders. Ritterkreuz mit Eichenlaub und Schwertern. Nach 45: Werbeassistent, Inspekteur der Luftwaffe, Vorsitzender des NATO-Militärausschusses. Wachtberg.
Seite 45f., 138–140, 290–294, 346–350, 464–466

Sternbach, Dr. Lothar von (1905)
Südtiroler. Optierte nicht für Deutschland, »Dableiber«. Nach 45: Gymnasial-Professor. Südtirol.
Seite 171–173

Streithofen, Pater Basilius (1922)
Kriegsfreiwilliger bei der Luftwaffe, Einsatz in Italien und Polen. Nach 45: Katholischer Priester. Walberberg.
Seite 383f.

Stresemann, Dr. Wolfgang (1904)
Sohn des ehemaligen Reichsaußenministers und Reichskanzlers Dr. Gustav Stresemann. Emigrierte 1939 in die USA. Nach 45: Rückkehr nach Deutschland, Intendant der Berliner Philharmoniker. Berlin.
Seite 77–79

Suntrop, Heribert (1928)
Erlebte die Bombardierung von Köln. Nach 45: Köln.
Seite 52, 330

Tasser, Dr. Paul (1927)
Südtiroler. Wurde gegen Kriegsende zur Waffen-SS eingezogen. Nach 45: Rechtsanwalt. Bruneck.
Seite 658–660

Thomas, Stefan (1912–1987)
Sozialdemokrat »Reichsbanner«, Widerstandstätigkeit. 1939 zur Wehrmacht eingezogen als Sanitätssoldat, Afrikakorps, Britische Gefangenschaft. Nach 45: Wiederaufbau der SPD, Leiter SPD-Ostbüro, Stellvertretender Intendant Deutschlandfunk. Bonn.
Seite 69–71, 150f., 350–352

Timmermann, Thula (1910)
Erlebte das Kriegsende in der Tschechei. Nach 45: Hausfrau. Berlin.
Seite 603–605

Topp, Erich (1914)
U-Boot-Kommandant, Ritterkreuz mit Eichenlaub und Schwertern. Nach 45: Architekt, Vizeadmiral bei der Bundeswehr. Oberwinter.
Seite 270–275

Trott zu Solz, Dr. Clarita von (1917)
Witwe des vom Volksgerichtshof zum Tode verurteilten und hingerichteten Adam von Trott zu Solz (Kreisauer Kreis), Gestapohaft. Nach 45: Psychiaterin. Berlin.
Seite 525–530

Veitsmeier, Dr. med. Franz (1907)
Österreicher. Assistenzarzt in einer Panzerdivision an der Invasionsfront. Nach 45: Praktizierender Arzt, Medizinalrat. Wien.
Seite 364f.

Vilter, Hans-Rudolf (1929)
Hitlerjunge, schwerverwundet beim Endkampf um Berlin. Nach 45: Redakteur beim RIAS und Sender Freies Berlin. Berlin.
Seite 626–629

Völkel, Dora (1917)
In Polen zwangsdienstverpflichtete Jüdin, deportiert nach Auschwitz. Nach 45: Hausfrau. Berlin.
Seite 417–425

Vogt, Robert (1924)
Infanterist an der Invasionsfront, wurde schwerverwundet nach Deutschland zurückgebracht. Nach 45: Kaufmann. Zweibrücken.
Seite 361–364

Volkheimer, Hugo (1918)
Infanterist im Kessel von Demjansk. Nach 45: Kaufmann. Bonn.
Seite 221f.

Wegner, Horst (1929)
Flucht mit den Eltern vor den Russen aus Pommern. Verlor diese in Swinemünde durch Bombenangriffe. Nach 45: Postangestellter. Bad Godesberg.
Seite 664–668

Weik, Bruno (1927)
Geriet bei Kriegsende in russische Gefangenschaft. Nach 45: Facharbeiter. Gimmersdorf.
Seite 707f.

Weisskirch, Willi (1923)
Als Infanterist schwerverwundet (beinamputiert). Nach 45: Mitglied des Deutschen Bundestages. Wehrbeauftragter des Deutschen Bundestages. Bonn.
Seite 66, 452, 681f.

Welt, Leo (1934)
Erlebte als Elfjähriger das Kriegsende in Berlin. Nach 45: Von amerikanischen Eltern adoptiert, Geschäftsführer. Washington D.C.
Seite 561–565

Witzleben, Job von (1916)
Verwandt mit Generalfeldmarschall Erwin von Witzleben (20. Juli), Generalstabsoffizier, geriet Anfang 45 in sowjetische Gefangenschaft, »Bund Deutscher Offiziere«. Nach 45: Offizier der Kasernierten Volkspolizei, später der Nationalen Volksarmee der DDR, Oberst a. D. Potsdam.
Seite 702–705

Würster, Rudolf (1920)
Panzerschütze bei der Waffen-SS, Augenzeuge von Judenerschießungen. Nach 45: Oberkellner. Bad Driburg.
Seite 367–370

York von Wartenburg, Dr. Marion, Gräfin (1904)
Witwe des vom Volksgerichtshof zum Tode verurteilten und hingerichteten Peter Graf Yorck von Wartenburg (Kreisauer Kreis), Gestapohaft. Nach 45: Als erste Frau Vorsitzende eines Schwurgerichts, Landgerichtsdirektorin. Berlin.
Seite 530–534

Zimmermann, Wolf-Dieter (1911)
Pastor, aktives Mitglied der Bekennenden Kirche. Nach 45: Rundfunk- und Fernsehbeauftragter der Evangelischen Kirche Berlin-Brandenburg, Schriftsteller. Berlin.
Seite 85f., 506